珍本掠影

中华传统文化百部经典

张洁 主编

国家图书馆出版社

图书在版编目（CIP）数据

《中华传统文化百部经典》珍本掠影 / 张洁主编. — 北京：国家图书馆出版社, 2023.8

ISBN 978-7-5013-7859-3

Ⅰ. ①中… Ⅱ. ①张… Ⅲ. ①古籍—介绍—中國 Ⅳ. ①Z835

中国国家版本馆CIP数据核字（2023）第148622号

书　　名　《中华传统文化百部经典》珍本掠影
著　　者　张　洁　主编
责任编辑　于　浩　王燕来
封面设计　爱图工作室

出版发行　国家图书馆出版社（北京市西城区文津街7号　100034）
（原书目文献出版社　北京图书馆出版社）
010-66114536　63802249　nlcpress@nlc.cn（邮购）
网　　址　http://www.nlcpress.com
印　　装　北京雅图新世纪印刷科技有限公司
版次印次　2023年8月第1版　2023年8月第1次印刷

开　　本　880×1230　1/16
印　　张　24
字　　数　224千字
书　　号　ISBN 978-7-5013-7859-3
定　　价　280.00元

编撰说明

本书是《中华传统文化百部经典》编纂工作的一项重要组成部分。其内容是《中华传统文化百部经典》前六批共五十种图书所依据古籍善本的专题介绍，每种图书选取三至五种重要的古籍善本书影作为配图，书影优先选取卷首页、含有名句或题跋印章页等。每种善本的著录格式参照《北京图书馆善本书目》，国家图书馆之外的古籍著录则参照该馆官网发布的著录信息，同时附注《国家珍贵古籍名录》入选情况。

本书提要主要包括作者简介、成书过程、主要内容、版本源流、递藏脉络以及《百部经典》所据底本的版本介绍等。图片著录包括书名、卷数、著者朝代、著者姓名及著述方式等。

本书由国家图书馆《中华传统文化百部经典》编纂工作办公室主任张洁组织策划和审订，并与徐慧、马超、梁葆莉、张毕晓、华鑫文一起撰写，各篇提要中相近或重复的内容，本着首次出现者详、后来出现者略的原则进行处理。篇目编排主要依据《百部经典》图书出版顺序。

编者

二〇二三年六月

目　录

周易

周易注疏十三卷 （三国魏）王弼、（晋）韩康伯、（唐）孔颖达撰 宋两浙东路茶盐司刻宋元递修本

每半叶8行，行19字，小字双行同，白口，左右双边。序、表、卷1配清陈氏士乡堂抄本。清陈鳣跋。国家图书馆藏（索书号：04194）。入选《第一批国家珍贵古籍名录》（名录号：00194）。

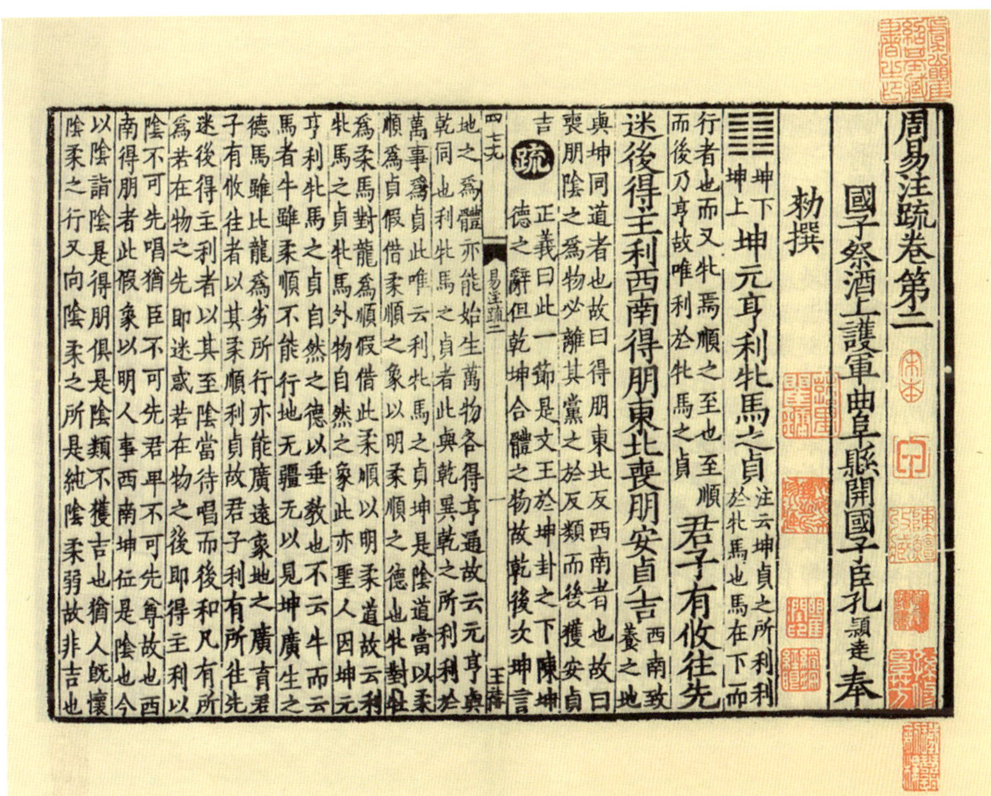
周易注疏卷第二
國子祭酒上護軍曲阜縣開國子臣孔穎達奉
勑撰
☷坤下坤上 坤元亨利牝馬之貞 注云坤貞之所利利於牝馬也馬在下而行者也而又牝馬順之至也至順而後乃亨故唯利於牝馬之貞 君子有攸往先迷後得主利西南得朋東北喪朋安貞吉 西南致養之地與坤同道者也故曰得朋東北反西南者也故曰喪朋陰之為物必離其黨之於反類而後獲安貞吉
疏 正義曰此一節是文王於坤卦之下陳坤德之辭但乾坤合體之物故乾後次坤言地之為體亦能始生萬物各得亨通故云元亨與乾同也利牝馬之貞者此與乾異乾之所利利於萬事為貞此唯云利牝馬之貞坤是陰道當以柔順為貞假借柔順之象以明柔順之德也牝對牡為柔馬對龍為順假借此柔順以明柔道故云利牝馬之貞牝馬外物自然之象此亦聖人因坤元亨利牝馬之貞自然之德以垂教也不云牛而云馬者牛雖柔順不能行地无疆无以見坤廣生之德馬雖比龍為劣所行亦能廣遠象地之廣育君子有攸往者以其柔順利貞故君子利有所往先迷後得主利者以其至陰當待唱而後和凡有所為若在物之先即迷惑若在物之後即得主利以陰不可先唱猶臣不可先君卑不可先尊故也西南得朋者此假象以明人事西南坤位是陰也今以陰詣陰是得朋俱是陰類不獲吉也猶人既懷陰柔之行又向陰柔之所是純陰柔弱故非吉也

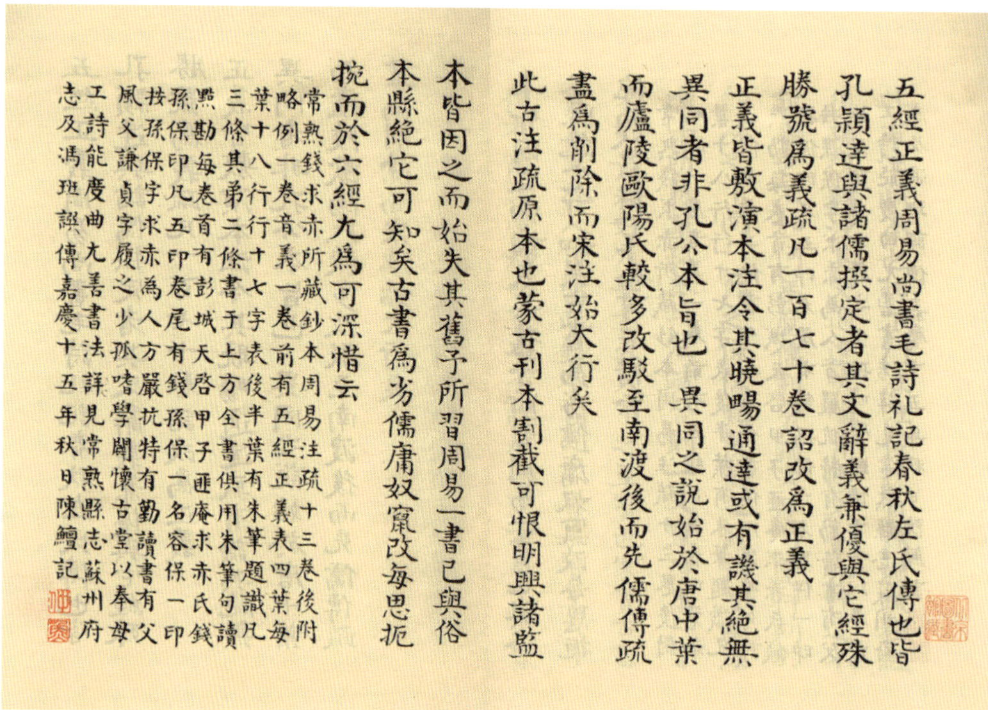

五經正義周易尚書毛詩礼記春秋左氏傳也皆孔頴達與諸儒撰定者其文辭義兼優與它經殊勝號為義疏凡一百七十卷詔改為正義

正義皆敷演本注令其曉暢通達或有譏其絕無異同者非孔公本旨也　異同之說始於唐中葉而廬陵歐陽氏較多改駁至南渡後而先儒傳疏盡為削除而宋注始大行矣

此古注疏原本也蒙古刊本割截可恨明興諸監本皆因之而始失其舊予所習周易一書已與俗本縣絕它可知矣古書為劣儒庸奴竄改每思扼腕而於六經尤為可深惜云

常熟錢求赤所藏鈔本周易注疏十三卷後附略例一卷音義一卷前有五經正義表四葉每葉十八行行十七字表後半葉有朱筆題識凡三條其弟二條書于上方全書俱用朱筆句讀點勘每卷首有彭城天啓甲子匪庵求赤氏錢孫保印凡五印卷尾有錢孫保一名容保一印按孫保字求赤為人方嚴抗特有勤讀書有父風父謙貞字履之少孤嗜學闢懷古堂以奉母工詩能度曲尤善書法詳見常熟縣志蘇州府志及馮班所撰傳嘉慶十五年秋日陳鱣記

周易九卷　（三国魏）王弼、（晋）韩康伯注　（唐）陆德明释文　**略例一卷**　（唐）邢璹注　宋刻本

每半叶12行，行21字，小字28字，白口，左右双边。董其昌、文嘉、文震孟、文从简、秦蕙田跋。国家图书馆藏（索书号：03337）。入选《第一批国家珍贵古籍名录》（名录号：00191）。

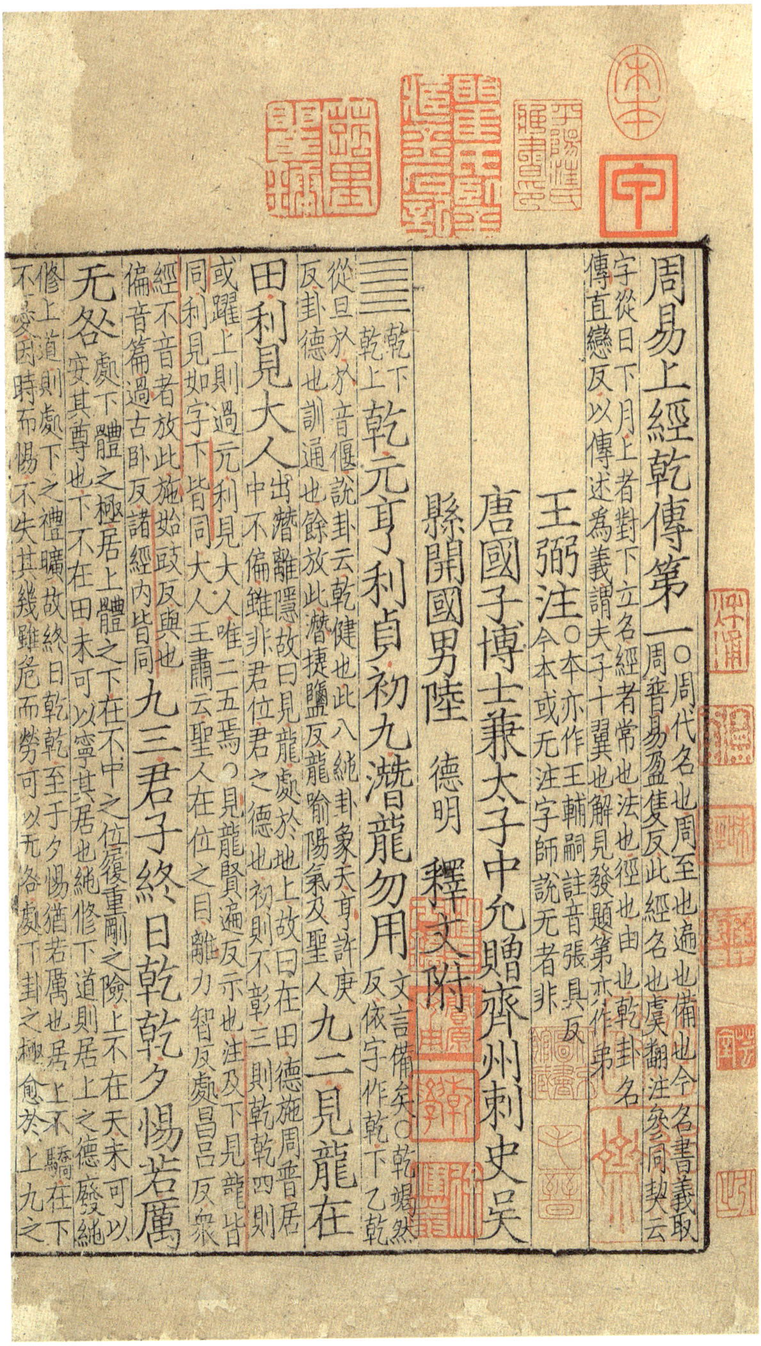

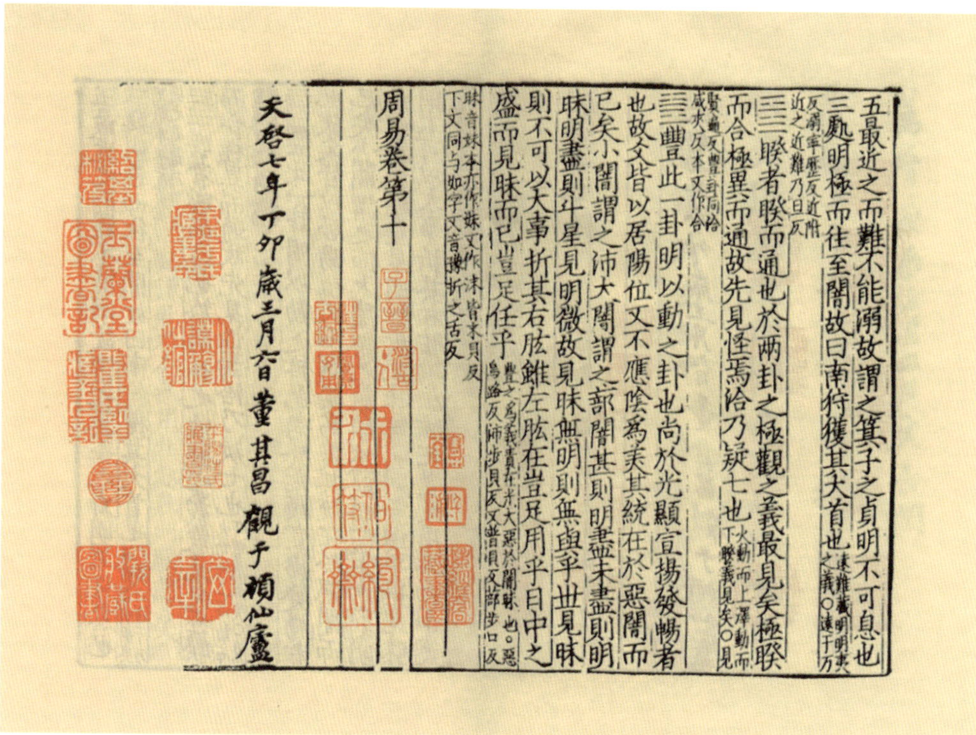

五最近之而難不能溺故謂之箕子之貞明不可息也
三處明極而往至闇故曰南狩獲其大首也
睽者睽而通也於兩卦之極觀之義最見矣極睽
而合極異而通故先見怪焉洽乃疑亡也
豐此一卦明以動之卦也尚於光顯宣揚發暢者
也故爻皆以居陽位又不應陰為美其統在於惡闇而
已矣小闇謂之沛大闇謂之蔀闇甚則明盡未盡則明
昧明盡則斗星見明微故見昧無明則無與乎世見昧
則不可以大事折其右肱雖左肱在豈足用乎日中之
盛而見昧而已豈足任乎

周易卷第十

天啓七年丁卯歲三月吉董其昌觀于禎仙廬

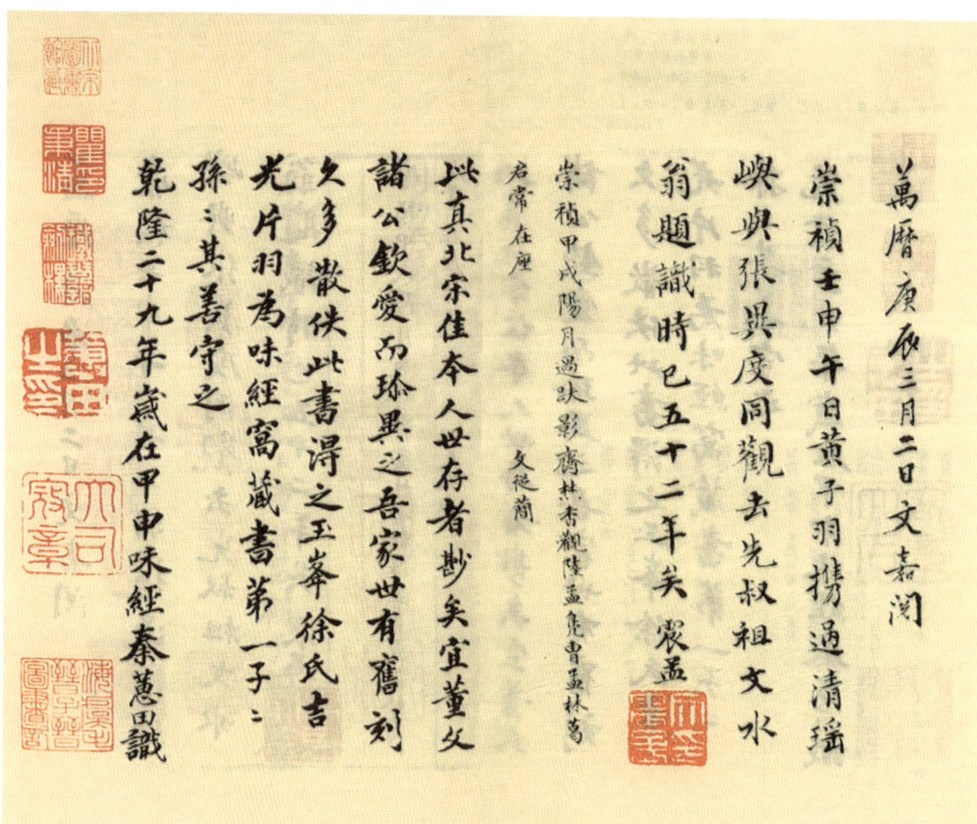

萬曆庚辰三月二日文嘉閱

崇禎壬申午日黄子羽携過清瑶嶼與張異度同觀去先叔祖文水翁題識時已五十二年矣 震孟

崇禎甲戌陽月過趺影齋林杏觀 陸孟鳧 曹孟林 葛君常在座 文從簡

此真北宋佳本人世存者尠矣宜董文敏公欽愛而珍異之吾家世有舊刻久多散佚此書得之玉峯徐氏吉光片羽為味經窩藏書第一子子孫孫其善守之

乾隆二十九年歲在甲申味經秦蕙田識

周易九卷　（三国魏）王弼、（晋）韩康伯注　（唐）陆德明释文　**略例一卷**　（唐）邢璹注　宋淳熙抚州公使库刻递修本

每半叶10行，行16字，小字双行24字，白口，四周双边。卷7—10配清影宋抄本。国家图书馆藏（索书号：07255）。

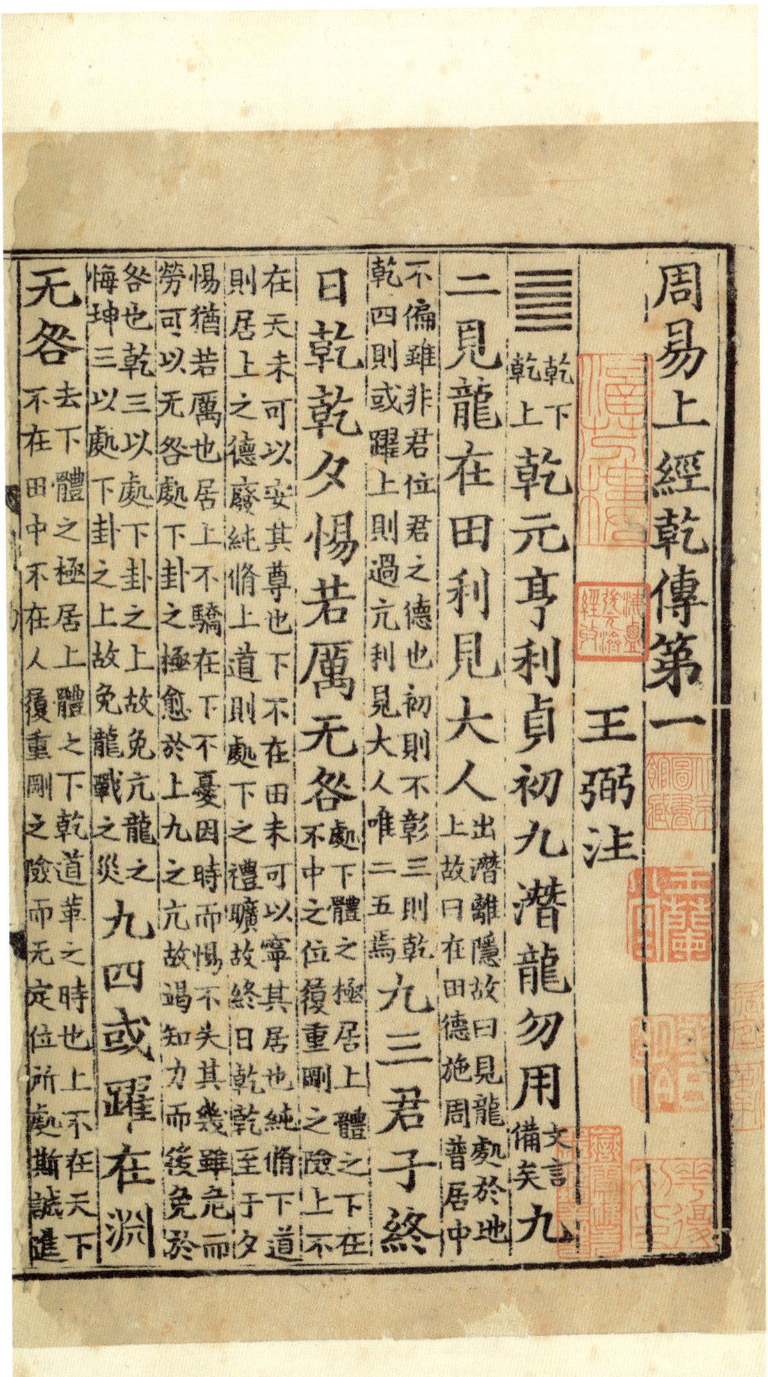
周易上經乾傳第一

王弼注

䷀ 乾下乾上 乾元亨利貞初九潛龍勿用 文言備矣 九二見龍在田利見大人 出潛離隱故曰見龍處於地上故曰在田德施周普居中不偏雖非君位君之德也初則不彰三則乾乾四則或躍上則過亢利見大人唯二五焉 九三君子終日乾乾夕惕若厲无咎 處下體之極居上體之下在不中之位履重剛之險上不在天未可以安其尊也下不在田未可以寧其居也純脩下道則居上之德廢純脩上道則處下之禮曠故終日乾乾至于夕惕猶若厲也居上不驕在下不憂因時而惕不失其幾雖危而勞可以无咎處下卦之極愈於上九之亢故竭知力而後免於咎也乾三以處下卦之上故免亢龍之悔坤三以處下卦之上故免龍戰之災 九四或躍在淵无咎 去下體之極居上體之下乾道革之時也上不在天下不在田中不在人履重剛之險而无定位所處斯誠進

《周易》起源于中国古代原始宗教时期，是在占卜成果的基础上，不断积累并逐渐抽象化、系统化而形成的作品。相传上古的部落首领伏羲带领民众在长期的劳动实践中，通过对自身及自然的观察，创造出两个符号：“—”“- -”，并用这两个符号排列组合成了八种图形，以象征天地间的八类事物，后来这八组符号被称作“八卦”。殷周之际，周文王将伏羲的八卦两两相重，推演出六十四卦，每卦有卦象、卦名、卦辞。一卦六爻，每爻有爻辞，这些由卦爻画和卦爻辞组成的符号文字体系，是当时占筮活动的反映。春秋战国时期，由孔子及其后学作十篇文章，诠释《易经》，是为《易传》，《易传》如同“经”之羽翼，后又被称为“十翼”。之后，《易经》和《易传》合成一书，即为《周易》。对于《易经》和《易传》的作者与成书过程，从古到今，莫有定论。到了近现代，大多数学者认为“经”与“传”乃“人更多手，时历多世”，经过漫长的时期多人相继撰作而成。

春秋时期流传的《周易》实际是《易经》部分，作为一部卜筮之书，经常用于占卜活动中，《左传》对此有大量记载。《易经》中的卦辞和爻辞，虽则简短，但解释自然与社会的发展、变化，总结阴阳、运动、矛盾等天道和人事的演变规律，闪耀着朴素的辩证观念，具有哲学与文学的双重价值。卦爻辞中有些故事或传说的片断，蕴含着生活体验和人生哲理，令人回味。有些卦爻辞还保存了一些歌谣，在比兴手法和音韵技巧的使用方面，具有古代诗歌的早期特点。战国直至西汉，解释《易经》的《易传》陆续出现，《易传》站在阴阳哲学的高度论证政治理想与治民之道、社会伦理与道德修养、涉世妙用与立身决策、顺天应人与太和思想，对包括儒、道、墨在内的诸子百家的文化创造进行综合总结。《易传》有较多短文，语言简洁有力，哲理性强，句式散韵皆有，时有对偶、排比，颇有文采。如“天行健，君子以自强不息”“地势坤，君子以厚德载物”，成为被广泛引用的名句。有了《易传》，《周易》则由卜筮之书转变为一部哲学著作，并作为重要的儒家经典，在汉代被立于学官。它把源于卜筮巫术的象数形式和阴阳哲学的义理内容结合为一个矛盾的统一体，集中体现了中国哲学的精神内涵和价值理念，被尊为群经之首、六艺之原，在世界文化史上也占有崇高地位。

汉代以后，解释和研究《周易》的著作不断增多，逐渐形成不同的理论体系和学术流派，即易学，《周易》也在流传的过程中形成了多种传本。一是六卷本，王弼《周易注》六卷附《周易略例》一卷；一是九卷本，王弼《周易注》六卷合韩康伯续注《系辞传》《说卦传》《序卦传》《杂卦传》附《周易略例》一

卷，这两种传本在唐以前较为流行。汉儒多以象数解《易》。三国时，王弼喜好玄学清谈，援引老庄解释《周易》。《四库全书总目》称："尽黜象数，说以老庄"，认为王弼的注不再重视象数，而释之以老庄之说。王弼注《易》，仅及上、下经及《明象》，晋时韩康伯续注《系辞上传》《系辞下传》《说卦传》《序卦传》《杂卦传》五篇，韩康伯事迹难以追索，《四库全书总目》评之曰："阐明义理，使《易》不杂于术数者，弼与康伯深为有功；祖尚虚无，使《易》竟入于老庄者，弼与康伯亦不能无过。瑕瑜不掩，是其定评。"也可见出韩注与王注在思想上比较接近。以上两种传本均附王弼《周易略例》，唐代邢璹为《周易略例》作注。还有一种传本是孔颖达的《周易注疏》十三卷。唐孔颖达奉敕主持编定《五经义疏》，进呈御览后，改为《五经正义》，《周易注疏》即为其中之一。《周易注疏》较完整地保存了唐以前人释经的原貌，敷演注文，晓畅通达，最初单刻，不与经、注合刻，是为单疏本。南宋时期，两浙东路茶盐司首次将经、注、疏合刊为一书，其所刻《周易注疏》即为滥觞。此版本经文字大如钱，墨如点漆，行格疏朗，古朴大方，端为宋代官版风貌，世称越州本，又称八行本，后经递修。此书表、序、卷一原刻均缺，清陈鳣依周猗唐影宋抄本觅人补全。书中有陈鳣题跋和"陈鳣""仲鱼"等印记，可见此书经陈鳣收藏，之后为常熟瞿氏铁琴铜剑楼插架之物。新中国成立后，瞿氏后人将家藏图书悉数捐给北京图书馆，此书亦随之入藏。另有元相台岳氏荆溪家塾本《周易注疏》，为经注附释文本，经文大字单行，注文、音义小字双行，校勘精审，洵为善本。王、韩注《易》，宋代有多种版本，但传世者极罕。此本钤有"宋本""毛氏子晋""汲古主人""徐健庵""乾学""味经窝藏书记""蕙田之印""汪士钟印""瞿氏鉴臧金石记""铁琴铜剑楼""绍基秘笈"等印记，有秦蕙田跋文，有文嘉、董其昌、文震孟、文从简题识，此本在明代除经文、董诸公递藏，后又经毛氏汲古阁、徐乾学、秦蕙田、汪氏艺芸书舍、瞿氏铁琴铜剑楼收藏，递藏有绪，弥足珍贵，现藏国家图书馆。

《百部经典》版《周易》底本为《四部丛刊》初编初印本。《四部丛刊》初编初印本以宋抚州公使库刻本为底本。宋时，江西抚州出产上乘纸墨，抚州公使库刊刻群经，经后世藏书家校勘，佳胜处颇多。此本卷七至十配清影宋抄本，有涵芬楼印鉴，《四部丛刊》据以影印。

（梁葆莉）

尚书

尚书十三卷 题（汉）孔安国传 宋刻本

每半叶10行，行20字，小字双行20至26字不等，白口，左右双边。宋元间人批注。北京大学图书馆藏（索书号：SB/9080）。入选《第一批国家珍贵古籍名录》（名录号：00220）。

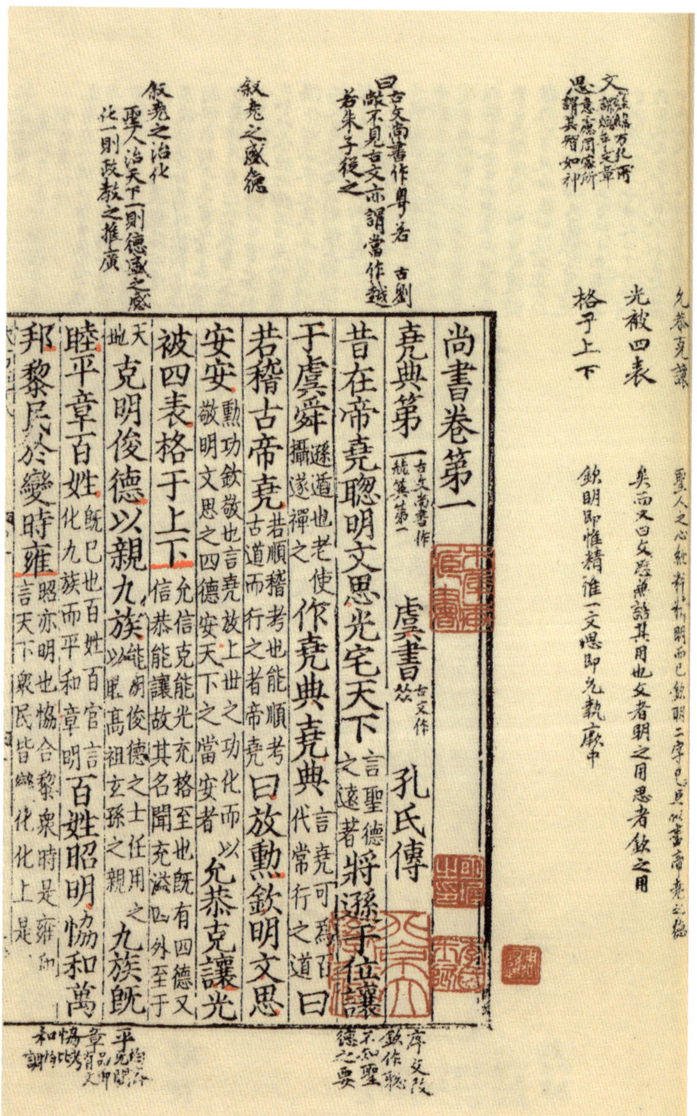

尚书正义二十卷 （唐）孔颖达撰 宋两浙东路茶盐司刻本

每半叶8行，行19字，小字双行同，白口，左右双边。卷7—8、19—20配日本影宋抄本。清杨守敬跋。国家图书馆藏（索书号：04523）。入选《第一批国家珍贵古籍名录》（名录号：00221）。

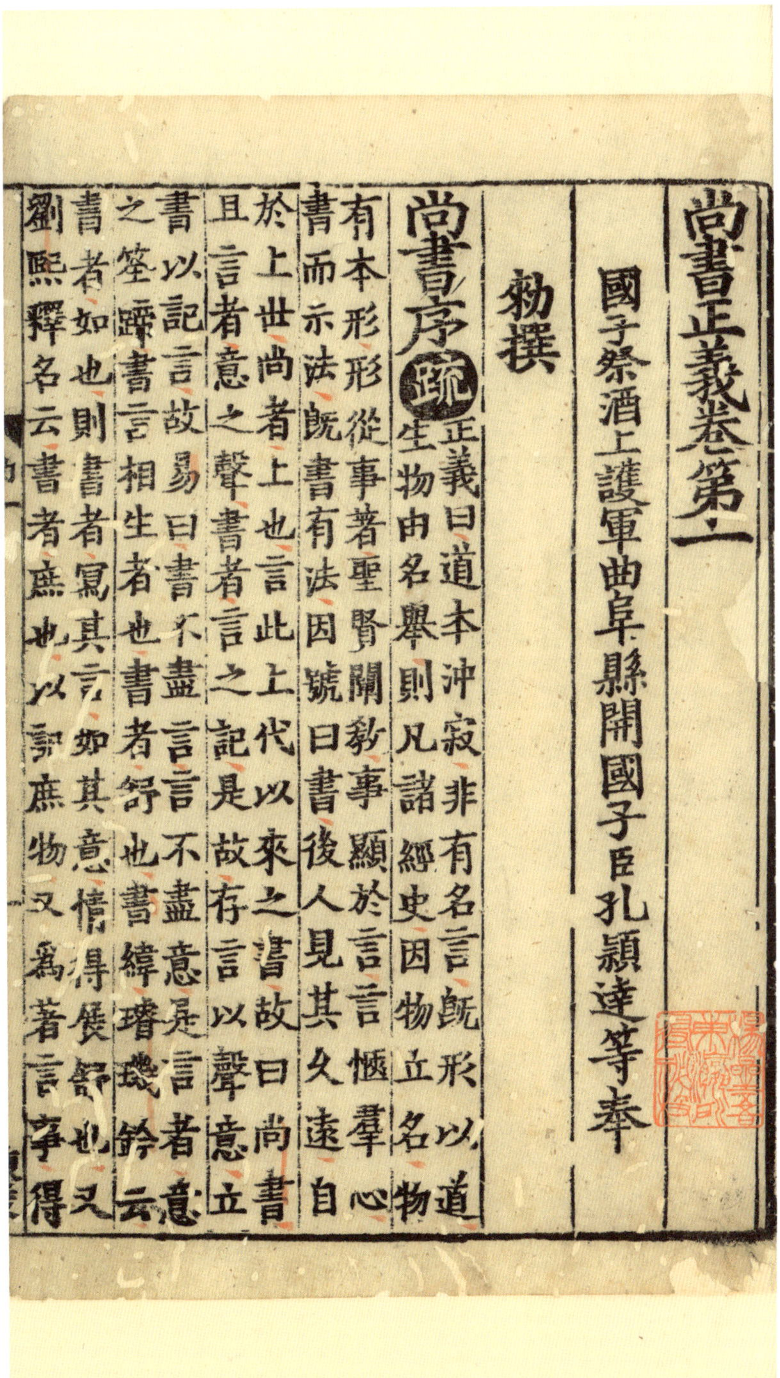

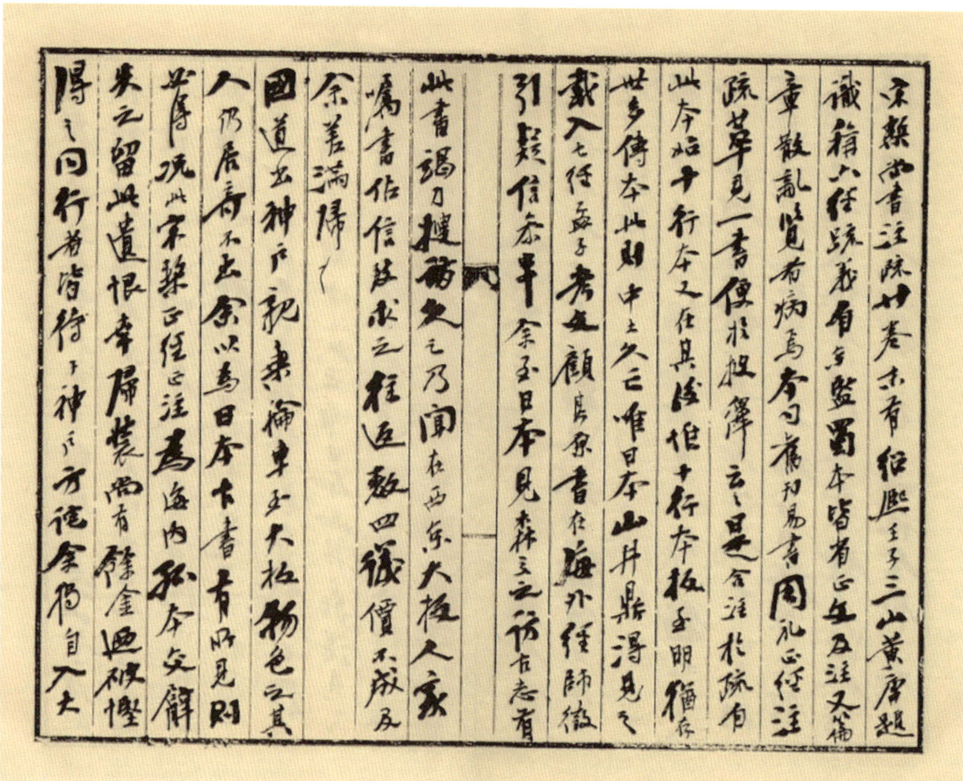

宋槧尚書注疏廿卷末有紹熙壬子三山黃唐題
識稱六經疏義自京監蜀本皆省正文及注又篇
章散亂覽者病焉本司舊刊易書周禮正經注
疏萃見一書便於披繹云云是合注於疏自
此本始十行本又在其後惟十行本板至明猶存
世多傳本此則中土久亡唯日本山井鼎得見之
載入七經孟子考文顧其原書在海外經師徵
引疑信參半余至日本見森立之訪古志有
此書竭力搜訪久之乃聞在西京大坂人家
囑書估信致求之往返數四議價不成及
余差滿歸
國道出神戶親乘輪車至大坂物色之其
人仍居奇不出余以為日本古書有所見則
必得况此宋槧正經正注為海內孤本交臂
失之留此遺恨幸歸裝尚有餘金遂破慳
得之同行者皆待于神戶余獨自入大

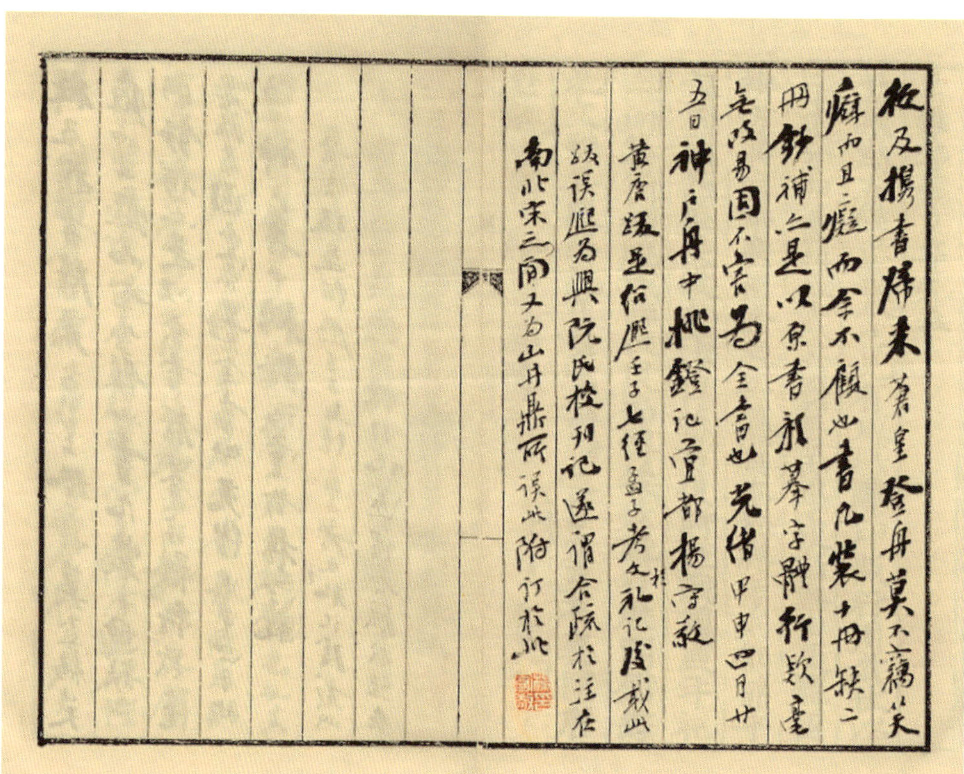

坂及攜書歸來舊皇登舟莫不竊以笑
癖而且癡而余不顧也書凡裝十冊缺二
冊鈔補之是以原書影摹字體行款毫
無改易固不害為全書也光緒甲申四月廿
五日神戶舟中挑鐙記宜都楊守敬
黃唐跋是紹熙壬子七經孟子考文補記改載此
跋誤熙為興阮氏校刊記遂謂合疏於注在
南北宋之間又為山井鼎所誤此附訂於此

附释音尚书注疏二十卷 题（汉）孔安国、（唐）孔颖达等撰 （唐）陆德明释文 元刻明修本

每半叶10行，行17字，小字双行23字，白口，左右双边。国家图书馆藏（索书号：05126）。

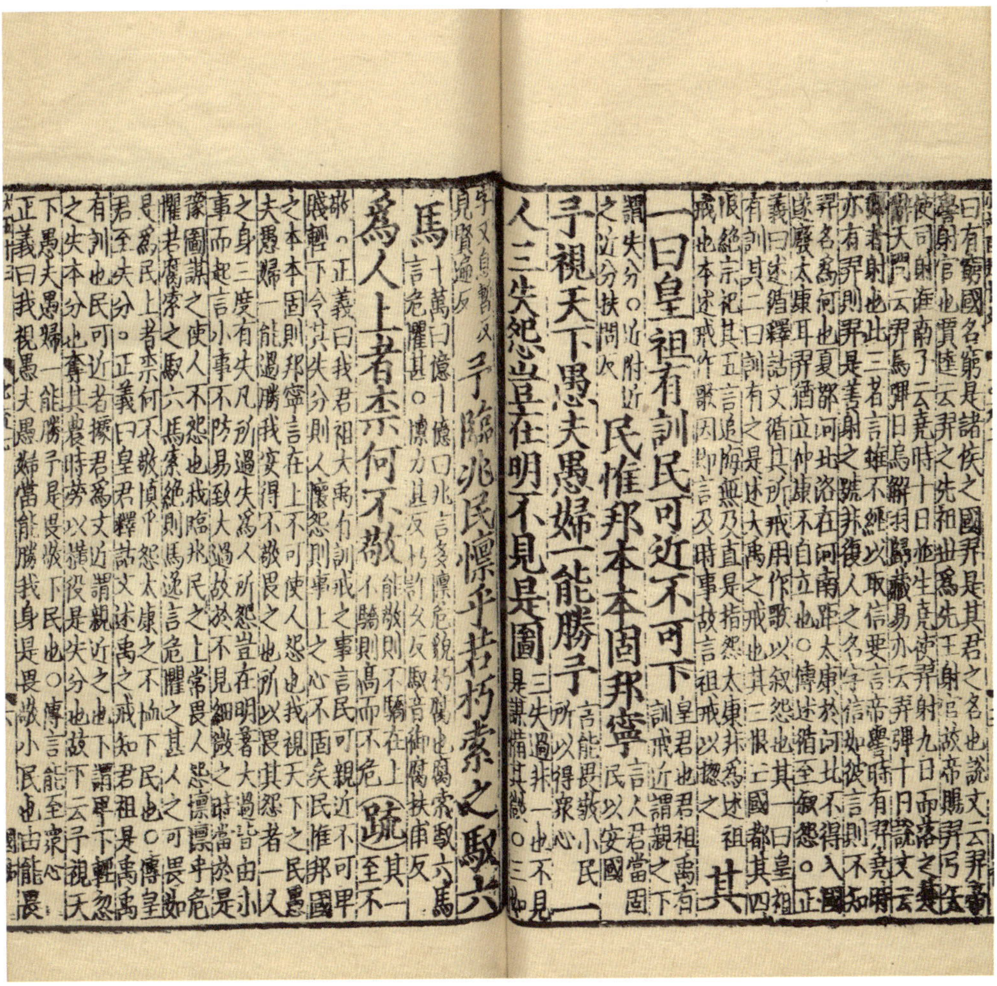

尚书正义二十卷 题（汉）孔安国、（唐）孔颖达等撰 （唐）陆德明释文

重刊宋本十三经注疏附校勘记十三种四百一十六卷 （清）阮元撰校勘记 （清）卢宣旬摘录校勘记 清嘉庆二十至二十一年（1815—1816）江西南昌府学刻本

每半叶10行，行17—18字，小字双行23—24字，黑口，左右双边。国家图书馆藏（索书号：101）。

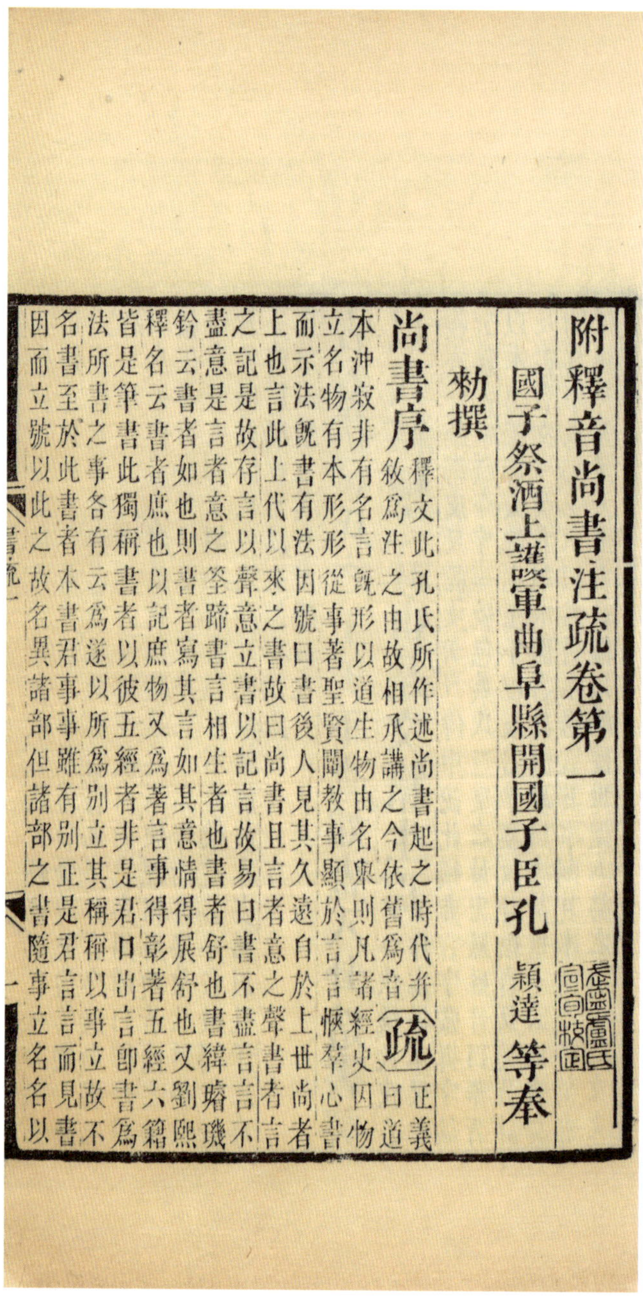
附釋音尚書注疏卷第一
國子祭酒上護軍曲阜縣開國子臣孔穎達等奉
勑撰
尚書序 釋文此孔氏所作述尚書起之時代并敘爲注之由故相承講之今依舊爲音 疏 正義曰道
本沖寂非有名言旣形以道生物由名舉則凡諸經史因物
立名物有本形形從事著聖賢闡教事顯於言言愜羣心書
而示法旣書有法因號曰書後人見其久遠自於上世尚者
上也言此上代以來之書故曰尚書且言者意之聲書者言
之記是故存言以聲意立書以記言故易曰書不盡言言不
盡意是言者意之筌蹄書言相生者也書者舒也書緯璿璣
鈐云書者如也則書者寫其言如其意情得展舒也又劉熙
釋名云書者庶也以記庶物又爲著言事得彰著五經六籍
皆是筆書此獨稱書者以彼五經者非是君口出言卽書爲
法所書之事各有云爲遂以所爲別立其稱稱以事立故不
名書至於此書者本書君事事雖有別正是君言言而見書
因而立號以此之故名異諸部但諸部之書隨事立名名以

《尚书》的作者是史官，《汉书·艺文志》称孔子整理过《尚书》，孔子及春秋战国的学者整理断简残篇、删改篇目以及重新编纂，至战国晚期或秦时，厥有定型文本。

汉初，伏生传授《尚书》，其文本根据汉代通用文字隶书改写，有二十八篇，此隶书写定本即今文《尚书》，也称为“伏生本”。后来朝廷又从民间征求到一篇《泰誓》，也编入“伏生本”，这二十九篇今文《尚书》则为汉代《尚书》的官方定本。汉武帝时，从孔子故宅壁中发现《尚书》，用先秦古文字书写，有四十五篇，即古文《尚书》，也称为“孔壁本”。孔子后人孔安国用隶书摹写与伏生本基本相同的二十九篇，并做了一些解释，此隶书摹写本称为“隶古定本”，其余的十六篇，孔安国未用隶书摹写，亦未解释，后渐佚亡。今文《尚书》和古文《尚书》除篇数多少和字体的差异外，并无多大区别，但今、古《尚书》毕竟版本不同、来源不同，学者研习时，在经文的理解、研究方法等方面逐渐产生差异，形成今文学派和古文学派。汉代，今文《尚书》长期作为官方规定的标准读本。东晋时，豫章内史梅赜向朝廷献出一部据说是汉代孔安国传授的古文《尚书》，有五十八篇，除《舜典》一篇外，每篇都有孔安国的“传”，书前还有一篇孔安国的《尚书序》，这个本子一般被称为孔传古文《尚书》，有三十三篇内容基本同于当初伏生传授的今文《尚书》二十八篇，增加的二十五篇，后来叫作“晚书”。孔传古文《尚书》出现不久就立于学官，从东晋到隋、唐，大多数学者相信此本为孔壁本古文《尚书》，也相信孔安国的“传”。陆德明据此本作《经典释文》中的《尚书释文》，隋朝学者刘炫和刘焯为之作“疏”。唐代学者孔颖达等学者选择孔传古文《尚书》为标准注本，根据刘炫、刘焯的旧疏，编写《尚书正义》，作为官方定本公开颁行。宋代以后，学术界不断有学者认为东晋梅赜献的孔传古文为“伪孔传本”，但孔传古文《尚书》是《尚书》唯一的传世文本。

《尚书》主要记录上古君王的文告和君臣的谈话记录，为政史资料汇编。《尚书》的编辑体例以时为序，根据朝代编辑篇目内容。传世《尚书》文本共五十八篇，分为四部分，依次称为《虞书》《夏书》《商书》和《周书》。按文体特征，《尚书》的内容一般分为典、谟、训、诰、誓、命六种体式。“典”是记载上古重要典章制度的文章；“谟”为君臣谋言；“训”为臣谏君言；“诰”为君令臣命；“誓”是君王或诸侯的誓众词；“命”是君王的册命。《尚书》记载了我国上古时期的历史，反映了当时的政治制度、重要事件、天文、地理等情况，是研究上古政治、法律、伦理、宗教、哲学等非常珍贵的史料。书中所体现的“民本”“修身”“德治”“和谐”思想，包含着丰富而深刻的内容。如《夏书·五子之歌》中“民惟邦本，本固邦宁”，不仅是三代圣君的训诰，也体现了我国早期的民本思想，对后世影响极为深远。自汉以来，《尚书》一直被视为政治哲学经典，是儒家“五经”之一，被誉为“政书之祖，史书之源”。

《尚书》文字古奥，诘屈艰深。为疏通经文，历代学者纷纷为之作注，《尚书》版本比较复杂。国家图书馆收藏了不同历史时期的《尚书》版本，品相内容俱佳的当属南宋两浙东路茶盐司所刻《尚书正义》，南宋两浙东路茶盐司所刻群经，首开经、注、疏合刻之风气，《周易注疏》和《尚书正义》刊刻较早，影响深远。此本首册钤有“飞青阁藏书印”“杨星吾东瀛所得秘笈”印记，乃杨守敬从日本购回，缺卷据日本足利学校所藏相同版本影抄配全，今藏国家图书馆。另有一宋刻十三卷本，为现存最古的《尚书》单注本（即孔传刻本）之一，版式疏朗大方，书中有五色点抹，眉端有墨笔，所录多为金仁山《尚书表注》。《大诰》篇后有缺。此本钤有“明墀之印”“李氏玉陔”“李盛铎印”“李盛铎读书记”“木犀轩臧书”“木斋”“木斋读过”“木斋真赏”“木斋审定”“木斋审定善本”“木斋宋元秘笈”“庐山李氏山房”“李滂”“少微”等印记，可见此书经李明墀（玉阶）、李盛铎（木斋）、李滂（少微）祖孙三代递藏，现藏北京大学图书馆。另有一种元刻明修本。南宋时期，出现“经注疏合刻本”和“经注释文合刻本”两个系列，之后出现经文、古注、疏文、释文四者俱全的合刻本，即“经注疏释文合刻本”，半叶十行，世称“宋十行本”。南宋福建魏县尉宅刻《附释音尚书注疏》，半叶九行，与十行本体例、刊刻年代相近。到了元代，福建建阳书坊，出现了十行诸经注疏的刻本，其中《左传》《毛诗》是翻刘叔刚本，其余各种也可能是翻宋十行本，也可能是沿着刘叔刚、魏县尉宅的路子编刻而成。这一组十行本到明正德年间经过大规模修版，刷印成一套《十三经注疏》，称为“元刊明修十行本”。

《百部经典》版《尚书》的底本是阮元刻《十三经注疏》本。北宋时，十三经的注、疏全部定型。明清时期，《十三经注疏》刻本有嘉靖年间的李元阳本、崇祯年间的毛晋本以及乾隆年间的武英殿本等。清嘉庆年间，经学家阮元重新主持校刻，阮刻《十三经注疏》校勘精良，被誉为《十三经注疏》校刻史上的集大成之作。阮刻《十三经注疏》中的《尚书正义》的底本就是元刻明修本《附释音尚书注疏》，《附释音尚书注疏》是最早的经、注、疏、释文合刻的版本。宋刻十行本存世极罕，而元刻明修本是以宋刻十行本为底本翻刻，故极为珍贵。

（梁葆莉）

诗经

毛诗诂训传二十卷 （汉）毛苌传 （汉）郑玄笺 （唐）陆德明释文 宋刻本

每半叶10行，行17字，小字双行22字，白口，左右双边或四周双边。国家图书馆藏（索书号：09585）。入选《第一批国家珍贵古籍名录》（名录号：00235）。

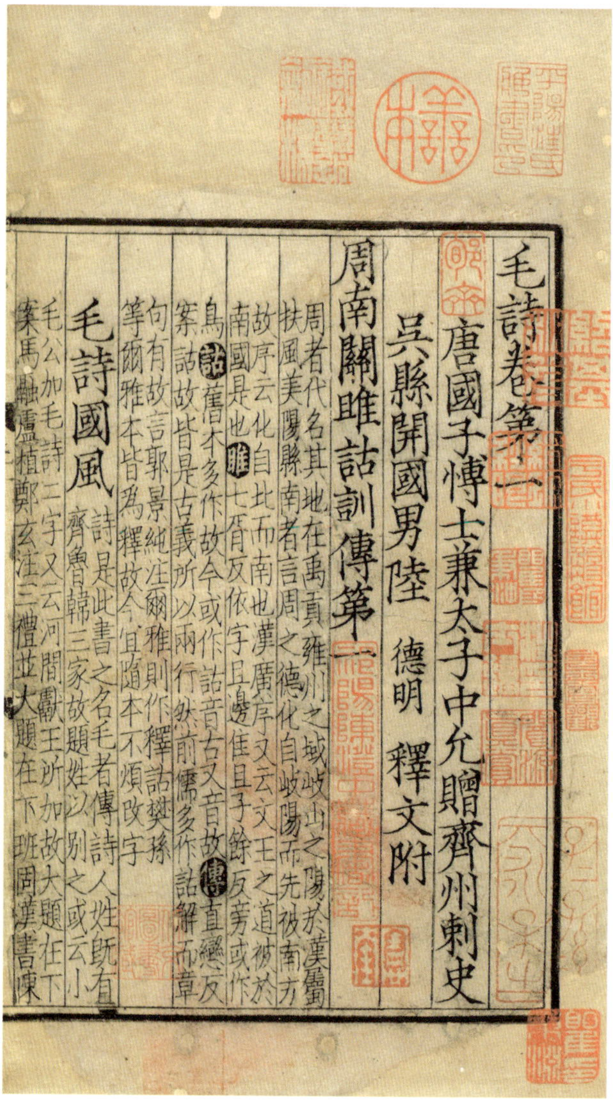

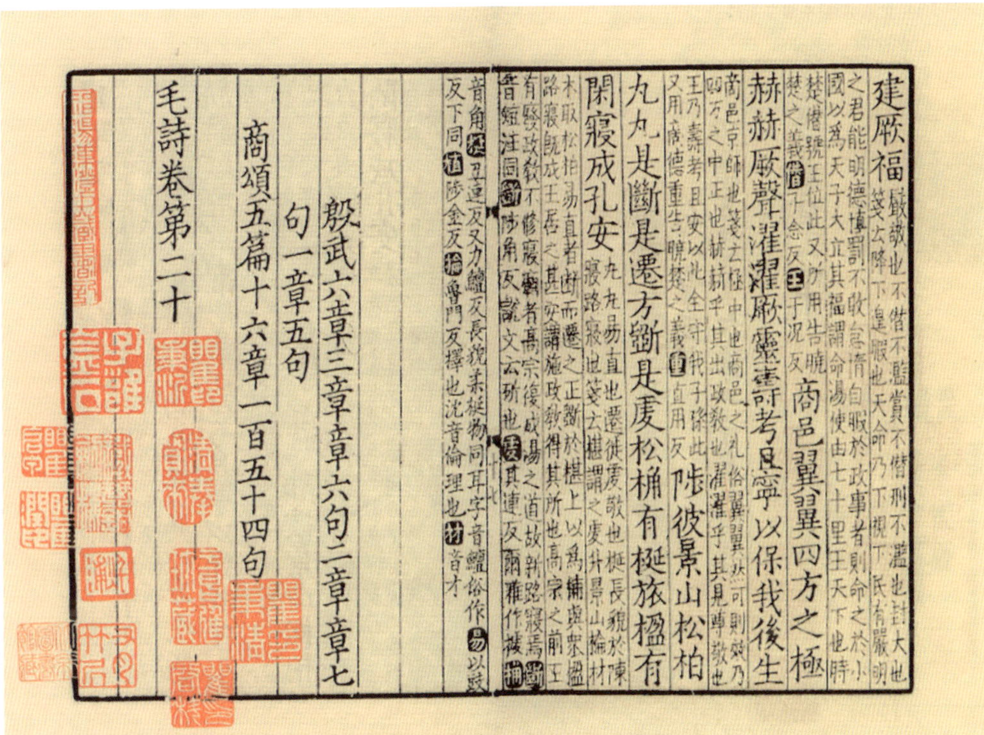

建厥福嚴敬也不僭不濫賞不僭刑不濫也封大也箋云降下遑暇也天命乃下視下民有嚴明之君能明德慎罰不敢怠惰自暇於政事者則命之於小國以爲天子大立其福謂命湯使由七十里王天下也時楚僭號王位此又所用告曉楚之義 僭子念反 王于況反 商邑翼翼四方之極商邑京師也箋云極中也商邑之禮俗翼翼然可則效乃四方之中正也赫赫乎其出政教也濯濯乎其見尊敬也王乃壽考且安以此全守我子孫此又用商德重告曉楚之義 重直用反

赫赫厥聲濯濯厥靈壽考且寧以保我後生

陟彼景山松柏丸丸是斷是遷方斲是虔松桷有梴旅楹有閑寢成孔安丸丸易直也遷徙虔敬也梴長貌旅陳也寢路寢也箋云椹謂之虔升景山掄材木取松柏易直者斷而遷之正斲於椹上以爲桷與衆楹路寢既成王居之甚安謂施政教得其所也高宗之前王有廢政教不修寢廟者高宗復成湯之道故新路寢焉 斷音短注同 斲陟角反說文云斫也 虔其連反爾雅作虔 桷音角 梴丑連反又力鱣反長貌柔梴物同耳字音羶俗作 易以豉反下同 椹陟金反 掄魯門反擇也沈音倫理也 材音才

十七

殷武六章三章章六句二章章七句一章五句

商頌五篇十六章一百五十四句

毛詩卷第二十

诗集传二十卷　（宋）朱熹撰　宋刻本

每半叶8行，行17字，小字双行同，细黑口，左右双边。存1卷。国家图书馆藏（索书号：06684）。

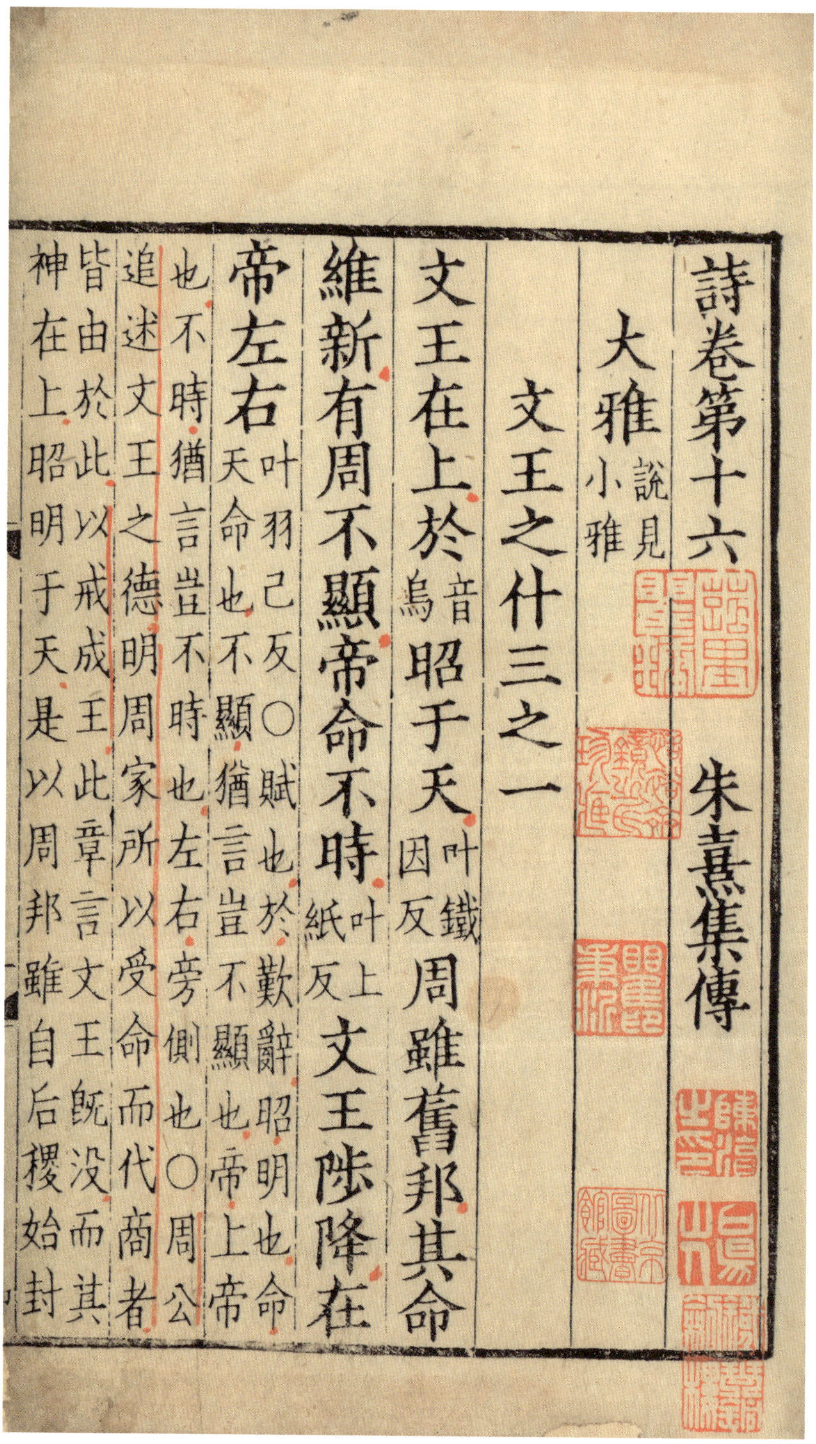

詩卷第十六　朱熹集傳

大雅說見小雅

文王之什三之一

文王在上於音烏昭于天叶鐵因反周雖舊邦其命

維新有周不顯帝命不時叶上紙反文王陟降在

帝左右叶羽己反○賦也於歎辭昭明也命

天命也不顯猶言豈不顯也帝上帝

也不時猶言豈不時也左右旁側也○周公

追述文王之德明周家所以受命而代商者

皆由於此以戒成王此章言文王既沒而其

神在上昭明于天是以周邦雖自后稷始封

诗集传二十卷 （宋）苏辙撰　宋淳熙七年（1180）筠州公使库刻本

每半叶10行，行19字，白口，左右双边。国家图书馆藏（索书号：19605）。入选《第一批国家珍贵古籍名录》（名录号：00237）。

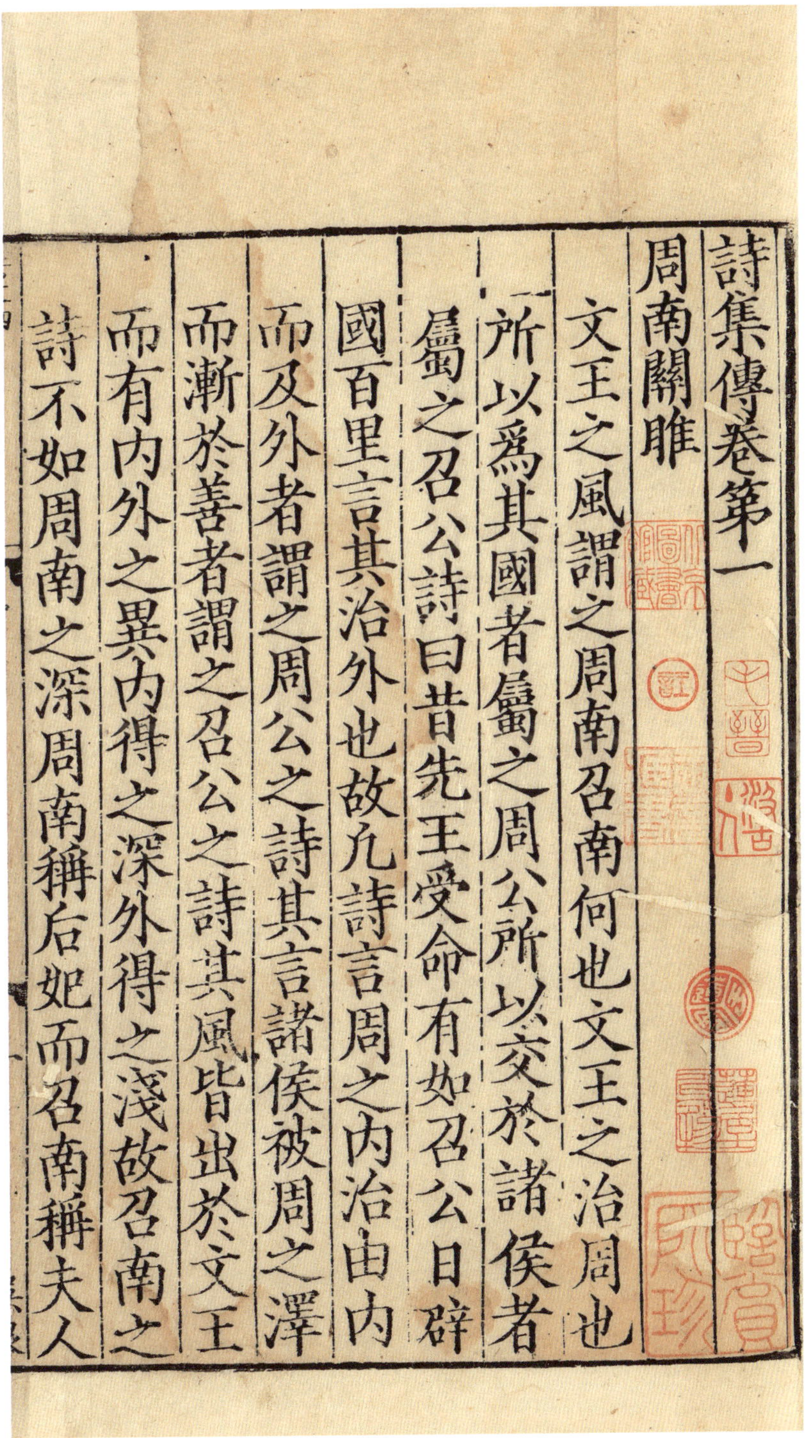

詩集傳卷第一

周南關雎

文王之風謂之周南召南何也文王之治周也所以爲其國者屬之周公所以交於諸侯者屬之召公詩曰昔先王受命有如召公日辟國百里言其治外也故凡詩言周之內治由內而及外者謂之周公之詩其言諸侯被周之澤而漸於善者謂之召公之詩其風皆出於文王而有內外之異內得之深外得之淺故召南之詩不如周南之深周南稱后妃而召南稱夫人

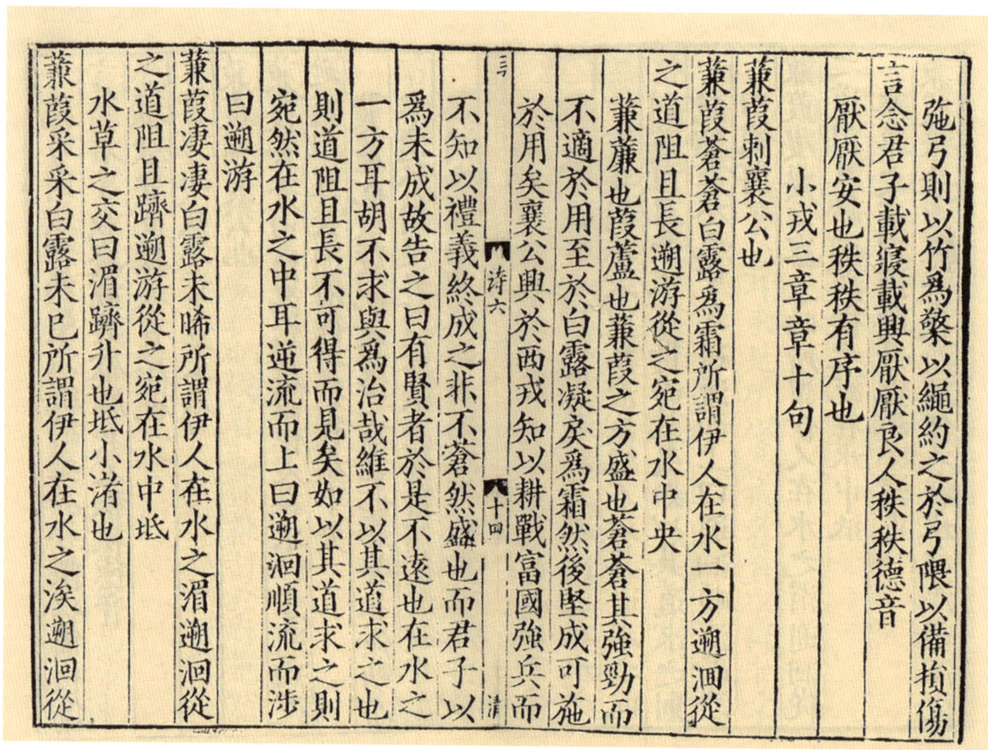

弛弓則以竹為檠以繩約之於弓隈以備損傷

言念君子載寢載興厭厭良人秩秩德音

厭厭安也秩秩有序也

小戎三章章十句

蒹葭刺襄公也

蒹葭蒼蒼白露為霜所謂伊人在水一方遡洄從之道阻且長遡游從之宛在水中央

蒹薕也葭蘆也蒹葭之方盛也蒼蒼其強勁而不適於用至於白露凝戾為霜然後堅成可施於用矣襄公興於西戎知以耕戰富國強兵而不知以禮義終成之非不蒼然盛也而君子以為未成故告之曰有賢者於是不遠也在水之一方耳胡不求與為治哉維不以其道求之也則道阻且長不可得而見矣如以其道求之則宛然在水之中耳逆流而上曰遡洄順流而涉曰遡游

蒹葭淒淒白露未晞所謂伊人在水之湄遡洄從之道阻且躋遡游從之宛在水中坻

水草之交曰湄躋升也坻小渚也

蒹葭采采白露未已所謂伊人在水之涘遡洄從

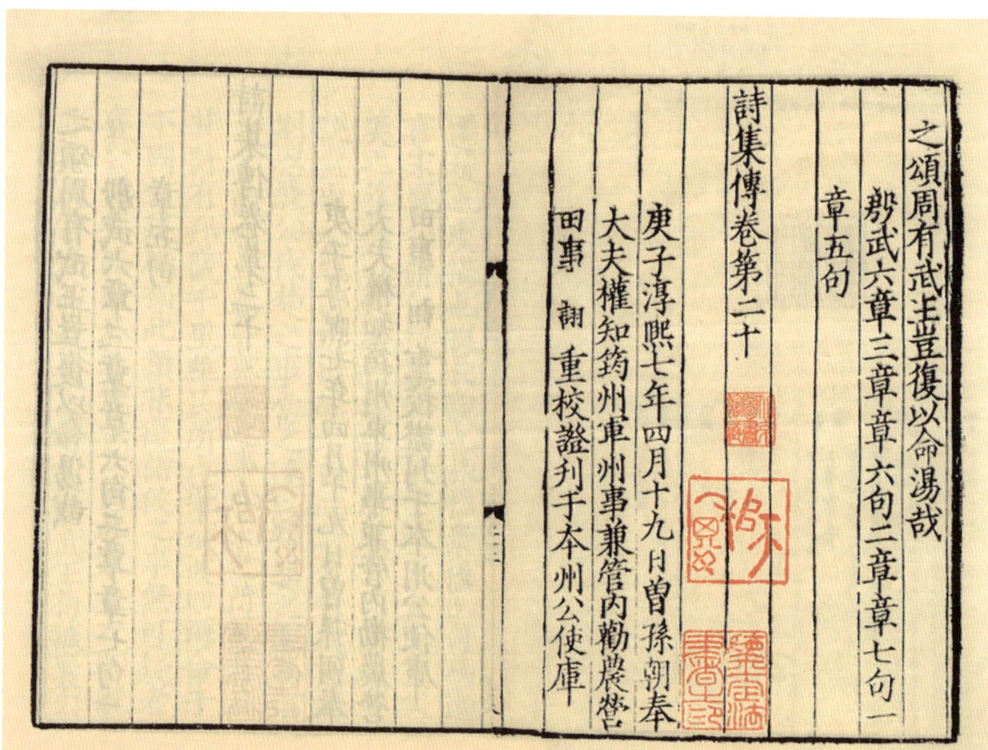

之頌周有武王豈復以命湯哉

般武六章三章章六句二章章七句一章五句

詩集傳卷第二十

庚子淳熙七年四月十九日曾孫朝奉大夫權知筠州軍州事兼管內勸農營田事 詡 重校讐刊于本州公使庫

毛诗正义七十卷 （汉）毛苌传 （汉）郑玄笺 （唐）孔颖达撰 **重刊宋本十三经注疏附校勘记十三种四百一十六卷** （清）阮元撰校勘记 （清）卢宣旬摘录校勘记 清嘉庆二十至二十一年（1815—1816）江西南昌府学刻本

每半叶10行，行17—18字，小字双行23—24字，黑口，左右双边。国家图书馆藏（索书号：101）。

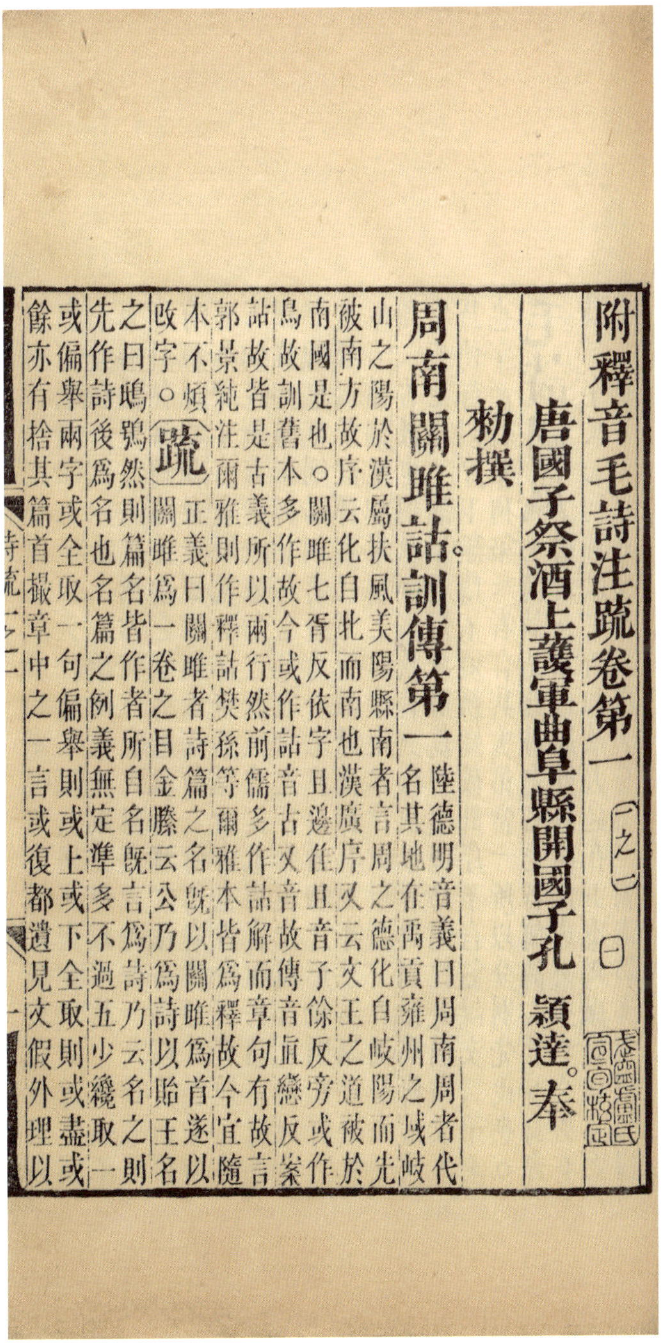
附釋音毛詩注疏卷第一（一之一）

唐國子祭酒上護軍曲阜縣開國子孔穎達。奉

勑撰

周南關雎詁訓傳第一 陸德明音義曰周南周者代名其地在禹貢雍州之域岐山之陽於漢屬扶風美陽縣南者言周之德化自岐陽而先被南方故序云化自北而南也漢廣序又云文王之道被於南國是也。關雎七胥反依字且邊隹且音子餘反旁或作鳥故訓舊本多作故今或作詁音古又音故傳音直戀反案詁故皆是古義所以兩行然前儒多作詁解而章句有故言郭景純注爾雅則作釋詁樊孫等爾雅本皆爲釋故今宜隨本不煩改字。疏 正義曰關雎者詩篇之名既以關雎爲首遂以關雎爲一卷之目金縢云公乃爲詩以貽王名之曰鴟鴞然則篇名皆作者所自名既言爲詩乃云名之則先作詩後爲名也名篇之例義無定準多不過五少纔取一或偏舉兩字或全取一句偏舉則或上或下全取則或盡或餘亦有捨其篇首撮章中之一言或復都遺見文假外理以

詩疏一之一

《诗经》是中国最早的一部诗歌总集，共三百零五篇，又称“诗三百”。学界普遍认为其创作时间大约从西周早期到春秋中期。相传周代有“采诗”制度，周王朝派人到民间采集歌谣，《诗经》中大部分作品来自民间歌谣。相传还有“献诗”制度，有些诗篇为贵族所作，献于周王朝，具体作者已不可考，只有少数作品留下作者的名字，个别作品可据其他记载确认作者。汉代一些学者，将某些王公后妃定为某些诗篇的作者，多为主观臆断，难以为据。汉代还有学者说《诗经》为孔子删定而成，学术史上多有疑议，孔子曾以《诗经》教授弟子，进行校订、编辑整理，亦或可信。

《诗经》按篇章内容，分为风、雅、颂。风即歌谣，有十五国风，共一百六十篇。“风”诗涉及的地域非常广阔，西起陕甘一带，东至泰山南北，北自黄河以北，南达江汉平原，有描写年轻男女爱情生活的篇章，也有反映当时社会黑暗现实的篇什，还有表达劳动人民深受剥削、压迫之苦的诗篇。“雅”有《大雅》和《小雅》，共一百零五篇，其中《大雅》三十一篇，《小雅》七十四篇。有歌颂周王朝及其祖先的乐章，有宴饮之作，有出征和班师典礼的乐歌，有对黑暗政治的抨击，还有对底层小民的哀叹，内容十分丰富。“颂”包括《周颂》《鲁颂》和《商颂》，共四十篇，多为祭祀时用的歌舞乐曲。《诗经》的表现手法有赋、比、兴。赋就是铺叙，比就是比喻，兴的意蕴较为复杂，朱熹解释为“先言他物以引起所咏之词也”，被广泛接受。《秦风·蒹葭》“蒹葭苍苍，白露为霜。所谓伊人，在水一方”，就是典型的“兴”。《诗经》中的诗篇，真实地描写了两千多年前的社会现实，反映了当时社会生活的风貌，奠定了中国文学现实主义传统的基础，其艺术经验成为中国古典诗歌美学风尚的重要组成部分，对后世文学的发展具有非常深远的影响。

《诗经》的流传纷繁复杂。孔子、孟子、荀子说诗的理论与方法，奠定了《诗经》学的基础。汉代《诗》的传授者有四家，齐、鲁、韩三家诗，属今文学派，后亡佚；毛诗为古文学派，流传至今，主要训诂《诗经》字词，毛序解说《诗经》各篇大旨，今所称《诗经》皆指毛诗。东汉末年，郑玄或修补毛传，或别立新说，即郑笺。唐初，官方组织孔颖达等学者疏解毛诗的序、传、笺，《毛诗正义》问世，《毛诗正义》引用各家之说，成为汉代以来《诗经》学的总结性著作。宋代朱熹作《诗序辨说》，对毛序多有批驳，又作《诗集传》，历代学《诗》者奉为圭臬，以为必读之本。此书简明扼要，平实雅致，亦受今天读者青睐。国家图书馆收藏有一部宋刻《毛诗诂训传》，此书合毛传、郑笺与陆德明释文，钤有“汪士钟印”“阆源真赏”“铁琴铜剑楼”“祁阳陈澄中藏书记”等印记，可知先后为汪士钟艺芸书舍、瞿氏铁琴铜剑楼、祁阳陈清华（澄中）郇斋收藏。国家图书馆另藏有一部宋淳熙七年（1180）筠州公使库刻苏辙《诗集传》二十卷，不同于明刻《两苏经解》本和《四库全书》本的十九卷，世所罕传，是目前所知的海内外孤本。此本为苏辙《诗集传》传世最早的版本，皮纸印造，字兼欧柳，墨色精纯，行格疏朗，乃典型的宋人刻书风格。初为毛氏汲古阁旧物，清初入内府，之后由中国书店收进，最终转让于国图。另有朱熹《诗集传》，最早著录于南宋的私家藏书目录——尤袤的《遂初堂书目》。之后陈振孙《直斋书录解题》著录为“二十卷”。目前存世的宋刻《诗集传》，有半叶七行本和八行本两个系统。七行本有数部：一是日本静嘉堂文库本，曾经清袁廷梼、陈鳣、陆心源递藏；二是原北平图书馆藏本；三是南京图书馆藏本，此为大陆现存此版中卷数最多之宋刻本；四是上海图书馆藏本。八行本是一个独立的系统，目前可见的存于国家图书馆，虽只存一卷，亦可见其珍贵。

《百部经典》版《诗经》的底本为阮元刻《十三经注疏》本。阮刻《十三经注疏》中《毛诗注疏》以元刻明修本《附释音毛诗注疏》为底本。南宋建安刘叔刚刻《附释音毛诗注疏》，十行十八字，小字双行二十三字，细黑口，左右双边。正义序后有方形“刘氏文府”、钟形“叔刚”、鼎形“桂轩”、方形“一经堂”木记，元刻十行注疏本即翻刻刘叔刚刻本，后又经修版，此书日本足利学校图书馆藏有一部。

（梁葆莉）

论语

论语集注十卷序说一卷　孟子集注十四卷序说一卷　（宋）朱熹撰　宋刻本

每半叶7行，行12字，小字双行16字，黑口，左右双边。国家图书馆藏（索书号：08650）。

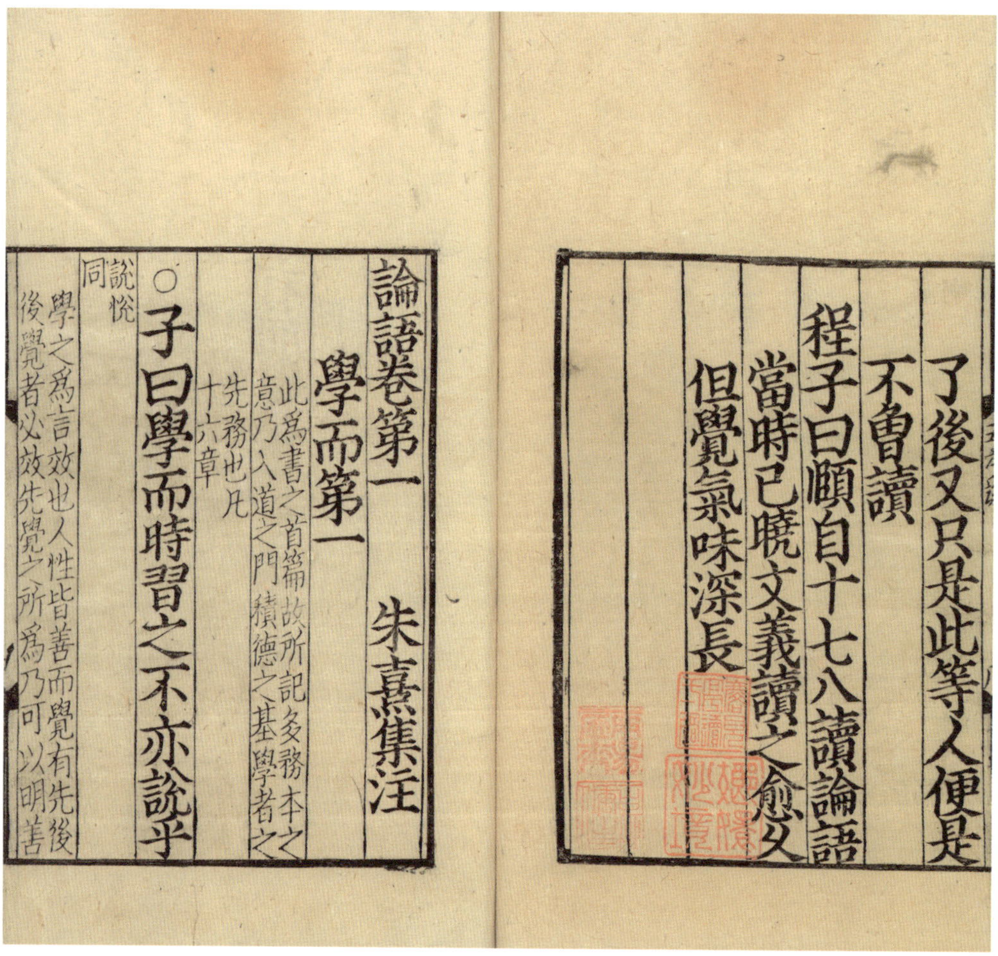
了後又只是此等人便是
不曾讀
程子曰頤自十七八讀論語
當時已曉文義讀之愈久
但覺氣味深長

論語卷第一　朱熹集注
學而第一
此爲書之首篇故所記多務本之意乃入道之門積德之基學者之先務也凡十六章
○子曰學而時習之不亦說乎說悅同
學之爲言效也人性皆善而覺有先後後覺者必效先覺之所爲乃可以明善

讀論語孟子法

程子曰學者當以論語孟子爲本論語孟子既治則六經可不治而明矣讀書者當觀聖人所以作經之意與聖人所以用心聖人之所以至於聖人而吾之所以未至者所以

论语注疏解经二十卷　（三国魏）何晏、（宋）邢昺撰　元刻明修本

每半叶10行，行18字，小字双行23字，白口，左右双边，国家图书馆藏（索书号：09739）。

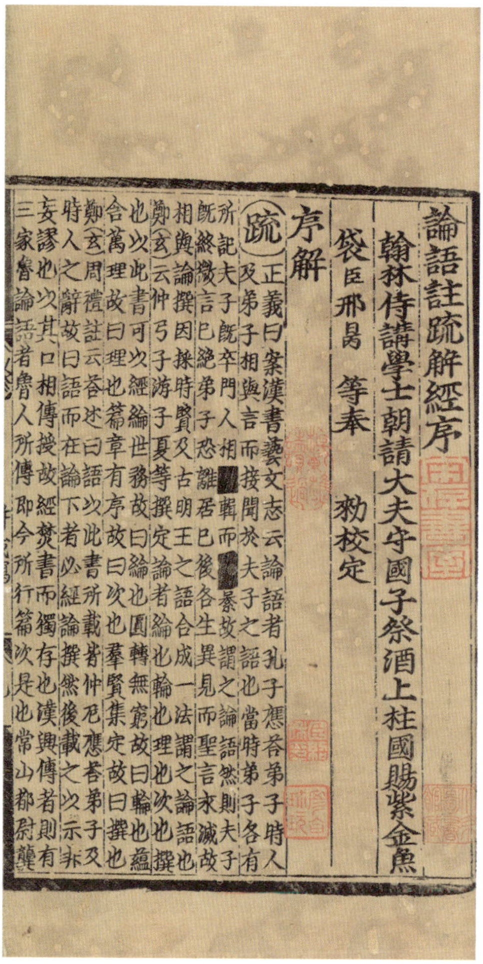

論語註疏解經序
翰林侍講學士朝請大夫守國子祭酒上柱國賜紫金魚
袋臣邢昺　等奉　勑校定
序解
疏 正義曰案漢書藝文志云論語者孔子應荅弟子時人
及弟子相與言而接聞於夫子之語也當時弟子各有
所記夫子既卒門人相與輯而論纂故謂之論語然則夫子
既終微言已絕弟子恐離居已後各生異見而聖言永滅故
相與論撰因採時賢及古明王之語合成一法謂之論語也
鄭玄云仲弓子游子夏等撰定論者綸也輪也理也次也撰
也以此書可以經綸世務故曰綸也圓轉無窮故曰輪也蘊
含萬理故曰理也篇章有序故曰次也羣賢集定故曰撰也
鄭玄周禮註云荅述曰語以此書所載皆仲尼應荅弟子及
時人之辭故曰語而在論下者必經論撰然後載之以示非
妄謬也以其口相傳授故經焚書而獨存也漢興傳者則有
三家魯論語者魯人所傳即今所行篇次是也常山都尉龔

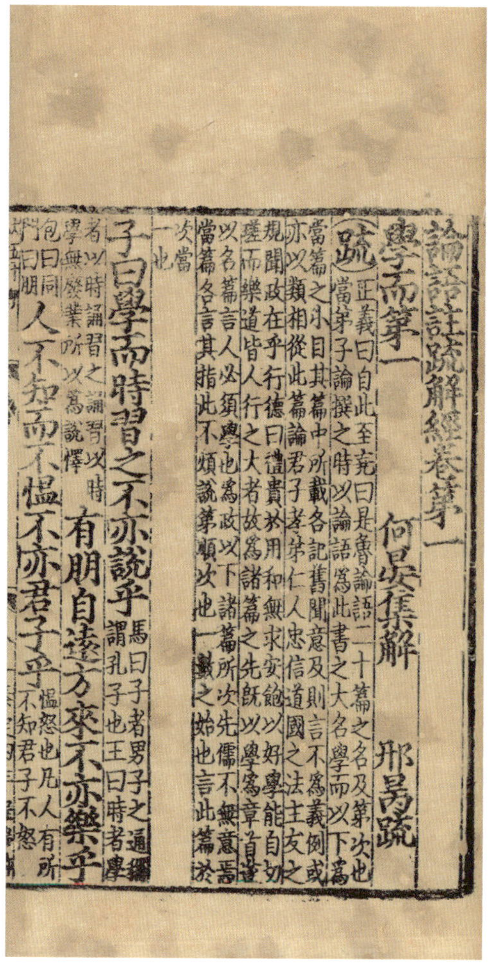

論語註疏解經卷第一
學而第一　何晏集解　邢昺疏
疏 正義曰自此至堯曰是魯論語二十篇之名及第次也
當弟子論撰之時以論語為此書之大名學而以下為
當篇之小目其篇中所載各記舊聞意及則言不為義例或
亦以類相從此篇論君子孝弟仁人忠信道國之法主友之
規聞政在乎行德由禮貴於用和無求安飽以好學能自切
磋而樂道皆人行之大者故為諸篇之先既以學為章首遂
以名篇言人必須學也為政以下諸篇所次先儒不無意焉
當篇名言其指此不煩說第順次也一數之始也言此篇於
次當一也
子曰學而時習之不亦說乎 馬曰子者男子之通稱謂孔子也王曰時者學者以時誦習之誦習以時學無廢業所以為說懌
有朋自遠方來不亦樂乎 包曰同門曰朋
人不知而不慍不亦君子乎 慍怒也凡人有所不知君子不怒

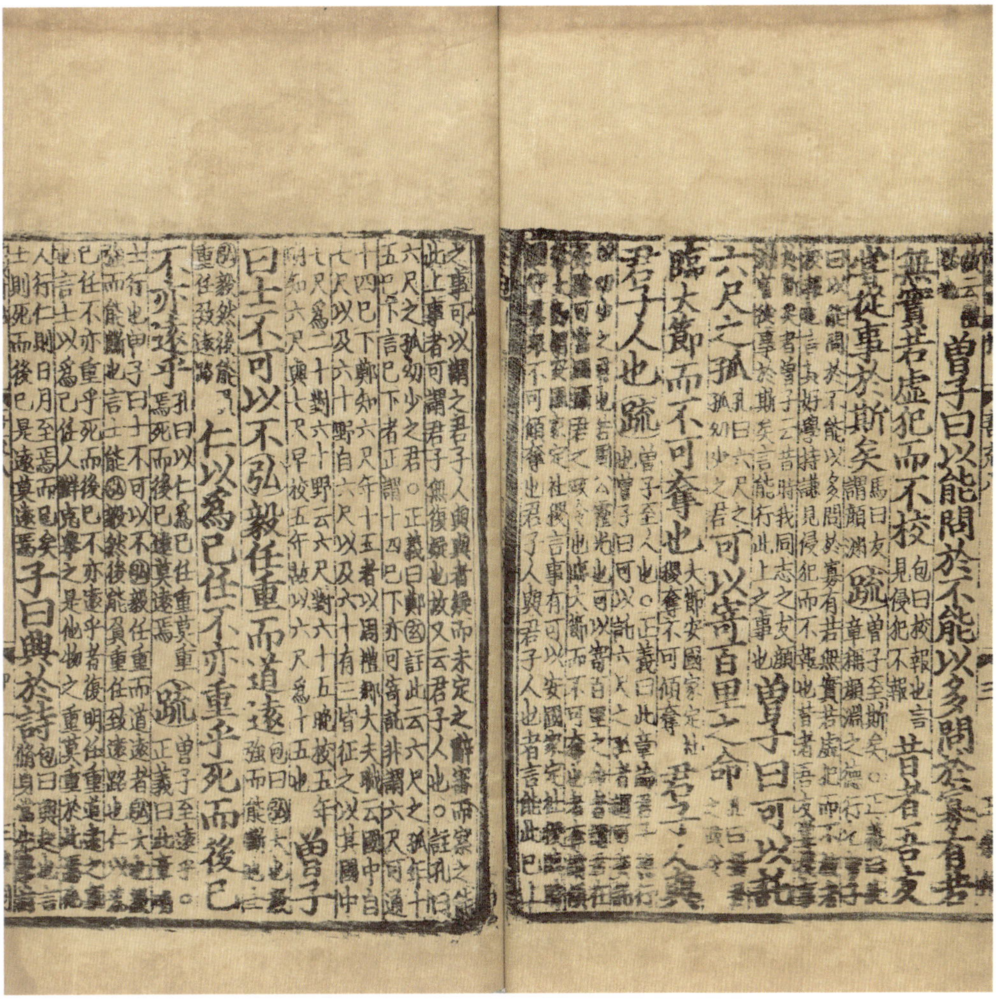

曾子曰以能問於不能以多問於寡有若無實若虛犯而不校昔者吾友嘗從事於斯矣

曾子曰可以託六尺之孤可以寄百里之命臨大節而不可奪也君子人與君子人也

曾子曰士不可以不弘毅任重而道遠仁以爲已任不亦重乎死而後已不亦遠乎

子曰興於詩

论语集解十卷 （三国魏）何晏集解 （唐）陆德明释文 元岳氏荆溪家塾刻本

每半叶8行，行17字，细黑口，四周双边。国家图书馆藏（索书号：12350）。

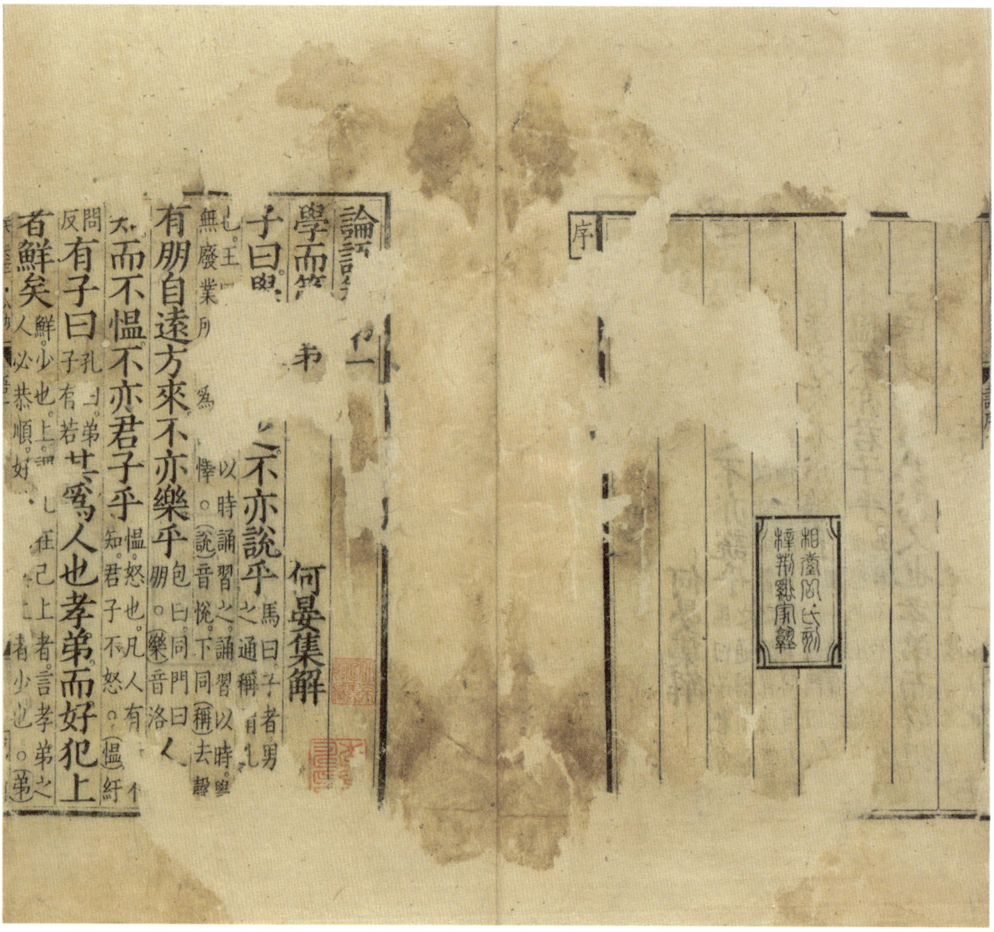
論語
學而第一
何晏集解
子曰學而……不亦說乎
有朋自遠方來不亦樂乎
而不慍不亦君子乎
有子曰其爲人也孝弟而好犯上
者鮮矣

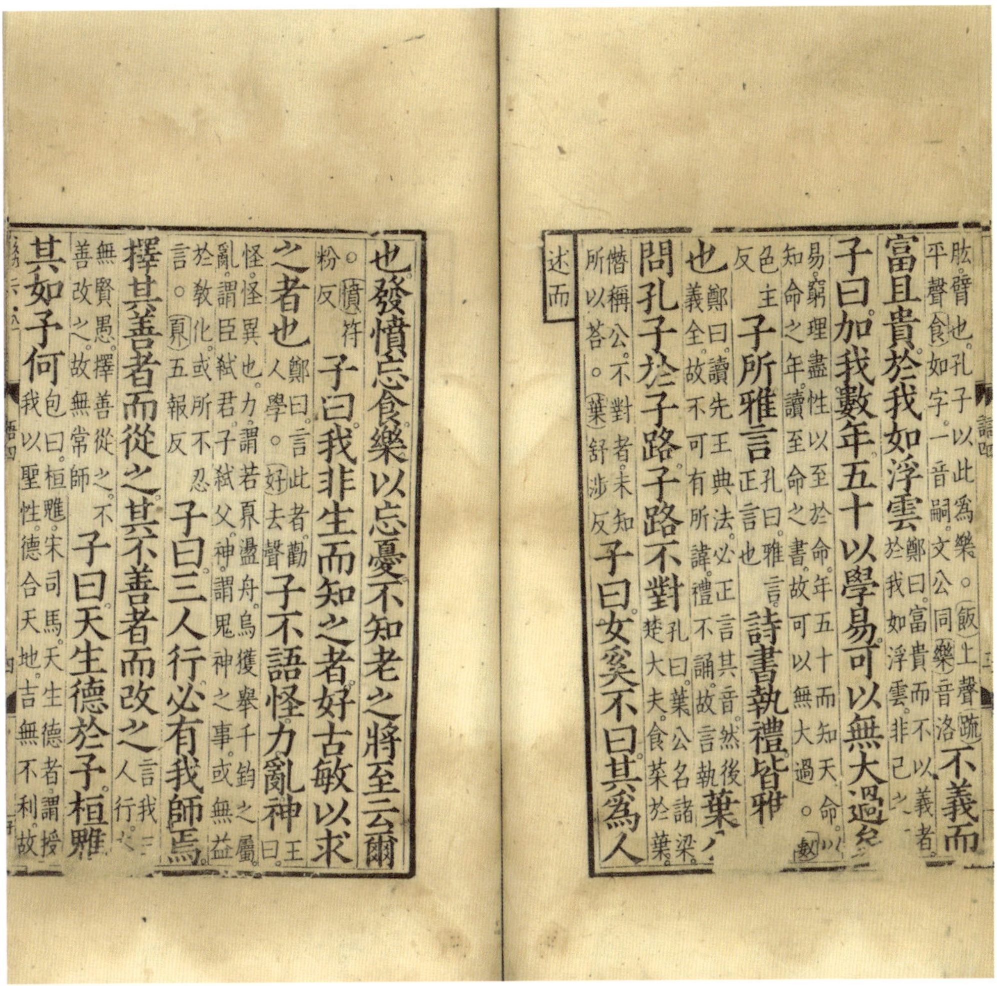
肱，臂也。孔子以此為樂。（飯）上聲（疏）平聲（食）如字，一音嗣。文公同。（樂）音洛 不義而
富且貴於我如浮雲 鄭曰：富貴而不以義者，於我如浮雲，非己之
子曰：加我數年五十以學易，可以無大過矣
易窮理盡性以至於命，年五十而知天命，以知命之年讀至命之書，故可以無大過。（數）色主反
子所雅言 孔曰：雅言，正言也。 詩書執禮皆雅
也 鄭曰：讀先王典法，必正言其音，然後義全，故不可有所諱。禮不誦，故言執。 葉公
問孔子於子路，子路不對 孔曰：葉公名諸梁，楚大夫，食菜於葉，
僭稱公。不對者，未知所以荅。（葉）舒涉反 子曰：女奚不曰其為人
述而
也，發憤忘食，樂以忘憂，不知老之將至云爾
。（憤）符粉反 子曰：我非生而知之者，好古敏以求
之者也 鄭曰：言此者，勸人學。（好）去聲 子不語怪力亂神 王曰：
怪，怪異也。力，謂若奡盪舟，烏獲舉千鈞之屬。亂，謂臣弒君，子弒父。神，謂鬼神之事。或無益
於教化，或所不忍言。（奡）五報反 子曰：三人行，必有我師焉
擇其善者而從之，其不善者而改之 言我三人行
無賢愚，擇善從之，不善改之，故無常師。 子曰：天生德於予，桓魋
其如予何 包曰：桓魋，宋司馬。天生德者，謂授我以聖性，德合天地，吉無不利，故

《论语》主要记载孔子的言语和行事，也有少量孔子弟子如有子、曾子等的言论。《论语》的作者和成书时间已不可考。它不是一时一人所作，而是由孔子的弟子和再传弟子，以至于三传弟子，经过相当长的时间编撰而成。有学者认为成书于战国初期，也有人认为成书于战国末期，约在孔子死后数十年至二百年间。孔子是两千五百多年前的一位伟大的思想家和教育家，春秋时期鲁国人，学有所成后，招收弟子，开办私学。孔子曾在鲁国为政，担任掌管司法的大司寇，还曾周游列国，宣传自己的主张，皆不得志。孔子整理古代文献，总结继承古代文化成果，形成儒学思想体系和儒家学派，对中华民族文化的发展有极其深远的影响。

《论语》的核心思想是讲做人的道理。孔子最关心的是人的完善，他希望通过人的提高和完善，来达到天下有道的目标。孔子学说的出发点和目标都在于修身，无论为政还是教育，中心都是“正人”，这是孔子全部思想的核心。对于人的提高和完善，《论语》将“君子”作为理想人格的追求目标，提出修己安人的君子之道、孝悌忠信的君子之德，宣扬贵和中庸的待人处事智慧、行己有耻的自觉修身精神、人生与天命合一的知命思维、政者正也的治国理念，践行丰富博大的教学思想等。《论语》处处充满富有哲理的警句。《泰伯》篇有“士不可以不弘毅，任重而道远”，人生之旅，责任重大，路程遥远，古今一也。《述而》篇有“不义而富且贵，于我如浮云”，用不正当手段得来的富贵，在我看来就像浮云一样，与“一箪食，一瓢饮，在陋巷。人不堪其忧，回也不改其乐”合称孔颜之乐。《学而》篇有“学而时习之，不亦说乎”，主张学思结合。《论语》是了解孔子思想最基本的典籍，也是了解儒家思想和中国传统文化最基本的一本书，对中国人的生活方式、思想方式和精神面貌，有着深远的影响，其中蕴含的政治主张、伦理思想、道德准则、教育理念等方面的智慧至今依然熠熠生辉，构成了中华传统文化的基本精神。

《论语》传本纷繁复杂。西汉时，《论语》有三种本子：《鲁论语》二十篇，《齐论语》二十二篇，出于孔壁的《古论语》二十一篇。西汉末，张禹以《鲁论语》为基础，吸收《齐论语》和《古论语》的部分内容，合编为《张侯论》，此本在当时被广泛接受，流行于世。至东汉末年，郑玄也以《鲁论语》为底本，参考《齐论语》和《古论语》，编校成一个新的本子，并为之作注，郑玄的注本成为后世流传本的基础，郑注本在唐以后不传，只留有敦煌遗书残卷。三国魏时，何晏等人所撰的《论语集解》，较为集中地保存了《论语》的汉魏古注，是后世训解《论语》的基础。《论语》约在三国时期被列为经书。南宋朱熹为《论语》《孟子》《大学》《中庸》各作集注和章句，“四书”之名由此始立，被定为科举考试的必读书目。与何晏《集解》一样，《论语集注》亦广为流传。清代刘宝楠所撰的《论语正义》，注释详备，并充分吸收了清代考据学的成果，亦为学术界公认上佳的《论语》注本。关于《论语》刻本，代表性的有元相台岳氏荆溪家塾本《论语集解》十卷，元相台岳氏校刻群经，极可称善，《论语》《孟子》颇为罕见，少见于后世藏书志，国家图书馆藏有一部，书中钤有“沧苇”“季振宜印”“乾学之印”“昆山徐氏家臧”“乾隆御览之宝”“八徵耄念之宝”“太上皇帝之宝”“五福五代堂古稀天子宝”等印记，可见此书迭经季振宜、徐乾学等名家递藏，再入天禄琳琅，经乾隆御览。另有元泰定四年（1327）刻明修本《论语注疏解经》二十卷，颇为贵重。《论语注疏解经》二十卷，宋时就刊有八行本，但今传世者皆残本。宋时亦有十行本，元代泰定前后，宋刻十行本被翻刻行世，其书板传至明代，递经修补刷印，即后人所谓的“十行本”或“正德本”，元刻十行注疏本长期以来被误为宋刻。阮元重刻《十三经注疏》中的《论语注疏解经》时，即以此元刻十行本为底本翻刻。

《百部经典》版《论语》的底本为朱熹《论语集注》。国家图书馆藏一部宋刻《论语集注》，与《孟子集注》合刻，颇为珍贵。

（梁葆莉）

孟子

四书章句集注二十八卷　（宋）朱熹撰　宋嘉定十年（1217）当涂郡斋刻嘉熙四年（1240）、淳祐八年（1248）、淳祐十二年（1252）递修本

每半叶8行，行15字，注文小字双行同，白口，左右双边。国家图书馆藏（索书号：06585）。入选《第一批国家珍贵古籍名录》（名录号：00320）。

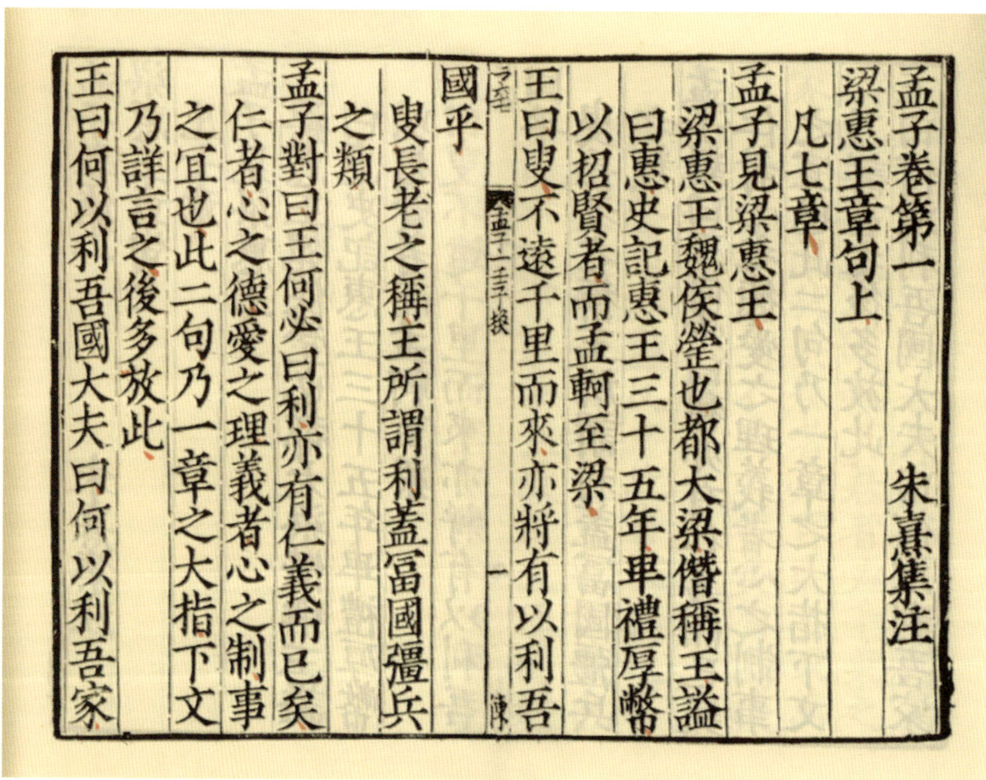

孟子卷第一　朱熹集注
梁惠王章句上
凡七章
孟子見梁惠王
梁惠王魏侯罃也都大梁僭稱王謚
曰惠史記惠王三十五年卑禮厚幣
以招賢者而孟軻至梁
王曰叟不遠千里而來亦將有以利吾
國乎
叟長老之稱王所謂利蓋富國彊兵
之類
孟子對曰王何必曰利亦有仁義而已矣
仁者心之德愛之理義者心之制事
之宜也此二句乃一章之大指下文
乃詳言之後多放此
王曰何以利吾國大夫曰何以利吾家

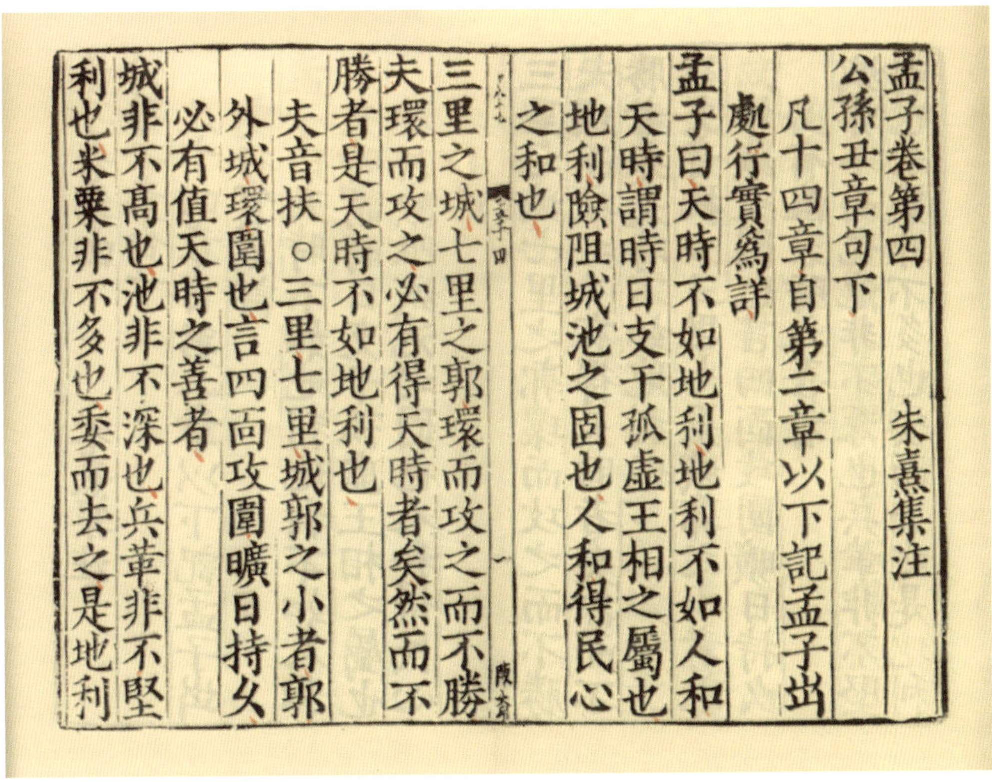

孟子卷第四

公孫丑章句下　　朱熹集注

凡十四章自第二章以下記孟子出

處行實爲詳

孟子曰天時不如地利地利不如人和

天時謂時日支干孤虛王相之屬也

地利險阻城池之固也人和得民心

之和也

三里之城七里之郭環而攻之而不勝

夫環而攻之必有得天時者矣然而不

勝者是天時不如地利也

夫音扶。○三里七里城郭之小者郭

外城環圍也言四面攻圍曠日持久

必有值天時之善者

城非不高也池非不深也兵革非不堅

利也米粟非不多也委而去之是地利

论语集注十卷序说一卷　孟子集注十四卷序说一卷　（宋）朱熹撰　宋刻本

每半叶7行，行12字，小字双行16字，黑口，左右双边。国家图书馆藏（索书号：08650）。

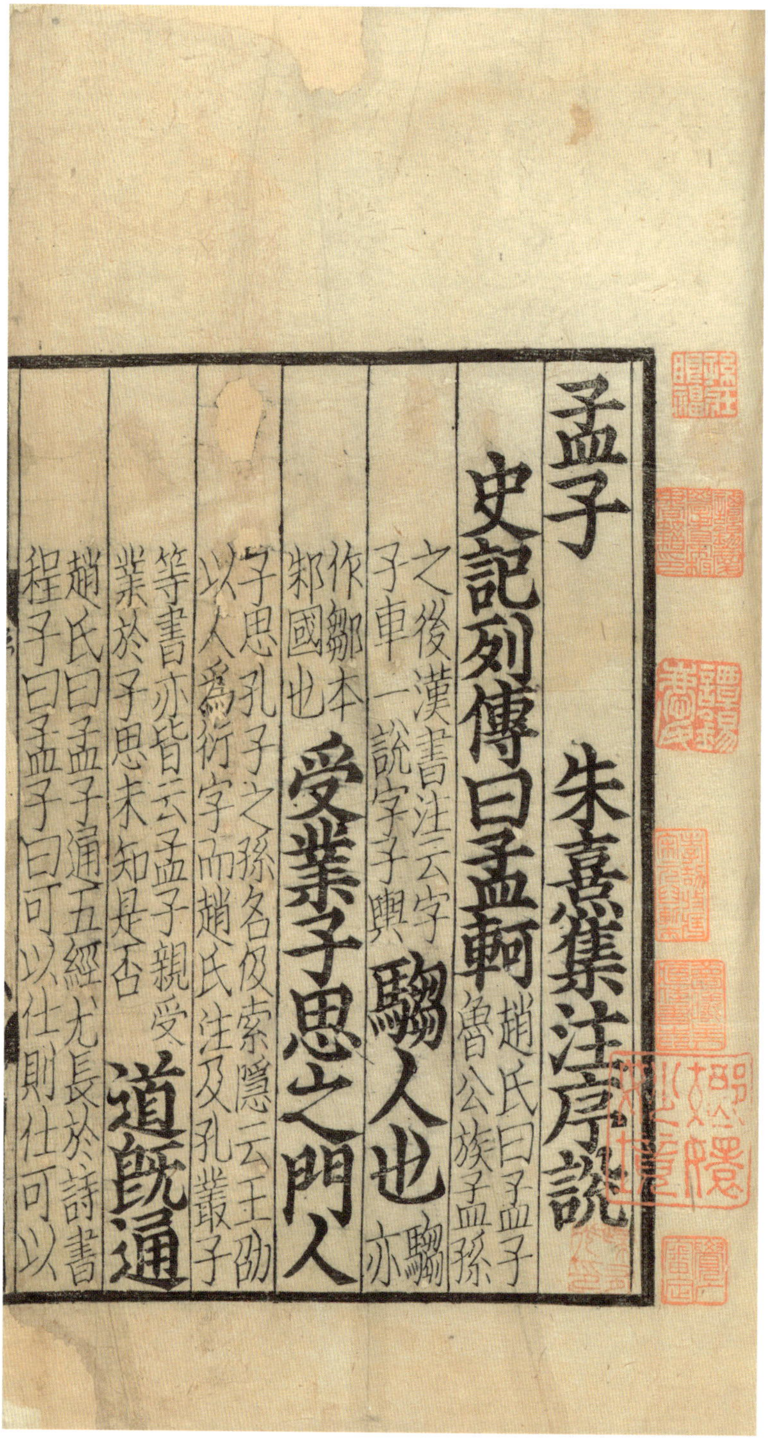

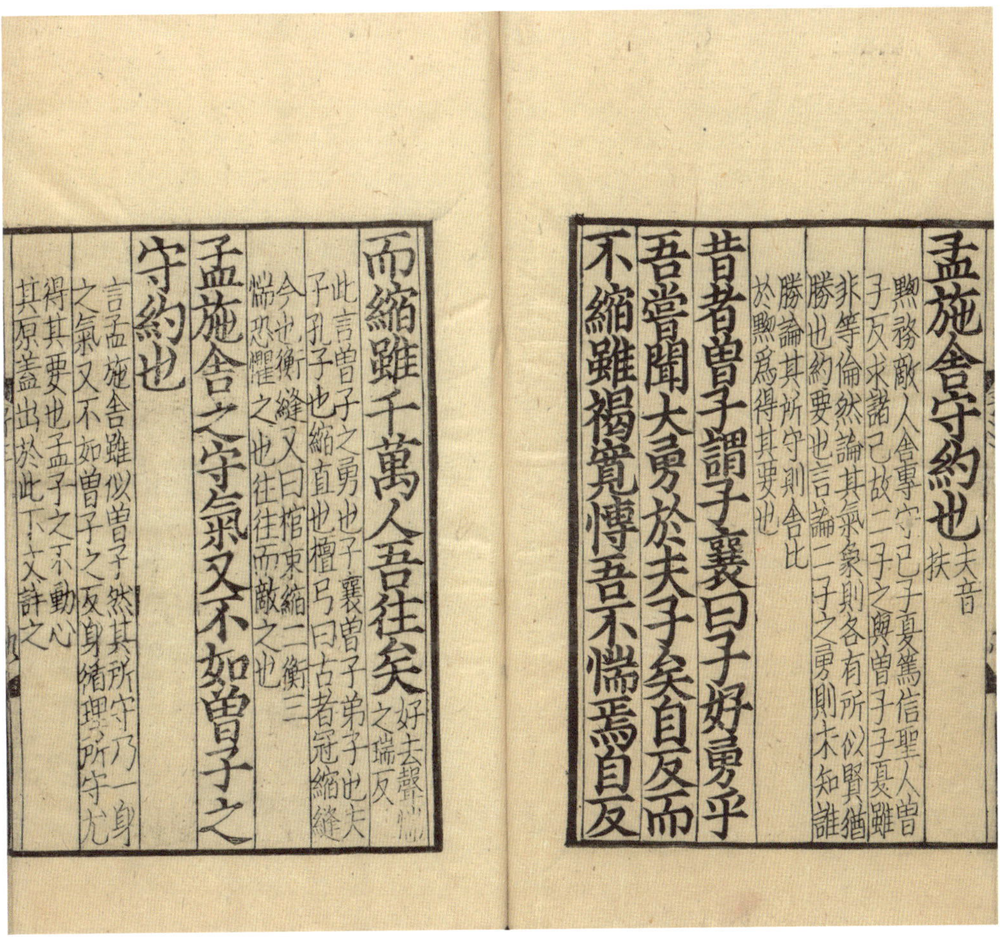

孟施舍守約也夫音扶

黝務敵人舍專守己子夏篤信聖人曾子反求諸己故二子之與曾子子夏雖非等倫然論其氣象則各有所似賢猶勝也約要也言論二子之勇則未知誰勝論其所守則舍比於黝為得其要也

昔者曾子謂子襄曰子好勇乎吾嘗聞大勇於夫子矣自反而不縮雖褐寬博吾不惴焉自反而縮雖千萬人吾往矣好去聲惴之瑞反

此言曾子之勇也子襄曾子弟子也夫子孔子也縮直也檀弓曰古者冠縮縫今也衡縫又曰棺束縮二衡三惴恐懼之也往往而敵之也

孟施舍之守氣又不如曾子之守約也

言孟施舍雖似曾子然其所守乃一身之氣又不如曾子之反身循理所守尤得其要也孟子之不動心其原蓋出於此下文詳之

孟子注疏解经十四卷　（汉）赵岐注　题（宋）孙奭疏　宋刻元修本

每半叶 8 行，行 16 字，小字双行 22 字，白口，左右双边。缪荃孙跋。国家图书馆藏（索书号：08649）。

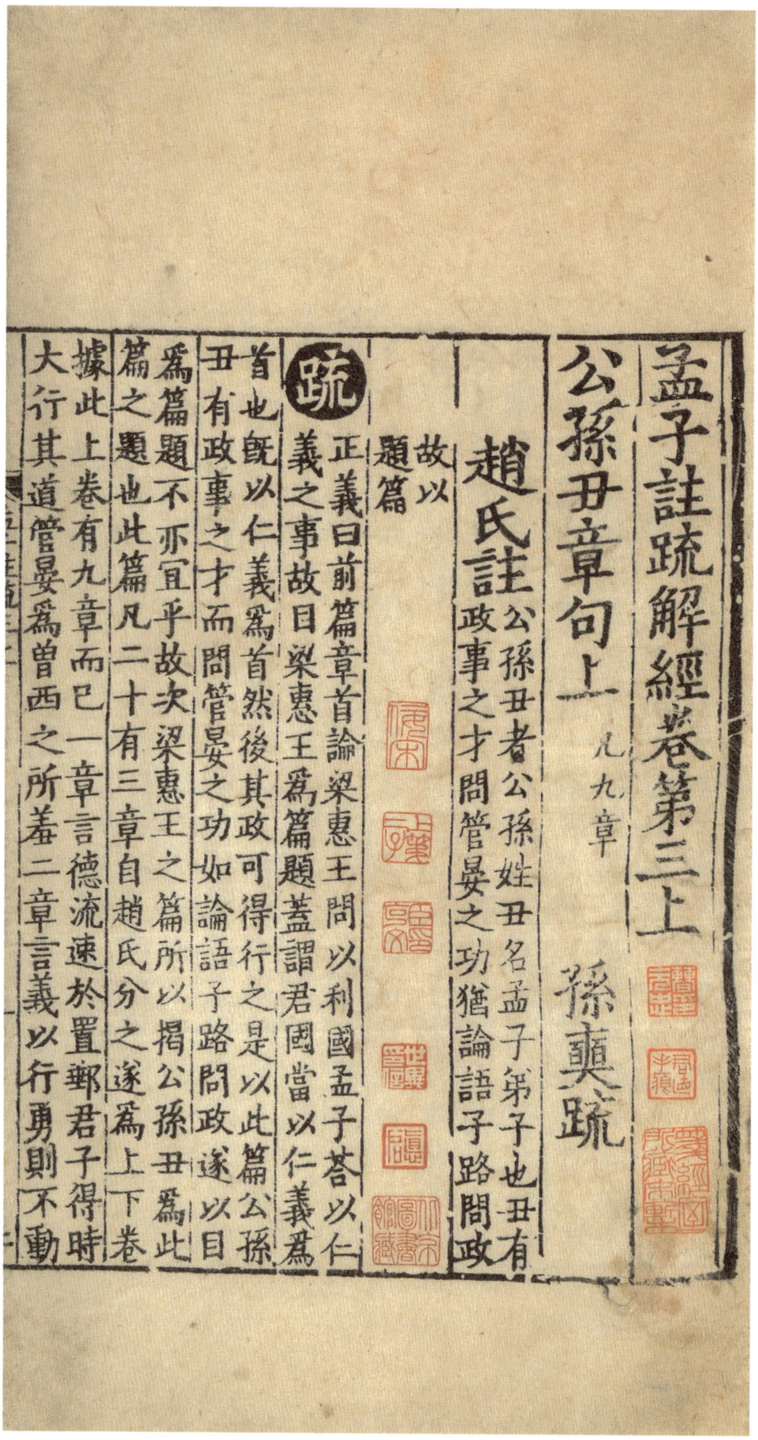

孟子註疏解經卷第三上

公孫丑章句上　凡九章　孫奭疏

趙氏註　公孫丑者公孫姓丑名孟子弟子也丑有政事之才問管晏之功猶論語子路問政故以題篇

疏　正義曰前篇章首論梁惠王問以利國孟子荅以仁義之事故目梁惠王爲篇題蓋謂君國當以仁義爲首也既以仁義爲首然後其政可得行之是以此篇公孫丑有政事之才而問管晏之功如論語子路問政遂以目爲篇題不亦宜乎故次梁惠王之篇所以揭公孫丑爲此篇之題也此篇凡二十有三章自趙氏分之遂爲上下卷據此上卷有九章而已一章言德流速於置郵君子得時大行其道管晏爲曾西之所羞二章言義以行勇則不動

孟子二卷 明万历四十五年（1617）闵齐伋刻朱墨蓝三色套印本

每半叶 8 行，行 18 字，白口，左右双边。题宋苏洵批点。国家图书馆藏（书号：04985）。

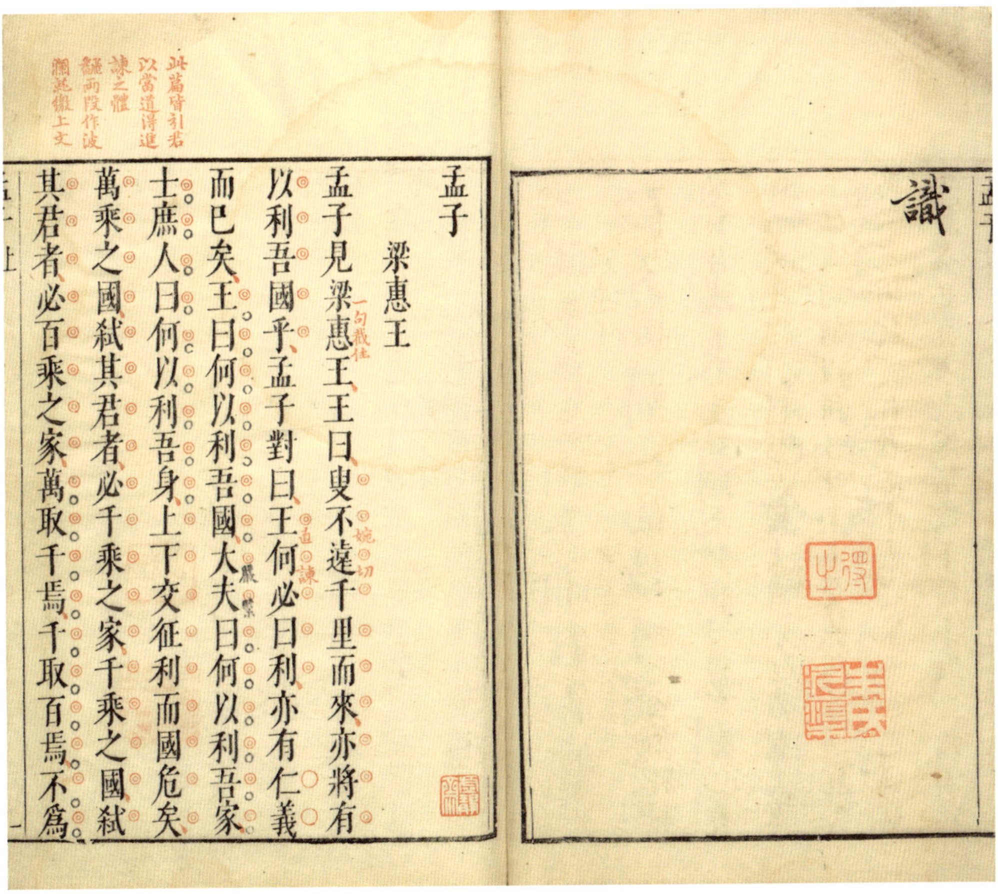

孟子注疏十四卷　（汉）赵岐注　题（宋）孙奭疏　**重刊宋本十三经注疏附校勘记十三种四百一十六卷**　（清）阮元撰校勘记　（清）卢宣旬摘录校勘记　清嘉庆二十至二十一年（1815—1816）江西南昌府学刻本

每半叶 10 行，行 17—18 字，小字双行 23—24 字，黑口，左右双边。国家图书馆藏（索书号：101）。

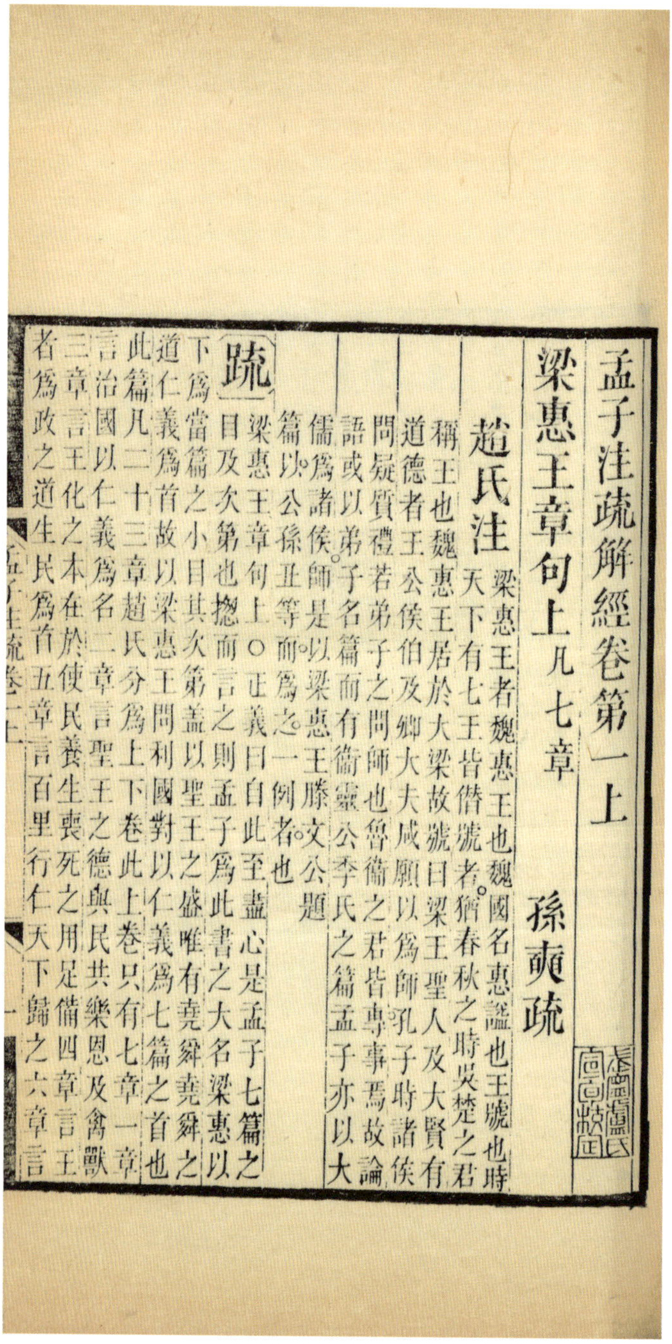
孟子注疏解經卷第一上
梁惠王章句上凡七章　孫奭疏
趙氏注梁惠王者魏惠王也魏國名惠謚也王號也時天下有七王皆僣號者猶春秋之時吳楚之君稱王也魏惠王居於大梁故號曰梁王聖人及大賢有道德者王公侯伯及卿大夫咸願以爲師孔子時諸侯問疑質禮若弟子之問師也魯衛之君皆專事焉故論語或以弟子名篇而有衛靈公季氏之篇孟子亦以大儒爲諸侯師是以梁惠王滕文公題篇與公孫丑等而爲之一例者也
疏梁惠王章句上○正義曰自此至盡心是孟子七篇之目及次第也揔而言之則孟子爲此書之大名梁惠以下爲當篇之小目其次第蓋以聖王之盛唯有堯舜堯舜之道仁義爲首故以梁惠王問利國對以仁義爲七篇之首也此篇凡二十三章趙氏分爲上下卷此上卷只有七章一章言治國以仁義爲名二章言聖王之德與民共樂恩及禽獸三章言王化之本在於使民養生喪死之用足備四章言王者爲政之道生民爲首五章言百里行仁天下歸之六章言

《孟子》为孟子晚年与弟子万章等人编著。孟子名轲，生活于战国中晚期，邹国人。孟子推崇、仰慕孔子，“学于子思之门人”，故为“思孟学派”。孟子积极出仕，曾向邹、齐、宋、滕、魏等多位国君建言献策，晚年回到邹国，教授子弟，著书立说。万章为战国时齐国人，孟子弟子，曾随孟子出游，后从孟子居邹著述。

《孟子》今存七篇，每篇各分上下，共十四卷，大致在战国时已形成并流传。《史记》中孟荀并称，然汉代荀学影响实盛于孟学，至唐时亦未有改观。可以说，自秦汉以降至两宋以前，《孟子》被当作一般的子书看待，地位并不高。宋代理学兴起，《孟子》与道统结合，成为儒家正统的代表，地位得到官方的认可。熙宁（1068—1077）年间，首次被列入科举考试科目。宣和（1119—1125）年间，被刻成石经，成为“十三经”之一。

《孟子》一书记载孟子的游说活动，并记录孟子的性善论、义利之辨、王霸之辨、民本、仁政、存心、养性等诸多思想，还保存了杨朱、许行、告子等人的思想史料。《孟子》非常重视民心向背，关心民众疾苦，认为统治者只有行仁政、王道，才最有可能统一天下。《公孙丑下》有“天时不如地利，地利不如人和”，言得天下者，凡以得民心而已。《公孙丑上》“我知言，我善养吾浩然之气”即为著名的“知言养气”说，是中国古代士人的人格理想。《公孙丑上》“虽千万人，吾往矣”，乃“养勇”说，孟子的“勇”建立在道义之上，是道义之勇，即使面对千军万马也能勇往直前。在独立人格的塑造、士人气节的培养方面，其他经典难与《孟子》相比。随着“四书”的广泛传播，《孟子》一书在中国传统社会的后期产生深远影响，在中国文化史中占有重要地位。

《孟子》的版本比较复杂，主要类型有三种：白文本、注释本和赵岐注本基础上的注疏本。白文本指无注文的《孟子》文本。国家图书馆藏宋刻递修本《八经》，为诸经白文本，其中有《孟子》一卷。现存的注释本主要包括赵岐的《孟子章句》和朱熹的《孟子集注》两个系统。为《孟子》作注始于汉代，刘向、刘熙、郑玄、程曾、高诱等人都曾有注，惜皆亡佚，后人有辑本，存于清人马国翰《玉函山房辑佚书》、王仁俊《玉函山房辑佚书续编》、黄奭《汉学堂经解》等书中。在汉代，一些注家用剖章析句的方式来解说古书的含义，于是形成“章句”的著作方式。赵岐的《孟子章句》是汉代几家《孟子》注释中唯一完整留存至今的，反映了汉代《孟子》研究的状况和水平，堪为孟学史的发端之作，

意义重大，《十三经注疏》中《孟子注疏》就收入赵岐注。朱熹的《孟子集注》收入其《四书章句集注》之中，与《大学章句》《中庸章句》《论语集注》一起构成朱子的“四书”学体系。朱熹注孟子，注重义理的发挥，并申之以己意，实际上将《孟子》纳入自己的理学体系之中，代表了与汉唐章句之学不同的治学风格。宋以后，元、明、清三朝都以《四书章句集注》为官方教科书和科举考试的标准答案，《孟子集注》亦随之成为传统社会后期的官方哲学，产生重大影响。国家图书馆藏宋嘉定十年（1217）当涂郡斋刻《四书章句集注》，经嘉熙四年（1240）、淳祐八年（1248）和淳祐十二年（1252）递修，传世极罕，曾为瞿氏铁琴铜剑楼所藏。国家图书馆亦藏一部宋刻《孟子集注》，与《论语集注》合刻。另有宋刻元修本《孟子注疏解经》十四卷，孙奭疏，半叶八行，与《论语注疏解经》宋刻八行本一样，刻于南宋时期。二书的版刻风貌、字体风格与两浙东路茶盐司及绍兴府所刻前六经完全一致，刻工又有交集，为经、注、疏合刻的越州八行本系列。国家图书馆藏有一部，台北故宫博物院藏有明初印本，北京大学图书馆藏残本。另有明万历四十五年（1617）闵齐伋刻三色套印本《孟子》二卷，以墨、朱、蓝着色，灿烂醒目，雕版精致，闵氏套印本对传统版刻技法贡献甚大，在出版印刷史上占有重要地位。清人焦循与其子焦廷琥博采历代有关《孟子》赵注之论述，编次为《孟子长编》三十卷，后经焦循父子及焦循之弟焦征三人删繁补缺，遂成《孟子正义》，虽为赵岐之注做疏，但突破了“疏不破注”的成法，既申其义，又补其注，同时还正其误，存其疑，被称为清代“新疏家模范作品”。

《百部经典》版《孟子》的底本为阮元刻《十三经注疏》本。阮刻《十三经注疏》中《孟子注疏》的底本为元刻明修十行本《孟子注疏解经》。《孟子注疏解经》，宋时就刊有八行本，元代泰定前后宋刻十行本被翻刻行世，其书板传至明代递经修补刷印，即后人所谓的“十行本”或“正德本”。元刻十行注疏本长期以来被误为宋刻，阮元重刻《十三经注疏》时即以此元刻明修十行本为底本翻刻。

（梁葆莉）

老子

马王堆帛书《老子》甲本　《老子》乙本　《马王堆汉墓帛书·壹》　文物出版社 1980 年版

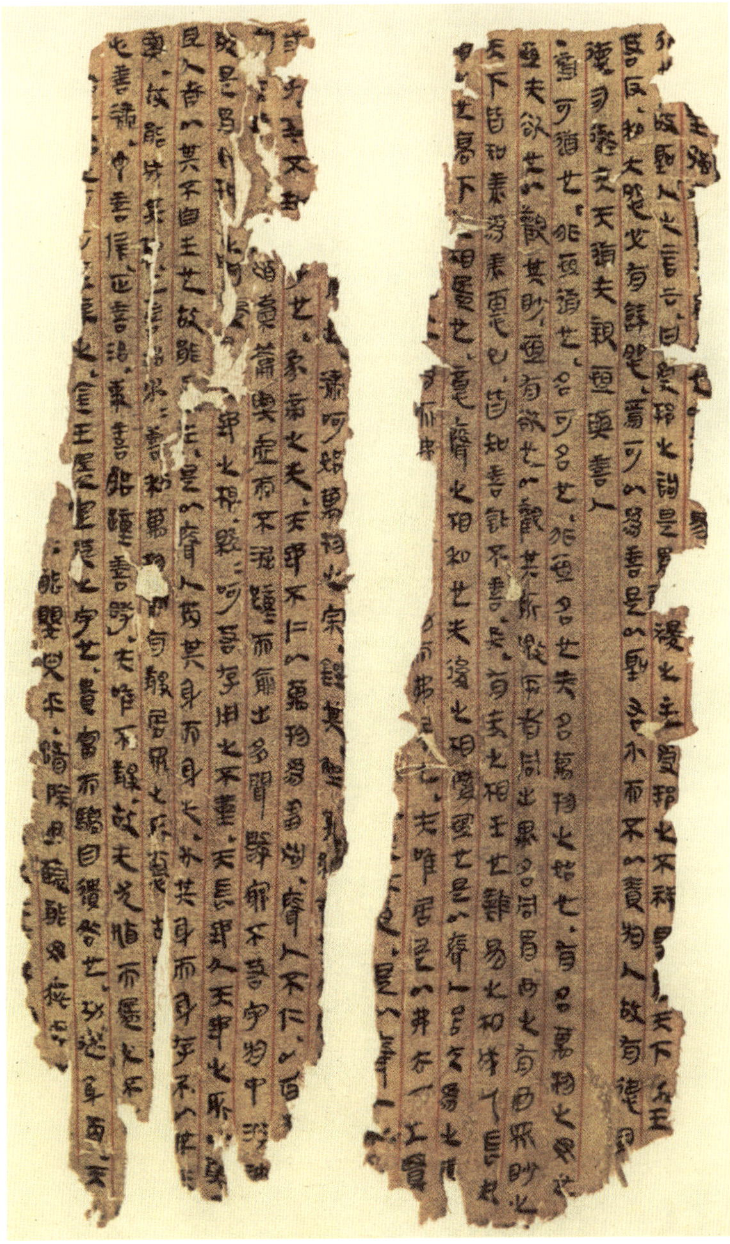

老子道德经古本集注直解二卷　（宋）范应元撰　宋刻本

每半叶10行，行17字，白口，左右双边。缪荃孙、沈曾植、杨守敬、邓邦述、章钰、王闿运跋。国家图书馆藏（索书号：11361）。入选《第一批国家珍贵古籍名录》（名录号：00990）。

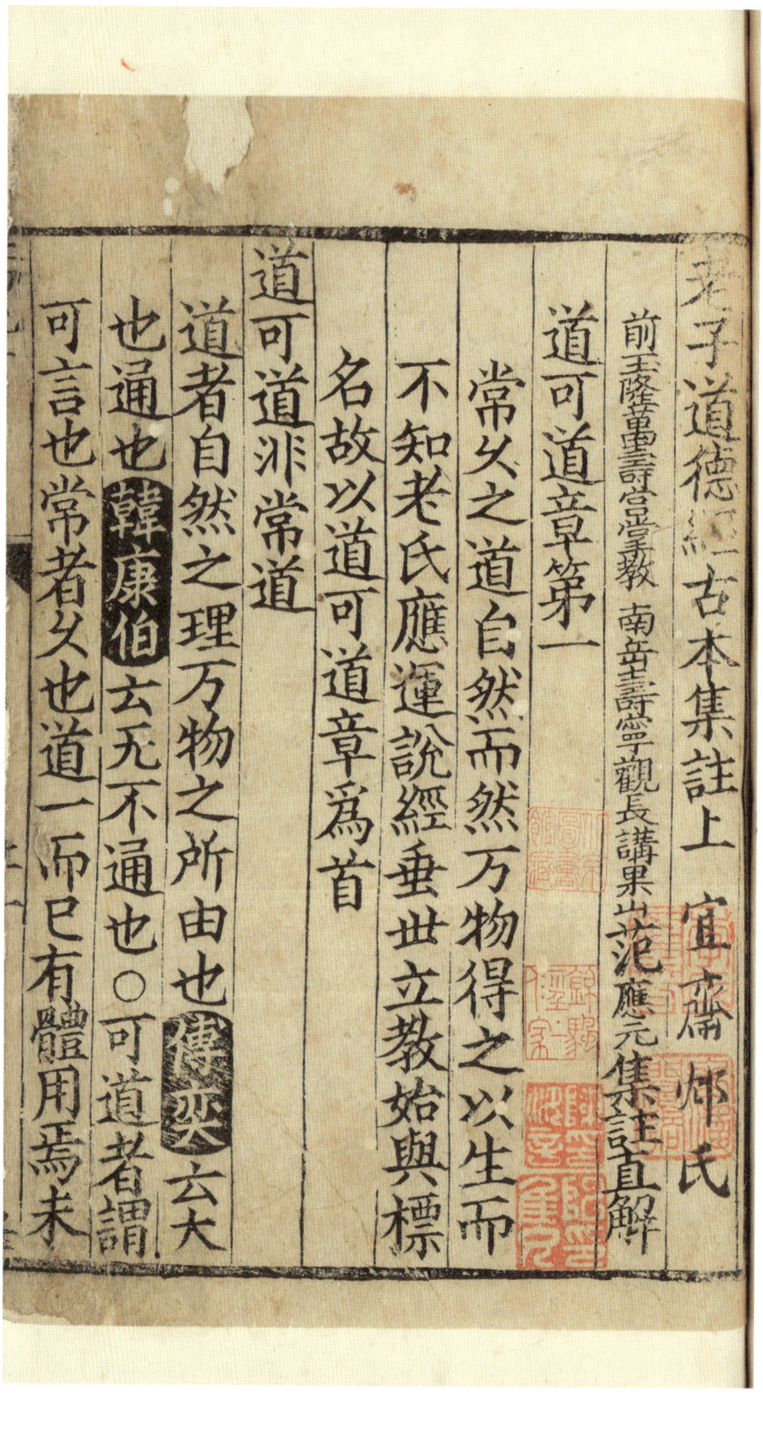
老子道德經古本集註上
前玉隆萬壽宮掌教　南岳壽寧觀長講果山范應元集註直解
道可道章第一
常久之道自然而然万物得之以生而
不知老氏應運說經垂世立教始與標
名故以道可道章爲首
道可道非常道
道者自然之理万物之所由也傅奕云大
也通也韓康伯云无不通也○可道者謂
可言也常者久也道一而已有體用焉未

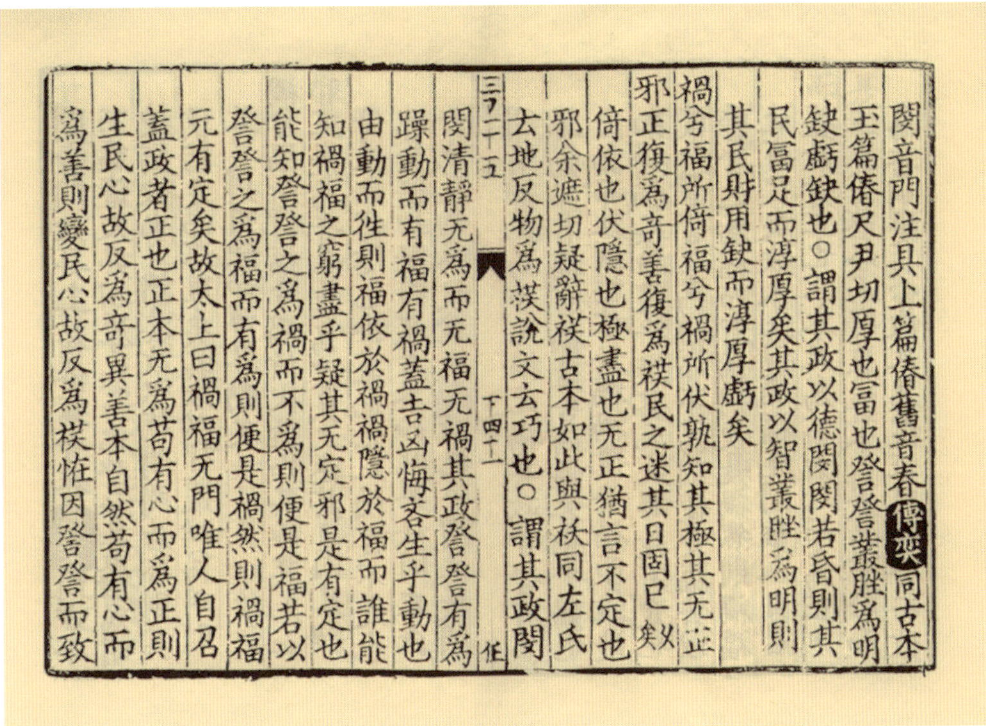

閔音門注具上篇偆舊音春傳奕同古本
王篇偆尺尹切厚也富也詧詧叢脞爲明
鈌虧鈌也○謂其政以德閔閔若昏則其
民富足而淳厚矣其政以智叢脞爲明則
其民財用鈌而淳厚虧矣
禍兮福所倚福兮禍所伏孰知其極其无正
邪正復爲奇善復爲祅民之迷其日固已久
倚依也伏隱也極盡也无正猶言不定也
邪余遮切疑辭祅古本如此與祆同左氏
去地反物爲祅說文云巧也○謂其政閔

三ㄅ二十五　下四十一　任

閔清靜无爲而无福无禍其政詧詧有爲
躁動而有福有禍蓋吉凶悔吝生乎動也
由動而徃則福依於禍禍隱於福而誰能
知禍福之窮盡乎疑其无定邪是有定也
能知詧詧之爲禍而不爲則便是福若以
詧詧之爲福而有爲則便是禍然則禍福
元有定矣故太上曰禍福无門唯人自召
蓋政者正也正本无爲苟有心而爲正則
生民心故反爲奇異善本自然苟有心而
爲善則變民心故反爲祅恠因詧詧而致

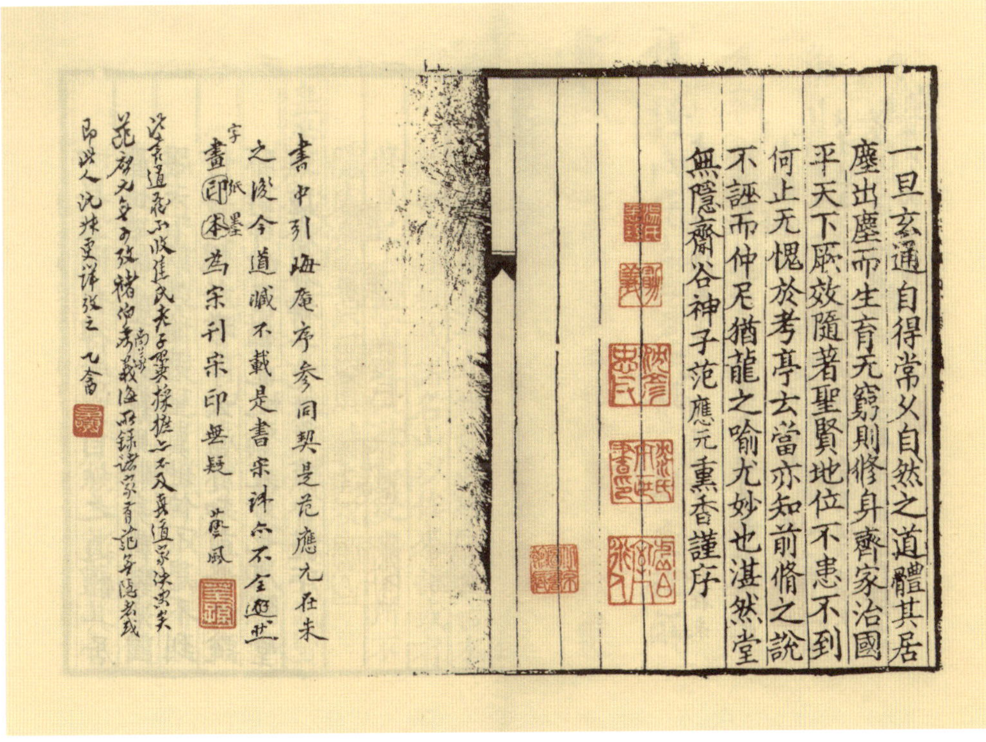

一旦玄通自得常久自然之道體其居
塵出塵而生育无窮則修身齊家治國
平天下厥效隨著聖賢地位不患不到
何止无愧於考亭去當亦知前脩之說
不誣而仲尼猶龍之喻尤妙也湛然堂
無隱齋谷神子范應元熏香謹序

書中引晦庵序參同契是范應元在朱
之後今道藏不載是書宋諱亦不全避世
字畫紙墨印本爲宋刊宋印無疑　蕘圃

[illegible]道藏不收[illegible]老子翼採摭亦不及[illegible]道家[illegible]矣
范應元字善甫號谷神子南嶽人義海所錄諸家有范應元[illegible]
即此人沈林更詳考之　乙翁

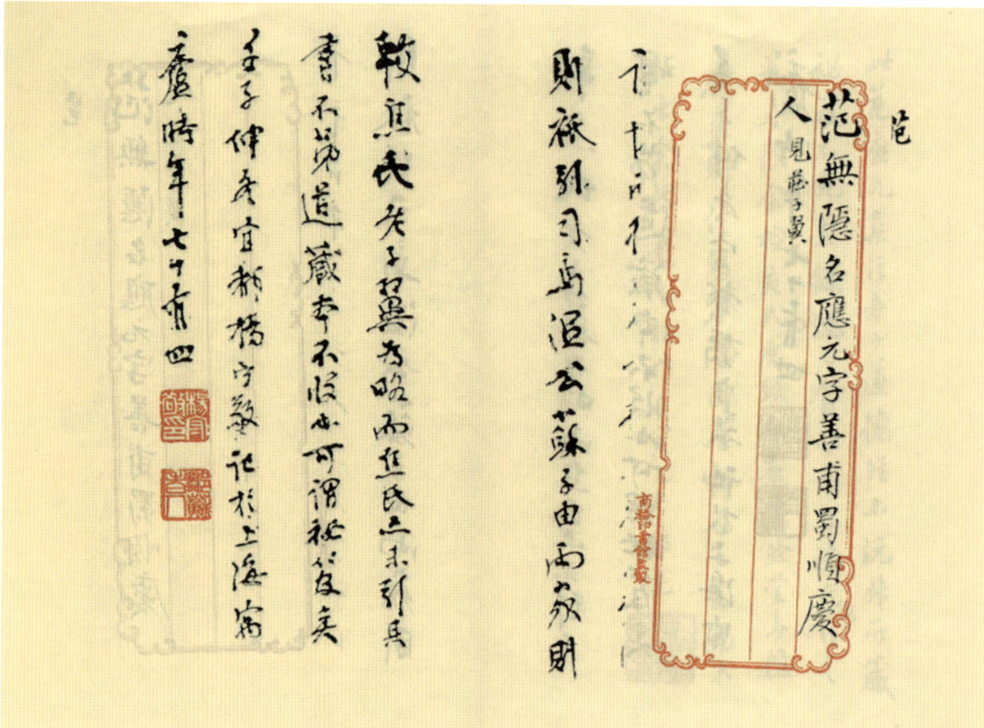

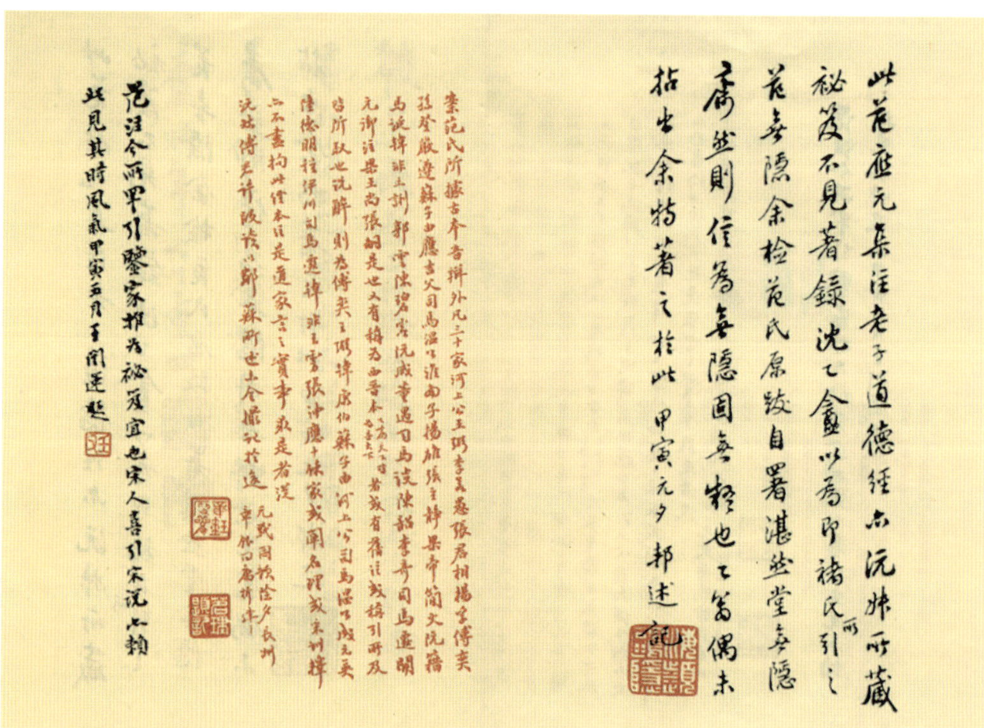

老子道德经章句二卷 题（汉）河上公章句 宋建安虞氏家塾刻本

每半叶 10 行，行大小字相间不等，白口，四周双边。国家图书馆藏（索书号：09616）。

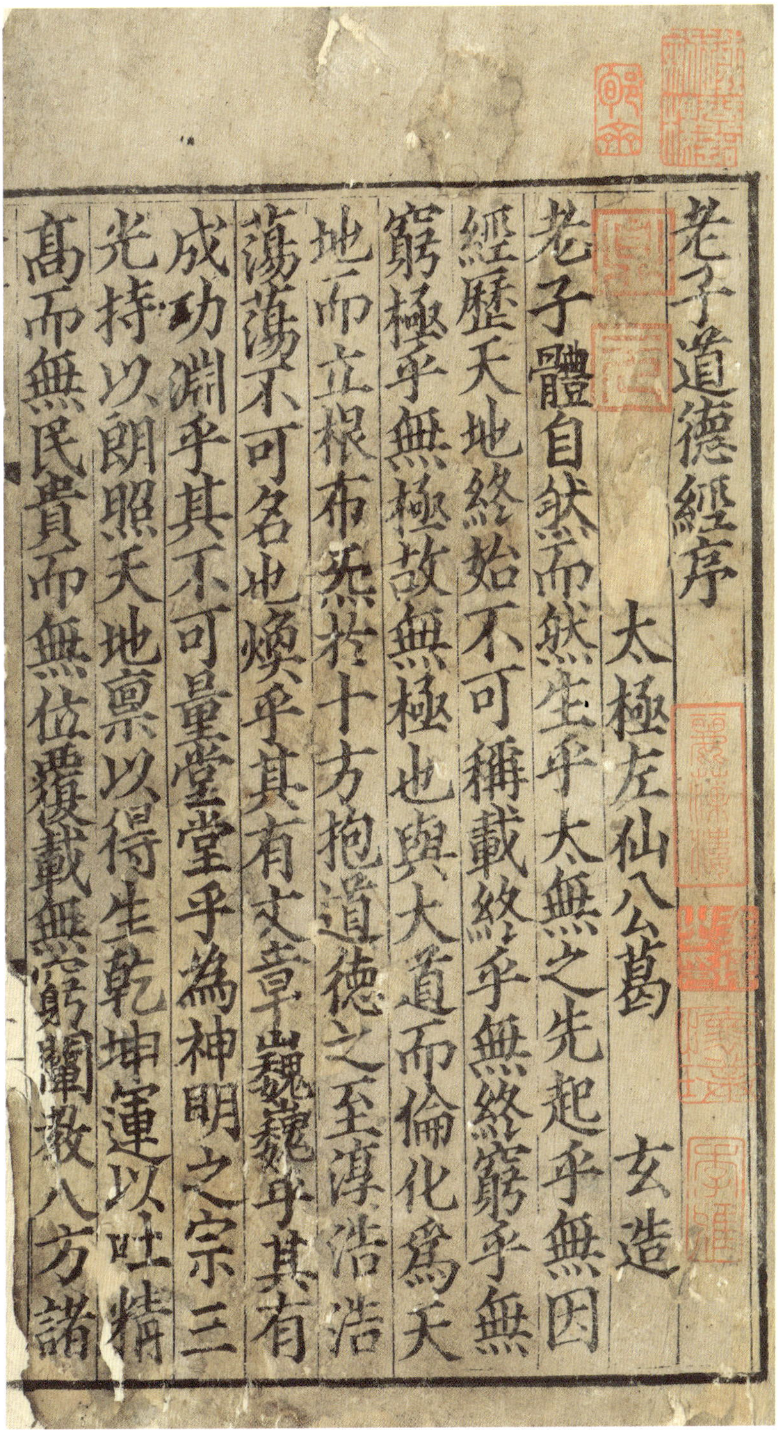

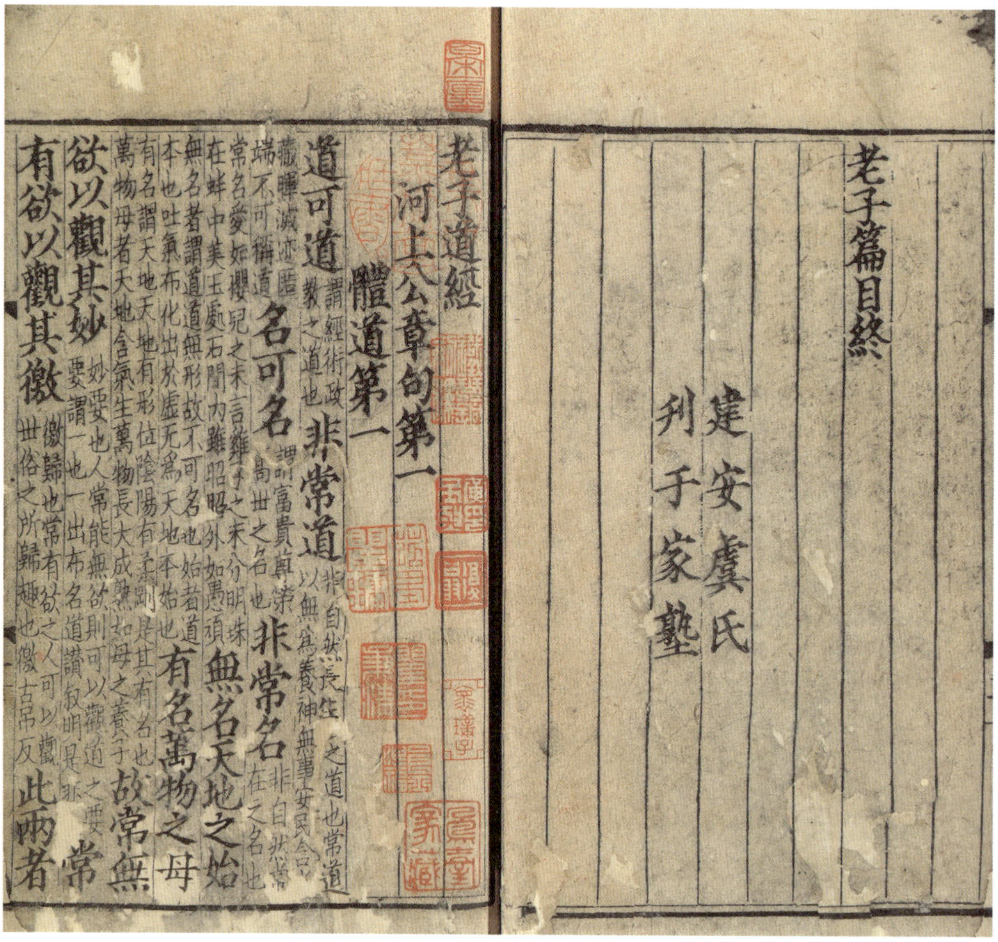
老子道經
河上公章句第一
體道第一
道可道 謂經術政教之道也 非常道 非自然長生之道也常道當以無爲養神無事安民含光藏暉滅迹匿端不可稱道 名可名 謂富貴尊榮高世之名也 非常名 非自然常在之名也常名當如嬰兒之未言雞子之未分明珠在蚌中美玉處石間內雖昭昭外如愚頑 無名天地之始 無名者謂道道無形故不可名也始者道本也吐氣布化出於虛无爲天地本始也 有名萬物之母 有名謂天地天地有形位陰陽有柔剛是其有名也萬物母者天地含氣生萬物長大成熟如母之養子 故常無欲以觀其妙 妙要也人常能無欲則可以觀道之要要謂一也一出布名道讚叙明是非 常有欲以觀其徼 徼歸也常有欲之人可以觀世俗之所歸趣也徼古吊反 此兩者

老子篇目終
建安虞氏
刊于家塾

道德经古本篇二卷　题（周）李耳撰　（唐）傅奕校定　明正统十年（1445）内府《道藏》刻本

国家图书馆藏（索书号：02607）。

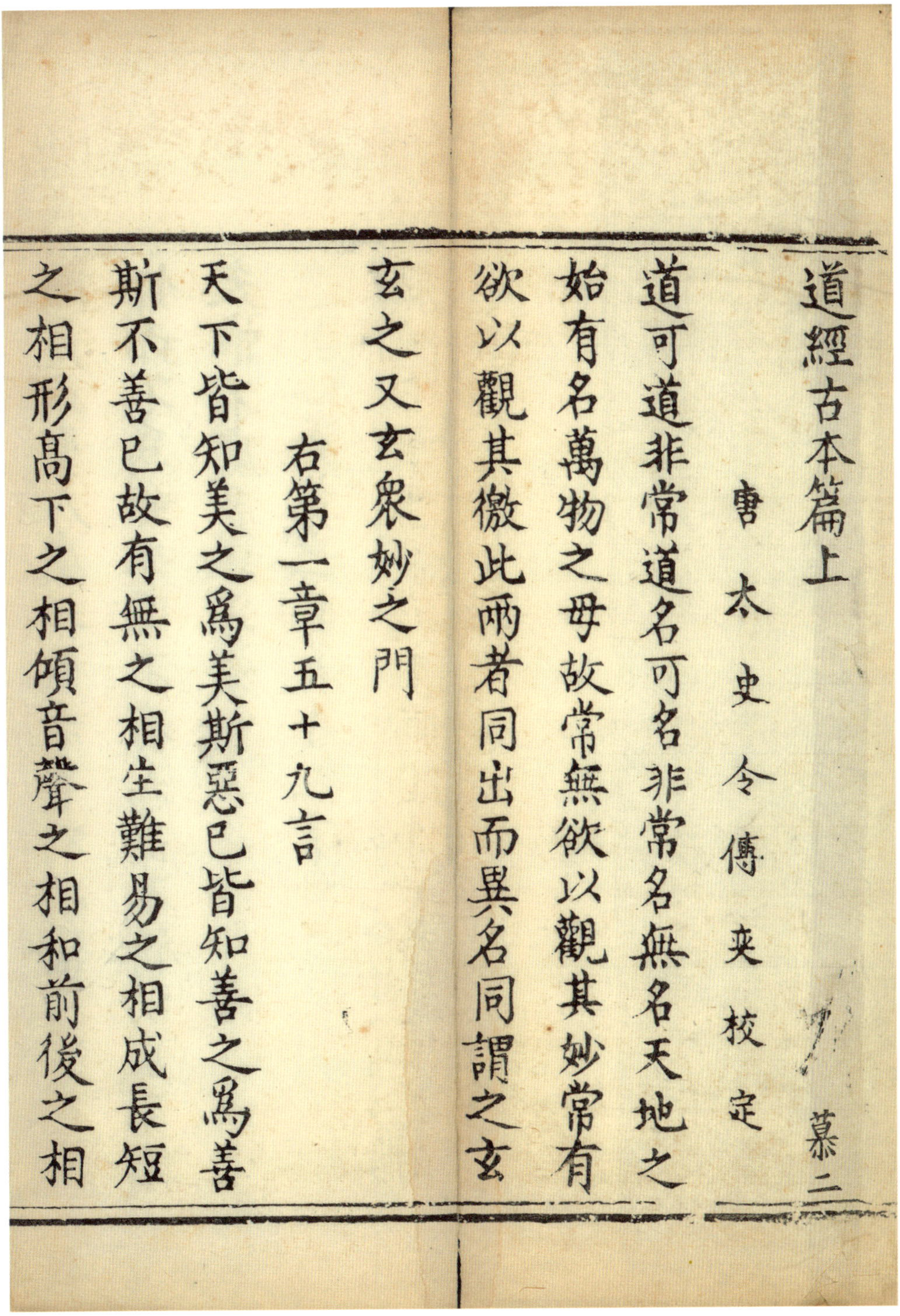

道經古本篇上

唐太史令傅奕校定　慕二

道可道非常道名可名非常名無名天地之始有名萬物之母故常無欲以觀其妙常有欲以觀其徼此兩者同出而異名同謂之玄玄之又玄衆妙之門

右第一章五十九言

天下皆知美之爲美斯惡已皆知善之爲善斯不善已故有無之相生難易之相成長短之相形高下之相傾音聲之相和前後之相

老子道德经二卷音义一卷　题（周）李耳撰　（三国魏）王弼注　（唐）陆德明音义　上海中华书局《四部备要》本

每半叶10行，行15字，小字双行同，黑口，四周单边。国家图书馆藏（索书号：10160：1301）。

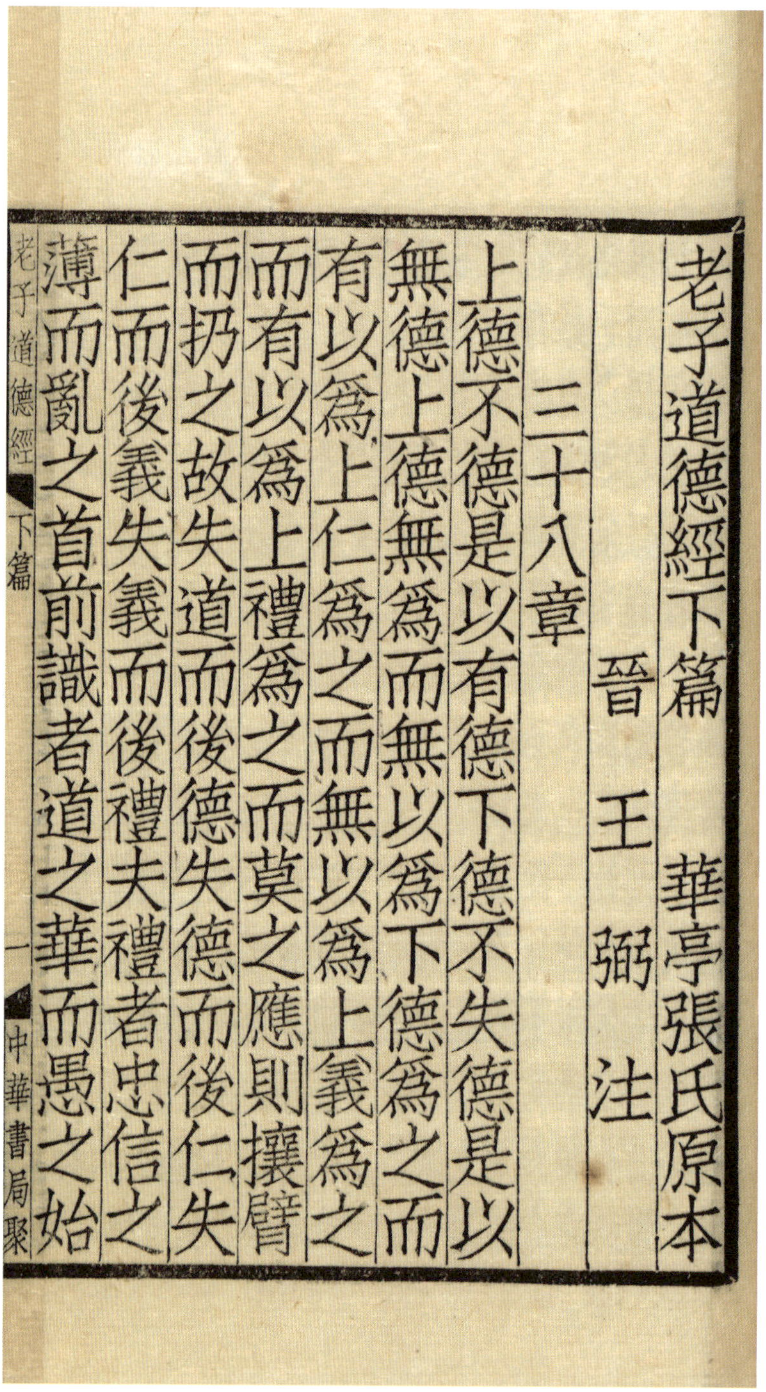

老子道德經下篇　華亭張氏原本
晉王弼注
三十八章
上德不德是以有德下德不失德是以
無德上德無爲而無以爲下德爲之而
有以爲上仁爲之而無以爲上義爲之
而有以爲上禮爲之而莫之應則攘臂
而扔之故失道而後德失德而後仁失
仁而後義失義而後禮夫禮者忠信之
薄而亂之首前識者道之華而愚之始
老子道德經　下篇　一　中華書局聚

关于《老子》的作者问题，宋代之前，《老子》的注释家一般都认为《老子》为老子所作。宋代到清代，有学者开始怀疑老子作《老子》的真实性，直至今日，未有定论。但老子仍是了解《老子》一书不可缺少的人物。第一位为老子作传的是司马迁，在《史记》的记载中，老子与孔子同时而稍早，姓李名耳，字聃，熟悉历史文献，曾担任过周朝守藏室之史，孔子曾问学于老子。面对周王朝日趋衰落的现实，他离开周王朝，西行隐居著述。老子德高望重，博学多闻，受人敬仰，被尊为道家学派的创始人。《老子》为道家学派的重要著作，有的学者认为成书于春秋时期，有的学者认为成书于战国中期，还有的学者认为成书于战国中晚期，未有定论。

《老子》又称《道德经》，八十一章，五千多字。书中认为“道”是万物的根源，又是万物的本质，“道”是“一”，但它创造了层出不穷的“多”，使万物各有其“德”。道无形，不能言说，超越感性世界。《老子》书中充满辩证思维，包含不少对立转化的观点，如有无相生。“祸兮福之所倚，福兮祸之所伏”，在挫折中看到希望，在得意中知道困难，构成后世的祸福观。《老子》提倡“自然无为”，主张统治者清静无扰，行“不言之教”，又主张“绝圣弃智”“小国寡民”，这种治理国家的智慧，对后世统治者影响甚大。《老子》中还充满修身和养生的原则，要求人合乎“道”而生活，“去甚”“去泰”，过一种适度和节制的生活。宣扬低调的处世哲学，规劝人们保持谦虚的理性，“知人者智，自知者明”，体现出精湛的人生艺术。《老子》是被注解最多的经典之一，成为后世道家哲学不断发展的源头活水，并对后世美学、伦理学、逻辑学产生重大影响，它还保存了许多古代天文、养生、生产技术等方面的资料，具有重要的史料价值。

《老子》一书的传抄和流传，十分广泛和复杂。第一类是地下出土的古抄本传本，包括1993年湖北荆门郭店楚墓出土的竹简《老子》，年代约在战国中期。此竹简本有一千七百多字，抄写在七十一枚简上，没有上下篇之分。整理者根据竹简的字体、形制，分为甲乙丙三组，丙组竹简还附有《太一生水》，是对《老子》的解说引申，整个篇幅相当于今本的三十余章。古抄本传本还包括1973年长沙马王堆汉墓出土的两种帛书《老子》，一种用篆意较浓的隶书抄写，用圆点符号区分章节（但已残缺），整理者称为甲本；一种用隶书抄写，不分章节，称为乙本。甲、乙本均为“德篇”在前而“道篇”在后，为较早的《老

子》传本，最接近于《老子》原本的面貌。第二类是敦煌本《老子》，包括“老子想尔注本”“河上公本”，保存了中古时期《老子》抄本的面貌，惜为帛书残卷。河上公本注文简明清晰，重在解老子义旨，为现存最早的《道德经》注。现存最早的河上公本为宋建安虞氏家塾刻本《老子道德经》，此版本字体刀法、印纸墨色，属宋建本中佳品，国家图书馆藏有一部。第三类是石刻本，较早的是几种唐石刻本。第四类最多，是历代各种刻本，包括道藏本和其他诸本，如瞿氏藏宋刻《老子道德经河上公章句》。《老子》一书在汉代已具有经典的地位，王弼本《老子道德经注》简练精辟，在后世最通行。宋代有晁说之刻本、熊克刻本，皆散佚。明永乐年间，第四十三代天师张宇初受诏纂修《道藏》，于英宗正统九年（1444）开雕，邵以正督校。正统十年（1445）刊版竣工。明正统《道藏》洞神部玉诀类中的《道德真经注》四卷，是明代王弼注的重要刻本，此本也是现存最早附有晁说之和熊克序跋的版本。唐傅奕根据当时所见的《老子》古本，校定为《道德经古本篇》，一定程度上保存了《老子》古本的面貌，《道藏》本傅奕的《道德经古本篇》亦有重要价值。国家图书馆亦藏宋刻《老子道德经古本集注》，范应元征引古本及前人音训注释凡四十余家，附以己见，此书《道藏》失收，焦竑《老子翼》亦未及，良为道家佚典，书中钤有“陈汝言印”“陈惟允印”“李氏臧书”“沈彦忠氏”“沈氏本臧书印”等印记，今藏国家图书馆。

《百部经典》版《老子》的底本为楼宇烈先生校释的《老子道德经注》。楼宇烈先生校释本又以浙江书局所据的华亭张氏校刻本为底本。清光绪初年，浙江书局刊刻《二十二子》，其中有《老子道德经》，其《校勘记》中说，浙江书局本据华亭张氏，实据浙江聚珍本。明万历年间，华亭张之象刊行了《三经晋注》，有老子王弼注二卷，华亭张氏校刻本是历史上保存下来的最完整的王弼本，惜原本无存，保存于《四库全书》中。民国十五年（1926），上海中华书局《四部备要》据浙江书局排印《二十二子》，第五十三册载《老子》二卷，《老子音义》一卷。是书两节镂版，半叶二十行，行二十字，小字双行。

（梁葆莉）

庄子

南华真经十卷　（晋）郭象注　宋刻本

每半叶10行，行15字，小字双行30字，白口，左右双边。国家图书馆藏（索书号：08350）。入选《第一批国家珍贵古籍名录》（名录号：00991）。

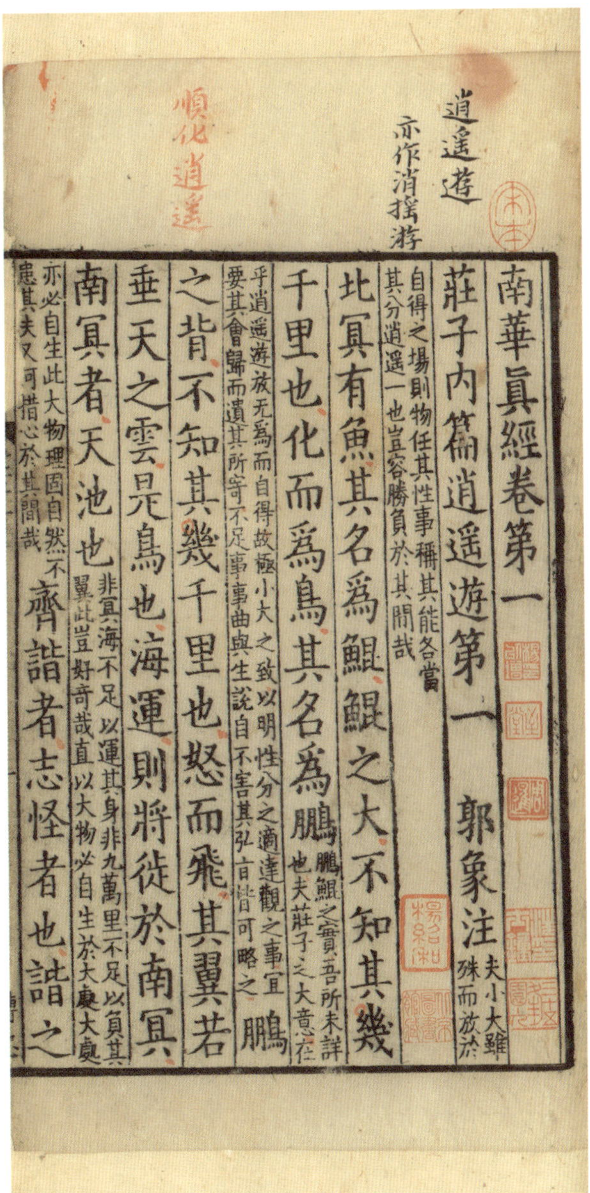

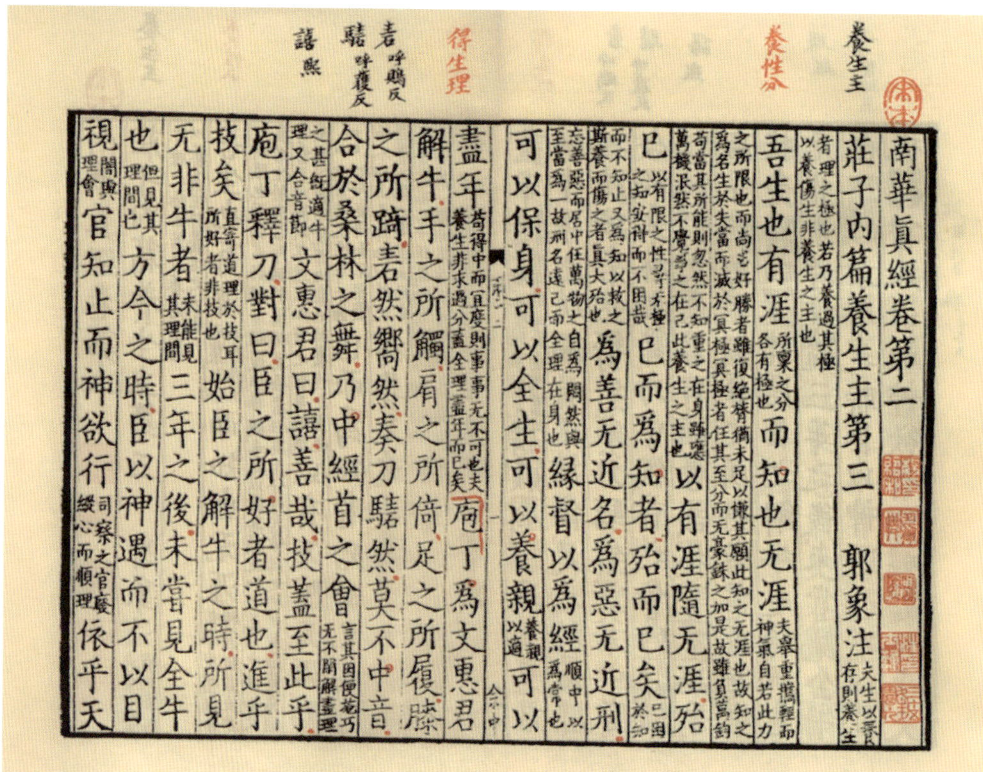

養生主
養性分
得生理
砉呼鶪反
騞呼獲反
譆熈

南華眞經卷第二

莊子内篇養生主第三　郭象注

夫生以養存則養生者理之極也若乃養過其極以養傷生非養生之主也

吾生也有涯所禀之分各有極也而知也无涯夫舉重攜輕而神氣自若此力之所限也而尚名好勝者雖復絶膂猶未足以慊其願此知之无涯也故知之爲名生於失當而滅於冥極冥極者任其至分而无豪銖之加是故雖負萬鈞苟當其所能則忽然不知重之在身雖應萬機泯然不覺事之在己此養生之主也以有涯隨无涯殆已以有限之性尋无極之知安得而不困哉已而爲知者殆而已矣已困於知而不知止又爲知以救之斯養而傷之者眞大殆也爲善无近名爲惡无近刑忘善惡而居中任萬物之自爲悶然與至當爲一故刑名遠己而全理在身也緣督以爲經順中以爲常也可以保身可以全生可以養親養親以適可以盡年苟得中而冝度則事事无不可也夫養生非求過分蓋全理盡年而已矣

庖丁爲文惠君解牛手之所觸肩之所倚足之所履膝之所踦砉然嚮然奏刀騞然莫不中音合於桑林之舞乃中經首之會言其因便施巧无不閑解盡理之甚既適牛理又合音節文惠君曰譆善哉技蓋至此乎庖丁釋刀對曰臣之所好者道也進乎技矣直寄道理於技耳所好者非技也始臣之解牛之時所見无非牛者未能見其理間三年之後未嘗見全牛也但見其理間也方今之時臣以神遇而不以目視闇與理會官知止而神欲行司察之官廢縱心而順理依乎天

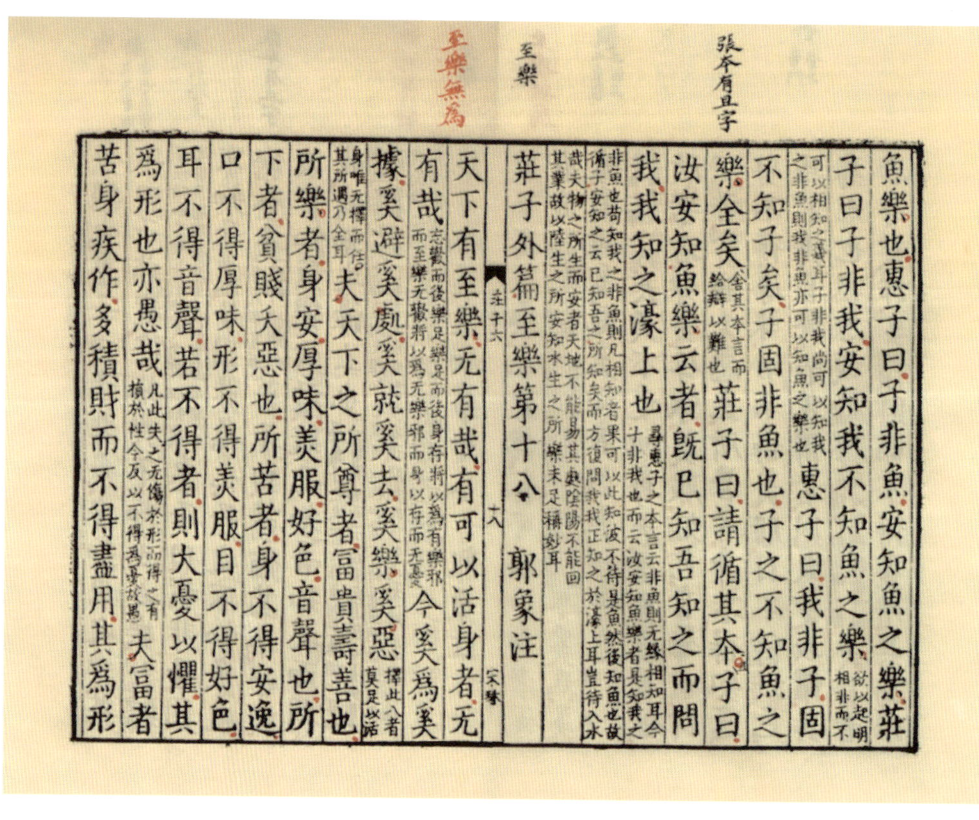

張本有且字
至樂
至樂無爲

魚樂也惠子曰子非魚安知魚之樂莊子曰子非我安知我不知魚之樂欲以起明相非而不可以相知之義耳子非我尚可以知我之非魚則我非魚亦可以知魚之樂也惠子曰我非子固不知子矣子固非魚也子之不知魚之樂全矣舍其本言而給辯以難也莊子曰請循其本子曰汝安知魚樂云者既已知吾知之而問我我知之濠上也尋惠子之本言云非魚則无緣相知耳今子非我也而云汝安知魚樂者是知我之非魚也苟知我之非魚則凡相知者果可以此知彼不待是魚然後知魚也故循子安知之云已知吾之所知矣而方復問我我正知之於濠上耳豈待入水哉夫物之所生而安者天地不能易其處陰陽不能回其業故以陸生之所安知水生之所樂未足稱妙耳

莊子外篇至樂第十八　郭象注

天下有至樂无有哉有可以活身者无有哉忘歡而後樂足樂足而後身存將以爲有樂邪而至樂无歡將以爲无樂邪而身以存而无憂今奚爲奚據奚避奚處奚就奚去奚樂奚惡擇此八者莫足以活身唯无擇而任其所遇乃全耳夫天下之所尊者富貴壽善也所樂者身安厚味美服好色音聲也所下者貧賤夭惡也所苦者身不得安逸口不得厚味形不得美服目不得好色耳不得音聲若不得者則大憂以懼其爲形也亦愚哉凡此失之无傷於形而得之有損於性今反以不得爲憂故愚夫富者苦身疾作多積財而不得盡用其爲形

纂图互注南华真经十卷 （晋）郭象注 （唐）陆德明音义 宋刻元明递修本

每半叶 11 行，行 21 字，小字双行 25 字，黑口，左右双边，有耳。国家图书馆藏（索书号：A01576）。

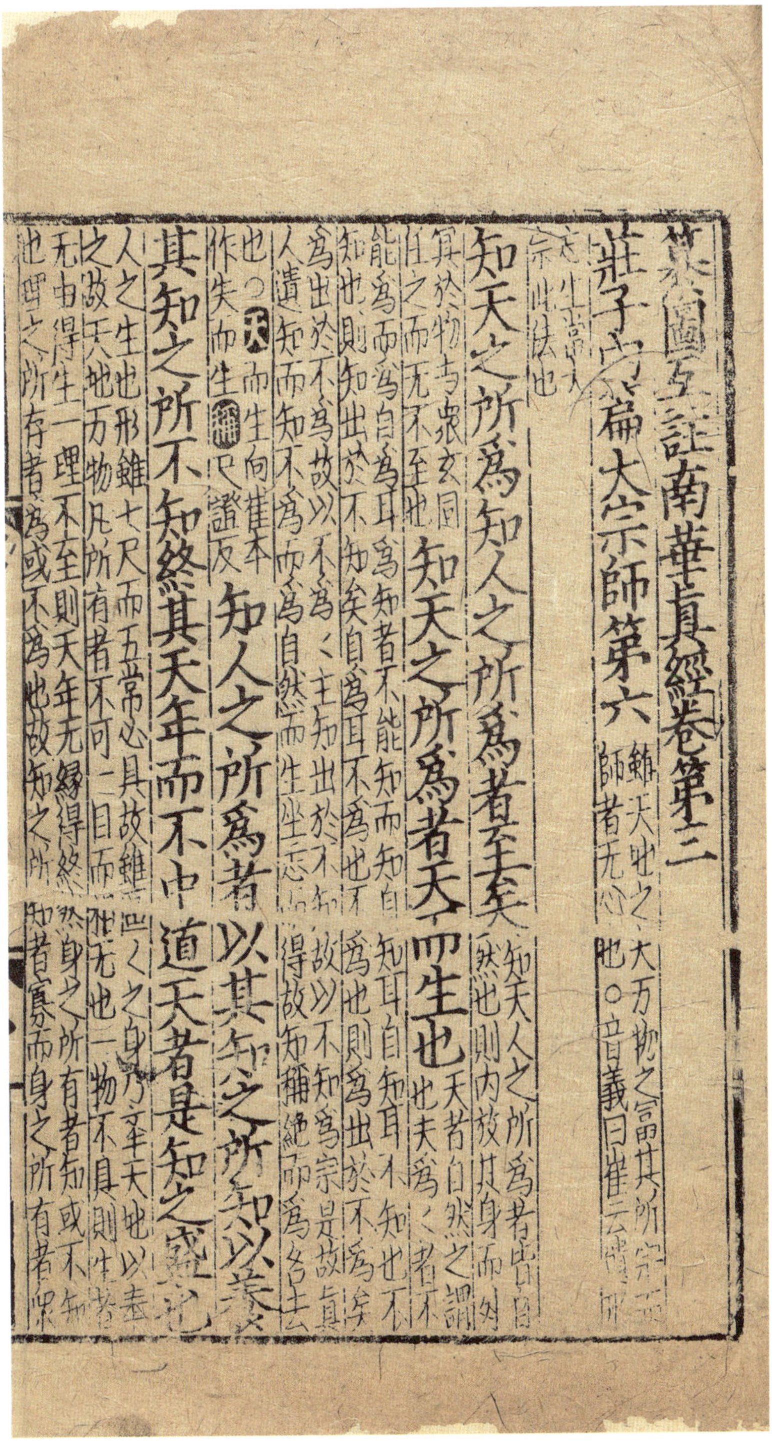
纂圖互註南華真經卷第三

莊子內篇大宗師第六 雖天地之大萬物之富其所宗而師者无心也○音義曰崔云遺形忘生當大宗此法也

知天之所為知人之所為者至矣 知天人之所為者皆自然也則內放其身而外冥於物与衆玄同任之而无不至也

知天之所為者天而生也 天者自然之謂也夫為為者不能為而為自為耳為知者不能知而知自知耳自知耳不知也不知也則知出於不知矣自為耳不為也不為也則為出於不為矣為出於不為故以不為為主知出於不知故以不知為宗是故真人遺知而知不為而為自然而生坐忘而得故知稱絕而為名去也○天而生向崔本作失而生

知人之所為者以其知之所知以養其知之所不知終其天年而不中道夭者是知之盛也 人之生也形雖七尺而五常必具故雖區區之身乃舉天地以奉之故天地万物凡所有者不可一日而相无也一物不具則生者无由得生一理不至則天年无緣得終然身之所有者知或不知也理之所存者為或不為也故知之所知者寡而身之所有者衆

壬辰重改证吕太尉经进庄子全解十卷　（宋）吕惠卿撰　金刻本

每半叶12行，行22—26字，小字双行28—31字不等，白口，左右双边。文彭、吴元恭题款。国家图书馆藏（索书号：08352）。入选《第二批国家珍贵古籍名录》（名录号：03079）。

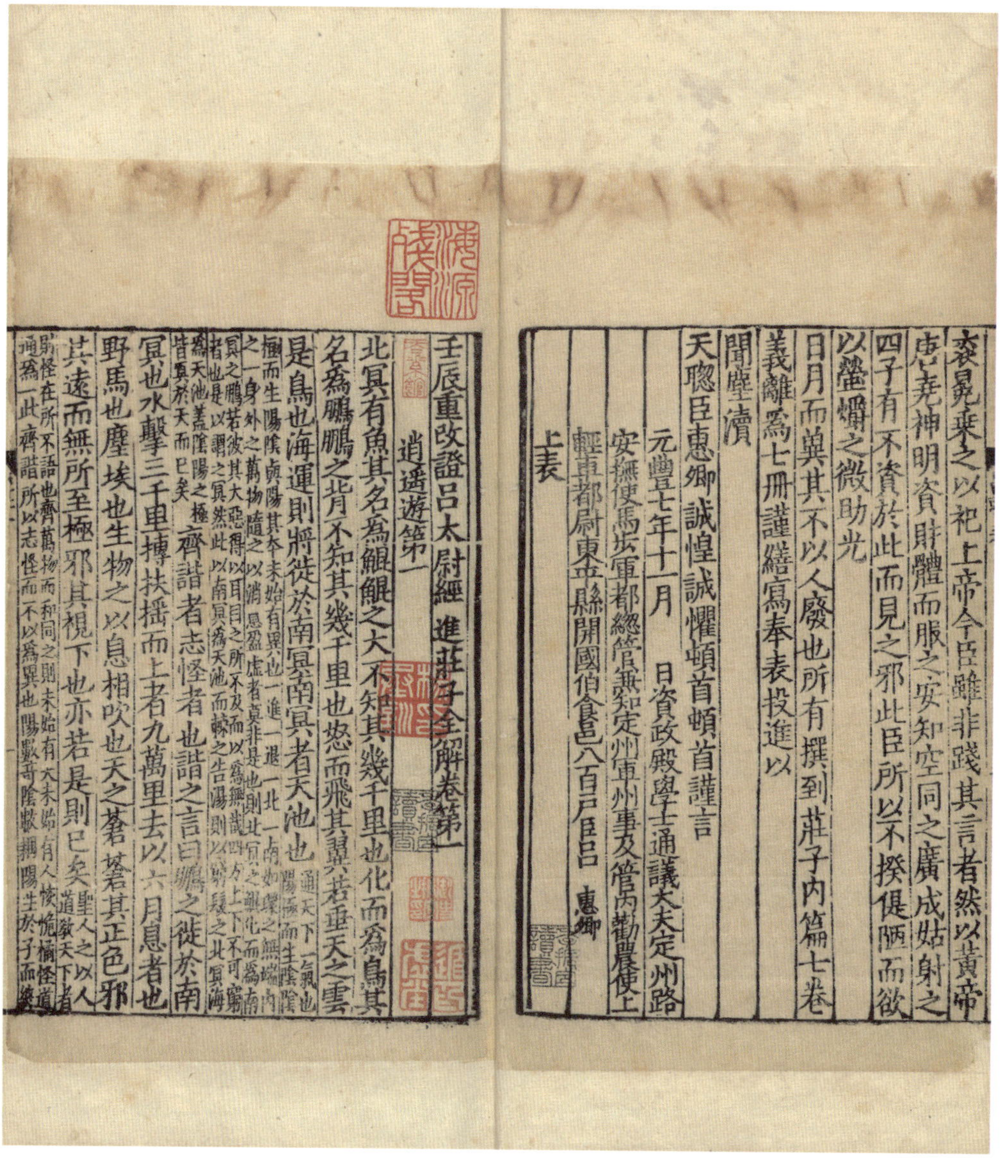

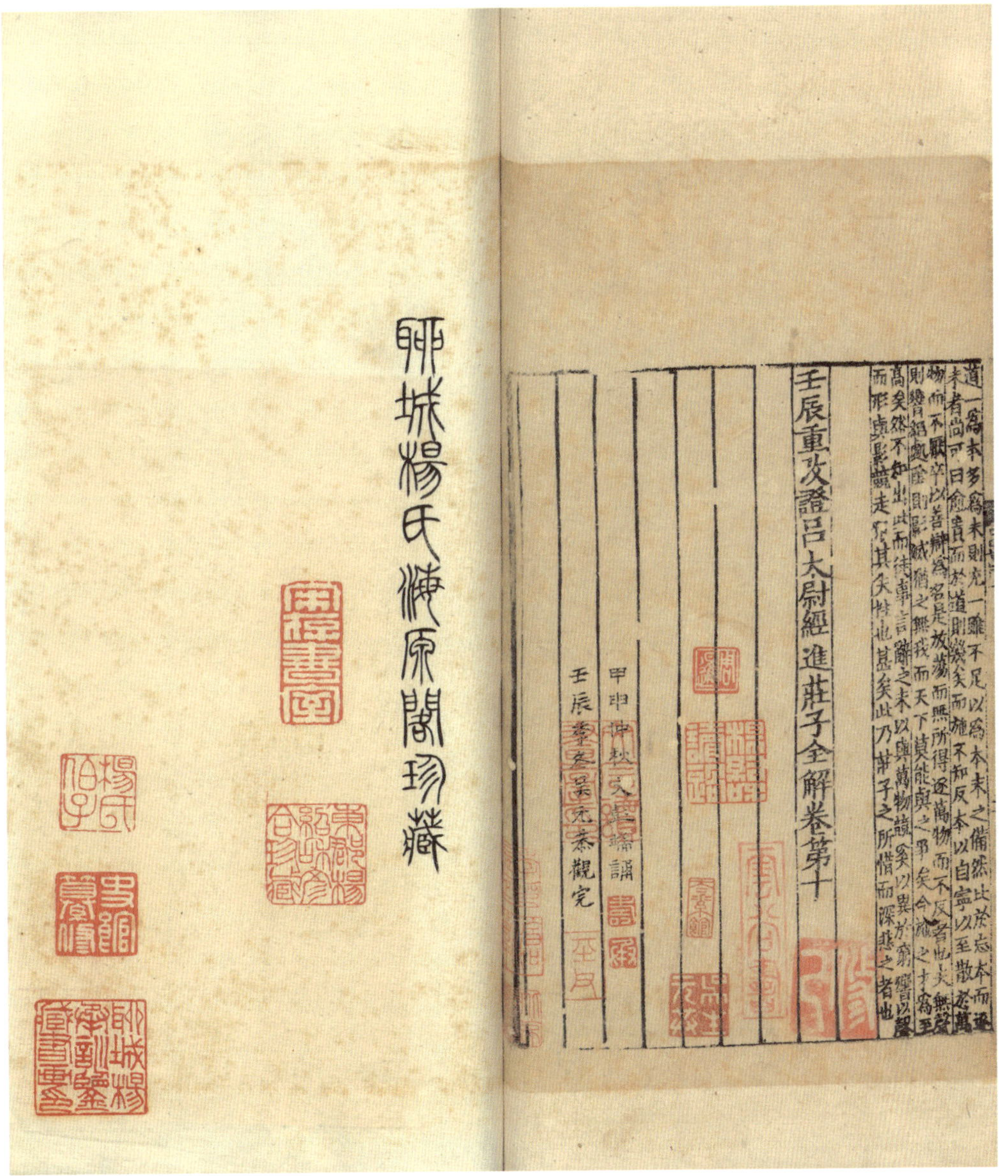

聊城楊氏海源閣珍藏

道一為末多為末則亢一雖不足以為本末之備然比於忘本而逐末者尚可曰愈貴而於道則殆矣而施不知反本以自寧以至散於萬物而不厭卒以善辯為名是放蕩而無所得逐萬物而不反者也夫無聲則響絕無陰則影滅猶之無我而天下莫能與之爭矣今施之才為至高矣然不知出此而徒事言辯之末以與萬物競矣以異於窮響以聲而形與影競走於其失性也甚矣此乃莊子之所惜而深悲之者也

壬辰重改證呂太尉經進莊子全解卷第十

甲申仲秋文璧謹誦

壬辰季冬吳元泰觀完

南华真经十卷　（晋）郭象注　（唐）陆德明音义　明嘉靖十二年（1533）顾春世德堂刻《六子全书》本

每半叶8行，行17字，小字双行同，白口，四周双边。国家图书馆藏（索书号：18367）。

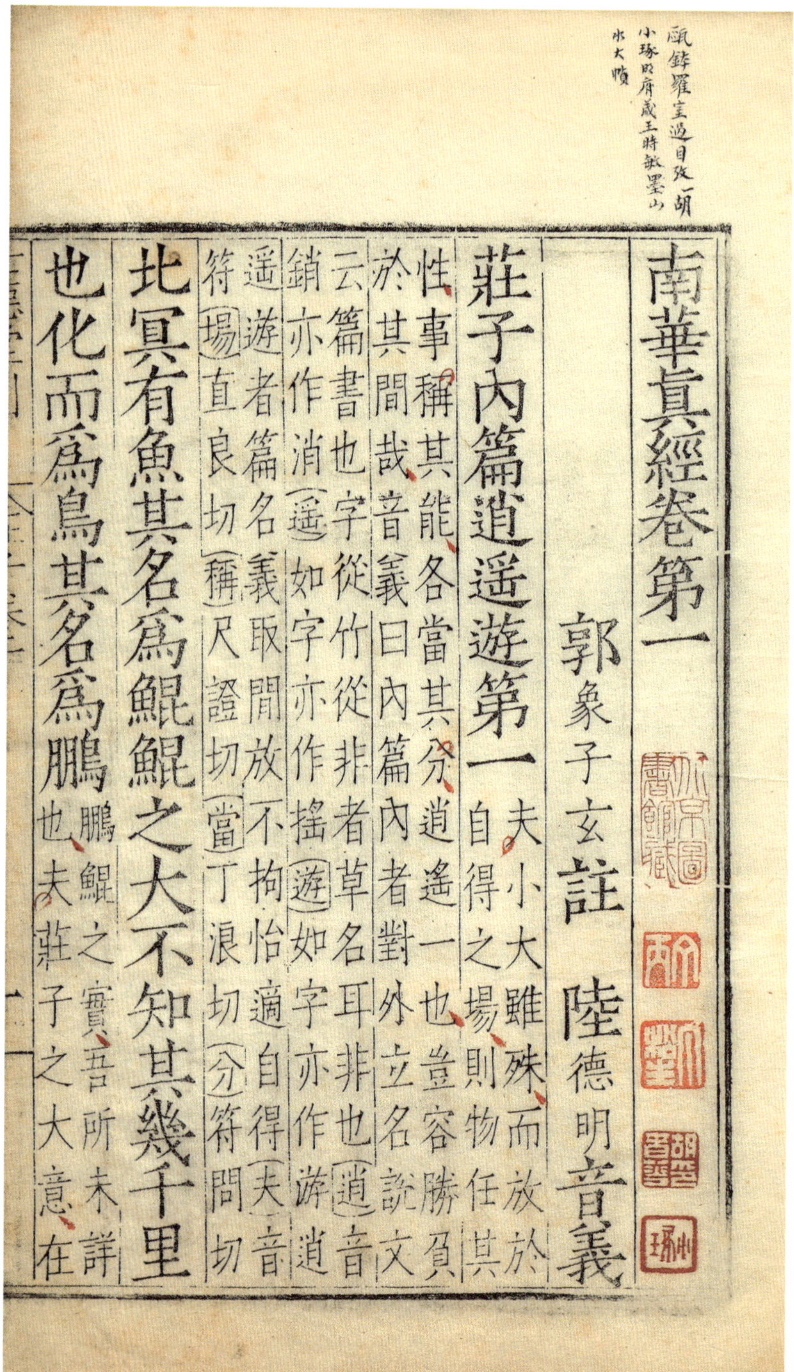

《庄子》一书分内篇、外篇和杂篇，共三十三篇，是庄子及其后学的作品。内篇为庄周本人的论著，外、杂篇为众弟子的作品汇编，其间或保留有庄周的札记和弟子的论述。庄子名周，与梁惠王、齐宣王同时代，曾做过蒙地漆园吏。他所生活的宋国，为中原文化与楚文化交汇激荡的区域，因受两种文化的熏陶，庄子形成独特的浪漫主义文风和丰富的想象力。

根据司马迁的记载，庄子“著书十余万言”，今本《庄子》仅六万五千余字，可见庄子的著作未能完整地流传下来。据《吕氏春秋·必己》高诱注，《庄子》为五十二篇。《经典释文·叙录》称晋司马彪、孟氏注《庄子》也是五十二篇，可见汉代所传《庄子》多为五十二篇。晋代郭象删去部分篇章，如《史记》中提到的篇目《畏累虚》《亢桑子》，如《经典释文》所载的篇目《阏弈》《意修》《卮言》《游凫》《子胥》，又如《南史》所记的篇目《马棰》，经过郭象改造篇数、篇次而整理编写的文本，基本上就是流传至今的定本三十三篇。

《庄子》内、外、杂篇各有重点，内篇主要阐明庄子的思想主张，外篇记录庄子的事迹，而杂篇则联系具体事实来说明道理。庄子秉承老子思想而有所发展，对于宇宙自然都有其深刻的认识。《庄子》中的“道”具有多重意义，有的地方指宇宙的根源，有的地方指万物发展的规律。不仅如此，《庄子》中的“道”，还是透过经验历程可以达到的一种境界，如《养生主》之“庖丁解牛”，《达生》之“痀偻承蜩”“梓庆削木为鐻”，《天道》之“轮扁斫轮”，《徐无鬼》之“匠石运斤成风”等，皆为以专精的技艺臻于出神入化的道境。《庄子》还将“道”转化为心灵的境界，描述体道以后的心灵状态，借此检讨主体心灵的境况。“吾生也有涯，而知也无涯”，在一个无限“知”的范围内来安顿有限的生命。《庄子》以治身为本，重视生命的内涵，主张保持内在精神状态的自得自适。《逍遥游》论人的精神生命之广大自在、自由自适；《齐物论》谈思想生命的“相尊相蕴”；《养生主》论精神对生命的主导作用；《人间世》中提出“心斋”之说，与《大宗师》中的“坐忘”一起，指向精神生命修养的最高境界；《德充符》阐发生命内涵之充实，“常心”“灵府”就是保持心灵愉悦而生意勃发，即“与物为春”。《应帝王》提出“游心于淡”“至人之用心若镜，不将不迎”，指出以治心为治道之根本和基础。《秋水》讨论价值判断的无穷相对性，“子非鱼，安知鱼之乐”，这个濠梁观鱼的故事，主张人与物之间保持一体共存的顺任与融通关系。《庄子》中还提出“内圣外王”的理想，其内圣之学

带有浓厚的艺术心境，即艺术化的人生与人生的艺术化。《庄子》以人性作为人生命的本质，突出人性的真与美。《庄子》认为生死的过程就像春夏秋冬四时的运行，气聚则生，气散则死，并能将关注的重点由肉体生命之延续转向精神生命之扩展，主张人应在有限的生命中用主体性的“知”来安顿内在生命。《庄子》中的“无为”，淡化了政治内涵，转化为个体生命所能达到的逍遥自适的心境，成为至人高度修养的审美心境。《庄子》构建出一个气象高远的世界，其中的人自得、自适，有着广大宽闲、悠然意远的气派，取消了天地、万物与我的对立关系，呈出物我两忘的境界。《庄子》提出或使用的概念范畴在形而上学、认识论、方法论、人生哲学等方面都有重要影响，引发了中国哲学史上很多主要论题和基本概念，其思想的原创性和内涵的丰富性，哲理之思和美感体验贯穿于哲学、文学、艺术、美学等多个领域，在中国文化史上占有非常重要的地位。

《庄子》传本繁复。魏晋以降，玄学兴起，文人喜谈老庄，《庄子》遂盛行。晋时为《庄子》作注者颇多，各家注本卷篇数不同，其中郭象注三十三卷三十三篇，为世所贵，其他各家渐次湮没。郭象以玄学注释《庄子》，给后世树立了一个解《庄》的范例，是庄学史上承前启后的关键人物，打破了庄学在两汉时期的沉寂局面，总结了魏晋时期数十家的研究成果，将庄学发展为显学。唐朝统治者认老子为宗，并封庄周为“南华真人”，《旧唐书》载天宝元年制“庄子号为南华真人”，“所著书改为真经”，《南华真经》即《庄子》。解《老》注《庄》之风又起，唐时注《庄》，多重字义、音释。唐代注释《庄子》者亦多，陆德明《庄子音义》，搜集唐前众家注释，具有重要的价值。成玄英《南华真经注疏》，注重考释《庄子》书中的史实典故、人物地名、字词音义，亦有章句串讲，吸纳、融合前代各家学术成果又有进益，对后世影响甚大。宋明两代，注《庄》之风甚盛，注重义理，研究其哲学思想，用佛理来理解。《纂图互注南华真经》十卷本流传很广，此十卷本刻本众多，有宋刻元明递修本、元刻本、元刻明修本、明初刻本、明刻本等，流传至今最早的版本是宋刻元明递修本，国家图书馆藏有一部。北宋吕惠卿曾参与经筵讲经，注解《庄子》并进献皇帝。陈振孙《直斋书录解题》载：“《庄子义》十卷，参政清源吕惠卿吉父撰。”目前未见宋、元、明三朝《庄子义》的刻本，国家图书馆现藏金刻本《壬辰重改证吕太尉经进庄子全解》十卷，是《庄子义》唯一的传世孤本。此本原为海源阁旧藏，杨氏《楹书隅录》著录作宋本，赵万里先生鉴定为金刻本，系金大定十二年

（1172）重翻北宋刻本。此书后归于周叔弢先生，1952年捐献入藏当时的北京图书馆（现国家图书馆）。近世黑水城出土汉文文献中发现《庄子义》残本，每卷的卷前卷末都有“吕观文进庄子内篇卷X”或“吕观文进庄子外篇卷X”，大致定为北宋刻本。黑水城《庄子义》残本的出现，部分地改变了《庄子义》孤本单传的现状。国家图书馆还藏有嘉靖十二年（1533）顾春世德堂刻《六子全书》本《南华真经》。《六子全书》包括《道德经》二卷、《南华真经》十卷、《冲虚至德真经》八卷、《荀子》二卷、《新纂门目五臣音注扬子法言》十卷、《中说》十卷。顾春编，选用郭象注，陆德明音义本，校勘谨严。品相上佳，版面美观，字体规整，为收藏家钟爱。

《百部经典》版《庄子》的底本为清郭庆藩撰、王孝鱼点校《庄子集释》。清时注庄之风更盛，有的注重哲学思想研究，着重于校勘训诂考证。郭庆藩作《庄子集释》，正文之下，先引郭象注，次引成玄英疏，再用陆德明音义，辑录散佚旧注，吸收清人之说，在辨识通假字、训释疑难字和古代名物方面多有创见。郭庆藩《庄子集释》所用底本为《古逸丛书三编》影印的宋刻元明递修本《南华真经》十卷本。国家图书馆收藏的这部，全书曾用多种现已不存的古本详加校勘，行间眉上存有大量朱墨笔批注校点文字，非出一人之手，赵万里先生定为宋人手校，洵可宝贵。除现存少量敦煌唐写本外，此书称得上最古、最有校勘价值的《庄子》版本。书中钤有“三十五峰园主人所臧”“至堂”“杨以增印”“杨绍和”“周暹”等印记，故知曾经汪氏艺芸书舍、聊城杨氏海源阁递藏，锦函外套有杨氏海源阁所制木书匣，上镌“子部宋本南华真经十册全东郡宋存书室藏”等字样，这是海源阁用木匣藏贮善本书的统一形式。民国以后，此书由著名藏书家周叔弢先生收藏，此书及另一部宋刻《分章标题南华真经注》最为周叔弢珍重，曾因此额其书室曰“双南华馆”。1952年周叔弢将其全部善本藏书捐赠给北京图书馆（今国家图书馆），这两部《南华》也在其中。

（梁葆莉）

管子

管子二十四卷　（唐）房玄龄注　宋刻本

每半叶 12 行，行 22—25 字，白口，左右双边。黄丕烈、戴望跋。国家图书馆藏（索书号：09601）。入选《第一批国家珍贵古籍名录》（名录号：00620）。

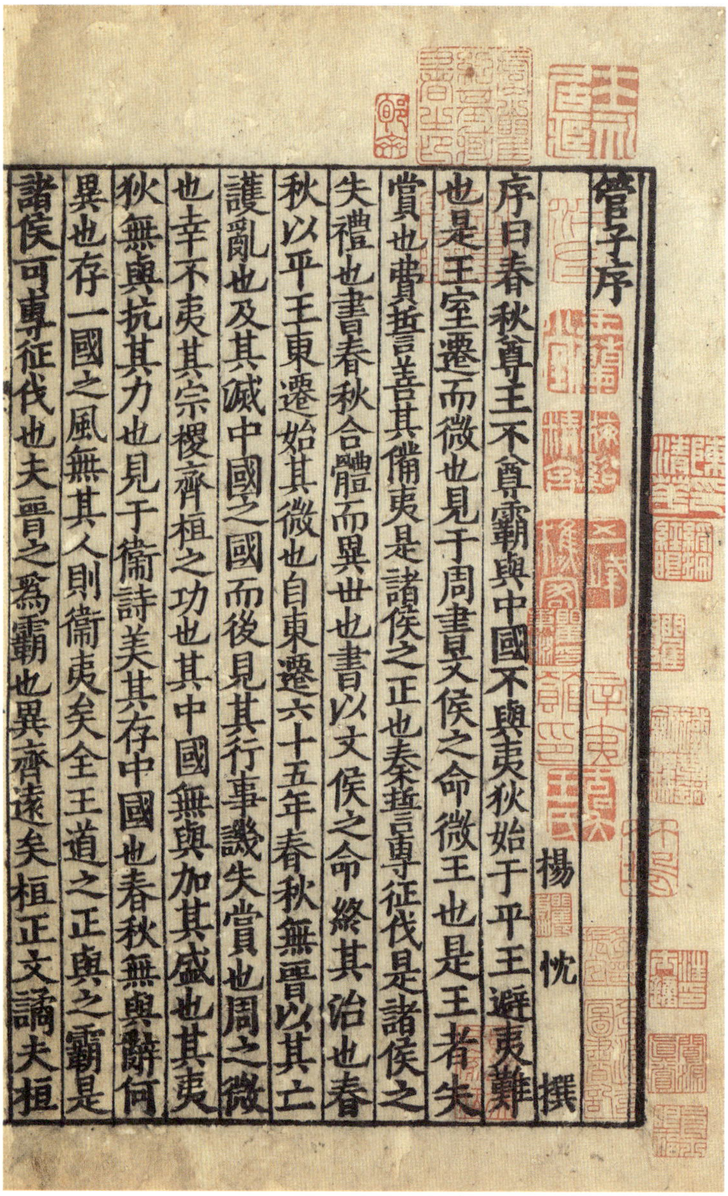

管子序

楊忱撰

序曰春秋尊王不尊霸與中國不與夷狄始于平王避夷難也是王室遷而微也見于周書文侯之命微王也是王者失賞也費誓言善其備夷是諸侯之正也秦誓尊征伐是諸侯之失禮也書春秋合體而異世也書以文侯之命終其治也春秋以平王東遷始其微也自東遷六十五年春秋無晉以其亡護亂也及其滅中國之國而後見其行事譏失賞也周之微也幸不夷其宗稷齊桓之功也其中國無與加其盛也其夷狄無與抗其力也見于衛詩美其存中國也春秋無與辭何異也存一國之風無其人則衛夷矣全王道之正與之霸是諸侯可專征伐也夫晉之為霸也異齊遠矣桓正文譎夫桓

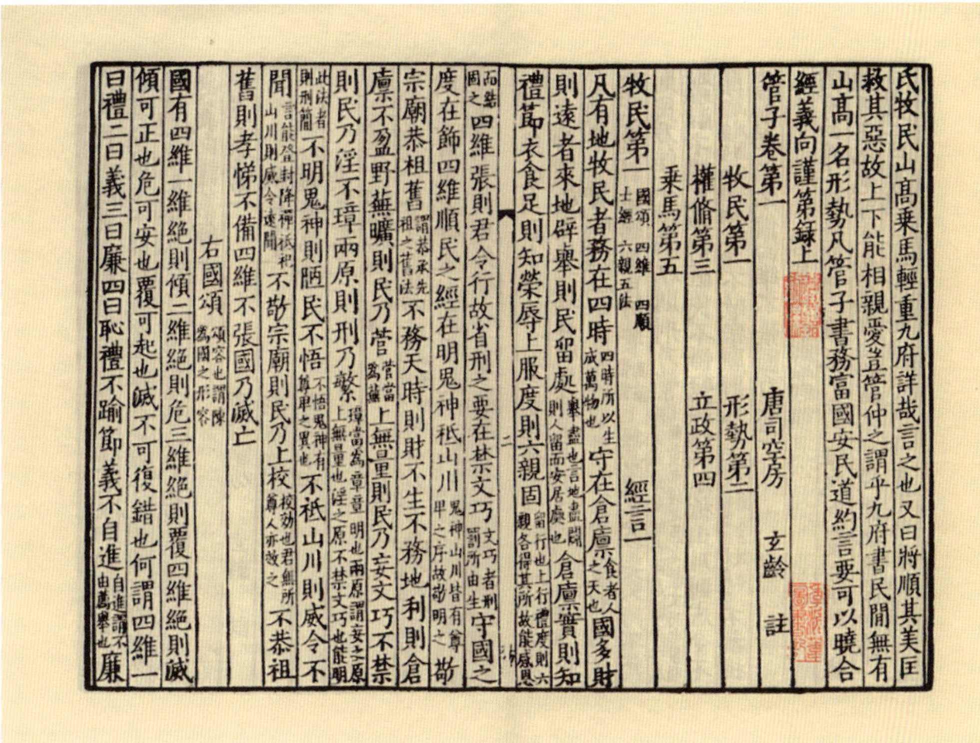

氏牧民山高乘馬輕重九府詳哉言之也又曰將順其美匡救其惡故上下能相親憂苴管仲之謂乎九府書民間無有山高一名形勢凡管子書務富國安民道約言要可以曉合經義向謹第錄上

管子卷第一　唐司空房玄齡註

牧民第一　形勢第二

權脩第三　立政第四

乘馬第五

牧民第一 國頌 四維 四順 士經 六親五法　經言一

凡有地牧民者務在四時 四時所以生成萬物也 守在倉廩 食者人之天也 國多財則遠者來地辟舉則民留處 舉盡也言地盡闢則人留而安居處也 倉廩實則知禮節衣食足則知榮辱上服度則六親固 度行也上行禮度則六親各得其所故能感恩而固之 四維張則君令行故省刑之要在禁文巧 文巧者刑罰所由生 守國之度在飾四維順民之經在明鬼神祗山川 鬼神山川皆有尊卑之序故敬明之 敬宗廟恭祖舊 謂恭承先祖之舊法 不務天時則財不生不務地利則倉廩不盈野蕪曠則民乃菅 菅當為蘊 上無量則民乃妄文巧不禁則民乃淫不璋兩原則刑乃繁 璋當為章章明也兩原謂妄之原上無量也淫之原不禁文巧也能明此法者則刑簡 不明鬼神則陋民不悟 不悟鬼神有尊卑之異也 不祗山川則威令不聞 言能登封降禪祗祀山川則威令遠聞 不敬宗廟則民乃上校 校猶效也君無所尊人亦效之 不恭祖舊則孝悌不備四維不張國乃滅亡

右國頌 頌容也謂陳為國之形容

國有四維一維絕則傾二維絕則危三維絕則覆四維絕則滅傾可正也危可安也覆可起也滅不可復錯也何謂四維一曰禮二曰義三曰廉四曰恥禮不踰節義不自進 自進謂不由薦舉也 廉

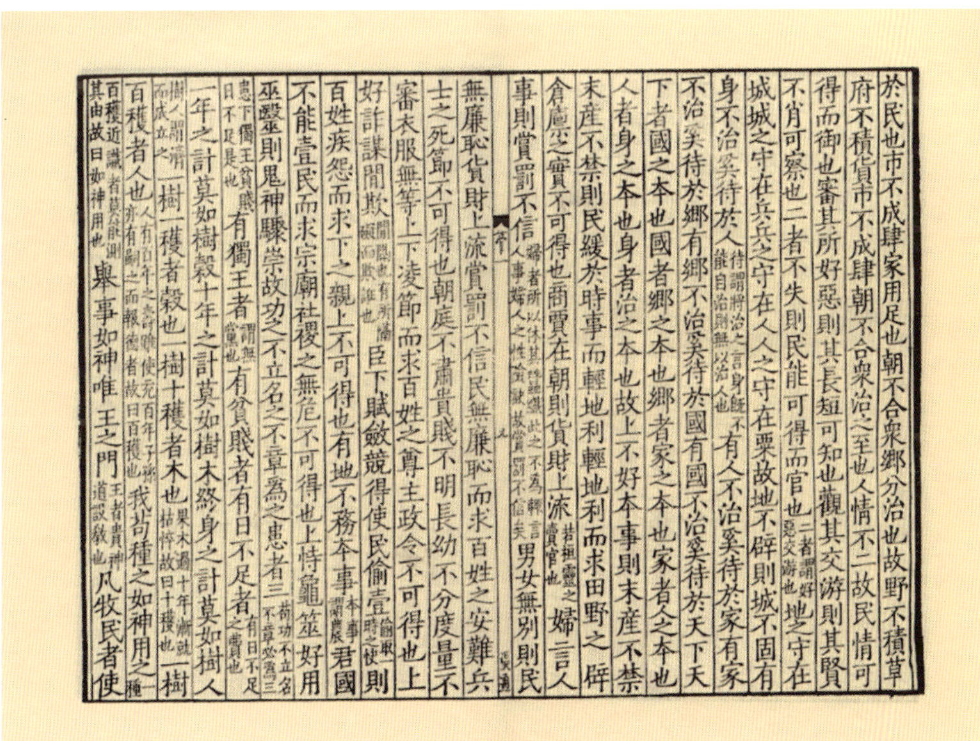

於民也市不成肆家用足也朝不合衆鄉分治也故野不積草府不積貨市不成肆朝不合衆治之至也人情不二故民情可得而御也審其所好惡則其長短可知也觀其交游則其賢不肖可察也二者不失則民能可得而官也 二者謂好惡交游也 地之守在城城之守在兵兵之守在人人之守在粟故地不辟則城不固有身不治奚待於人 待謂將治之言身既不能自治則無以治人也 有人不治奚待於家有家不治奚待於鄉有鄉不治奚待於國有國不治奚待於天下天下者國之本也國者鄉之本也鄉者家之本也家者人之本也人者身之本也身者治之本也故上不好本事則末產不禁末產不禁則民緩於時事而輕地利輕地利而求田野之辟倉廩之實不可得也商賈在朝則貨財上流 若無蓋之賣官也 婦言人事則賞罰不信 婦者所以休其蠶織也之不為輔言人事婦人之性貪黷故賞罰不信矣 男女無別則民無廉恥貨財上流賞罰不信民無廉恥而求百姓之安難兵士之死節不可得也朝廷不肅貴賤不明長幼不分度量不審衣服無等上下凌節而求百姓之尊主政令不可得也上好詐謀間欺 間間隙也有所伺隙而欺詐也 臣下賦斂競得使民偷壹 偷取一時之使 則百姓疾怨而求下之親上不可得也有地不務本事 本事謂農桑 君國不能壹民而求宗廟社稷之無危不可得也上恃龜筮好用巫毉則鬼神驟祟故功之不立名之不章為之患者三 苟功不立名不章必為三患下獨王貧賤日不足是也 有獨王者 謂無黨也 有貧賤者有日不足者 有日不足之貴也 一年之計莫如樹穀十年之計莫如樹木終身之計莫如樹人 樹人謂育人而成立之 一樹一穫者穀也一樹十穫者木也 果木過十年漸就枯悴故曰十穫也 一樹百穫者人也 人有百年之壽而使充百年子孫亦有嗣之而報德者故曰百穫也 我苟種之如神用之 種百穫近識者莫能測其由故曰如神用也 舉事如神唯王之門 王者貴神道設教也 凡牧民者使

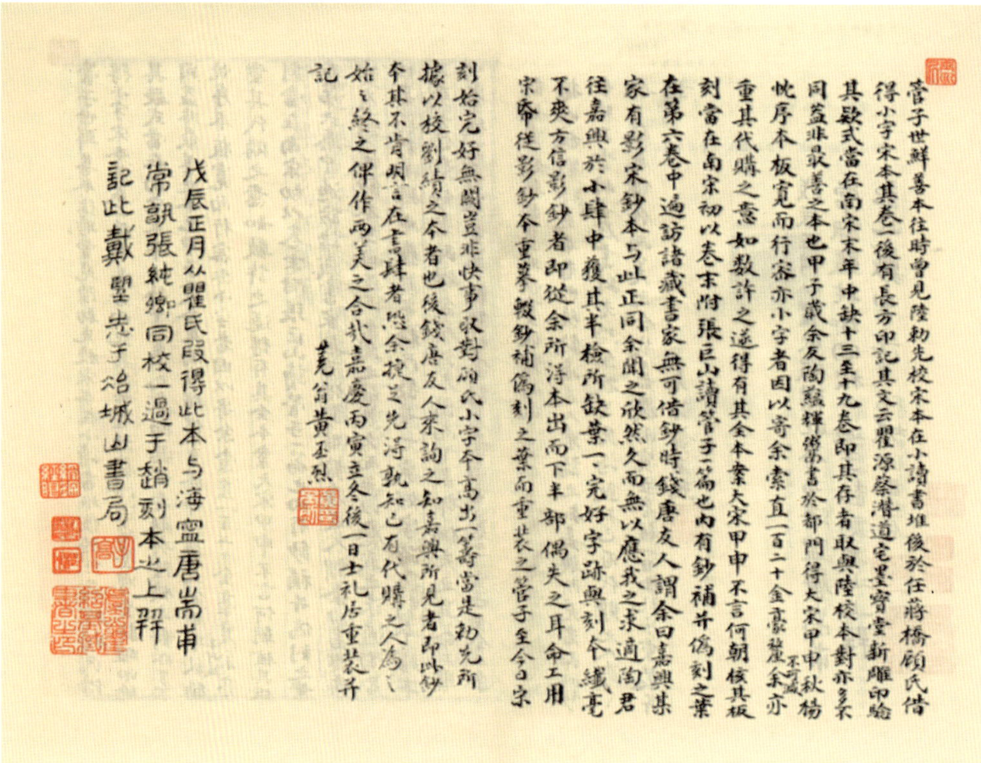

管子世鮮善本往時曾見陸勑先校宋本在小讀書堆後於任蔣橋顧氏借
得小字宋本其卷一後有長方印記其文云瞿源蔡潛道宅墨寶堂新雕印驗
其款式當在南宋末年中缺十三至十九卷即其存者取與陸校本對亦多不
同蓋非最善之本也甲子歲余友陶蘊輝從書於都門得大宋甲申秋楊
忱序本板寬而行密亦小字者因以寄余索直一百二十金豪舉余亦不可減
重其代購之意如數許之遂得有其全本案大宋甲申不言何朝校其板
刻當在南宋初以卷末附張巨山讀管子一篇也內有鈔補并偽刻之葉
在第六卷中遍訪諸藏書家無可借鈔時錢唐友人謂余曰嘉興某
家有影宋鈔本與此正同余聞之欣然久而無以應我之求適陶君
往嘉興於小肆中獲其半檢所缺葉一一完好字跡與刻本纖毫
不爽方信影鈔者即從余所得本出而下半部偶失之耳命工用
宋紙從影鈔本重摹幾鈔補偽刻之葉而重裝之管子至今日宋
刻始完好無闕豈非快事取對劉氏小字本高出一籌當是勑先所
據以校劉績之本者也後錢唐友人來詢之知嘉興所見者即此鈔
本其不肯明言在書肆者恐余捷足先得孰知已有代購之人為之
始始終終之俾作兩美之合哉嘉慶丙寅立冬後一日士禮居重裝并
記

蕘翁黃丕烈

戊辰正月從瞿氏假得此本與海寧唐端甫
常熟張純卿同校一過于鉛刻本之上并
記此 戴望志于冶城山書局

管子二十四卷　（唐）房玄龄注　明万历十年（1582）赵用贤管韩合刻本

每半叶9行，行19字，小字双行同，白口，四周单边。吴志忠校跋并录黄丕烈、顾广圻、段玉裁、王引之等校注。国家图书馆藏（索书号：08149）。

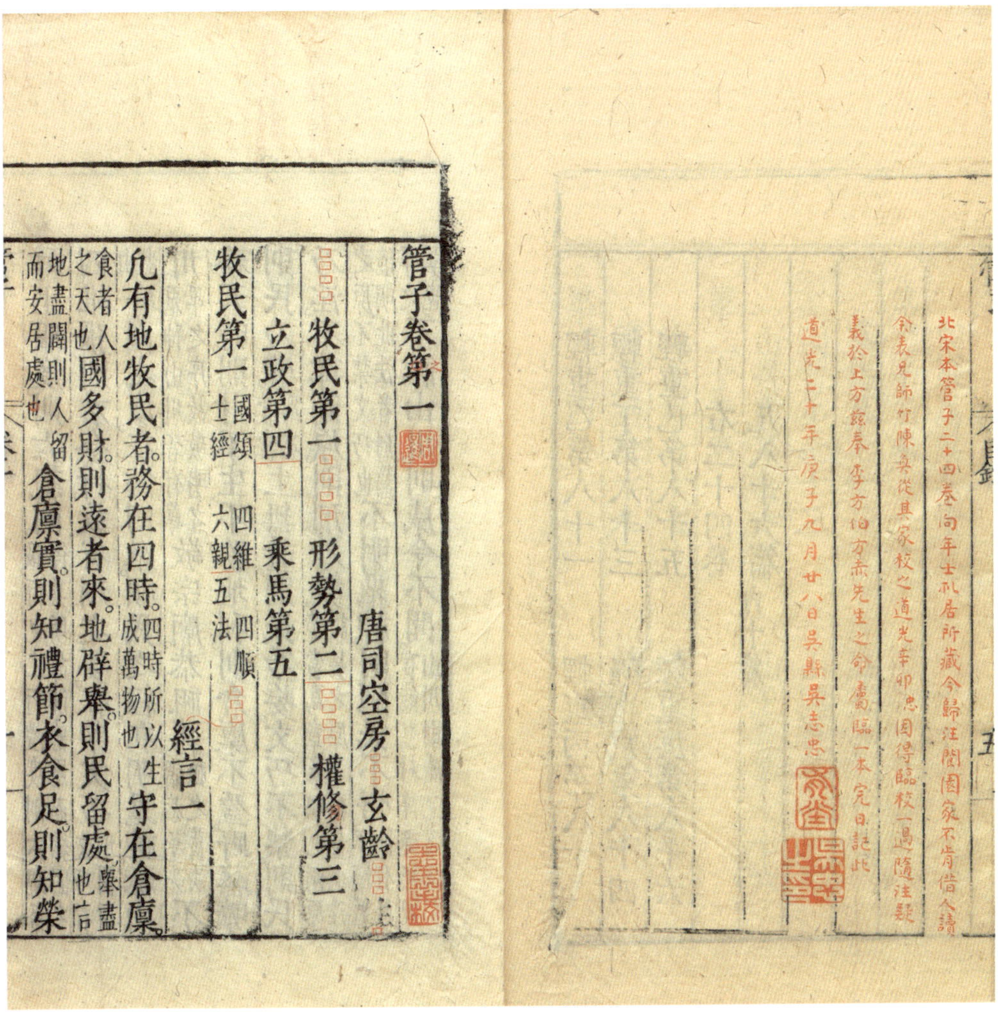
管子卷第一

唐司空房玄齡

牧民第一　形勢第二　權修第三

立政第四　乘馬第五

牧民第一　國頌　四維　四順　十一經　六親　五法

經言一

凡有地牧民者，務在四時，守在倉廩。四時所以生成萬物也

食者人之天也，國多財則遠者來，地辟舉則民留處。舉盡也，地盡闢則人留而安居處也

倉廩實則知禮節，衣食足則知榮

北宋本管子二十四卷向年士禮居所藏今歸汪閬園家不肯借人讀

余表兄師竹陳奐從其家校之道光辛卯忠因得臨校一過隨注疑

義於上方兹奉李方伯方赤先生之命屬臨一本完日記此

道光二十年庚子九月廿八日吳縣吳志忠

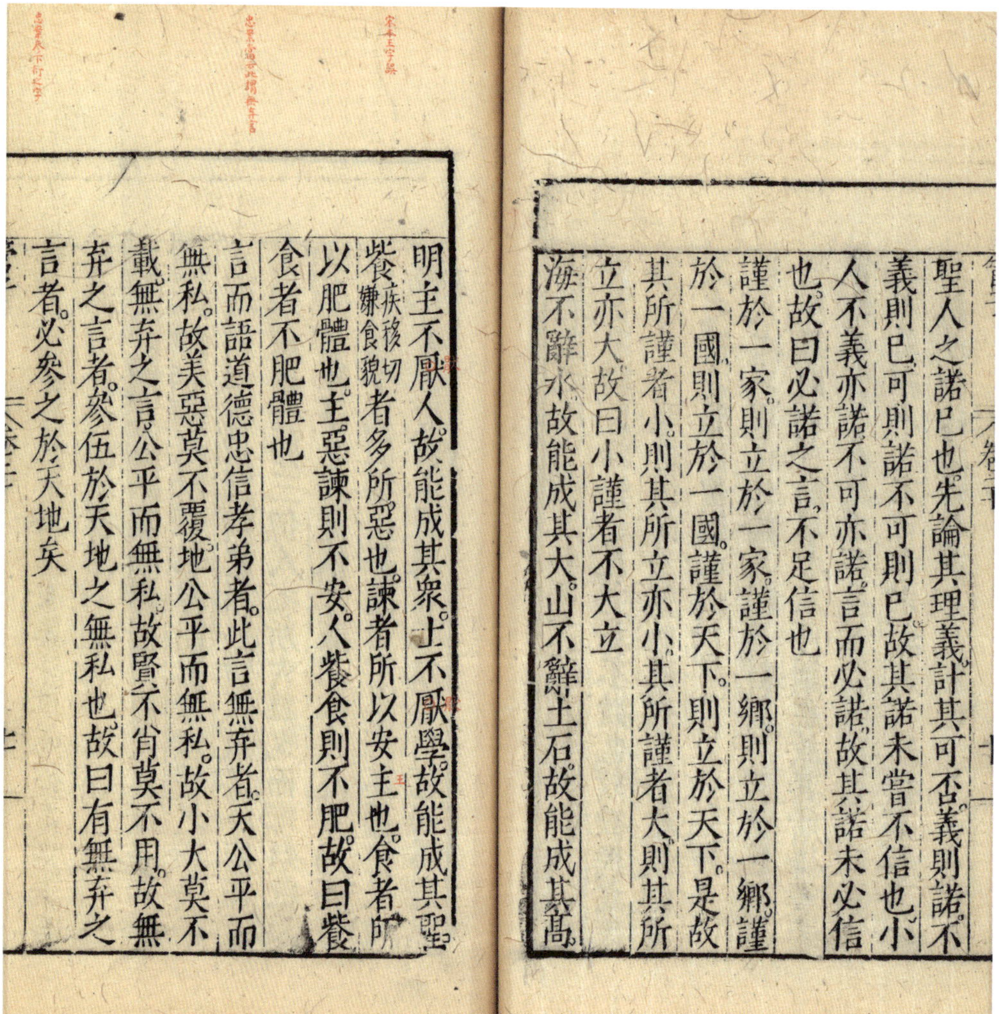

聖人之諾已也先論其理義計其可否義則諾不
義則已可則諾不可則已故其諾未嘗不信也小
人不義亦諾不可亦諾言而必諾故其諾未必信
也故曰必諾之言不足信也
謹於一家則立於一家謹於一鄉則立於一鄉謹
於一國則立於一國謹於天下則立於天下是故
其所謹者小則其所立亦小其所謹者大則其所
立亦大故曰小謹者不大立
海不辭水故能成其大山不辭土石故能成其高

明主不厭人故能成其衆士不厭學故能成其聖
飬（疾後切 嫌食貌）者多所惡也諫者所以安主也食者所
以肥體也主惡諫則不安人飬食則不肥故曰飬
食者不肥體也
言而語道德忠信孝弟者此言無棄者天公平而
無私故美惡莫不覆地公平而無私故小大莫不
載無棄之言公平而無私故賢不肖莫不用故無
棄之言者參伍於天地之無私也故曰有無棄之
言者必參之於天地矣

管子校正二十四卷　（清）戴望撰　清同治十一年（1872）刻本

每半叶12行，行24字，小字双行同，黑口，左右双边。国家图书馆藏（索书号：A02692）。

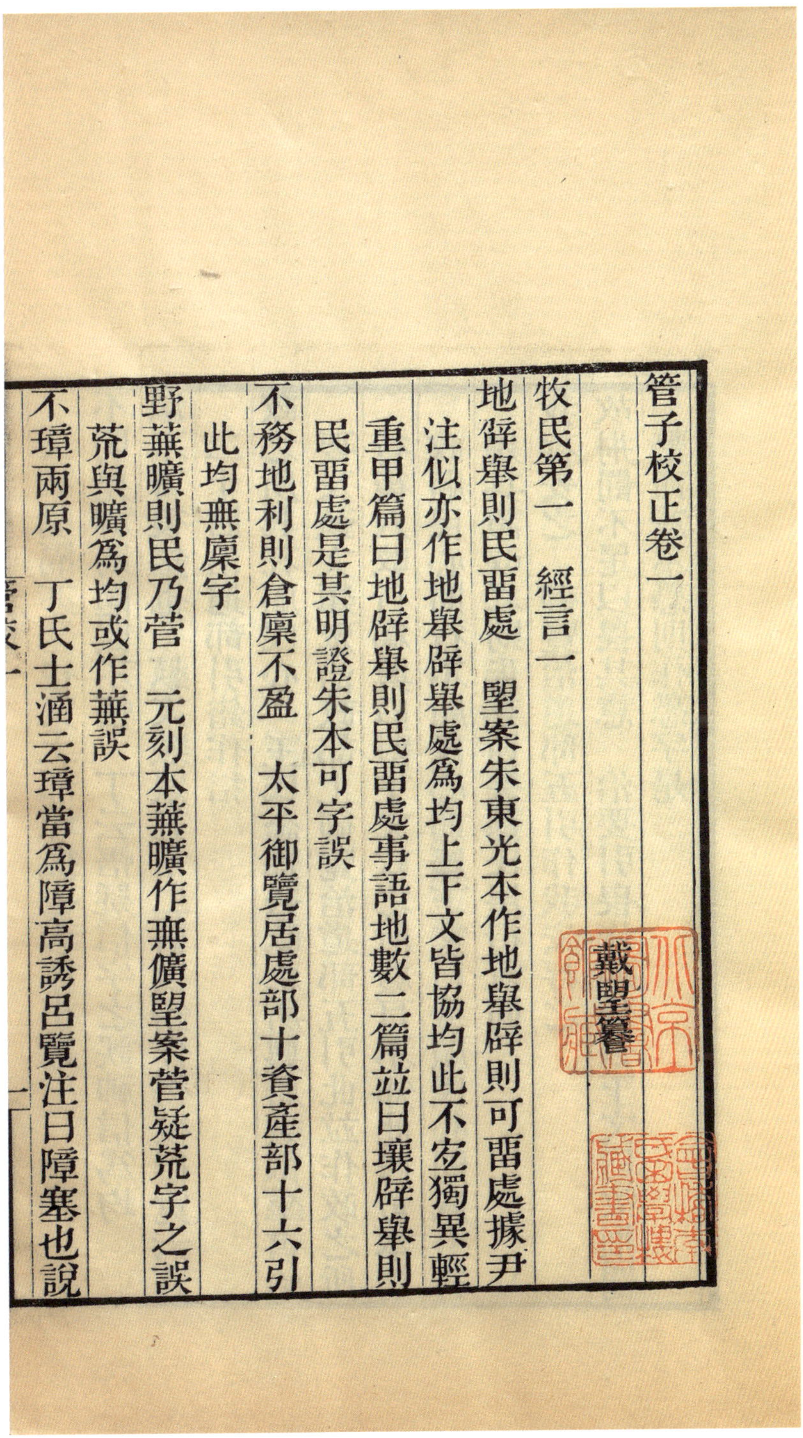
管子校正卷一

牧民第一　經言一

地辟舉則民畱處　望案朱東光本作地舉辟則可畱處據尹注似亦作地舉辟舉處爲均上下文皆協均此不宜獨異輕重甲篇曰地辟舉則民畱處事語地數二篇竝曰壤辟舉則民畱處是其明證朱本可字誤

不務地利則倉廩不盈　太平御覽居處部十資產部十六引此均無廩字

野蕪曠則民乃菅　元刻本蕪曠作無壙望案菅疑荒字之誤荒與曠爲均或作蕪誤

不璋兩原　丁氏士涵云璋當爲障高誘呂覽注曰障塞也說

《管子》是管仲学派的集体创作，托名管仲。管仲，名夷吾，字仲，称管敬仲，是先秦法家的前驱和早期代表，与战国法家商鞅、韩非齐名，习称管商韩。管仲任齐相四十年，辅佐桓公，改革变法，振兴齐国，“九合诸侯，一匡天下”，使齐国成春秋五霸之首。管仲在齐国政治、经济、军事各领域建功立业，成效卓著，是当时重要的政治家和思想家，影响深远。

《管子》的成书，经历了数百年漫长的历史演变过程，可分为三个阶段，第一阶段是公元前七世纪春秋初期管仲创作，篇目不详；第二阶段是公元前四至前三世纪战国时期，管仲学派说明和发挥管仲思想，编纂整理《管子》十八篇本；第三阶段是西汉时期，朝廷向民间征集图书，采进战国时期齐国稷下学宫遗留托名管仲的各种《管子》抄本。历经不同时期学者的增益补充，《管子》篇幅扩展数倍。西汉末，刘向在春秋战国到西汉前期《管子》十八篇传本的基础上，博采管仲学派长期对管仲思想发挥的成果，编定《管子》，刘向编定本为八十六篇，后遗失十篇（有标题，无正文），实存七十六篇，即目前所见的《管子》传本。

《管子》内容精邃丰赡，融汇诸子百家理论，又能突显法家学说，超越儒家礼制和法家法制两个极端，主张把维护宗法制的“礼”与维护中央集权的“法”有机结合，采取礼、法并用的统治方术，这是《管子》政治思想的基本特征。在《治国》篇中，他开宗明义地说：“凡治国之道，必先富民。”这可以说是管仲的经济哲学思想。管仲重视市场的作用，《乘马》篇里说“聚者有市，无市则民乏”，“市者可以知治乱，可以知多寡”，凡是人群聚处，就有市场，就可以知道社会的治乱和物资的多寡。管仲重视市场、贸易因素，也能做到取民有度，讲究分寸。《权修》篇说：“取于民有度，用之有止，国虽小必安。取于民无度，用之不止，国虽大必危。”《禁藏》篇说：“权衡者，所以视重轻也。”管子思想讲究“权衡”，懂得止损、让渡一部分利益，这些思想都是符合商业社会基本原则的。管仲还思考资源问题，《立政》篇中说：“敬山泽，林薮积草，夫财之所出，以时禁发焉。”《小匡》篇中也说：“山泽各以其时至，则民不苟。”反对过度开发自然资源，制定限时利用林牧渔业资源的政策，可以认为是最早的自然环境保护法。管仲能将他的一系列经济举措纳入到法治轨道上来，《明法》篇说：“以法治国，则举错（措）而已。”明确“以法治国”的原则，一切都按法运作。《禁藏》篇又说：“法者天下之仪也，所以决疑而明是非也。”法是天下的规程和标准，是判断真假、明辨是非的依据。《管子》重视道德教育的作用。《牧民》篇就把“礼义廉耻”作为“国之四维”，认为“四维不张，国乃灭亡”，“仓廪实则知礼节，衣食足则知荣辱”，实行教化，又必须以改善人民的物质生活条件为基础。《管子》“以人为本”，有强烈的民本思想，《权修》篇“一年之计，莫如树谷。十年之计，莫如树木。终身之计，莫如树人”，体现重视“人”的因素，对教育人、培养人的高度关注。《形势解》“海不辞水，故能成其大。山不辞土石，故能成其高”，语句对仗，意味无穷，今人有引申为爱护民众者，甚至用来阐发群众智慧，可见其生命力。《管子》兼顾天道人情，处理天人关系，把人的物质利益作为社会发展的最初动因，为政须顺从人民心意，以符合天道自然变化规律为关键，以得人心受拥护为纲纪，以对天道人情客观规律的精准把握为基础，提出“予之为取”这一杰出的辩证哲学命题，也是深刻的政治学理论。《管子》内容博大精深，涉及哲学、政治、经济、法律、伦理、逻辑、教育、美学和军事等诸多领域，可谓兼容并包，囊括百家，是管仲学派在不断发展演进中对中国传统文化思想的综合，极大丰富了我国古代理论宝库，在中国思想文化史上有独特的学术价值。

宋时，出现《管子》刻本，目前较为人熟知的宋本《管子》有两种，一是南宋初年浙刻杨忱本，二十四卷，现存国家图书馆。浙刻本《管子》还有影抄、影刻、影印本传世，影抄本曾为黄丕烈所藏，现存上海图书馆，清光绪五年（1879）常熟张瑛曾有影刻本，民国时期商务印书馆《四部丛刊》据此影印。一是蔡潜道墨宝堂本，现流落海外。明代，赵用贤将《管子》《韩非子》合刻，此管韩合刻本在宋本基础上予以修订，校勘审慎，刻印精良，万历以后《管子》的许多重要版本，如《二十二子》本、《百子全书》本、《四部备要》本，都以此为底本。清代中后期，戴望博览群书，广采众说，从群书中钩寻各家对《管子》的论述，并总结清人的校勘成果，集清以前《管子》研究之大成，撰成《管子校正》，在《管子》学史上，成就突出，国家图书馆藏清同治十一年（1872）刻本。

《百部经典》版《管子》的底本为《四部丛刊》本。《四部丛刊》本以宋刻《管子》二十四卷本为底本，为现存最早的《管子》刻本。国家图书馆藏一部，此本钤有“古吴王氏”“江左”“梅溪精舍”“竹坞”“五峰樵客”“季振宜印”“徐健庵”“黄丕烈印”“百宋一廛”“读未见书斋收藏”“汪士钟印”“铁琴铜剑楼”“陈清华印”“澄中”“郇斋”等印记，明代曾为王宠、文征明、文伯仁叔侄收藏，入清后经季振宜、徐乾学、黄丕烈、汪士钟，入瞿氏铁琴铜剑楼，为瞿绍基、瞿镛、瞿秉渊、瞿秉冲、瞿启甲、瞿启科等藏，后归陈清华。

（梁葆莉）

孙子兵法

十一家注孙子三卷　（汉）曹操、（唐）杜牧等撰　宋刻本

每半叶 8 行，行 17 字，小字双行 26 字。白口，左右双边。存 1 卷。潘祖荫跋。国家图书馆藏（索书号：06058）。

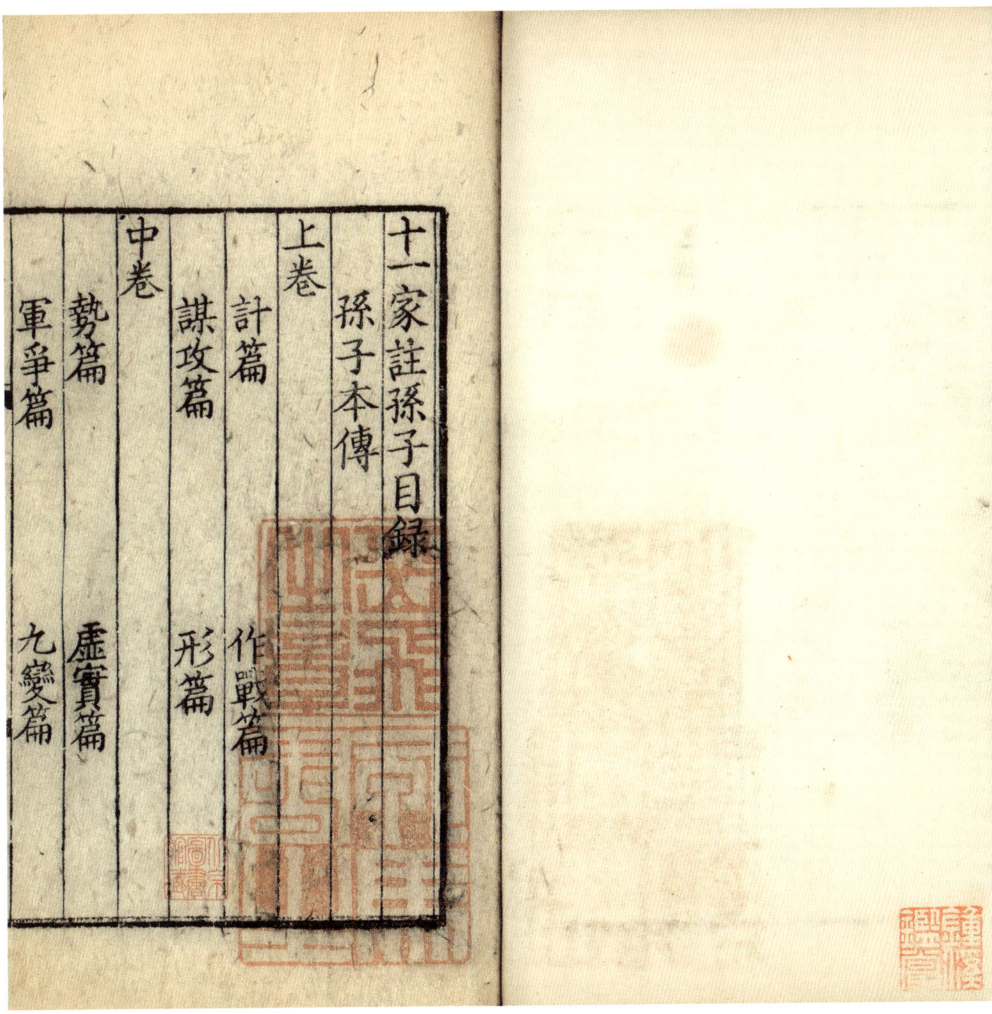
十一家註孫子目録
孫子本傳
上卷
計篇　作戰篇
謀攻篇　形篇
中卷
勢篇　虛實篇
軍爭篇　九變篇

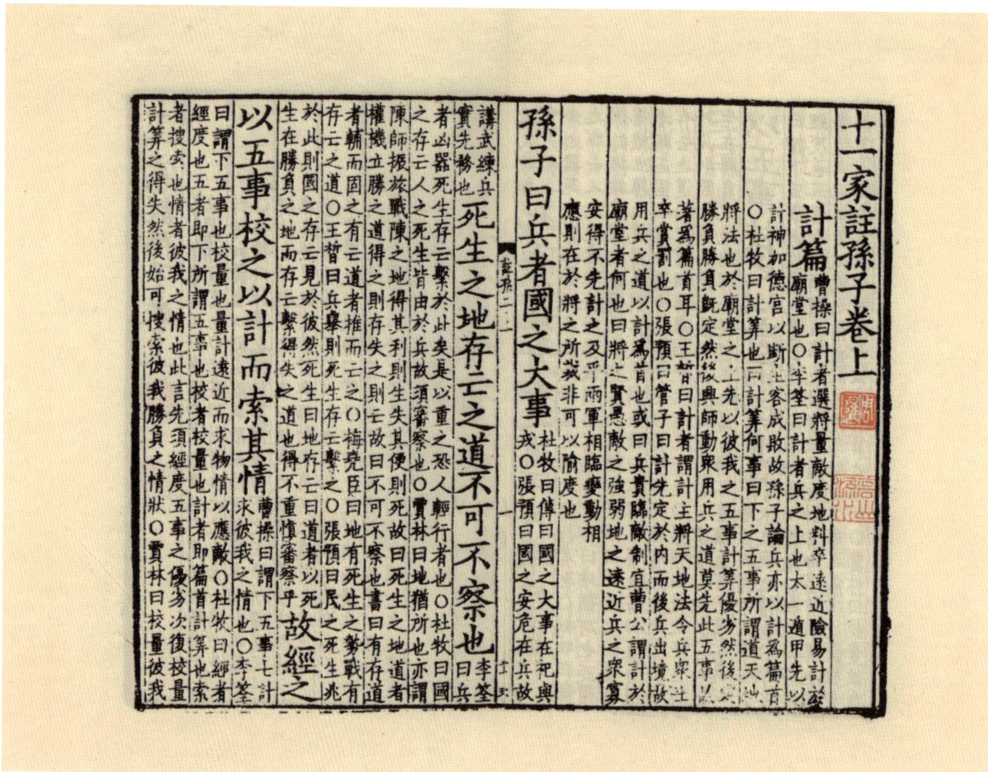

十一家註孫子卷上

計篇 曹操曰計者選將量敵度地料卒遠近險易計於廟堂也○李筌曰計者兵之上也太一遁甲先以計神加德宮以斷主客成敗故孫子論兵亦以計爲篇首○杜牧曰計算也曰計算何事曰下之五事所謂道天地將法也於廟堂之上先以彼我之五事計算優劣然後定勝負勝負既定然後興師動衆用兵之道莫先此五事故著爲篇首耳○王晳曰計者謂計主將天地法令兵衆士卒賞罰也○張預曰管子曰計先定於內而後兵出境故用兵之道以計爲首也或曰兵貴臨敵制宜曹公謂計於廟堂者何也曰將之賢愚敵之強弱地之遠近兵之衆寡安得不先計之及乎兩軍相臨變動相應則在於將之所裁非可以隃度也

孫子曰兵者國之大事 杜牧曰傳曰國之大事在祀與戎○張預曰國之安危在兵故講武練兵實先務也

死生之地存亡之道不可不察也 李筌曰兵者凶器死生存亡繫於此矣是以重之恐人輕行者也○杜牧曰國之存亡人之死生皆由於兵故須審察也○賈林曰地猶所也亦謂陳師振旅戰陳之地得其利則生失其便則死故曰死生之地道者權機立勝之道得之則存失之則亡故曰不可不察也書曰有存道者輔而固之有亡道者推而亡之○梅堯臣曰地有死生之勢戰有存亡之道○王晳曰兵舉則死生存亡繫之○張預曰民之死生兆於此則國之存亡見於彼然死生曰地存亡曰道者以死生在勝負之地而存亡繫得失之道也得不重慎審察乎

故經之以五事校之以計而索其情 曹操曰謂下五事七計求彼我之情也○李筌曰謂下五事也校量也量計遠近而求物情以應敵○杜牧曰經者經度也五者即下所謂五事也校者校量也計者即篇首計算也索者搜索也情者彼我之情也此言先須經度五事之優劣次復校量計算之得失然後始可搜索彼我勝負之情狀○賈林曰校量彼我

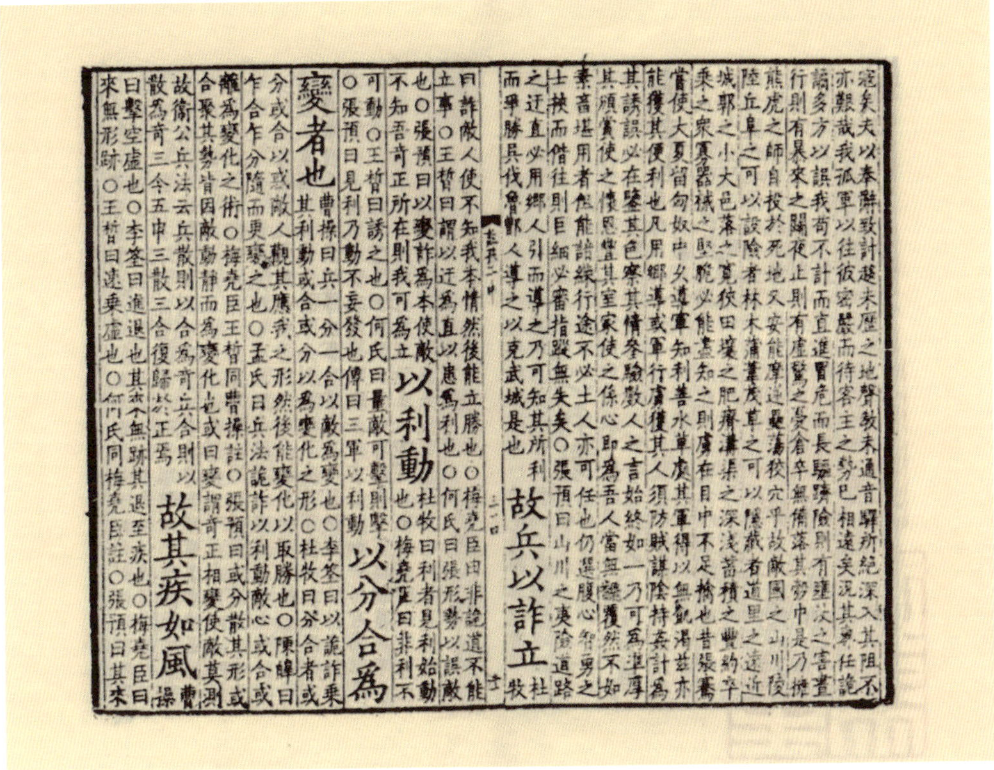

寇矣夫以秦辭致討趨未歷之地聲教未通音驛所絕深入其阻不亦艱哉我孤軍以往彼密嚴而待客主之勢已相遠矣況其眾任詭譎多方以誤我苟不計而直進冒危而長驅踐險則有蹶泣之害晝行則有暴來之鬭夜止則有虛驚之憂倉卒無備落其彀中是乃擁熊虎之師自投於死地又安能摩壘蕩狡究乎故敵國之山川陵陸丘阜之可以設險者林木蒲葦茂草之可以隱蔽者道里之遠近城郭之小大邑落之寬狹田壤之肥瘠溝渠之深淺畜積之豐約卒乘之眾寡器械之堅脆必能盡知之則虜在目中不足擒也昔張騫嘗使大夏留匈奴中久導軍知利善水草處其軍得以無飢渴茲亦能獲其便利也凡用鄉導或軍行虜獲其人須防賊謀陰持姦計為其誘誤必在鑒其色察其情參驗數人之言始終如一乃可為準厚其頒賞使之懷恩豈其室家使之係心即為吾人當無離貳然不如素畜堪用者能詣蹤行途不必土人亦可任也仍選腹心智勇之士挾而偕往則巨細必審指蹤無失矣○張預曰山川之夷險道路之迂直必用鄉人引而導之乃可知其所利而爭勝吳伐魯鄫人導之以克武城是也

故兵以詐立 杜牧曰詐敵人使不知我本情然後能立勝也○梅堯臣曰非詭道不能立事○王晳曰謂以迂為直以患為利也○何氏曰張形勢以誤敵也○張預曰以變詐為本使敵不知吾奇正所在則我可為立

以利動 杜牧曰利者見利始動也○梅堯臣曰非利不可動○王晳曰誘之也○何氏曰量敵可擊則擊○張預曰見利乃動不妄發也傳曰三軍以利動

以分合為變者也 曹操曰兵一分一合以敵為變也○李筌曰以詭詐乘其利動或合或分以為變化之形○杜牧曰分合者或分或合以惑敵人觀其應我之形然後能變化以取勝也○陳皞曰乍合乍分隨而更變之也○孟氏曰兵法詭詐以利動敵心或合或離為變化之術○梅堯臣王晳同曹操註○張預曰或分散其形或合聚其勢皆因敵動靜而為變化也或曰變謂奇正相變使敵莫測故衛公兵法云兵散則以合為奇合則以散為奇三令五申三散三合復歸於正焉

故其疾如風 曹操曰擊空虛也○李筌曰進退也其來無跡其退至疾也○梅堯臣曰來無形跡○王晳曰遠乘虛也○何氏同梅堯臣註○張預曰其來

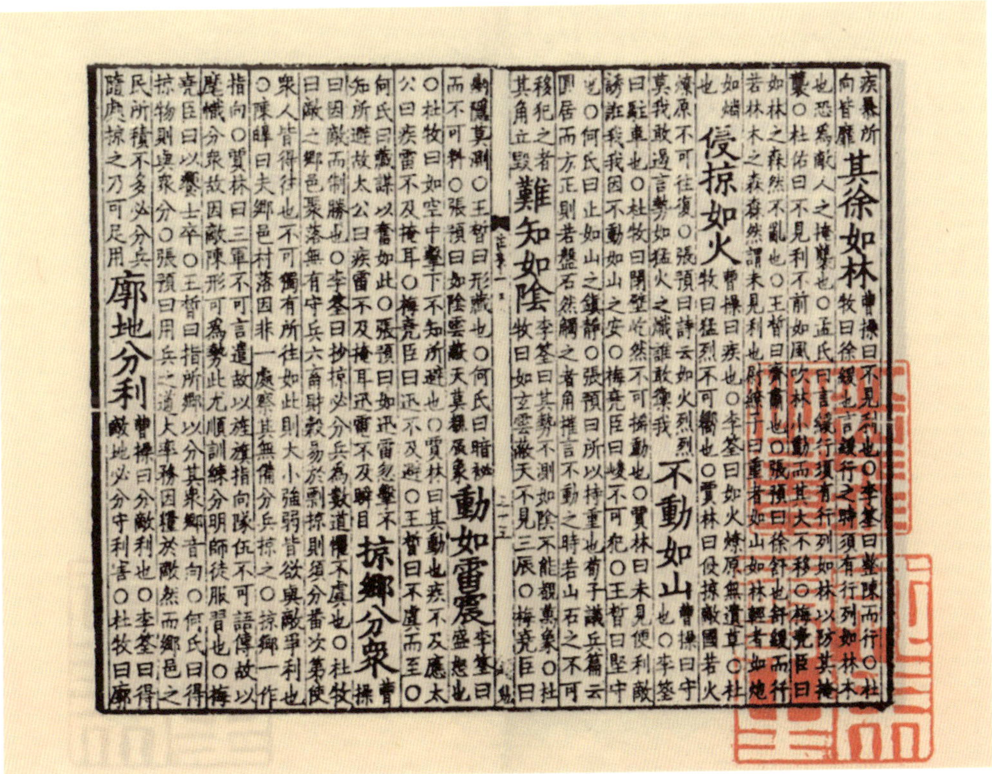

疾暴所向皆靡

其徐如林 曹操曰不見利也○李筌曰整陳而行○杜牧曰徐緩也言緩行之時須有行列如林木也恐為敵人之掩襲也○孟氏曰言緩行須有行列如林以防其掩襲○杜佑曰不見利不前如風吹林小動而其大不移○梅堯臣曰如林之森然不亂也○王晳曰齊肅也○張預曰徐舒也舒緩而行若林木之森森然謂未見利也尉繚子曰重者如山如林輕者如炮如熛也

侵掠如火 曹操曰疾也○李筌曰如火燎原無遺草○杜牧曰猛烈不可嚮也○賈林曰侵掠敵國若火燎原不可往復○張預曰詩云如火烈烈莫我敢遏言勢如猛火之熾誰敢禦我

不動如山 曹操曰守也○李筌曰駐軍也○杜牧曰閉壁屹然不可搖動也○賈林曰未見便利敵誘誑我我因不動如山之安○梅堯臣曰峻不可犯○王晳曰堅守也○何氏曰止如山之鎮靜○張預曰所以持重也荀子議兵篇云圓居而方正則若盤石然觸之者角摧言不動之時若山石之不可移犯之者其角立毀

難知如陰 李筌曰其勢不測如陰不能覩萬象○杜牧曰如玄雲蔽天不見三辰○梅堯臣曰動隱莫測○王晳曰形藏也○何氏曰暗祕而不可料○張預曰如陰雲蔽天莫覩辰象

動如雷震 李筌曰盛怒也○杜牧曰如空中擊下不知所避也○賈林曰其動也疾不及應太公曰疾雷不及掩耳○梅堯臣曰迅不及避○王晳曰不虞而至○何氏曰藏謀以奮如此○張預曰如迅雷忽擊不知所避故太公曰疾雷不及掩耳迅雷不及瞬目

掠鄉分眾 曹操曰因敵而制勝也○李筌曰抄掠必分兵為數道懼不虞也○杜牧曰敵之鄉邑聚落無有守兵六畜財穀易於剽掠則須分番次第使眾人皆得往也不可獨有所往如此則大小強弱皆欲與敵爭利也○陳皞曰夫鄉邑村落因非一處察其無備分兵掠之○掠鄉一作指向○賈林曰三軍不可言遣故以旌旗指向隊伍不可語傳故以麾幟分眾故因敵陳形可為勢此尤順訓練分明師徒服習也○梅堯臣曰以饗士卒○王晳曰指所鄉以分其眾鄉音向○何氏曰得掠物則與眾分○張預曰用兵之道大率務因糧於敵然而鄉邑之民所積不多必分兵隨處掠之乃可足用

廓地分利 曹操曰分敵利也○李筌曰得敵地必分守利害○杜牧曰廓

孙子三卷　武经七书二十五卷　清影宋抄本

每半叶10行，行20字，白口，左右双边。国家图书馆藏（索书号：03464）。

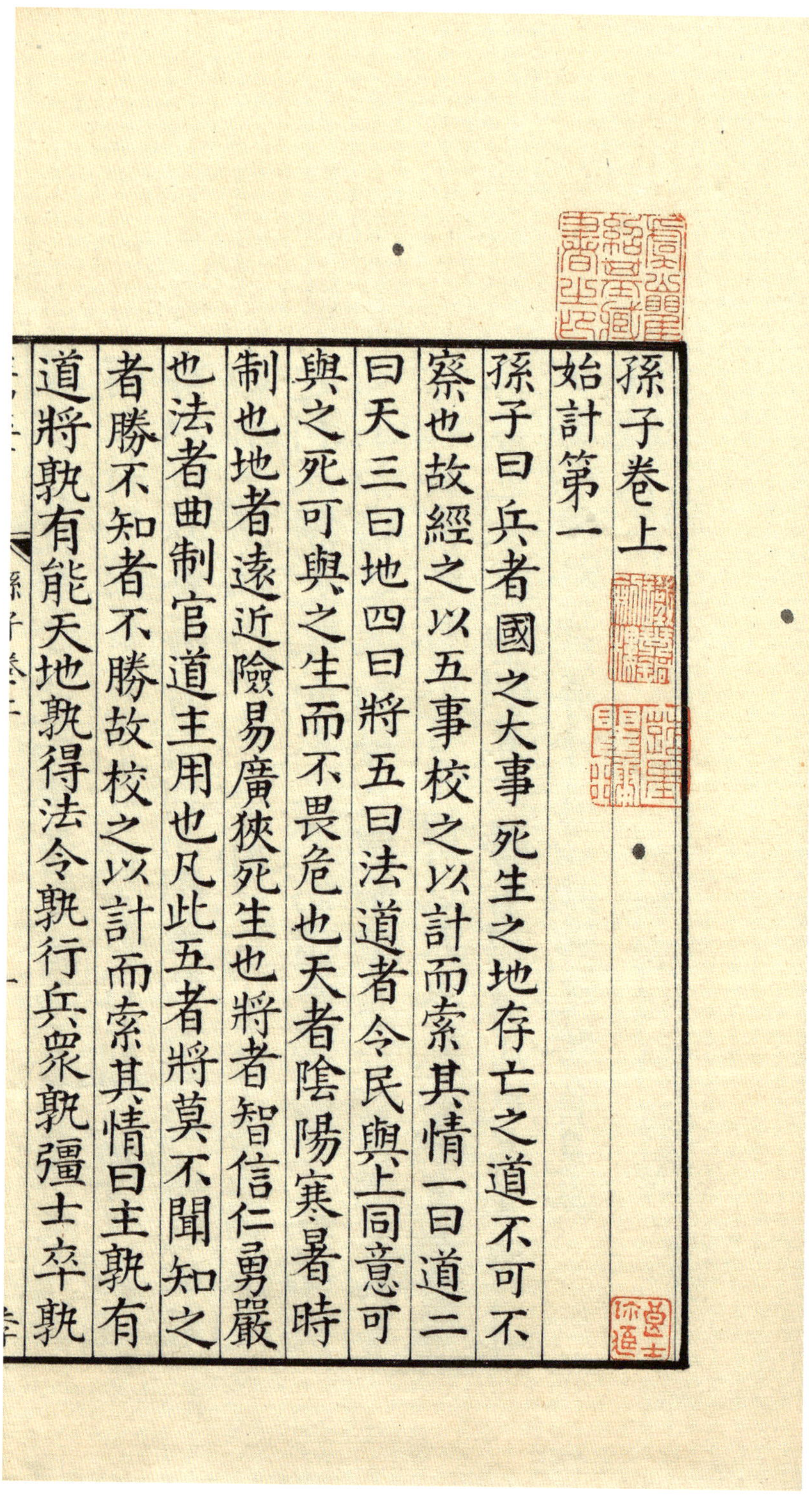
孫子卷上
始計第一
孫子曰兵者國之大事死生之地存亡之道不可不
察也故經之以五事校之以計而索其情一曰道二
曰天三曰地四曰將五曰法道者令民與上同意可
與之死可與之生而不畏危也天者陰陽寒暑時
制也地者遠近險易廣狹死生也將者智信仁勇嚴
也法者曲制官道主用也凡此五者將莫不聞知之
者勝不知者不勝故校之以計而索其情曰主孰有
道將孰有能天地孰得法令孰行兵衆孰彊士卒孰

孙子集注十三卷　（汉）曹操、（唐）杜牧等撰　明嘉靖三十四年（1555）谈恺刻本

每半叶 10 行，行 20 字，白口，四周双边。国家图书馆藏（索书号：05004）。

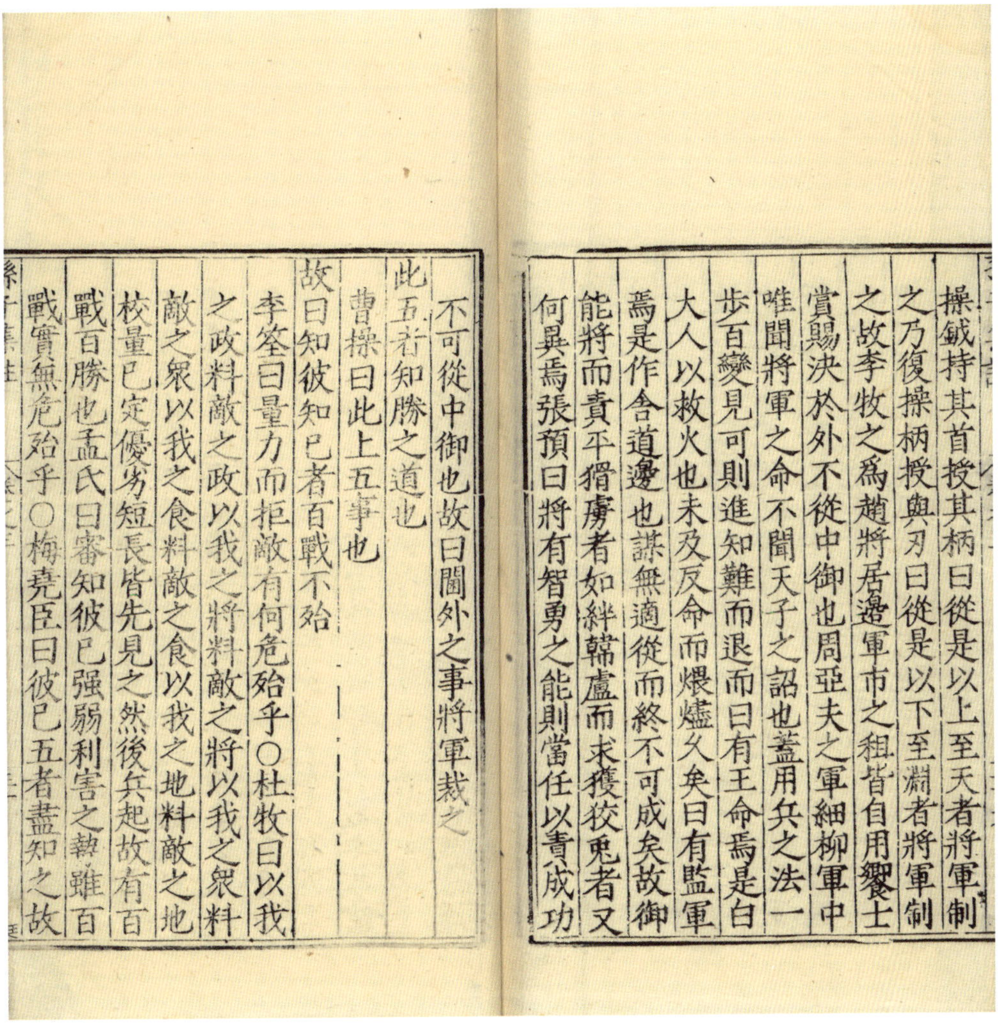
操鉞持其首授其柄曰從是以上至天者將軍制
之乃復操柄授與刃曰從是以下至淵者將軍制
之故李牧之爲趙將居邊軍市之租皆自用饗士
賞賜決於外不從中御也周亞夫之軍細柳軍中
唯聞將軍之命不聞天子之詔也蓋用兵之法一
步百變見可則進知難而退而曰有王命焉是白
大人以救火也未及反命而煨燼久矣曰有監軍
焉是作舍道邊也謀無適從而終不可成矣故御
能將而責平獮虜者如絆韓盧而求獲狡兎者又
何異焉張預曰將有智勇之能則當任以責成功
不可從中御也故曰閫外之事將軍裁之
此五者知勝之道也
曹操曰此上五事也
故曰知彼知己者百戰不殆
李筌曰量力而拒敵有何危殆乎○杜牧曰以我
之政料敵之政以我之將料敵之將以我之衆料
敵之衆以我之食料敵之食以我之地料敵之地
校量已定優劣短長皆先見之然後兵起故有百
戰百勝也孟氏曰審知彼己强弱利害之勢雖百
戰實無危殆乎○梅堯臣曰彼己五者盡知之故

孫子集註卷之四

形篇 曹操曰軍之形也我動彼應兩敵相察情也○李筌曰形謂主客攻守八陳五營陰陽向背之形○杜牧曰因形見情無形者情密有形者情疎密則勝疎則敗也○王晳曰形者定形也謂兩敵强弱有定形也善用兵者能變化其形因敵以制勝○張預曰兩軍攻守之形也隱於中則人不可得而知見於外則敵乘隙而至形因攻守而顯故次謀攻

孫子曰昔之善戰者先爲不可勝

張預曰所謂知己者也

以待敵之可勝

梅堯臣曰藏形內治伺其虛懈○張預曰所謂知

关于《孙子兵法》的成书年代和作者问题，学术界众说纷纭，莫衷一是，自宋至今，争论辩诘延续千余年。有的学者认为《孙子兵法》成书于春秋后期，也有学者认为成书于战国时期甚至更晚。有的学者认为《孙子兵法》为孙武所作；有的学者认为历史上本无孙武其人，此书系战国时人伪托；有的学者认为历史上虽有孙武，但非《孙子兵法》作者；甚至还有的学者认为《孙子兵法》与《孙膑兵法》实为一书，作者为战国中期的孙膑。尽管没有定论，讨论《孙子兵法》的作者问题时，还是不能不谈孙武。据《史记》记载，孙武本为齐国人，经吴国伍子胥推荐，向吴王阖闾进献兵法十三篇，受到重用，率领吴军大破楚国，攻占郢都，被后世誉为兵家至圣。

《孙子兵法》全文六千字左右，一共十三篇，大体可分为战略运筹、作战指挥、战场机变、军事地理、特殊战法五个部分，涵盖了战争的方方面面，探讨了与战争有关的一系列矛盾的对立和转化，如敌我、主客、众寡、强弱、攻守、胜败、利害。《计篇》直接点出战争的重要性：“兵者，国之大事，死生之地，存亡之道，不可不察也。”将战争看作关系国家存亡、人民生死、统治安危的头等大事，必须用慎重的态度对待。《孙子兵法》中的作战思想非常丰富。《军争篇》：“故其疾如风，其徐如林，侵掠如火，不动如山，难知如阴，动如雷震。”使用整齐的排比句，读来铿锵有力，描述出作战的理想境界。《谋攻篇》中提出“知彼知己者，百战不殆”的重要观点，要驾驭战争，争取“全胜”的理想结果，就必须全面了解和正确把握敌我双方的情况，平实的语言中闪烁着真理的光泽。《形篇》“昔之善战者，先为不可胜，以待敌之可胜”，主张在作战中努力确保自己立于不败之地，强调要寻求敌人的可乘之机，此为带有普遍意义的作战指导原则。又如“故上兵伐谋，其次伐交，其次伐兵，其下攻城”，“攻其无备，出其不意”，“故兵无常势，水无常形，能因敌变化而取胜者，谓之神”，“故三军可夺气，将军可夺心”，“上下同欲者胜”，“兵之形，避实而击虚”等警句不断被提及并赋予新的涵义，闪耀着时代光辉。《孙子兵法》是中国古代军事理论的开创者，也是世界上最早的军事著作，已有两千五百多年的历史，被尊奉为“百世兵家之师”，对中国古代军事文化的形成和发展影响极其深远，直到今天，对现代军事理论的建设和发展，仍然具有重大的借鉴意义。《孙子兵法》的基本原则和思想方法，还渗透到军事以外的社会生活领域，在商业竞争、企业管理、体育竞赛、外交谈判等活动中，得到广泛的重视和应用。《孙子

兵法》于十八世纪传入欧洲，迄今被翻译成英、俄、德、日等数十种语言文字，全世界有数千种关于《孙子兵法》的刊印本，在世界文化史上亦有重要地位。

《孙子兵法》流传甚广，版本众多。《孙子兵法》成书后，早期主要依靠口授心传和简帛抄本来传播，1972年山东临沂银雀山汉墓出土的竹简《孙子兵法》，是迄今为止发现最早的《孙子兵法》手抄本。《武经七书》本是《孙子兵法》的重要传本之一。《七书》最早著录于尤袤《遂初堂书目》，收录《孙子》，后因“武举以《七书》试之，谓之《武经》”，《武经七书》二十五卷，含《孙子》三卷、《吴子》二卷、《司马法》三卷、《唐太宗李卫公问对》三卷、《尉缭子》五卷、《黄石公三略》三卷、《六韬》六卷，《武经七书·孙子》遂流传后世。陆氏皕宋楼原藏有一部宋刻《武经七书·孙子》，后为日本岩崎氏购得，收藏于日本静嘉堂文库。瞿氏铁琴铜剑楼曾收藏此宋刻本的清影抄本一部，钤有“良士珍臧”“菰里瞿镛”“虞山瞿绍基臧书之印”“铁琴铜剑楼”等印记，现归国家图书馆。另外，宋本《十一家注孙子》也是《孙子兵法》重要传本，与武经本共同构成《孙子兵法》传本两大基本系统。曹操开《孙子》注解之先河，曹注多得《孙子》本旨，之后，南朝梁孟氏，唐李筌、贾林、杜佑、杜牧、陈皞，宋代王皙、梅尧臣、张预、何氏等人，皆注释《孙子》。宋时汇合诸家注释而刻之，是为宋本《十一家注孙子》。明嘉靖三十四年（1555），锡山谈恺据宋本翻刻，题为《孙子集注》，质量颇佳，故在明代流传较广。

《百部经典》版《孙子兵法》的底本为宋刻本《宋本十一家注孙子》。宋本《十一家注孙子》包括《十一家注孙子》三卷和《十一家注孙子遗说》一卷。前有“十一家注孙子目录”，首列《孙子本传》，次列上中下三卷目录篇目。《孙子本传》与《孙子遗说》合订为一册。宋刻《十一家注孙子》现在可见三部，国家图书馆藏有一部残本，书中钤有“稽瑞楼”“文端文勤两世手泽同龢敬守”“常熟翁同龢藏本”“翁斌孙印”诸印，曾经陈揆、翁同龢、翁斌孙祖孙收藏。周叔弢旧藏为足本，卷末有“承德堂”朱色白文牌记，钤有“钟溪鉴赏”“周暹”等印记，并有伪印“岳飞之章”，现归国家图书馆。上海图书馆亦藏有一部，为天禄琳琅旧藏，钤有“昆山徐氏家藏”“季振宜印”“沧苇”“袁埈”“袁氏珍藏图书”“长宜子孙”“天禄继鉴”“乾隆御览之宝”等印记，经徐乾学、季振宜等名家递藏，惜抄配较多。

（梁葆莉）

史记

史记一百三十卷 （汉）司马迁撰 （南朝宋）裴骃集解 （唐）司马贞索隐 宋乾道七年（1171）蔡梦弼东塾刻本

每半叶12行，行21字，小字双行28字，白口，左右双边。卷43配清光绪元年（1875）杨保彝影宋抄本。清季振宜题款。国家图书馆藏（索书号：09591）。入选《第一批国家珍贵古籍名录》（名录号：00394）。

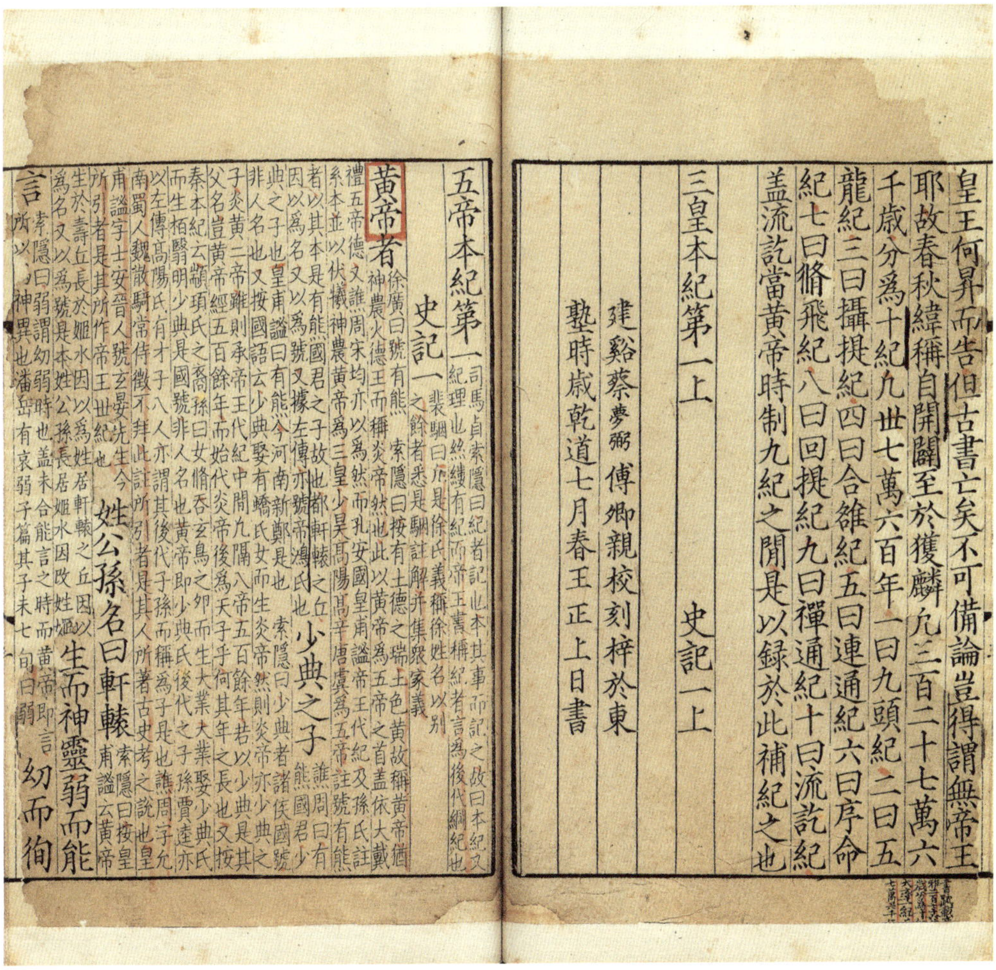

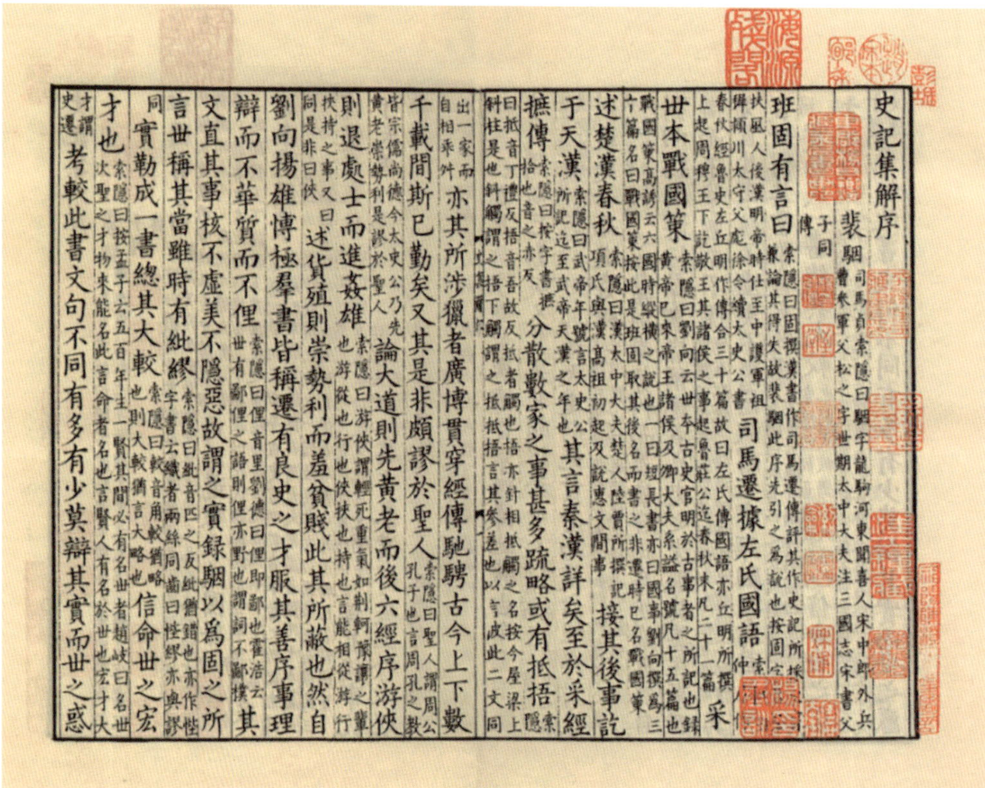

史記集解序

裴駰（司馬貞索隱曰駰字龍駒河東聞喜人宋中郎外兵曹參軍父松之字世期太中大夫注三國志宋書父子同傳）

班固有言曰（索隱曰固撰漢書作司馬遷傳評其作史記所採眾論其得失故裴駰此序先引之爲說也按固字[illegible]扶風人後漢明帝時仕至中護軍祖穉潁川太守父彪徐令續太史公書）司馬遷據左氏國語（索[illegible]仲[illegible]春秋經魯史左丘明作傳合三十篇故曰左氏傳國語亦丘明所撰上起周穆王下訖敬王其諸侯之事起魯莊公迄春秋末凡二十一篇）采世本戰國策（索隱曰劉向云世本古史官明於古事者之所記也錄黃帝已來帝王諸侯及卿大夫系謚名號凡十五篇也戰國策高誘云六國時縱橫之說也一曰短長書亦曰國事劉向撰爲三十三篇名曰戰國策按此是班固取其後名而書之非遷時已名戰國策）述楚漢春秋（索隱曰漢太中大夫楚人陸賈所撰記項氏與漢高祖初起及說惠文間事）接其後事訖于天漢（索隱曰武帝年號言太史公所記迄至武帝天漢之年也）其言秦漢詳矣至於采經摭傳（索隱曰按字書摭拾也音之赤反）分散數家之事甚多疏略或有抵梧（索隱曰抵音丁禮反梧音吾故反抵者觸也梧亦斜相抵觸之名按今屋梁上斜柱是也斜觸謂之梧下觸謂之抵抵梧言其參差也以言此二文同出一家而自相乖舛）亦其所涉獵者廣博貫穿經傳馳騁古今上下數千載間斯已勤矣又其是非頗謬於聖人（索隱曰聖人謂周公孔子也言周孔之教皆宗儒尚德今太史公乃先黃老崇勢利是謬於聖人）論大道則先黃老而後六經序游俠則退處士而進姦雄（索隱曰游俠謂輕死重氣如荊軻豫讓之輩也游從也行也俠挾也持也言能相從游行挾持之事又曰同是非曰俠）述貨殖則崇勢利而羞貧賤此其所蔽也然自劉向揚雄博極羣書皆稱遷有良史之才服其善序事理辯而不華質而不俚（索隱曰俚音里劉德曰俚即鄙也韋昭云世有鄙俚之語則俚亦野也謂詞不鄙樸）其文直其事核不虛美不隱惡故謂之實錄駰以爲固之所言世稱其當雖時有紕繆（索隱曰紕音匹之反紕猶錯也亦作紕字書云織者兩絲同齒曰紕繆亦與謬同）實勤成一書總其大較（索隱曰較音角較猶略也則大較猶言大略也）信命世之宏才也（索隱曰按孟子云五百年生一賢其間必有名世者趙岐曰名世次聖之才物來能名此言命者名也言賢人有名於世也宏才大才謂史遷）考較此書文句不同有多有少莫辯其實而世之惑

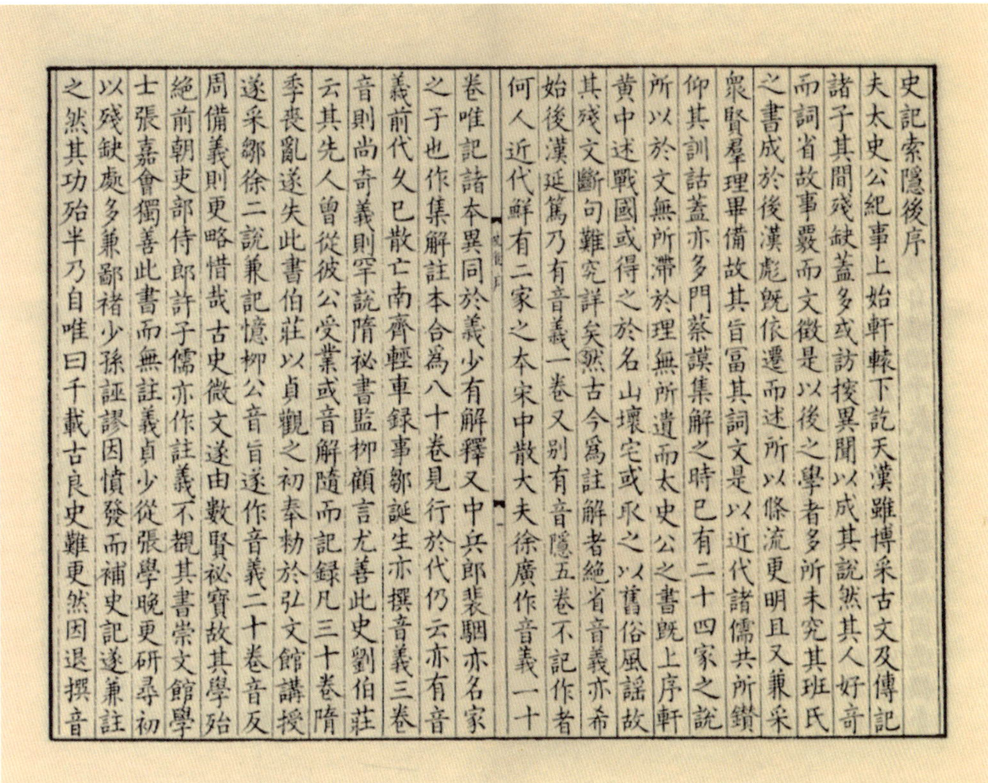

史記索隱後序

夫太史公紀事上始軒轅下訖天漢雖博采古文及傳記諸子其間殘缺蓋多或訪搜異聞以成其說然其人好奇而詞省故事覈而文微是以後之學者多所未究其班氏之書成於後漢彪既依遷而述所以條流更明且又兼采衆賢羣理畢備故其旨富其詞文是以近代諸儒共所鑽仰其訓詁蓋亦多門蔡謨集解之時已有二十四家之說所以於文無所滯於理無所遺而太史公之書既上序軒黄中述戰國或得之於名山壞宅或取之以舊俗風謡故其殘文斷句難究詳矣然古今爲註解者絶省音義亦希始後漢延篤乃有音義一卷又别有音隱五卷不記作者何人近代鮮有二家之本宋中散大夫徐廣作音義一十卷唯記諸本異同於義少有解釋又中兵郎裴駰亦名家之子也作集解註本合爲八十卷見行於代仍云亦有音義前代久已散亡南齊輕車録事鄒誕生亦撰音義三卷音則尚奇義則罕說隋祕書監柳顧言尤善此史劉伯莊云其先人曾從彼公受業或音解隨而記録凡三十卷隋季喪亂遂失此書伯莊以貞觀之初奉勑於弘文館講授遂采鄒徐二說兼記憶柳公音旨遂作音義二十卷音反周備義則更略惜哉古史微文遂由數賢祕寶故其學殆絶前朝吏部侍郎許子儒亦作註義不覩其書崇文館學士張嘉會獨善此書而無註義貞少從張學晚更研尋初以殘缺處多兼鄙褚少孫誣謬因憤發而補史記遂兼註之然其功殆半乃自唯曰千載古良史雖更然因退撰音

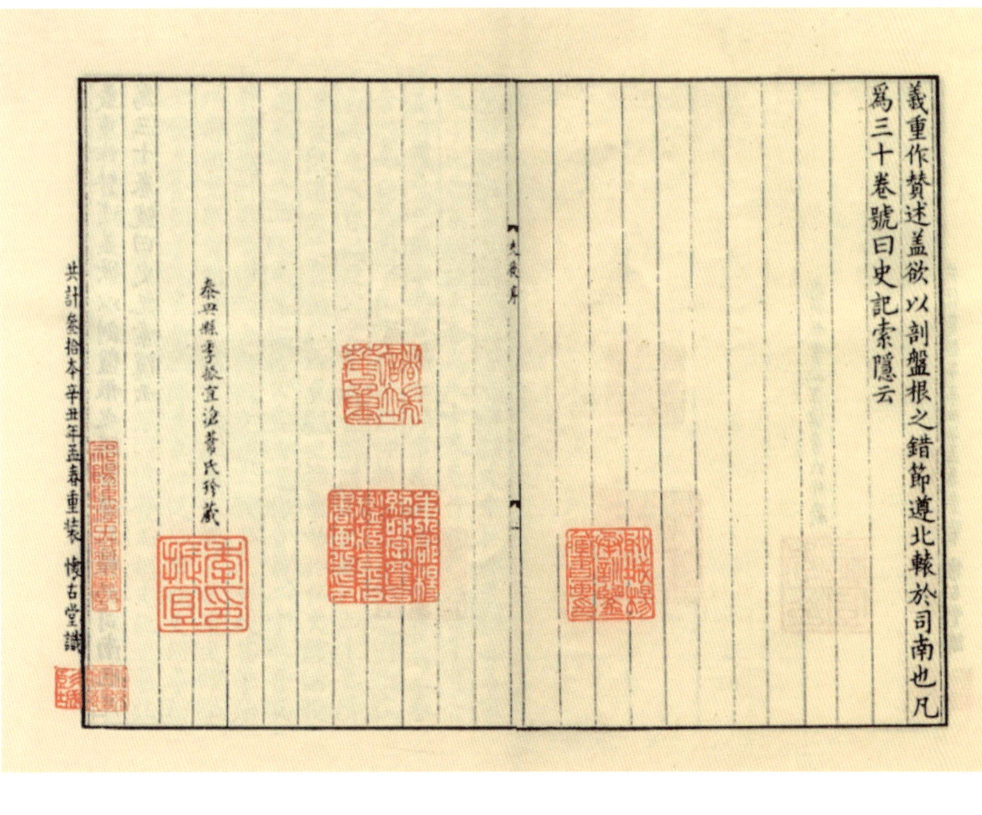

義重作贊述蓋欲以剖盤根之錯節遵北轅於司南也凡爲三十卷號曰史記索隱云

泰興縣季振宜滄葦氏珍藏

共計叁拾本 辛丑年孟春重裝 懷古堂識

史记一百三十卷　（汉）司马迁撰　（南朝宋）裴骃集解　（唐）司马贞索隐　（唐）张守节正义　宋建安黄善夫家塾刻本

每半叶10行，行18字，小字双行23字，细黑口，左右双边，有耳。黄绍箕、罗振玉题款。存69卷：卷1、4—12、19—21、23—30、39—67、73—90、130。国家图书馆藏（索书号：07343）。入选第一批国家珍贵古籍名录（名录号：00397）。

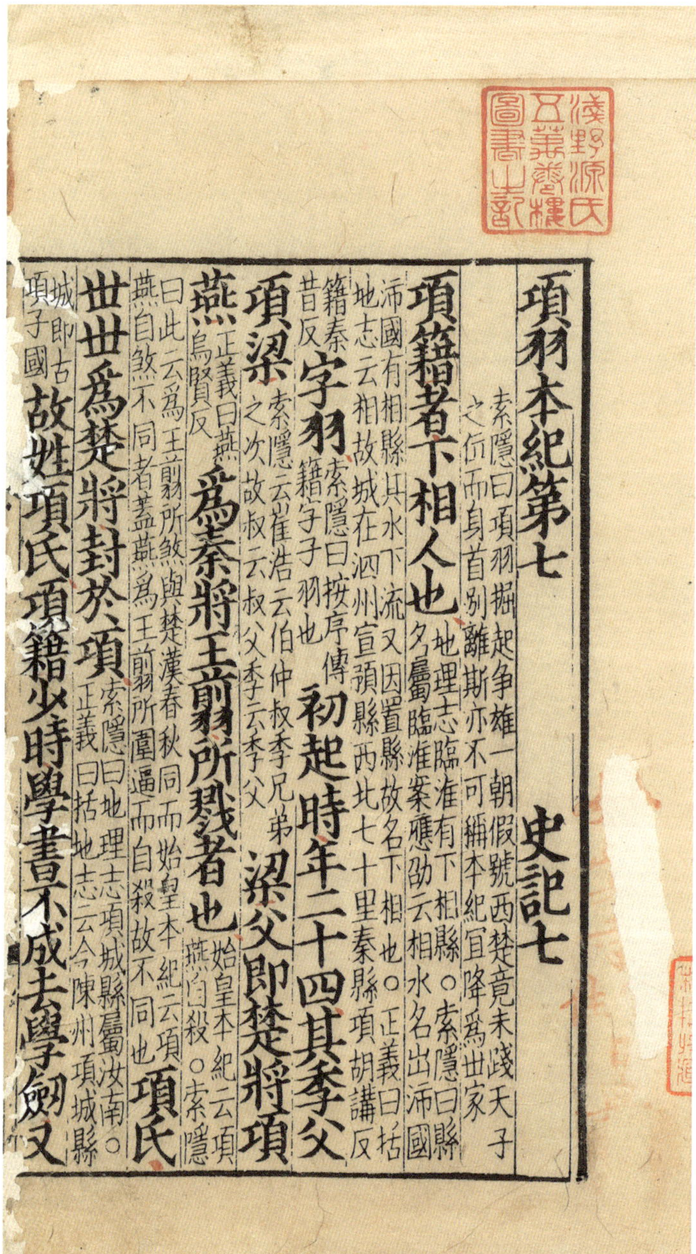

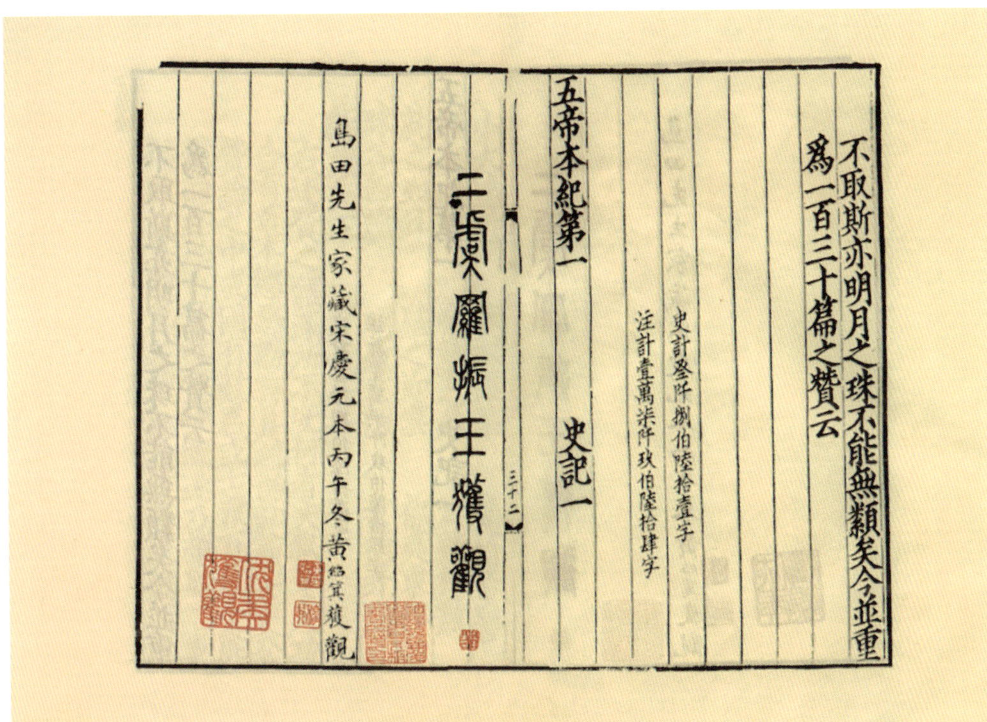
不取斯亦明月之珠不能無纇矣今並重
爲一百三十篇之贊云
史計叁阡捌伯陸拾壹字
注計壹萬柒阡玖伯陸拾肆字
五帝本紀第一　史記一
上虞羅振玉獲觀
島田先生家藏宋慶元本丙午冬黄紹箕獲觀

史记一百三十卷　（汉）司马迁撰　（南朝宋）裴骃集解　（唐）司马贞索隐　蒙古中统二年（1261）平阳段子成刻本　明修本

每半叶 14 行，行 25 字，小字双行同，白口，四周双边，有耳，补版有黑口。卷 20 配清抄本，卷 21 至 22 配明嘉靖四年（1525）汪谅刻本。国家图书馆藏（索书号：05235）。入选第四批国家珍贵古籍名录（名录号：09940）。

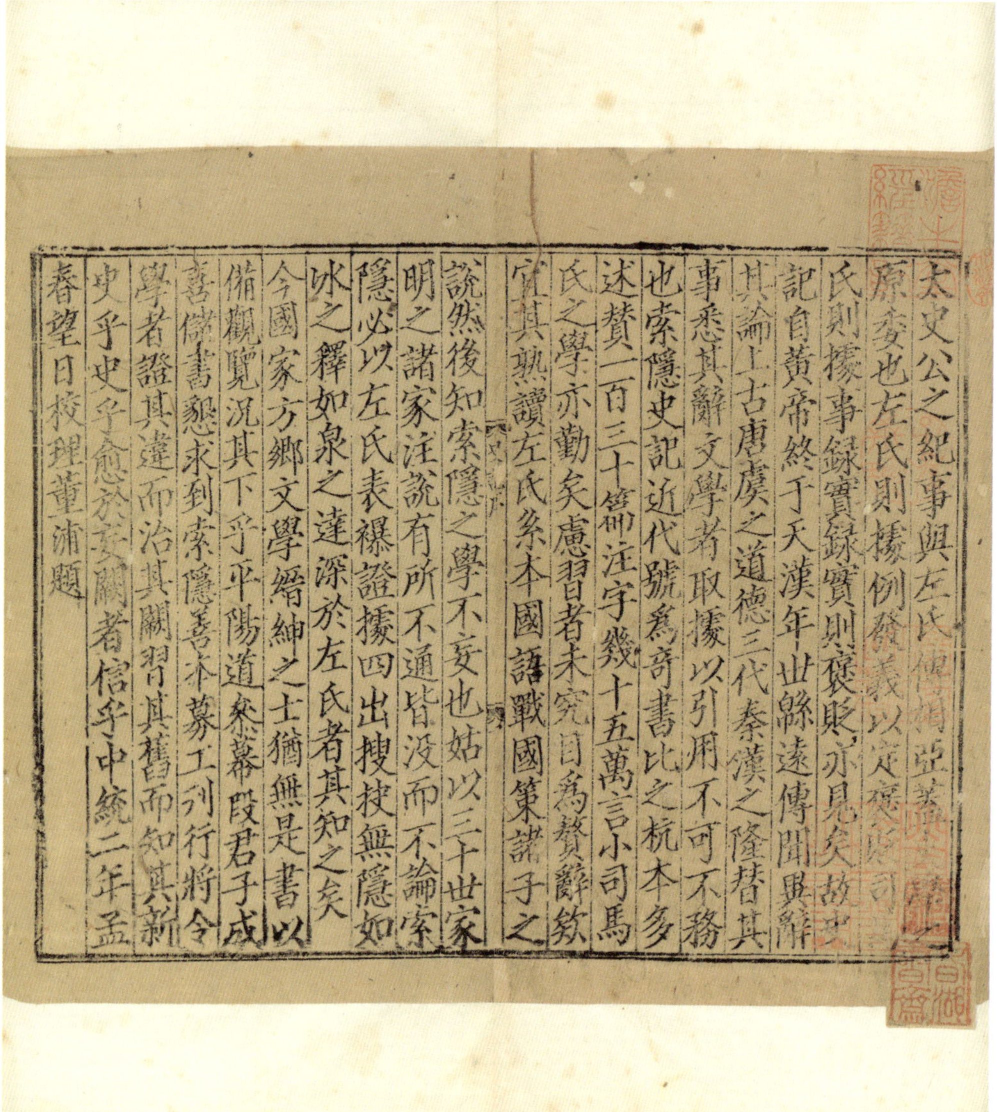
太史公之紀事與左氏傳相亞蓋[illegible]
原委也左氏則據例發義以定褒貶司[illegible]
氏則據事録實録實則褒貶亦見矣故史
記自黃帝終于天漢年世綿遠傳聞異辭
其論上古唐虞之道德三代秦漢之隆替其
事悉其辭文學者取據以引用不可不務
也索隱史記近代號爲奇書比之杭本多
述贊一百三十篇注字幾十五萬言小司馬
氏之學亦勤矣慮習者未究目爲贅辭欵
冝其熟讀左氏系本國語戰國策諸子之
說然後知索隱之學不妄也姑以三十世家
明之諸家注說有所不通皆沒而不論索
隱必以左氏表裸證據四出搜抉無隱如
冰之釋如泉之達深於左氏者其知之矣
今國家方鄉文學搢紳之士猶無是書以
備觀覽況其下乎平陽道參幕段君子成
喜儲書懇求到索隱善本募工刊行將令
學者證其違而治其闕習其舊而知其新
史乎史乎愈於妄闕者信乎中統二年孟
春望日校理董浦題

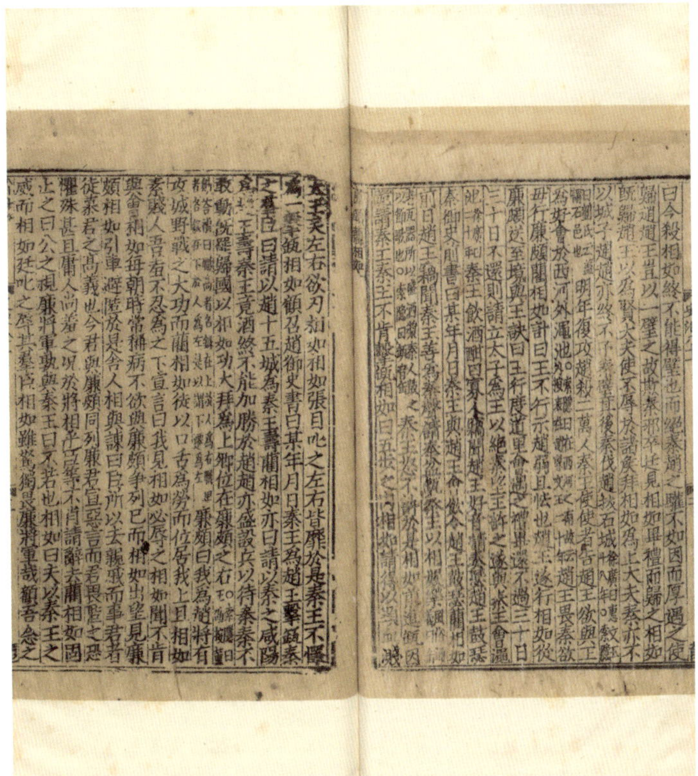

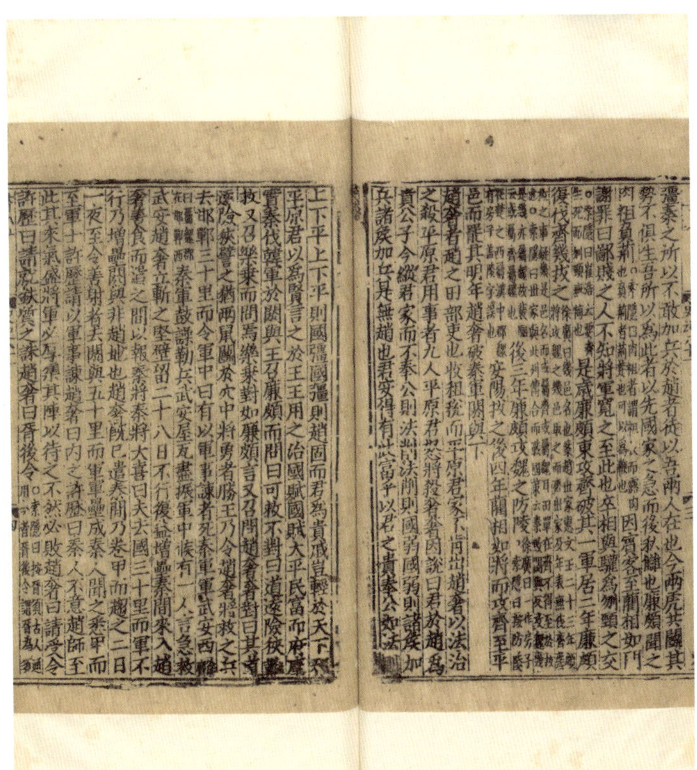

司马迁（前145—约前90），字子长。西汉夏阳（今陕西韩城南）人。年十岁，即诵古文。随父司马谈到长安后，拜于今文经学大师董仲舒、古文经学大师孔安国及天文学大师唐都门下学习。二十岁时秉承父命，自长安出发，壮游全国，造访南方名胜古迹，考察风土人情，积累了丰富的素材。元鼎六年（前111），奉命以郎中将监军西南（今四川、贵州、云南）。元封三年（前108），遵从父亲遗言，继任太史令。掌管国家图籍、档案簿书，参与制定典章制度、礼仪规范等。四年之中尽阅史馆所藏。太初元年（前104）开始写作《史记》。同年，与公孙卿、邓平等数十人共同制定以正月为岁首的太初历，改革历法。天汉三年（前98），因替李陵辩解，触怒了汉武帝，获罪入狱，受腐刑。太始元年（前96）出狱，任中书令。继续发愤著书，以毕生精力完成史学巨著《太史公书》，后称《史记》。于征和二年（前91）完成，另有《报任安书》《素王妙论》《悲士不遇赋》等作传世。

《史记》是我国第一部纪传体通史，全书上起黄帝，下迄汉武帝，总括三千余年史事。全书分为十二本纪、三十世家、十表、八书、七十列传，共计一百三十篇，计五十二万余字。司马迁耗尽生命，全面系统地记载了西汉中期以前的古代史实，创立了我国纪传体通史这一重要的史书体裁，被后代史家奉为典范。班固认为《史记》倡导“实录”原则，主张考察历史时应深观“事变”，察其“终始”。详近略远，重视当代史研究。《史记》一百三十篇中，专记汉代历史的就有六十二篇，兼记汉代和秦代的有十一篇。其中既有对陈涉、项羽的赞颂，也有对“今上”汉武帝大胆尖锐的批评，“不虚美、不隐恶”，“通古今之变，成一家之言”，为后世众多著史者所遵循。《史记》不仅是我国最重要的史学名著，也是一部伟大的文学著作。唐代，由于古文运动的兴起，《史记》受到文人的推崇，韩愈和柳宗元认为其风格“雄深雅健”“峻洁”。唐代史学家、文学评论家刘知幾在《史通·二体》中将《史记》与《春秋》并列，“既而丘明传《春秋》，子长著《史记》，载笔之体，于斯备矣”。南宋史学家郑樵认为“六经之后”，唯有此作，把《史记》提升至六经的地位。清代学者赵翼认为《史记》此例一定，“历代作史者，遂不能出其范围，信史家之极则也”（《廿二史札记》）。梁启超更是直接评价称司马迁为“史界太祖”（《中国历史研究法》）。鲁迅则赞其为“史家之绝唱，无韵之离骚”（《汉文学史纲要》）。

据《汉书·司马迁传》记载：“迁既死后，其书稍出”。宣帝时，迁外孙

平通侯杨恽“祖述其书，遂宣布焉”。可见《史记》成书之后，其稿由外孙杨恽保存。因涉及本朝历史，且对汉武帝诸多批评，直到东汉前期，《史记》仍是单卷别刊。魏晋之间，流传稍广。最早为《史记》做注的是东汉人延笃，撰有《音义》。此后，晋代徐广、刘宋时期裴骃、隋柳顾言、唐司马贞、张守节等人，都曾为《史记》做注。南朝宋裴骃《史记集解》，是现存最早的《史记》注本，在史注发展史上具有重要的地位和影响。

“史记”以前是一切史书的通称，司马迁之后，《史记》专指一书。自问世以来，历经两千年的传承，存世重要版本很多。国图藏南宋乾道建安蔡梦弼本，被学界普遍认为是今存最早的《集解》《索隐》二家注合刻本。卷三后有“建溪三峰樵隐蔡梦弼傅卿亲校刻梓于东塾”二行。第三十册有季振宜、钱氏怀古堂跋。钤有“季振宜臧书”“汪士钟臧”“杨以增印”“四经四史之斋”“宋存书室”“杨绍和”“杨保彝藏本”“郇斋”等印。明朱承爵、常熟钱谦贞家族、清泰兴季振宜、长洲汪士钟家族、聊城杨氏海源阁、民国陈清华先后收藏，新中国成立后由政府购回，入藏国家图书馆。此即杨绍和《楹书隅录》所云其父杨以增“四经四史斋藏宋椠《史记》第一部”。另有建安黄善夫刊本，是在蔡梦弼二家注本的基础上，添加唐张守节为《史记》所作的“正义”而成，是现今所能见到的最早的《集解》《索隐》《正义》三家注合刻本。国图藏此本残卷原为明项元汴旧藏，后流入日本，迭经妙觉寺、伊执楳雪、狩谷望之、浅野长祚、岛田翰家族收藏，罗振玉、黄绍箕等观赏并题记，清末田吴炤购自东瀛。张元济从书估谭锡庆正文斋为涵芬楼购得六十六卷残帙，新中国成立后捐献国家。1915年袁克文得卷二十九、三十、八十六三卷，同年将卷二十九赠予傅增湘，卷三十、八十六转归潘氏宝礼堂。此三卷原与涵芬楼藏六十六卷同出一书，从田吴炤处散出，为书估分拆，经涵芬楼、傅增湘、宝礼堂三家捐赠国家，终延津剑合于国家图书馆。

（张洁）

左传

春秋经传集解三十卷 （晋）杜预撰 宋嘉定九年（1216）兴国军学刻本

每半叶8行，行17—19字，小字双行同，白口，左右双边。存1卷。秦更年跋。国家图书馆藏（索书号：07932）。

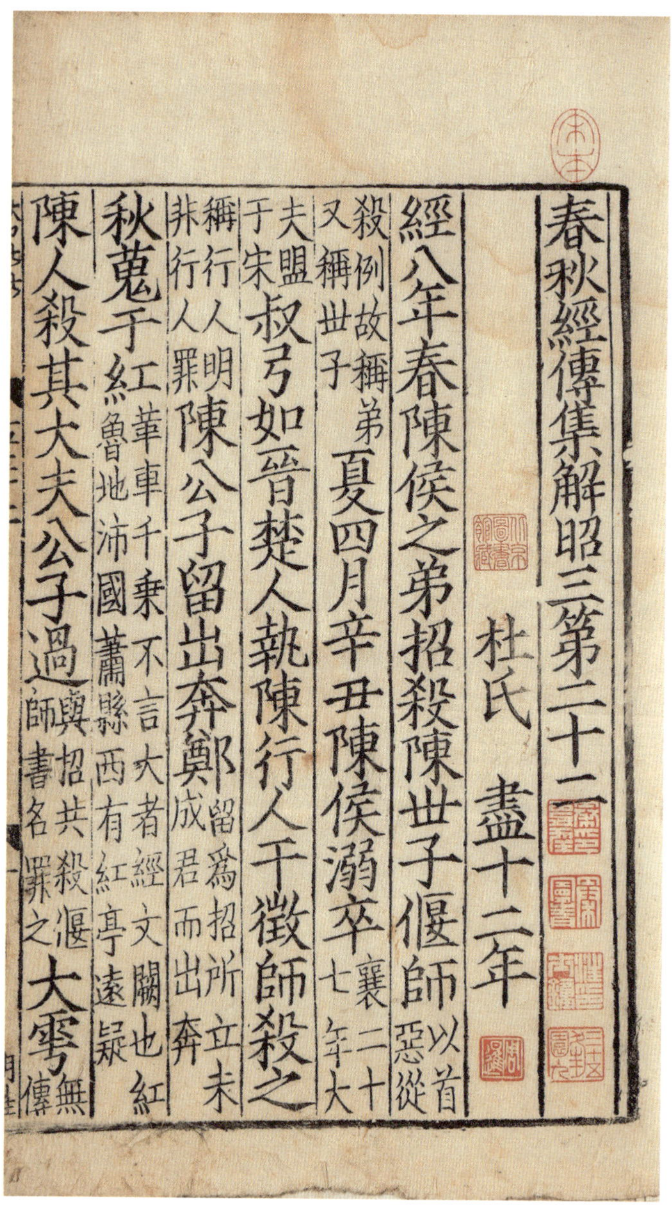

春秋經傳集解昭三第二十二

杜氏 盡十二年

經八年春陳侯之弟招殺陳世子偃師以首惡從殺例故稱弟又稱世子夏四月辛丑陳侯溺卒襄二十七年大夫盟于宋叔弓如晉楚人執陳行人干徵師殺之稱行人明非行人罪陳公子留出奔鄭留爲招所立未成君而出奔秋蒐于紅革車千乘不言大者經文闕也紅魯地沛國蕭縣西有紅亭遠疑陳人殺其大夫公子過與招共殺偃師書名罪之大雩無傳

纂图互注春秋经传集解三十卷　（晋）杜预撰　（唐）陆德明释文　**春秋名号归一图二卷**　（后蜀）冯继先撰　宋龙山书院刻本

每半叶12行，行21字，小字双行25字，细黑口，左右双边。袁克文跋。国家图书馆藏（索书号：08642）。入选《第一批国家珍贵古籍名录》（名录号：00285）。

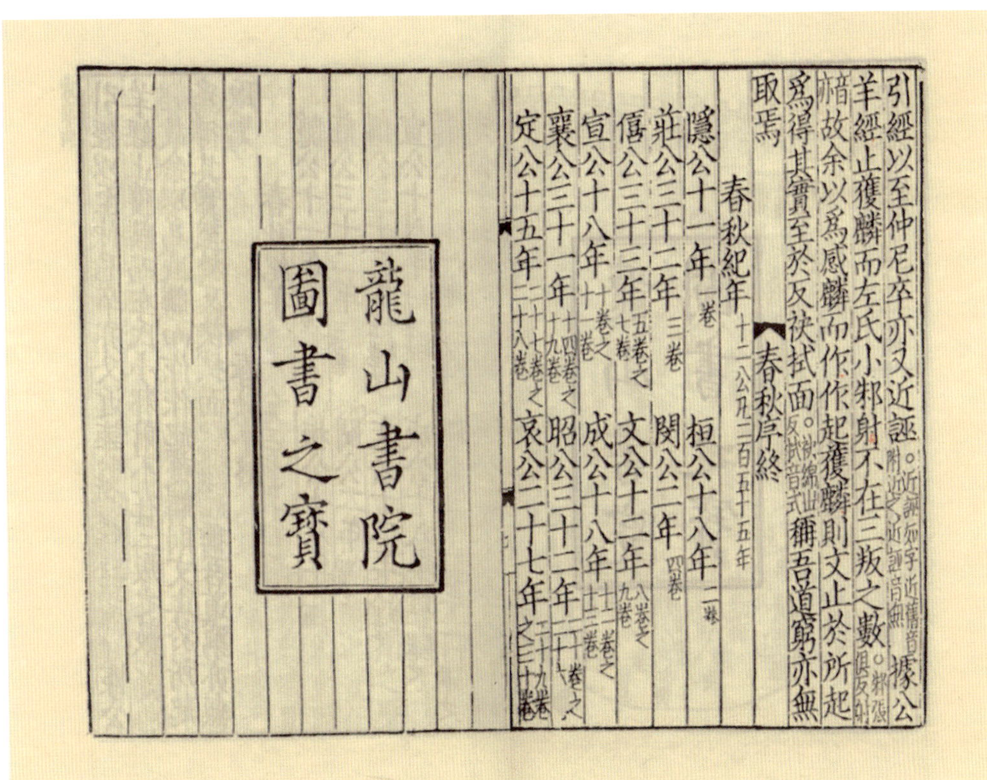

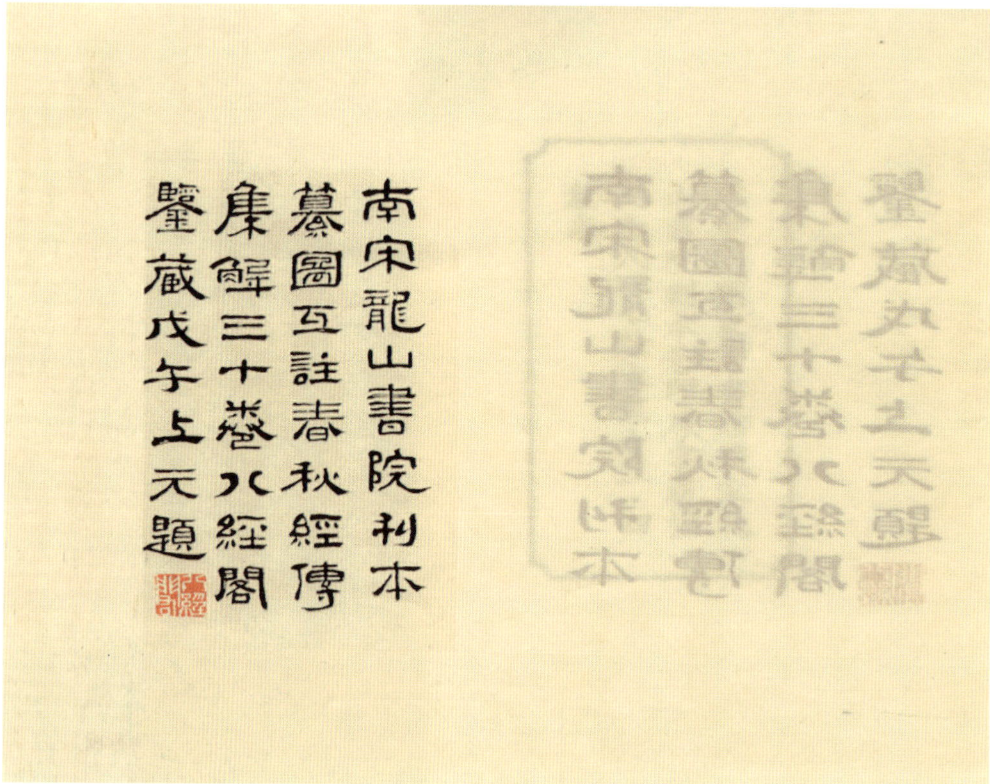
南宋龍山書院刊本纂圖互註春秋經傳集解三十卷八經閣鑒藏戊午上元題

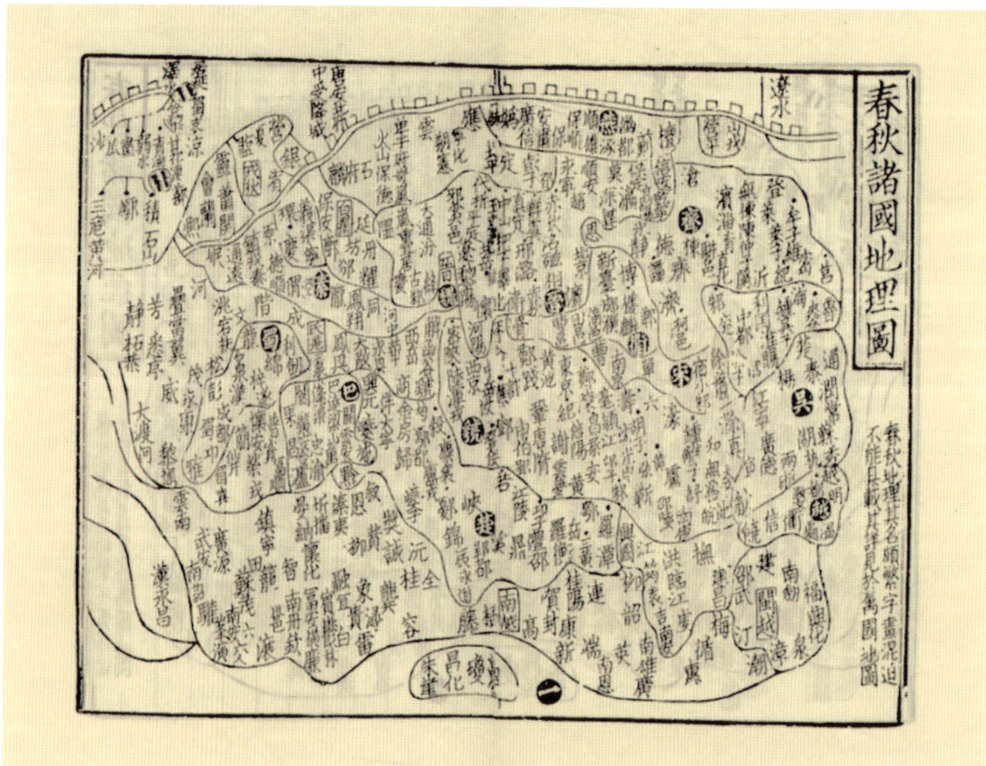

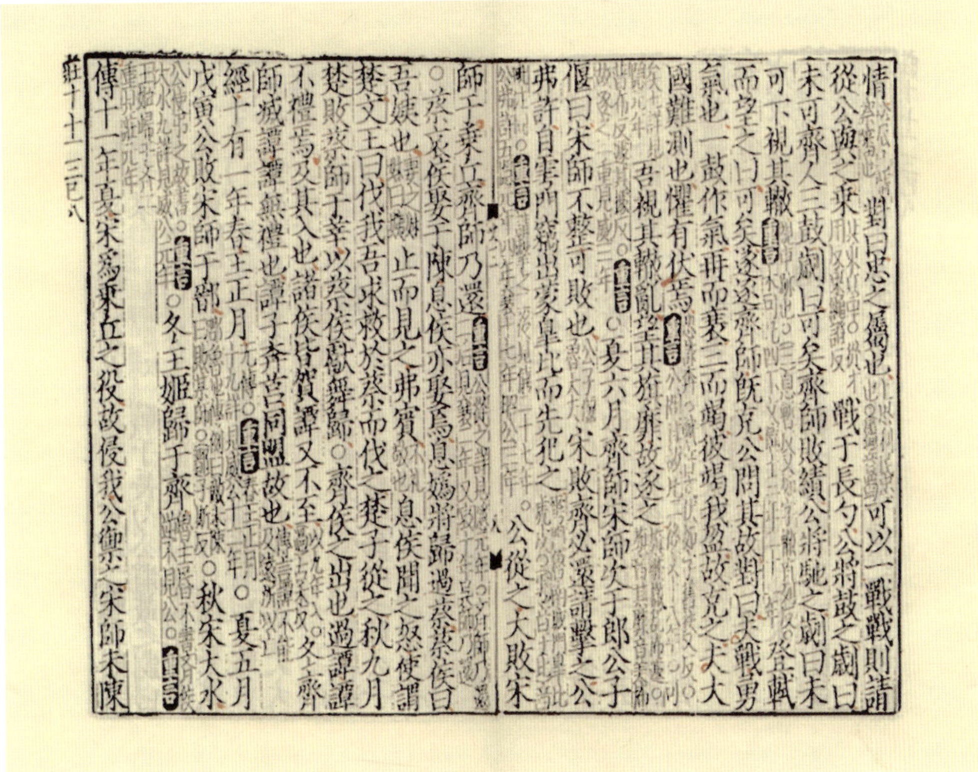

情 對曰忠之屬也可以一戰戰則請從公與之乘戰于長勺公將鼓之劌曰未可齊人三鼓劌曰可矣齊師敗績公將馳之劌曰未可下視其轍登軾而望之曰可矣遂逐齊師既克公問其故對曰夫戰勇氣也一鼓作氣再而衰三而竭彼竭我盈故克之夫大國難測也懼有伏焉吾視其轍亂望其旗靡故逐之夏六月齊師宋師次于郎公子偃曰宋師不整可敗也宋敗齊必還請擊之公弗許自雩門竊出蒙皐比而先犯之公從之大敗宋師于乘丘齊師乃還蔡哀侯娶于陳息侯亦娶焉息嬀將歸過蔡蔡侯曰吾姨也止而見之弗賓息侯聞之怒使謂楚文王曰伐我吾求救於蔡而伐之楚子從之秋九月楚敗蔡師于莘以蔡侯獻舞歸齊侯之出也過譚譚不禮焉及其入也諸侯皆賀譚又不至冬齊師滅譚譚無禮也譚子奔莒同盟故也

經十有一年春王正月夏五月戊寅公敗宋師于鄑秋宋大水冬王姬歸于齊

傳十一年夏宋為乘丘之役故侵我公禦之宋師未陳

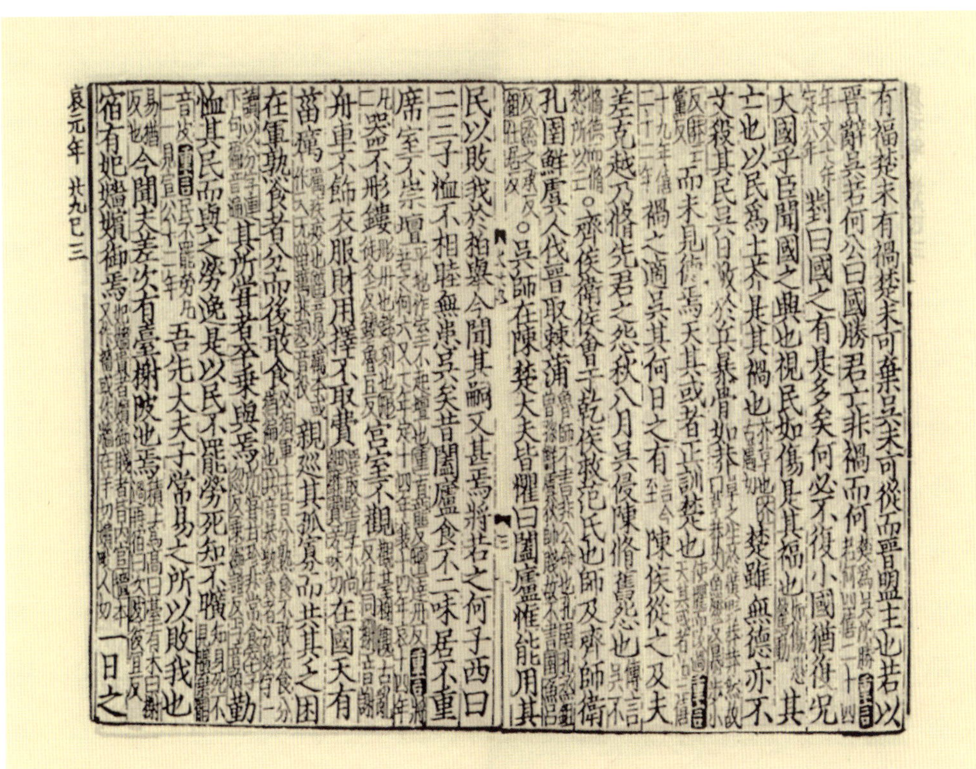

有福楚未有禍楚未可棄吳未可從而晉盟主也若以晉辭吳若何公曰國勝君亡非禍而何對曰國之有是多矣何必不復小國猶復況大國乎臣聞國之興也視民如傷是其福也其亡也以民為土芥是其禍也楚雖無德亦不艾殺其民吳日敝於兵暴骨如莽而未見德焉天其或者正訓楚也禍之適吳其何日之有陳侯從之及夫差克越乃脩先君之怨秋八月吳侵陳脩舊怨也齊侯衛侯會于乾侯救范氏也師及齊師衛孔圉鮮虞人伐晉取棘蒲吳師在陳楚大夫皆懼曰闔廬惟能用其民以敗我於柏舉今聞其嗣又甚焉將若之何子西曰二三子恤不相睦無患吳矣昔闔廬食不二味居不重席室不崇壇器不彤鏤宮室不觀舟車不飾衣服財用擇不取費在國天有菑癘親巡其孤寡而共其乏困在軍熟食者分而後敢食其所嘗者卒乘與焉勤恤其民而與之勞逸是以民不罷勞死知不曠吾先大夫子常易之所以敗我也今聞夫差次有臺榭陂池焉宿有妃嬙嬪御焉一日之

春秋经传集解三十卷　（晋）杜预撰　（唐）陆德明释文　**春秋名号归一图二卷**　（后蜀）冯继先撰　**年表一卷**　元相台岳氏荆溪家塾刻本

每半叶8行，行17字，小字双行同，细黑口，四周双边。卷19、20配明刻本。周叔弢跋。国家图书馆藏（索书号：07934）。

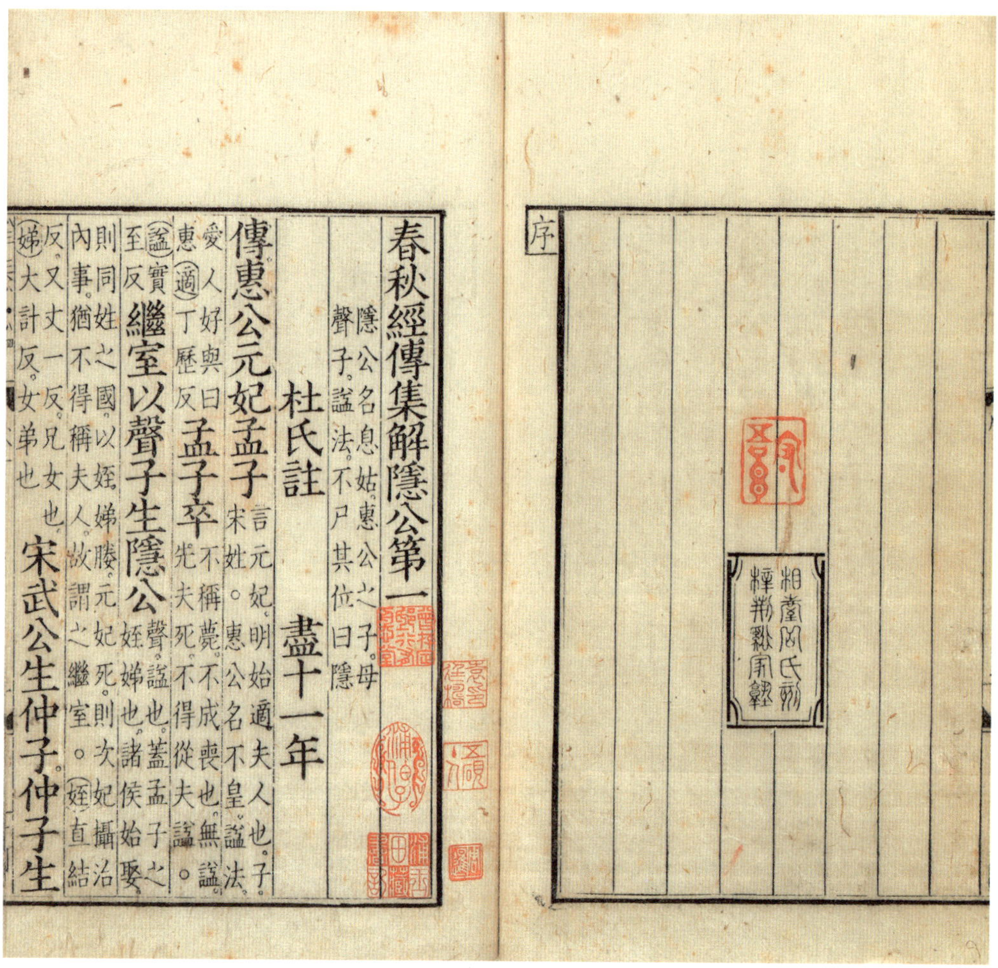

春秋左传正义六十卷　（晋）杜预撰　（唐）孔颖达撰　**重刊宋本十三经注疏附校勘记十三种四百一十六卷**　（清）阮元撰校勘记　（清）卢宣旬摘录校勘记　清嘉庆二十至二十一年（1815—1816）江西南昌府学刻本

每半叶 10 行，行 17—18 字，小字双行 23—24 字，黑口，左右双边。国家图书馆藏（索书号：101）。

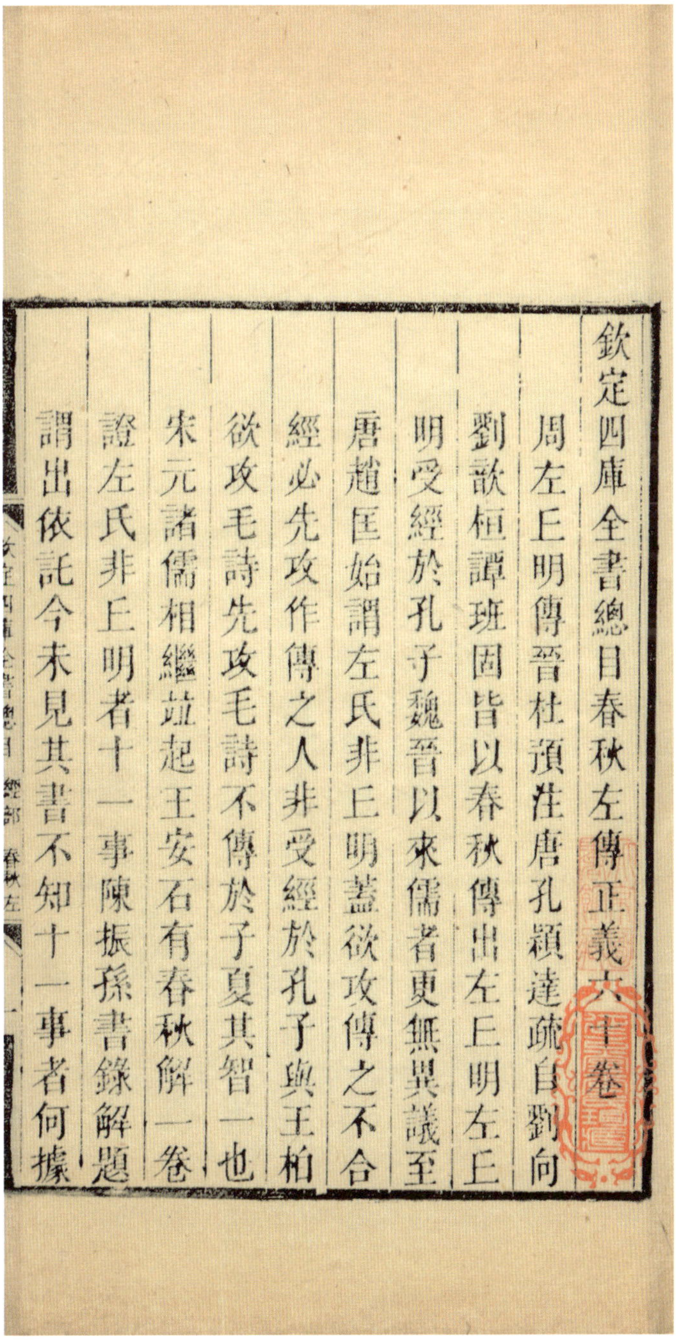
欽定四庫全書總目春秋左傳正義六十卷
周左丘明傳晉杜預注唐孔穎達疏自劉向
劉歆桓譚班固皆以春秋傳出左丘明左丘
明受經於孔子魏晉以來儒者更無異議至
唐趙匡始謂左氏非丘明蓋欲攻傳之不合
經必先攻作傳之人非受經於孔子與王柏
欲攻毛詩先攻毛詩不傳於子夏其智一也
宋元諸儒相繼並起王安石有春秋解一卷
證左氏非丘明者十一事陳振孫書錄解題
謂出依託今未見其書不知十一事者何據

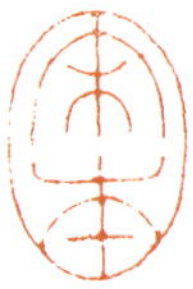

《左传》，在《史记》中被称为《左氏春秋》，东汉班固《汉书》中，既有《左氏》《左氏传》之类的简称，亦有《左氏春秋》和《春秋左氏传》混用的情况。之后，称《春秋左氏传》者渐多，简称《左传》或《春秋左传》。两汉至唐前，普遍认为《左传》的作者为左丘明。自唐代始，有学者怀疑左丘明作《左传》，此后，持怀疑论者代不乏人。左丘明，相传为鲁太史。最初传授《左传》的可能是史官，有条件看到大量史料，故保留了史官解说《春秋》的方式。

关于《左传》的成书时间，历来有不同的看法。有的学者认为在春秋末期，有的学者认为在战国中期，两说皆自古沿续至今。《左传》近二十万字，包含各诸侯国史实，将其编撰时间划定于短时期内甚至若干年内，实非稳妥。《左传》很有可能经过一个较长时期的口头传诵，传授者可能会加入一些解说《春秋》的书法、凡例等内容，不断积累而编定成文本。

《左传》以《春秋》为纲，按照鲁国十二公纪年为序而编次，记录了春秋时期从王纲解纽、诸侯蜂起到大夫专权、陪臣执国命，直至家臣篡夺的急剧变化的历史趋势。《左传》记载了大量战争，蕴含着丰富的军事思想，描绘了复杂广阔的社会生活。《庄公十年》“夫战，勇气也，一鼓作气，再而衰，三而竭”，“一鼓作气”的本意是说打仗时擂第一通鼓，士气就振作起来了，作为成语，在后世被经常引用。《左传》包含许多先进的思想和价值观，诸如民本思想、历史进化思想、崇礼思想、“和”“同”思想、“三不朽”说、知易行难观等。《哀公元年》“臣闻国之兴也，视民如伤，是其福也”，形容帝王、官吏极其顾恤民众疾苦的心理，在后世被广泛引用。《左传》具有非凡的文学成就，善于叙事、组织情节、描写细节，长于写人，记录行人辞令，孕育了多种文体，保留了重实用功利、中和之美等文学思想。《左传》深刻影响了中国人的道德观念，其对历史人物的褒贬，蕴含对仁、义、礼、德等道德规范的肯定，比如“多行不义必自毙”，“人谁无过？过而能改，善莫大焉”，“从善如流”，“苟利社稷，死生以之”等，其所信奉的道德理念，已成为现代中国人心目中最深厚的思想底色。《左传》还留下二百多个成语，这些成语中蕴含的思想观念，成为传统文化的重要组成部分，比如“退避三舍”“大义灭亲”“病入膏肓”“刚愎自用”“玩火自焚”等。《左传》摈弃了单一记言或记事的成法，博考旧史，广采佚闻，集记言、记事于一体，全方位展现春秋时期历史，具有珍贵的史料价值，确定了中国史书编年体的撰写体例，对后世影响非常深远。

《左传》在后世流传广泛。汉魏时期，贾逵、服虔、王肃等诸多经学家为《左传》作注。西晋时，杜预注解经传，杜注简明切近，为《左传》流传至今最早的注本，影响深远。不仅如此，杜预还首次将《左传》附于《春秋》文下，经、传自此合编在一起，这成为《左传》文本的重要形式。唐时陆德明依据杜预《春秋经传集解》，加以音义，为后世保存了唐以前《左传》中的文字音读。孔颖达奉敕编撰《五经正义》时，即对杜注加以疏解，其音义部分，吸收陆德明《经典释文》中有关《春秋左氏传》的内容，自此之后，刊行《春秋经传集解》一书时，陆德明"释文"也一并附入。宋时，《左传》版本众多。南宋兴国军学刻《六经》，与抚州本并称，为时人所重。后因兴国军学板遭毁，其刻本流传甚稀。直至近世，始知兴国军学所刻《六经》尚有传本存世，即南宋嘉定九年（1216）兴国军学刻本《春秋经传集解》，卷末附《经传识异》一卷，录异文三十余条，附刻有陆德明《释文》。此版本日本宫内厅书陵部藏有全本，其卷三、四、二十、二十一、二十六至二十八抄配。静嘉堂文库藏一部，系残本，存卷十、十五至二十、二十三至三十，共十五卷。国家图书馆亦藏一残本，存卷二十二，有"汪士钟印"，秦更年跋。国家图书馆还藏有一部宋龙山书院刻《纂图互注春秋经传集解》三十卷，保存甚为完好，正文前附有"春秋诸国地理图""春秋名号归一图"，书中标出本书或他书中意思相同、相近或相关的词句，是谓"纂图互注"。此本镌有"龙山书院图书之宝"木记，钤有"抱经楼""寒云主人""臣克文印""寒云如意""袁存欢喜"等印记，清代曾为卢氏抱经楼的插架之物，散出后，辗转归袁克文，后归藏于国家图书馆。国家图书馆还有一部元相台岳氏荆溪刻本，此本系荆溪岳氏家塾根据廖莹中世彩堂刻本校正重刻，序及各卷末，镌有长方形、椭圆形、亚字形牌记，曰"相台岳氏刻梓荆溪家塾"，或曰"相台岳氏刻梓家塾"，牌记之上，还有各式墨记："桂子""玄同""玄同子"等。清宫"天禄琳琅"有两部，今下落不明。周叔弢所藏一部，钤有"徐健庵""乾学""浦玉田藏书记""袁廷梼印""五砚楼""定府珍藏""周暹""自庄严堪"等印记，乃为周叔弢二十世纪三十年代至四十年代十余年间，于坊间数次求索而得，周氏后来又将此书全帙捐藏于国家图书馆。

《百部经典》版《左传》的底本为阮元刻《十三经注疏》本。阮刻《十三经注疏》中《春秋左传正义》的底本为南宋福建刘叔刚刻《附释音春秋左传注疏》，为较好的“经注疏释文”合刻本。此版本现可见两部，一部藏日本足利学校遗迹图书馆，另一部分别藏于国家图书馆（存卷一至二十九）和台北故宫博物院（存卷三十至六十），国图藏本与台北故宫博物院藏本为一本散出者，此书十行十七字，小字双行约二十三字，细黑口，左右双边。首有“春秋正义序”，序后镌有隶书“建安刘叔刚父锓梓”牌记及鼎形“桂轩”“藏书”、爵形“敬斋”、琴形“高山流水”木记等，钤有“周星诒印”“季贶”“李盛铎印”“木斋”“木犀轩藏书”等印记，可见此书经周星诒、李盛铎递藏。

（梁葆莉）

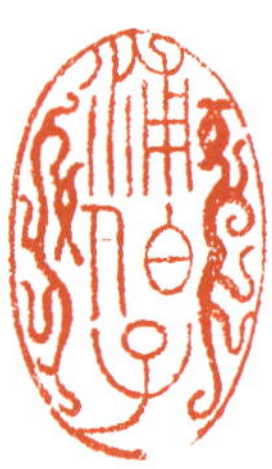

墨子

墨子十五卷 明正统十年（1445）内府《道藏》刻本

国家图书馆藏（索书号：02607）。

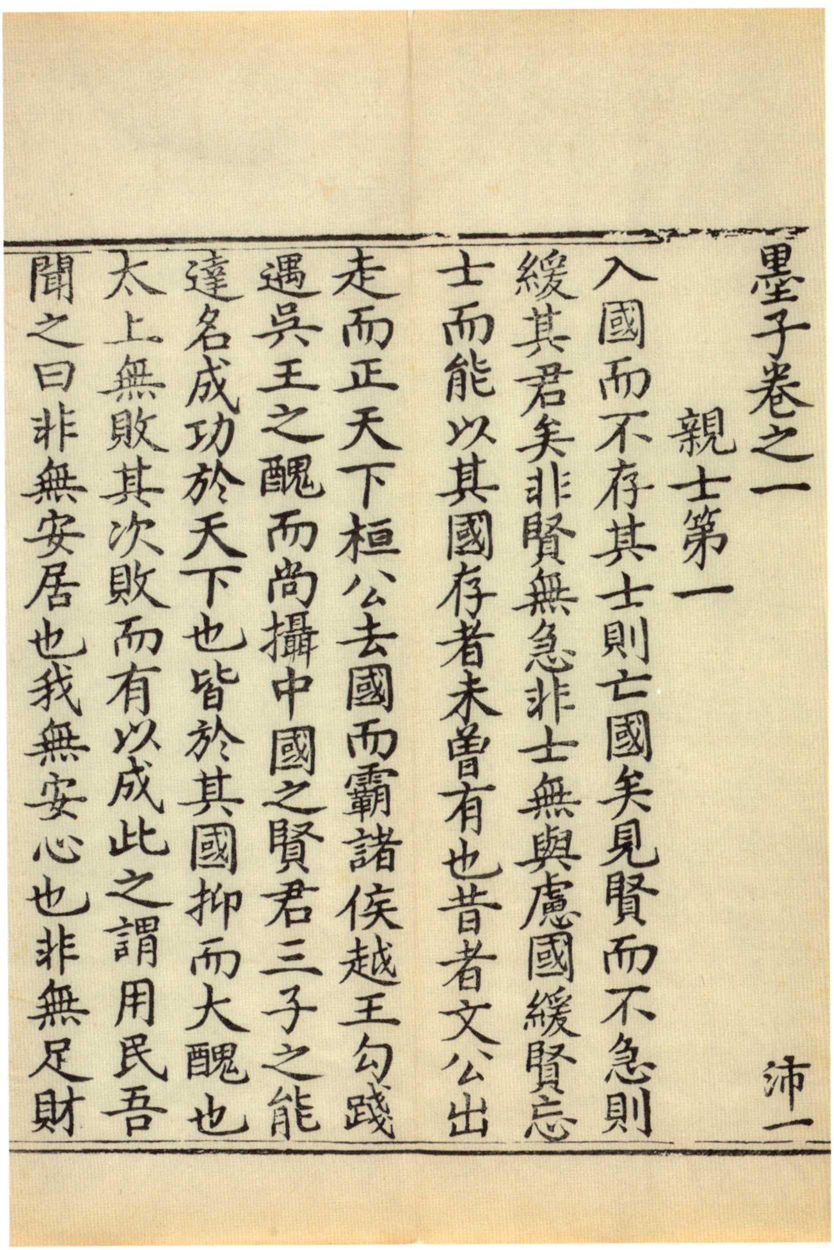
墨子卷之一　沛一

親士第一

入國而不存其士則亡國矣見賢而不急則緩其君矣非賢無急非士無與慮國緩賢忘士而能以其國存者未曾有也昔者文公出走而正天下桓公去國而霸諸侯越王句踐遇吳王之醜而尚攝中國之賢君三子之能達名成功於天下也皆於其國抑而大醜也太上無敗其次敗而有以成此之謂用民吾聞之曰非無安居也我無安心也非無足財

力事日彊願欲日逾設壯日盛君子之道也
貧則見廉富則見義生則見愛死則見哀四
行者不可虛假反之身者也藏於心者無以
竭愛動於身者無以竭恭出於口者無以竭
馴暢之四支接之肌膚華髮隳顛而猶弗舍

沛一　三

者其唯聖人乎志不彊者智不達言不信者
行不果據財不能以分人者不足與友守道
不篤徧物不博辯是非不察者不足與游本
不固者末必幾雄而不脩者其後必惰原濁
者流不清行不信者名必耗名不徒生而譽

墨子十五卷 明嘉靖三十一年（1552）芝城铜活字蓝印本

每半叶11行，行22字，白口，四周单边。清黄丕烈校并跋。国家图书馆藏（索书号：04920）。入选《第二批国家珍贵古籍名录》（名录号：04718）。

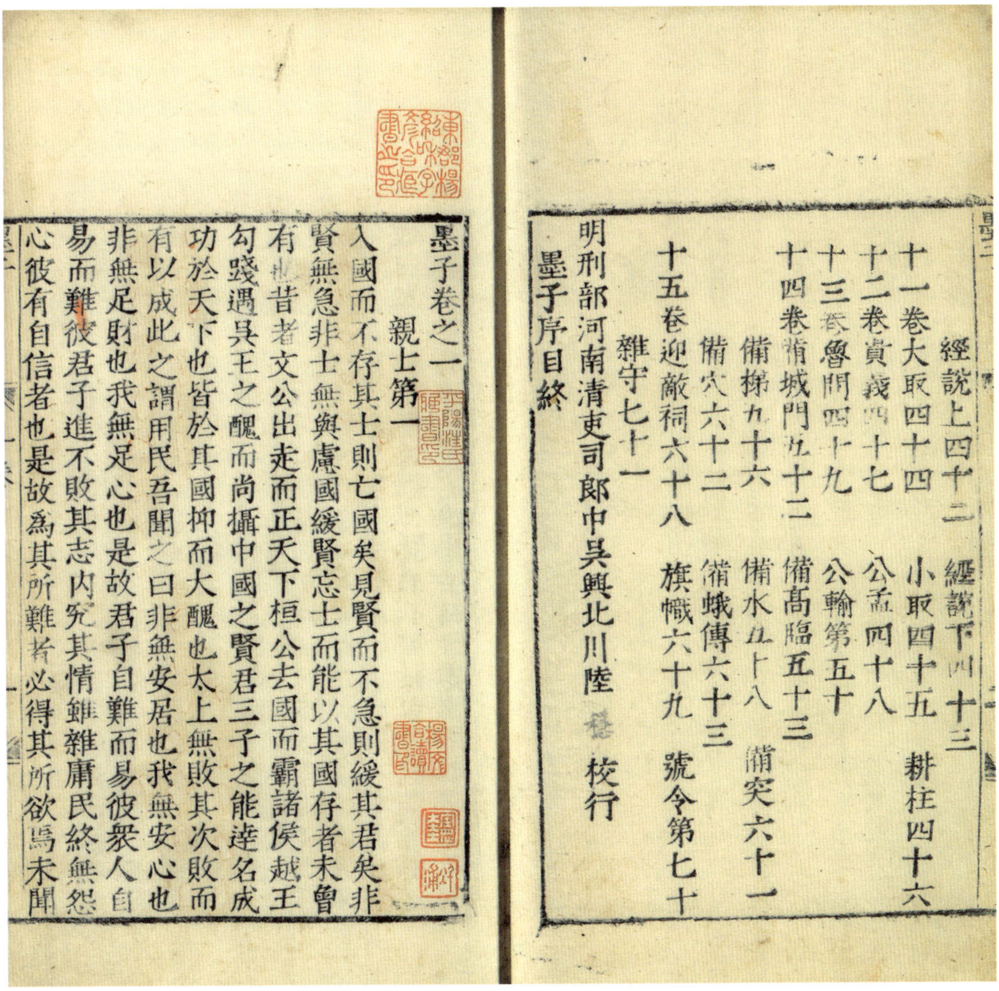

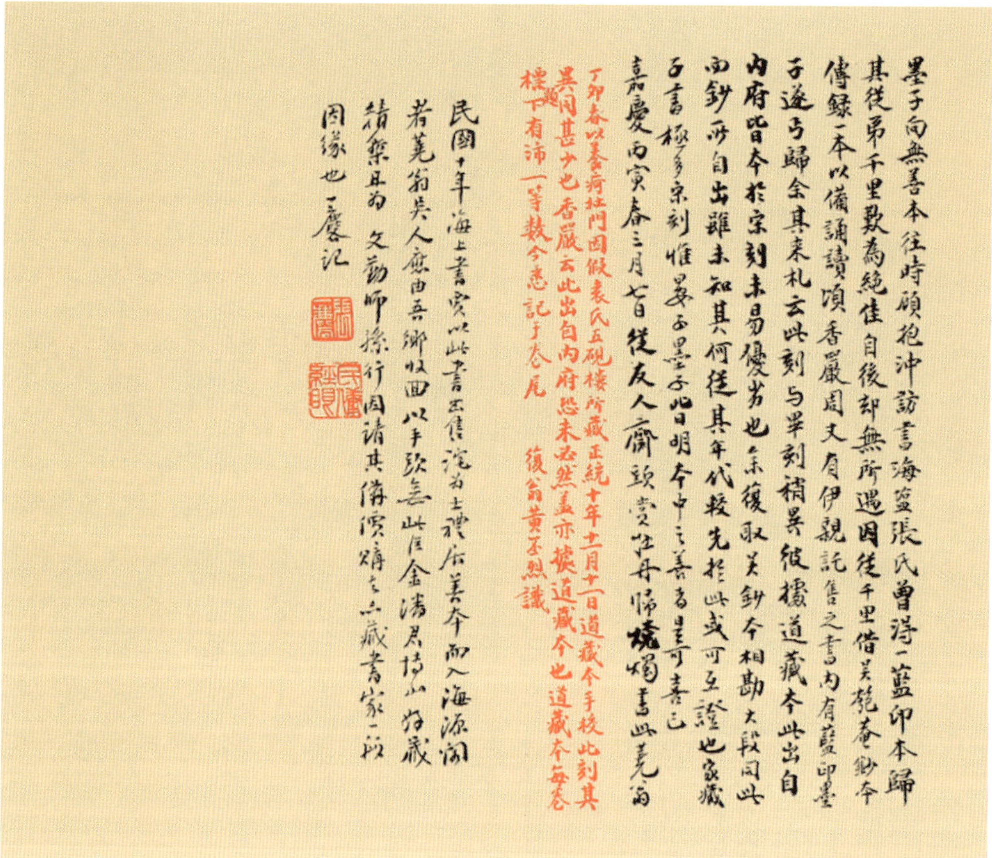

墨子向無善本往時顧抱沖訪書海鹽張氏曾得一藍印本歸其從弟千里欵為絶佳自後卻無所遇因從千里借吳匏菴鈔本傳録一本以備誦讀頃香嚴周丈有伊親託售之書内有藍印墨子遂亟歸余其來札云此刻与畢刻禎異彼據道藏本此出自内府皆本於宋刻未易優劣也余復取吳鈔本相勘大段同此而鈔本自出雖未知其何從其年代較先於此或可互證也家藏子書極多宋刻惟晏子墨子此日明本中之善者是可喜已

嘉慶丙寅春三月七日從友人齋頭賞牡丹歸燒燭書此蕘翁

丁卯春以養痾杜門因假袁氏五硯樓所藏正統十年十一月十一日道藏本手校此刻其異同甚少也香嚴云此出自内府恐未必然蓋亦據道藏本也道藏本每卷標題下有沛一等數今悉記于卷尾　復翁黃丕烈識

民國十年海上書賈以此書求售沅為士禮居善本而入海源閣若蕘翁吳人應由吾鄉收回以手致乞此歸金沸君持山為藏精槧且為文勤師孫行因請其備價歸之亦藏書家一段因緣也　一慶記

墨子间诂十五卷　目录一卷　附录一卷　后语二卷　（清）孙诒让撰　清光绪二十一年（1895）苏州毛上珍木活字本

存 10 卷：卷 1—10。国家图书馆藏（索书号：12137）。

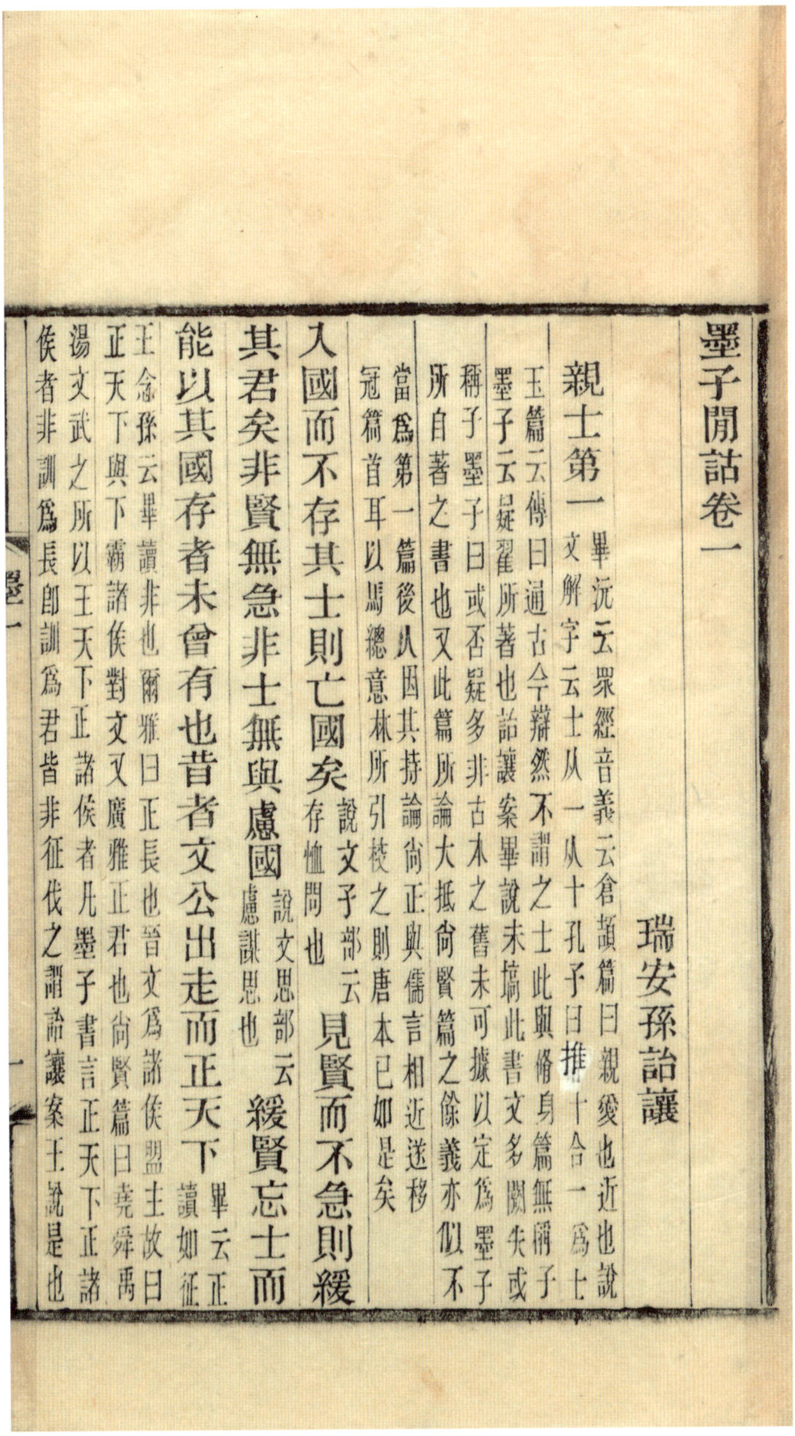

墨子，名翟，战国初鲁国人，一说宋国人。《史记·孟子荀卿列传》曰：“盖墨翟，宋之大夫，善守御，为节用。或曰并孔子时，或曰在其后。”活动期约在孔子逝世后，孟子出生前。墨家创始者。出身微贱，曾做过制造器具的工匠。宋昭公时，曾任宋国大夫，后长居鲁国。早年曾“学儒者之业，受孔子之术”。后来抛弃儒学，聚众讲学，创立了墨家学派，弟子满天下，与儒家并称“儒墨显学”。墨家主张兼爱、非攻、非命、非乐、尚贤、尚同、节用、节葬、天志、明鬼。重视逻辑，提出“本”“原”“用”——三表法检验言论是非。墨学在战国中后期势力很大，自汉代中期至秦汉时沦为游侠，以后逐渐衰微，发展至明清，墨学再度由晦而显。

《墨子》成书约在战国中后期。《汉书·艺文志》著录十八卷七十一篇，含目录一卷。《隋书·经籍志》著录十五卷，目一卷。《旧唐书·经籍志》《新唐书·艺文志》俱作十五卷。《四库全书总目》是书提要谓：“书中多称子墨子，则门人之言，非所自著。”“第五十二篇以下皆兵家言，其文古奥或不可句读，与全书为不类。”可见该书内容并非墨子一人所言，大部分是墨子弟子或再传弟子论述的墨子言行录。

《墨子》原七十一篇，今存十五卷五十三篇，宋时亡去十八篇。其中《亲士》至《非儒》三十一篇，阐述墨子兼爱、非攻、尚同、尚贤、薄葬、非乐等主要思想；《耕柱》至《公输》五篇，记述墨子及其弟子的言行；《经》至《小取》六篇，讲述墨子的哲学和逻辑学；《备城门》以下十一篇，讲战争防御和制造器械的方法。行文质朴，不重文采。论说文善于运用具体事例论证，有较强的逻辑性，是先秦说理文的进一步发展。记叙文生动形象，文字活泼。本书对研究先秦政治史、哲学史、思想史、科学史、军事史等均有重要参考价值。

《墨子》迄今所见最早的版本为明正统十年内府刻《道藏》本，在《道藏》沛字号，共五十三篇。其后版本以嘉靖福建铜活字本为代表。国图藏嘉靖本卷前有韩愈所撰《读墨子》一篇（篇末一句曰：“孔子必用墨子，墨子必用孔子，不相用不足为孔墨”）。目录后镌“明刑部河南清吏司郎中吴兴北川陆稳校行”。卷八末镌“嘉靖三十一年岁次壬子季夏之吉芝城铜板活字”条记。卷十五末镌“嘉靖壬子岁夷则月中元乙未之吉芝城铜板活字”。卷首有黄丕烈墨跋一篇，卷末另有其墨跋、朱跋各一篇，称“《墨子》向无善本，往时顾抱冲访书海盐张氏，曾得一蓝印本，归其从弟千里，叹为绝佳”；“家藏子书极多宋刻，唯《晏子》《墨子》皆明本中之善者，是可喜已”。可知此版《墨子》较为罕见，此蓝印本亦为可贵。书中有多处朱笔点校，每卷末均有“道藏本校”等字样，此本钤有“平阳汪氏臧书印”“东郡杨绍和字彦合臧书之印”“东郡杨氏宋存书室珍臧”“东郡杨氏鉴臧金石书画印”“宋存书室”“张一麐”等印记。可知迭经顾千里、黄丕烈、汪士钟、杨绍和等收藏。现藏国家图书馆。

汉晋以降，墨学地位日下，墨学几成绝学。至清代，学者毕沅等开始为之校注。清末，孙诒让集诸家之说，以毕沅注本为底本，与明代《道藏》刻本及吴宽写本、顾千里校《道藏》本及日本宝历年间仿刻明代茅坤本相校，撰成《墨子间诂》，成为清代《墨子》研究的荟萃之作。书前有《目录》一卷，列卷篇之目，述历代志书及书目所录篇目之异。书尾有《附录》一卷，附《墨子篇目考》《墨子佚文》《墨子旧叙》三篇。又有《墨子后语》二卷，附列《墨子传略》《墨子年表》等六篇，为墨学重要研究资料。国家图书馆藏有光绪木活字本，中华书局1986年出版有孙以楷点校本。

（徐慧）

韩非子

韩非子二十卷 明正统十年（1445）内府《道藏》刻本

国家图书馆藏（索书号：02607）。

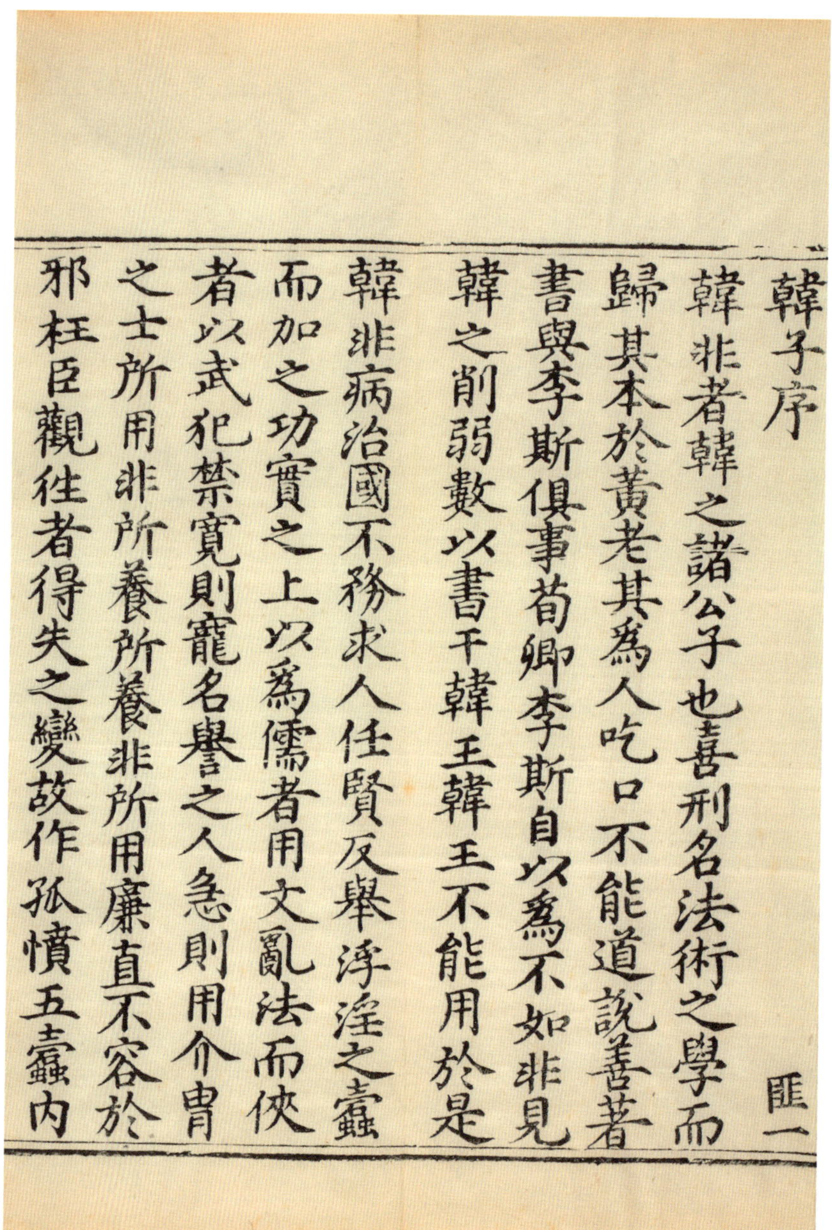

韓子序 匪一

韓非者韓之諸公子也喜刑名法術之學而歸其本於黃老其爲人吃口不能道說善著書與李斯俱事荀卿李斯自以爲不如非見韓之削弱數以書干韓王韓王不能用於是韓非病治國不務求人任賢反舉浮淫之蠹而加之功實之上以爲儒者用文亂法而俠者以武犯禁寬則寵名譽之人急則用介冑之士所用非所養所養非所用廉直不容於邪枉臣觀往者得失之變故作孤憤五蠹內

韩非子二十卷 明万历十年（1582）赵用贤《管韩合刻》本

每半叶9行，行19字，小字双行同，白口，四周单边。国家图书馆藏（索书号：06079）。

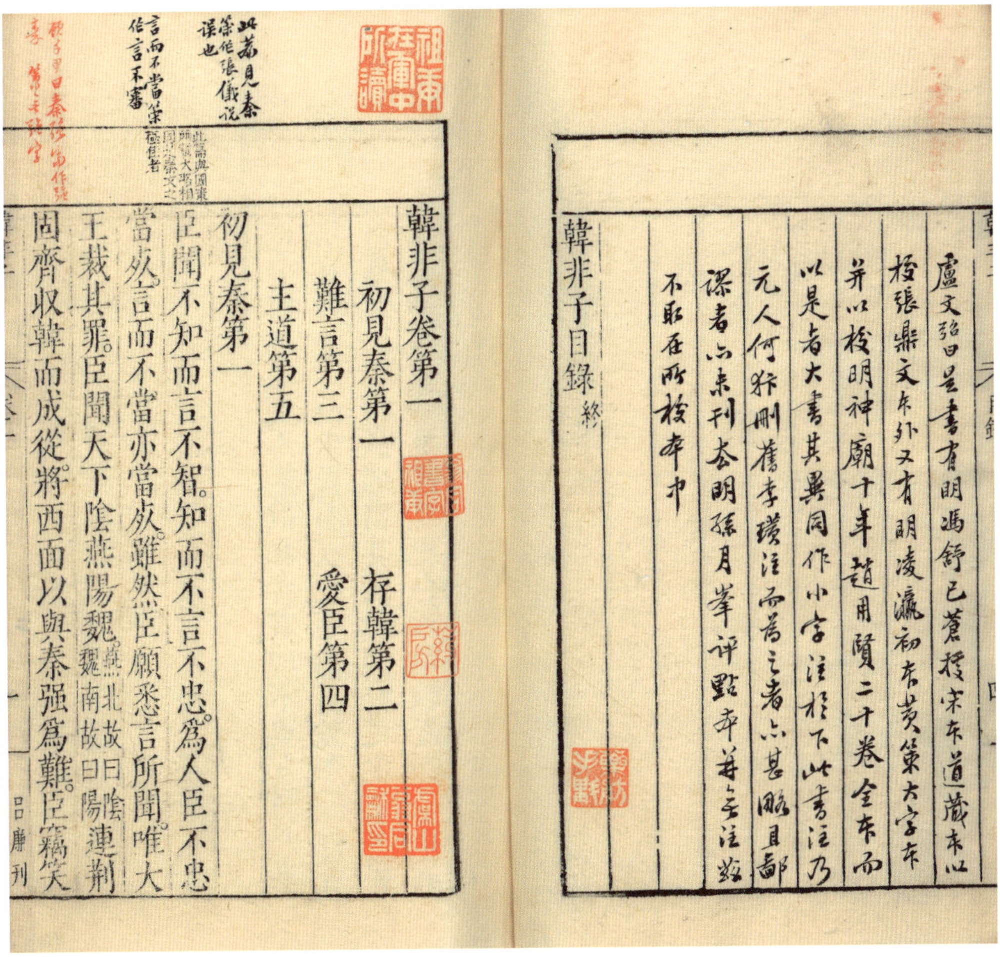

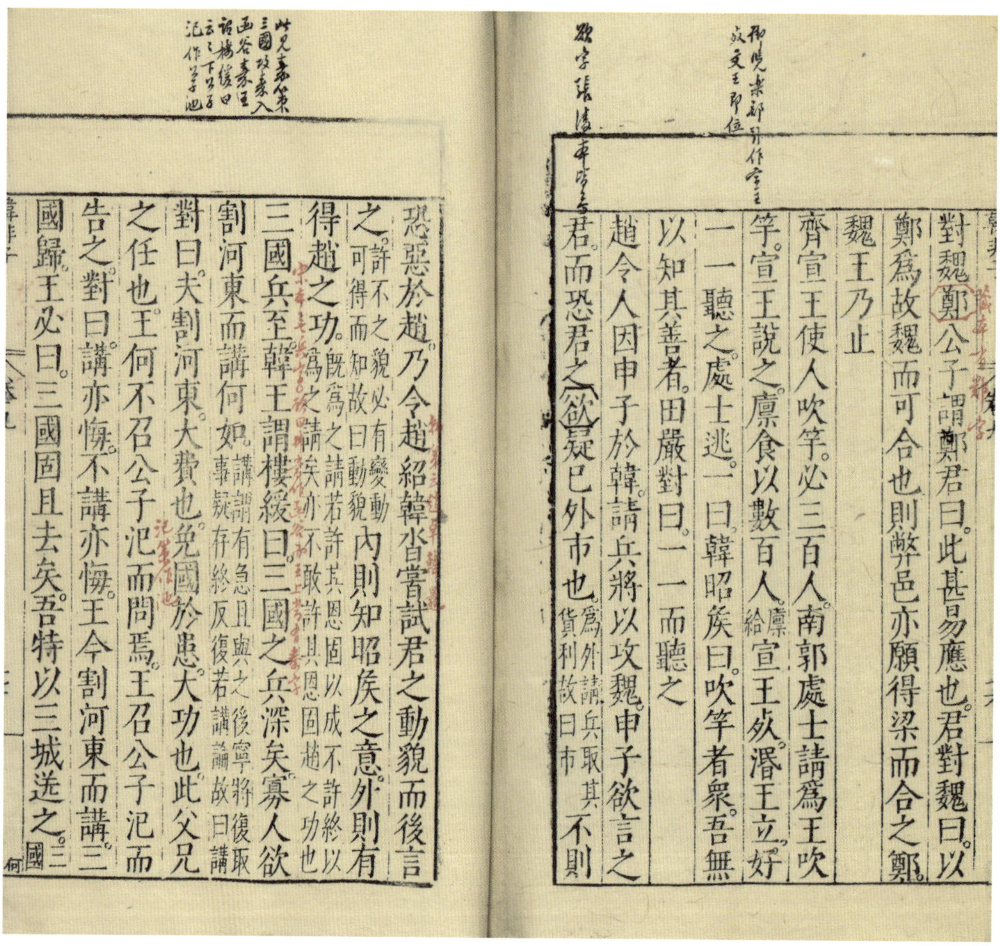

對魏鄭公子謂鄭君曰此甚易應也君對魏曰以鄭爲故魏而可合也則弊邑亦願得梁而合之鄭魏王乃止

齊宣王使人吹竽必三百人南郭處士請爲王吹竽宣王説之廩食以數百人廩給宣王死湣王立好一一聽之處士逃一曰韓昭侯曰吹竽者衆吾無以知其善者田嚴對曰一一而聽之

趙令人因申子於韓請兵將以攻魏申子欲言之君而恐君之疑己外市也爲外請兵取其貨利故曰市不則恐惡於趙乃令趙紹韓沓嘗試君之動貌而後言之許不之貌必有變動可得而知故曰動貌内則知昭侯之意外則有得趙之功既爲之請若許其恩固以成不許終以爲之請矣亦不敢詐其恩固趙之功也

三國兵至韓王謂樓緩曰三國之兵深矣寡人欲割河東而講何如講謝有急且與之後寧將復取事疑存終反復若講論故曰講對曰夫割河東大費也免國於患大功也此父兄之任也王何不召公子汜而問焉王召公子汜而告之對曰講亦悔不講亦悔王今割河東而講三國歸王必曰三國固且去矣吾特以三城送之三國何

是編係二十卷足本雖明刊實善本也去年以盧抱經先生校過訖又得全椒吴山尊學士重梓宋乾道本乃從夏邑李書年先生所藏本影鈔顧澗薲為精校而墨諸板附以校語予因取而再校之甫勤手而克瓜洲援至浦口攻勦之餘輒將寶之追校畢而江浦縣城亦克矣千載而下其当珍此軍中再校本也

咸豐八年倉龍在戊午三月十三日常熟翁同書祖庚甫志於浦口

韓非子卷第二十 終

丁巳閏五月廿三日雨中勘畢祖庚記

韩非子二十卷　清初钱曾影宋抄本

每半叶13行，行24字，小字双行行字不等，白口，四周单边。清黄丕烈校并跋，顾广圻跋，孙毓修校。国家图书馆藏（索书号：07496）。

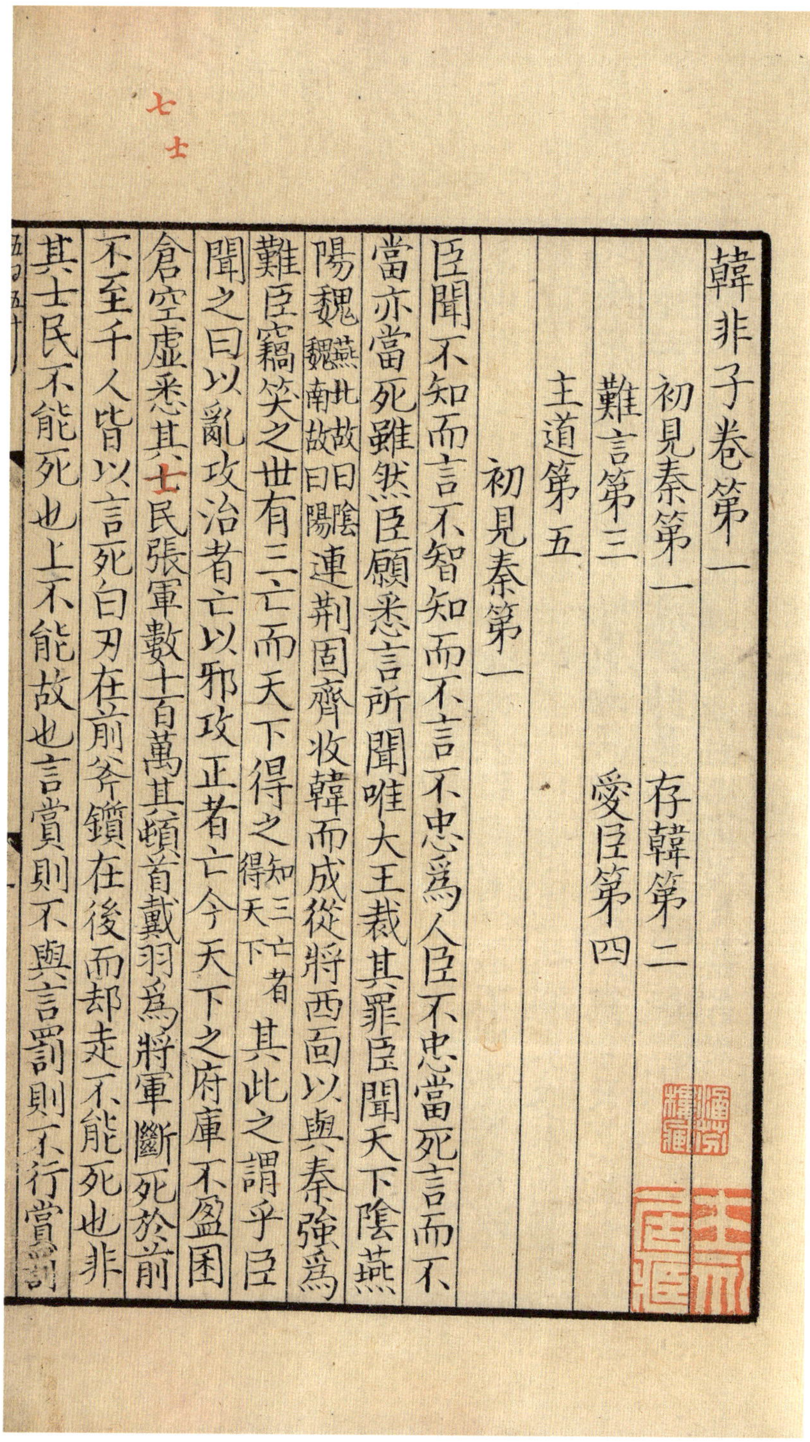
韓非子卷第一
初見秦第一　存韓第二
難言第三　愛臣第四
主道第五
初見秦第一
臣聞不知而言不智知而不言不忠爲人臣不忠當死言而不當亦當死雖然臣願悉言所聞唯大王裁其罪臣聞天下陰燕陽魏燕北魏南故曰陰陽連荆固齊收韓而成從將西面以與秦強爲難臣竊笑之世有三亡而天下得之知三亡者得天下其此之謂乎臣聞之曰以亂攻治者亡以邪攻正者亡今天下之府庫不盈囷倉空虚悉其士民張軍數十百萬其頓首戴羽爲將軍斷死於前不至千人皆以言死白刃在前斧鑕在後而却走不能死也非其士民不能死也上不能故也言賞則不與言罰則不行賞罰

韩非（约前295—前233），世称韩非子。是战国后期韩国的公子，但地位较低。《史记》载其“喜刑名法术之学，而其归本于黄老。非为人口吃，不能道说，而善著书”。韩非为拯救日渐衰微的韩国，多次进言献策，不被韩王重视，遂发愤著作，写成《孤愤》《五蠹》等十万余言。韩非曾和李斯一道就学于当时的大儒荀子，李斯自以为不如韩非。秦王嬴政闻韩非之名，称“得见此人，与之游，死不恨矣”。为使韩非入秦，秦大力攻韩，韩王只得遣韩非出使讲和。韩非遂被留在秦国。后遭李斯等人嫉恨，被谗，死于狱中。韩非的才学、思想、悲剧结局和他的出身、性格有着密切的关系，《百部经典》版《韩非子》审订专家蒋重跃在《韩非的思想和他的悲剧人生》一文中有很精彩的分析。

《韩非子》在韩非死后编订成书，共二十卷，五十五篇。《汉书・艺文志》载《韩子》五十五篇，张守节《史记正义》引阮孝绪《七录》载《韩子》二十卷。《隋书・经籍志》著录《韩子》二十卷，篇数、卷数皆与今本相符。《百部经典》版《韩非子》解读人张觉认为，五十五篇本《韩非子》，应为秦朝主管图书档案的御史编定。蒋重跃先生也认为，今天见到的《韩非子》和司马迁所见的文本基本相同，是先秦时期的真书。

《韩非子》是先秦法家学说的集大成之作，以“法术势”为理论核心，主要论述古代君主如何管好臣民，坐稳江山，是富国强兵乃至称王称霸的帝王之学。其文学成就也很高。《韩非子》的文章代表了先秦论说文的成熟形态，特点是结构完整，推理谨严，分析透辟细密，文风冷峻峭拔，锋芒毕露。韩非善于运用历史事件和寓言故事以增强文章的形象性和说服力，如“滥竽充数”“守株待兔”等故事，已为后世熟知。最早给《韩非子》作注的是后魏刘昞，注本已佚。此后间有人作注，但价值不高。元何犿、明门无子的注评较有影响。清王先慎作《韩非子集解》，成就较高。

《韩非子》的版本比较复杂，宋代曾有两个刻本系统。一个是南宋孝宗乾道改元（1165）闽建黄三八郎刊本，称“乾道本”，今已不存。但后世有影抄本传世，如清初钱曾影宋抄本，很好地保留了“乾道本”的面貌，除个别字句脱落，篇数仍为五十五篇之旧。钱曾，字遵王，常熟人，清初著名藏书家，藏书处名“述古堂”。清初钱氏述古堂影抄宋黄三八郎本，序后有“乾道改元中元日黄三八郎印”刊记一行。黄丕烈校并跋，顾广圻跋，孙毓修校，李致忠先生称其“开本宏朗，字大如钱，最宜老眼”。此书递经季因是、汪启淑、黄丕烈、汪氏钟等家族收藏，书中钤有“季振宜藏书”等印。黄丕烈得此书云：“余所收子书，皆宋刻为多，惟管韩尚缺，管子犹见残宋本，若韩非子，并未闻世有宋本，今得影钞者，岂不大快乎？”后归于上海涵芬楼，今藏国家图书馆。明万历十年（1582），赵用贤曾参校他本对乾道本《韩非子》加以改定，将原宋本脱落字句补充完整，将足本《韩非子》与《管子》合刻，是为“管韩合刻本”或称“赵本”。赵本有《韩非子书序》《韩子总评》《韩子凡例》，并录有太史公等前人评语，自明清两代以至于今，影响很大。另一宋刻本系统，到元代还有流传，与“乾道本”不同，只有五十三篇，收入明正统年间内府所刻《正统道藏》中，称为道藏本，道藏本是目前能见到的最早的《韩非子》刻本。

（华鑫文）

吕氏春秋

吕氏春秋二十六卷　（汉）高诱训解　元至正嘉兴路儒学刻本

每半叶 10 行，行 20 字，小字双行同，细黑口，左右双边。国家图书馆藏（索书号：06885）。

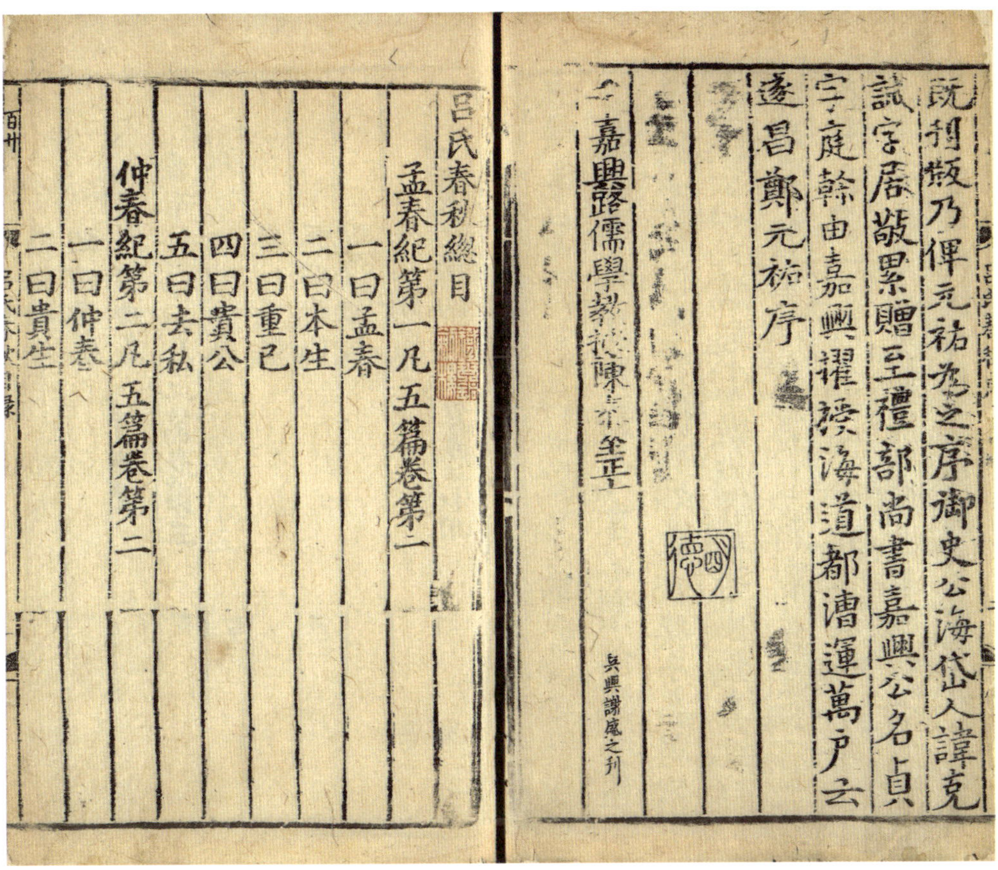

既刊版乃俾元祐為之序御史公海岱人諱克
誠字居敬累贈至禮部尚書嘉興公名貞
字庭幹由嘉興擢浙海道都漕運萬户云
遂昌鄭元祐序

呂氏春秋總目
孟春紀第一凡五篇卷第一
一曰孟春
二曰本生
三曰重己
四曰貴公
五曰去私
仲春紀第二凡五篇卷第二
一曰仲春
二曰貴生

吕氏春秋训解二十六卷　（汉）高诱撰　明弘治十一年（1498）李瀚刻本

每半叶10行，行20字，白口，四周单边。国家图书馆藏（索书号：08950）。

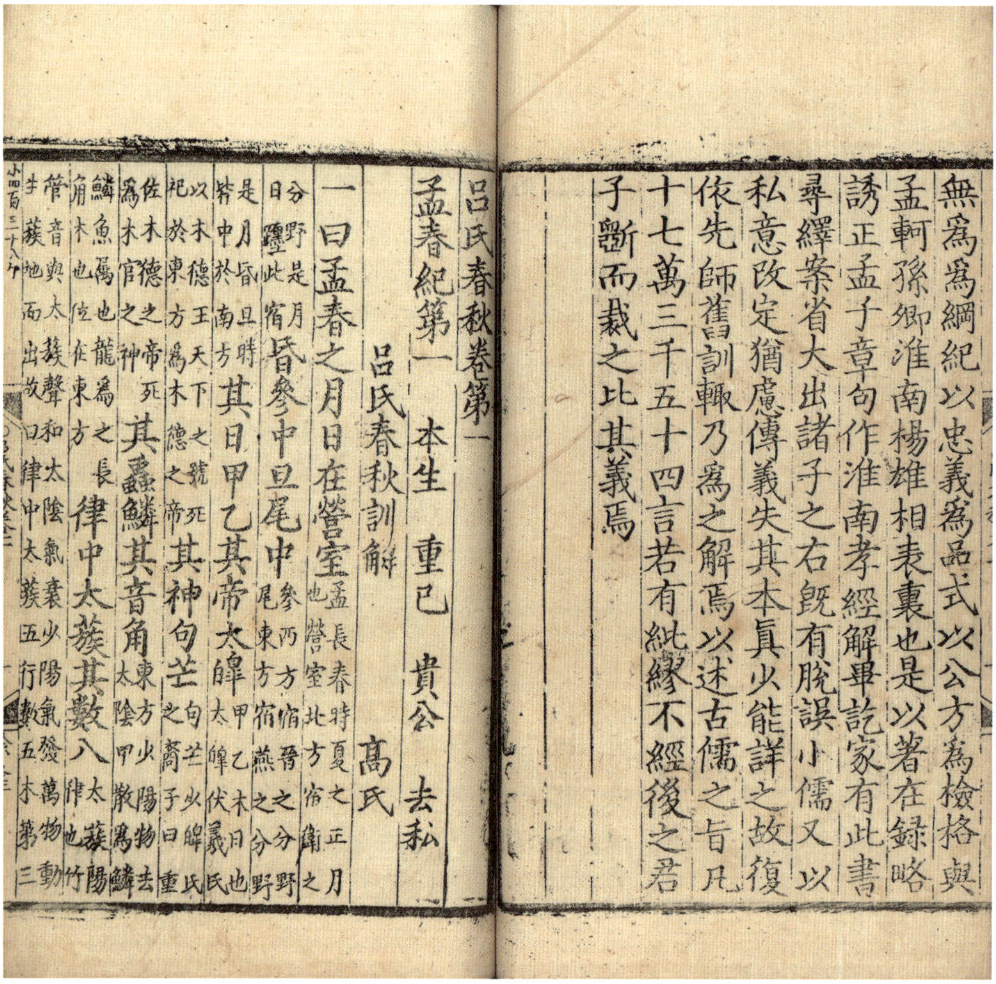

無爲爲綱紀以忠義爲品式以公方爲檢格與孟軻孫卿淮南揚雄相表裏也是以著在録略誘正孟子章句作淮南孝經解畢訖家有此書尋繹案省大出諸子之右既有脱誤小儒又以私意改定猶慮傳義失其本真少能詳之故復依先師舊訓輒乃爲之解焉以述古儒之旨凡十七萬三千五十四言若有紕繆不經後之君子斷而裁之比其義焉

呂氏春秋卷第一

孟春紀第一　本生　重己　貴公　去私

呂氏春秋訓解　高氏

一曰孟春之月日在營室孟長也春時夏之正月也營室北方宿衛之分野是月日躔此宿昬參中旦尾中參西方宿晉之分野尾東方宿燕之分野是月昬旦時皆中於南方其日甲乙甲乙木日也其帝太皡太皡伏羲氏以木德王天下之號死祀於東方爲木德之帝其神句芒句芒少皡氏之裔子曰重佐木德之帝死爲木官之神其蟲鱗東方少陽物去太陰甲散爲鱗鱗魚屬也龍爲之長其音角角木也位在東方律中太蔟太蔟陽律也竹管音與太蔟聲和太陰氣衰少陽氣發萬物動生蔟地而出故曰律中太蔟其數八五行數五木第三

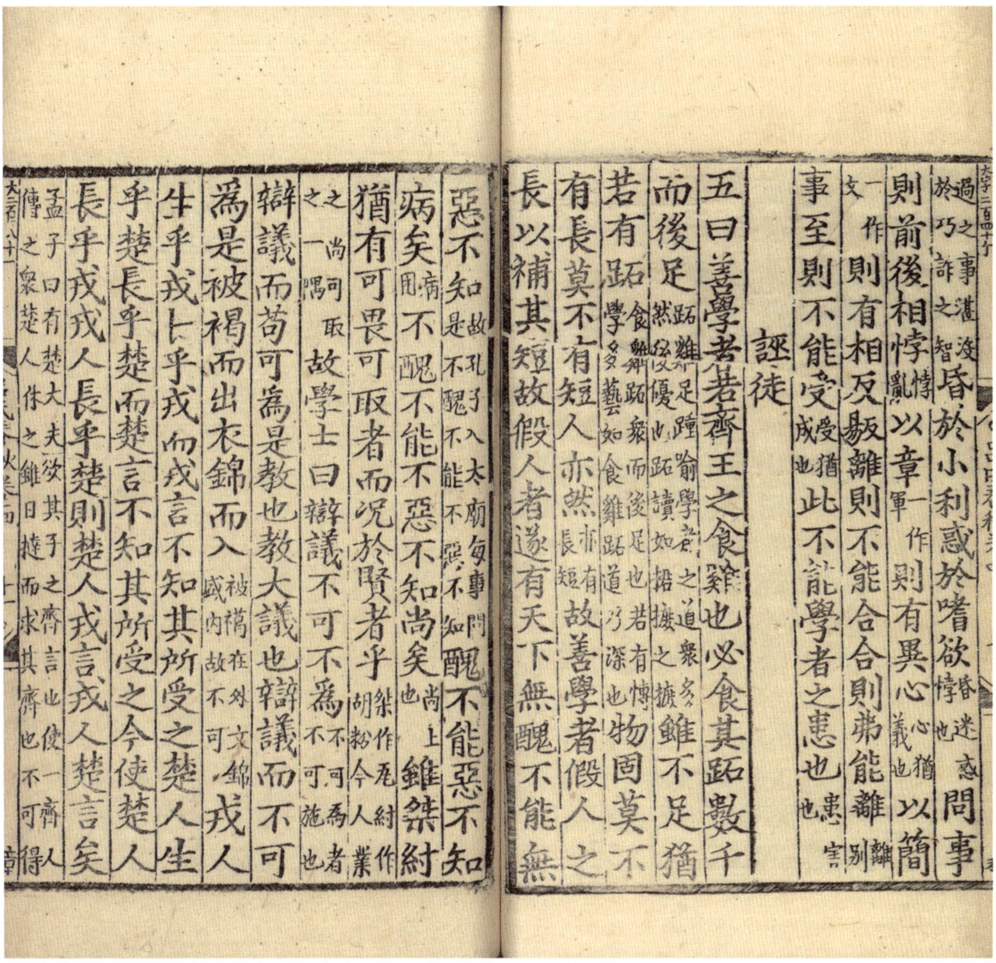

過之事湛沒於巧詐之智昏於小利惑於嗜欲（昏迷惑悖也）問事則前後相悖（悖亂）以章（一作軍）則有異心（心猶義也）以簡（一作文）則有相反叛離則不能合合則弗能離（離別）事至則不能受（受猶成也）此不能學者之患也（患害也）

誣徒

五曰善學者若齊王之食雞也必食其跖數千而後足（跖雞足踵喻學者之道眾多然後優也跖讀如摭摭之摭）雖不足猶若有跖（食雞跖眾而後足也若有博學多藝如食雞跖道乃深也）物固莫不有長莫不有短人亦然（亦有長短）故善學者假人之長以補其短故假人者遂有天下無醜不能無

惡不知（故孔子入太廟每事問是不醜不能不恥不知）醜不能惡不知病矣（病困）不醜不能不惡不知尚矣（尚上也）雖桀紂（桀作尨紂作胡粉今人業）猶有可畏可取者而況於賢者乎（之尚可取之一隅）故學士曰辯議不可不為（不可為者不可施也）辯議而苟可為是教也教大議也辯議而不可為是被褐而出衣錦而入（被褐在外文錦在內故不可）戎人生乎戎長乎戎而戎言不知其所受之楚人生乎楚長乎楚而楚言不知其所受之今使楚人長乎戎戎人長乎楚則楚人戎言戎人楚言矣（孟子曰有楚大夫欲其子之齊言也使一齊人傅之衆楚人咻之雖日撻而求其齊也不可得）

吕氏春秋新校正二十六卷附考一卷 （清）毕沅撰 清乾隆五十三年（1788）毕氏灵岩山馆刻《经训堂丛书》本

每半叶 11 行，行 22 字，小字双行同，黑口，四周单边。清朱彬校。国家图书馆藏（索书号：17868）。

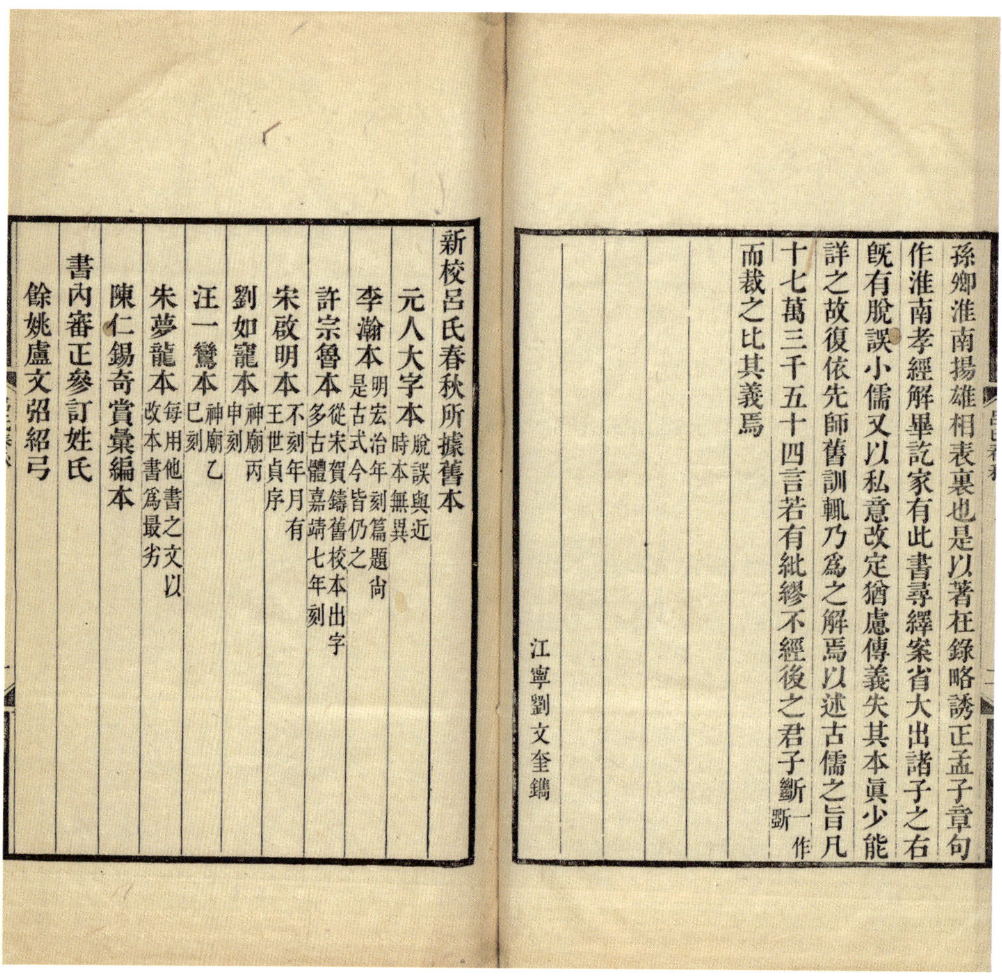
孫卿淮南揚雄相表裏也是以著在錄略誘正孟子章句作淮南孝經解畢訖家有此書尋繹案省大出諸子之右既有脫誤小儒又以私意改定猶慮傳義失其本眞少能詳之故復依先師舊訓輒乃爲之解焉以述古儒之旨凡十七萬三千五十四言若有紕繆不經後之君子斷（一作斲）而裁之比其義焉

江寧劉文奎鐫

新校呂氏春秋所據舊本

元人大字本 脫誤與近時本無異

李瀚本 明宏治年刻篇題尚是古式今皆仍之

許宗魯本 從宋賀鑄舊校本出字多古體嘉靖七年刻

宋啟明本 不刻年月有王世貞序

劉如寵本 神廟丙申刻

汪一鸞本 神廟乙巳刻

朱夢龍本 每用他書之文以改本書爲最劣

陳仁錫奇賞彚編本

書內審正參訂姓氏

餘姚盧文弨紹弓

《吕氏春秋》为战国秦相吕不韦集合门客所编撰。吕不韦，濮阳人，阳翟（今河南禹县）富商，家累千金。秦庄襄王时丞相，封为文信侯；秦王政即位后，尊为相国，号称仲父。吕不韦为了适应秦统一天下的形势，召门下数千宾客著其所闻，最后合编为十二纪、八览、六论。其每纪五篇，十二纪共六十篇。每览八篇，八览（《有始览》缺一篇）共六十三篇。每论六篇，六论共三十六篇。加上十二纪末《序意》一篇，全书共一百六十篇，二十六卷，“以为备天地万物古今之事，号为《吕氏春秋》”。因为书中有“八览”，后人也称这部书为《吕览》。

本书最早有东汉高诱注本。高诱，生卒年不详。东汉涿郡（今河北涿州）人。少从同县卢植学，建安十年（205）辟司空掾，除东郡濮阳令，后迁监河东。曾正《孟子章句》，作《淮南》《孝经》解，注《战国策》。其事迹略见于《淮南鸿烈解》序言。高诱以当时传本“既有脱误，小儒又以私意改定，犹虑传义失其本真，少能详之，故复依先师旧训，辄乃为之解焉，以述古儒之旨”。

《吕览》约成书于秦王政八年（前239），其著述目的是为当时秦国统一天下、治理国家提供思想武器。内容以儒道思想为主，兼及名、法、墨、农及阴阳家言。书中保存了先秦各学派的许多资料，汇集了先秦各派比较进步的思想，如道家的“贵生”、墨家的“薄葬”、法家的“察今”、农家的“上农”等。此外，还保存了不少古史旧闻，以及天文、历数、农医、音律等方面的知识，是一部有多方面价值的古代文献。《汉书·艺文志》列其于“杂家”。全书结构安排精工，组织严密，艺术上也能兼采战国各家文章之长，文笔繁缛，善于取譬设喻，形象、生动地说理，著名的篇目如《掩耳盗铃》《刻舟求剑》《人有亡铁者》《网开三面》《穿井得一人》等。其富于创造性的编写体例与严整的结构对后世散文著作的编撰起了典范作用。

《吕览》传世最古的版本当为元至正嘉兴路儒学刻本。元初海岱人刘克诚（字居敬，号节轩）得此书，其子刘贞，字庭幹，于至正中任嘉兴路总管，刻于嘉禾学宫。此本正文前有遂昌郑元祐序，序后有“嘉兴路儒学教授陈泰至正十”（“十”下残缺之字，已不可考）、“吴兴谢盛之刊”一行。郑序后接《吕氏春秋总目》，首卷卷端题“吕氏春秋卷第一”，次行“孟春纪第一　本生　重己　贵公　去私”（篇目），次行低四格题“吕氏春秋训解”，同行下署名“高氏”。版心镌“吕氏春秋卷一”，版心上镌字数，下镌叶次及刻工。此本钤有

“铁琴铜剑楼”印记，曾为瞿氏铁琴铜剑楼故物，现藏于国家图书馆。除国家图书馆外，上海图书馆亦藏有元刻此版。

《百部经典》版《吕览》原文以清乾隆五十三年毕沅《吕氏春秋新校正》为底本。该书以元刻大字本为底本，广罗异本，精心校勘，并广泛吸取清人的研究成果，对《吕氏春秋》原书和高诱训解的文字进行了系统整理，纠正了很多讹误，可称为善本，也广为流传。

（徐慧）

传习录

传习录三卷　（明）王守仁讲　（明）徐爱、薛侃等记　**续录二卷**　（明）陈九川、钱德洪等记　明刻本

每半叶10行，行20字，白口，四周双边。国家图书馆藏（索书号：13300）。

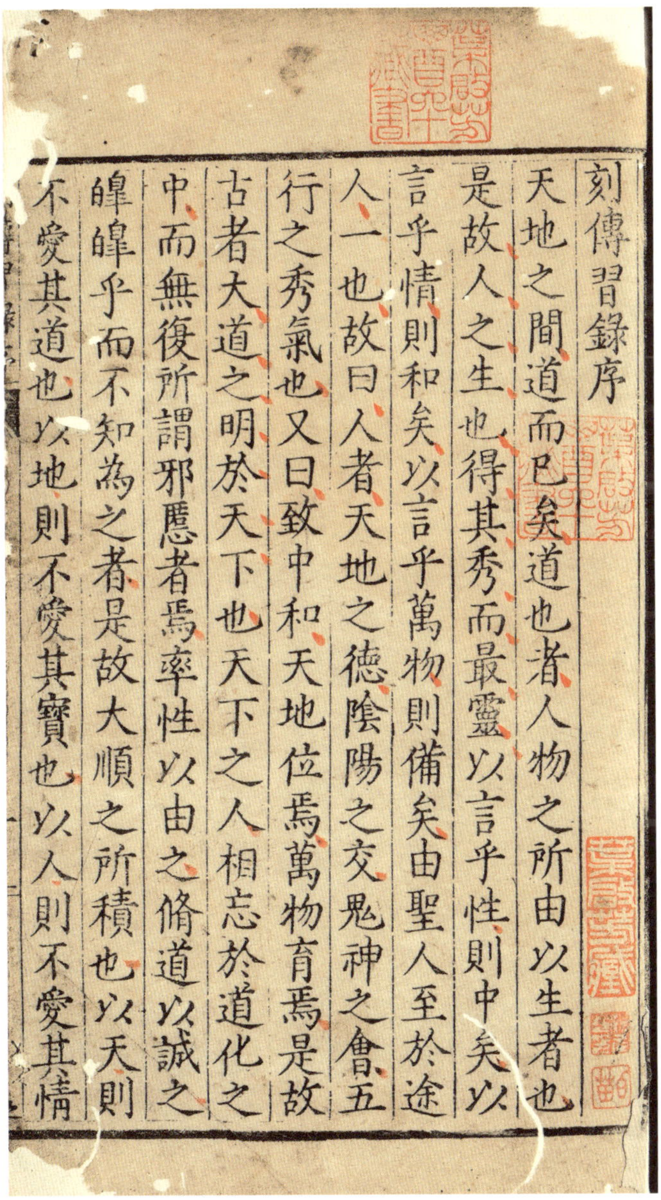

刻傳習錄序

天地之間道而已矣道也者人物之所由以生者也是故人之生也得其秀而最靈以言乎性則中矣以言乎情則和矣以言乎萬物則備矣由聖人至於途人一也故曰人者天地之德陰陽之交鬼神之會五行之秀氣也又曰致中和天地位焉萬物育焉是故古者大道之明於天下也天下之人相忘於道化之中而無復所謂邪慝者焉率性以由之脩道以誠之皞皞乎而不知為之者是故大順之所積也以天則不愛其道也以地則不愛其寶也以人則不愛其情

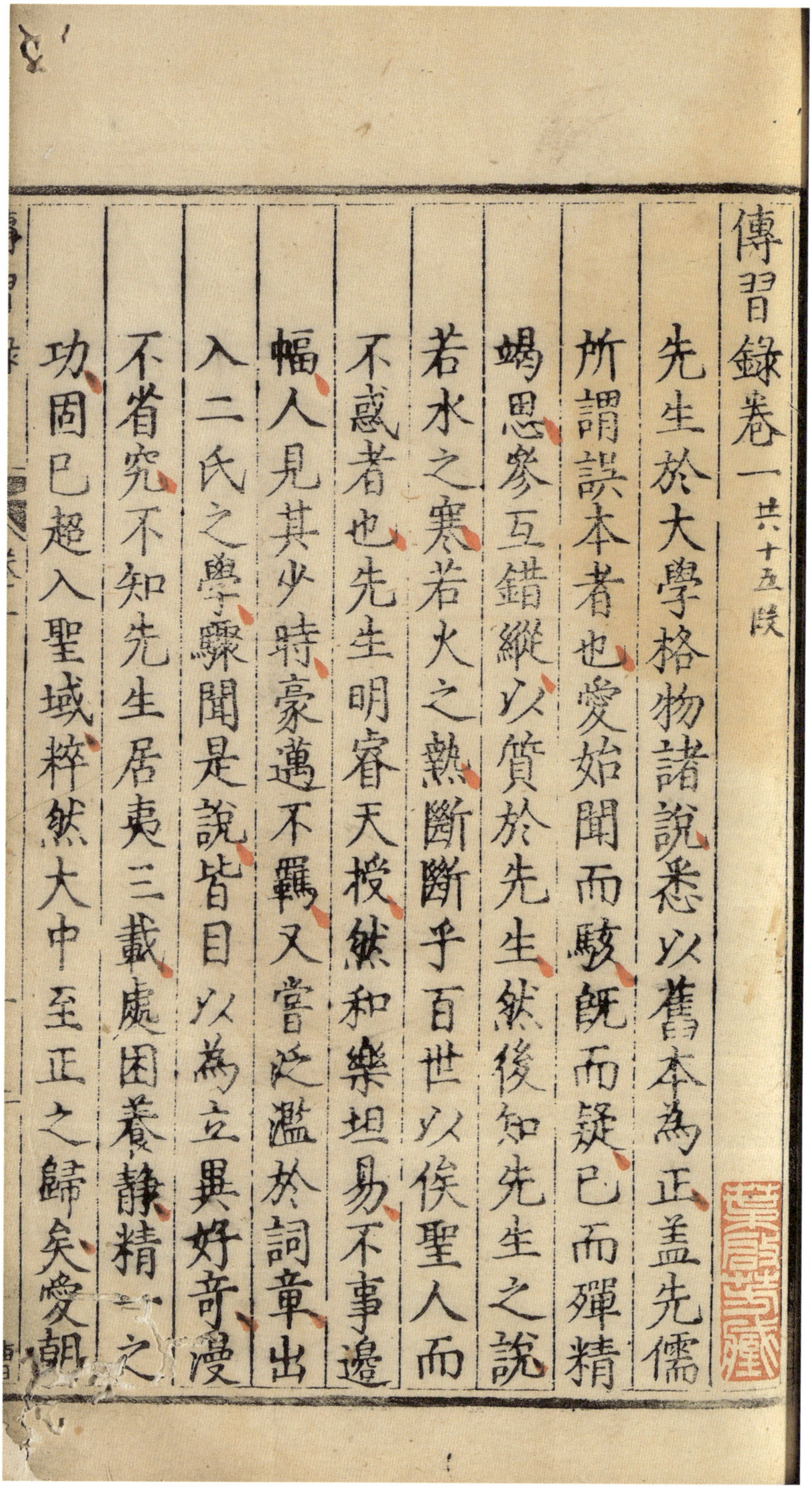

傳習錄卷一　共十五段

先生於大學格物諸說悉以舊本為正蓋先儒所謂誤本者也愛始聞而駭既而疑已而殫精竭思參互錯縱以質於先生然後知先生之說若水之寒若火之熱斷斷乎百世以俟聖人而不惑者也先生明睿天授然和樂坦易不事邊幅人見其少時豪邁不羈又嘗泛濫於詞章出入二氏之學驟聞是說皆目以為立異好奇漫不省究不知先生居夷三載處困養靜精一之功固已超入聖域粹然大中至正之歸矣愛朝

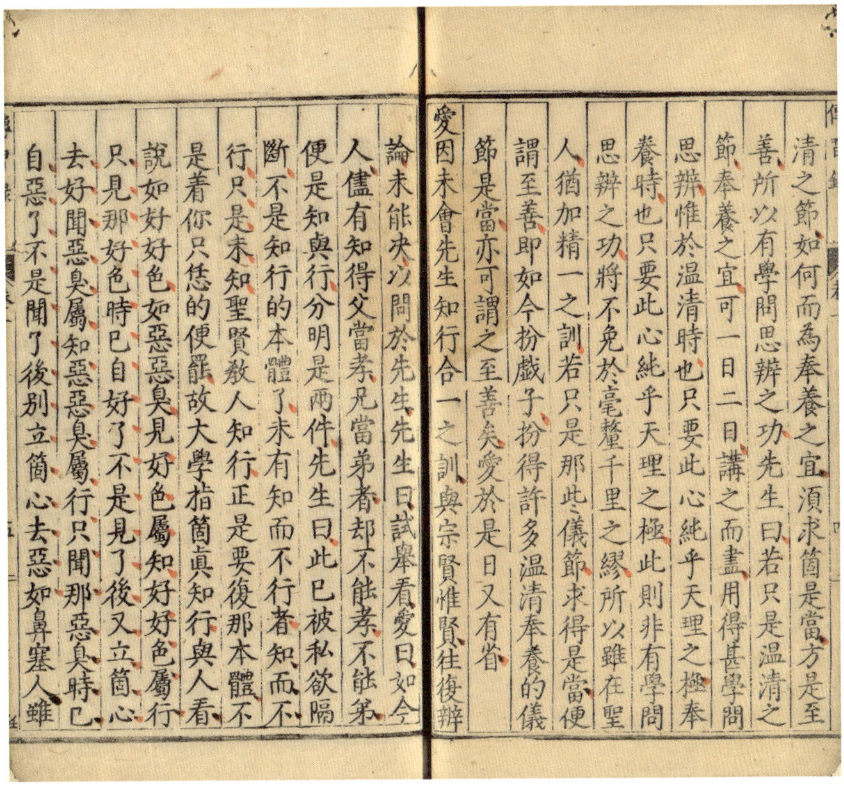

清之節如何而為奉養之宜須求箇是當方是至善所以有學問思辨之功先生曰若只是温清之節奉養之宜可一日二日講之而盡用得甚學問思辨惟於温清時也只要此心純乎天理之極奉養時也只要此心純乎天理之極此則非有學問思辨之功將不免於毫釐千里之繆所以雖在聖人猶加精一之訓若只是那些儀節求得是當便謂至善即如今扮戲子扮得許多温清奉養的儀節是當亦可謂之至善矣愛於是日又有省

愛因未會先生知行合一之訓與宗賢惟賢往復辨論未能決以問於先生先生曰試舉看愛曰如今人儘有知得父當孝兄當弟者却不能孝不能弟便是知與行分明是兩件先生曰此已被私欲隔斷不是知行的本體了未有知而不行者知而不行只是未知聖賢教人知行正是要復那本體不是着你只恁的便罷故大學指箇真知行與人看說如好好色如惡惡臭見好色屬知好好色屬行只見那好色時已自好了不是見了後又立箇心去好聞惡臭屬知惡惡臭屬行只聞那惡臭時已自惡了不是聞了後別立箇心去惡如鼻塞人雖

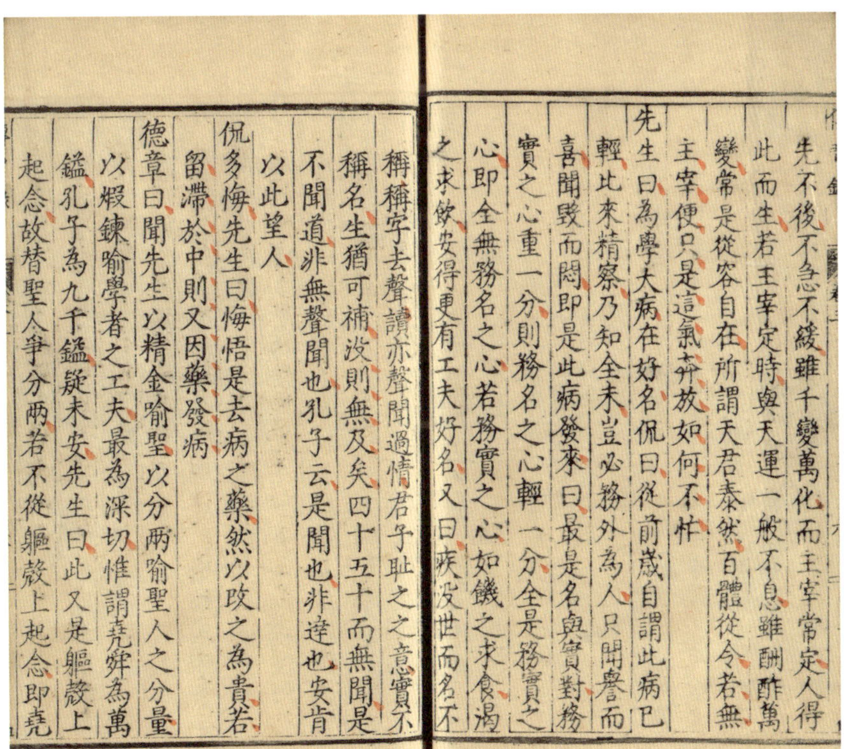

先不後不急不緩雖千變萬化而主宰常定人得此而生若主宰定時與天運一般不息雖酬酢萬變常是從容自在所謂天君泰然百體從令若無主宰便只是這氣奔放如何不忙

先生曰為學大病在好名侃曰從前歲自謂此病已輕比來精察乃知全未豈必務外為人只聞譽而喜聞毀而悶即是此病發來曰最是名與實對務實之心重一分則務名之心輕一分全是務實之心即全無務名之心若務實之心如饑之求食渴之求飲安得更有工夫好名又曰疾沒世而名不稱稱字去聲讀亦聲聞過情君子恥之之意實不稱名生猶可補沒則無及矣四十五十而無聞是不聞道非無聲聞也孔子云是聞也非達也安肯以此望人

侃多悔先生曰悔悟是去病之藥然以改之為貴若留滯於中則又因藥發病

德章曰聞先生以精金喻聖以分兩喻聖人之分量以煅鍊喻學者之工夫最為深切惟謂堯舜為萬鎰孔子為九千鎰疑未安先生曰此又是軀殼上起念故替聖人爭分兩若不從軀殼上起念即堯

王文成公全书三十八卷　（明）王守仁撰　明隆庆六年（1572）谢廷杰刻本

每半叶9行，行19字，白口，四周双边。国家图书馆藏（索书号：13925）。

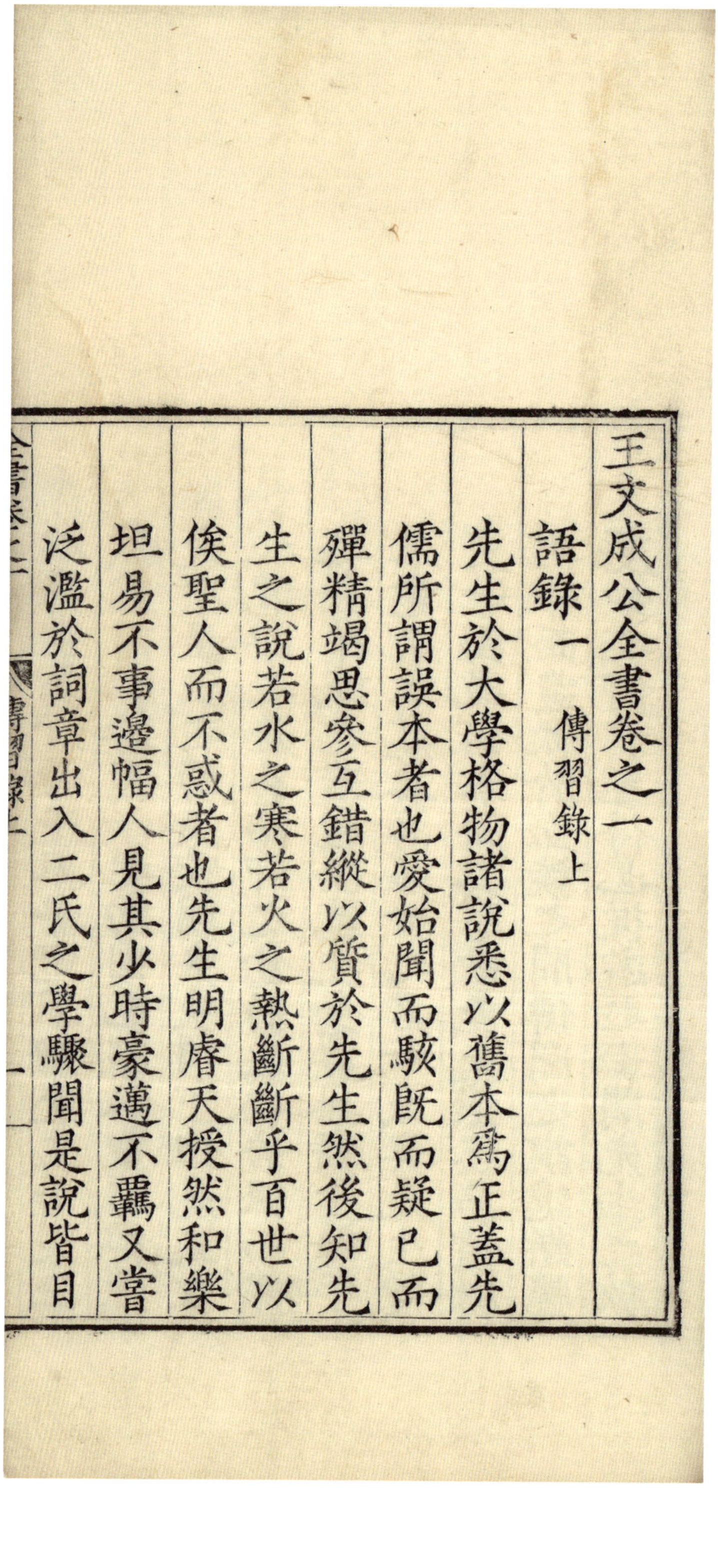

王文成公全書卷之一

語錄一　傳習錄上

先生於大學格物諸說悉以舊本爲正蓋先
儒所謂誤本者也愛始聞而駭既而疑已而
殫精竭思參互錯縱以質於先生然後知先
生之說若水之寒若火之熱斷斷乎百世以
俟聖人而不惑者也先生明睿天授然和樂
坦易不事邊幅人見其少時豪邁不羈又嘗
泛濫於詞章出入二氏之學驟聞是說皆目

全書卷之一　傳習錄上　一

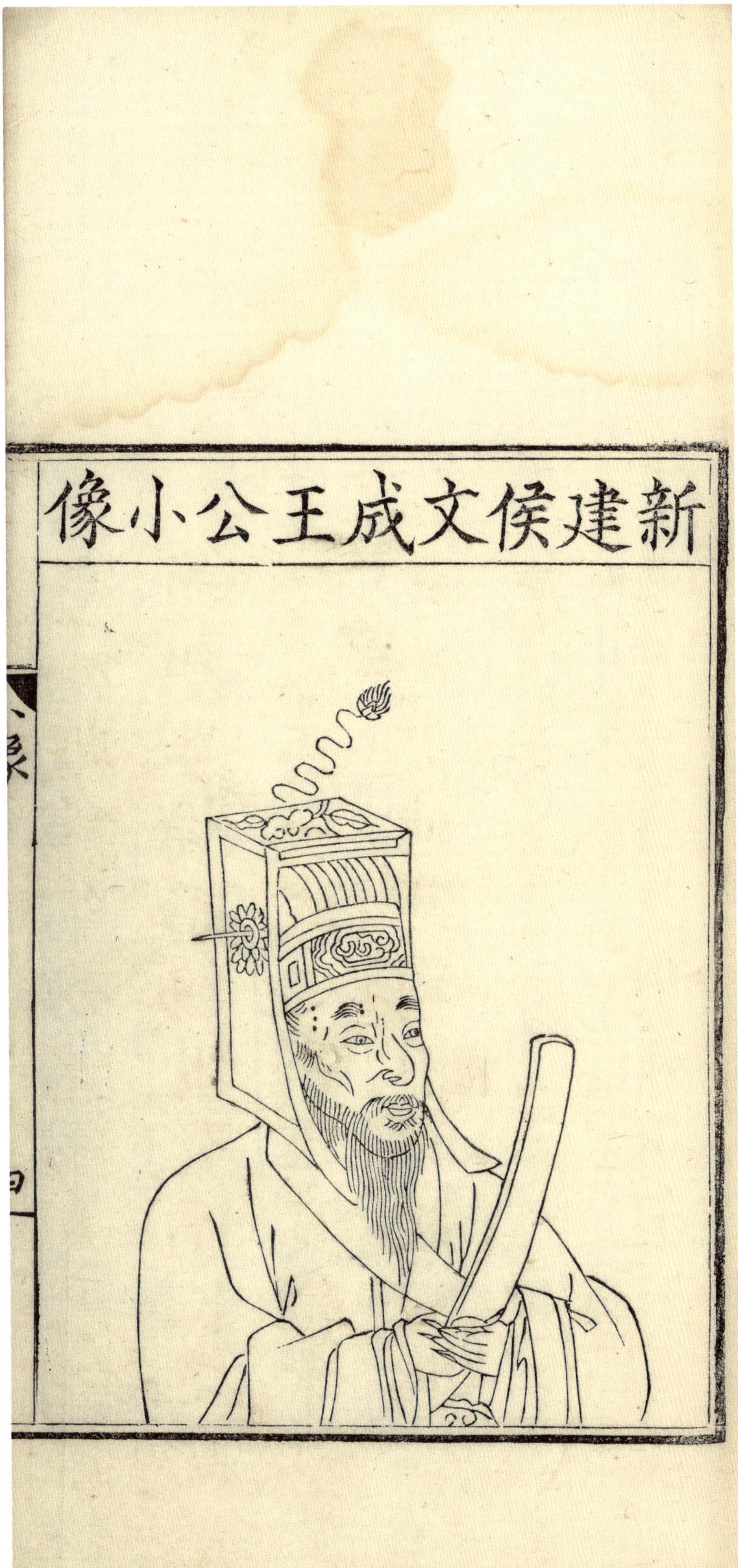
新建侯文成王公小像

王守仁（1472—1529），字伯安，浙江余姚人。明代思想家、文学家。曾筑室余姚阳明洞，世称阳明先生。弘治进士，正德元年（1506）因触怒大宦官刘瑾，被贬谪至贵州贵阳龙场，任驿丞小官。在人生境遇处于低谷之际，王阳明经过长时间深入思考，突然在一天夜里大彻大悟，终于明白了什么是真正的圣人之道，继而开创了“阳明心学”。十四年（1519）宁王朱宸濠叛乱，被王阳明用巧计快速平定。十六年（1521）加南京兵部尚书衔，嘉靖六年（1527）总督两广，平定西南叛乱。七年卒于南安。因军功封新建伯，明穆宗时追赠新建侯爵，谥文成。万历十二年（1584）从祀孔庙。后人辑有《王文成公全书》。事具《明史》本传。

王阳明的弟子将其著作进行整理，刚开始是根据文体或内容单独成册，至隆庆年间，御史谢廷杰巡按浙江，“始合梓以传”，定名“王文成公全书”。《传习录》三卷作为王氏最重要的著作列于《王文成公全书》之首，这也是《传习录》最权威的传本。

《传习录》是记录王阳明思想的一部语录体著作，分为三卷。上下两卷记录他的讲学情况，中卷是往来信札，是研究“阳明心学”最重要的资料。《百部经典》版《传习录》解读人吴震认为该书“反映了王阳明整个生命历程的思想探索，含有丰富的哲学智慧，其中很多重要思想如‘致良知’‘知行合一’等已经构成了儒学传统中富有代表性的内容之一”。吴震先生的《传习录·导读》从四个方面对王阳明的思想内涵进行了解读。其一是“心即理”，意思就是“心”和“理”是本体论意义上的直接统一，两者是一体的，即一切存在的价值意义和规范秩序都直接源自人心的道德主体性。其二是“知行合一”，这个提法主要是针对朱子学提倡的“知先行后”。当我们理解了“心即理”是一个同一体后，更容易加深对“知行合一”的认识，这里的“知”特指“良知”，“行”特指“致良知”。因为“心即理”，“良知”本身及“致良知”也是一体的，所以王阳明说“知行本体，即是良知良能”。其三是“致良知”。因为“良知”是一个人“不虑而知，不学而能”的先天具足的东西，“致良知”就是实现成就圣贤的道德人格。其四是“万物一体”，是王阳明对前人思想的进一步理论阐发。总之，阳明学丰富了孔孟以来儒家心性哲学的理论内涵，将儒家心性论的发展推向了理论最高峰。王阳明文学成就也很突出，《四库全书总目》评曰：“守仁勋业气节，卓然见诸施行。而为文博大昌达，诗亦秀逸有致。不独事功可称，其文章自足传世也。”

国家图书馆藏明隆庆六年（1572）谢廷杰刻《王文成公全书》本，是现存汇刻王阳明著述的早期版本，书前有“新建侯文成王公小像”。此后虽刊刻系统繁杂，但基本以此为蓝本。国家图书馆另藏一明刻本，书前有徐爱《刻传习录序》，亦称精善。

（华鑫文）

荀子

荀子二十卷　（唐）杨倞注　宋刻本

每半叶 8 行，行 15 至 18 字不等，小字双行 23 至 27 字不等，白口，左右双边。清顾广圻道光九年（1829）跋。国家图书馆藏（索书号：18132）。入选《第一批国家珍贵古籍名录》（名录号：00590）。

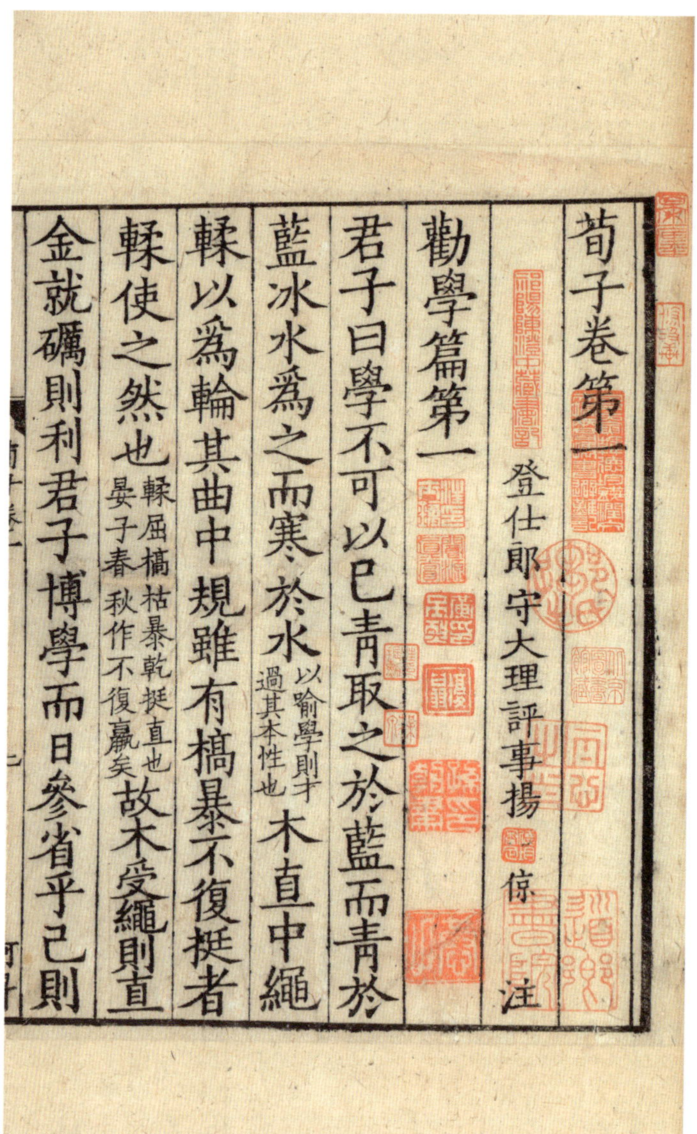

荀子卷第一

登仕郎守大理評事揚倞注

勸學篇第一

君子曰學不可以已青取之於藍而青於藍冰水爲之而寒於水以喻學則才過其本性也木直中繩輮以爲輪其曲中規雖有槁暴不復挺者輮使之然也輮屈橈枯暴乾挺直也晏子春秋作不復贏矣故木受繩則直金就礪則利君子博學而日參省乎己則

嘉慶初年借得影鈔大字宋本校世德堂本
及還校盧抱經本今年又從
藝芸書舍借此印本對勘訂正影鈔之誤細驗
避諱不特在熙寧元豐後且在淳熙之後多年
或板有修改致然耶所補寫各卷失葉則皆非
善與錢耕道刊本既互有短長又互有失葉殊
未可相補也在宋世別有建本爲王厚齋所見
又有二浙西蜀本爲耕道所見今皆無可訪得因
附識於此時
道光己丑立秋日　元和顧千里

纂图互注荀子二十卷　（唐）杨倞注　宋刻元明递修本

每半叶11行，行21字，小字双行25字不等，黑口，左右双边。袁克文跋。国家图书馆藏（索书号：08683）。

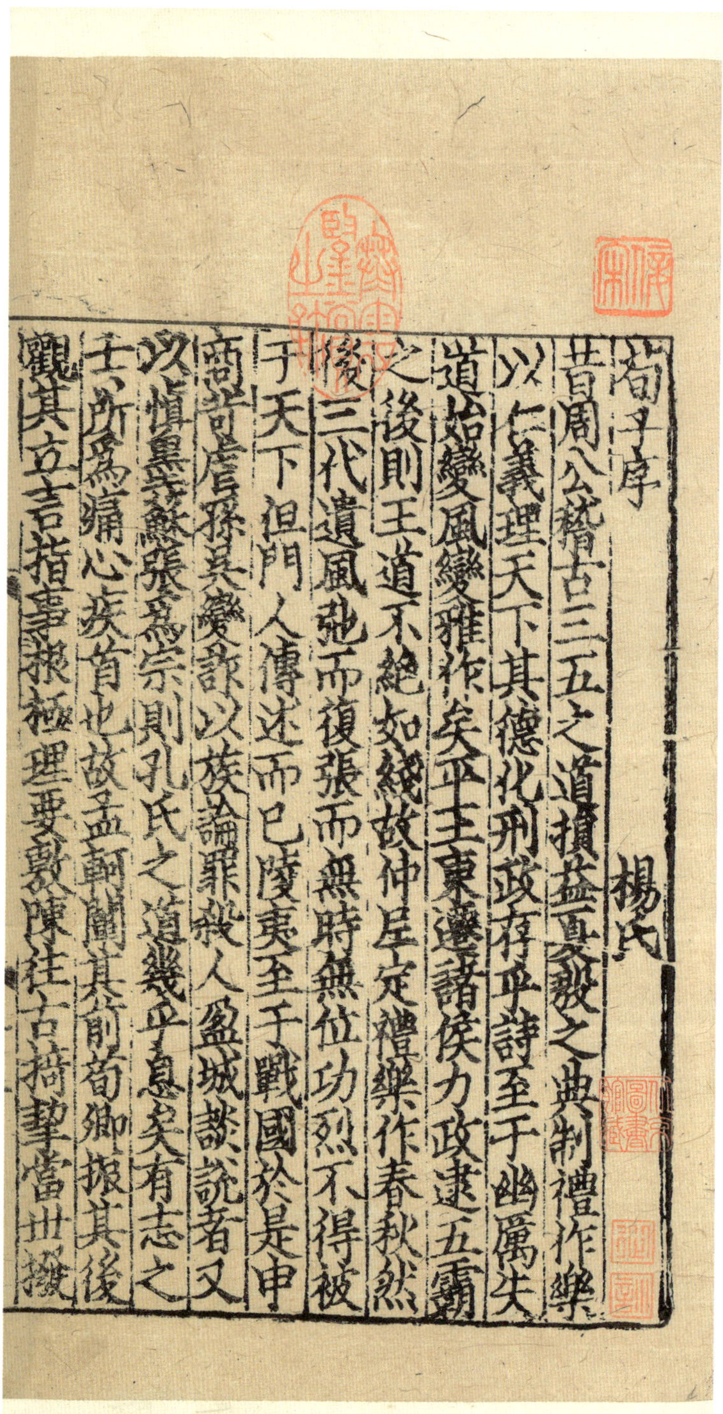
荀子序　楊氏

昔周公稽古三五之道損益夏殷之典制禮作樂以仁義理天下其德化刑政存乎詩至于幽厲失道始變風變雅作矣平王東遷諸侯力政逮五霸之後則王道不絶如綫故仲尼定禮樂作春秋然後三代遺風弛而復張而無時無位功烈不得被于天下但門人傳述而已陵夷至于戰國於是申商苛虐孫吳變詐以族論罪殺人盈城談說者又以慎墨蘇張爲宗則孔氏之道幾乎息矣有志之士所爲痛心疾首也故孟軻闡其前荀卿振其後觀其立言指事根極理要敷陳往古掎挈當世撥

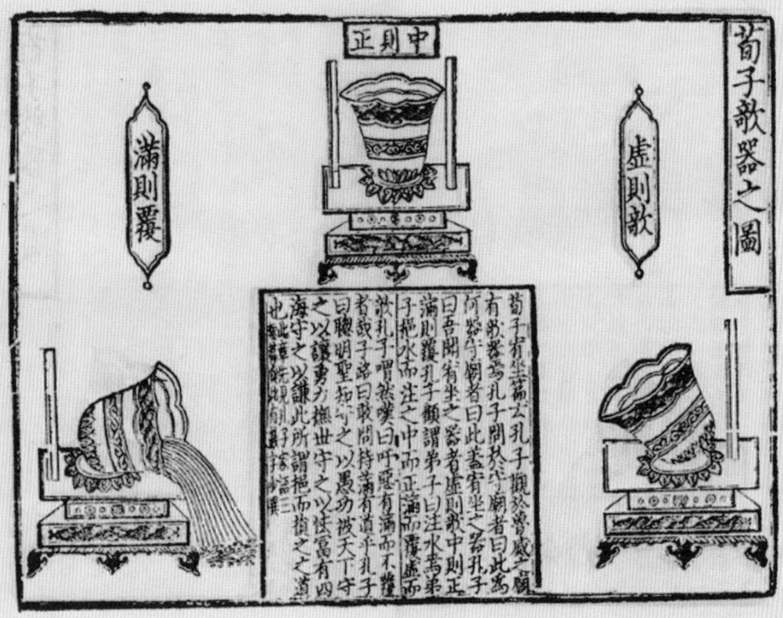

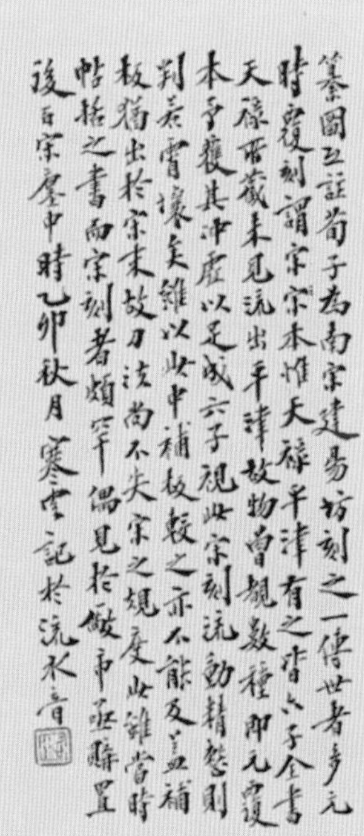
纂圖互註荀子為南宋建安坊刻之一傳世者多元
時覆刻謂宋宋本惟天祿平津有之皆六子全書
天祿所藏未見流出平津故物曾覩數種即元覆
本予獲其沖虛以足成六子視此宋刻流動精整則
判若霄壤矣雖以此中補板較之亦不能及蓋此補
板猶出於宋末故刀法尚不失宋之規度此雖當時
帖括之書而宋刻者頗罕偶見於廠市亟購置
後百宋廛中 時乙卯秋月 寒雲記於流水音

荀子二十卷卷首一卷　（唐）杨倞注　（清）王先谦集解　清光绪十七年（1891）长沙王先谦思贤讲舍刻本

每半叶11行，行24字，小字双行同，黑口，左右双边。卷首有《荀子年表》。国家图书馆藏（索书号：13831）。

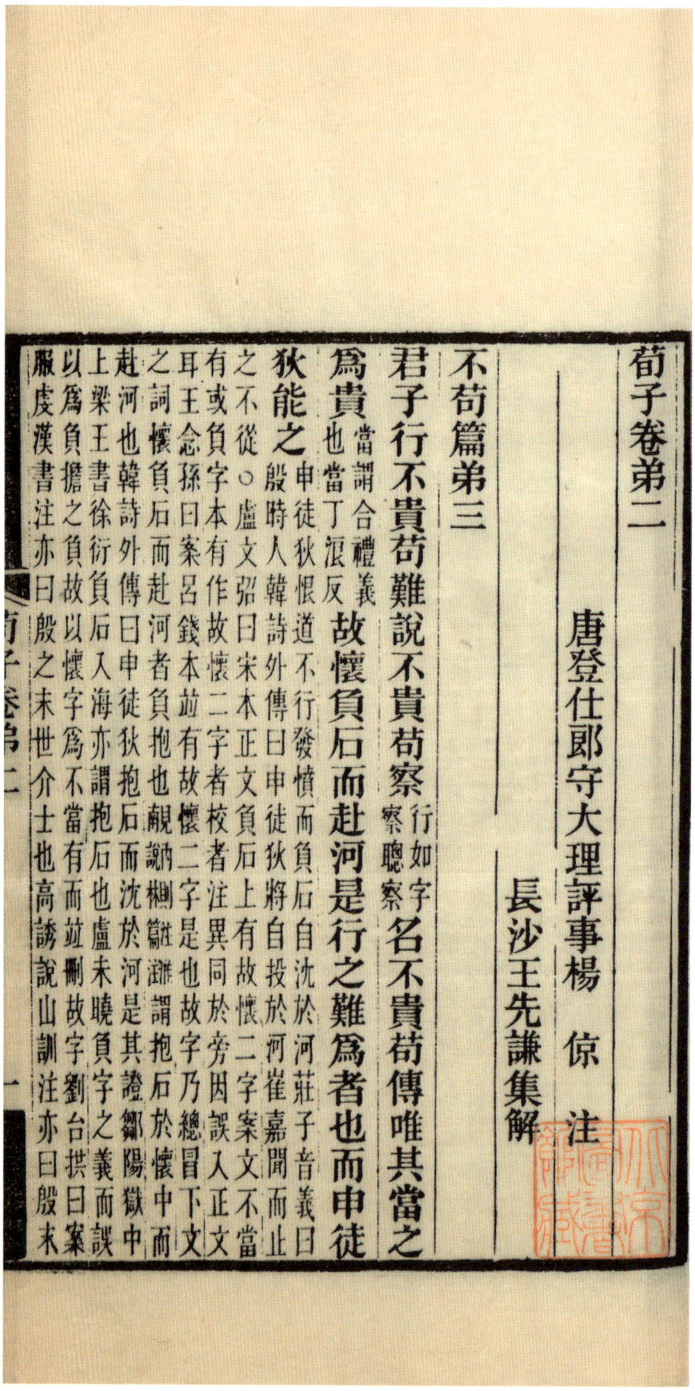

荀子卷弟二

唐登仕郎守大理評事楊　倞　注

長沙王先謙集解

不苟篇弟三

君子行不貴苟難說不貴苟察行如字察聽察名不貴苟傳唯其當之爲貴也當謂合禮義當丁浪反故懷負石而赴河是行之難爲者也而申徒狄能之申徒狄恨道不行發憤而負石自沈於河莊子音義曰殷時人韓詩外傳曰申徒狄將自投於河崔嘉聞而止之不從○盧文弨曰宋本正文負石上有故懷二字案文不當有或負字本有作故懷二字者校者注異同於旁因誤入正文耳王念孫曰案呂錢本並有故懷二字是也故字乃總冒下文之詞懷負石而赴河者負抱也靚謝㰂鞿謂抱石於懷中而赴河也韓詩外傳曰申徒狄抱石而沈於河是其證鄒陽獄中上梁王書徐衍負石入海亦謂抱石也盧未曉負字之義而誤以爲負擔之負故以懷字爲不當有而並刪故字劉台拱曰案服虔漢書注亦曰殷之末世介士也高誘說山訓注亦曰殷末

荀子卷弟二　一

荀子，战国中后期人，其生卒年月已不可确考，名况，又称荀卿。汉人称“孙卿”。年轻时曾到燕国游说过燕王哙。五十岁以后，游学于齐，三为祭酒，是稷下儒家学派的代表人物。期间也短暂到过楚、秦、赵等国。八十岁以后，主要居住在兰陵（今山东苍山县兰陵镇），著书从政，春申君用为兰陵令。春申君被杀以后，荀子废居兰陵，不久去世。弟子众多，韩非、李斯皆出其门下。著有《荀子》，《史记》有传。

《汉志·艺文志》载“《孙卿子》三十三篇”，荀子著作已知的最早整理者是西汉刘向。然而早在刘向校定《孙卿书》以前，荀子的著作就已编定，且均无散佚。刘向《校书序录》称“孙卿书凡三百二十二篇”，由于版本较多，刘向既做校雠，也做除重，去除重复者二百九十篇，定著三十二篇为十二卷，同时编定了三十二篇之次序，题曰《新书》。最早为《荀子》做注的是唐杨倞，杨倞分易旧第，将三十二篇析为二十卷，更名《荀子》，是为今本。《荀子》三十二篇成稿大约可分为三类：一是荀子亲手所著，如《劝学》《修身》《不苟》等；二是荀子弟子所记录的荀子言行，如《儒效》《议兵》《强国》《仲尼》等；三是荀子所整理、纂辑的一些资料，其中也插入了弟子之作，如《宥坐》《子道》《法行》《哀公》《尧问》五篇。

《荀子》一书以性伪之分、明分使群、隆礼重法、天人之分、虚壹而静、兵以壹民、附民为本、名以指实等说最为出名。《荀子》又是先秦重要的散文集，它完全突破了《论语》《墨子》《孟子》等诸子散文的语录体形式，发展成为完整成熟的专题议论文。全书基本都是独立的，每篇都有概括本篇内容的题目。其文篇幅宏大，风格纵恣，长于论辩。《劝学》比喻层出不穷，前半篇几乎全用譬喻重叠构成，辞采缤纷，且通篇使用排偶句法，气势酣畅。其中，尤以“学不可以已”“锲而不舍，金石可镂”等名句最为人称道。《四库全书总目》评价《荀子》一书：“平心而论，卿之学源出孔门，在诸子之中最为近正，是其所长；主持太甚，词义或至于过当，是其所短。韩愈‘大醇’‘小疵’之说，要为定论，余皆好恶之词也。”

《荀子》现存最早的刻本为南宋嘉定刻本。北宋仁宗皇祐二年（1050），司马光上疏奏请由崇文院校定《荀子》并送国子监杭州镂板印行，熙宁元年（1068）监本《荀子》终成。宋南渡后，淳熙八年（1181），唐仲友在台州，钱佃在江西漕司均据熙宁监本翻刻《荀子》。此版又在宁宗嘉定年间重修，版式格局与熙宁监本一致，同属监本系统。此版至为罕见，仅存一部，为祁阳陈清华旧藏，陈氏曾因重金购得此部《荀子》而将藏书室更名“荀斋”。书中钤有“道乡书院”“邹同心印”“孙朝肃印”“顾霖印”“黄丕烈印”“汪士钟印”“韩应陛鉴藏宋元名钞名校各善本于读有用书斋印记”“祁阳陈澄中藏书记”等印记。由此可知，此本曾经黄丕烈、汪士钟、韩应陛等人收藏。二十世纪六十年代，在周总理的直接关心下，此书入藏北京图书馆。国家图书馆另藏有一部宋刻元明递修本《纂图互注荀子》二十卷，此本中有《荀子欹器之图》一叶，包括“虚则欹”“中则正”“满则覆”三图；《天子大路图》半叶，《龙旗九斿图》半叶。书中钤有“佞宋”“后百宋一廛”“寒云鉴赏之珍”等印。曾经袁克文、潘氏宝礼堂收藏，后由潘氏后人捐归北京图书馆。

有清一代《荀子》整理、校释的集大成之作为王先谦《荀子集解》，国家图书馆有清光绪十七年（1891）长沙王先谦思贤讲舍刻本，《百部经典》版《荀子》原文就一循王先谦《荀子集解》之旧，除将繁体字改为简体字外，其他一概不动。

（徐慧）

楚辞

楚辞八卷　（宋）朱熹集注　**辩证二卷后语六卷**　（宋）朱熹撰　宋端平刻本

每半叶9行，行18字，小字双行同，白口，左右双边。书后镌附朱鉴跋文。国家图书馆藏（索书号：07896）。入选《第一批国家珍贵古籍名录》（名录号：01007）。

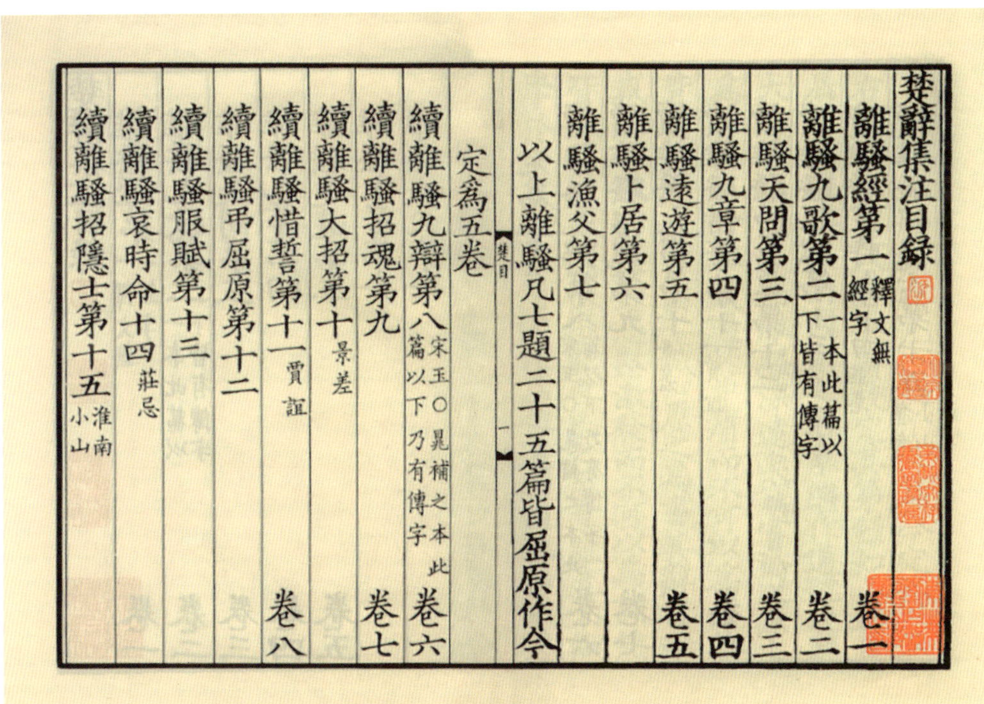

楚辭集注目録

離騷經第一 釋文無經字 卷一

離騷九歌第二 一本此篇以下皆有傳字 卷二

離騷天問第三 卷三

離騷九章第四 卷四

離騷遠遊第五 卷五

離騷卜居第六

離騷漁父第七

以上離騷凡七題二十五篇皆屈原作今

楚目 一

定爲五卷

續離騷九辯第八 宋玉○晁補之本此篇以下乃有傳字 卷六

續離騷招魂第九 卷七

續離騷大招第十 景差

續離騷惜誓第十一 賈誼 卷八

續離騷弔屈原第十二

續離騷服賦第十三

續離騷哀時命十四 莊忌

續離騷招隱士第十五 淮南小山

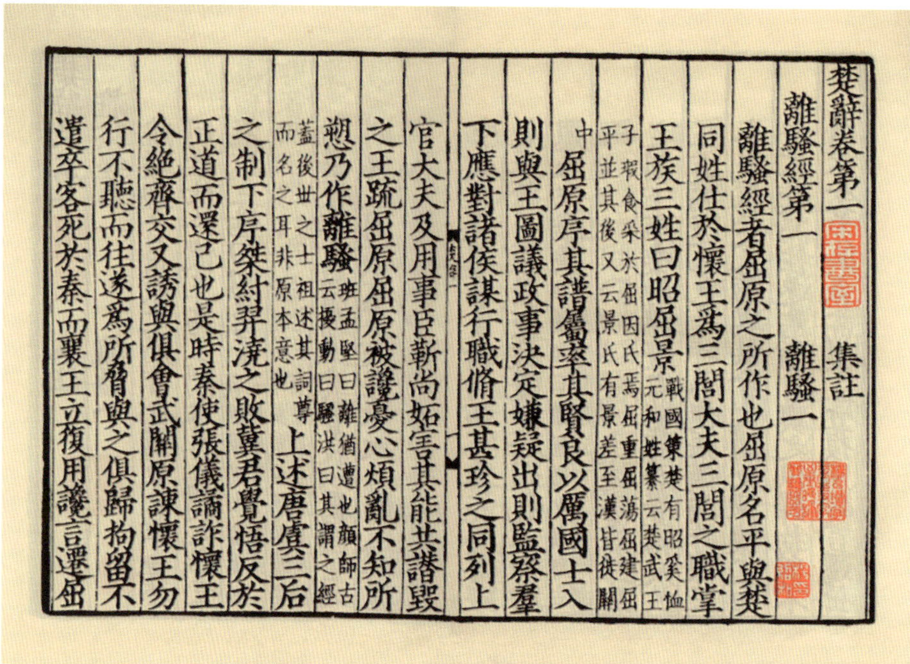
楚辭卷第一 集註
離騷經第一 離騷一
離騷經者屈原之所作也屈原名平與楚
同姓仕於懷王爲三閭大夫三閭之職掌
王族三姓曰昭屈景 戰國策楚有昭奚恤 元和姓纂云楚武王
子瑕食采於屈因氏焉屈重屈蕩屈建屈 平並其後又云景氏有景差至漢皆徙關
中 屈原序其譜屬率其賢良以厲國士入
則與王圖議政事決定嫌疑出則監察羣
下應對諸侯謀行職脩王甚珍之同列上
官大夫及用事臣靳尚妬害其能共譖毀
之王疏屈原屈原被讒憂心煩亂不知所
愬乃作離騷 班孟堅曰離猶遭也顔師古 云擾動曰騷洪曰其謂之經
蓋後世之士祖述其詞尊 而名之耳非原本意也 上述唐虞三后
之制下序桀紂羿澆之敗冀君覺悟反於
正道而還己也是時秦使張儀譎詐懷王
令絕齊交又誘與俱會武關原諫懷王勿
行不聽而往遂爲所脅與之俱歸拘留不
遣卒客死於秦而襄王立復用讒言遷屈

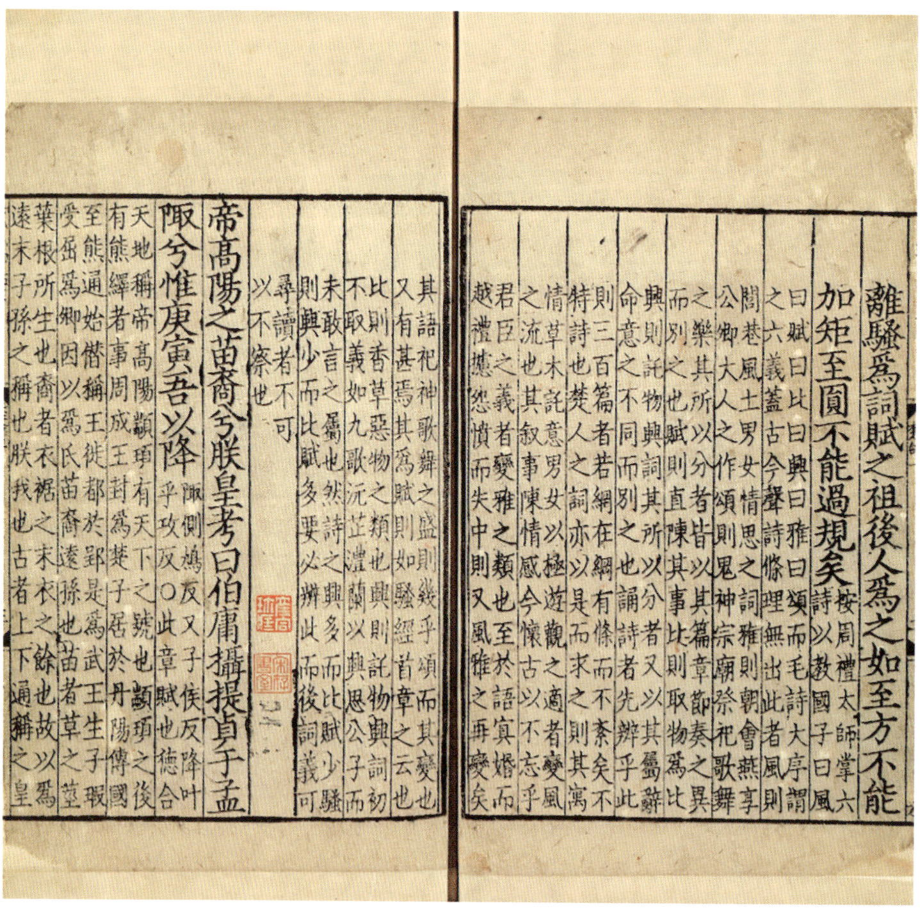
離騷爲詞賦之祖後人爲之如至方不能
加矩至圓不能過規矣 按周禮太師掌六 詩以教國子曰風
曰賦曰比曰興曰雅曰頌而毛詩大序謂
之六義蓋古今聲詩條理無出此者風則
閭巷風土男女情思之詞雅則朝會燕享
公卿大人之作頌則鬼神宗廟祭祀歌舞
之樂其所以分者皆以其篇章節奏之異
而別之也賦則直陳其事比則取物爲比
興則託物興詞其所以分者又以其屬辭
命意之不同而別之也誦詩者先辨乎此
則三百篇者若網在綱有條而不紊矣不
特詩也楚人之詞亦以是而求之則其寓
情草木託意男女以極遊觀之適者變風
之流也其敘事陳情感今懷古以不忘乎
君臣之義者變雅之類也至於語冥婚而
越禮攄怨憤而失中則又風雅之再變矣
其語祀神歌舞之盛則幾乎頌而其變也
又有甚焉其爲賦則如騷經首章之云也
比則香草惡物之類也興則託物興詞初
不取義如九歌沅芷澧蘭以興思公子而
未敢言之屬也然詩之興多而比賦少騷
則興少而比賦多要必辨此而後詞義可
尋讀者不可
以不察也
帝高陽之苗裔兮朕皇考曰伯庸攝提貞于孟
陬兮惟庚寅吾以降 陬側鳩反又子侯反降叶 乎攻反○此章賦也德合
天地稱帝高陽顓頊有天下之號也顓頊之後
有熊繹者事周成王封爲楚子居於丹陽傳國
至熊通始僭稱王徙都於郢是爲武王生子瑕
受屈爲卿因以爲氏苗裔遠孫也苗者草之莖
葉根所生也裔者衣裾之末衣之餘也故以爲
遠末子孫之稱也朕我也古者上下通稱之皇

楚辞八卷　（宋）朱熹集注　**辩证二卷**　（宋）朱熹撰　**反离骚一卷**　（汉）扬雄撰　宋嘉定六年（1213）王潍章贡郡斋刻本

每半叶7行，行15字，小字双行同，上黑口或白口，左右双边。卷1—2配清影宋抄本。杨讷庵圈点批校。国家图书馆藏（索书号：06978）。入选《第一批国家珍贵古籍名录》（名录号：01008）。

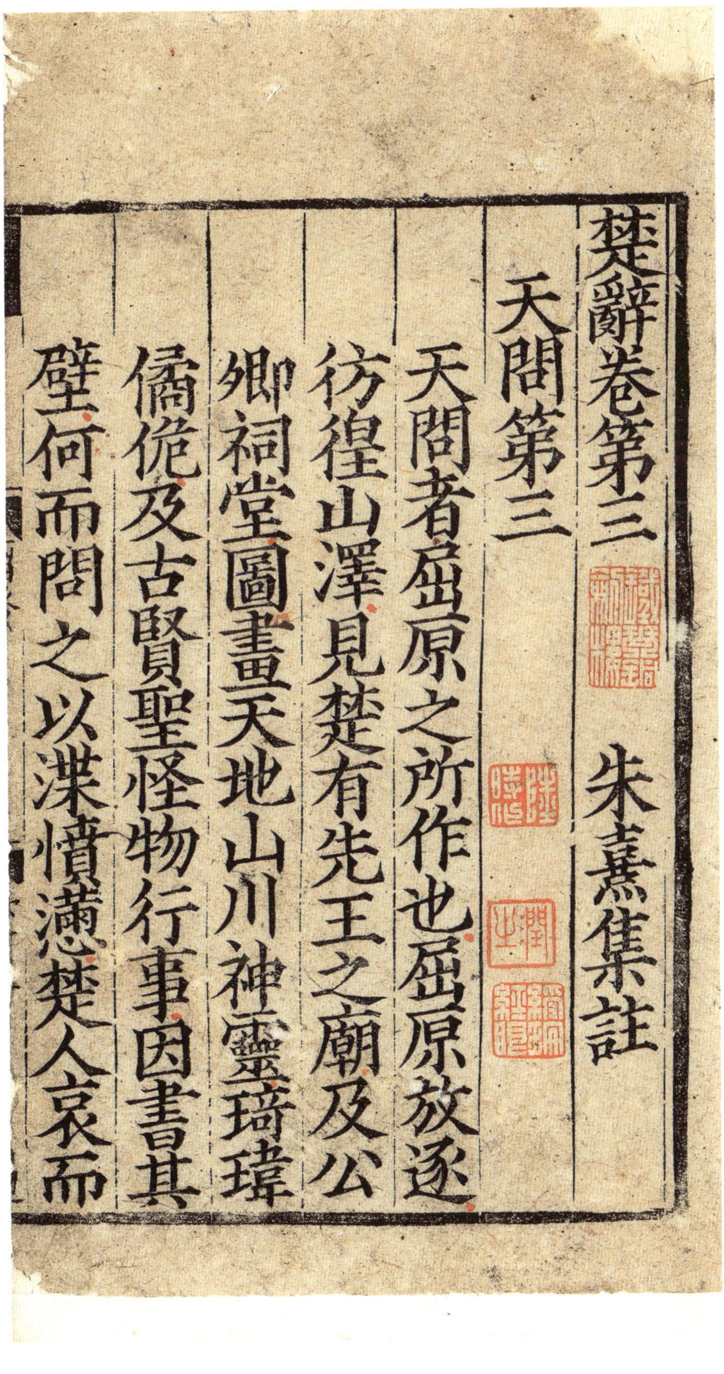
楚辭卷第三　朱熹集註
天問第三
天問者屈原之所作也屈原放逐
彷徨山澤見楚有先王之廟及公
卿祠堂圖畫天地山川神靈琦瑋
僪佹及古賢聖怪物行事因書其
壁何而問之以渫憤懣楚人哀而

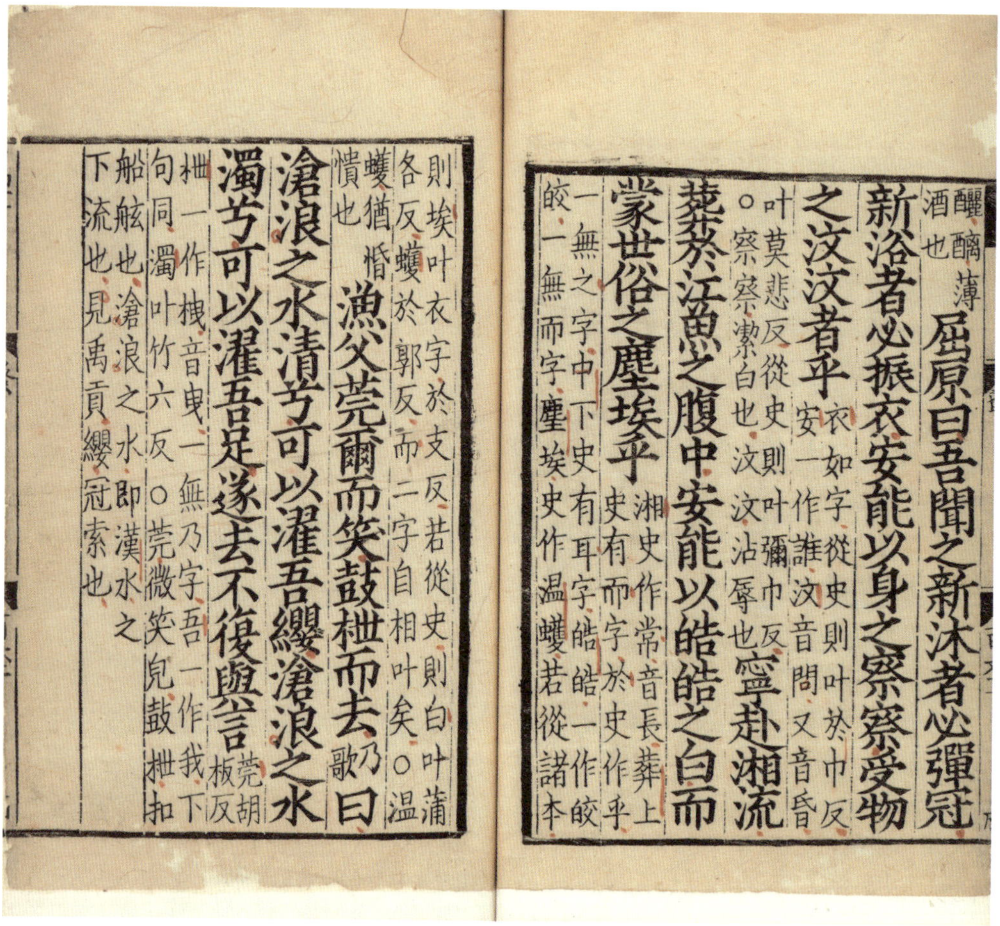
釃醨薄酒也屈原曰吾聞之新沐者必彈冠新浴者必振衣安能以身之察察受物之汶汶者乎衣如字從史則叶於巾反安一作誰汶音問又音昏叶莫悲反從史則叶彌巾反○察察潔白也汶汶沾辱也寧赴湘流葬於江魚之腹中安能以皓皓之白而蒙世俗之塵埃乎湘史作常音長葬上史有而字於史作乎一無之字中下史有耳字皓皓一作皎皎一無而字塵埃史作溫蠖若從諸本則埃叶衣字於支反若從史則白叶蒲各反蠖於郭反而二字自相叶矣○溫蠖猶惛憒也漁父莞爾而笑鼓枻而去乃歌曰滄浪之水清兮可以濯吾纓滄浪之水濁兮可以濯吾足遂去不復與言莞胡板反枻一作栧音曳一無乃字吾一作我下句同濁叶竹六反○莞微笑皃鼓枻扣船舷也滄浪之水即漢水之下流也見禹貢纓冠索也

楚辞八卷　（宋）朱熹集注　**辩证二卷后语六卷**　（宋）朱熹撰　元至元二年（1336）建安傅子安刻本

每半叶 11 行，行 20 字，小字双行 24 字，黑口，左右双边。有抄补。国家图书馆藏（索书号：11366）。入选《第五批国家珍贵古籍名录》（名录号：11464）。

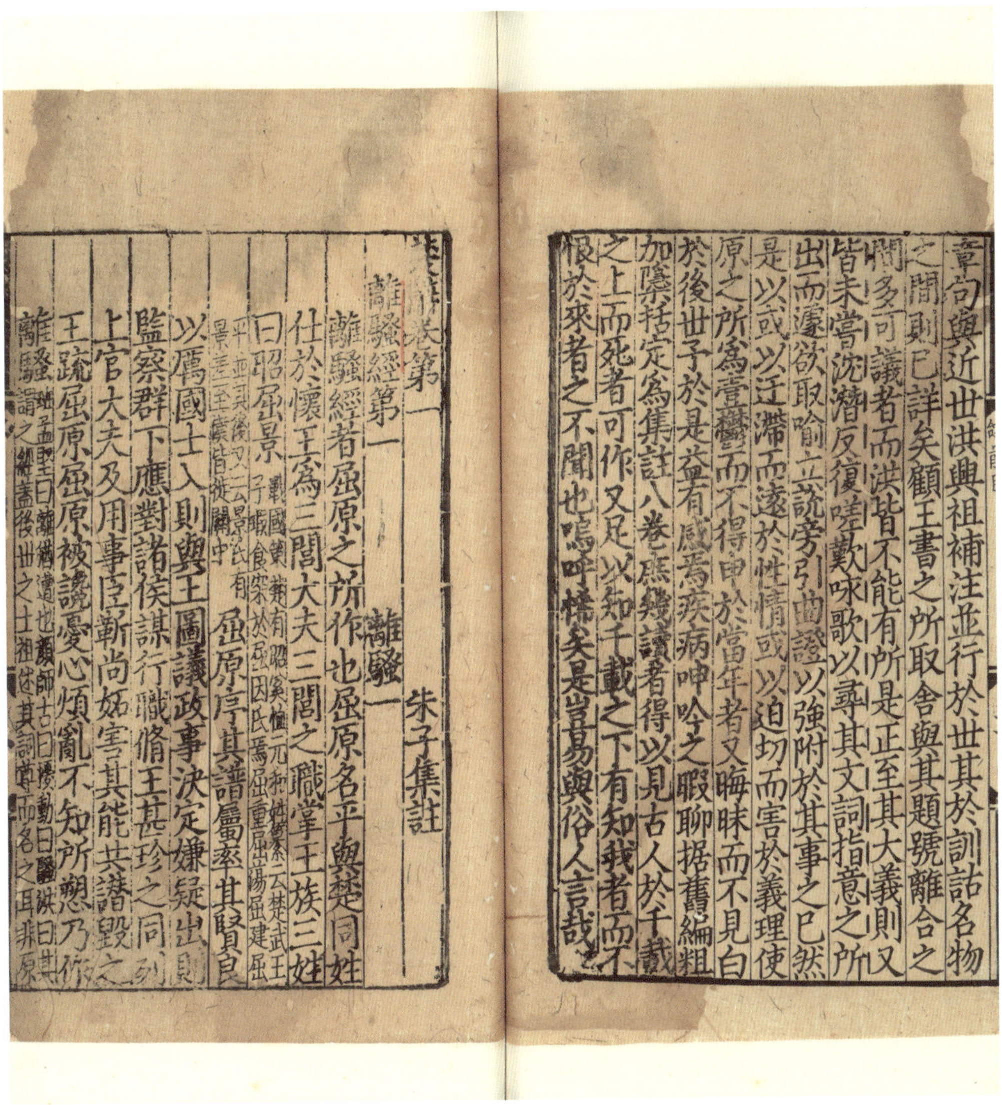

章句與近世洪興祖補注並行於世其於訓詁名物
之閒則已詳矣顧王書之所取舍與其題號離合之
閒多可議者而洪皆不能有所是正至其大義則又
皆未嘗沈潛反復嗟歎咏歌以尋其文詞指意之所
出而遽欲取喻立說旁引曲證以強附於其事之已然
是以或以迂滞而遠於性情或以迫切而害於義理使
原之所爲壹鬱而不得申於當年者又晦昧而不見白
於後世予於是益有感焉疾病呻吟之暇聊据舊編粗
加檃括定爲集註八卷庶幾讀者得以見古人於千載
之上而死者可作又足以知千載之下有知我者而不
恨於來者之不聞也嗚呼悕矣是豈易與俗人言哉

楚辭卷第一
離騷經第一　離騷一　朱子集註
離騷經者屈原之所作也屈原名平與楚同姓
仕於懷王爲三閭大夫三閭之職掌王族三姓
曰昭屈景[illegible]屈原序其譜屬率其賢良
以厲國士入則與王圖議政事決定嫌疑出則
監察群下應對諸侯謀行職脩王甚珍之同列
上官大夫及用事臣靳尚妬害其能共譖毀之
王疏屈原屈原被讒憂心煩亂不知所愬乃作
離騷[illegible]

屈原，字平，楚之同姓。《百部经典》版《楚辞》解读人赵逵夫据《世本》中“熊渠立其长子庸为句袒王”等材料，证明了屈原的始祖是熊庸，屈氏在楚国政坛一直有重要地位，以防卫北方为主的莫敖之职基本为屈氏世袭。屈原长于贵族家庭，受到良好教育，少有才学，后任楚怀王左徒，“入则与王图议国事”，“出则接遇宾客”，是参与国家管理的重要人物。后来，屈原在主持改革工作中损害了贵族的利益，被谗言所诋毁，逐渐被怀王疏远。后被放逐于汉北。怀王死，顷襄王即位，屈原又被放逐于江南之野。后屈原听闻故都失陷的消息，报国无门加之悲愤绝望，遂投汨罗江而死。

关于《楚辞》的结集与成书。《四库全书总目》云：“刘向裒集屈原《离骚》《九歌》《天问》《九章》《远游》《卜居》《渔父》，宋玉《九辩》《招魂》，景差《大招》，而以贾谊《惜誓》、淮南小山《招隐士》、东方朔《七谏》、严忌《哀时命》、王褒《九怀》及向所作《九叹》，共为《楚辞》十六篇。”意即西汉刘向整理国家藏书时，将屈原、宋玉等人的作品编为一集，分为十六卷，名之曰“楚辞”。《四库全书总目·集部总叙》称“集部之目，楚辞最古。”《楚辞》也被后人赞誉为“总集之祖”。后经东汉王逸增补，编为十七卷，并进行注解。刘向所编十六卷久佚，仅见于新旧《唐书》的图书目录，今所传皆王逸十七卷本。

楚辞，即楚国的文辞，以楚国的历史制度、风俗语言创作的一种文学样式。宋人黄伯思曾这样评价楚辞的特点：“书楚语，作楚声，纪楚地，名楚物，故可谓之楚辞。”“楚辞”这个名称出现于西汉初年，是将楚地之“辞”与其他地区的作品区别开，同时也体现了当时人们对楚辞的重视和喜爱。楚辞以屈原作品成就最大，影响最深。楚辞在艺术手法上，最著名的意象是“香草美人”，即用这些意象以比喻品行高洁的君子或是君子致力追求的美好志愿。赵逵夫先生认为“两千多年来我国一代代杰出的诗人、作家，很多都受到屈原辞赋的影响”，“《离骚》等作品奠定了中国诗歌发展的基础”。

《离骚》作为可与日月争光的伟大作品，被班固称为“辞赋宗”。屈原通过奇幻的想象，描述了人间和天界两个世界，塑造了一个高大正直、有政治理想、反对乱政的人物形象，实际上也是屈原自身的写照。《离骚》的韵律之美、辞藻之华、思想之深、影响之巨，令人叹为观止。名句“惟草木之零落兮，恐美人之迟暮”“亦余心之所善兮，虽九死其犹未悔”“路曼曼其修远兮，吾将上下而求索”“揽茹蕙以掩涕兮，沾余襟之浪浪”等传颂至今。《天问》则是从《离骚》

的陈辞部分引发出来，借助上古及三代故事，希望楚王能从前代兴亡中吸取经验教训。清人评曰“奇气纵横，独步千古”。《渔父》“沧浪之水清兮，可以濯我缨；沧浪之水浊兮，可以濯我足”，以沧浪之歌结尾，被后世仿效，成为散体赋的特点之一。鲁迅称《楚辞》：“逸响伟辞，卓绝一世。后人惊其文采，相率仿效。……较之于《诗》，则其言甚长，其思甚幻，其文甚丽，其旨甚明，凭心而言，不遵矩度。……然其影响于后来之文章，乃甚或在三百篇以上。”（《汉文学史纲要》）故后人将《诗经·国风》与《离骚》并称为“风骚”，成为中国古典文学两大源头。后世的文学体式、思想甚至书写素材多直接取之于屈原事迹及其作品。尤其是其为国赴汤蹈火、万死不辞的英勇气概，千年之下，激励着中华儿女在国家民族危难之际挺身而出，前赴后继，代不乏人。

东汉王逸的《楚辞章句》是早期楚辞研究的集大成之作，王逸作为楚人，对楚地方言及相关史料传说的保存，贡献较大。宋代洪兴祖的《楚辞补注》，总结了王逸之后一千年的《楚辞》研究成果，对前人之说进行补充、阐释和辩证，具有重要参考价值。朱熹的《楚辞集注》则摆脱了传统的注释体例，侧重体会原文之意，对作品思想和情感的把握更为精到。著名版本学家、《百部经典》顾问李致忠先生判定，朱熹《楚辞集注》现存最早的传本是南宋嘉定六年（1213）王涔章贡郡斋刻本。“章贡”即今江西赣州，为宋代刻书出版的重镇。王涔于史籍无名，然以存文传籍之功见知后世，后之学者不以其身微而没其功隐其名，令人钦敬慨然。国图藏此本钤“陆时化”“陆时化字润之”“润之”“润之所藏”“铁琴铜剑楼”“瞿秉沂印”“瞿秉渊印”“良士眼福”诸印，为清陆时化旧藏，后归瞿氏铁琴铜剑楼，流传有序，递经名家收藏。现存朱熹阐释楚辞最完整的本子，是国家图书馆所藏《楚辞》宋端平刻本。宋理宗端平年间，朱熹之孙朱鉴，将《楚辞集注》《楚辞辩证》《楚辞后语》三书合刊重刻。是书镌刻精善，装帧古雅，内容完整无缺，书后镌附朱鉴跋文。郑振铎称“这是今日我们所见《楚辞》的最古和最完整的一个刻本”。此本钤有“宋存书室”“东郡海源阁藏”“杨绍和印”“彦合珍玩”等印。原为山东聊城海源阁插架之物，民国间为刘少山所得，新中国成立初捐献北京图书馆。1972年，日人首相田中角荣访华，毛主席赠送《楚辞》一部，即是此本复制本。

（华鑫文）

论衡

论衡三十卷　（汉）王充撰　宋乾道三年（1167）绍兴府刻宋元明递修本

每半叶10行，行20字，黑口或白口，四周双边。清钱谦益批点，清黄丕烈跋，清叶昌炽题款。国家图书馆藏（索书号：06897）。入选《第一批国家珍贵古籍名录》（名录号：00748）。

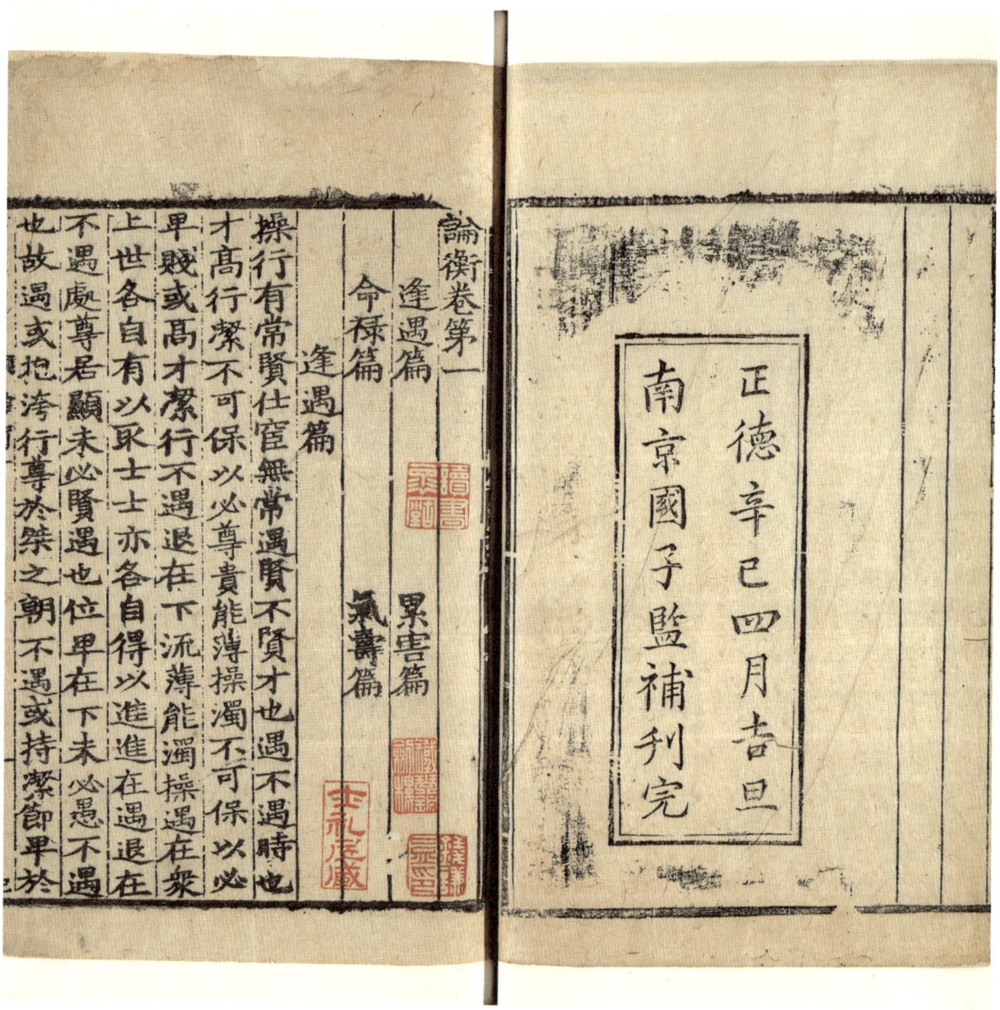
正德辛巳四月吉旦
南京國子監補刊完
論衡卷第一
逢遇篇　累害篇
命祿篇　氣壽篇
逢遇篇
操行有常賢仕宦無常遇賢不賢才也遇不遇時也
才高行潔不可保以必尊貴能薄操濁不可保以必
卑賤或高才潔行不遇退在下流薄能濁操遇在衆
上世各自有以取士士亦各自得以進進在遇退在
不遇處尊居顯未必賢遇也位卑在下未必愚不遇
也故遇或抱洿行尊於桀之朝不遇或持潔節卑於

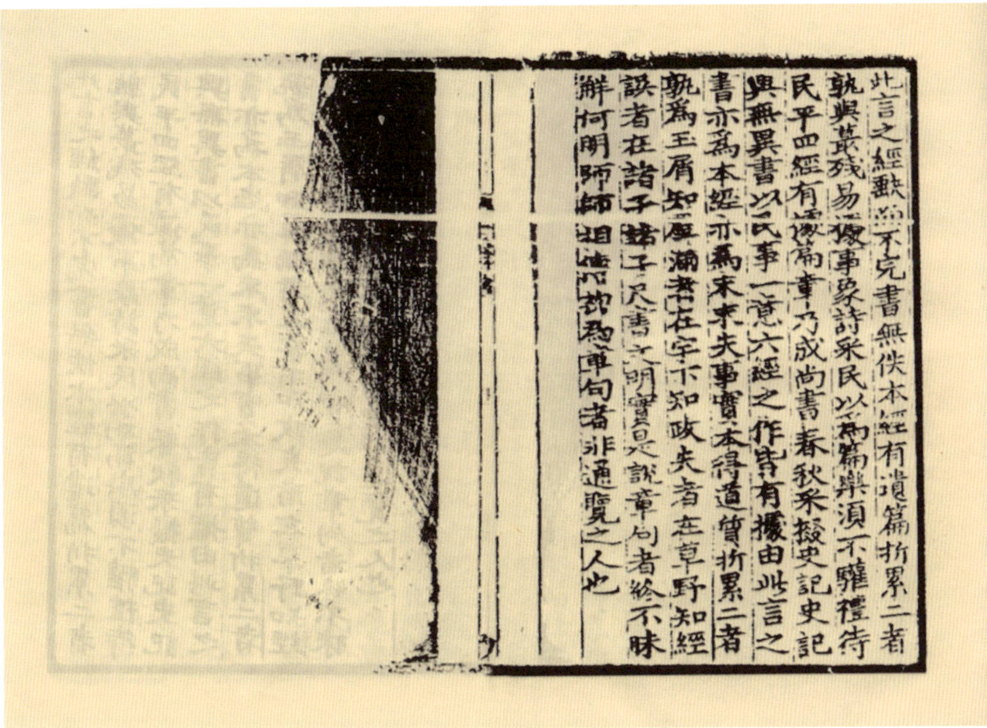
此言之經缺[illegible]不完書無佚本經有遺篇折累二者
孰與其殘易[illegible]事象詩采民以爲篇樂須不驩禮待
民平四經有遺篇章乃成尚書春秋采掇史記史記
興無異書以民事一意六經之作皆有據由此言之
書亦爲本經亦爲末末失事實本得道實折累二者
孰爲玉屑知屋漏者在宇下知政失者在草野知經
誤者在諸子諸子尺書文明實是說章句者終不昧
辭何明師師相傳初爲章句者非通覽之人也

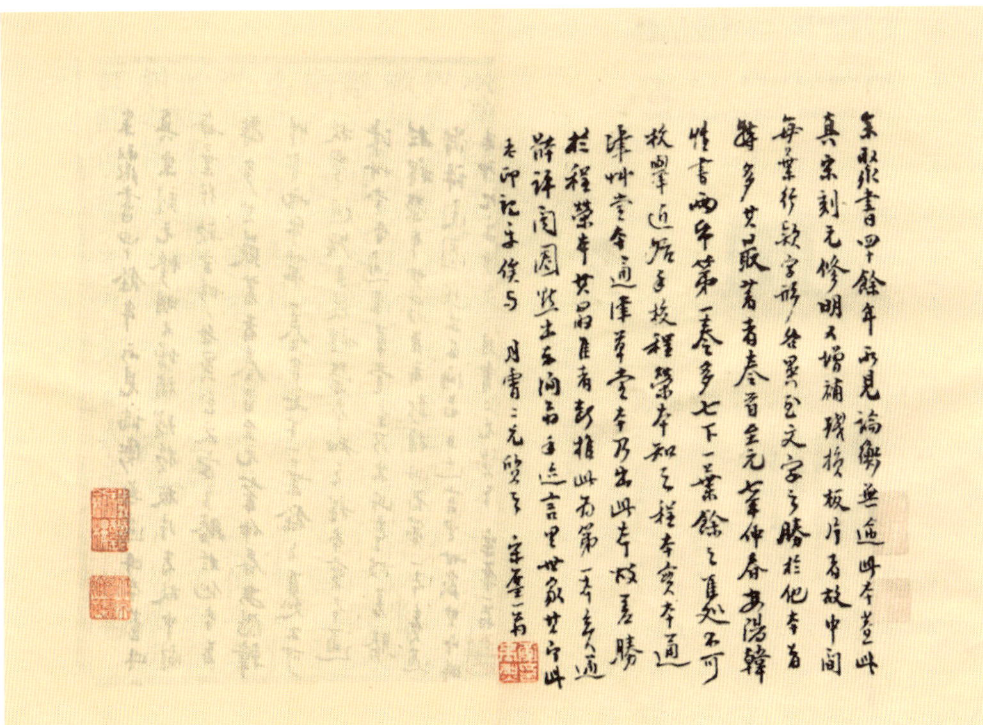
宋槧書四百餘年而見論衡無過此本蓋此
真宋刻元修明又增補殘損板片者故中間
每葉行款字數多異文字亦勝於他本首
有多片最著者泰定至元七年仲春安陽韓
性書兩序第一卷多七下一葉餘之真處不可
枚舉近始手校程榮本知之程本實本通
津州堂本通津草堂本乃出此本故甚勝
於程榮本其嘉惠者彭推此為第一本矣又通
辯評閱圖遊出示向為手迹言世世寶此以
丑卯記于後　月雪之元覽之　宗鑒一翁

论衡三十卷　（汉）王充撰　明嘉靖十四年（1535）苏献可通津草堂刻本

每半叶 10 行，行 20 字，白口，左右双边。国家图书馆藏（索书号：11085）。

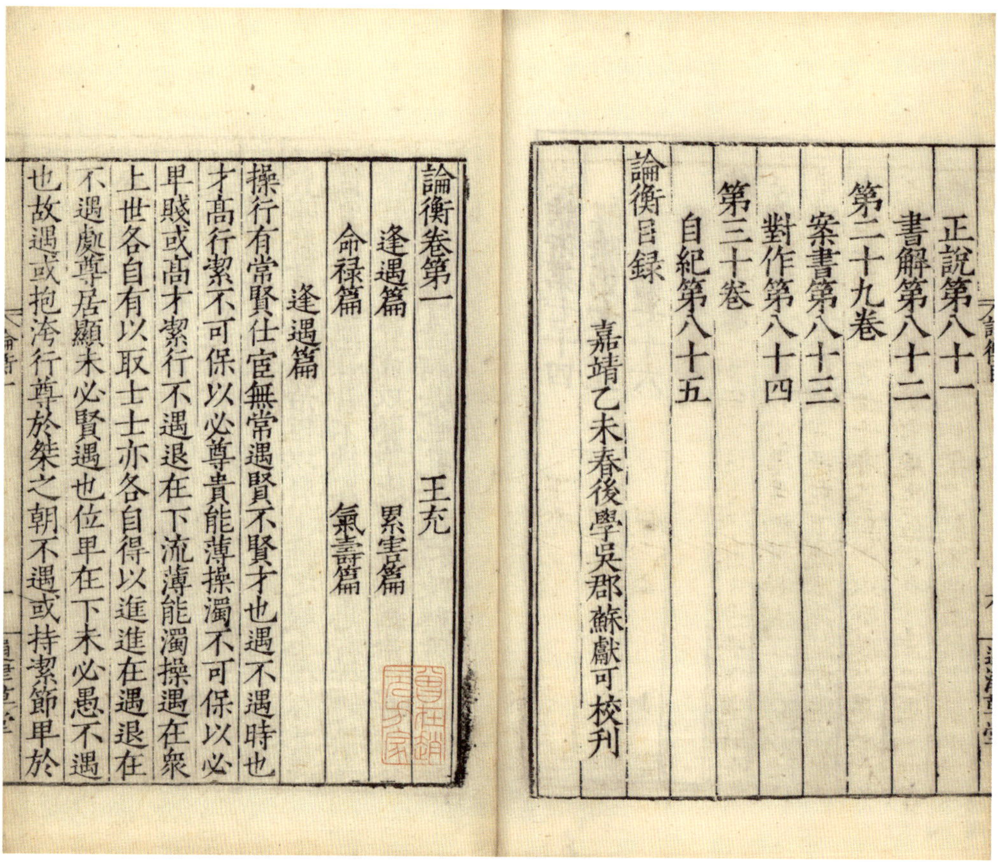
正說第八十一
書解第八十二
第二十九卷
案書第八十三
對作第八十四
第三十卷
自紀第八十五
論衡目録
嘉靖乙未春後學吳郡蘇獻可校刊

論衡卷第一　王充
逢遇篇　累害篇
命禄篇　氣壽篇
逢遇篇
操行有常賢仕宦無常遇賢不賢才也遇不遇時也
才高行潔不可保以必尊貴能薄操濁不可保以必
卑賤或高才潔行不遇退在下流薄能濁操遇在衆
上世各自有以取士士亦各自得以進進在遇退在
不遇處尊居顯未必賢遇也位卑在下未必愚不遇
也故遇或抱洿行尊於桀之朝不遇或持潔節卑於

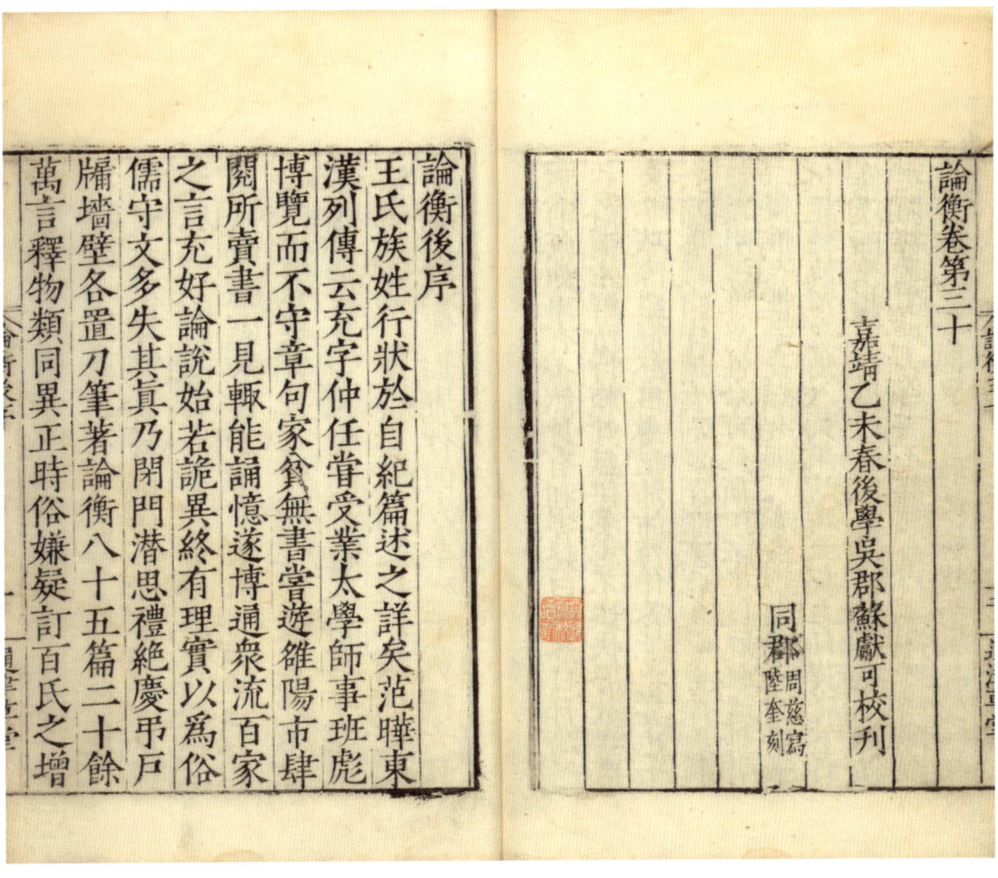

論衡卷第三十

嘉靖乙未春後學吳郡蘇獻可校刊

同郡 周慈寫 陸奎刻

論衡後序

王氏族姓行狀於自紀篇述之詳矣范曄東漢列傳云充字仲任嘗受業太學師事班彪博覽而不守章句家貧無書嘗遊雒陽市肆閱所賣書一見輒能誦憶遂博通衆流百家之言充好論說始若詭異終有理實以爲俗儒守文多失其真乃閉門潛思禮絕慶弔戶牖墻壁各置刀筆著論衡八十五篇二十餘萬言釋物類同異正時俗嫌疑訂百氏之增

論衡後序　一　通津草堂

论衡三十卷　（汉）王充撰　明万历十八年（1590）程荣刻《汉魏丛书》本

每半叶9行，行20字，白口，左右双边。国家图书馆藏（索书号：19585）。

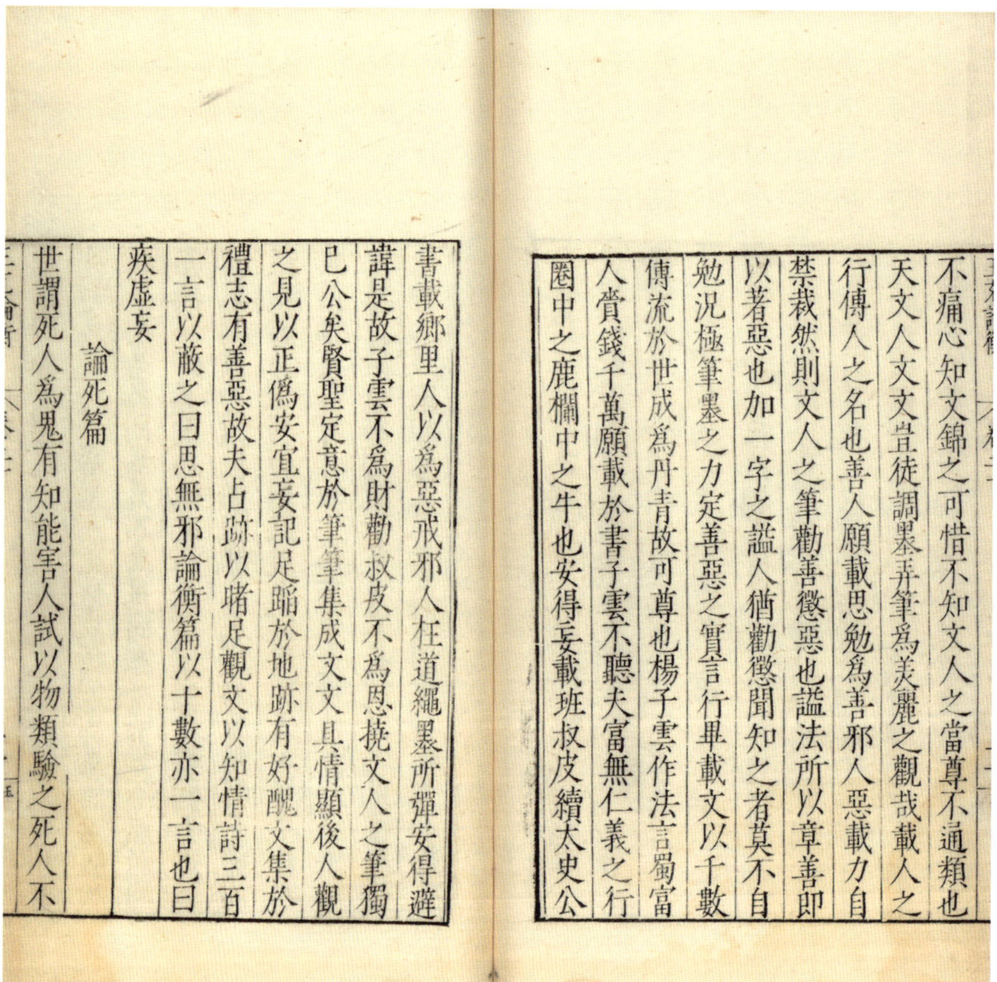

不痛心知文錦之可惜不知文人之當尊不通類也
天文人文文豈徒調墨弄筆爲美麗之觀哉載人之
行傳人之名也善人願載思勉爲善邪人惡載力自
禁裁然則文人之筆勸善懲惡也謚法所以章善即
以著惡也加一字之謚人猶勸懲聞知之者莫不自
勉況極筆墨之力定善惡之實言行畢載文以千數
傳流於世成爲丹青故可尊也楊子雲作法言蜀富
人賫錢千萬願載於書子雲不聽夫富無仁義之行
圈中之鹿欄中之牛也安得妄載班叔皮續太史公

書載鄉里人以爲惡戒邪人枉道繩墨所彈安得避
諱是故子雲不爲財勸叔皮不爲恩撓文人之筆獨
已公矣賢聖定意於筆筆集成文文具情顯後人觀
之見以正僞安宜妄記足蹈於地跡有好醜文集於
禮志有善惡故夫占跡以睹足觀文以知情詩三百
一言以蔽之曰思無邪論衡篇以十數亦一言也曰
疾虛妄

論死篇

世謂死人爲鬼有知能害人試以物類驗之死人不

王充（27—约97），字仲任，会稽上虞（今浙江上虞）人，东汉著名思想家、文学理论家。出身“细族孤门”，少年失怙，青年时到洛阳上太学，有幸拜班彪为师。所受教育与其说是在太学完成，其实更多是在洛阳的书肆中完成。“家贫无书，常游洛阳市肆，阅所卖书，一见辄能诵忆，遂博通众流百家之言。”（《后汉书》）仕途上，任过功曹、从事、治中等小吏，但因其独立不群，不善与人相处，遂罢官归家，屏居教授，闭门著书立说。王充从三十岁左右，到年近七十，著述不辍，文章总篇数超过一百。六十二岁时，友人“上书荐充才学，肃宗特诏公车征”，却因病不行。和帝永元中（89—105）卒于家。

生活的不遂心，仕途的不顺利，促使王充把全部精力投入著书立说中去。他杜绝了人际交往，“户牖墙壁，各置刀笔”，先后著有《讥俗》《节义》之书、《政务》之书、《论衡》之书、《养性》之书等著作。今仅存《论衡》一书，其他均已失传。《论衡》的成书时间，邵毅平在《论衡·导读》中作了详尽解析，认为该书“作于永平末至建初末的十余年间”。

《论衡》共八十五篇（《招致》一篇有目无文），是一部包罗万象、百科全书式的著作。有感于汉代谶纬神学泛滥成灾，王充以“疾虚妄”“求实诚”的精神清算迷信陋俗，批判天人感应论，其实质就是用理性思维来清算原始“神秘性和集体性”思维的残迹，具有朴素唯物思想。除此外，还将矛头指向所谓的“圣贤”经传，尤其是圣人的经典，有《问孔》《刺孟》等篇批判质疑了“圣人生而知之”的唯心主义思想，《论衡》也因此受到封建正统学者的排斥。上述清算、批判和质疑所依据的理论工具是王充开创的“元气论”。他认为“元气”是天地万物之本原，唯物地解释了人与自然、精神与肉体的关系，首次建立比较完整的无神论理论体系。元气论又导出命定论，以此反对善恶报应论。此外，王充的文论在中国文论史上的影响也非常大。他的文章内容必须真实、内容和形式要统一、强调独创精神的文学理论有着很大的进步性，王充充分肯定“文”的功利性价值，否定“文”的审美性，这一否定对以审美价值为目的的纯文学的发展具有一定的阻碍作用。总之，《论衡》一书中王充的批判求是精神遍及方方面面，他在思想史上最大的贡献就是以元气论批判天人感应论，这是其思想的核心，也是《论衡》一书的灵魂。

《论衡》一书在宋代多有传刻，分二十七卷和三十卷两个系统。北宋庆历五年（1045）杨文昌刊本是《论衡》二十七卷本的第一个刊本，今已无传。传世宋本有国图藏南宋乾道三年（1167）洪适主持的重刊本。元代韩性《〈论衡〉序》有云："诸本缮写互有同异，宋庆历中进士杨文昌所定者号称完善，鄱阳洪公重刻于会稽蓬莱阁下"。该重刊本曾为元代"江南诸道行御史台经历克庄公以所藏善本重加校正，绍兴路总管宋公文瓒为之补刊"，后明弘治十七年（1504）、明正德十六年（1521）、明嘉靖元年（1522）亦均有补版重印。现存此本书口上端仍可见补版的年份，堪称递修本之典型，也是此书现存最早刻本。国图藏此本钤有"钱谦益印""汲古阁""毛氏收藏子孙永保""笠泽""士礼居藏""铁琴铜剑楼"等印，可知曾为钱谦益、毛晋、曹炎、黄丕烈所藏，后归氏瞿氏鐵琴铜剑楼。明代以后，《论衡》刊本众多，明嘉靖吴郡苏献可所刻的通津草堂本，就是根据上述宋刊元明递修本进行翻刻，该本流传最广，后来的明清各种刊本大都源出于此本。通津草堂本亦是《百部经典》版《论衡》所选底本之底本。

（张毕晓）

史通

史通二十卷 （唐）刘知幾撰 明嘉靖十四年（1535）陆深刻本

每半叶 10 行，行 20 字。白口，四周单边。国家图书馆藏。（索书号：11312）。

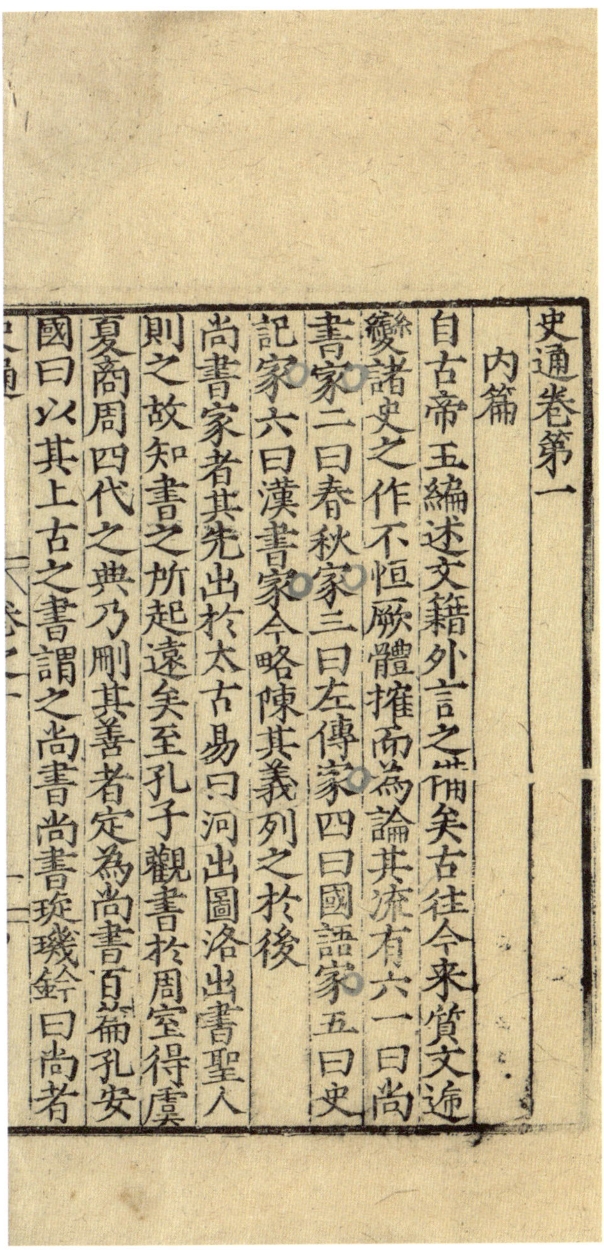
史通卷第一

內篇

自古帝王編述文籍外言之備矣古往今來質文遞
變諸史之作不恒厥體搉而為論其流有六一曰尚
書家二曰春秋家三曰左傳家四曰國語家五曰史
記家六曰漢書家今略陳其義列之於後
尚書家者其先出於太古易曰河出圖洛出書聖人
則之故知書之所起遠矣至孔子觀書於周室得虞
夏商周四代之典乃刪其善者定為尚書百篇孔安
國曰以其上古之書謂之尚書尚書璇璣鈐曰尚者

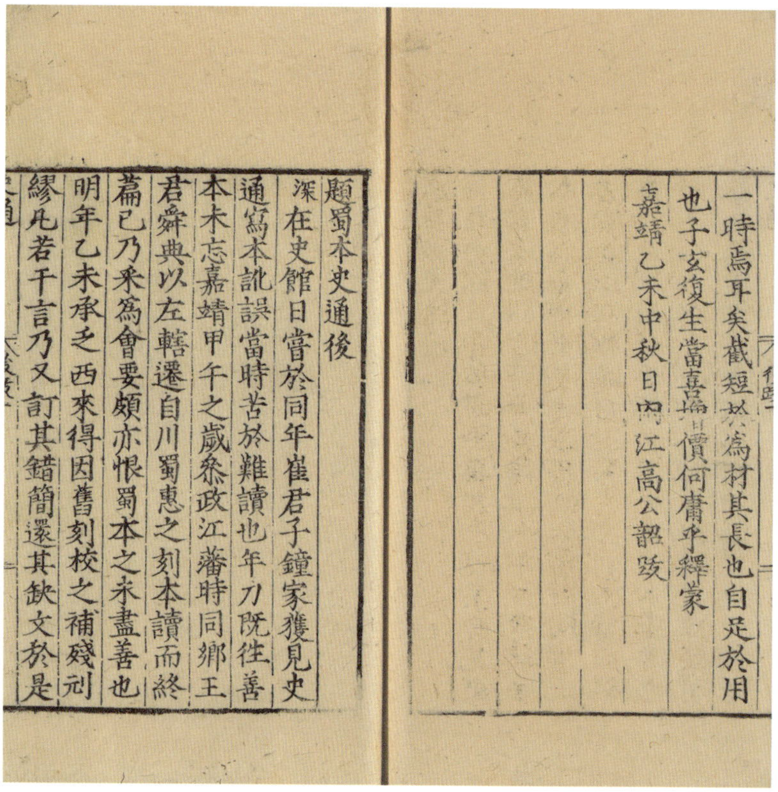
一時焉耳矣截短於爲材其長也自足於用
也子玄復生當喜增價何庸乎釋蒙
嘉靖乙未中秋日內江高公韶跋

題蜀本史通後
深在史館日嘗於同年崔君子鍾家獲見史
通寫本訛誤當時苦於難讀也年力既往善
本未忘嘉靖甲午之歲叅政江藩時同鄉王
君舜典以左轄遷自川蜀惠之刻本讀而終
篇已乃采爲會要頗亦恨蜀本之未盡善也
明年乙未承乏西來得因舊刻校之補殘剜
繆凡若干言乃又訂其錯簡還其缺文於是

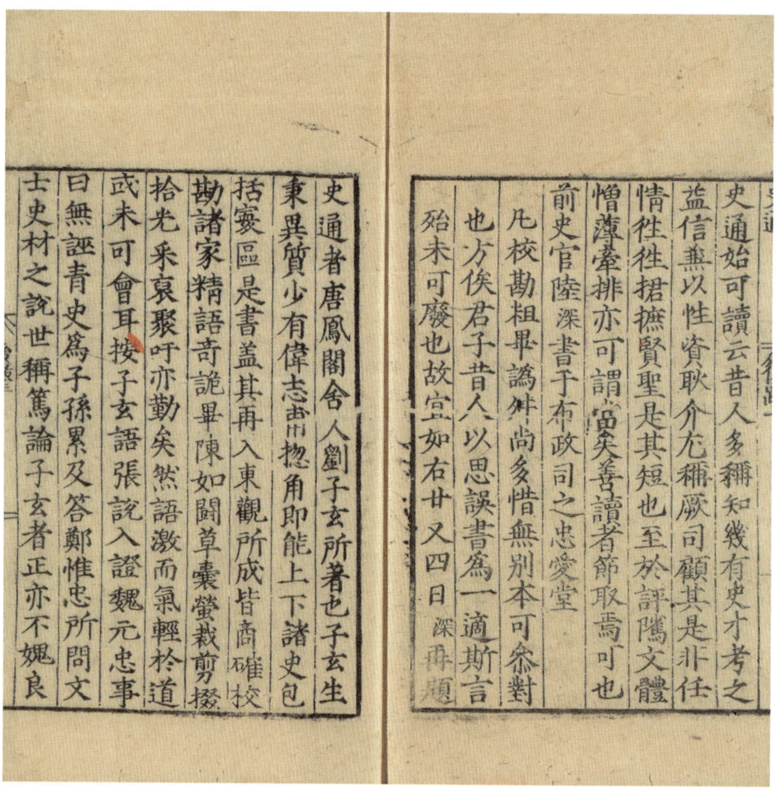
史通始可讀云昔人多稱知幾有史才考之
蓋信然以性資耿介尤稱厥司顧其是非任
情往往捃摭賢聖是其短也至於評隲文體
憎薄華排亦可謂當矣善讀者節取焉可也
前史官陸深書于布政司之忠愛堂
凡校勘粗畢譌舛尚多惜無别本可叅對
也方俟君子昔人以思誤書爲一適斯言
殆未可廢也故定如右廿又四日深再題

史通者唐鳳閣舍人劉子玄所著也子玄生
秉異質少有偉志甫揔角即能上下諸史包
括寰區是書蓋其再入東觀所成皆商確校
勘諸家精語奇詭畢陳如鬬草囊螢裁剪掇
拾光采哀聚吁亦勤矣然語激而氣輕於道
或未可會耳按子玄語張說入證魏元忠事
曰無誣青史爲子孫累及答鄭惟忠所問文
士史材之說世稱篤論子玄者正亦不媿良

史通二十卷　（唐）刘知幾撰　明万历五年（1577）张之象刻本

每半叶10行，行19字。白口，左右双边。清乔载繇跋并录，黄叔琳、卢文弨批校。国家图书馆藏。（索书号：13566）。

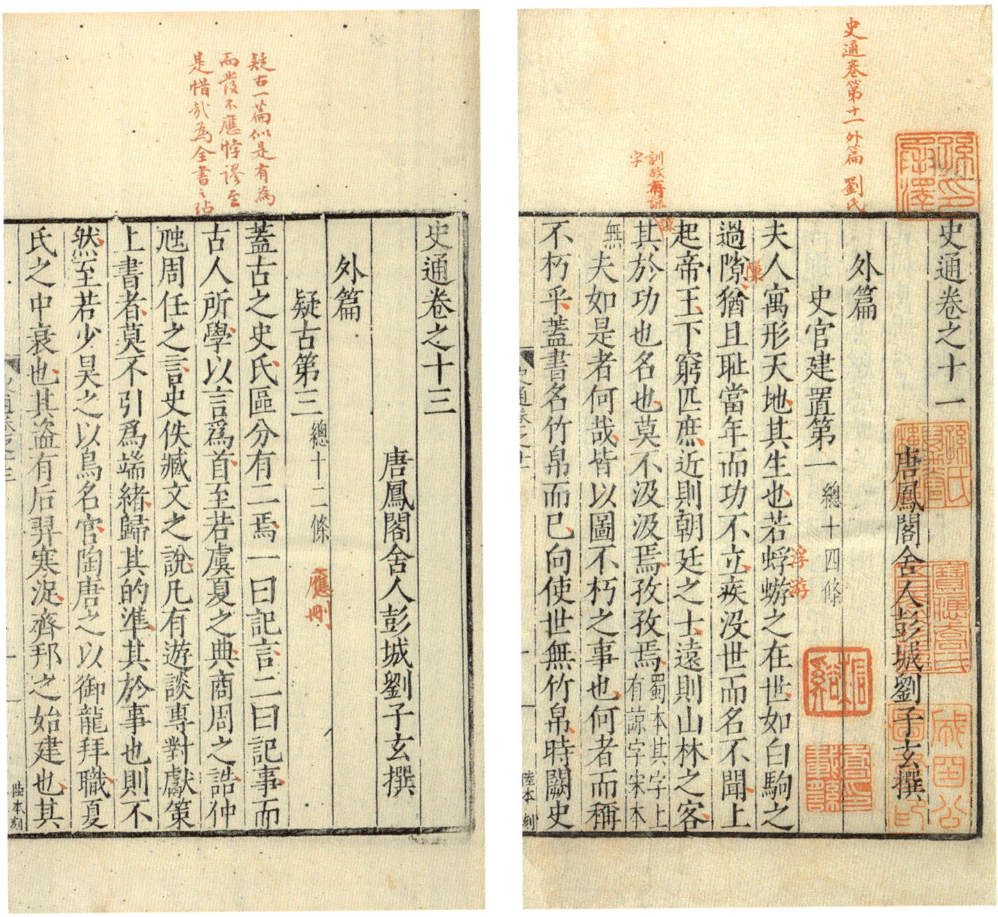

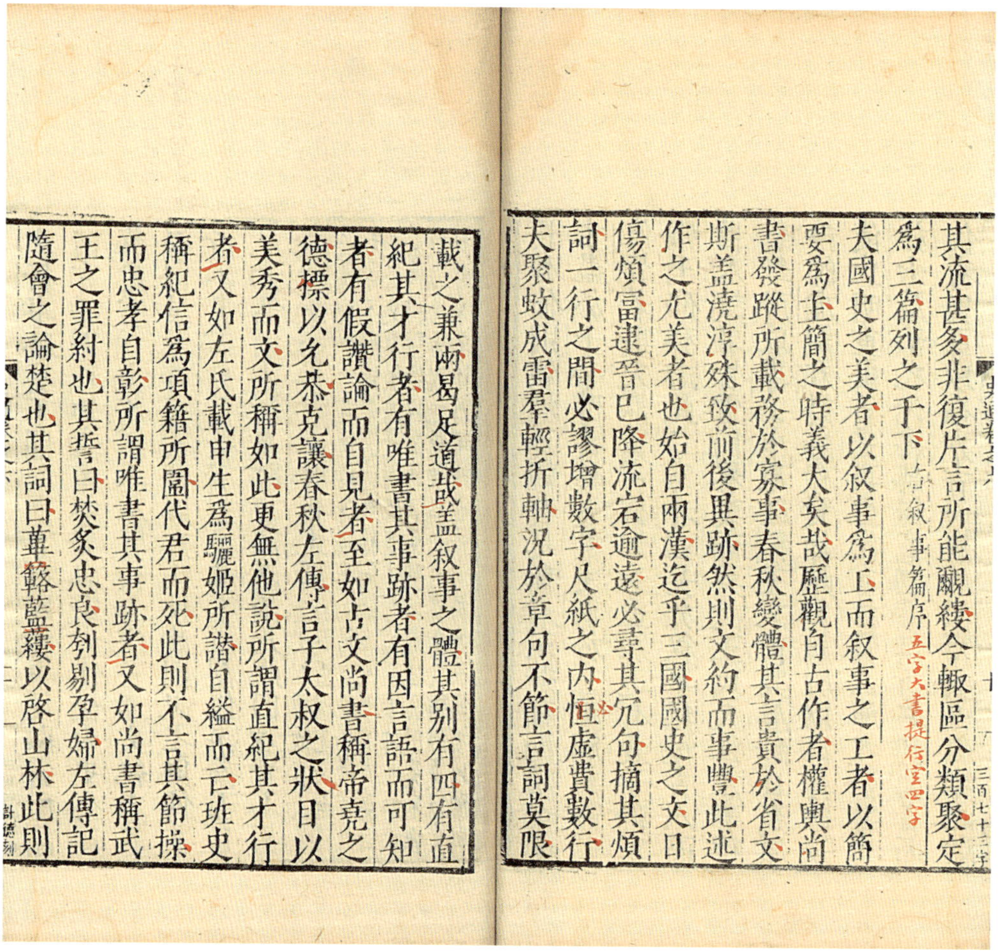

其流甚多非復片言所能覼縷今輙區分類聚定爲三篇列之于下 右叙事篇序 五字大書提行空四字

夫國史之美者以叙事爲工而叙事之工者以簡要爲主簡之時義大矣哉歷觀自古作者權輿尚書發蹤所載務於寡事春秋變體其言貴於省文斯盖澆淳殊致前後異跡然則文約而事豐此述作之尤美者也始自兩漢迄乎三國國史之文日傷煩富逮晉已降流宕逾遠必尋其冗句摘其煩詞一行之間必謬增數字尺紙之內恒虛費數行夫聚蚊成雷羣輕折軸況於章句不節言詞莫限載之兼兩曷足道哉盖叙事之體其別有四有直紀其才行者有唯書其事跡者有因言語而可知者有假讚論而自見者至如古文尚書稱帝堯之德標以允恭克讓春秋左傳言子太叔之狀目以美秀而文所稱如此更無他說所謂直紀其才行者又如左氏載申生爲驪姬所譖自縊而亡班史稱紀信爲項籍所圍代君而死此則不言其節操而忠孝自彰所謂唯書其事跡者又如尚書稱武王之罪紂也其誓曰焚炙忠良刳剔孕婦左傳記隨會之論楚也其詞曰蓽輅藍縷以啓山林此則

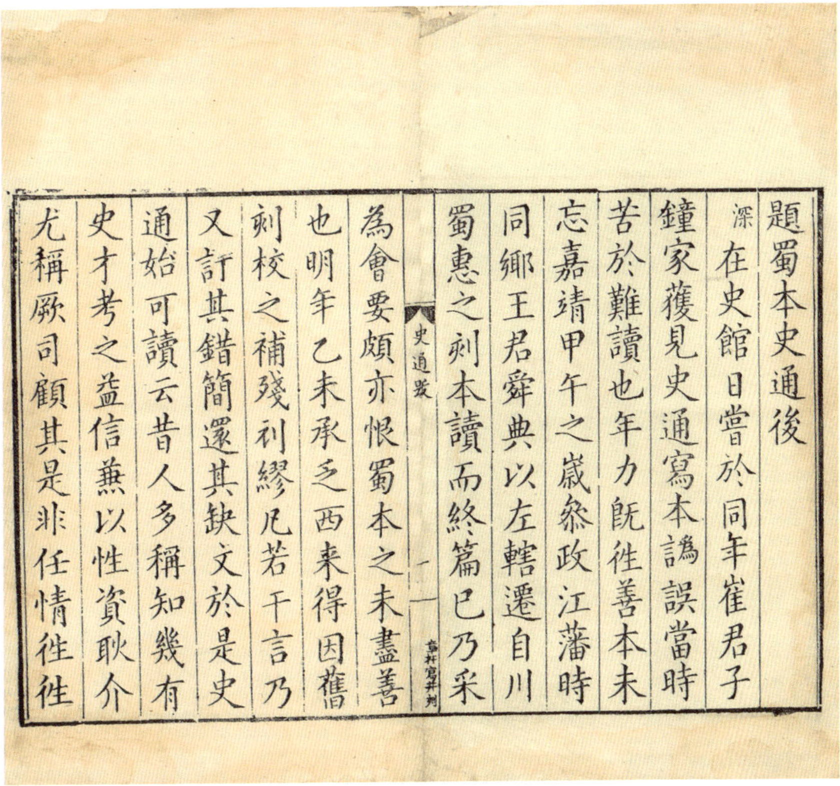
題蜀本史通後
深在史館日嘗於同年崔君子
鍾家獲見史通寫本譌誤當時
苦於難讀也年力既往善本未
忘嘉靖甲午之歲叅政江藩時
同鄉王君舜典以左轄遷自川
蜀惠之刻本讀而終篇已乃采
史通跋　一　章杵寫并刻
為會要頗亦恨蜀本之未盡善
也明年乙未承乏西來得因舊
刻校之補殘刓謬凡若干言乃
又訂其錯簡還其缺文於是史
通始可讀云昔人多稱知幾有
史才考之益信兼以性資耿介
尤稱厥司顧其是非任情往往

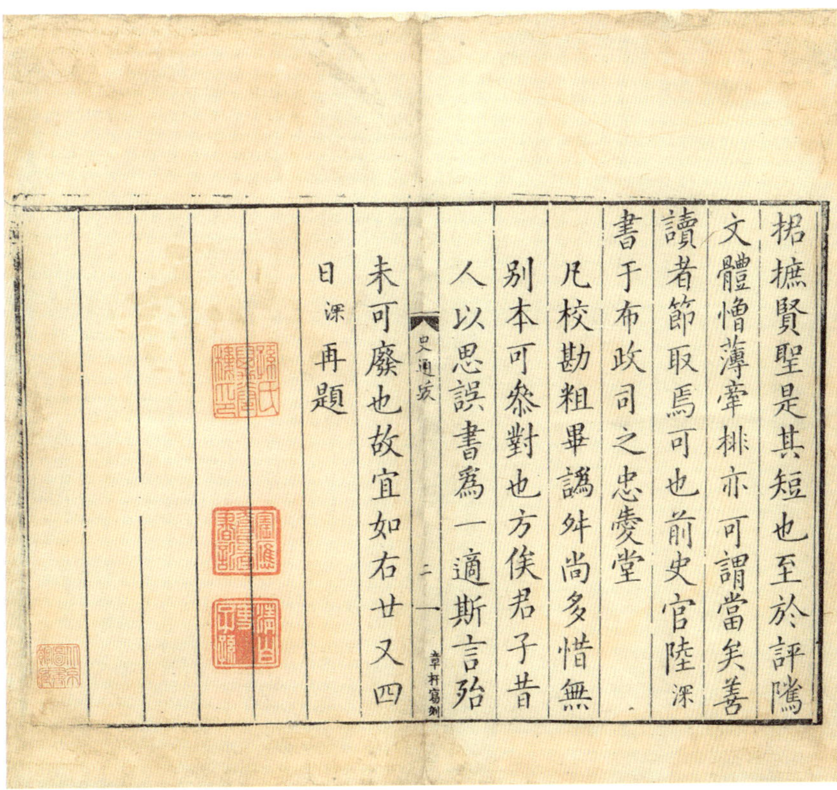
捃摭賢聖是其短也至於評隲
文體憎薄牽排亦可謂當矣善
讀者節取焉可也前史官陸深
書于布政司之忠愛堂
凡校勘粗畢譌舛尚多惜無
別本可叅對也方俟君子昔
人以思誤書為一適斯言殆
史通跋　二　章杵寫刻
未可廢也故宜如右廿又四
日深再題

史通通释二十卷　（清）浦起龙撰　清乾隆十七年（1752）梁溪浦氏求放心斋刻本

每半叶9行，行22字，小字双行同，白口，左右双边。□立斋跋并临，冯舒、钱曾、何焯及卢文弨据《群书拾补》校。国家图书馆藏。（索书号：03305）。

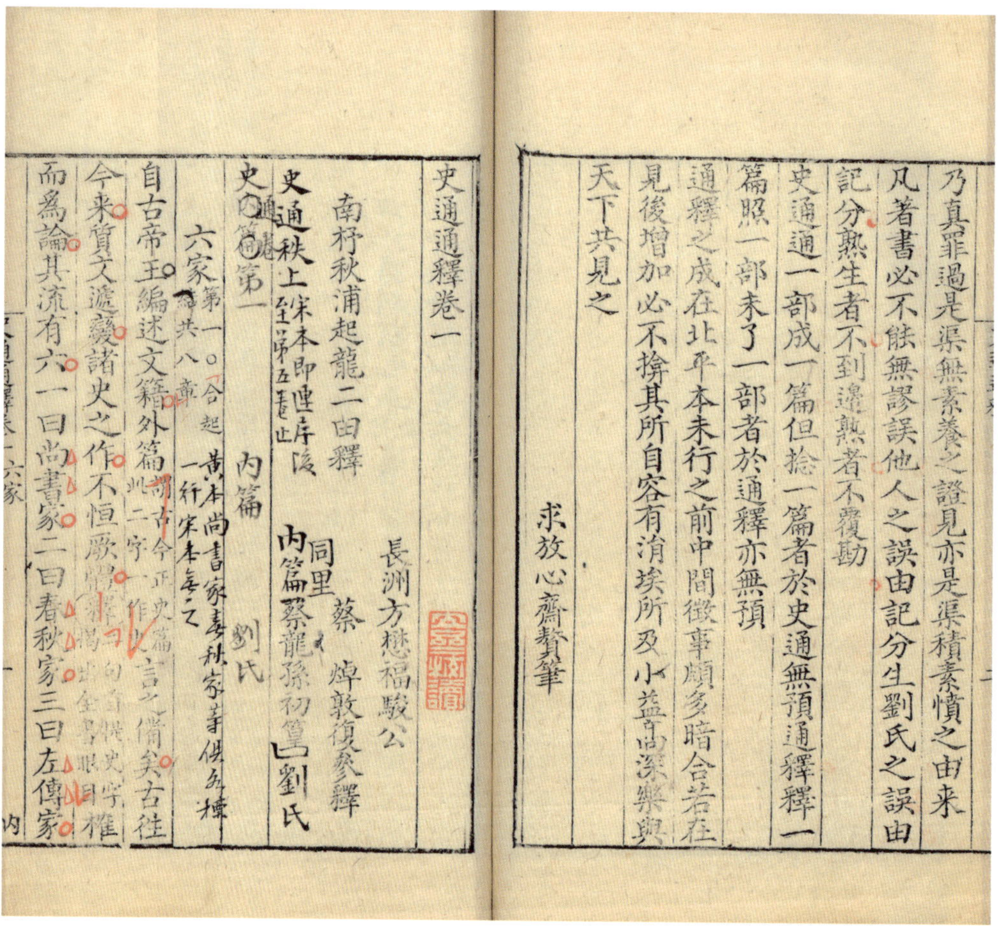
乃真罪過是渠無素養之證見亦是渠積素憤之由来
凡著書必不能無謬誤他人之誤由記分生劉氏之誤由
記分熟生者不到邊熟者不覆勘
史通通一部成一篇但捻一篇者於史通無預通釋釋一
篇照一部来了一部者於通釋亦無預
通釋之成在北平本未行之前中間徵事頗多暗合若在
見後增加必不揜其所自容有消埃所及小益亦深樂與
天下共見之
求放心齋贅筆

史通通釋卷一
南杼秋浦起龍二田釋　長洲方懋福駿公
同里　蔡焯敦復參釋
史通卷第一　內篇　劉氏
六家第一
自古帝王編述文籍外篇言之備矣古往
今來質文遞變諸史之作不恒厥體榷
而爲論其流有六一曰尚書家二曰春秋家三曰左傳家

刘知幾（661—721），字子玄。彭城（今江苏徐州）人。自幼博览群书，喜谈名理。唐高宗永隆元年（680）进士，擢获嘉县主簿，后调定王府仓曹。武则天时任著作郎，兼修国史，后升任左史，撰起居注。玄宗时官至左散骑常侍，后因事贬授安州都督府别驾。卒于官，追赠工部尚书，谥曰文。刘知幾一生专攻史学，通览各家史书，深得其利弊得失；又屡任修史之职，得以遍览国家秘籍，洞悉史馆修书之利弊。曾预修《三教珠英》《则天实录》《中宗实录》《睿宗实录》等。著有《刘氏家史》十五卷、《刘子玄集》三十卷，然均已散佚，唯《史通》传世，此书是我国第一部史书评论专著，对历代史书及其体例的评论尤详。《旧唐书》卷一百二、《新唐书》卷一百三十二有刘知幾传记。

据《新唐书》所载，刘氏在史馆修史时，深感宰相大臣监修多所干预，不能秉笔直书，难以发挥史才，“自以为见用于时而志不遂”，遂私撰《史通》，于中宗景龙四年（710）撰成二十卷。其《史通序录》提到成稿一事：“尝以载削余暇，商榷史篇，下笔不休，遂盈筐箧。于是区分类聚，编而次之”，又交代了书名由来：“昔汉世诸儒集论经传，定之于白虎阁，因名曰‘白虎通’。予既在史馆而成此书，故便以《史通》为目。”司马迁后封为史通子，兼取《白虎通》之义，遂将此书命曰《史通》。

《史通》全书二十卷，分内、外篇，全书原有五十二篇，其中《体统》《纰缪》《弛张》三篇已亡佚，现存内篇十卷三十六篇，外篇十卷十三篇。书前有刘知幾原序，后人张鼎思、王阁、彭汝寔、陆深等曾作序，高公韶、李佶等曾作跋。内篇重点阐述史书源流、体例和编撰方法，外篇主要论述史官建置沿革和史书得失。全书对前人的历史著作，从体例、史料、语言文字到人物评论，都做出了全面的分析评价。刘知幾对著史强调要“直笔”，继承了司马迁的“史笔”精神。除史评之外，对史传文学创作也有重大影响，他重视史传文学中叙事这一表现方法，一再强调“夫史之称美者，以叙事为先”，“夫国史之美者，以叙事为工”。他提出了叙事“尚简”的主张，要求文章达到“文约而事丰”“省字约文，事溢于句外”“言近而旨远，辞浅而义深”，从而使史传文学具有一种精炼、含蓄、平易、深刻的审美意味。《四库全书总目》对《史通》评价颇高：“贯穿今古，洞悉利病，实非后之人所及”，“缕析条分，如别黑白，一经抉摘，虽马迁、班固几无词以自解免。亦可云载笔之法家，著书之监史矣”。

《史通》成书后，宋代就有刊刻，然清中叶以后宋本就未见流传。现存最早

版本为明嘉靖年间华亭陆深（字子渊，号俨山）为官四川左布政使任上所刻，据此本前陆深门生王阁所撰《刊正史通序》，陆氏对其稿进行了裁订考异、辑类次编等，然因无别本参校，脱讹颇多。万历年间，陆深同乡后学张之象（字月鹿，又字玄超，别号碧山外史，晚号王屋山人）以嘉靖间陆深刻本为底本，又据宋刻校勘陆本，纠谬补缺、重新刊刻，是为张之象刻本。此本前有万历五年（1577）张之象撰《史通序》及景龙四年刘知幾《史通序录》，张序首页版心下镌“吴门陆本刻”，此本文中多处钤有“孙承泽印”“孙氏万卷楼记”“乔载繇印”“宝应乔氏吾园珍藏”等印，可知此本曾经著名藏书家孙承泽、乔载繇等递藏，又经黄叔琳、卢文弨批校。国图藏有多部万历本，因其参合众本，丹铅点勘，较之蜀本为胜，傅增湘称万历本“颇能订陆之误”，“在明代校刊古本中为最”。

《百部经典》版《史通》以清乾隆十七年（1752）梁溪浦起龙求放心斋刻本为底本。浦起龙（1679—？），字二田，号三山伧父，江苏金匮（今江苏无锡）人。明代以来，即有学者为《史通》作注，如明李维桢《史通评释》、王惟俭《史通训故》及清黄叔琳《史通训故补》。浦氏吸取三家之长，订讹补遗，析理释义，考辞定名，此本国家图书馆有藏，上海古籍出版社2009年影印出版。

（徐慧）

贞观政要

贞观政要集论十卷　（唐）吴兢撰　（元）戈直集论　明成化元年（1465）内府刻本

每半叶10行，行20字，小字双行同，黑口，四周双边。国家图书馆藏（索书号：14983）。

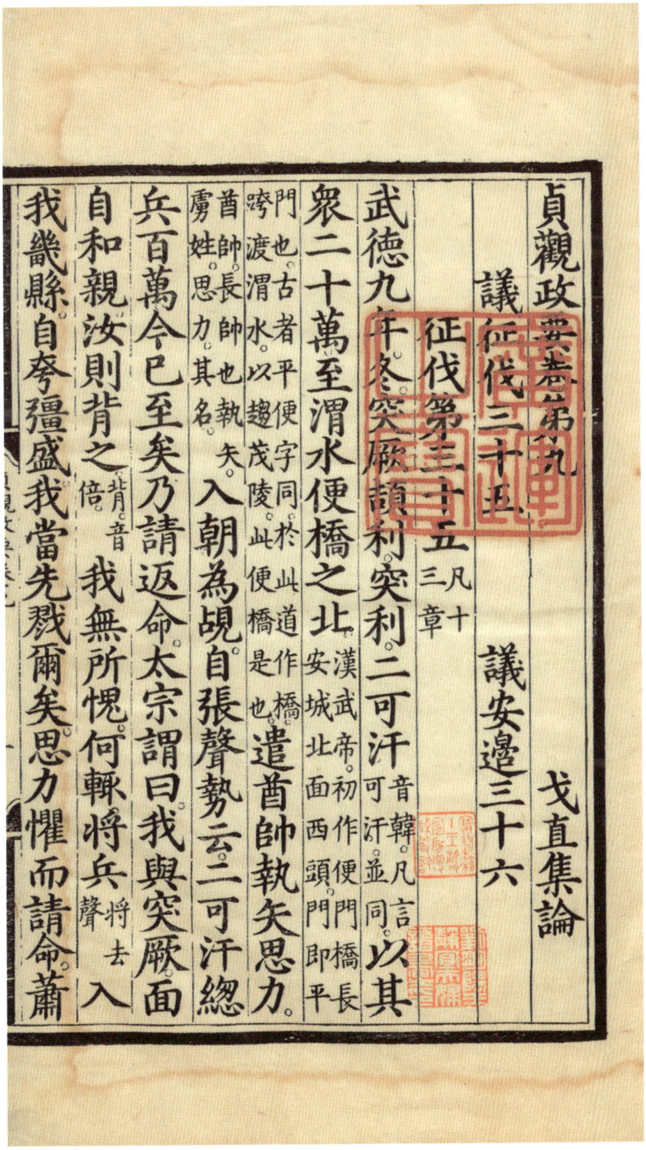
貞觀政要卷第九　戈直集論
議征伐三十五　議安邊三十六
征伐第三十五 凡十三章
武德九年冬突厥頡利突利二可汗音韓。凡言可汗並同以其衆二十萬至渭水便橋之北漢武帝初作便門橋長安城北面西頭門即平門也古者平便字同於此道作橋跨渡渭水以趨茂陵此便橋是也遣酋帥執矢思力。酋帥長帥也執矢虜姓思力其名入朝為覘自張聲勢云二可汗總兵百萬今已至矣乃請返命太宗謂曰我與突厥面自和親汝則背之背音倍我無所愧何輒將兵將去聲入我畿縣自夸彊盛我當先戮爾矣思力懼而請命蕭

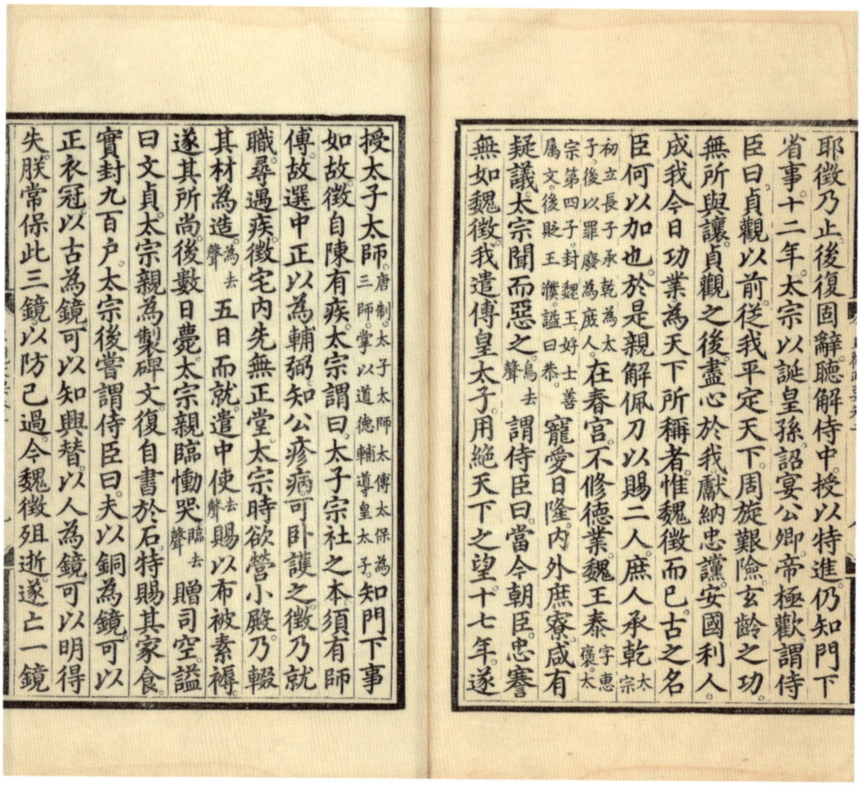

耶徵乃止後復固辭聽解侍中授以特進仍知門下省事十二年太宗以誕皇孫詔宴公卿帝極歡謂侍臣曰貞觀以前從我平定天下周旋艱險玄齡之功無所與讓貞觀之後盡心於我獻納忠讜安國利人成我今日功業為天下所稱者惟魏徵而已古之名臣何以加也於是親解佩刀以賜二人庶人承乾（太宗初立長子承乾為太子後以罪廢為庶人）在春宮不修德業魏王泰（字惠褒太宗第四子封魏王好士善屬文後貶王濮謚曰恭）寵愛日隆內外庶寮咸有疑議太宗聞而惡之（烏去聲）謂侍臣曰當今朝臣忠謇無如魏徵我遣傅皇太子用絕天下之望十七年遂

授太子太師（唐制太子太師太傅太保為三師掌以道德輔導皇太子）知門下事如故徵自陳有疾太宗謂曰太子宗社之本須有師傅故選中正以為輔弼知公疹病可臥護之徵乃就職尋遇疾徵宅內先無正堂太宗時欲營小殿乃輟其材為造（為去聲）五日而就遣中使（使去聲）賜以布被素褥遂其所尚後數日薨太宗親臨慟哭（臨去聲）贈司空謚曰文貞太宗親為製碑文復自書於石特賜其家食實封九百戶太宗後嘗謂侍臣曰夫以銅為鏡可以正衣冠以古為鏡可以知興替以人為鏡可以明得失朕常保此三鏡以防己過今魏徵殂逝遂亡一鏡

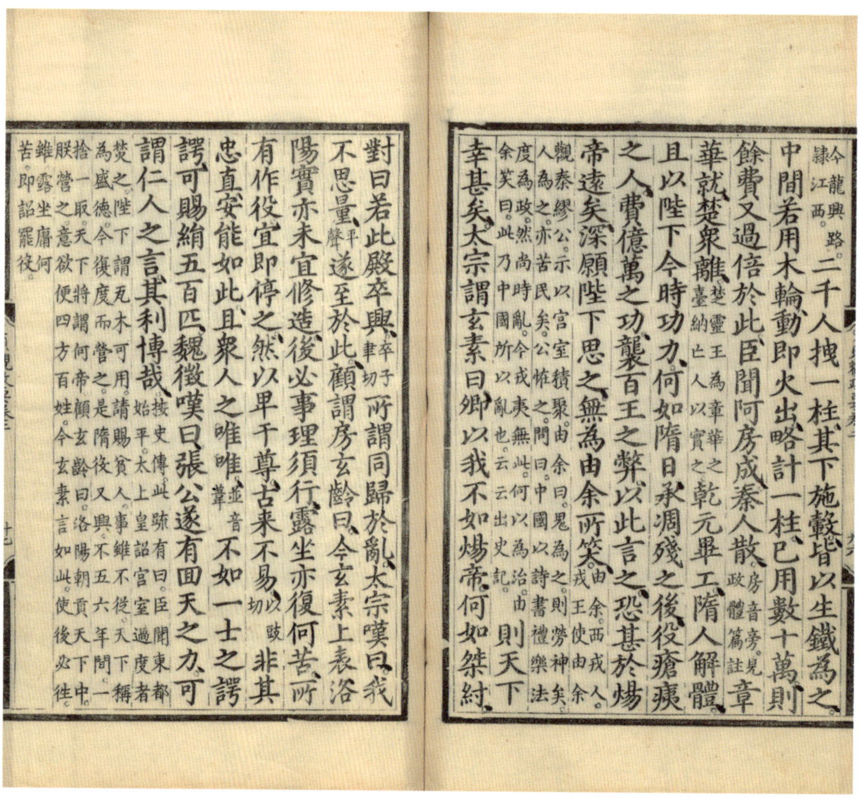

（今龍興路隸江西）二千人拽一柱其下施轂皆以生鐵為之中間若用木輪動即火出略計一柱已用數十萬則餘費又過倍於此臣聞阿房成秦人散（房音旁見政體篇註）章華就楚眾離（楚靈王為章華之臺納亡人以實之）乾元畢工隋人解體且以陛下今時功力何如隋日承凋殘之後役瘡痍之人費億萬之功襲百王之弊以此言之恐甚於煬帝遠矣深願陛下思之無為由余所笑（由余西戎人戎王使由余觀秦繆公示以宮室積聚由余曰鬼為之則勞神矣人為之亦苦民矣公怪之問曰中國以詩書禮樂法度為政然尚時亂今戎夷無此何以為治由余笑曰此乃中國所以亂也云云出史記）則天下幸甚矣太宗謂玄素曰卿以我不如煬帝何如桀紂

對曰若此殿卒興（卒子聿切）所謂同歸於亂太宗嘆曰我不思量（量平聲）遂至於此顧謂房玄齡曰今玄素上表洛陽實亦未宜修造後必事理須行露坐亦復何苦所有作役宜即停之然以卑干尊古來不易（易以豉切）非其忠直安能如此且眾人之唯唯（並音葦）不如一士之諤諤可賜絹五百匹魏徵嘆曰張公遂有回天之力可謂仁人之言其利博哉（按史傳此疏有曰臣聞東都始平太上皇詔宮室過度者焚之陛下謂瓦木可用請賜貧人事雖不從天下稱為盛德今復度而營之是隋役又興不五六年間一捨一取天下將謂何帝顧玄齡曰洛陽朝貢天下中朕營之意欲便四方百姓今玄素言如此使後必往雖露坐何苦即詔罷役）

贞观政要十卷　（唐）吴兢撰　明洪武三年（1370）王氏勤有堂刻本

每半叶 13 行，行 24 字，黑口，四周双边。国家图书馆藏（索书号：A01221）。入选《第三批国家珍贵古籍名录》（名录号：07753）。

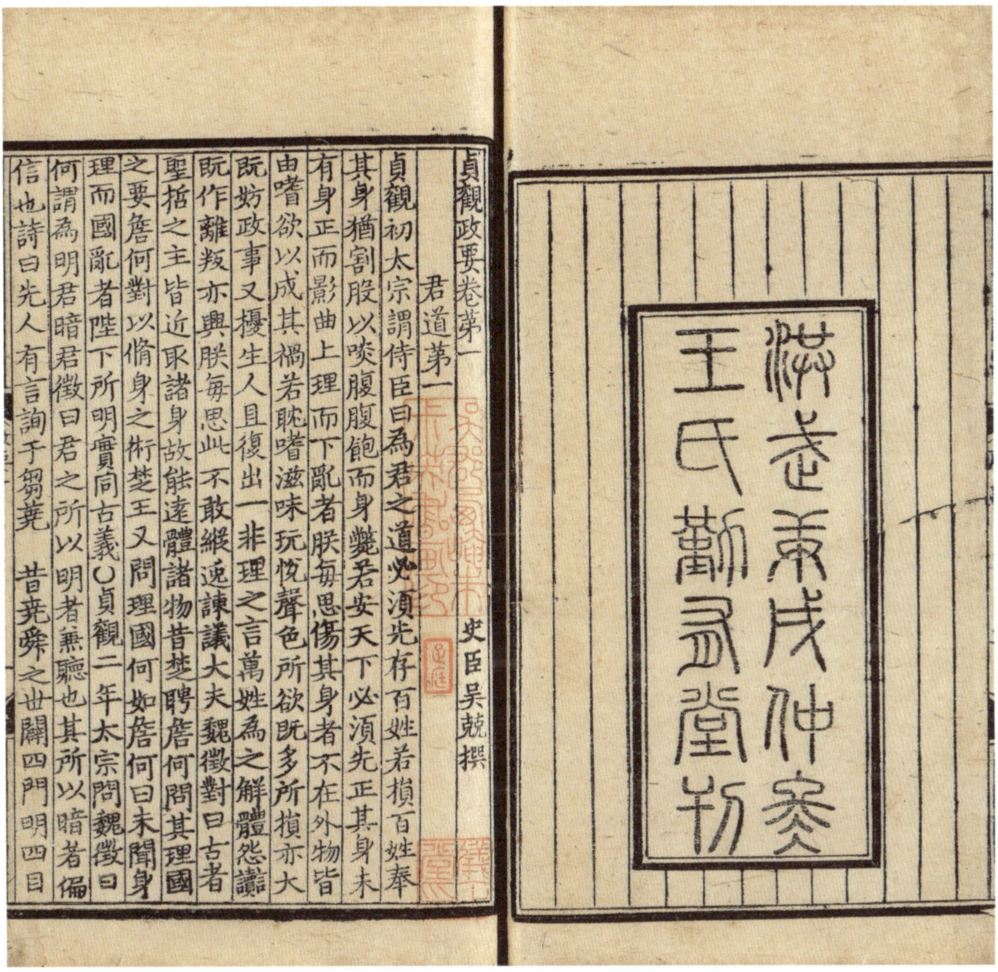

思此理量定庶官員位玄齡等由是所置文武總六百四十員
太宗從之因謂玄齡曰自此儻有樂工雜類假使術逾儕輩者
只可特賜錢帛以賞其能必不可超授官爵與夫朝臣君子比
肩而立同坐而食遣諸衣冠以為恥累○貞觀二年太宗謂房
玄齡杜如晦曰公為僕射當助朕憂勞廣開耳目求訪賢哲比聞
公等聽受詞訟日有數百此則讀符牒不暇安能助朕求賢哉
因勑尚書省細碎務皆付左右丞惟冤滯大事合聞奏者關於
僕射○貞觀二年太宗謂侍臣曰朕每夜恒思百姓間事或至
夜半不寐惟恐都督刺史堪養百姓以否故於屏風上錄其姓
名坐卧恒看在官如有善事亦具列於名下朕居深宮之中視
聽不能及遠所委者惟都督刺史此輩實理亂所繫尤須得人
貞觀二年上謂右僕射封德彝曰致安之本惟在得人比來命
卿舉賢未嘗有所推薦天下事重卿宜分朕憂勞卿既不言朕

政要三　六

將安寄對曰臣愚豈敢不盡情但今所見未有奇才異能上曰前
代明王使人如器不借才於異代皆取士於當時豈得待夢傅
說逢呂尚然後為政乎且何代無賢但患遺而不知耳德彝慚
赧而退○貞觀三年太宗謂吏部尚書杜如晦曰比見吏部擇
人惟取其言詞刀筆不悉其景行數年之後惡跡始彰雖加刑
戮而百姓已受其弊如何可獲善人如晦對曰兩漢取人皆行
著鄉閭州郡貢之然後入用故當時號為多士今每年選集向
數千人厚貌飾詞不可知悉選司但配其階品而已銓簡之理
實所未精所以不能得才上乃將依漢時法令本州郡辟召會功
臣等將行世封其事遂止○貞觀六年上謂魏徵曰古人云王
者須為官擇人不可造次即用朕今行一事則為天下所觀出
一言則為天下所聽用得正人為善者皆勸誤用惡人不善者
競進賞當其勞無功者自退罰當其罪為惡者戒懼故知賞罰

陳隋分裂山河大啓磐石者衆矣保人王家與時升降或失其
土宇不祀忽諸然考其盛衰察其興滅功成名立咸資始封之
君國喪身亡多因繼體之后其故何哉始封之君時逢草昧見
王業之艱阻知父兄之憂勤是以在上不驕夙夜匪懈或設醴
以求賢或吐飧而接士故甘忠言之逆耳得百姓之歡心樹至
德於生前流遺愛於身後暨乎子孫繼體多屬隆平生自深宮
之中長居婦人之手不以高危為憂懼豈知稼穡之艱難昵近
小人疏遠君子綢繆哲婦傲很明德犯義悖禮淫荒無度不遵
典憲僭差越等恃一顧之權寵便懷匹嫡之心矜一事之微勞
遂有無厭之望棄忠貞之正路蹈姦宄之迷塗愎諫違卜往而
不返雖梁孝齊冏之勳庸淮南河東之才俊攛摩霄之逸翮成
窮轍之涸鱗棄桓文之大功就梁董之顯戮並為明戒可不惜
乎皇帝以聖哲之姿拯傾危之運耀七德以清六合總萬國而

政要四卷　十八

朝百靈懷柔四荒親睦九族念華萼於棠棣寄維城於宗子心
乎愛矣靡日不思爰命下臣考覽載籍博求鑒鏡貽厥孫謀臣
輒竭愚淺稽諸前訓凡為藩為翰有國有家者其興也必由於
積善其亡也皆在於積惡故知善不積不足以成名惡不積不
足以滅身然則禍福無門吉凶由己惟人所召豈徒然哉今錄
自古諸王行事得失分其善惡各為一篇名曰諸王善惡錄欲
使見善思齊足以揚名不朽聞惡能改得免乎大過從善則有
譽改過則無咎興亡是繫可不勉歟太宗覽而稱善謂諸王曰
此宜置于坐右用為立身之本○貞觀十年謂荊王元景吳王
恪魏王泰等曰自漢以來帝弟帝子受茅土居榮貴者甚衆惟
東平及河間王宋有令名得保其祿位如楚王之徒覆亡非一
並為生長富貴好自驕逸所致汝等誠宜熟思之簡擇賢才為
汝師友須受其諫爭勿得自專我聞以德服物信非虛說比嘗

吴兢（670—749），汴州浚仪人（今河南开封）。担任史官多年，为人耿直，世称良史。时任宰相张说在前朝有污点行为，吴兢秉笔直书，张说多次暗示吴兢，希望能修改文辞，美化自己，被吴兢严词拒绝。开元十七年（729）吴兢上书劝谏，拂逆皇帝之意，被贬为荆州司马，仍允许他携带史稿继续写作。吴兢一生秉笔直书，修撰国史，用资当世为己任，为后世留下了可靠的历史素材。天宝八年（749）卒，终年八十岁。自撰史书多部，曾参与修撰《则天实录》，《贞观政要》是其代表作。另撰《乐府古题要解》，是研究古乐府诗的重要资料。事具新旧《唐书》、《唐会要》。

吴兢编纂《贞观政要》，和他亲身经历的动乱朝局有很大关系。尤其是在武则天死后，政局更是动荡不安，先是韦皇后等合谋毒杀唐中宗，随后韦后势力被清除，睿宗即位，太平公主势力威胁皇权，双方斗争激烈。睿宗子李隆基消灭太平公主势力集团，即位，是为唐玄宗。玄宗在位前期，励精图治，希望恢复贞观之治的局面。吴兢以“太宗时政化良可足观”，“于是缀集所闻，参详旧史，撮其指要，举其宏纲”，编撰了《贞观政要》。

《贞观政要》多载唐太宗与魏徵、房玄龄、杜如晦等大臣的问对之辞，以及大臣诤议、奏疏等，全书十卷四十篇二附篇。“始《君道》《政体》《任贤》《求谏》，终于《谨终》。”即以君道统领全书，论述了选才用人、听言纳谏、培养接班人以及教育、农业、军事等方面的内容。如卷二《任贤》记载了太宗虚心纳谏，任用贤才，君臣共治天下，短短数年，天下康宁。在魏征去世后，太宗极其悲伤，说道：“夫以铜为镜，可以正衣冠；以古为镜，可以知兴替；以人为镜，可以明得失。……今魏征殂逝，遂亡一镜矣。”足见太宗爱才惜才之心。卷九《议征伐》记载了太宗轻松化解军事危机一事。太宗刚即位，突厥趁政局未稳引兵二十万直逼渭水。太宗深刻把握对方心理，毫不示弱，单马而出与颉利可汗隔河对谈，又布疑兵于后，令突厥不知虚实，惧而退兵。展现了一位威武、睿智的英雄形象，也体现了太宗过人的智慧和勇气。戈直曾评《贞观政要》：“自唐氏子孙，既已书之屏帷，铭之几案，祖述而宪章之矣。至于后世之君，亦莫不列之讲读，行之论议，景仰而效法焉。”可见，该书已成为古代统治者案头必读之书。约在九世纪，《贞观政要》远播朝鲜、日本，在海外也产生了深远影响。

《贞观政要》完稿后，吴兢将书稿上呈玄宗，书稿被留置宫中集贤院未被重视，至唐宪宗，始称赞此书。吴兢的外孙蒋乂整理宫中藏书时，参考家藏稿本，整理了《贞观政要》，遂成为定本。这个版本为历代皇家所藏，被称为“中秘本”。明朝初年，大文学家宋濂在皇家藏书中看到了这个本子，遂作序重刻，保留了中秘本的原貌。此本以洪武三年（1370）王氏勤有堂刊本最为精善，开篇有宋濂《重刻贞观政要序》，目录后有长方牌记“洪武庚戌仲冬王氏勤有堂刊”。序后镌有“寓吴郡卢遂良刻”小字一行。国图藏此本钤有“黄冈刘氏校书堂藏书记”“黄冈刘氏绍炎过眼”“宗室文慤公家世藏”“曾臧汪阆源家”“吴郡西崦朱赤英书画印”“骏昌”“雅庭”“吴中汪六”“仪正堂印”“杭州汪骏昌藏”“姑苏城外人家”“小有壶天”等印。另，元代戈直曾采录欧阳修、司马光等二十余大臣的议论，附注于下，是为集论本《贞观政要》。成化元年（1465），明宪宗为使戈直集论本永续流传，命大臣重新校正刊刻，并亲自作序，通行天下，国家图书馆亦藏有成化元年内府刻《贞观政要》集论本十卷，钤“广运之宝”方印。

《百部经典》版《贞观政要》以明洪武三年（1370）王氏勤有堂刊本为底本。

（华鑫文）

战国策

战国策三十三卷　（汉）高诱注　（宋）姚宏校正　宋绍兴刻本

每半叶 11 行，行 20 字，小字双行同，白口，左右双边。清黄丕烈和顾广圻跋并题诗，清钮树玉、袁廷梼、夏文焘题诗。国家图书馆藏（索书号：08668）。入选《第一批国家珍贵古籍名录》（名录号：00479）。

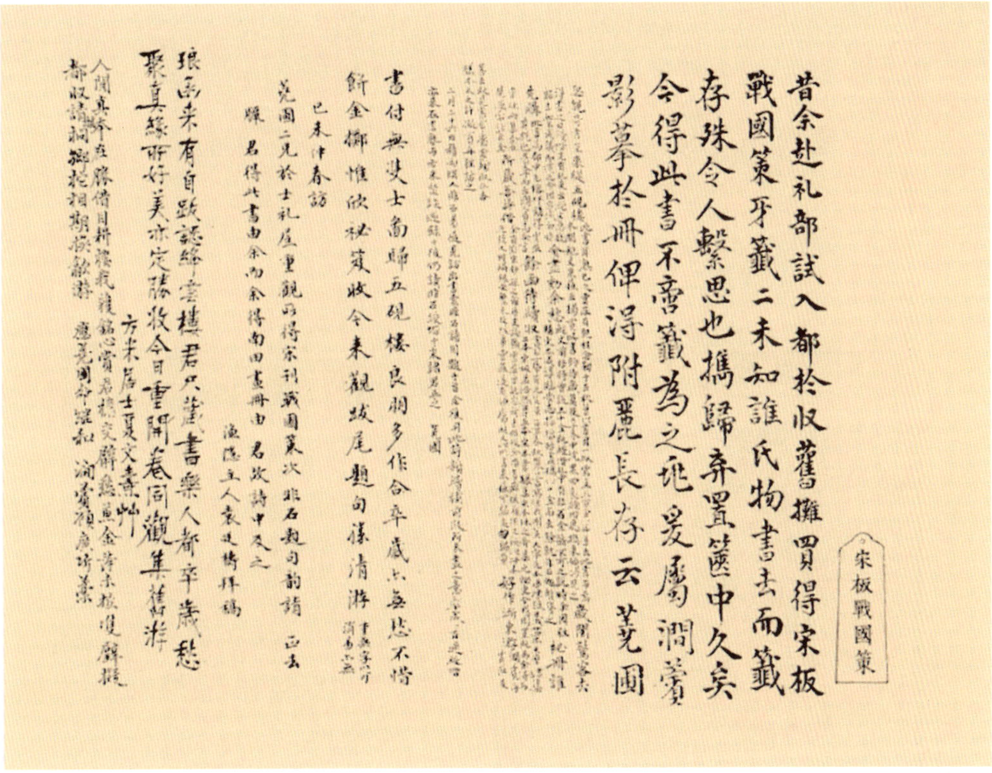

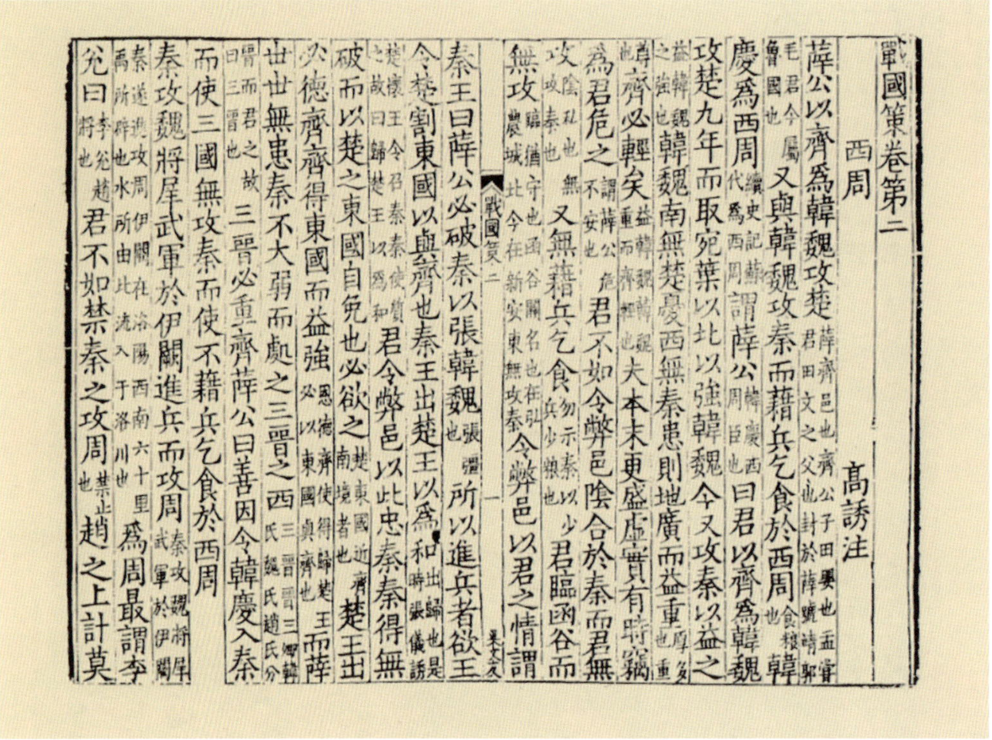

戰國策卷第二

西周　高誘注

薛公以齊爲韓魏攻楚（薛，齊邑也。齊公子田嬰也，孟嘗君田文之父也，封於薛，號靖郭君）又與韓魏攻秦，而藉兵乞食於西周（食，糧也）。韓慶爲西周（韓慶，西周臣也。續史記：蘇代爲西周）謂薛公曰：君以齊爲韓魏攻楚，九年而取宛葉以北以強韓魏，今又攻秦以益之（益韓魏之強也）。韓魏南無楚憂，西無秦患，則地廣而益重（厚也，重多也），齊必輕矣（益韓魏之重而齊輕也）。夫本末更盛，虛實有時，竊爲君危之（謂薛公危不安也）。君不如令弊邑陰合於秦，而君無攻（陰，私也。無攻秦也），又無藉兵乞食（勿示秦以少兵少糧也）。君臨函谷而無攻（臨，猶守也。函谷，關名也，在弘農城北，今在新安東。無攻秦），令弊邑以君之情謂秦王曰：薛公必破秦以張韓魏（張，彊也），所以進兵者，欲王令楚割東國以與齊也。秦王出楚王以爲和（出，歸也。是時張儀誘楚懷王，令召秦，秦使質之，故曰歸楚王以爲和），君令弊邑以此忠秦，秦得無破，而以楚之東國自免也，必欲之（楚東國近齊南境者也）。楚王出，必德齊（感德齊使得歸楚王），齊得東國而益強（必以東國與齊也），而薛世世無患。秦不大弱，而處之三晉之西（三晉，韓氏、魏氏、趙氏，分晉而君之，故曰三晉也），三晉必重齊。薛公曰：善。因令韓慶入秦，而使三國無攻秦，而使不藉兵乞食於西周。

秦攻魏將犀武軍於伊闕，進兵而攻周（秦攻魏將犀武軍於伊闕。秦進兵攻周。伊闕在洛陽西南六十里，禹所辟也，水所由北流入于洛川也）。爲周最謂李兌曰（李兌，趙將也）：君不如禁秦之攻周（禁，止也）。趙之上計莫

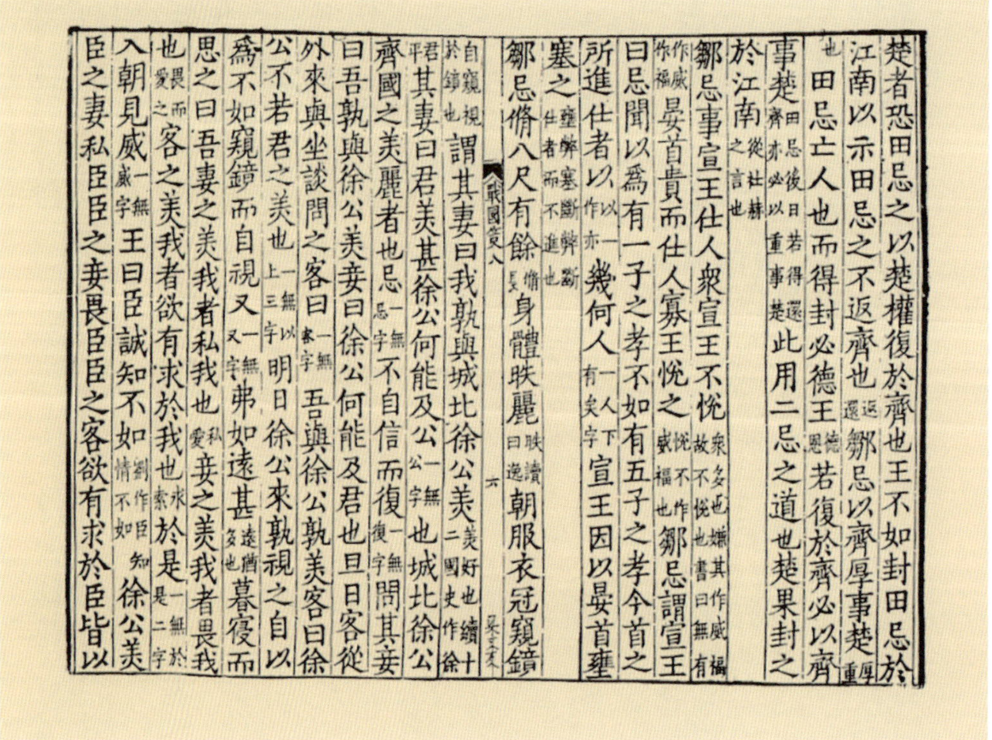

楚者，恐田忌之以楚權復於齊也。王不如封田忌於江南，以示田忌之不返齊也（返，還），鄒忌以齊厚事楚（厚，重也）。田忌亡人也，而得封，必德王（德，恩）。若復於齊，必以齊事楚（田忌後日若得還齊，亦必以重事楚），此用二忌之道也。楚果封之於江南（從杜赫之言也）。

鄒忌事宣王，仕人衆，宣王不悅（衆，多也。嫌其作威福，故不悅也。書曰：無有作威，作福）。晏首貴而仕人寡，王悅之（悅不作威福也）。鄒忌謂宣王曰：忌聞以爲有一子之孝，不如有五子之孝。今首之所進仕者以（以，一作亦）幾何人（一人下有矣字）。宣王因以晏首壅塞之（壅蔽塞斷，仕者而不進也）。

鄒忌脩八尺有餘（脩，長），身體昳麗（昳讀曰逸），朝服衣冠窺鏡（自窺視於鏡也），謂其妻曰：我孰與城北徐公美（美，好也。續十二國史作徐君平）？其妻曰：君美甚，徐公何能及公（一無公字）也。城北徐公，齊國之美麗者也。忌（一無忌字）不自信，而復（一無復字）問其妾曰：吾孰與徐公美？妾曰：徐公何能及君也。旦日客從外來，與坐談，問之客曰（一無客字）：吾與徐公孰美？客曰：徐公不若君之美也（一無以上三字）。明日徐公來，孰視之，自以爲不如；窺鏡而自視，又（一無又字）弗如遠甚（遠，猶多也）。暮寢而思之曰：吾妻之美我者，私我也（私，愛）；妾之美我者，畏我也（畏而愛之）；客之美我者，欲有求於我也（求，索）。於是（一無於是二字）入朝見威（一無威字）王曰：臣誠知不如（劉作臣知情不如）徐公美，臣之妻私臣，臣之妾畏臣，臣之客欲有求於臣，皆以

战国策十卷 （汉）刘向编 （宋）鲍彪校注 （元）吴师道重校 元至正二十五年（1365）平江路儒学刻明修本

每半叶11行，行20字，小字双行同，细黑口，左右双边。国家图书馆藏（索书号：06751）。入选《第一批国家珍贵古籍名录》（名录号：00481）。

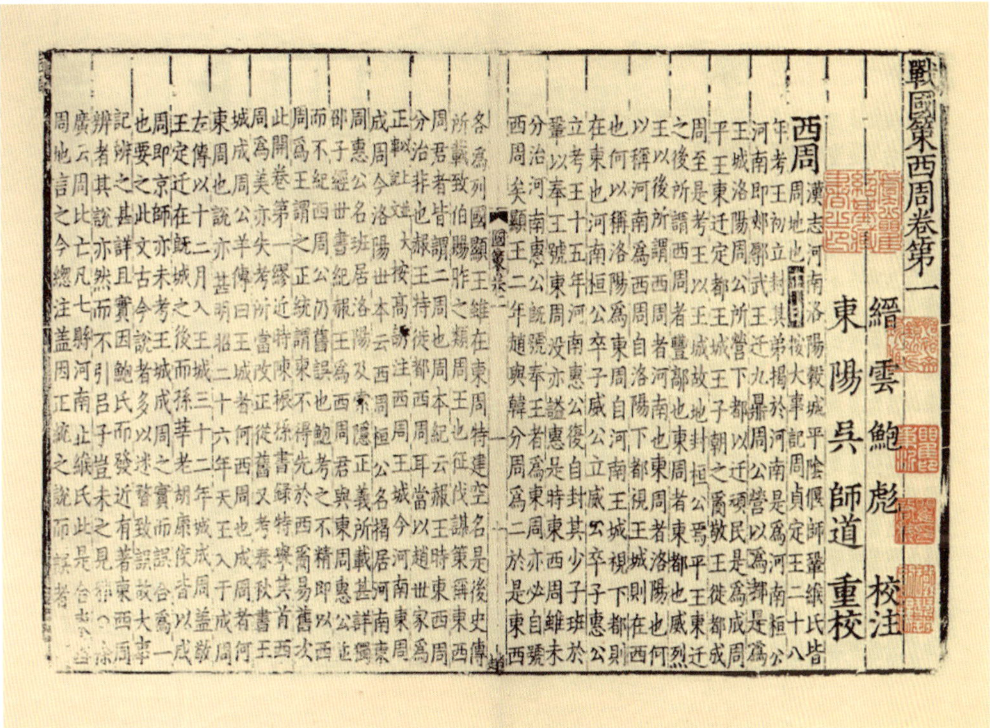

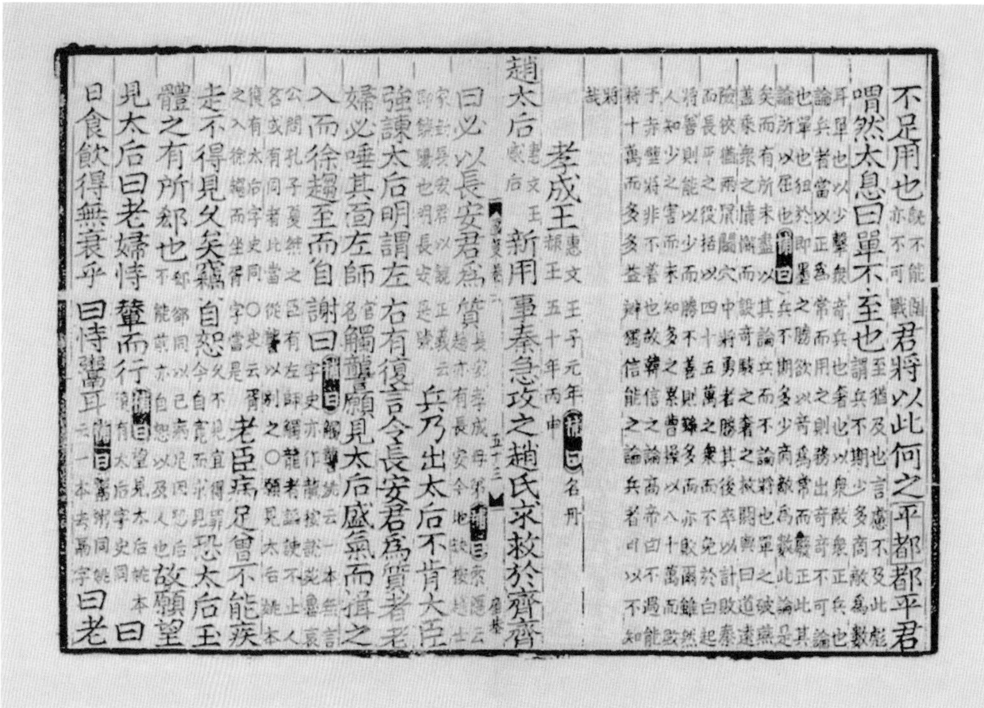
不足用也……君將以此何之平都都平君
喟然太息曰單不至也……
……
孝成王……
趙太后……新用事秦急攻之趙氏求救於齊齊
曰必以長安君爲質……兵乃出太后不肯大臣
強諫太后明謂左右有復言令長安君爲質者老
婦必唾其面左師觸讋願見太后盛氣而揖之
入而徐趨至而自謝曰……老臣病足曾不能疾
……
走不得見久矣竊自恕……恐太后玉
體之有所郄也……故願望
見太后曰老婦恃輦而行……曰
曰食飲得無衰乎曰恃鬻耳……曰老

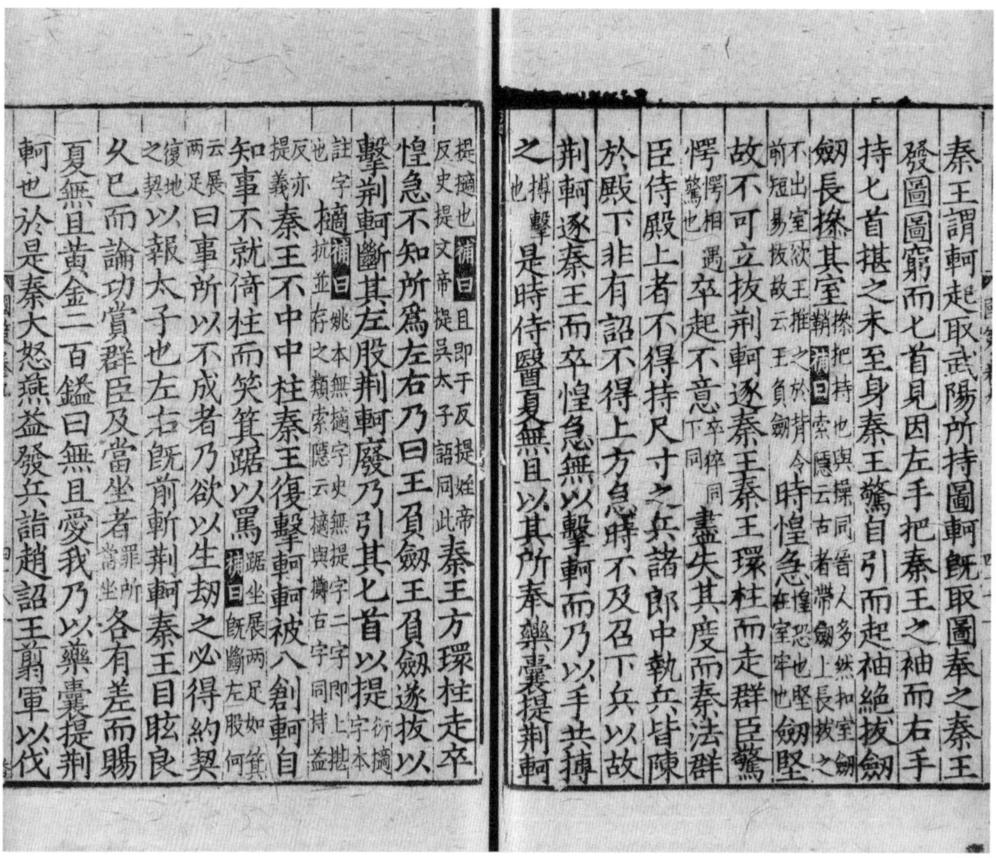
秦王謂軻起取武陽所持圖軻既取圖奉之秦王
發圖圖窮而匕首見因左手把秦王之袖而右手
持匕首揕之未至身秦王驚自引而起袖絕拔劍
劍長摻其室……時惶急劍堅
故不可立拔荊軻逐秦王秦王環柱而走群臣驚
愕……卒起不意……盡失其度而秦法群
臣侍殿上者不得持尺寸之兵諸郎中執兵皆陳
於殿下非有詔不得上方急時不及召下兵以故
荊軻逐秦王而卒惶急無以擊軻而乃以手共搏
之……是時侍醫夏無且以其所奉藥囊提荊軻
提……秦王方環柱走卒
惶急不知所爲左右乃曰王負劍王負劍遂拔以
擊荊軻斷其左股荊軻廢乃引其匕首以提
……秦王不中中柱秦王復擊軻被八創軻自
知事不就倚柱而笑箕踞以罵……
……曰事所以不成者乃欲以生劫之必得約契
以報太子也左右既前斬荊軻秦王目眩良
久已而論功賞群臣及當坐者各有差而賜
夏無且黃金二百鎰曰無且愛我乃以藥囊提荊
軻也於是秦大怒燕益發兵詣趙詔王翦軍以伐

《四库全书总目》谓“《战国策》乃刘向裒合诸记，并为一编，作者既非一人，又均不得其主名”。可见《战国策》并非出自一人之手，无撰著者可言。今所见通行本《战国策》，为西汉成帝河平年间（前28—前25）刘向编定而成。刘向是汉朝宗室，为汉高祖刘邦弟弟楚元王刘交的四世孙，是中国历史上著名的经学家、目录学家。

刘向在西汉成帝时任光禄大夫，受命校理当时西汉王朝所藏图书，发现有各种版本的纵横家书，或名“国策”，或名“国事”，或名“短长”，或名“事语”，或名“长书”，或名“修书”，都没有作者或编者姓名，残缺错简很多。刘向按照国别，将这些断简残编汇成一书，定名为“战国策”。刘向编校成书的《战国策》三十三篇，按各诸侯国编排，分东周、西周、秦、齐、楚、赵、魏、韩、燕、宋、卫、中山十二国记事，是为古本。

《战国策》一书的内容，刘向在《战国策书录》中指出是战国时游士为辅佐之国所出的策谋。本书记载了自公元前453年韩、赵、魏三家灭智氏始，至前209年秦二世继位止，二百四十五年战国纷争的历史。它保存了不少纵横家的著作和言论，记载了一些攻守和战之计、勾心斗角之事以及一些权谋谲诈、辞令雄辩的游说和议论，反映了那一特定时代的政治斗争，表现了在战国时期邦无定交、士无定主的情形下，以布衣而为天下谋的游士们那种“一怒而诸侯惧，安居而天下熄”的气魄。它深刻记述了各式各样的人物活动，如邹忌讽齐王纳谏、苏秦悬梁刺股、张仪连横破合纵、荆轲刺秦王等，具有较高的史料价值和文学价值。从文章的角度来说，《战国策》历来被人称道，尤其是其辞令之美和雄辩的风格，具有一种特殊的魅力。可以说，本书不仅对了解战国时期的历史事实和人物精神面貌有重要的参考价值，在文学艺术方面也对后世产生了深远的影响。

刘向整理定名的《战国策》三十三篇，著录于反映汉代国家藏书的《汉书·艺文志》中。至唐代，《隋书·经籍志》著录“《战国策》三十二卷”，即来源于《汉志》著录的三十三篇这个版本。同时《隋志》还著录有高诱撰注的“《战国策》二十一卷”。高诱撰注版本应该是将原刘向本三十三篇重新分卷的结果。《战国策》在当时并不是大多数人喜爱诵读之书，最迟至北宋，政府的藏书和著录中已见不到它的全本。幸运的是，北宋曾巩在嘉祐（1056—1063）时奉旨校勘馆阁藏书，在当时士大夫家中访得《战国策》全本，使得此书又重新完整流传。经北宋曾巩重新整理的《战国策》在南宋时期出现了两个几乎同时独立完成的不同版本：姚宏校注本《战国策》（1146）和鲍彪注本《战国策》（1147）。《宋史·艺文志》著录“高诱注《战国策》三十三卷”，即南宋姚宏校注本。何晋先生在《战国策·导读》中总结了姚宏校注的特点：主要是把宋代若干个不同版本字句的异同记于注中，注重文字的校勘，不轻易改字，在注中保留了多个版本的歧异，最大限度保留了刘向本《战国策》的面貌；其次很重要的是保留了残存的高诱注，所谓“存古之功足多”；再次是有姚宏自己的续注，较简略。对于此本刊刻时间，李致忠先生分析称，姚宏校正此书后序写于绍兴十六年（1146），后边付梓此书又未到孝宗之时，因知此书之刻必在绍兴十六年至三十二年（1146—1162）之间，故定此书为“宋绍兴刻本”。此本应是高注姚校《战国策》现存最早刻本，当年黄丕烈还将其刻入《士礼居丛书》。国图藏此本经清张士俊、冯秋鹤、黄丕烈、汪士钟、韩应陛家先后收藏，民国时归潘宗周宝礼堂。书中钤有“泽存堂藏书印”，“冯氏秋雀”，“黄印丕烈”“百宋一廛”“荛圃”“士礼居藏”，“汪士钟印”“阆源真赏”“宋本”，“韩应陛鉴藏宋元名钞名校各善本于读有用书斋印记”“德均审定”“读有用书斋”“甲子丙寅韩德均钱润文夫妇两度携书避难记”等印。新中国成立后潘氏后人捐献国家，入藏北京图书馆。

《百部经典》版《战国策》选用的底本为上海古籍出版社1985年出版的《战国策》，后者所用底本就是清嘉庆八年（1803）黄丕烈刊刻的姚宏本，即《士礼居丛书》本，该本是目前较好的姚宏本《战国策》整理本。《宋史·艺文志》著录的另一版本为“鲍彪注《国策》十卷”，鲍彪是与姚宏差不多同时代的人，姚宏因忤秦桧而死于大理狱中，其书不盛传，同时人鲍彪竟不知姚宏有其书。鲍彪一生倾力为《战国策》作注，曾四易其稿。然而鲍注《战国策》却有两大缺点：一是训释讹舛较多，二是对原书篇章次第以己意改移，非复刘向、曾巩之旧。因此，四库馆臣批评“是书窜乱故本，实自彪始”。到了元代，吴师道取姚宏之注本与鲍注本参校，并引诸书考正，于是有了鲍彪注、吴师道重校的《战国策》问世。国图藏此本为清常熟瞿氏铁琴铜剑楼旧物，钤印“虞山瞿绍基臧书之印”“恬裕斋镜之氏珍臧”“铁琴铜剑楼”“瞿秉沂印”“瞿启科印”等印。

（张毕晓）

黄帝内经

黄帝内经素问二十四卷亡篇一卷　（唐）王冰注　（宋）林亿等校正　（宋）孙兆改误　金刻本

每半叶13行，行22字，小注行30字，白口，四周双边。存13卷：卷3—5、11—18、20、亡篇。国家图书馆藏（索书号：A01191）。入选《第一批国家珍贵古籍名录》（名录号：00626）。

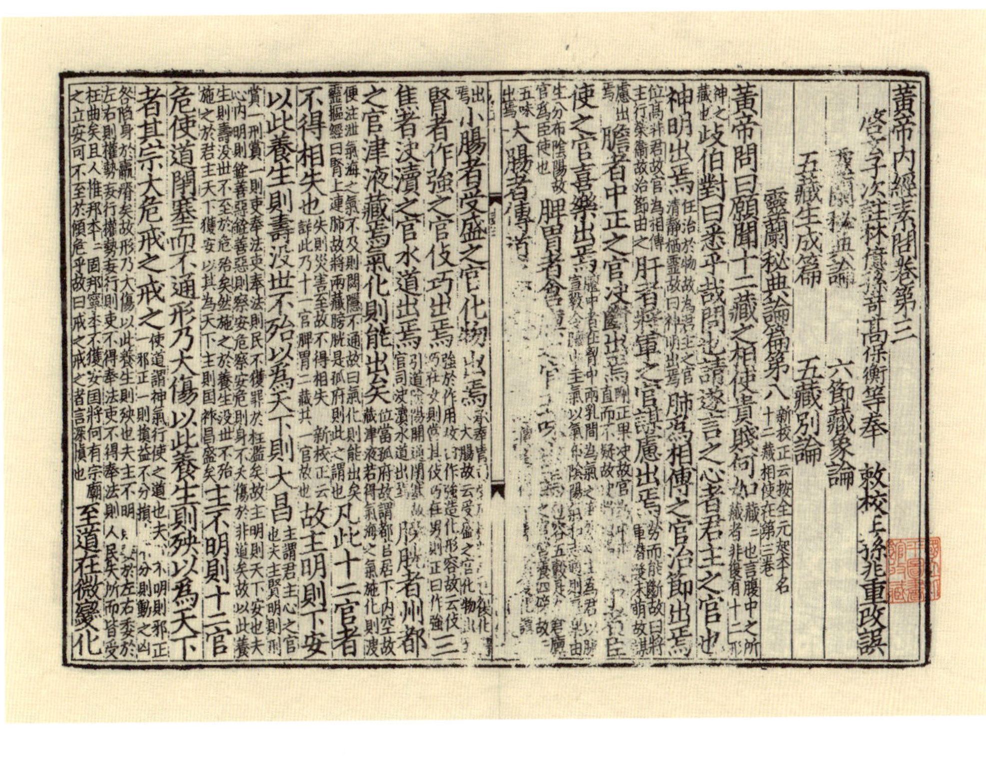

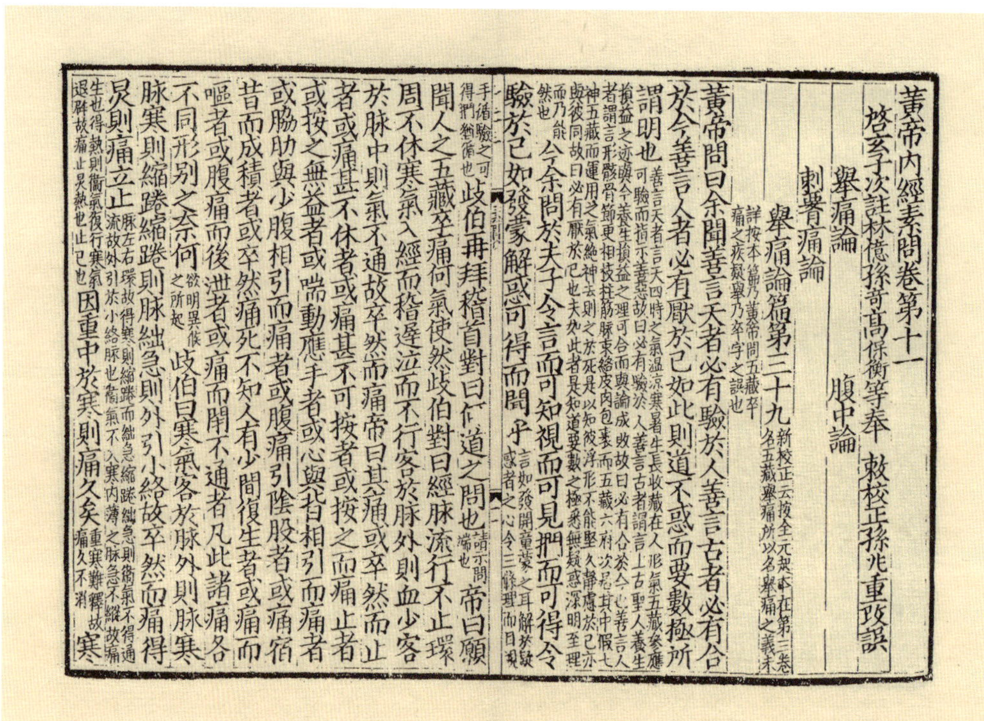

黃帝內經素問卷第十一

啓玄子次註林億孫奇高保衡等奉　勑校正孫兆重改誤

舉痛論　腹中論

刺腰痛論

舉痛論篇第三十九 新校正云按全元起本在第三卷名五藏舉痛所以名舉痛之義未詳按本篇乃黃帝問五藏卒痛之疾疑舉乃卒字之誤也

黃帝問曰余聞善言天者必有驗於人善言古者必有合於今善言人者必有厭於己如此則道不惑而要數極所謂明也 善言天者言天四時之氣溫涼寒暑生長收藏在人形氣五藏參應可驗而指示善惡故曰必有驗於人善言古者謂言上古聖人養生損益之迹與今養生損益之理可合而與論成敗故曰必有合於今也善言人者謂言形骸骨節更相枝拄筋脉束絡皮肉包裹而五藏六府次居其中假七神五藏而運用之氣絕神去則之於死是以知彼浮形不能堅久靜慮於己亦與彼同故曰必有厭於己也夫如此者是知道要數之極悉無疑惑深明至理而乃能然也 今余問於夫子令言而可知視而可見捫而可得令驗於己如發蒙解惑可得而聞乎 言如發開童蒙之耳解於疑惑者之心令一一條理而目視手循驗之可得捫循也 岐伯再拜稽首對曰何道之問也 請示問端也 帝曰願聞人之五藏卒痛何氣使然岐伯對曰經脉流行不止環周不休寒氣入經而稽遲泣而不行客於脉外則血少客於脉中則氣不通故卒然而痛帝曰其痛或卒然而止者或痛甚不休者或痛甚不可按者或按之而痛止者或按之無益者或喘動應手者或心與背相引而痛者或脇肋與少腹相引而痛者或腹痛引陰股者或痛宿昔而成積者或卒然痛死不知人有少間復生者或痛而嘔者或腹痛而後泄者或痛而閉不通者凡此諸痛各不同形別之奈何 欲明異候之所起 岐伯曰寒氣客於脉外則脉寒脉寒則縮踡縮踡則脉絀急則外引小絡故卒然而痛得炅則痛立止 脉左右環故得寒則縮踡而絀急縮踡絀急則衛氣不得通流故外引於小絡脉也衛氣不入寒內薄之脉急不縱故痛生也得熱則衛氣復行寒氣退辟故痛止炅熱也止已也 因重中於寒則痛久矣 重寒難釋故痛久不消 寒

新刊补注释文黄帝内经素问十二卷　（唐）王冰注　（宋）林亿等校正　（宋）孙兆改误　元至元五年（1339）胡氏古林书堂刻本

每半叶13行，行23字，黑口，四周双边。国家图书馆藏（索书号：06834）。入选《第一批国家珍贵古籍名录》（名录号：00627）。

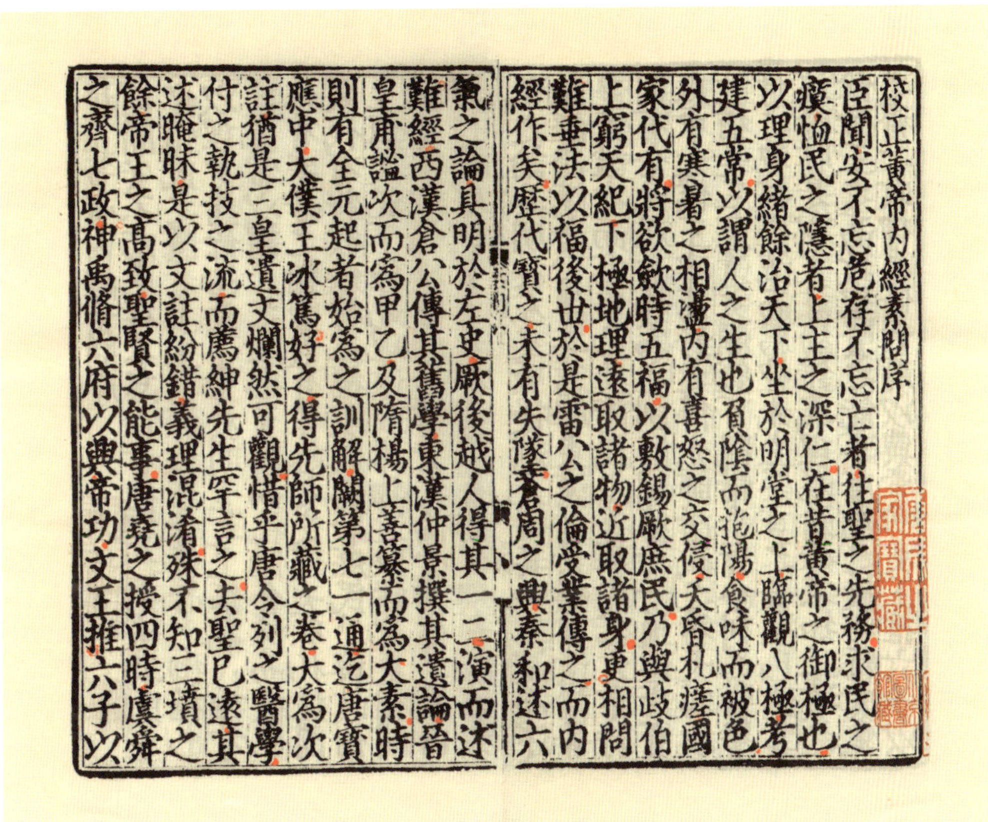
校正黃帝內經素問序
臣聞安不忘危存不忘亡者往聖之先務求民之瘼恤民之隱者上主之深仁在昔黃帝之御極也以理身緒餘治天下坐於明堂之上臨觀八極考建五常以謂人之生也負陰而抱陽食味而被色外有寒暑之相盪內有喜怒之交侵夭昏札瘥國家代有將欲斂時五福以敷錫厥庶民乃與岐伯上窮天紀下極地理遠取諸物近取諸身更相問難垂法以福後世於是雷公之倫受業傳之而內經作矣歷代寶之未有失墜蒼周之興秦和述六氣之論具明於左史厥後越人得其一二演而述難經西漢倉公傳其舊學東漢仲景撰其遺論晉皇甫謐次而為甲乙及隋楊上善纂而為大素時則有全元起者始為之訓解闕第七一通迄唐寶應中太僕王冰篤好之得先師所藏之卷大為次註猶是三皇遺文爛然可觀惜乎唐令列之醫學付之執技之流而薦紳先生罕言之去聖已遠其術晻昧是以文註紛錯義理混淆殊不知三墳之餘帝王之高致聖賢之能事唐堯之授四時虞舜之齊七政神禹脩六府以興帝功文王推六子以

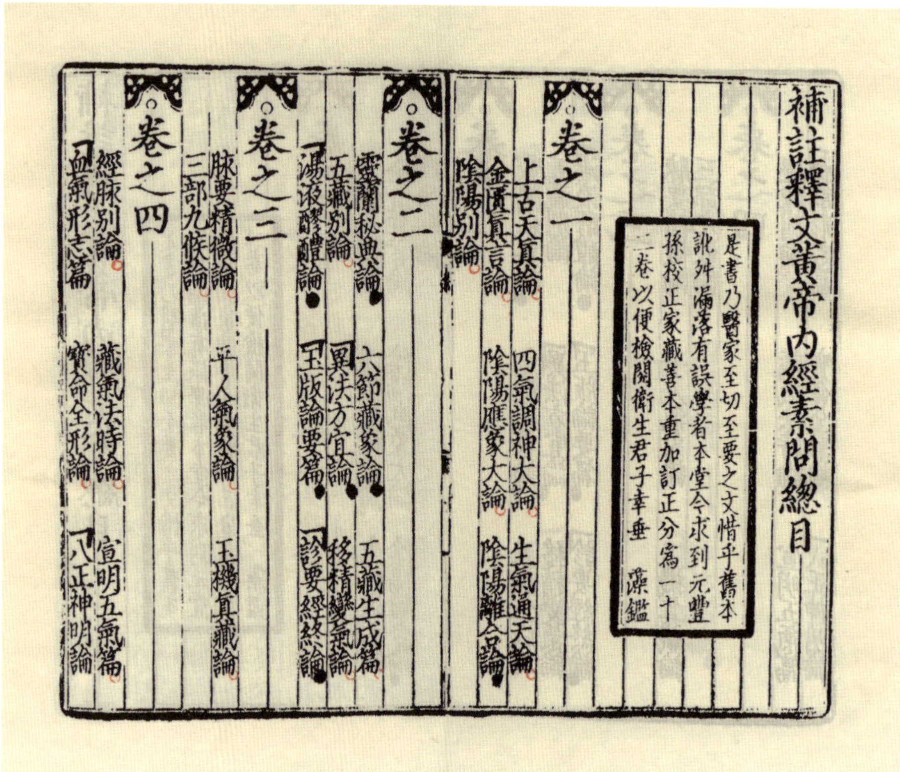

補註釋文黃帝内經素問總目

是書乃醫家至切至要之文惜乎舊本訛舛漏落有誤學者本堂今求到元豐孫校正家藏善本重加訂正分爲一十二卷以便檢閲衛生君子幸垂 藻鑑

卷之一

上古天真論　四氣調神大論　生氣通天論

金匱真言論　陰陽應象大論　陰陽離合論

陰陽別論

卷之二

靈蘭秘典論　六節藏象論　五藏生成篇

五藏別論　異法方宜論　移精變氣論

湯液醪醴論　玉版論要篇　診要經終論

卷之三

脉要精微論　平人氣象論　玉機真藏論

三部九候論

卷之四

經脉別論　藏氣法時論　宣明五氣篇

血氣形志篇　寶命全形論　八正神明論

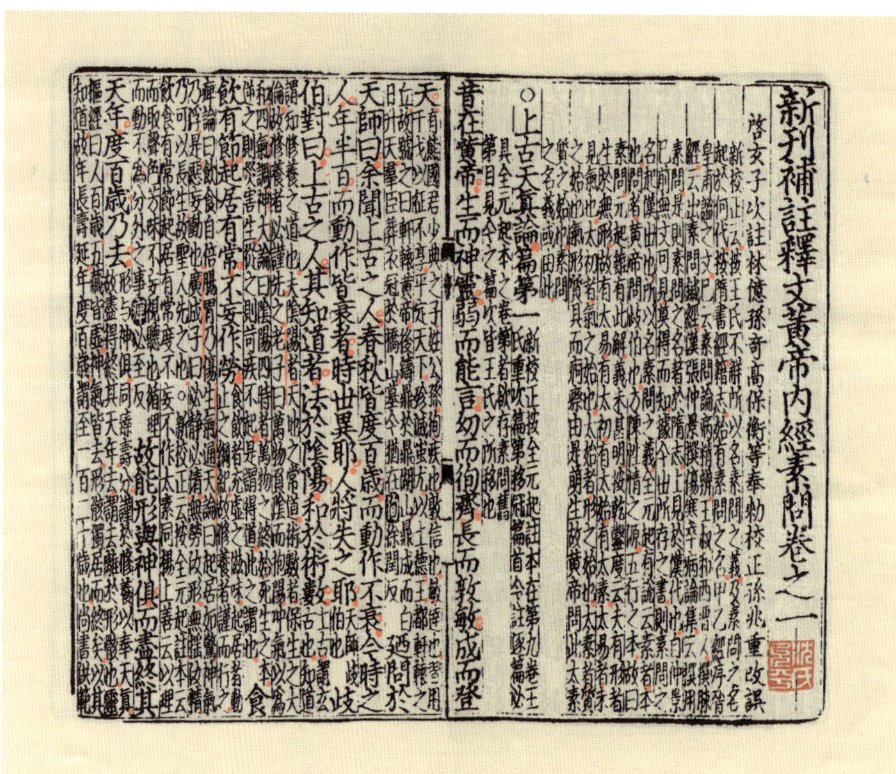

新刊補註釋文黃帝内經素問卷之一

啓玄子次註林億孫奇高保衡等奉勑校正孫兆重改誤

上古天真論篇第一

昔在黃帝生而神靈弱而能言幼而徇齊長而敦敏成而登天乃問於天師曰余聞上古之人春秋皆度百歲而動作不衰今時之人年半百而動作皆衰者時世異耶人將失之耶岐伯對曰上古之人其知道者法於陰陽和於術數食飲有節起居有常不妄作勞故能形與神俱而盡終其天年度百歲乃去

新刊黄帝内经灵枢十二卷 元至元五年（1339）胡氏古林书堂刻至元六年（1340）印本

每半叶14行，行24字，黑口，四周双边。国家图书馆藏（索书号：06835）。入选《第一批国家珍贵古籍名录》（名录号：00633）。

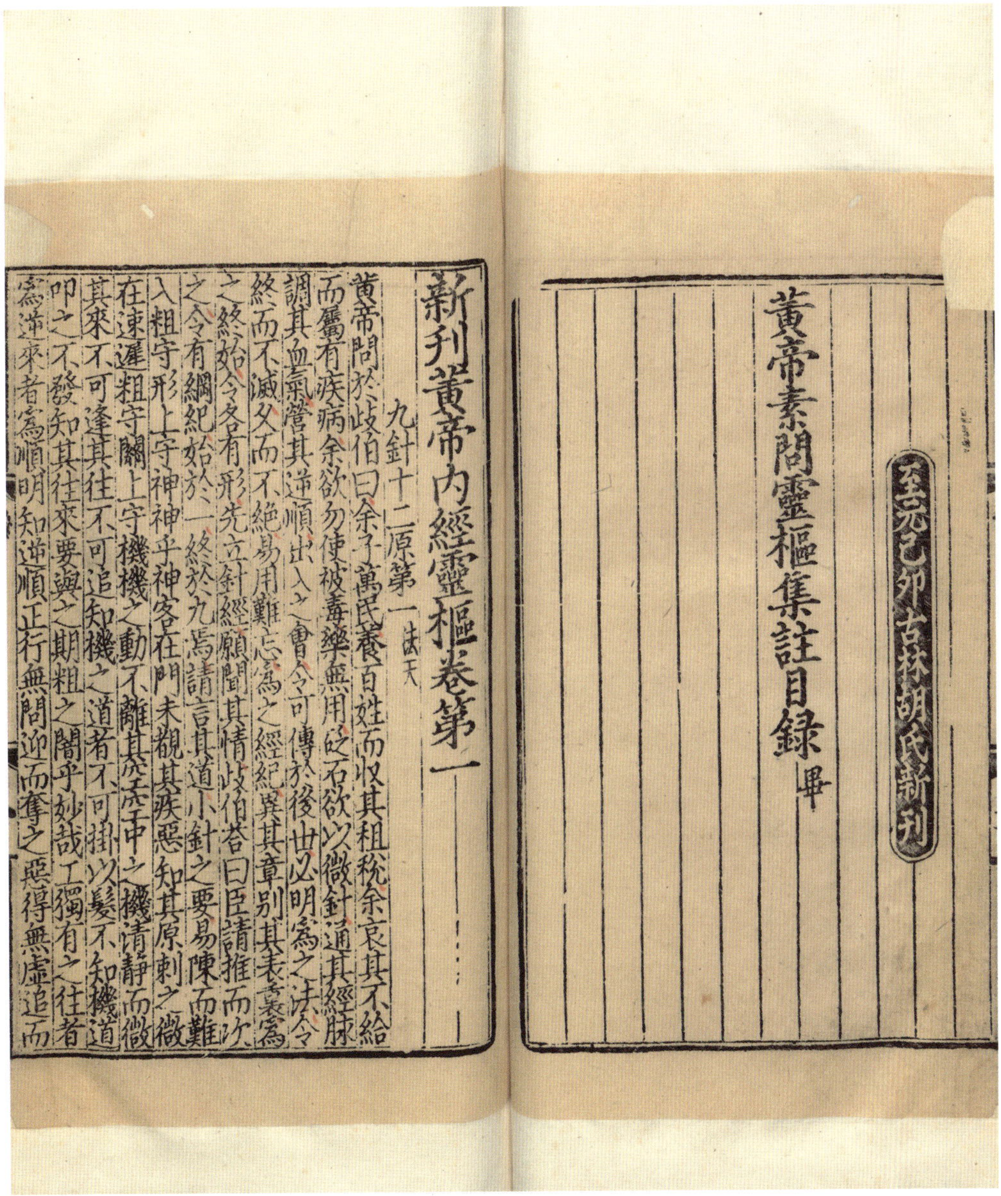

《黄帝内经》简称《内经》。托名黄帝作。成书于战国时期，经西汉刘向编订，后世逐渐增补而成，不是出于一时一人之手。南北朝时，全元起首次为《素问》作注。逮及唐代，王冰在全氏注本基础上，重新整理、注释、补缀、编次，历时十二年，撰注成书，析为二十四卷八十一篇，流行于世。

全书采用黄帝与岐伯等君臣问答形式写成，以医学理论为主，兼及针灸、方药和治疗，是我国现存古代医学典籍中，全面系统记载古代理疗经验和理论知识的奠基之作。《百部经典》版《黄帝内经》解读人柳长华认为该书学术体系的核心是对生命与疾病的认知，包括养生、藏象、诊法、经络、腧穴、刺法、病机、治则等方面，《黄帝内经》中包含的天人合一的生命观、阴阳五行的认识论是中华优秀传统文化的代表，是中医理论与实践的集大成之作。

古人编书有个习惯，常分内外篇，尤其在秦汉诸书中很常见，比如《庄子》《淮南子》《抱朴子》等书，皆以内外分别全书。这部医书最早大约也是把理论性系统性的内容编为内经，其余杂论编为外经。因为《汉书·艺文志》有"《黄帝内经》十八卷，《外经》三十七卷"的记录。可惜西汉以后，《外经》不存，今人所见只有《内经》。东汉名医张仲景开始称《黄帝内经》为《素问》《九卷》。晋初医学家皇甫谧认为《针经》九卷、《素问》九卷，与《汉书·艺文志》记载的《黄帝内经》十八卷之数相合，《素问》《九卷》即是西汉时流传下来的《黄帝内经》。盖《黄帝内经》是一书的总名，汉晋之世分为《素问》《九卷》(《九卷》论经脉之本原，故又称《针经》)。唐代以后，《黄帝内经》的两个组成部分称《素问》《灵枢》，这种分类方法和名称延续至今。北宋林亿等人奉敕对王冰注本《素问》加以校理，并由官府刊印颁行。此《素问》版本一出，为医家所宗，成为后世各种传本的祖本。《素问》在宋金元时期形成了两个版本系统，即二十四卷本和十二卷本。明清时期又出现多种不同卷数的校注本，总体不出王注林校这一祖本的范围。

金刻本《黄帝内经素问》是二十四卷本系统现存最早的版本，此书原藏于清内阁大库，后转藏国家图书馆。十二卷系统本现存最早最全本是元代胡氏古林书堂刻本，此本钤有"叶树廉印""石君""铁琴铜剑楼"等印记，此书曾为清末藏书大家瞿氏家族收藏。目录前有木记："是书乃医家至切至要之文，惜乎旧本讹舛漏落，有误学者，本堂今求到元丰孙校正家藏善本，重加订正，分为一十二卷，以便检阅。卫生君子幸垂藻鉴。"目录后有"元本二十四卷，今并为一十二卷刊行”题记。卷末镌“至元己卯菖节古林书堂新刊”。古林书堂是元代后期一个书坊，主人胡氏无考，在至元五年六年间集中刻印了几种医书。《黄帝内经》另一组成部分《灵枢》现存最早版本也是这个书坊所刊刻。此本卷一卷端题“新刊黄帝内经灵枢”，与目录及卷二之后所题“黄帝素问灵枢经集注”略有不同，是书原题“黄帝素问灵枢经”，胡氏新刊时改为卷一题名。该书于元至元五年（1339）刻版，六年刷印发行。此本卷一目录后有“作二十四卷，今并为十二卷，计八十一篇”题记，卷末镌“至元己卯古林胡氏新刊”木记。卷一后又镌“至元庚辰菖节古林书堂印行”木记。是本也曾被清代藏书大家瞿氏家族收藏，有“铁琴铜剑楼”藏印可证，现藏国家图书馆。

（华鑫文）

春秋繁露

春秋繁露十七卷　（汉）董仲舒撰　宋嘉定四年（1211）江右计台刻本（卷1—2为同版另本配入）

每半叶10行，行18字，白口，左右双边。国家图书馆藏（索书号：12348）。入选《第一批国家珍贵古籍名录》（名录号：00317）。

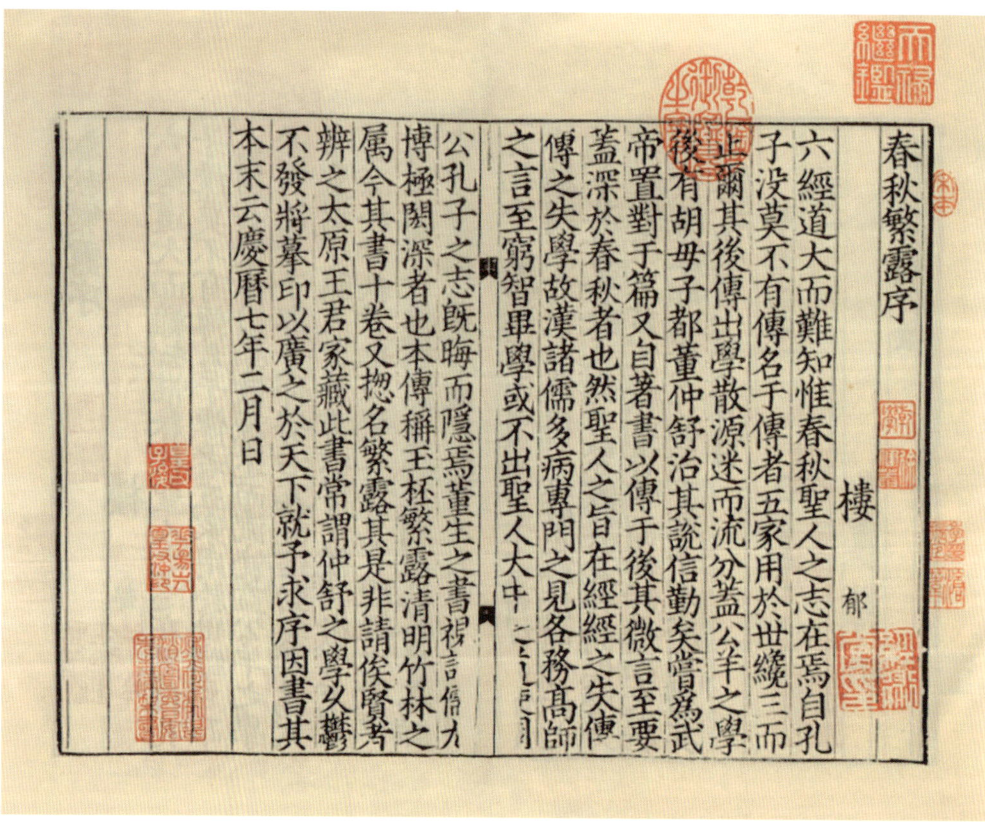
春秋繁露序

樓郁

六經道大而難知惟春秋聖人之志在焉自孔子没莫不有傳名于傳者五家用於世纔三而止爾其後傳出學散源迷而流分蓋公羊之學後有胡母子都董仲舒治其說信勤矣嘗爲武帝置對于篇又自著書以傳于後其微言至要蓋深於春秋者也然聖人之旨在經經之失傳傳之失學故漢諸儒多病專門之見各務高師之言至窮智畢學或不出聖人大中[illegible]

公孔子之志既晦而隱焉董生之書視諸儒尤博極閎深者也本傳稱王杯繁露清明竹林之屬今其書十卷又總名繁露其是非請俟賢者辨之太原王君家藏此書常謂仲舒之學久鬱不發將摹印以廣之於天下就予求序因書其本末云慶曆七年二月日

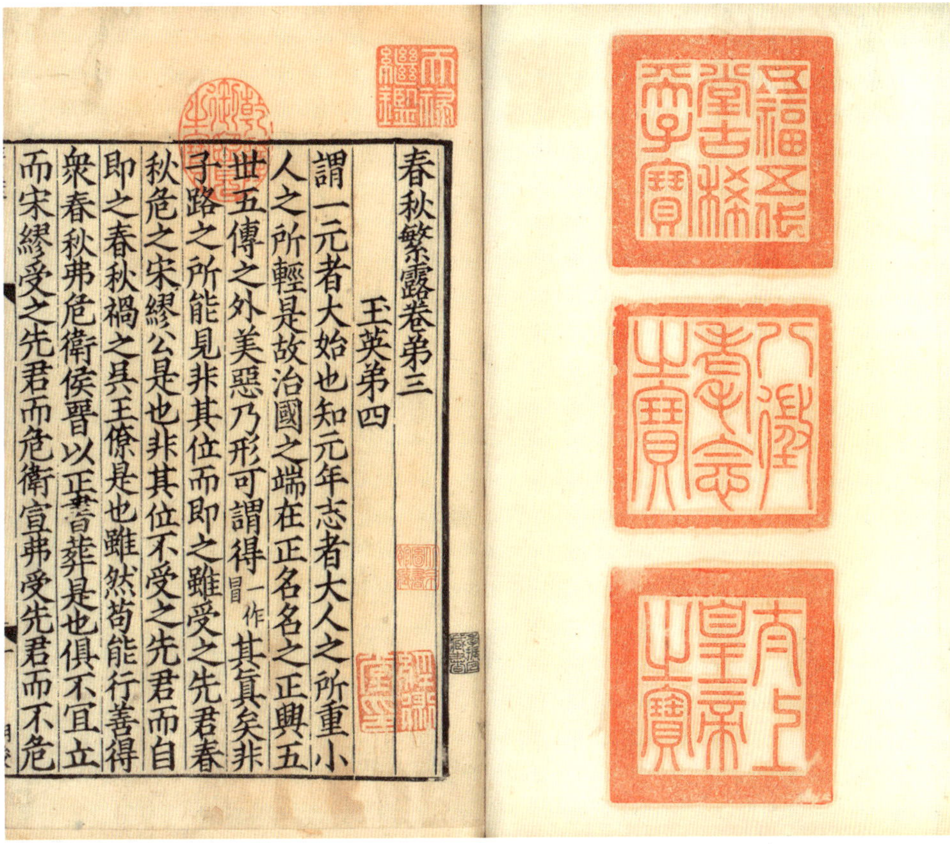
春秋繁露卷第三
王英弟四
謂一元者大始也知元年志者大人之所重小
人之所輕是故治國之端在正名名之正興五
世五傳之外美惡乃形可謂得（一作冒）其眞矣非
子路之所能見非其位而即之雖受之先君春
秋危之宋繆公是也非其位不受之先君而自
即之春秋褐之吴王僚是也雖然苟能行善得
衆春秋弗危衛侯晉以正書葬是也俱不宜立
而宋繆受之先君而危衛宣弗受先君而不危

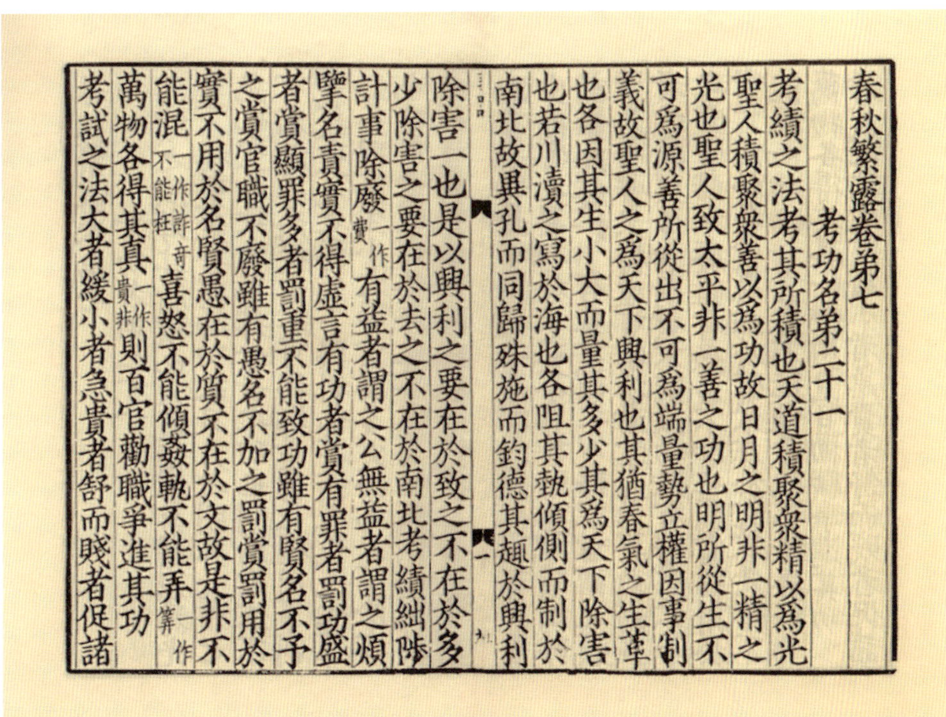
春秋繁露卷第七
考功名第二十一
考績之法考其所積也天道積聚衆精以爲光
聖人積聚衆善以爲功故日月之明非一精之
光也聖人致太平非一善之功也明所從生不
可爲源善所從出不可爲端量勢立權因事制
義故聖人之爲天下興利也其猶春氣之生草
也各因其生小大而量其多少其爲天下除害
也若川瀆之寫於海也各阻其埶傾側而制於
南北故異孔而同歸殊施而鈞德其趣於興利
除害一也是以興利之要在於致之不在於多
少除害之要在於去之不在於南北考績絀陟
計事除廢（一作費）有益者謂之公無益者謂之煩
擥名責實不得虛言有功者賞有罪者罰功盛
者賞顯罪多者罰重不能致功雖有賢名不予
之賞官職不廢雖有愚名不加之罰賞罰用於
實不用於名賢愚在於質不在於文故是非不
能混（一作詐不能枉奇）喜怒不能傾姦軌不能弄（一作筭）
萬物各得其眞（一作貴非）則百官勸職爭進其功
考試之法大者緩小者急貴者舒而賤者促諸

春秋繁露十七卷　（汉）董仲舒撰　明正德十一年（1516）华坚兰雪堂铜活字印本

每半叶 14 行，行 13 字，白口，左右双边。国家图书馆藏（索书号：03366）。入选《第三批国家珍贵古籍名录》（名录号：07387）。

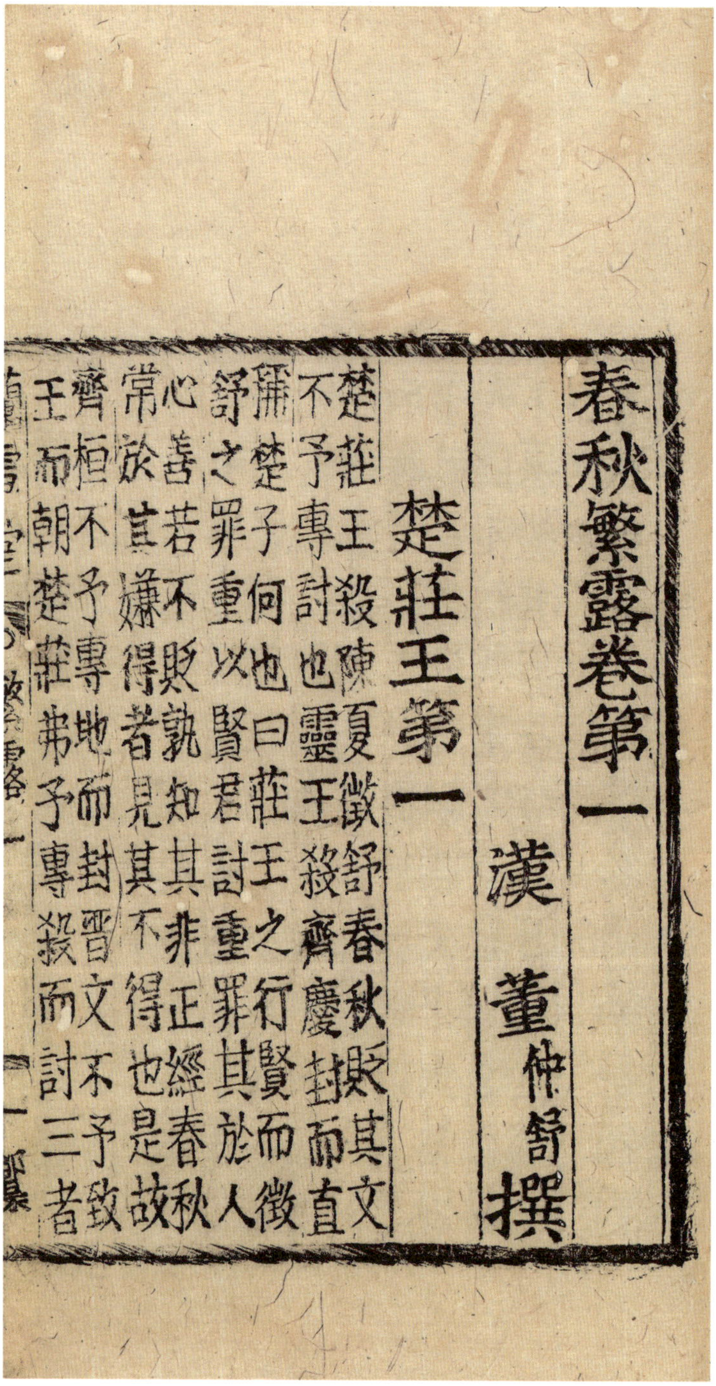
春秋繁露卷第一
漢　董仲舒撰
楚莊王第一
楚莊王殺陳夏徵舒春秋貶其文不予專討也靈王殺齊慶封而直稱楚子何也曰莊王之行賢而徵舒之罪重以賢君討重罪其於人心善若不貶孰知其非正經春秋常於其嫌得者見其不得也是故齊桓不予專地而封晉文不予致王而朝楚莊弗予專殺而討三者

春秋繁露十七卷　（汉）董仲舒撰　明嘉靖三十三年（1554）周采刻本

每半叶9行，行17字，黑口，四周双边。清黄丕烈校并跋。国家图书馆藏（索书号：00893）。入选《第四批国家珍贵古籍名录》（名录号：10116）。

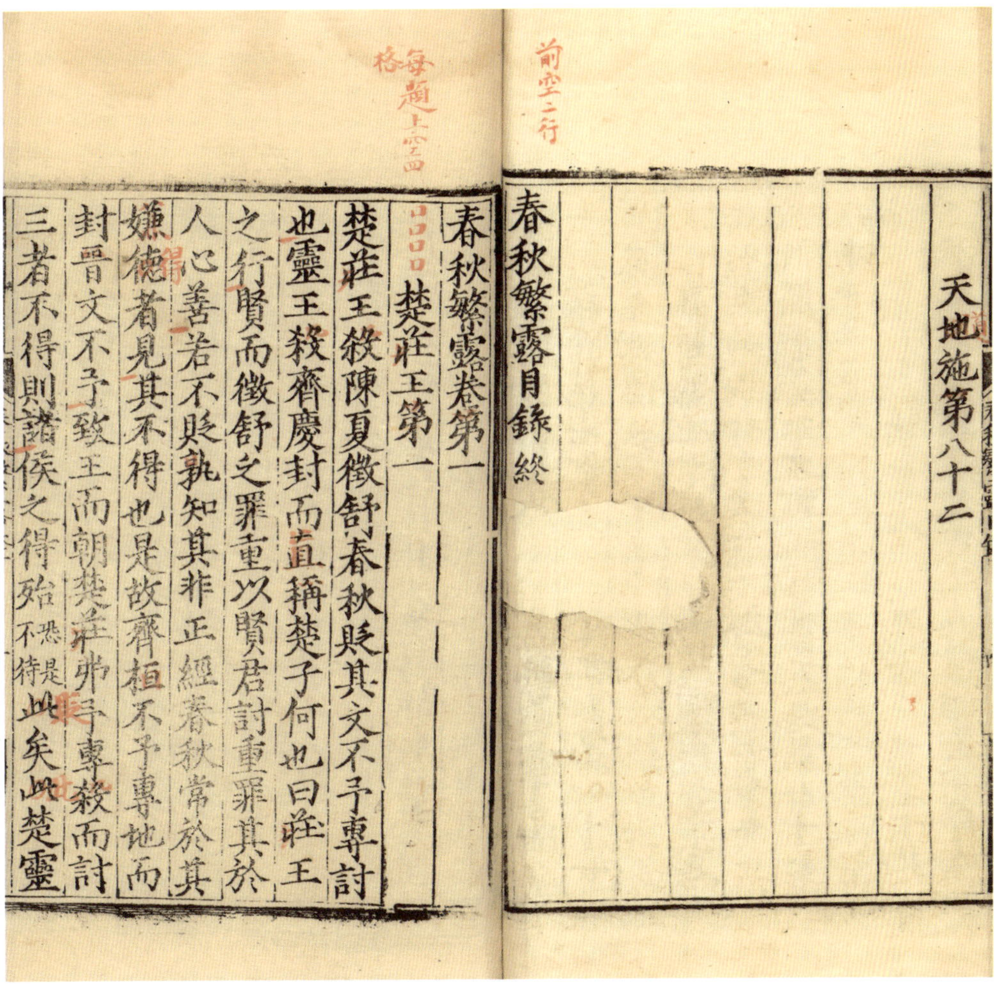
天地施第八十二
春秋繁露目錄終
春秋繁露卷第一
楚莊王第一
楚莊王殺陳夏徵舒春秋貶其文不予專討
也靈王殺齊慶封而直稱楚子何也曰莊王
之行賢而徵舒之罪重以賢君討重罪其於
人已善若不貶孰知其非正經春秋常於其
嫌德者見其不得也是故齊桓不予專地而
封晉文不予致王而朝楚莊弗予專殺而討
三者不得則諸侯之得殆此矣此楚靈

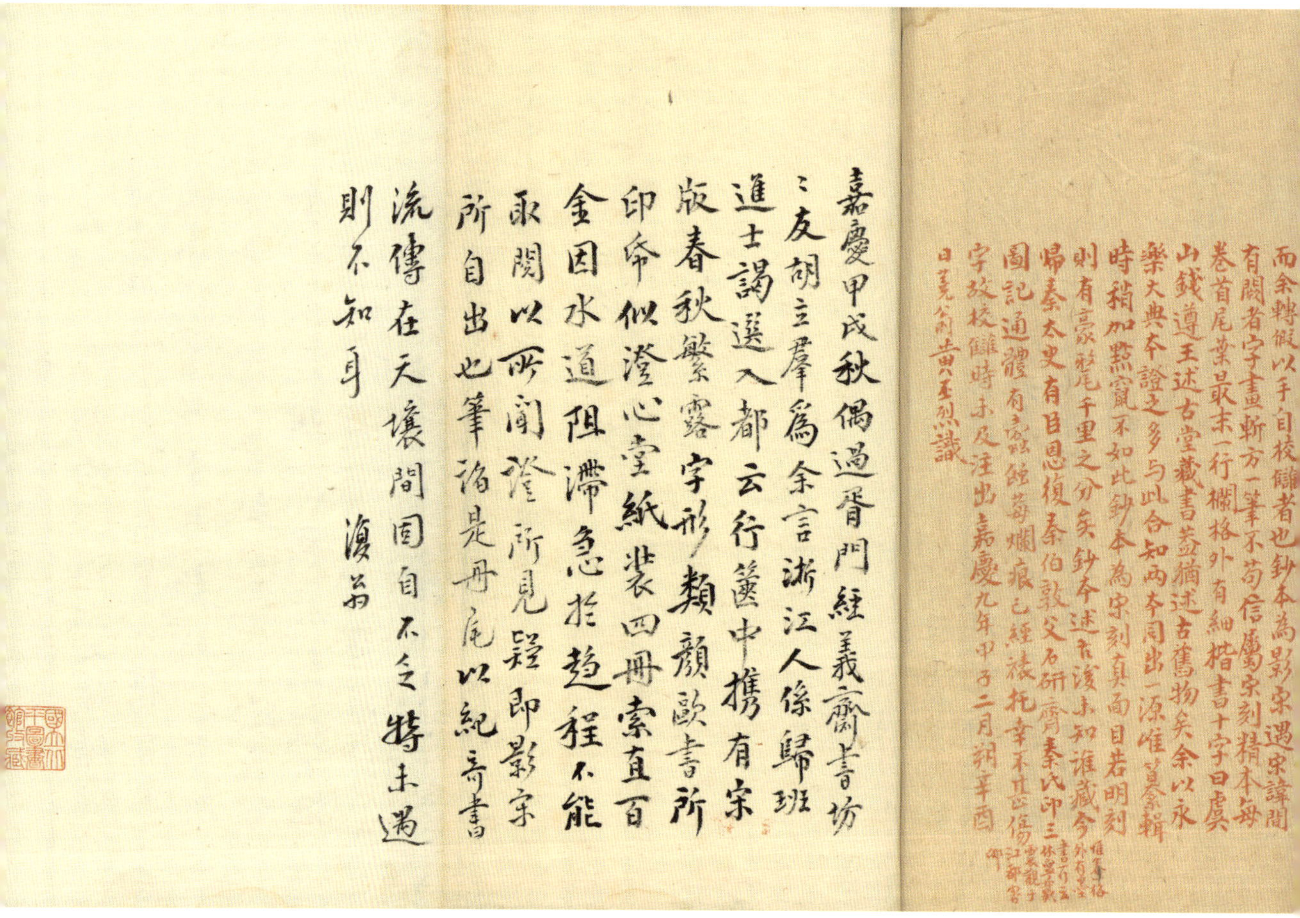
而余轉假以手自校讎者也鈔本爲影宋遇宋諱間
有闕者字畫斬方一筆不苟信屬宋刻精本每
卷首尾葉最末一行欄格外有細楷書十字曰虞
山錢遵王述古堂藏書蓋猶述古舊物矣余以永
樂大典本證之多與此合知兩本同出一源唯篡輯
時稍加點竄不如此鈔本爲宋刻真面目若明刻
則有豪釐千里之分矣鈔本述古後不知誰藏今
歸秦太史有目恩復秦伯敦父石研齋秦氏印三
圖記通體有蠹蝕霉爛痕已經裝托幸不甚傷
字故校讎時未及注出嘉慶九年甲子二月朔平西
日蕘翁黄丕烈識
嘉慶甲戌秋偶過胥門經義齋書坊
〻友胡立羣爲余言浙江人係歸班
進士謁選入都云行篋中攜有宋
版春秋繁露字形類顏歐書所
印本似澄心堂紙裝四冊索直百
金因水道阻滯急於趨程不能
取閱以所聞證所見疑即影宋
所自出也筆諸是冊尾以紀奇書
流傳在天壤間固自不乏特未遇
則不知耳　復翁

董仲舒，广川（今河北枣强县东）人，西汉时代最重要的政治哲学家、今文经学大师。学界普遍认为其生卒年在前179—前104年，《春秋繁露》解读人周桂钿先生认为董仲舒约生于汉高祖九年（前198），约卒于汉武帝元封五年（前106）。董仲舒早年专心研究春秋公羊学，汉景帝时立为博士，授徒讲经。汉武帝选举贤良文学之士时，曾连续三次应诏对策，阐述治国政术和天人感应，论证神权与君权关系，提出“罢黜百家、独尊儒术”的主张，该主张开启了此后两千余年封建社会以儒家思想为正统的先声。受武帝赏识，任江都相、胶西王相，后托病辞官，归家后专心从事著述和教学工作，卒于家中。著有《春秋繁露》。

董仲舒本来专治《春秋公羊传》，后借助春秋公羊学，杂以阴阳五行说，写了很多篇文章，形成新儒学的思想体系。后人将其著作汇辑成一书，汉代时称“董仲舒”，后来称“春秋繁露”。“繁露”可作“冕之所垂缀玉”讲，意指以《春秋》立论，贯通古今，如冕旒之连延下垂，即对《春秋》经文的发挥与解读。可以说，《春秋繁露》是汉代今文经学、政治哲学的重要载体，亦是研究董仲舒思想的主要资料。

《春秋繁露》共十七卷，八十二篇（其中缺39、40、54三篇）。全书以儒学为中心，杂糅阴阳家学说，加以引申改造，比较完整地体现了董仲舒的唯心主义哲学体系。他的政治哲学核心思想可以概括为“大一统”，政治上统一于皇帝的统治，即封建统一乃天经地义，不可更改；思想上统一于儒家思想的整合。书中发挥其思想精华“天人三策”中的“天人感应”说，将自然界和社会与人事进行神秘化，把“天”作为至高无上的主宰者，提出“王者承天意以从事”，为“君权神授”提供了理论根据，并在此基础上，进一步提出“三纲五常”之说。另外他还主张“三统”“三正”的历史循环论，建立了把人性分为上中下的“性三品”人性论。他的这些理论正是封建专制主义中央集权统治所需要的，在中国历史上产生了很大影响。

《春秋繁露》问世后，传本极多，但“向无善本，自来错简、文字脱误的现象较多”。现存最早刻本是上列国图藏宋嘉定四年江右计台刻本，为后世诸本之祖。李致忠先生在《中华再造善本总目提要》中对该本做详尽介绍：宋嘉定三年（1210）楼钥校定该本，跋称“将寄江右漕台长兄秘阁公刻之”，宋嘉定四年（1211）胡榘亦跋：“秘阁兄重刊于江右之计台，以惠后学云”。关键人物“长兄秘阁公”为胡榘之兄胡槻。据此，该书版本可具体定为“南宋嘉定四年胡槻江右计台刻本”。此书明代为朱大韶旧藏，清代迭经季振宜、徐乾学收藏，后入清宫天禄琳琅。书中钤有“华亭朱氏”“经术堂印”；“沧苇”“宋本”“季振宜印”“季振宜藏书”；“乾学”“徐健庵”；“乾隆御览之宝”“五福五代堂古稀天子”“八徵耄念之宝”“太上皇帝之宝”“天禄继鉴”“天禄琳琅”诸印。到了明代，《春秋繁露》十七卷刻本有四个比较重要的本子，其中包括明正德十一年（1516）锡山华坚兰雪堂铜活字印本和明嘉靖三十三年（1554）周采刻本。

（张毕晓）

九章算术

九章筭经九卷　（晋）刘徽注　（唐）李淳风等注释　宋庆元六年（1200）鲍澣之刻本

每半叶9行，行18字，注文小字双行18字，细黑口，左右双边。存5卷：卷1—5。上海图书馆藏（索书号：754323—25）。

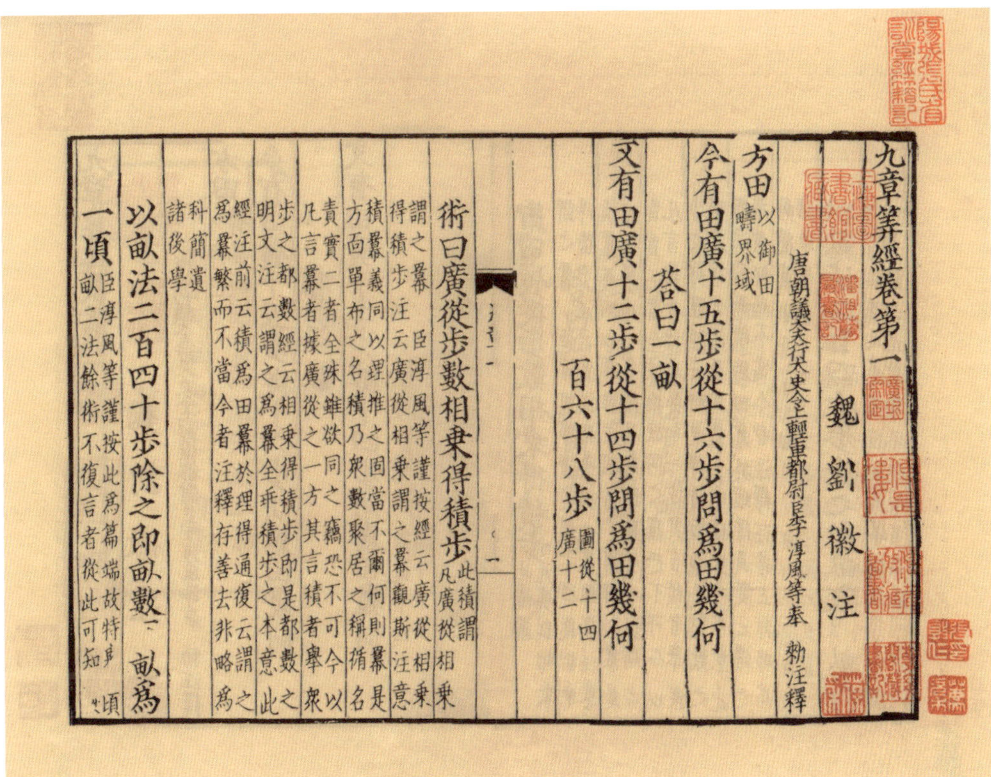

九章筭經卷第一

魏劉徽注

唐朝議大夫行太史令上輕車都尉臣李淳風等奉　勅注釋

方田以御田疇界域

今有田廣十五步從十六步問爲田幾何

荅曰一畝

又有田廣十二步從十四步問爲田幾何

荅曰百六十八步圖從十四廣十二

術曰廣從步數相乘得積步此積謂凡廣從相乘謂之冪臣淳風等謹按經云廣從相乘得積步注云廣從相乘謂之冪觀斯注意積冪義同以理推之固當不爾何則冪是方面單布之名積乃衆數聚居之稱循名責實二者全殊雖欲同之竊恐不可今以凡言冪者據廣從之一方其言積者舉衆步之都數經云相乘得積步即是都數之明文注云謂之爲冪全乖積步之本意此經注前云積爲田冪於理得通復云謂之爲冪繁而不當今者注釋存善去非略爲科簡遺諸後學

以畝法二百四十步除之即畝數百畝爲一頃臣淳風等謹按此爲篇端故特舉頃畝二法餘術不復言者從此可知

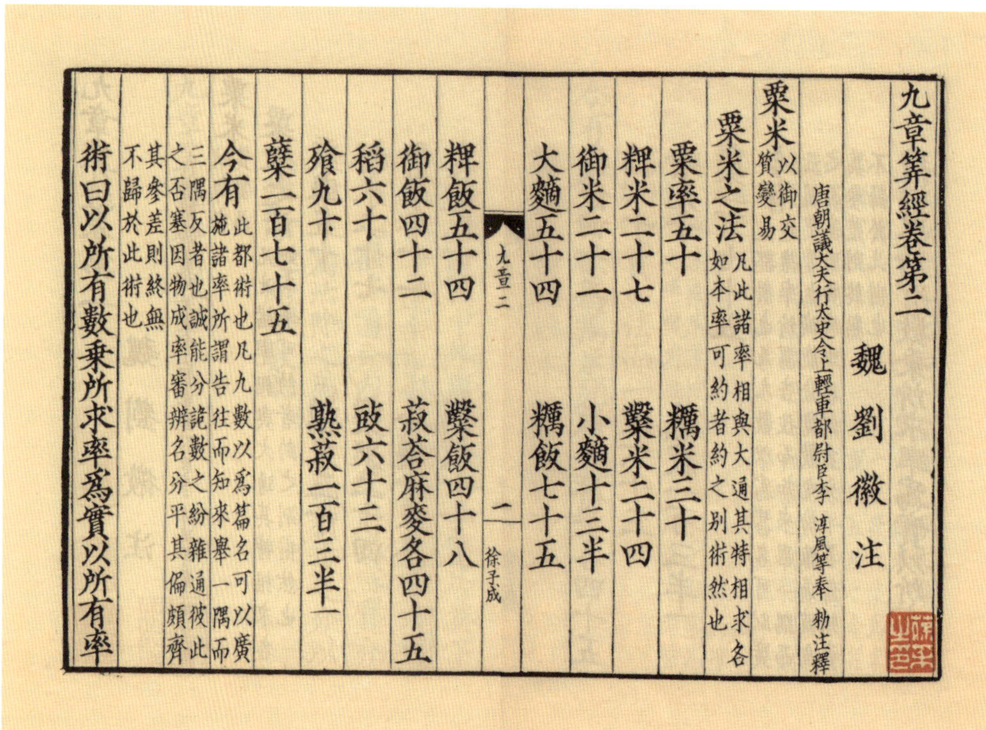

九章筭經卷第二　魏劉徽注

唐朝議大夫行太史令上輕車都尉臣李淳風等奉勑注釋

粟米以御交質變易

粟米之法 凡此諸率相與大通其特相求各如本率可約者約之別術然也

粟率五十　糲米三十

粺米二十七　糳米二十四

御米二十一　小䵂十三半

大䵂五十四　糲飯七十五

九章二　二　徐子成

粺飯五十四　糳飯四十八

御飯四十二　菽荅麻麥各四十五

稻六十　豉六十三

飱九十　熟菽一百三半

糵一百七十五

今有 此都術也凡九數以爲篇名可以廣施諸率所謂告往而知來舉一隅而三隅反者也誠能分詭數之紛雜通彼此之否塞因物成率審辨名分平其偏頗齊其參差則終無不歸於此術也

術曰以所有數乘所求率爲實以所有率

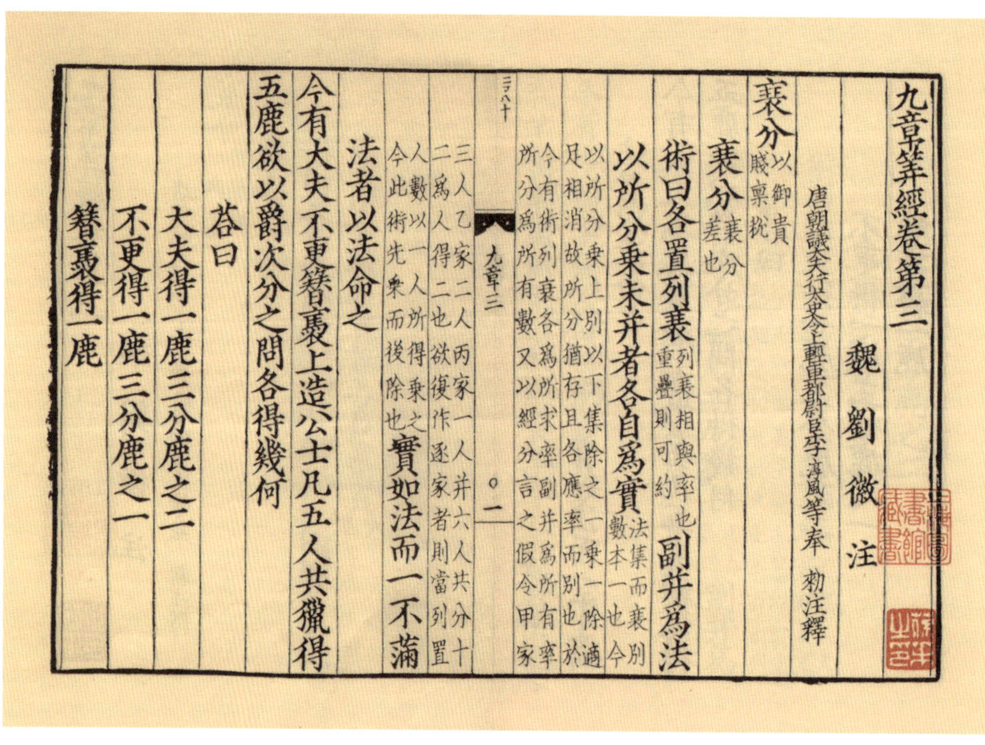

九章筭經卷第三　魏劉徽注

唐朝議大夫行太史令上輕車都尉臣李淳風等奉勑注釋

衰分以御貴賤稟稅

衰分 衰分差也

術曰各置列衰 列衰相與率也重疊則可約 副并爲法

以所分乘未并者各自爲實 法集而衰別數本一也今以所分乘上別以下集除之一乘一除適足相消故所分猶存且各應率而別也於今有術列衰各爲所求率副并爲所有率所分爲所有數又以經分言之假令甲家三人乙家二人丙家一人并六人共分十二爲人得二也欲復作逐家者則當列置人數以一人所得乘之今此術先乘而後除也 實如法而一不滿法者以法命之

三八十　九章三　〇二

今有大夫不更簪褭上造公士凡五人共獵得五鹿欲以爵次分之問各得幾何

荅曰

大夫得一鹿三分鹿之二

不更得一鹿三分鹿之一

簪褭得一鹿

九章算术九卷　（晋）刘徽注　（唐）李淳风注释　清文津阁四库全书本
国家图书馆藏。

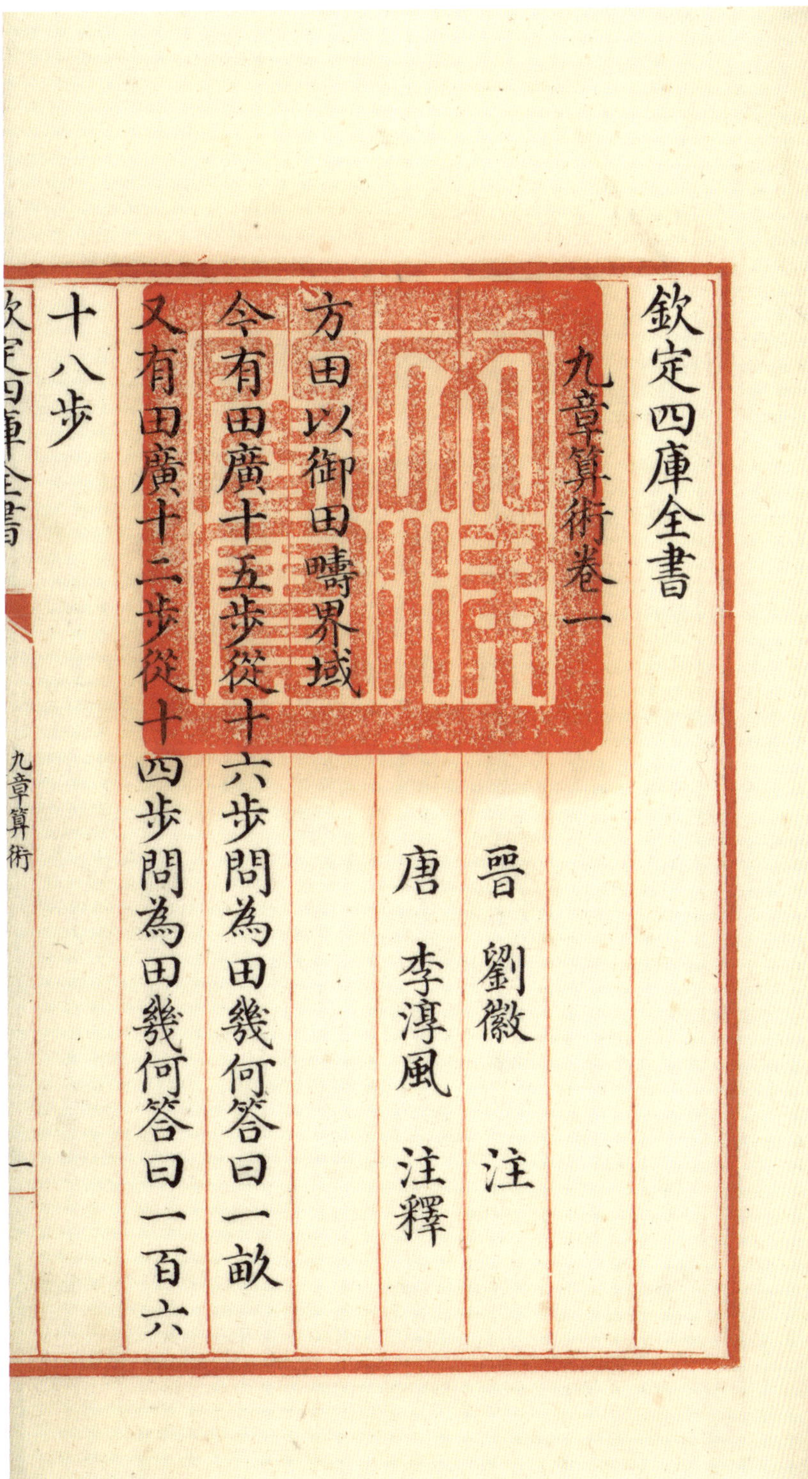
欽定四庫全書

九章算術卷一

晉 劉徽 注

唐 李淳風 注釋

方田以御田疇界域

今有田廣十五步從十六步問為田幾何答曰一畝

又有田廣十二步從十四步問為田幾何答曰一百六十八步

欽定四庫全書　九章算術　一

九章算术九卷附音义一卷　（晋）刘徽注　（唐）李淳风注释　清乾隆武英殿聚珍本

每半叶 9 行，行 21 字，白口，四周双边。国家图书馆藏（索书号：02324）。

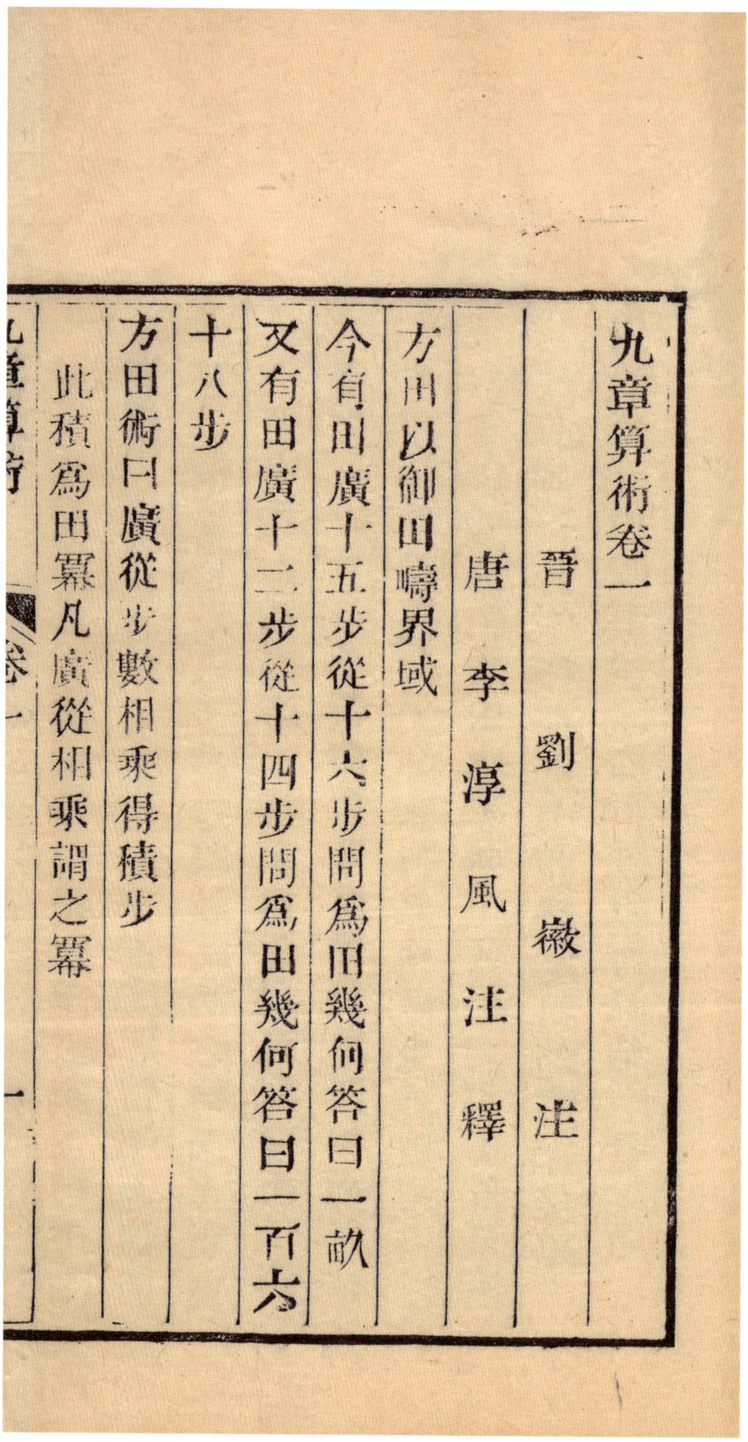

九章算術卷一

晉　劉　徽　注

唐　李　淳　風　注　釋

方田以御田疇界域

今有田廣十五步從十六步問爲田幾何答曰一畝

又有田廣十二步從十四步問爲田幾何答曰一百六十八步

方田術曰廣從步數相乘得積步

此積爲田冪凡廣從相乘謂之冪

广义的《九章算术》包括《九章算术》本文、刘徽的《九章算术注》和李淳风等的《九章算术注释》。《九章算术》经过几代人长期积累而成，编定年代说法不一。据刘徽《九章算术·序》："周公制礼而有九数，九数之流，则《九章》是矣。往者暴秦焚书，经术散坏。自时厥后，汉北平侯张苍、大司农中丞耿寿昌皆以善算命世。苍等因旧文之遗残，各称删补。"张苍，生卒年不详，秦汉政治家、数学家、天文学家，汉高祖三年（前204）封为北平侯。耿寿昌，生卒年不详，汉代数学家、天文学家，汉宣帝时为大司农中丞。刘徽，魏晋时代伟大的数学家，史书无传，生平不详，据考为淄乡（今山东邹平）人。《九章算术·序》中刘徽自述："幼习《九章》，长再详览。"《隋书·律历志》和《晋书·律历志》记载"魏陈留王景元四年（263）刘徽注《九章》"。刘徽注是现存最早、成就最大的《九章算术》注，以演绎逻辑为主要方法全面证明了《九章算术》的算法，奠定了中国古典数学理论的基础。李淳风（602—670），岐州雍（今陕西省凤翔县）人，唐初天文学家、数学家。李淳风与他人共同整理《周髀算经》《九章算术》等十部算经，作为算学馆的教材和明算科的考试科目。《旧唐书·李淳风传》记载，贞观二十二年（648），"太史监侯王思辩表称《五曹》《孙子》十部算经理多踳驳。淳风复与国子监算学博士梁述、太学助教王真儒等受诏注《五曹》《孙子》十部算经"。

《九章算术》是《算经十书》之一，包括方田、粟米、衰分等九卷，含近百条抽象公式、解法及二百四十六道例题。其中的四则运算法则、比例和比例分配算法等是这类算法在世界上最早的文献记录。《九章算术》确立了中国古典数学的基本框架，为数学成为中国古代最为发达的基础科学学科之一奠定了基础，深刻影响了此后两千余年中国和东方的数学成就。

《九章算术》版本较多。上列南宋庆元六年（1200）与嘉定六年（1213）鲍澣之刻本是以现已不存的北宋元丰七年（1084）秘书省刻本为底本翻刻。鲍澣之刻本今仅存五卷，钤有"陈道复印""黄虞稷印""传是楼""阳城张氏省训堂经籍记""蕙檠""葆采""广圻审定""秦伯敦父""潘祖荫藏书记""颂鲁眼福"等印。经明陈淳，清黄虞稷、毛扆、季振宜、徐乾学、张敦仁、秦恩复递藏，后被潘祖荫收得，现藏于上海图书馆。明《永乐大典》抄录《九章算术》内容，归入"算"字条。清乾隆年间修《四库全书》，戴震从《永乐大典》辑录出《九章算术》《周髀算经》《海岛算经》等七部算经，加以校勘，收入《四库全书》，后又以木活字摆印，收入《武英殿聚珍版丛书》。武英殿聚珍版是二百多年来《九章算术》流传最广，影响最大的版本之一。

（马超）

齐民要术

齐民要术十卷杂说一卷　（北魏）贾思勰撰　明嘉靖三年（1524）马纪刻本

每半叶10行，行18字，小字双行同，白口，左右双边。南京农业大学图书馆藏（索书号：T4）。入选《第三批国家珍贵古籍名录》（名录号：08361）。

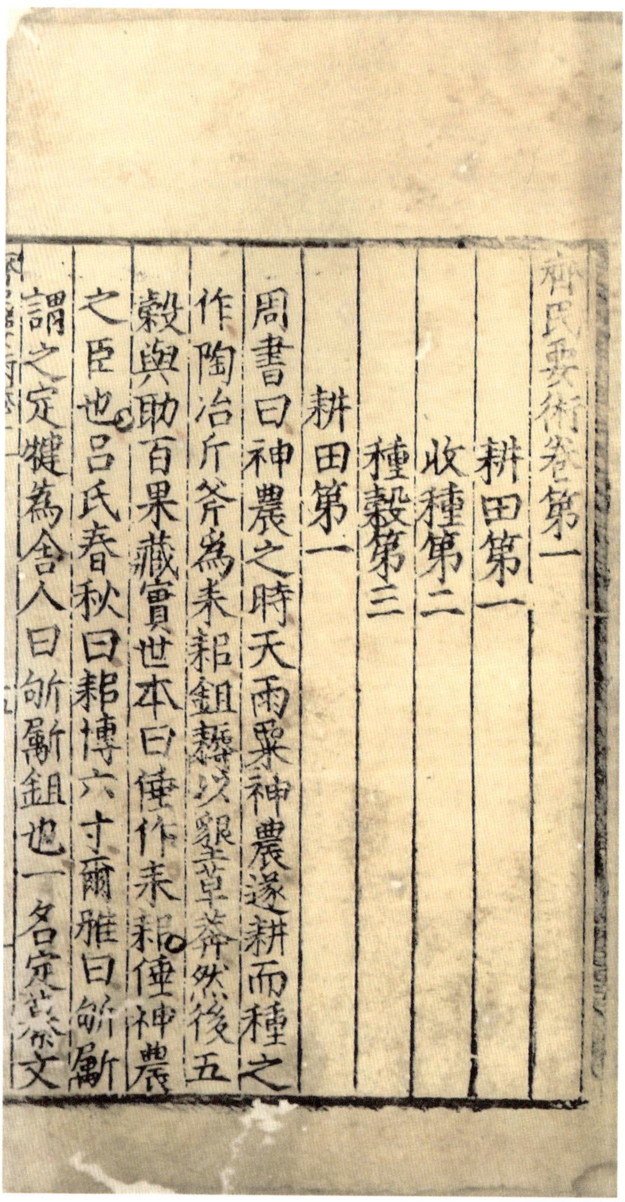

齐民要术十卷杂说一卷　（北魏）贾思勰撰　明万历胡震亨、沈士龙刻《秘册汇函》本

每半叶9行，行18字，小字双行同，白口，左右双边。国家图书馆藏（索书号：04950）。

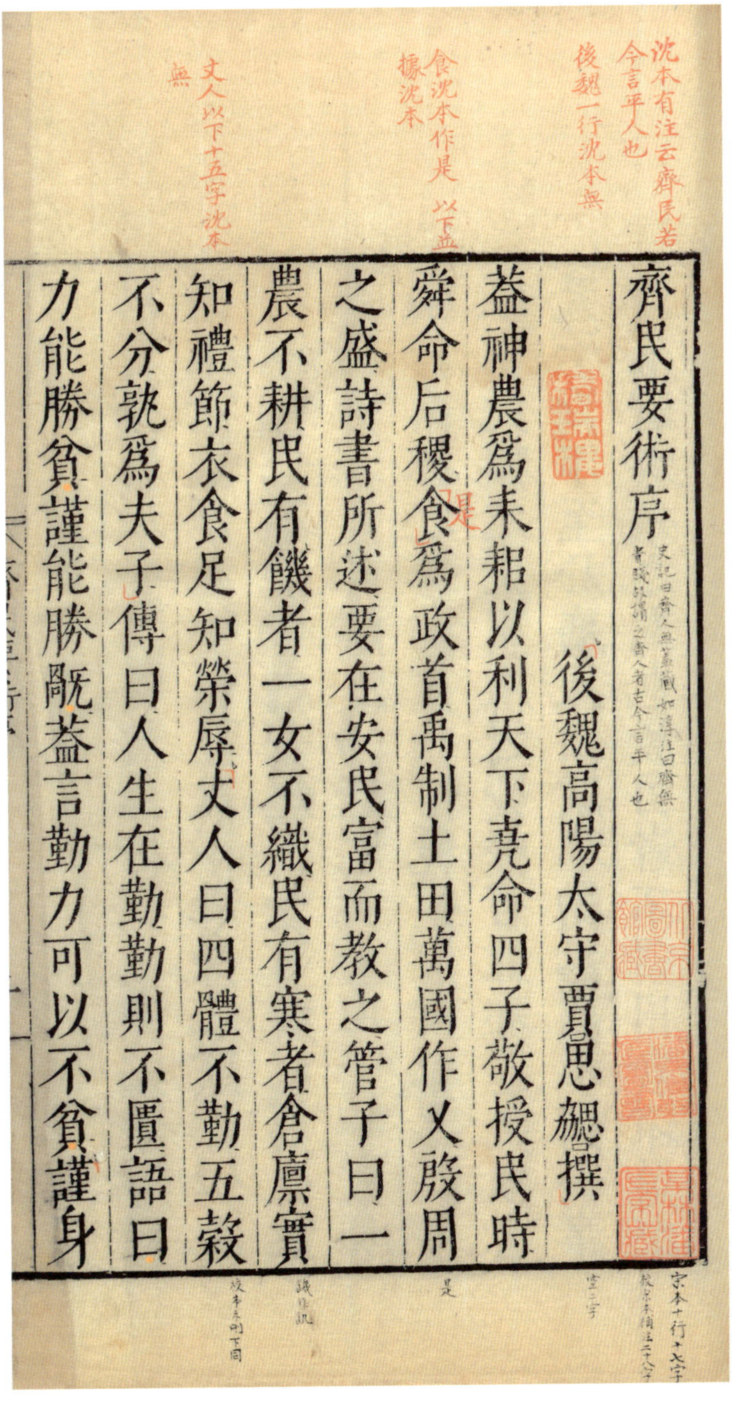

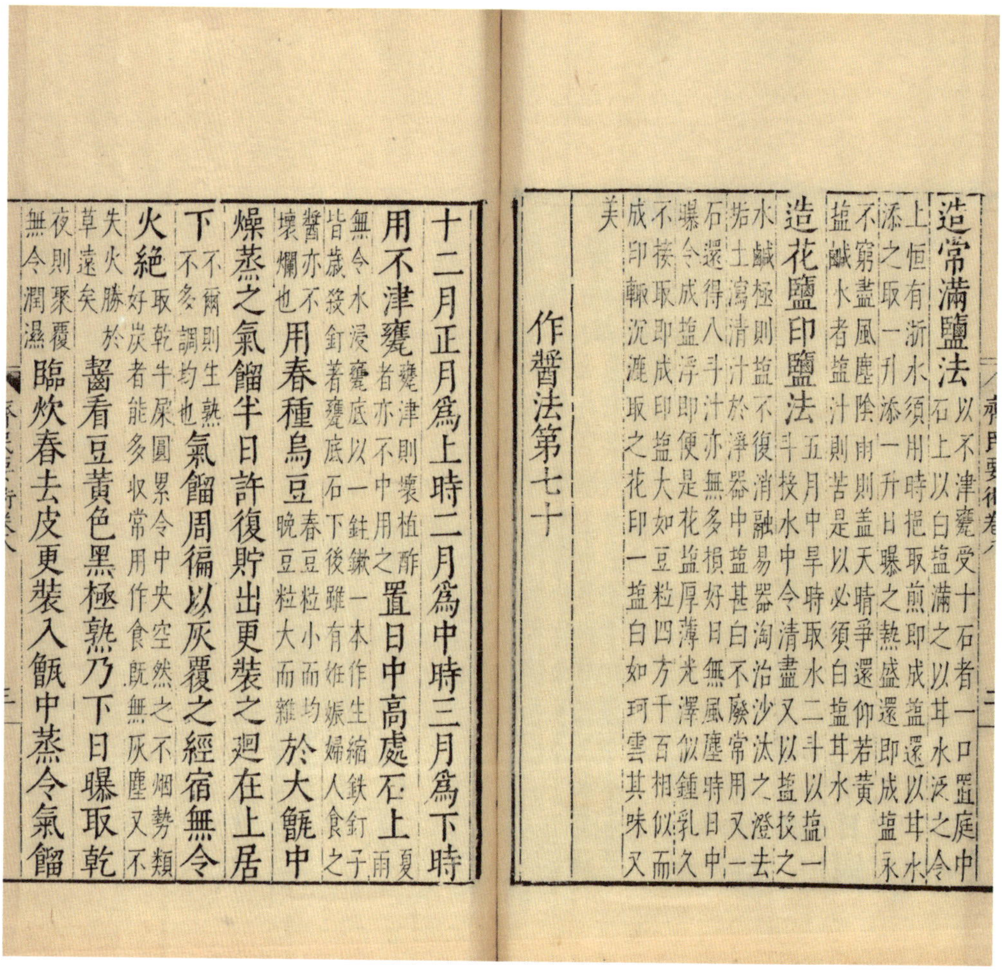

造常滿鹽法以不津甕受十石者一口置庭中石上以白鹽滿之以甘水沃之令上恒有浙水須用時挹取煎即成鹽還以甘水添之取一升添一升日曝之熱盛還即成鹽永不窮盡風塵陰雨則蓋天晴爭還仰若黄鹽鹹水者鹽汁則苦是以必須白鹽甘水

造花鹽印鹽法五月中旱時取水二斗以鹽一斗投水中令清盡又以鹽投之水鹹極則鹽不復消融易器淘治沙汰之澄去垢土瀉清汁於淨器中鹽甚白不廢常用又一石還得八斗汁亦無多損好日無風塵時日中曝令成鹽浮即便是花鹽厚薄光澤似鍾乳久不接取即成印鹽大如豆粒四方千百相似而成印輒沉漉取之花印一鹽白如珂雪其味又美

作醬法第七十

十二月正月爲上時二月爲中時三月爲下時用不津甕甕津則壞植酢者亦不中用之置日中高處石上夏雨無令水浸甕底以一鉎鍬一本作生縮鐵釘子皆歲發釘著甕底石下後雖有姙娠婦人食之醬亦不壞爛也用春種烏豆春豆粒小而均晚豆粒大而雜於大甑中燥蒸之氣餾半日許復貯出更裝之迴在上居下不爾則生熟不多調均也氣餾周徧以灰覆之經宿無令火絕取乾牛屎圓累令中央空然之不烟勢類好炭者能多收常用作食既無灰塵又不失火勝於草遠矣齧看豆黄色黑極熟乃下日曝取乾夜則聚覆無令潤溼臨炊舂去皮更裝入甑中蒸令氣餾

頭字旧校□沈本作喙

菱字旧校與沈本同

種芡法一名雞頭，一名鴈頭，即今芡子是也。由子形上花似雞冠，故名曰雞頭。八月中收取，擘破取子，散著池中，自然生也。

種芰法一名菱。秋上子黑熟時，收取散著池中，自生矣。本草云：菱芰中米，上品藥。食之安中，補藏，養神，强志，除百病，益精氣，耳自聰，輕身，耐老。蒸糧，蜜和餌之，長生神仙。多種，儉歲有此，足度荒年。

齊民要術卷之六

辛巳臘月校

吳中黃氏士禮居藏校宋本甲部 壬午九月借臨 十日訖事

齐民要术残二卷　（北魏）贾思勰撰　民国三年至六年（1914—1917）上虞罗振玉影印《吉石庵丛书》本

国家图书馆藏（索书号：8846：2）。

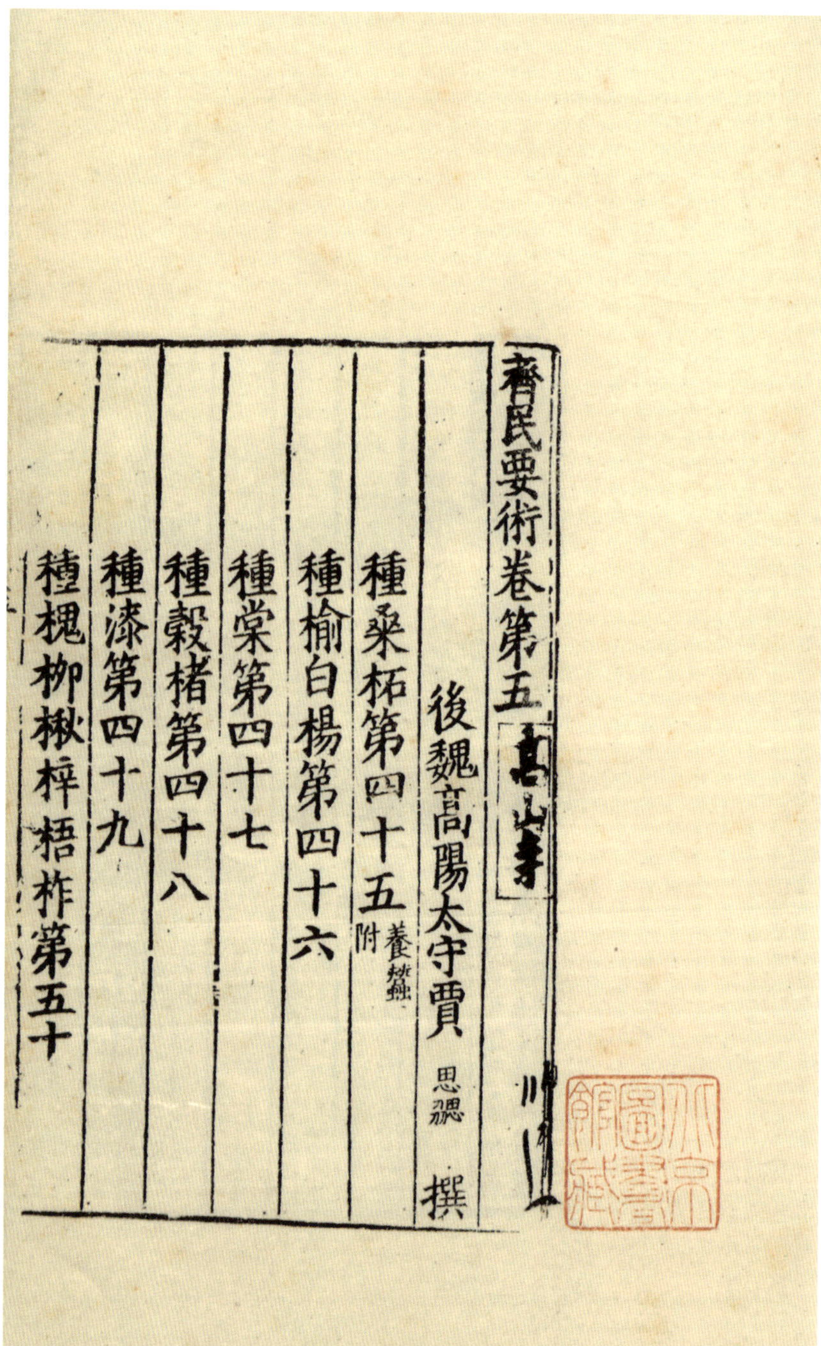
齊民要術卷第五
後魏高陽太守賈思勰撰
種桑柘第四十五附養蠶
種榆白楊第四十六
種棠第四十七
種穀楮第四十八
種漆第四十九
種槐柳楸梓梧柞第五十

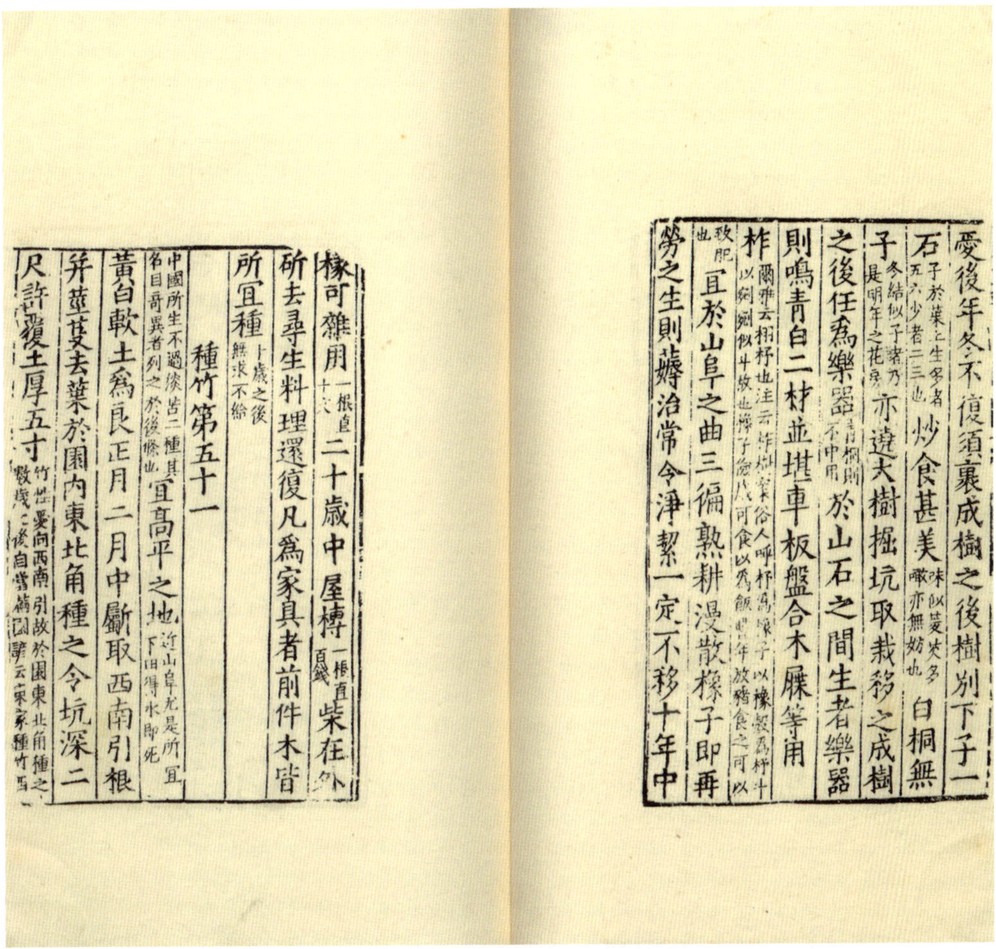

憂後年冬〻不復須裹成樹之後樹别下子一石（子於葉上生多者五六少者二三也）炒食甚美（味似菱芡多噉亦無妨也）白桐無子（冬結似子者乃是明年之花房）亦遶大樹掘坑取栽移之成樹之後任爲樂器（青桐則不中用）於山石之間生者樂器則鳴青白二材並堪車板盤合木屧等用

柞（爾雅云栩杼也注云柞樹案俗人呼杼爲橡子以橡殼爲杼斗以剜剜似斗故也橡子儉歲可食以爲飯豐年放豬食之可以致肥也）宜於山阜之曲三徧熟耕漫散橡子即再勞之生則薅治常令淨潔一定不移十年中椽可雜用（一根直十文）二十歲中屋槫（一根直百錢）柴在外斫去尋生料理還復凡爲家具者前件木皆所宜種（十歲之後無求不給）

種竹第五十一

（中國所生不過淡苦二種其名目奇異者列之於後條也）宜高平之地（近山阜尤是所宜下田得水即死）黄白軟土爲良正月二月中斸取西南引根并莖芟去葉於園内東北角種之令坑深二尺許覆土厚五寸（竹性愛向西南引故於園東北角種之數歲之後自當滿園諺云東家種竹西

贾思勰，生平不详，益都（今属山东）人。曾任高阳郡（今山东临淄西北）太守。专心农事，用力颇勤，曾广为搜集前代文献及实地考察，写出《齐民要术》一书，为我国现存的一部最早而且比较完整、系统的农学著作。

在“人定胜天”“力能胜贫”“富国以农”的重农思想指导下，遵循“采捃经传，爰及歌谣，询之老成，验之行事”（《自序》）的原则，约从北魏永熙三年到东魏武定二年（534—544），贾思勰经过长时间的调查、采访、实践和积累，通过查阅各种古籍，收集北方三十多条农谚，总结劳动人民的生产经验，把黄河中下游地区农业生产技术经验理论化、系统化，写出了这部中外著名的农学巨著，所论涉及农作物栽培、耕作技术、农具、牧畜、蔬菜、果树、茶竹等等，诸如烹调、制革、制墨、染纸、保护书籍、修理房舍等均有涉及，内容十分广泛，记载细致具体。

全书约十一万字，卷首有作者自序和《杂说》一卷，正文十卷，共九十二篇。第一至五卷阐述粮、油、蔬、果、桑、麻等农作物栽培技术，第六卷阐述禽畜及鱼类的养殖，第七至九卷阐述农副产品的加工、储藏、酿造、腌藏等，第十卷记载了大量有实用价值的热带及亚热带植物，是一部包括农、林、牧、副、渔的农业生产百科全书。反映了当时黄河中下游农业科学及生物化学的技术水平，总结、继承和发展了当时人民的生产技术和知识。对于合理耕作、轮作、套作、混作、施肥、选种、防治病虫害及霜冻，果树林木的扦插、压条、嫁接，禽畜的选种、育种、饲养、管理均有精当的论述，显示出当时我国农业生产的较高水平，直到今天仍有一定的参考价值。书中征引《诗经》《周礼》《礼记》《尔雅》《管子》《吕氏春秋》《氾胜之书》《四民月令》等先秦至魏晋之间的典籍达一百五六十种，引用文献将近篇幅一半，而全书能有机结合，其中有大部分著作已经失传，由此得以保存了已亡佚的诸多著述资料。

《齐民要术》问世后流传甚广，早在北宋时期，已有刊本和手抄本流传于日本，现存最早的刻本是北宋天圣年间（1023—1031）崇文院刻本。此本海内无存，仅在日本残存卷五、卷八两卷。现存最早的抄本，是日本人据崇文院刻本抄成于1274年的卷轴九卷（缺卷三），原藏于日本金泽文库，通称“金泽文库本”。南宋绍兴十四年（1144）张辚亦曾刊印此书，惜已亡佚。海内可见的较早刊本是明嘉靖三年（1524）马纪刻本，即湖湘本，据推测，该本应是元刻本系统的覆刻本，南京农业大学图书馆有藏。另有明万历进士胡震亨、沈士龙将其收入

《秘册汇函》，后崇祯中毛晋又将此本收入《津逮秘书》。清代《四库全书》将其列入“子部农家类”，《学津讨原》（嘉庆本）、《子书百家·农家类》等也录及此书，近人张元济将明抄本《齐民要术》（或据南宋张镃刻本所抄）收入由商务印书馆影印出版的《四部丛刊·子部》，此本完整不缺，且错漏较少。商务印书馆辑印的《丛书集成初编》、中华书局辑印的《四部备要》亦收录此书。

（徐慧）

杜甫集

杜工部草堂诗笺五十卷　（唐）杜甫撰　（宋）蔡梦弼注　宋刻本

每半叶 11 行，行约 19 字，小字双行 25 字，白口，四周双边。卷 1—3 配清影宋抄本。国家图书馆藏（索书号：07617）。

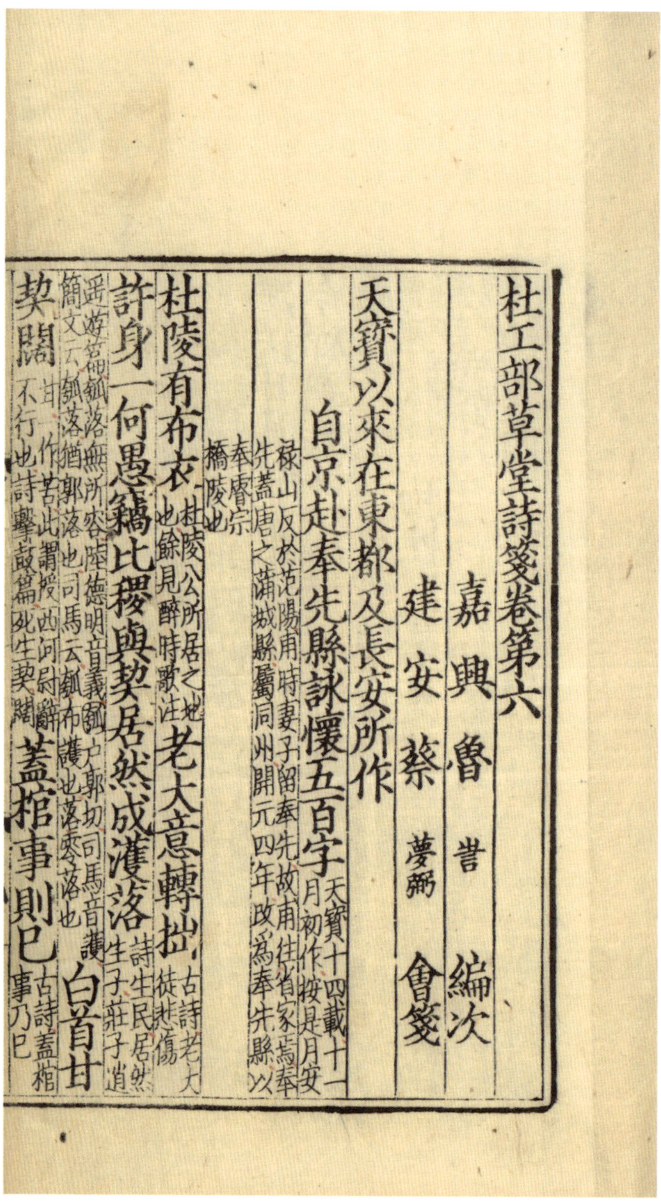
杜工部草堂詩箋卷第六
嘉興魯訔編次
建安蔡夢弼會箋
天寶以來在東都及長安所作
自京赴奉先縣詠懷五百字天寶十四載十一月初作按是月安祿山反於范陽甫時妻子留奉先故甫往省家焉奉先蓋唐之蒲城縣屬同州開元四年改爲奉先縣以奉睿宗橋陵也
杜陵有布衣杜陵公所居之地也餘見醉時歌注老大意轉拙古詩老大徒悲傷
許身一何愚竊比稷與契居然成濩落詩生民居然生子莊子逍遥遊篇瓠落無所容陸德明音義瓠戶郭切司馬音護簡文云瓠落猶廓落也司馬云瓠布濩也落零落也白首甘
契闊甘一作苦此謂授西河尉辭不行也詩擊鼓篇死生契闊蓋棺事則已古詩蓋棺事乃已

十八卷七九

春夜喜雨

好雨知時節當春乃發生乃一作及隨風潛入夜潤物細無聲黃帝之卅五日一風十日一雨風不鳴條雨無破塊然飄風暴雨有害於物非所謂好雨也故子美以隨風潛入夜潤物細無声爲佳矣野徑雲俱黑江船火獨明曉看紅濕處花重錦官城蜀城人以江山明媚錯雜如繡故呼爲錦官城梁簡文帝賦得入階雨詩漬花枝覺重

春水生二絕

二月六夜春水生孫權傳春水方生公宜速去門前小灘渾欲平灘一作籬鸕鷀鸂鶒莫漫喜吾與汝曹俱眼明鸕鷀鸂鶒見水多而喜公語之以與汝曹俱眼明則可謂與物委虵而同其波矣古詩云兩目增雙明是也

一夜水高二尺強數日不可更禁當禁當蜀之俗語南市津頭有船賣無錢即買繫籬傍

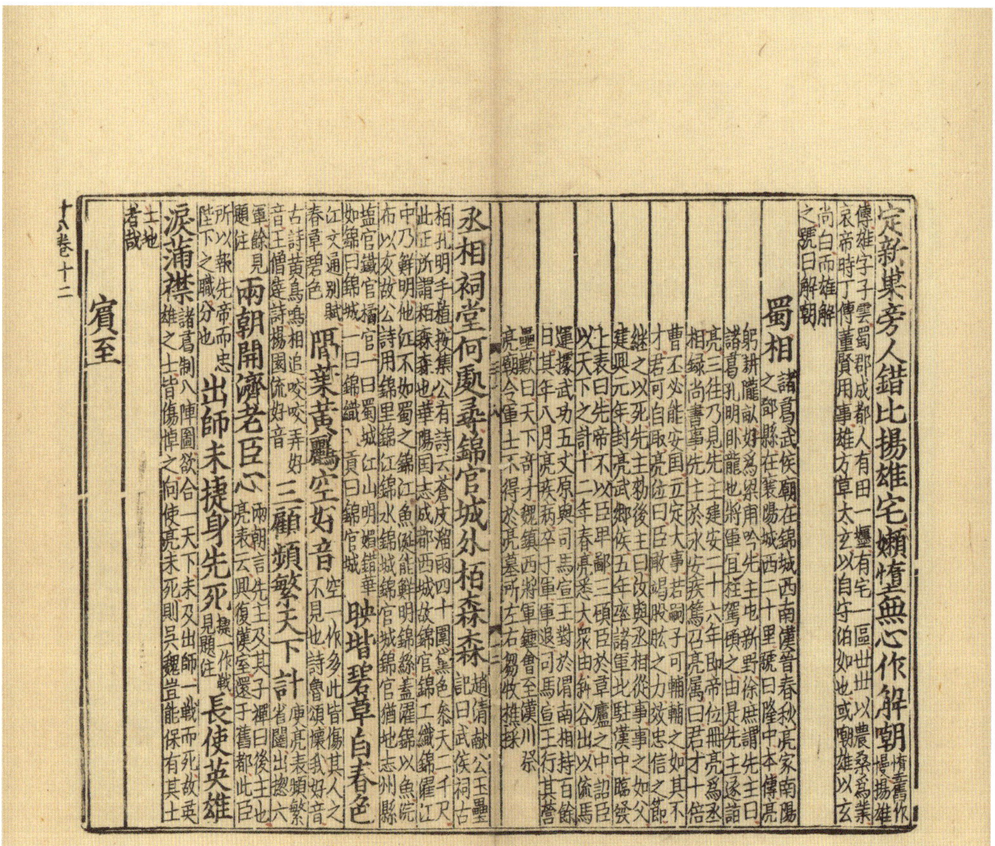

定新巢旁人錯比揚雄宅嬾惰無心作解嘲惰舊作慢揚雄傳雄字子雲蜀郡成都人有田一廛有宅一區世世以農桑爲業哀帝時丁傅董賢用事雄方草太玄以自守泊如也或嘲雄以玄尚白而雄解之號曰解嘲

蜀相諸葛武侯廟在錦城西南漢晉春秋亮家南陽之鄧縣在襄陽城西二十里號曰隆中本傳亮躬耕隴畝好爲梁甫吟先主屯新野徐庶謂先主曰諸葛孔明卧龍也將軍宜枉駕顧之由是先主遂詣亮三往乃見先主建安二十六年即帝位冊亮爲丞相録尚書事先主於永安疾篤召亮屬曰君才十倍曹丕必能安國丕定大事若嗣子可輔輔之如其不才君可自取亮泣曰臣敢竭股肱之力效忠信之節繼之以死先主勑後主曰汝與丞相從事事之如父建興元年封亮武鄉侯五年率諸軍北駐漢中臨發上表曰先帝不以臣卑鄙三顧臣於草廬之中諮臣以天下之計十二年春亮悉大衆由斜谷出以流馬運據武功五丈原與司馬宣王對於渭南相持百餘日其年八月亮疾病卒于軍軍退司馬宣王行其營壘歎曰天下奇才魏鎮西將軍鍾會至漢川祭亮廟令軍士不得於亮墓所左右芻牧樵採

承相祠堂何處尋錦官城外栢森森趙清獻公玉壘記曰武侯祠古栢孔明手植按集公有詩云蒼皮溜雨四十圍黛色參天二千尺此正所謂栢森森也華陽國志成都西城故錦官錦工織錦濯江中乃鮮明他江不如蜀之錦江魚從能鮮明錦綵蓋濯錦以魚浣布以灰故公詩用錦里錦江錦水錦城錦官城錦官猶地志州縣鹽官鐵官橘官一曰蜀城江山明媚錯華如錦曰錦城一曰錦織、貢曰錦官城映堦碧草自春色江文通別賦春草碧色隔葉黃鸝空好音空一作多此皆傷其人之不見也詩魯頌懷我好音古詩黃鳥鳴相追咬咬弄好音王僧虔詩揚園流好音三顧頻繁天下計庾亮表頻繁省闥出總六軍餘見題注兩朝開濟老臣心兩朝言先主及其子禪曰後主也亮表云興復漢室還于舊都此臣所以報先帝而忠陛下之職分也出師未捷身先死捷一作戰見題注長使英雄淚滿襟諸葛制八陣圖欲合一天下未及出師一戰而死故英雄之士皆傷悼之向使亮未死則吳魏豈能保有其土土地者哉

賓至

十六卷十二

杜工部集二十卷补遗一卷　（唐）杜甫撰　宋刻本

每半叶10行，行19字至21字不等，小字双行行字不等，白口，左右双边。存卷1第3—5叶、卷17—20（其中卷19缺第1—2叶）及补遗第1—6叶。卷10—12配宋绍兴建康郡斋刻本，卷2—9、13—16配清毛氏汲古阁影宋抄本。上海图书馆藏（索书号：756183-92）。入选《第一批国家珍贵古籍名录》（名录号：01032）。

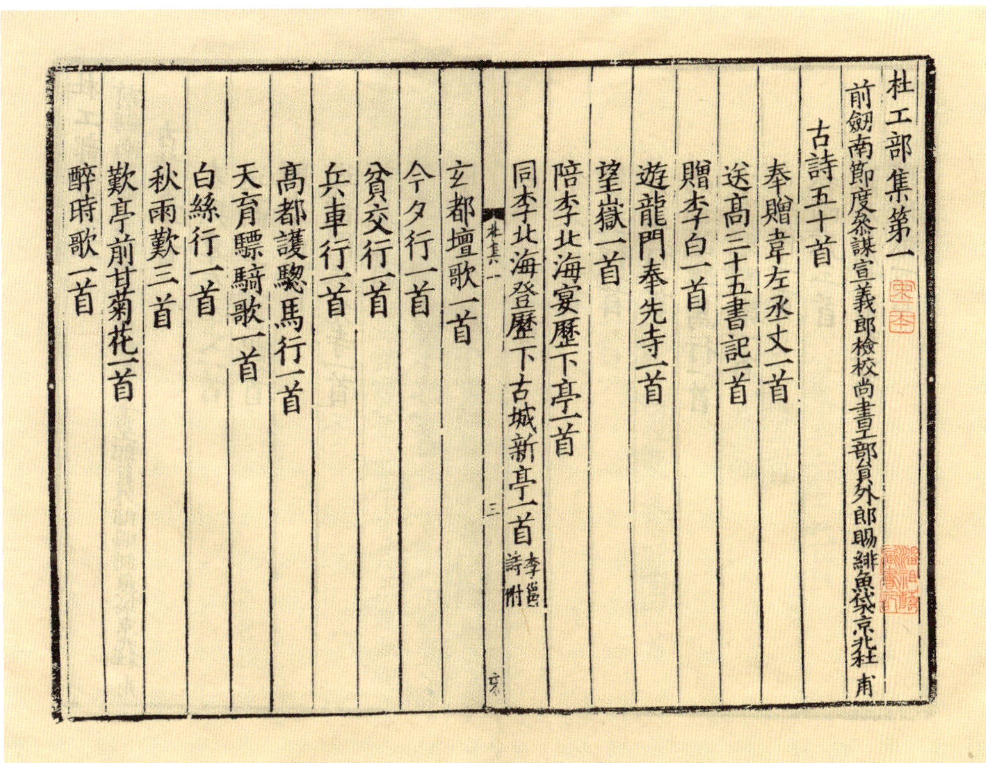

杜工部集第一

前劒南節度參謀宣義郎檢校尚書工部員外郎賜緋魚袋京兆杜甫

古詩五十首

奉贈韋左丞丈一首

送高三十五書記一首

贈李白一首

遊龍門奉先寺一首

望嶽一首

陪李北海宴歷下亭一首

同李北海登歷下古城新亭一首 李邕詩附

玄都壇歌一首

今夕行一首

貧交行一首

兵車行一首

高都護驄馬行一首

天育驃騎歌一首

白絲行一首

秋雨歎三首

歎亭前甘菊花一首

醉時歌一首

黄氏补千家注纪年杜工部诗史三十六卷　（唐）杜甫撰　（宋）黄希、黄鹤补注　宋刻本

每半叶11行，行19字，小字双行25字，细黑口，左右双边。卷1另配一宋刻本。国家图书馆藏（索书号：08706）。

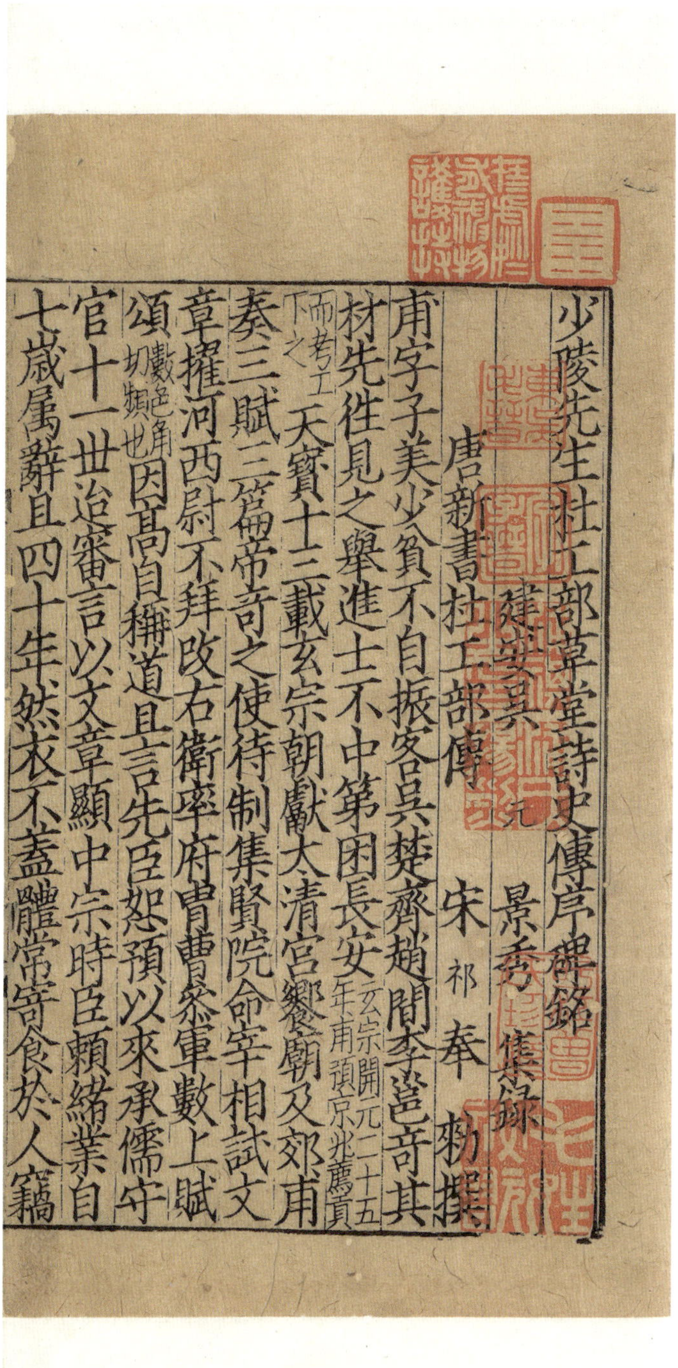

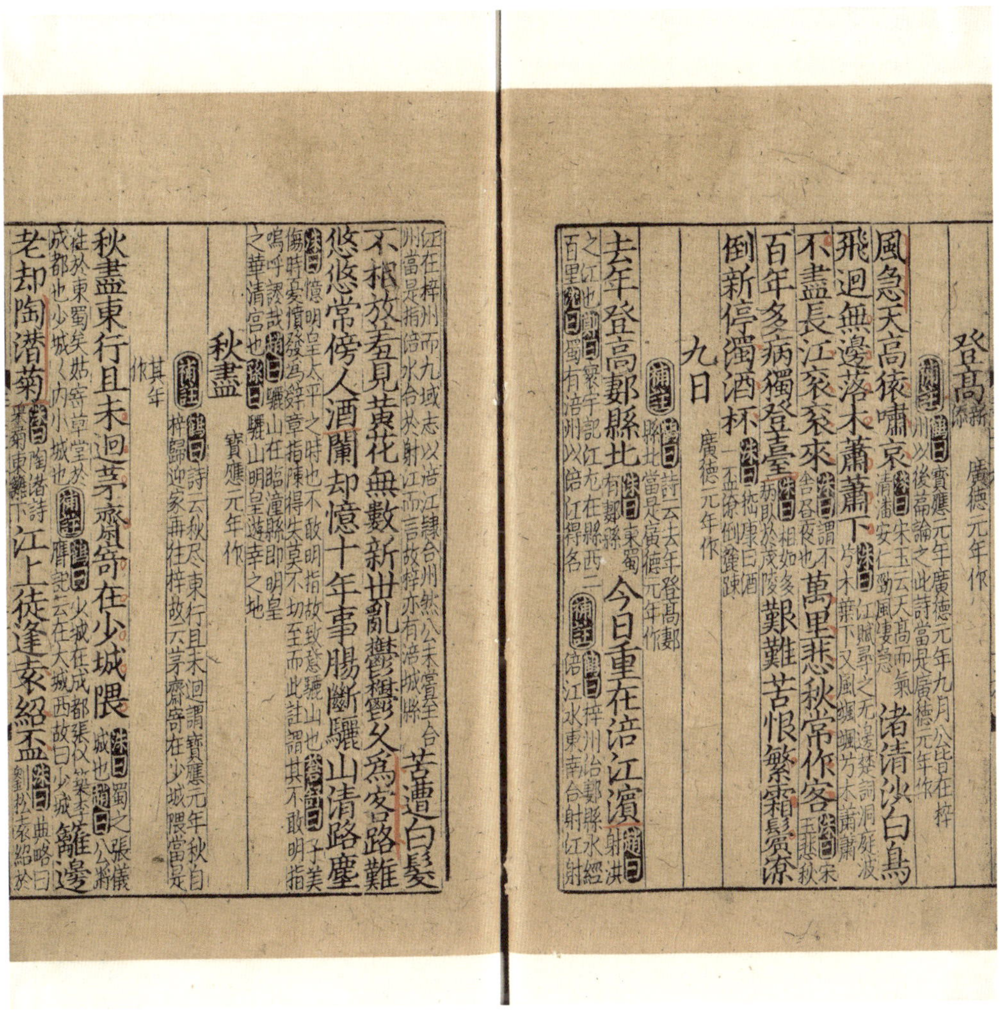
登高
廣德二年作
風急天高猿嘯哀，渚清沙白鳥飛迴。無邊落木蕭蕭下，不盡長江滾滾來。萬里悲秋常作客，百年多病獨登臺。艱難苦恨繁霜鬢，潦倒新停濁酒杯。
九日
廣德二年作
去年登高郪縣北，今日重在涪江濱。苦遭白髮不相放，羞見黃花無數新。世亂鬱鬱久爲客，路難悠悠常傍人。酒闌卻憶十年事，腸斷驪山清路塵。
秋盡
寶應元年作
其年作
秋盡東行且未迴，茅齋寄在少城隈。籬邊老卻陶潛菊，江上徒逢袁紹盃。

杜工部集二十卷补遗一卷　（唐）杜甫撰　清初钱曾述古堂影宋抄本

每半叶10行，行20字，白口，左右双边。国家图书馆藏（索书号：11149）。

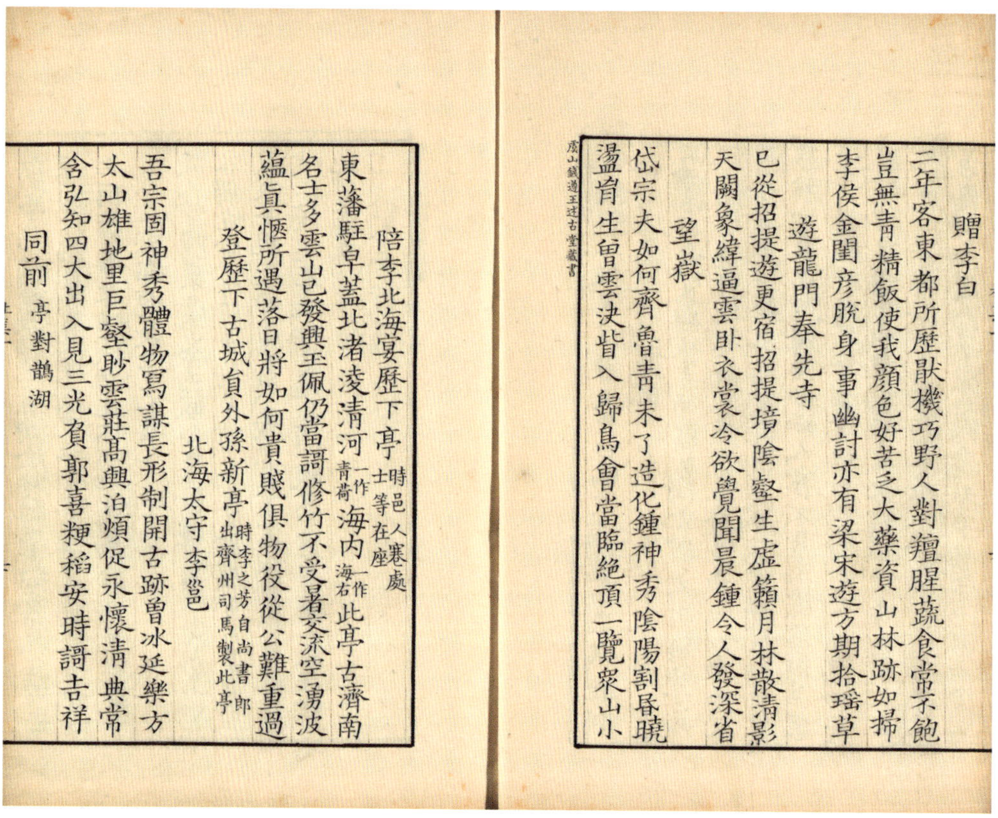

虞山錢遵王述古堂藏書

贈李白

二年客東都所歷猒機巧野人對羶腥蔬食常不飽豈無青精飯使我顏色好苦乏大藥資山林跡如掃李侯金閨彥脫身事幽討亦有梁宋遊方期拾瑤草

遊龍門奉先寺

已從招提遊更宿招提境陰壑生虛籟月林散清影天闕象緯逼雲卧衣裳冷欲覺聞晨鐘令人發深省

望嶽

岱宗夫如何齊魯青未了造化鍾神秀陰陽割昏曉盪胷生曾雲決眥入歸鳥會當臨絕頂一覽衆山小

陪李北海宴歷下亭 時邑人蹇處士等在座

東藩駐皂蓋北渚淩清河一作青荷海內一作海右此亭古濟南名士多雲山已發興玉佩仍當謌修竹不受暑交流空湧波蘊真愜所遇落日將如何貴賤俱物役從公難重過

登歷下古城員外孫新亭 時李之芳自尚書郎出齊州司馬製此亭

北海太守李邕

吾宗固神秀體物寫謀長形制開古跡曾冰延樂方太山雄地里巨壑眇雲莊高興泊煩促永懷清典常含弘知四大出入見三光負郭喜粳稻安時謌吉祥

同前 亭對鵲湖

杜甫（712—770），字子美，唐代伟大的现实主义诗人，祖籍襄阳（今属湖北），出生于巩县（今河南巩义）。杜甫一生经历唐玄宗、肃宗、代宗三朝。唐天宝十四年（755），被授予河西尉，后改任右卫率府兵曹参军。“安史之乱”爆发后，至德二年（757）被授为左拾遗。后因故触怒肃宗，墨制放归鄜州（今陕西富县）省家。乾元元年（758）被贬为华州司功参军。乾元二年（759），弃官赴秦州（今甘肃天水），开启“漂泊西南天地间”的苦旅生涯。上元元年（760），杜甫携家逃难至成都，并于浣花溪畔营建草堂，世称“杜甫草堂”。广德二年（764）好友严武表荐杜甫为节度参谋、检校尚书工部员外郎，世称“杜工部”。永泰元年（765）杜甫退出幕府，回归草堂。之后又颠沛经历嘉州（今四川乐山）、戎州（今四川宜宾）、渝州（今重庆）、忠州（今重庆忠县）、云安（今重庆云阳）、夔州（今重庆奉节）、江陵（今湖北荆州）、公安（今属湖北）、岳州（今湖南岳阳）、潭州（今湖南长沙）、衡州（今湖南衡阳）等地。大历五年（770）秋冬之际，辗转潭州、岳州途中，作绝笔诗《风疾舟中伏枕书怀三十六韵奉呈湖南亲友》。不久之后，卒于潭、岳间舟中，时年五十九岁，后葬于首阳山下。人称“诗圣”。有《杜工部集》。

杜甫流传下来的作品中，诗一千四百五十多首，文、赋二十八篇。其崇高的爱国主义精神、忧国忧民的忧患意识，贯穿他坎坷一生及全部作品中。杜甫的作品深刻地反映了“安史之乱”前后唐朝社会的巨大变化，内容广泛，被誉为“诗史”。杜甫诗歌艺术达到了登峰造极的境地。其代表作有《春夜喜雨》《蜀相》《登高》《望岳》《赠李白》以及“三吏”“三别”等。

据不完全统计，自唐至清末，见于著录的各类杜集约有八百种，流传至今的约有三百种。唐至北宋，杜诗散佚世间，世无定本。杜诗最早辑本为唐代樊晃所辑《杜工部小集》六卷，仅辑杜诗二百九十篇，且已佚。后北宋苏舜钦编《别集》，刘敞编《外集》，王安石编《后集》。今传杜集最早者为北宋王洙、王琪编定，裴煜补遗的《杜工部集》二十卷。宋仁宗宝元二年（1039），王洙搜集整理编辑成《杜工部集》二十卷。嘉祐四年（1059），王琪将王洙编定的《杜工部集》重新编定刊行，遂成为杜集祖本。此后补遗、增校、注释、批点、集注、编年、分体、分类、分韵之作，均由此本化出。

《杜工部集》王琪北宋本已散佚不存，今可见者为毛氏汲古阁所藏宋本《杜工部集》二十卷补遗一卷。此本由两种南宋刻本及毛氏汲古阁影宋抄本配补而成，缺卷缺叶为清代藏书家毛扆抄补。原版版心有洪戴、张逢、史彦等刻工姓名，卷端题“杜工部集卷几”，次行署“前剑南节度参谋宣义郎检校尚书工部员外郎赐绯鱼袋京兆杜甫”，再次卷目总数，以下为详目。详目之后连缀正文。配补刻本每半叶十行，行二十字，小字双行行字不等，白口，左右双边。存卷十至十二。版心有杨茂、言清、言义等刻工姓名，《续古逸丛书》《中华再造善本》等曾据以影印。此本递经潘氏滂喜斋等收藏，现藏于上海图书馆。

（马超）

韩愈集

昌黎先生集四十卷　外集十卷　遗文一卷　（唐）韩愈撰　（宋）廖莹中校正　宋咸淳廖氏世彩堂刻本　**朱子校昌黎先生集传一卷**

每半叶9行，行17字，小字双行同，白口，四周双边。国家图书馆藏（索书号：09632）。入选《第一批国家珍贵古籍名录》（名录号：01044）。

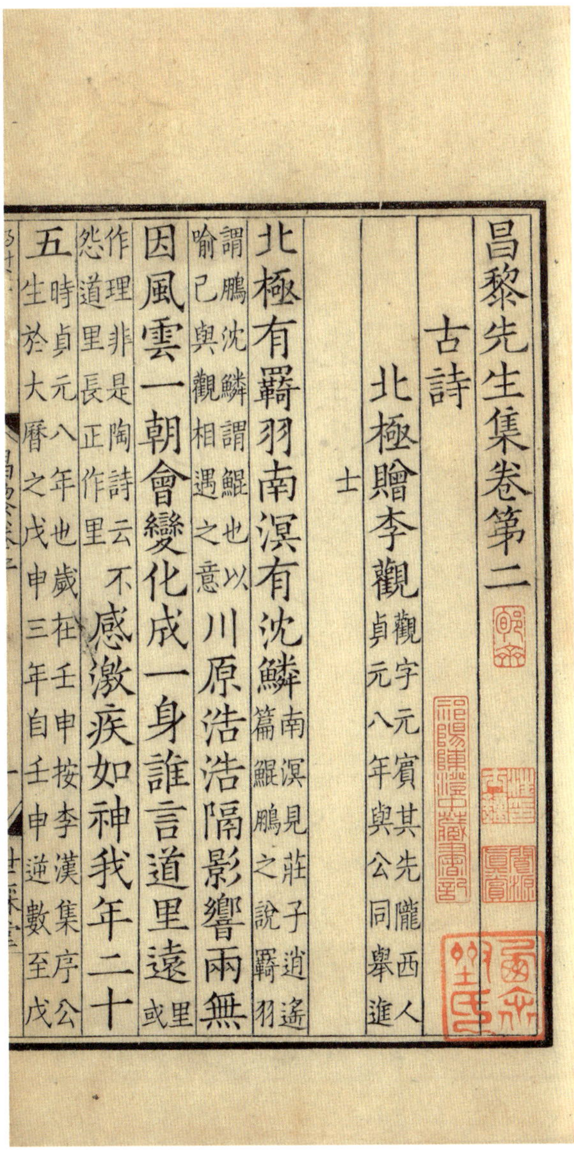
昌黎先生集卷第二

古詩

北極贈李觀 觀字元賓其先隴西人貞元八年與公同舉進士

北極有羇羽南溟有沈鱗 南溟見莊子逍遙篇鯤鵬之說羇羽謂鵬沈鱗謂鯤也以喻己與觀相遇之意 川原浩浩隔影響兩無因風雲一朝會變化成一身誰言道里遠 里或作理非是陶詩云不然道里長正作里 感激疾如神我年二十五 時貞元八年也歲在壬申按李漢集序公生於大曆之戊申三年自壬申逆數至戊

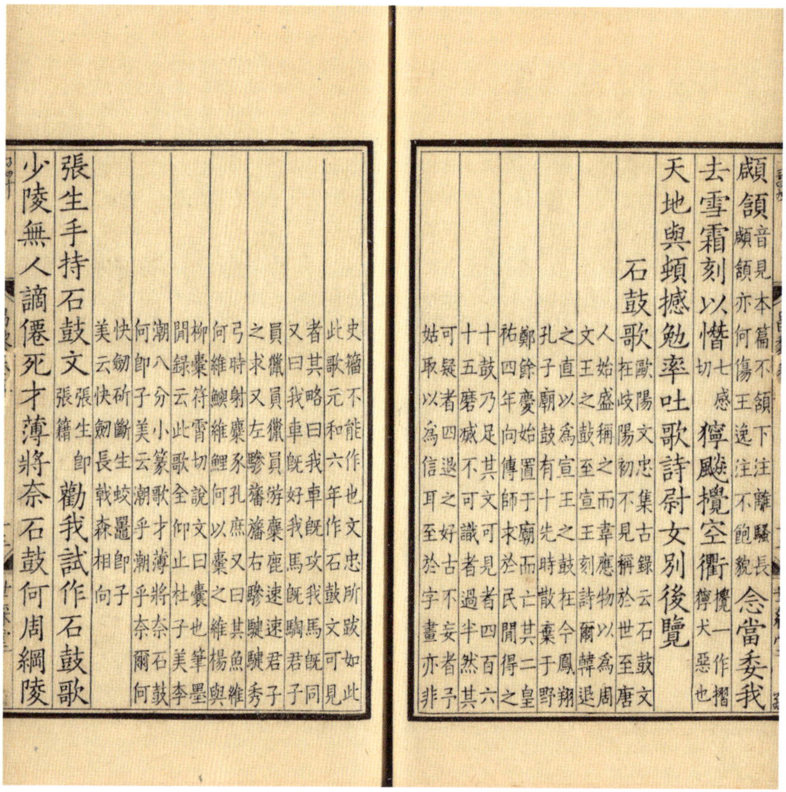
顑頷（音見本篇不頷下注離騷長顑頷亦何傷王逸注不飽貌）念當委我
去雪霜刻以憯（七感切）獰飇攪空衢（攪一作摺 獰犬惡也）
天地與蝢撼勉率吐歌詩慰女別後覽
石鼓歌（歐陽文忠集古録云石鼓文在岐陽初不見稱於世至唐人始盛稱之而韋應物以爲周文王之鼓至宣王刻詩爾韓退之直以爲宣王之鼓在今鳳翔孔子廟鼓有十先時散棄于野鄭餘慶始置于廟而亡其二皇祐四年向傳師求於民間得之十鼓乃足其文可見者四百六十五磨滅不可識者過半然其可疑者四遐之好古不妄者予姑取以爲信耳至於字畫亦非史籀不能作也文忠所跋如此此歌元和六年作石鼓文可見者其略曰我車既攻我馬既同又曰我車既好我馬既駒君子員獵員獵員游麀鹿速速君子之求又左驂旛旛右驂騝騝秀弓時射麋豕孔庶又曰其魚維何維鱮維鯉何以橐之維楊與柳橐符霄切說文曰囊也筆墨閒録云此歌全仰止杜子美李潮八分小篆歌才薄將奈石鼓何即子美云潮乎潮乎奈爾何快劍斫斷生蛟鼉即子美云快劍長戟森相向）
張生手持石鼓文（張生即張籍）勸我試作石鼓歌
少陵無人謫僊死才薄將奈石鼓何周綱陵

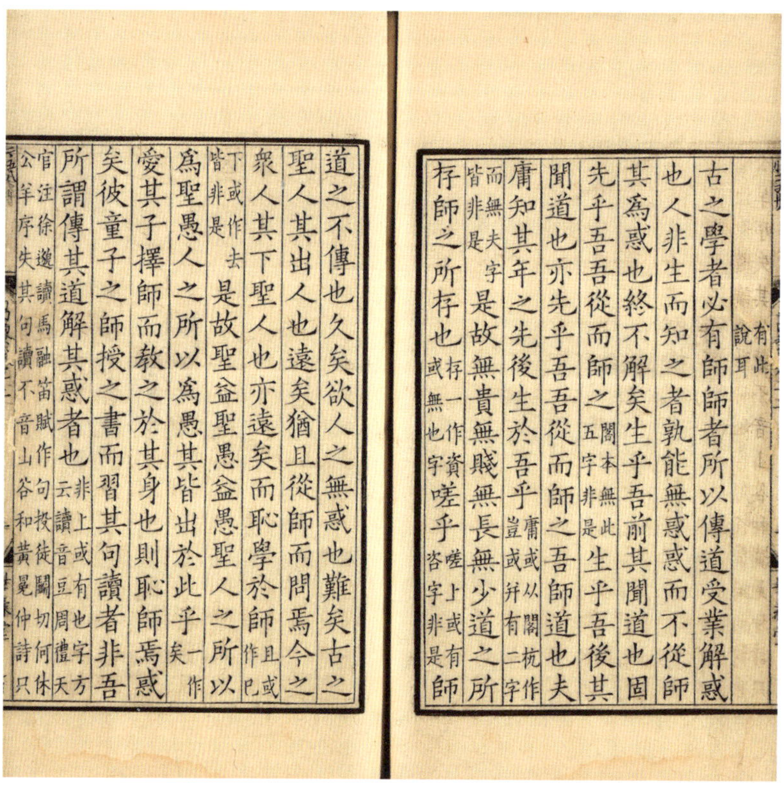
有此說耳
古之學者必有師師者所以傳道受業解惑
也人非生而知之者孰能無惑惑而不從師
其爲惑也終不解矣生乎吾前其聞道也固
先乎吾吾從而師之（閣本無此五字非是）生乎吾後其
聞道也亦先乎吾吾從而師之吾師道也夫
庸知其年之先後生於吾乎（庸或從閣杭作豈或并有二字而無夫字皆非是）是故無貴無賤無長無少道之所
存師之所存也（存一作資或無也字）嗟乎（嗟上或有師咨字非是）
道之不傳也久矣欲人之無惑也難矣古之
聖人其出人也遠矣猶且從師而問焉今之
衆人其下聖人也亦遠矣而恥學於師（且或作已下或作去皆非是）是故聖益聖愚益愚聖人之所以
爲聖愚人之所以爲愚其皆出於此乎（一作矣）
愛其子擇師而教之於其身也則恥師焉惑
矣彼童子之師授之書而習其句讀者非吾
所謂傳其道解其惑者也（非上或有也字方云讀音豆周禮天官注徐邈讀馬融笛賦作句投徒鬭切何休公羊序失其句讀不音山谷和黃冕仲詩只

音注韩文公文集四十卷　外集十二卷　（唐）韩愈撰　（宋）祝充音注　宋刻本

每半叶12行，行21—22字，白口，四周双边。国家图书馆藏（索书号：09631）。入选《第一批国家珍贵古籍名录》（名录号：01042）。

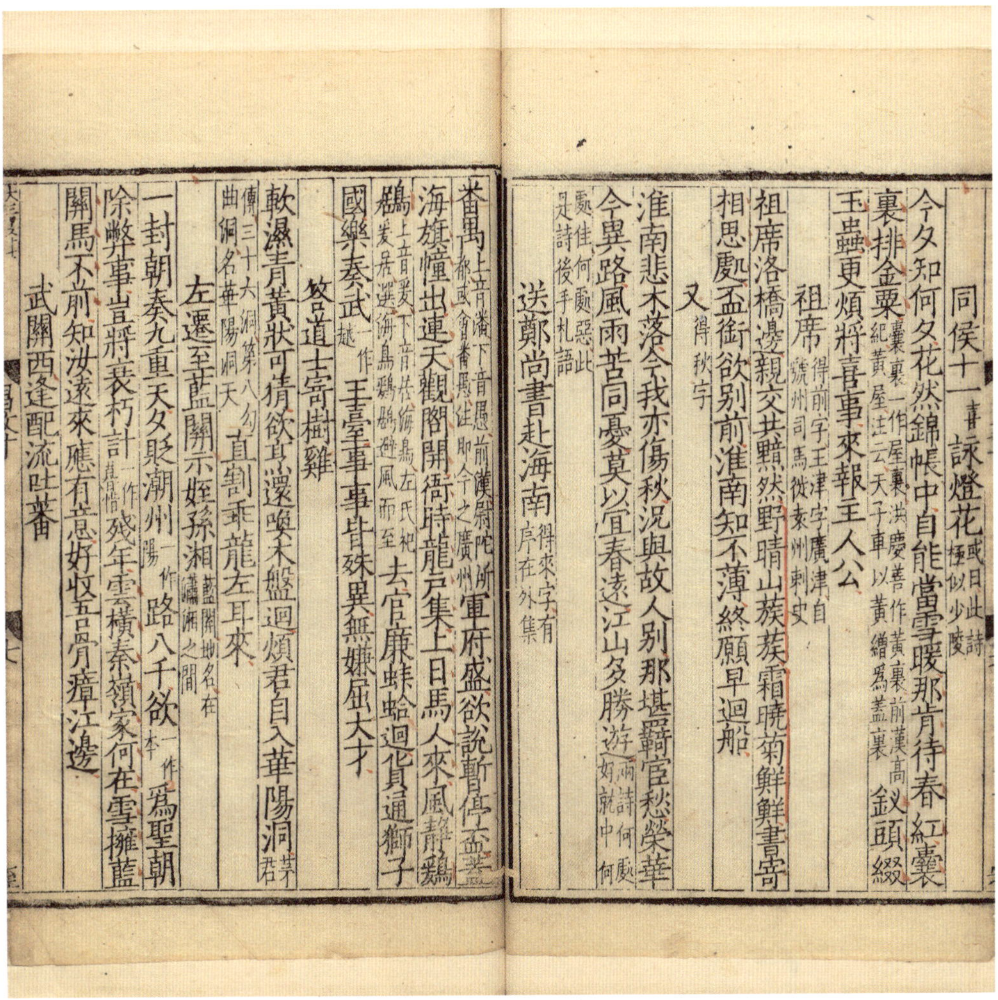

同侯十一詠燈花

今夕知何夕花然錦帳中自能當雪暖那肯待春紅黃裏排金粟釵頭綴玉蟲更煩將喜事來報主人公

祖席

祖席洛橋邊親交共黯然野晴山簇簇霜曉菊鮮鮮書寄相思處盃銜欲別前淮南知不薄終願早迴船

又

淮南悲木落今我亦傷秋況與故人別那堪羇宦愁榮華今異路風雨苦同憂莫以宜春遠江山多勝遊

送鄭尚書赴海南

番禺軍府盛欲說暫停盃蓋海旗幢出連天觀閣開衙時龍戶集上日馬人來風靜鶢鶋去官廉蚌蛤迴貨通獅子國樂奏武王臺事事皆殊異無嫌屈大才

答道士寄樹雞

軟濕青黃狀可猜欲烹還喚木盤迴煩君自入華陽洞直割乖龍左耳來

左遷至藍關示姪孫湘

一封朝奏九重天夕貶潮州路八千欲爲聖朝除弊事肯將衰朽惜殘年雲橫秦嶺家何在雪擁藍關馬不前知汝遠來應有意好收吾骨瘴江邊

武關西逢配流吐蕃

昌黎先生文集四十卷　外集十卷　（唐）韩愈撰　宋刻本

每半叶 12 行，行 21 字，小字双行同，白口，左右双边。卷 5—7、17—24、外集卷 1—10 配清抄本。国家图书馆藏（索书号：07897）。入选《第一批国家珍贵古籍名录》（名录号：01043）。

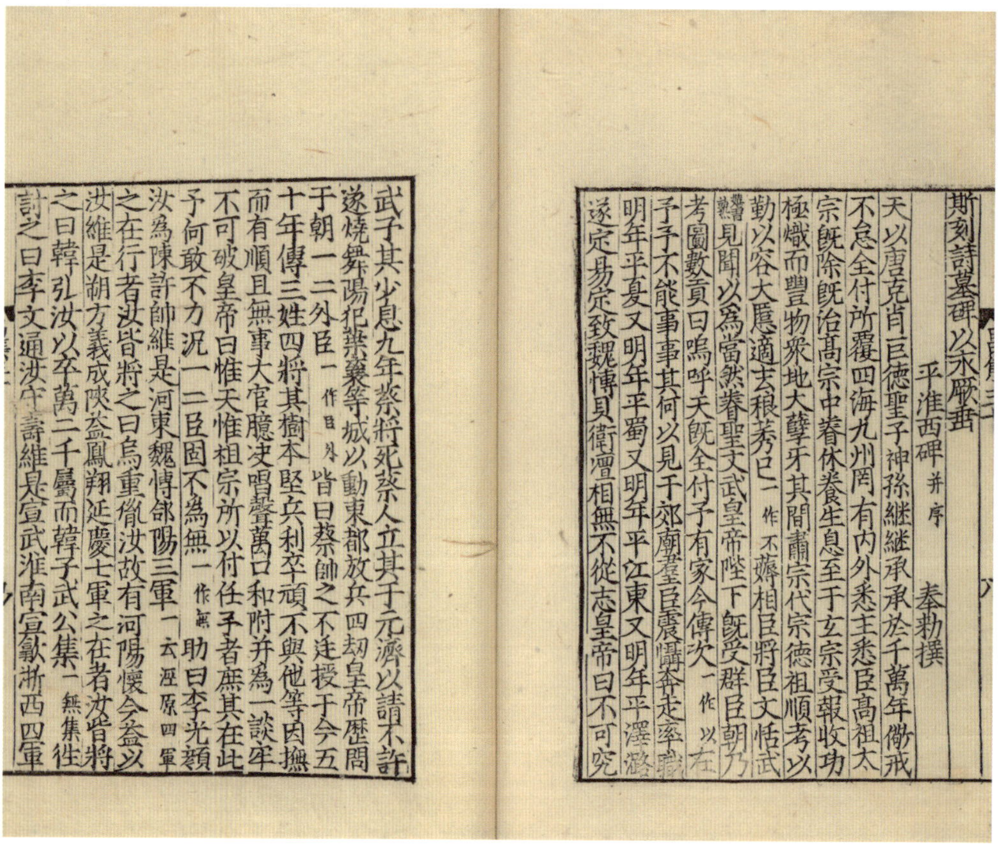
斯刻詩墓碑以永厥垂
平淮西碑并序　奉勅撰
天以唐克肖其德聖子神孫繼繼承承於千萬年儆戒
不怠全付所覆四海九州罔有內外悉主悉臣高祖太
宗既除既治高宗中睿休養生息至于玄宗受報收功
極熾而豐物衆地大孽牙其間肅宗代宗德祖順考以
勤以容大慝適去稂莠巳（一作不）薅相臣將臣文恬武
嬉習熟見聞以為當然睿聖文武皇帝陛下既受群臣朝乃
考圖數貢曰嗚呼天既全付予有家今傳次（一作以）在
予予不能事事其何以見于郊廟羣臣震懾奔走率職
明年平夏又明年平蜀又明年平江東又明年平澤潞
遂定易定致魏博貝衛澶相無不從志皇帝曰不可究
武子其少息九年蔡將死蔡人立其子元濟以請不許
遂燒舞陽犯葉襄城以動東都放兵四劫皇帝歷問
于朝一二外臣（一作臣外）皆曰蔡帥之不廷授于今五
十年傳三姓四將其樹本堅兵利卒頑不與他等因撫
而有順且無事大官臆決唱聲萬口和附并為一談牢
不可破皇帝曰惟天惟祖宗所以付任予者庶其在此
予何敢不力況一二臣固不為無（一作無）助曰李光顏
汝為陳許帥維是河東魏博郃陽三軍（一云涇原四軍）
之在行者汝皆將之曰烏重胤汝故有河陽懷今益以
汝維是朔方義成陝益鳳翔延慶七軍之在者汝皆將
之曰韓弘汝以卒萬二千屬而韓子武公集（一無集）往
討之曰李文通汝守壽維是宣武淮南宣歙浙西四軍

新刊经进详注昌黎先生文四十卷　外集十卷　遗文三卷　（唐）韩愈撰　（宋）文谠注　（宋）王俦补注　宋刻本　**韩文公志三卷**

每半叶 10 行，行 18 字，小字双行同，白口，左右双边。卷 12—18 配另一无注宋刻本。国家图书馆藏（索书号：00882）。入选《第一批国家珍贵古籍名录》（名录号：01041）。

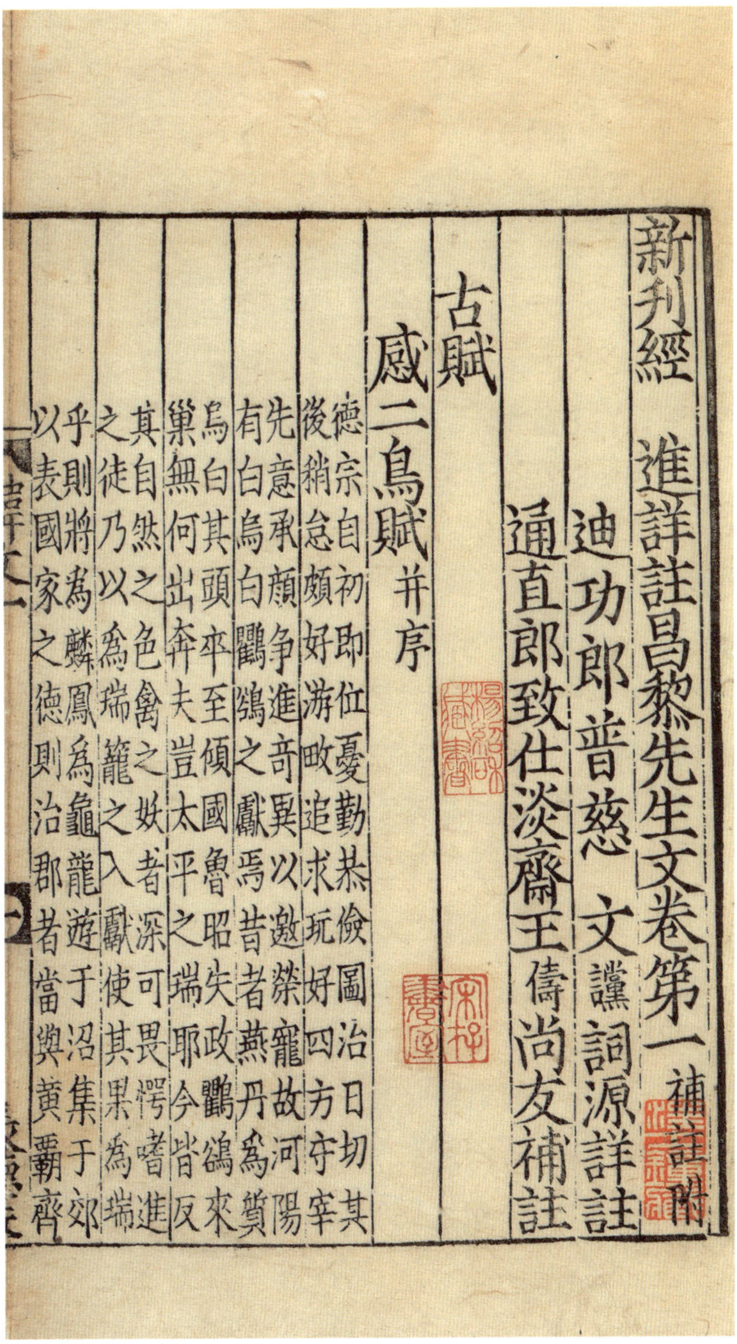

韩愈（768—824），字退之，河南河阳（今河南孟州）人，唐代著名文学家、思想家，古文运动领导者。因先世曾居昌黎，自称郡望昌黎，世称“韩昌黎”。唐德宗贞元八年（792）擢进士第，曾任监察御史、国子博士、刑部侍郎等职。因上《论佛骨表》，谏阻宪宗迎佛骨，贬为潮州刺史。后召回，官至吏部侍郎，称“韩吏部”，去世后赐谥“文”，故世又称“韩文公”。韩愈博通六经百家之学，一生直言敢谏，才识兼备，政治上力主统一，反对割据，反对王叔文等人的政治革新；思想上尊儒学排佛老，以圣人之道的继承者自居；文学上，他集前人之大成，力反六朝以来“饰其辞而遗其意”的骈偶文风，推崇古体散文。其散文在继承先秦、两汉古文的基础上，加以创新和发展，题材广泛，各体皆精。苏轼曾赞：“文起八代之衰，而道济天下之溺”（《潮州韩文公庙碑》）。他和柳宗元共同领导了著名的唐代古文运动。著有《昌黎先生集》。

昌黎文集的最早编辑者是他的门人、女婿李汉，李氏搜集韩愈的遗文七百篇，编成文集四十卷，合目录四十一卷。书前李汉《文集序》称：“长庆四年（824）冬，先生殁。门人陇西李汉辱知最厚且亲，遂收拾遗文，无所失坠……目为《昌黎先生集》，传于代。又有《注论语》十卷，传学者；《顺宗实录》五卷列于史书，不在《集》中。”这段话点出了编辑韩愈文集的大致时间，编者是李汉，与先生亲厚，对先生的为人和著述情况较为了解，收拾先生的遗文，做到了“无所失坠”，没有遗漏。自《新唐书·艺文志》开始，之后的各种目录，凡是关于韩昌黎先生的文集，几乎都是以李汉所编的四十卷的规制为准。至于《集外文》《外集》《遗文》等则是宋朝人辑佚补缀而成。

李汉编纂的《昌黎先生集》四十卷，包括文三十卷，诗赋十卷，共收诗文七百一十六篇。其散文最为出彩，内容丰富，体裁多样，文风雄健浑厚，汪洋恣肆，正如苏洵所说“如长江大河，浑浩流传”（《上欧阳内翰书》）。其代表性作品有《原毁》《师说》《进学解》《马说》等，许多名句广为流传，如“怠者不能修，而忌者畏人修”，“人非生而知之者”，“业精于勤，荒于嬉；行成于思，毁于随”，“世有伯乐，然后有千里马”等。杜牧曾把韩文与杜诗并称为“杜诗韩笔”（《读韩杜集》），又称“杜诗韩文”。当然，韩诗亦不乏佳作，如《八月十五夜赠张功曹》《山石》《早春呈水部张十八员外》等。韩愈工于长篇古风，不仅注重发挥诗歌体裁婉转抒情的功能，又能借鉴散文手法铺陈议论，论证述学，叙事记人，语言新奇，风格雄健，富有气势，扩展了诗歌的表现力，

容纳了更丰富的内容。但也会因力求新奇，反对陈言，有时流于险怪。不过总体上他的“以文为诗”发展了诗歌创作的表现艺术，开创了诗歌创作新生面，对宋代诗歌带来很大的影响。

由于宋初尊儒术，韩文得到重视，此后历代刻本众多、版本驳杂，辗转传抄，讹误亦多。南宋廖莹中于咸淳年间编世彩堂本《昌黎先生集》，是宋人对于韩文校勘、注释、辑佚之大成。该本非常精到，“相传刊书时用墨皆杂泥金香麝为之”，“纸宝墨光，醉心悦目”。莫友芝在《宋元旧本书经眼录》中也说到该本“纸墨精好”。同时，该本字体隽秀，刀法剔透，历来被藏书家誉为传世之“无上神品”。此本每叶版心下端镌刻“世彩堂”三字，每卷末尾镌刻篆书或隶书“世彩廖氏刻梓家塾”牌记。国图藏此本为明项笃寿旧藏，入清经汪士钟、郁泰峰、丁日昌持静斋、杨氏海源阁、袁思亮所藏，民国间藏陈清华处，新中国成立初购归北京图书馆。钤有“项笃寿印”“汪士钟印”“阆源真赏”“郁松年”“泰峰审定”“田耕堂藏”“海源阁藏书”“四经四史之斋”“四陶居”“陶南布衣”“杨氏海源阁藏”“杨保彝印”“聊城杨保彝鉴藏印”“杨保彝藏本”“海源残阁”“陈清华印”“伯郊过眼”诸印。明万历中徐世泰据世彩堂本复刻，版心改“世彩堂”为“东雅堂”，是为东雅堂本《韩昌黎集》。该本虽有缺失，但基本能够全面地总结前人梳理韩文的成果，且表述繁简得当，便于阅读，流传广泛。《百部经典》版《韩愈集》就是以此本为底本。

（张毕晓）

王安石集

临川先生文集一百卷　（宋）王安石撰　宋绍兴二十一年（1151）两浙西路转运司王珏刻元明递修本

每半叶12行，行20字，白口，左右双边，补版为黑口，间有四周双边。清黄廷鉴校。国家图书馆（索书号：03575）。

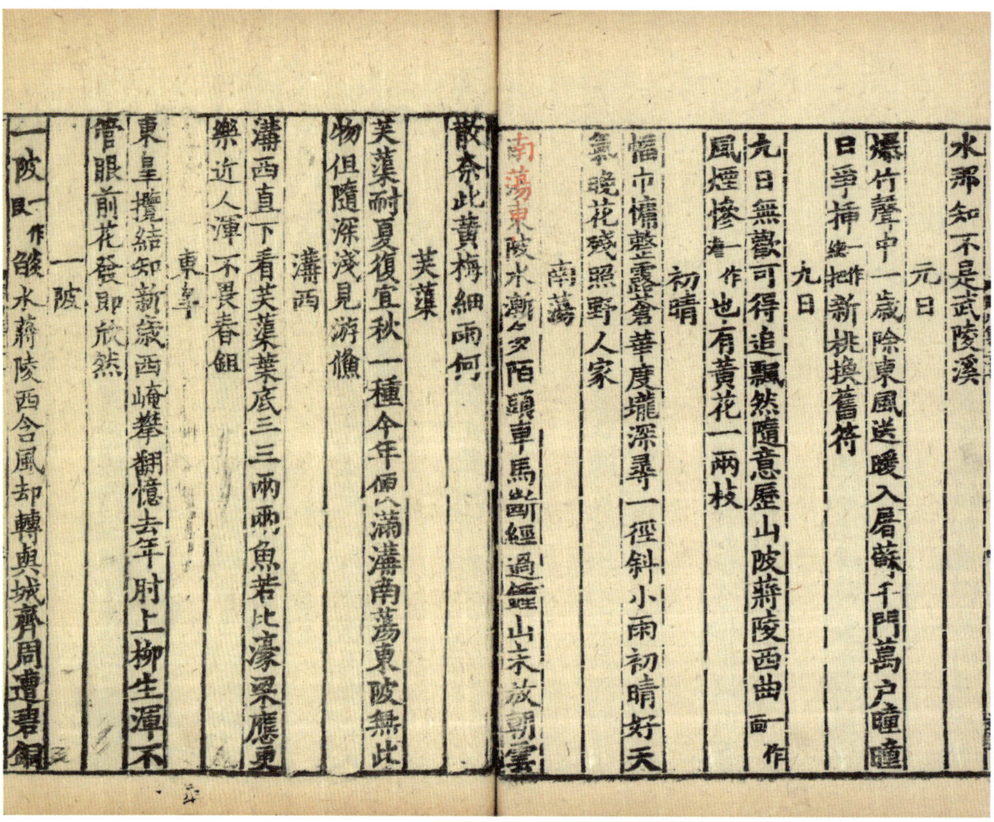
水邪知不是武陵溪
元日
爆竹聲中一歲除東風送暖入屠蘇千門萬户曈曈
日爭插一作總把新桃換舊符
九日
九日無歡可得追飄然隨意歷山陂蔣陵西曲一作面
風煙慘一作暮也有黃花一兩枝
初晴
幅巾慵整露蒼華度壠深尋一徑斜小雨初晴好天
氣晚花殘照野人家
南蕩
南蕩東陂水漸多陌頭車馬斷經過鍾山未放朝雲
散奈此黃梅細雨何
芙蕖
芙蕖耐夏復宜秋一種今年偏滿溝南蕩東陂無此
物但隨深淺見游鯈
溝西
溝西直下看芙蕖葉底三三兩兩魚若比濠梁應更
樂近人渾不畏舂鉏
東皐
東皐攬結知新歲西崦攀翻憶去年肘上柳生渾不
管眼前花發即欣然
一陂
一陂眼一作鮫水蔣陵西含風卻轉與城齊周遭碧銅

伯夷之所以佐其君治民余讀書未嘗不喟然歎思
之也傳曰盛德者必百世祀若伯夷者蓋庶幾焉彼
其後世忠孝之良亦使之遭時沐浴舜禹之間以盡
其材而与夫夔皋熊虎之徒俱出而馳焉其孰能概
之耶

傷仲永

金谿民方仲永世隸耕仲永生五年未嘗識書具忽
啼求之父異焉借旁近与之即書詩四句并自爲其
名其詩以養父母收族爲意傳一鄉秀才觀之自是
指物作詩立就其文理皆有可觀者邑人奇之稍稍
賓客其父或以錢幣乞之父利其然也日扳仲永環
於邑人不使學予聞之也久明道中從先人還家
於舅家見之十二三矣令作詩不能稱前時之聞又
七年還自揚州復到舅家問焉曰泯然衆人矣王子
曰仲永之通悟受之天也其受之人也賢於材人遠
矣卒之爲衆人則其受於人者不至也彼其受之天
也如此其賢也不受之人且爲衆人今夫不受之天
固衆人又不受之人得爲衆人而已耶

同學一首别子固

江之南有賢人焉字子固非今所謂賢人者予慕而
友之淮之南有賢人焉字正之非今所謂賢人者予
慕而友之二賢人者足未嘗相過也口未嘗相語也
辭幣未嘗相接也其師若友豈盡同哉予考其言行
其不相似者何其少也曰學聖人而已矣學聖人則

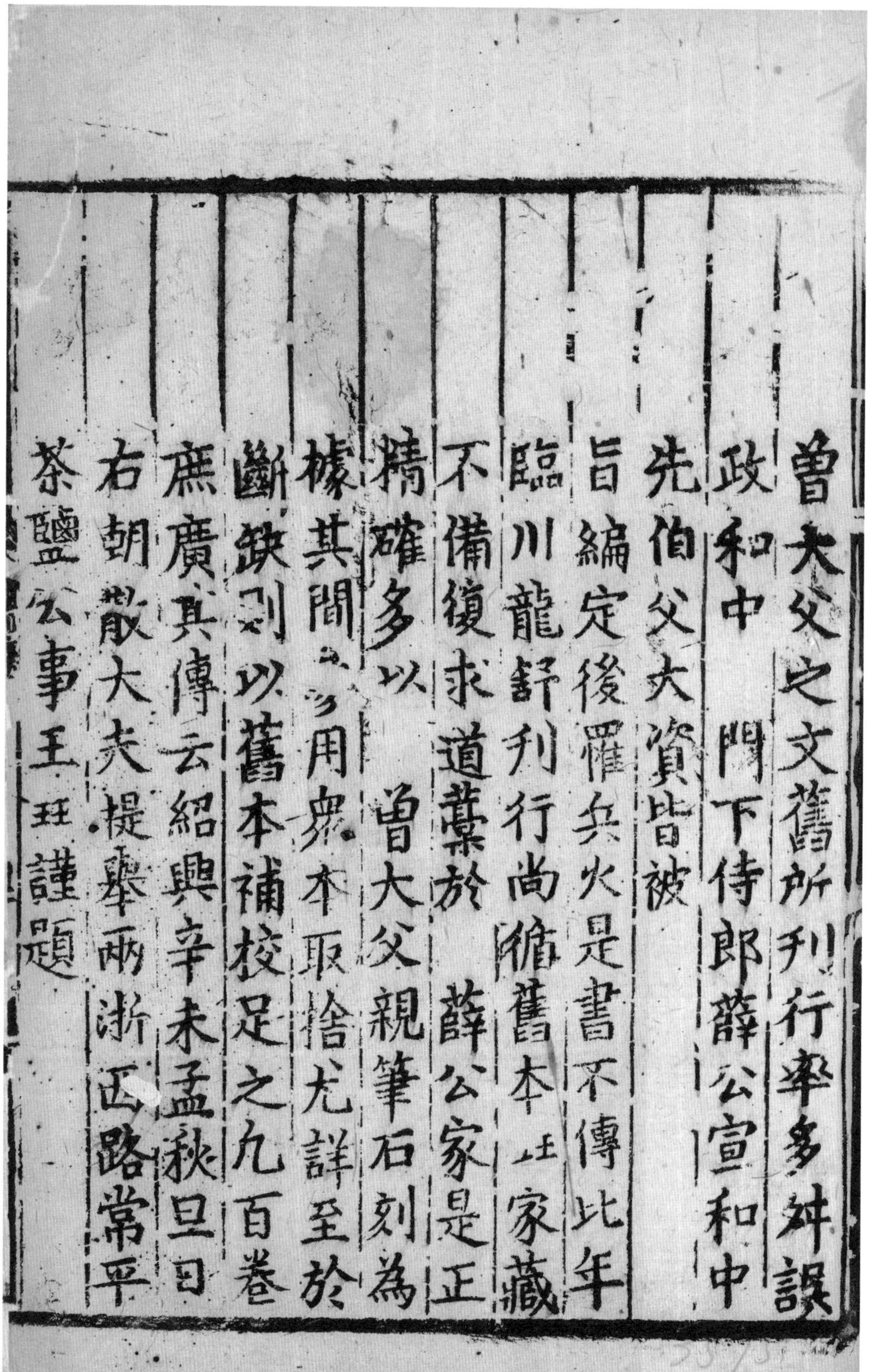

曾大父之文舊所刊行率多舛誤
政和中　門下侍郎薛公宣和中
先伯父大資皆被
旨編定後罹兵火是書不傳比年
臨川龍舒刊行尚循舊本珏家藏
不備復求道藁於　薛公家是正
精確多以　曾大父親筆石刻為
據其間參用衆本取捨尤詳至於
斷缺則以舊本補校足之九百卷
庶廣其傳云紹興辛未孟秋旦日
右朝散大夫提舉兩浙西路常平
茶鹽公事王珏謹題

王荆文公诗笺注五十卷目录三卷　（宋）王安石撰　（宋）李壁注　（宋）刘辰翁批点　**年谱一卷**　（宋）詹大和撰　元大德五年（1301）王常刻本

每半叶10行，行19字，小字双行同，细黑口，左右双边。国家图书馆藏（索书号：12378）。入选《第一批国家珍贵古籍名录》（名录号：01105）。

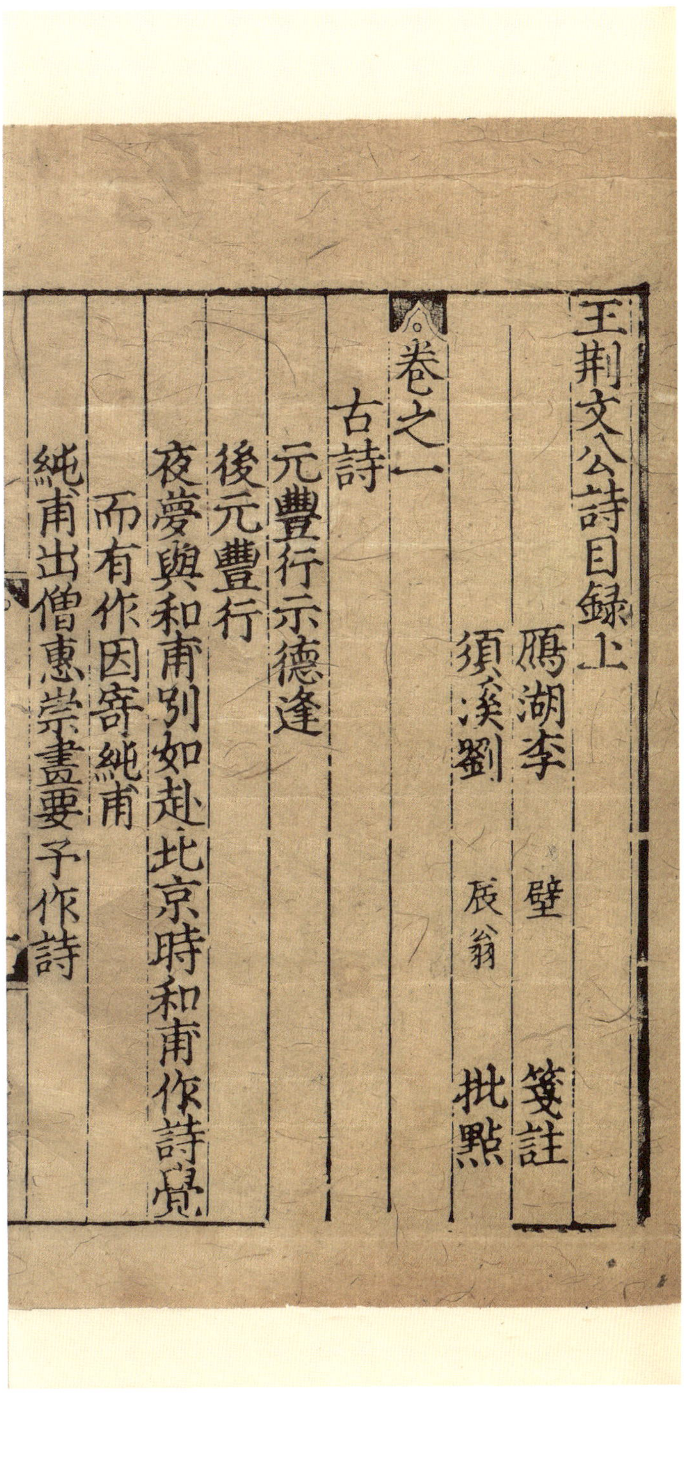

王荆文公詩目録上

鴈湖李　壁　箋註

須溪劉　辰翁　批點

卷之一

古詩

元豐行示德逢

後元豐行

夜夢與和甫別如赴北京時和甫作詩覺

而有作因寄純甫

純甫出僧惠崇畫要予作詩

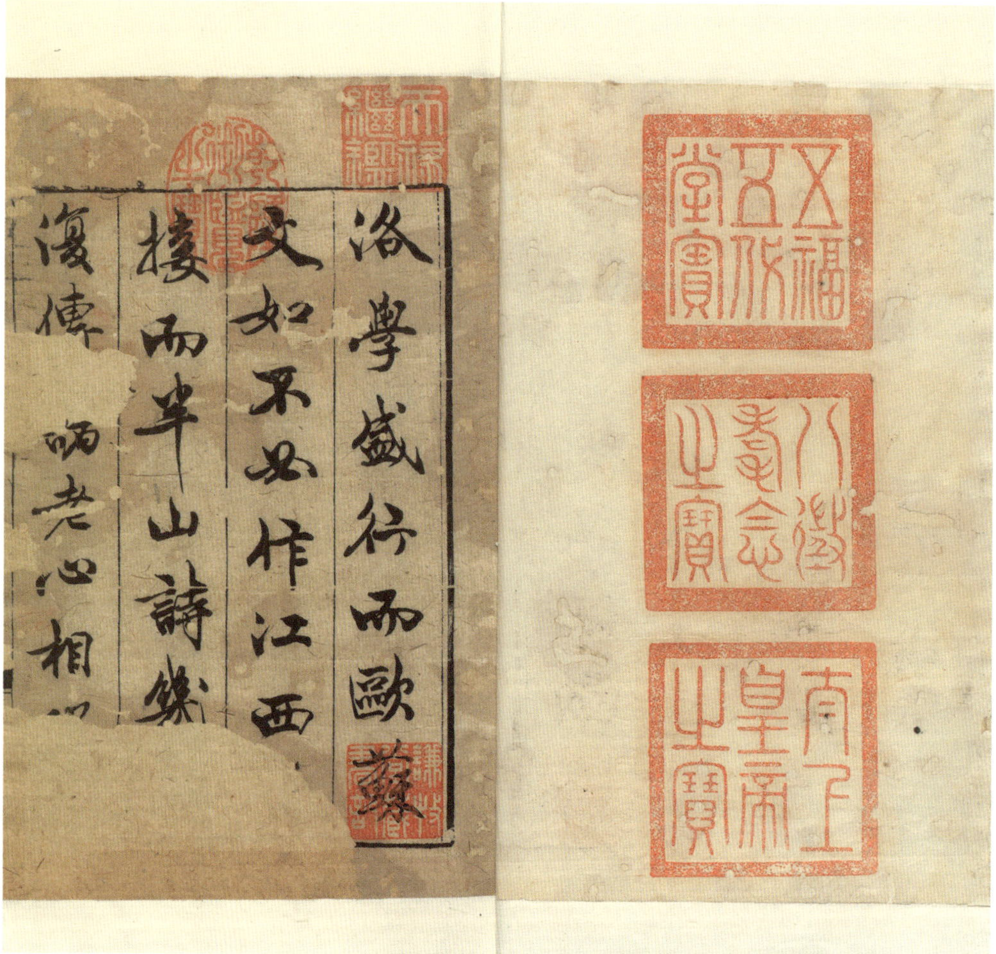
洛學盛行而歐蘇
文如不如作江西
樓而半山詩筆
復傳 晦老心相

临川先生文集一百卷目录二卷　（宋）王安石撰　明嘉靖三十九年（1560）何迁刻本

每半叶12行，行20字，白口，左右双边。国家图书馆藏（索书号：17277）。

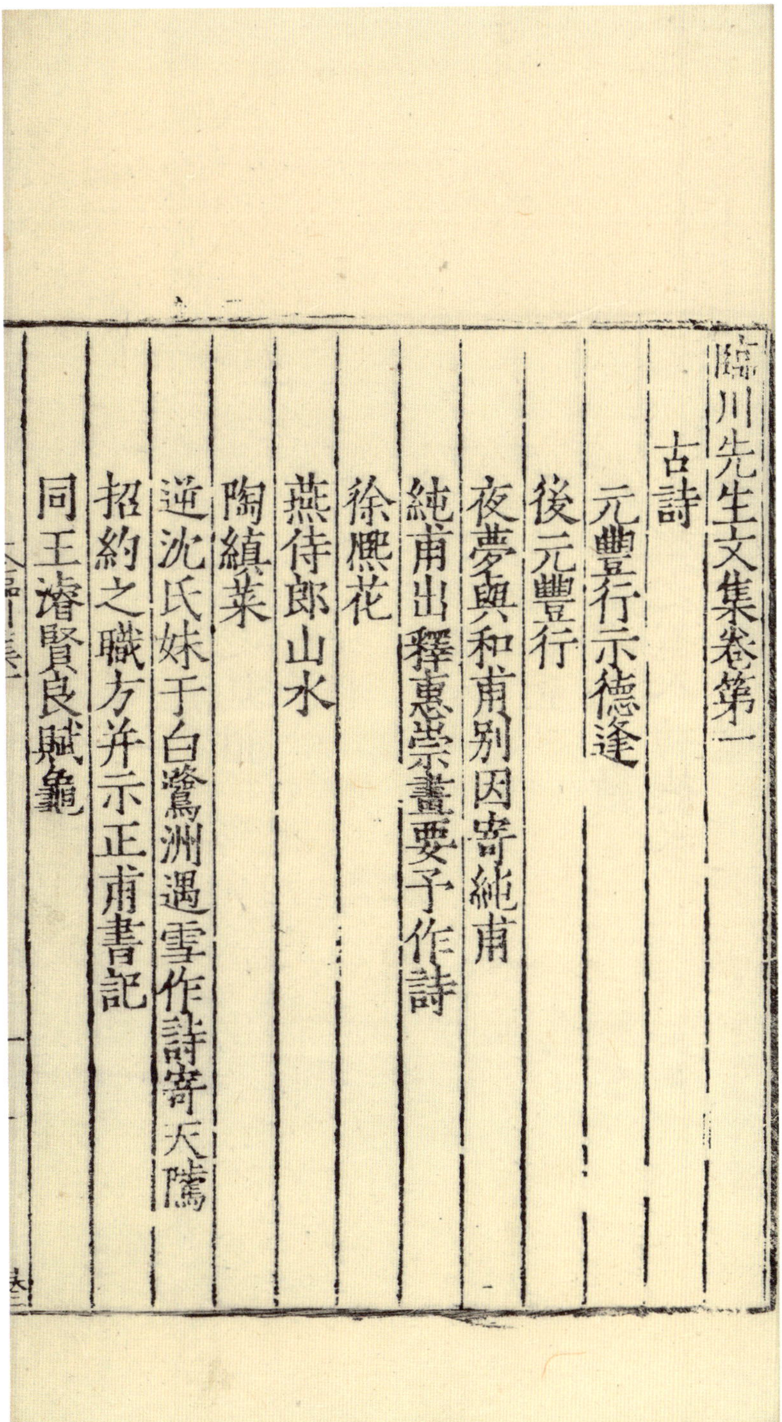
臨川先生文集卷第一

古詩

元豐行示德逢

後元豐行

夜夢與和甫別因寄純甫

純甫出釋惠崇畫要予作詩

徐熙花

燕侍郎山水

陶縝菜

送沈氏妹于白鷺洲遇雪作詩寄天隲

招約之職方并示正甫書記

同王濬賢良賦龜

王安石（1021—1086）字介甫，抚州临川（今江西）人。因籍贯临川，称王临川。晚年退居江宁（今江苏南京）城外半山园，封舒国公、荆国公，又称半山老人、王荆公。庆历二年（1042），以进士第四名及第，任签书淮南判官。皇祐三年（1051），任舒州通判，躬行俭素，严明吏治，颇有政绩。回京任三司度支判官时，上书仁宗，提倡变法。熙宁二年（1069），拜参知政事，主持变法。七年，罢相，出知江宁府。八年，再相，次年复罢。元祐元年（1086）卒，年六十六。事迹详见《宋史》本传。

王安石自幼聪颖，少好读书，过目不忘，是欧阳修倡导的诗文革新运动的积极参加者，诗词论说皆成就斐然，鲜有争议，为唐宋八大家之一。诗歌一千六百多首，既有“不畏浮云遮望眼，自缘身在最高层”的直抒胸臆，也有“柳叶鸣蜩绿暗，荷花落日红酣。三十六陂春水，白头想见江南”的感怀深挚，意蕴无穷。散文语言简洁、高度凝练，义深而明，可谓名篇迭出。王安石明确提出“经术正所以经世务”（《宋史·王安石传》），其所代表的荆公新学被称为“中国经学史上从汉学到宋学的转折枢纽”（刘成国《王安石集·导读》），代表作有《三经新义》《易解》《字说》等。他将儒家经典的内容同现实政治相结合，为变法中的种种措施提供理论依据，以简明扼要的注解来阐述自己的政治主张，一度成为国家正统意识形态，“一时学者，无敢不传习。”

王安石文集曾被朝廷列为官修书籍，其门人薛昂奉诏编辑。薛昂，字肇明，杭州人。神宗元丰八年（1085）进士。徽宗崇宁（1102—1106）间，历太常博士、中书舍人，累迁给事中。薛昂编成《临川先生文集》，然因靖康之祸，散落不存。故至南宋绍兴间，王安石曾孙王珏重编《临川先生文集》一百卷，流传后世。国图藏宋刻黄廷鉴跋本前有王珏题记可证。王记称：“曾大父之文，旧所刊行，率多舛误。政和中门下侍郎薛公、宣和中先伯父大资，皆尝被旨编定。后罹兵火，是书不传。比年临川、龙舒刊行，尚循旧本。珏家藏不备，复求遗稿于薛公家，是正精确，多以曾大父亲笔、石刻为据，其间参用众本，取舍尤详。至于断缺，则以旧本补校足之，凡百卷，庶广其传云。绍兴辛未（1151）孟秋旦日，右朝散大夫、提举两浙西路常平盐茶公事王珏谨题。”国图藏有数部绍兴王钰刻元明递修本《临川先生集》，本篇所列书影一部钤有“恬裕斋镜之氏珍藏”“铁琴铜剑楼”“子雝金石”“良士眼福”“琴六手校”“我斋图书”“云间郁氏□□□仲印”诸印，知为清瞿氏铁琴铜剑楼旧藏。另有，南宋高宗绍兴十

年（1140），抚州知州詹大和于临川刊刻王安石文集一百卷，题为“临川先生文集”，世称“临川本”。南宋绍兴十年至二十一年间（1140—1151），亦有《王文公文集》百卷，刻于庐州舒城（今安徽合肥）郡斋，故称“龙舒本”。

此外，注本王安石集亦有流传。开禧三年（1207）至嘉定二年（1209），李壁谪居荆公故里临川时开始为王安石诗歌作注。李壁（1159—1222），字季章，号雁湖，又号石林，眉州丹棱（今属四川）人。李焘之子。绍熙元年（1190）进士。宁宗时附和韩侂胄用兵，累官参知政事。后谪居抚州，又起知遂宁府。卒谥“文懿”。《宋史》有传。李壁随笔注疏荆公诗歌，又命属吏整理成编，在宋代即刊刻三次。后刘辰翁又评点李壁笺注，刘辰翁（1232—1297），字会孟，号须溪，庐陵（今江西吉安）人。宋末为濂溪书院山长，荐除太学博士。刘去世后，其门人王常将其批点散附荆公诗句下，删节李注，并请刘之子刘将孙作序，卷前附宋詹大和撰《王荆文公年谱》，于元大德五年（1301）刊行于世。国图藏大德五年王常刻本是李壁注本的最早刻本，钤有“兼牧堂书画记”“谦牧堂藏书记”“乾隆御览之宝”“天禄琳琅”“天禄继鉴”“五福五代堂宝”“八徵耄念之宝”“太上皇帝之宝”诸印，为清揆叙旧藏，后入藏清宫天禄琳琅。

《百部经典》版《王安石集》以明嘉靖三十九年（1560）何迁覆刻南宋詹大和《临川先生文集》为底本，以南宋绍兴刻龙舒本《王文公文集》为校本，参校李壁注本等。

（张洁）

西厢记

新校注古本西厢记六卷　（元）王德信撰　（明）王骥德校注　明万历四十二年（1614）王氏香雪居刻本

有图，每半叶10行，行20字，白口，四周单边。国家图书馆藏（索书号：16229）。

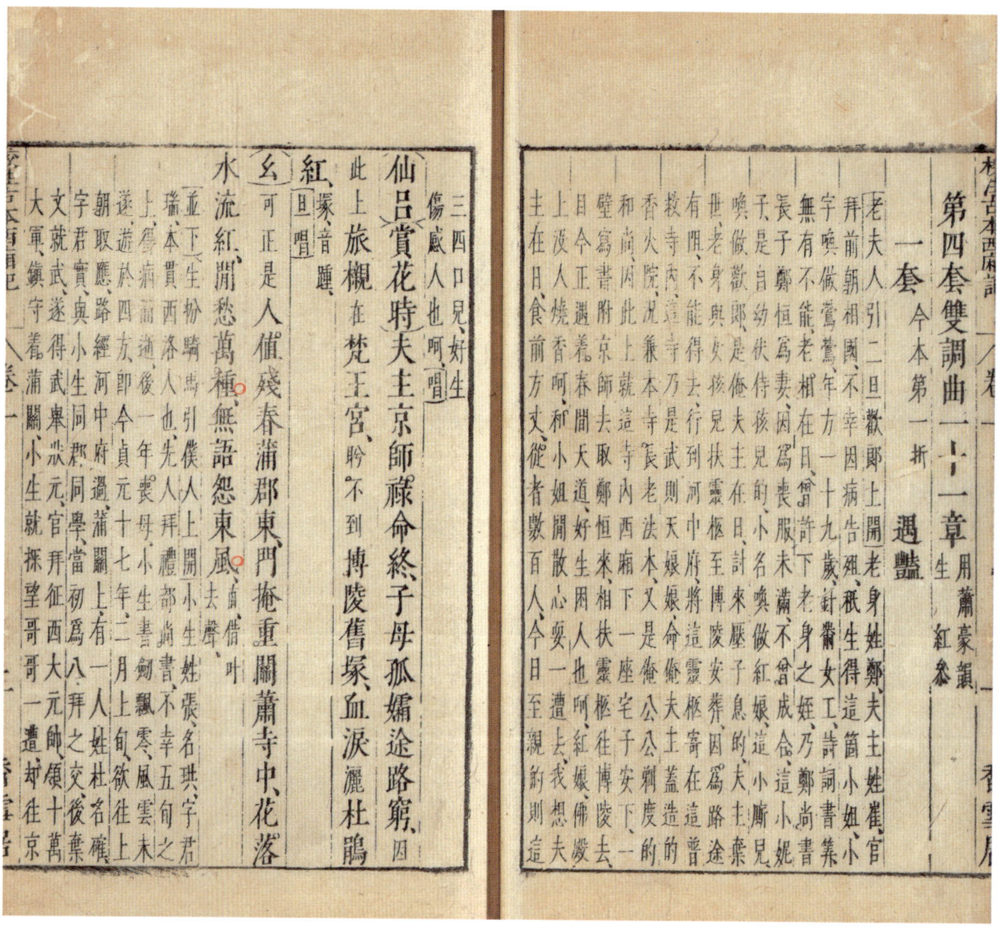

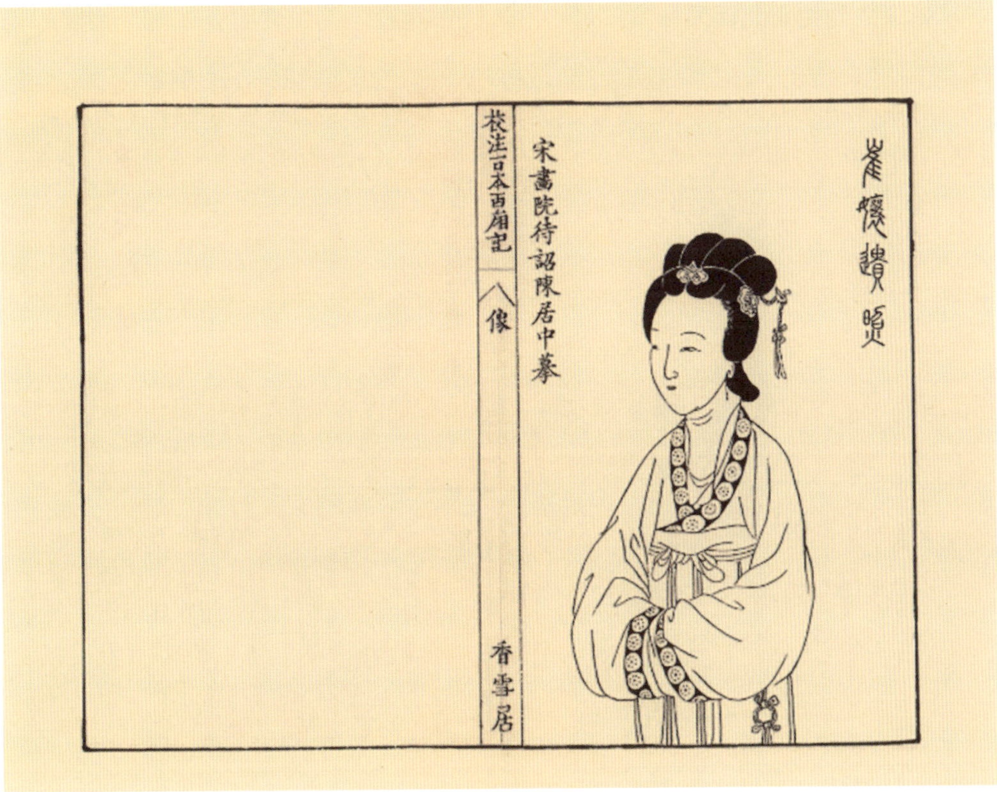
宋畫院待詔陳居中摹
校注古本西廂記
像
香雪居

長洲錢穀叔寶寫
吳江汝氏文淑摹
校注古本西廂記
圖
二
香雪居

张深之先生正北西厢秘本五卷　（元）王德信、关汉卿撰　（明）张深之校正　明崇祯刻本

有图，每半叶9行，行20字，白口，四周单边。国家图书馆藏（索书号：A01844）。

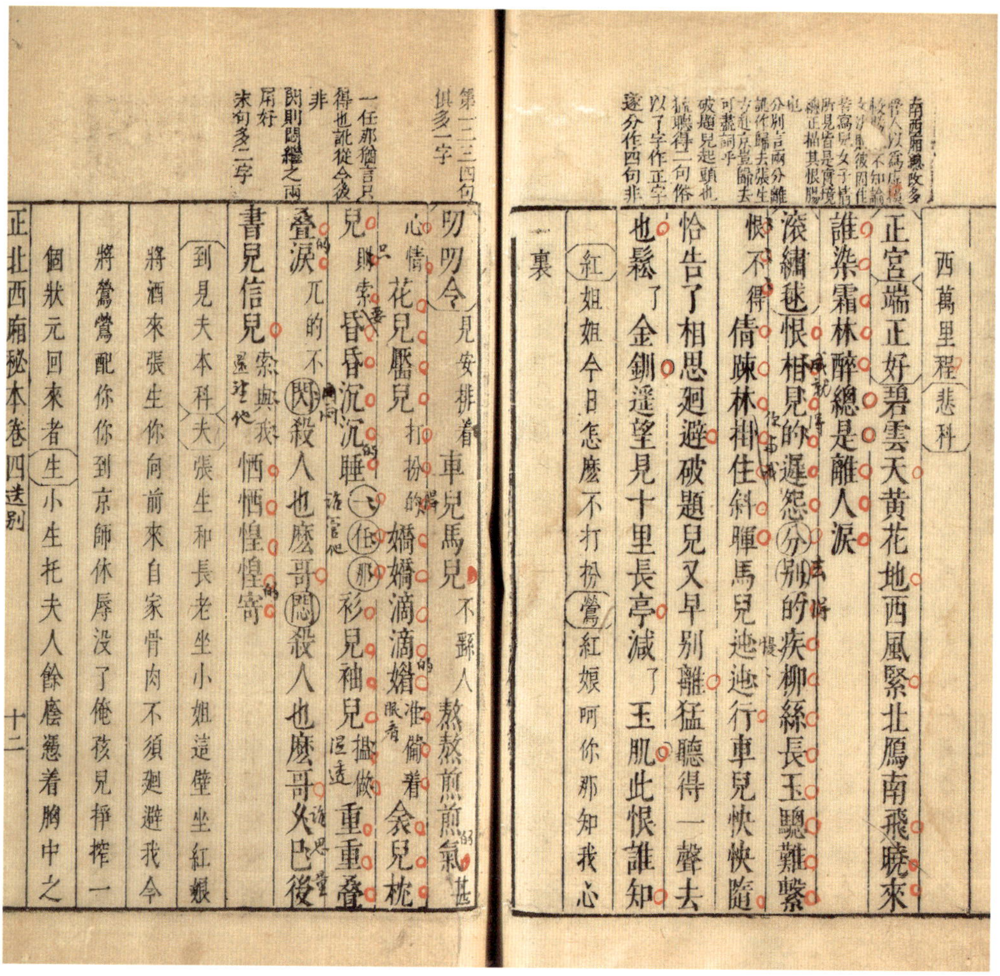

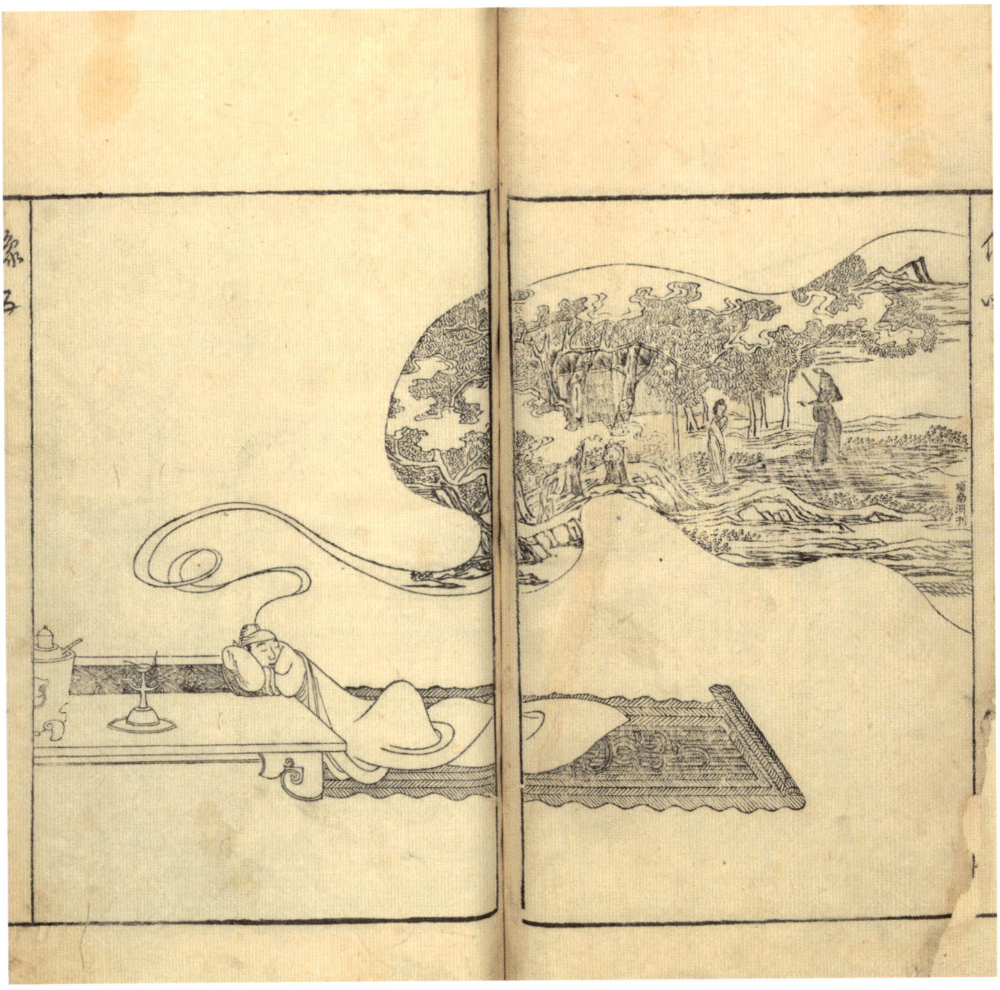

西厢记五卷 （元）王德信、关汉卿撰 （明）凌濛初评 **解证五卷** （明）凌濛初撰 **会真记一卷** （唐）元稹撰 **附录一卷** 明凌濛初刻套印本

有图，每半叶 8 行，行 18 字，白口，左右双边。国家图书馆藏（索书号：04102）。

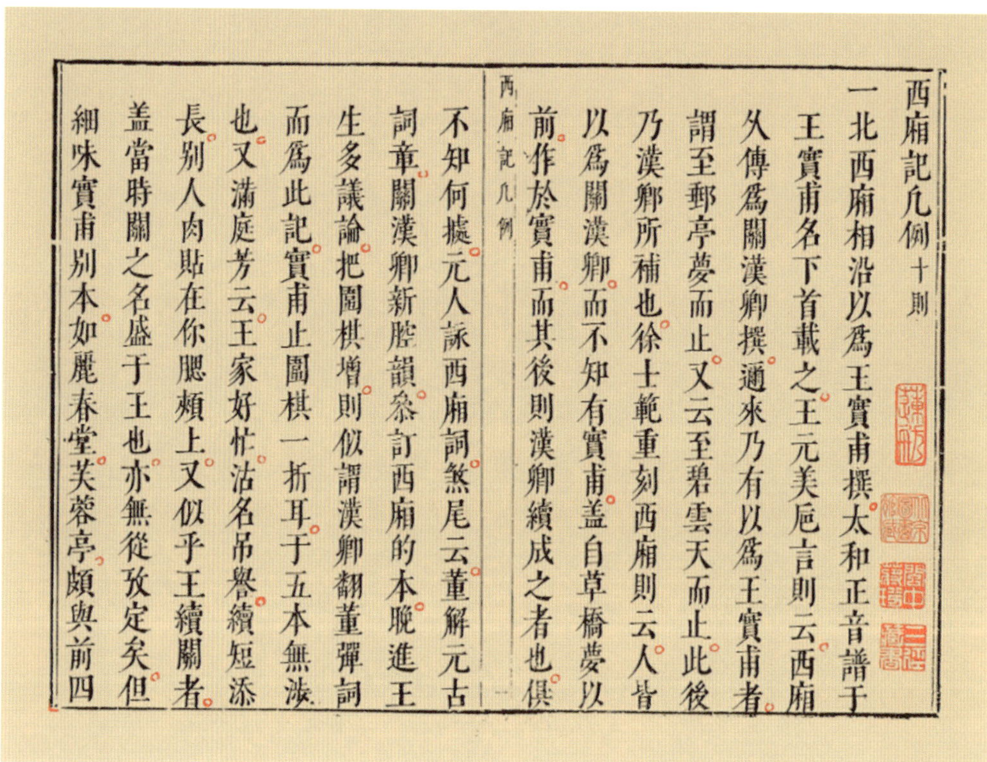
西廂記凡例 十則
一北西廂相沿以爲王實甫撰太和正音譜于
王實甫名下首載之王元美卮言則云西廂
久傳爲關漢卿撰邇來乃有以爲王實甫者
謂至郵亭夢而止又云至碧雲天而止此後
乃漢卿所補也徐士範重刻西廂則云人皆
以爲關漢卿而不知有實甫蓋自草橋夢以
前作於實甫而其後則漢卿續成之者也俱
西廂記凡例 一
不知何據元人詠西廂詞煞尾云董解元古
詞章關漢卿新腔韻參訂西廂的本晚進王
生多議論把圍棋增則似謂漢卿翻董彈詞
而爲此記實甫止圍棋一折耳于五本無涉
也又滿庭芳云王家好忙沽名吊譽續短添
長別人肉貼在你腮頰上又似乎王續關者
蓋當時關之名盛于王也亦無從攷定矣但
細味實甫別本如麗春堂芙蓉亭頗與前四

無情王段無緣意亦佳

戶安居處處樂土鳳凰來儀麒麟屢出

〔清江引〕謝當今盛明唐聖主勅賜爲夫婦永老無別離萬古常完聚願普天下有情的都成了眷屬

〔隨尾〕則因月底聯詩句成就了怨女曠夫顯得有志的狀元能無情的鄭恒苦〔下〕

題目　小琴童傳捷報　崔鶯鶯寄汗衫

正名　鄭伯常干捨命　張君瑞慶團圞

西廂記五　　二十一

西廂記第五本終

关于《西厢记》的作者，前代说法不一，影响较大者有王实甫作、关汉卿作王实甫续（第五本）、关汉卿作、王实甫作关汉卿续等说法。在诸多说法中，以王实甫作的说法最早，与《西厢记》产生年代相近，今人普遍公认《西厢记》全五本为王实甫作品。王实甫，一作实父，名德信。大都（今北京）人，一说为定兴（今属河北）人，元代前期作家，与关汉卿同时而略晚。曾任县官，擢升陕西行台监察御史。因与台臣议事不合，四十余岁弃官归隐，从事杂剧创作。创作活动主要在元贞、大德年间（1295—1307），所作杂剧据《录鬼簿》著录有十四种。现存《西厢记》《破窑记》《丽春堂》三种及《芙蓉亭》《贩茶船》各残存一折曲词。所作以文采见长，故《太和正音谱》喻之为“花间美人”，谓其铺叙委婉，深得骚人之趣。极有佳句，如“玉环之出浴华清，绿珠之采莲洛浦”。《西厢记》是其代表作，在我国古典戏曲史上占有重要地位，对后世戏曲小说影响很大。与关汉卿《拜月亭》、白朴《墙头马上》、郑光祖《倩女离魂》并称元杂剧中四大爱情剧。亦工散曲，现存若干。

《西厢记》故事最先出自唐元稹的传奇《莺莺传》，后经金董解元改编为《西厢记诸宫调》，王实甫据后者改编为杂剧。全剧五本二十一折，写书生张君瑞进京应试，途经普救寺，偶与崔相国女儿莺莺相遇，一见钟情，由于老夫人反对，中途拆散，侍女红娘竭力相助，终成眷属。作者成功地塑造了男女主人公张生和崔莺莺这对封建社会中典型的才子佳人形象，特别是红娘这一人物，颇受人们喜爱。语言优美，诗意浓郁，金圣叹评之为第六才子书，列于庄周、屈原、司马迁、杜甫、施耐庵之后。此剧注家众多，著名评注家有汤显祖、徐渭、李贽、金圣叹、陈眉公等。

《西厢记》问世后，流传甚广，刊刻数量之多，为古代戏曲之最，然元刊本已经失传。明清以来刊本，据不完全统计有一百五十余种，其中明刊本近六十种。现存最早的完本是明弘治十一年（1498）北京岳氏刻本，分卷不分本，五卷二十一折，上图下文，有注释，但校刊欠精良，体例也不统一。而现存最切合元杂剧体制的刊本当属明天启间凌濛初校注的朱墨套印本，是本前有凡例，考证作者，解释此刻评语、解证、体例、插图、祖本等情况，落款“即空观主人”，落款旁附“濛初之印”。凡例曰“此刻悉遵周宪王元本”，似以周宪王本为底本翻刻。王国维《戏曲散论》称其为《西厢记》刻本中“世号为最善者”，流传广，影响大。凡例、目录后，有版画二十幅，每本四幅。版画刻画精工，线条细腻，生动传神，展现了当时徽州版画的特色。全剧五本，本有本名，每本四折，前有楔子，本末有题目正名，正名之末句为该本本名。正文有朱笔眉批，每本后有“解证”。书末附《附录元人增对弈》、元稹《会真记》。此本刻印精良，版画精美，文本选择考究，钤有“闽中蒋玢”“三径藏书”“长乐郑振铎西谛藏书”“长乐郑氏臧书之印”等印。曾经郑振铎收藏，现藏国家图书馆。

《百部经典》版《西厢记》即以凌濛初朱墨套印本为底本，参照他本做校正者，则在注释中说明，不另出校记。

（徐慧）

聊斋志异

聊斋志异不分卷　（清）蒲松龄撰　稿本（存二百三十七篇）

辽宁省图书馆藏（索书号：善61032）。入选《第三批国家珍贵古籍名录》（名录号：09593）。

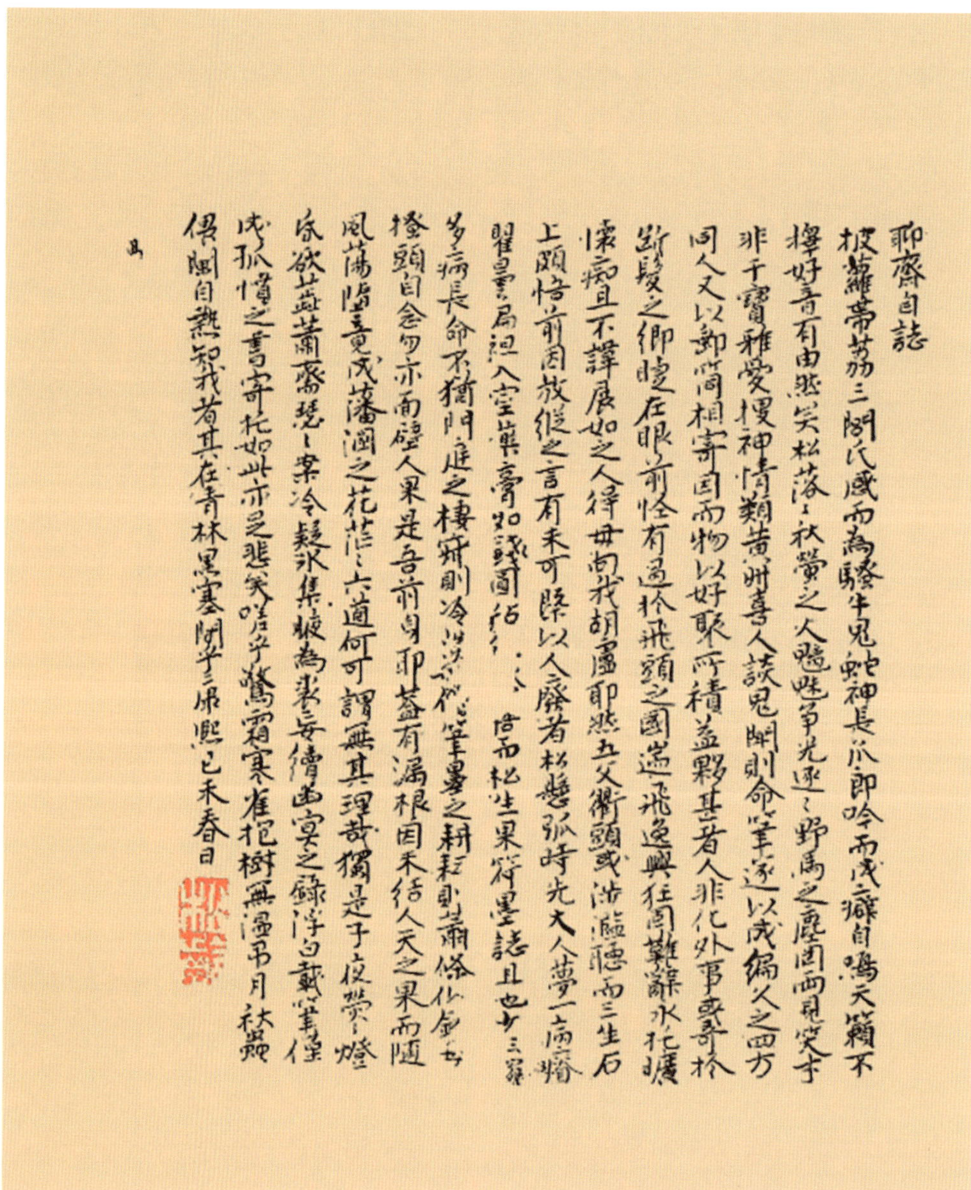

聊齋自誌

披蘿帶荔三閭氏感而為騷牛鬼蛇神長爪郎吟而成癖自鳴天籟不擇好音有由然矣松落落秋螢之火魑魅爭光逐逐野馬之塵罔兩見笑才非干寶雅愛搜神情類黃州喜人談鬼聞則命筆遂以成編久之四方同人又以郵筒相寄因而物以好聚所積益夥甚者人非化外事或奇於斷髮之鄉睫在眼前怪有過於飛頭之國遄飛逸興狂固難辭永托曠懷痴且不諱展如之人得毋向我胡盧耶然五父衢頭或涉濫聽而三生石上頗悟前因放縱之言有未可概以人廢者松懸弧時先大人夢一病瘠瞿曇偏袒入室藥膏如錢圓粘乳際寤而松生果符墨誌且也少羸多病長命不猶門庭之淒寂則冷淡如僧筆墨之耕耘則蕭條似缽每搔頭自念勿亦面壁人果是吾前身耶蓋有漏根因未結人天之果而隨風蕩墮竟成藩溷之花茫茫六道何可謂無其理哉獨是子夜熒熒燈昏欲蕊蕭齋瑟瑟案冷疑冰集腋為裘妄續幽冥之錄浮白載筆僅成孤憤之書寄託如此亦足悲矣嗟乎驚霜寒雀抱樹無溫弔月秋蟲偎闌自熱知我者其在青林黑塞間乎康熙己未春日

聊齋志異一卷

考城隍

予姊丈之祖宋公諱燾邑廩生一日病臥見吏人持牒牽白顛馬來云請赴試公言文宗未臨何遽得考吏不言但敦促之公力病乘馬從去路甚生疎至一城郭如王者都移時入府廨宮室壯麗上坐十餘官都不知何人惟關壯繆可識簷下設几墩各二先有一秀才坐其末公便與連肩几上各有筆札俄題紙飛下視之八字云一人二人有心無心二公文成呈殿上公文中有云有心為善雖善不賞無心為惡雖惡不罰諸神傳讚不已召公上諭曰河南缺一城隍君稱其職公方悟頓首泣曰辱膺寵命何敢多辭但老母七旬奉養無人請得終其天年惟聽錄用上一帝王像者即命稽母壽籍有長鬚吏捧冊翻閱一過白有陽筭九年共躊躇間關帝曰不妨令張生攝篆九年瓜代可也乃謂公應即赴任今推仁孝之心給假九年及期當復相召又勉勵秀才數語二公稽首並下秀才握手送諸郊野自言長山張某以詩贈別都忘其詞中有有花有酒春常在無燭無燈夜自明之句公既騎乃別而去及抵里豁若夢寤時卒已三日母聞棺中呻吟扶出半日始能語問之長山果有張生於是日死矣後九年母果卒營葬既畢浣濯入室而沒其岳家居城中西門內忽見公鏤膺朱幘輿馬甚眾登其堂一拜而行相共驚疑不知其為神奔訊鄉中則已歿矣公有自記小傳惜亂後無存此其略耳

聊斋志异十六卷　（清）蒲松龄撰　清乾隆三十一年（1766）莱阳赵氏青柯亭刻本

每半叶 9 行，行 21 字，黑口，左右双边，有墨笔圈点批注。国家图书馆藏（索书号：34599）。

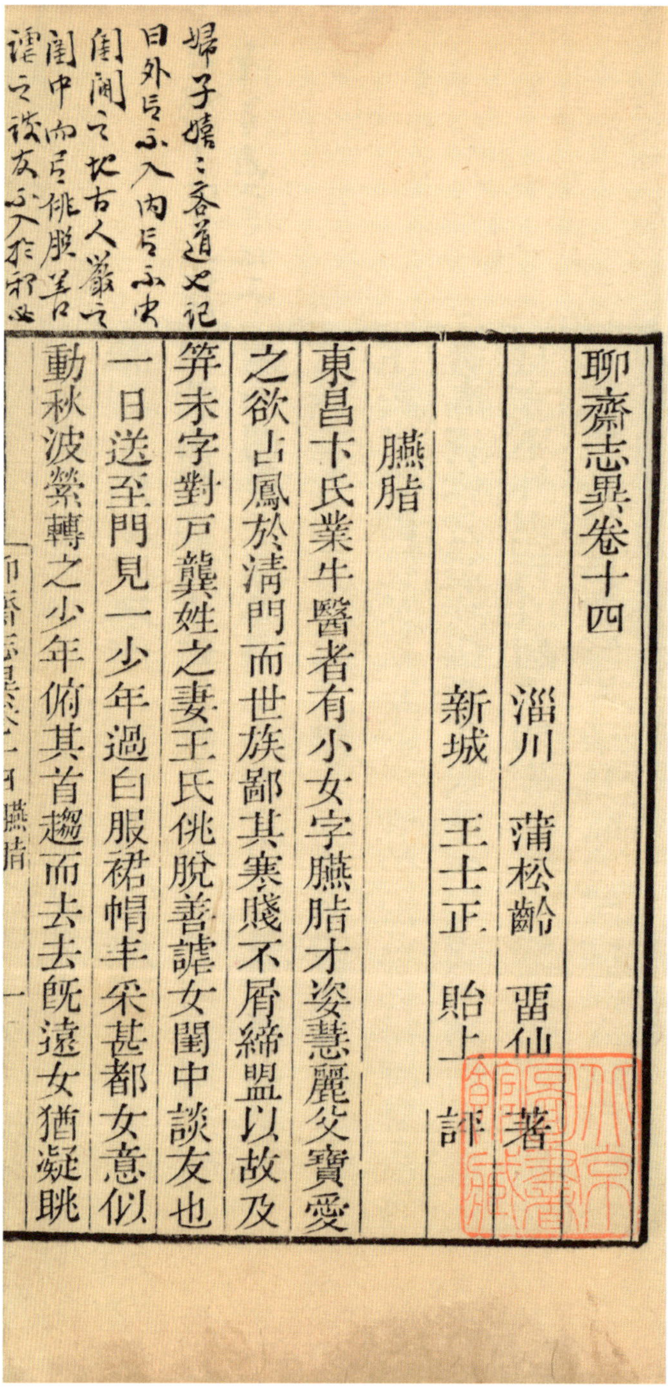

蒲松龄（1640—1715），字留仙，又字剑臣，号柳泉居士。世称聊斋先生，自称异史氏，济南府淄川（今山东淄博）人。清顺治十五年（1658）参加秀才考试，接连考取县、府、道三个第一。后为求举人功名，三十多年多次参加岁试、科考，皆名落孙山。直到康熙四十九年（1710），七十一岁时才“挨贡”成贡生。生活所迫，蒲松龄曾应同乡宝应县令孙蕙之请，做幕宾数年。后又于淄川王永印、王昌荫、沈天祥、毕际有等处坐馆，担任塾师，于七十岁撤帐回家。舌耕笔耘，近四十年。康熙五十四年正月病逝，享年七十六岁。著有《聊斋志异》《聊斋文集》《聊斋诗集》等。

蒲松龄一生贫苦，《聊斋志异》是其落拓科场，身处社会下层，感受民间疾苦，在大量搜集民间故事的基础上磨砺而成。《聊斋志异》的写作历时四十多年，约始于康熙前期，到康熙十八年初步成书。此后蒲松龄数十年笔耕不辍，反复打磨，《聊斋自志》中自述创作过程和心酸。由于家境贫寒，蒲松龄去世后，《聊斋志异》长久不得刊行，遗稿仅有抄本流传民间。直到乾隆三十一年（1766）才有据抄本刊布的青柯亭刻本问世。

《聊斋志异》是一部脍炙人口的文言短篇小说集，在我国文学史上占有独特的地位。《聊斋志异》故事内容多采自民间传说和野史轶文，写作上连用了志怪和传奇文言小说的技法，同时结合传统白话小说的长处，形成其独特的文言叙事风格。《聊斋志异》揭露封建统治的黑暗，抨击科举制度的腐朽，反抗封建礼教的束缚，具有丰富深刻的思想和艺术成就。《大英百科全书》称它“继承了中国古代散文的传统，富有浪漫主义色彩”。熟识的名篇包括《考城隍》《胭脂》《司文郎》《婴宁》《罗刹海市》等。《聊斋志异》流传广泛，影响深刻。到二十世纪末，已有英、法、德、日、俄、意大利、西班牙、捷克、匈牙利等二十余种外文译本。有朝鲜、维吾尔、蒙古等多种少数民族文字译本。

《聊斋志异》手稿为蒲松龄生前手定。今存半部，手稿用竹纸抄写，共四百页，除《考城隍》篇首行标有“聊斋志异一卷”外，其余各叶均无卷次。有小说二百三十七篇，其中二百零六篇是蒲松龄的手迹，其余三十一篇由他人代抄。自抄部分字迹清楚，极少涂改。他人代抄部分，经蒲氏修改较多。文稿上方及各篇正文后间有蒲氏手录王士祯评语及佚名校语。光绪初年，由于装裱裁切不慎，曾致部分眉批校语受损。《聊斋自志》篇末有“松龄”长方钤印。此印罕见。手稿由蒲松龄后代收藏，后蒲氏七世孙蒲价人携手稿定居沈阳并传至其子蒲英灏。时盛京将军依克唐阿向蒲英灏借阅手稿半部，阅毕又以后半部相借。后依克唐阿有事进京，不幸染病去世，后半部手稿下落不明。多年后蒲英灏之子蒲文珊将前半部手稿捐予国家，最终移交东北图书馆即辽宁省图书馆收藏至今。

《百部经典》版《聊斋志异》以乾隆莱阳赵起杲青柯亭刻本为底本。赵起杲，字清曜，山东莱阳人。青柯亭为赵氏书斋名。该本书名页题“聊斋志异”“淄川蒲留仙著”“青柯亭开雕”。首余集序、赵起杲序；次高珩序、唐梦赉序；继聊斋自志、淄川县志聊斋小传、刻书例言、目次。卷末有乾隆五年（1740）蒲立德识语。此本对《聊斋志异》的传播起了很大的作用，后世各本均据以评注翻刻。

（马超）

国语

国语二十一卷　（三国吴）韦昭注　**国语补音三卷**　（宋）宋庠撰　宋刻元递修本

每半叶10行，行20字，小字双行同，白口，左右双边。国家图书馆藏（索书号：07471）。入选《第一批国家珍贵古籍名录》（名录号：00478）。

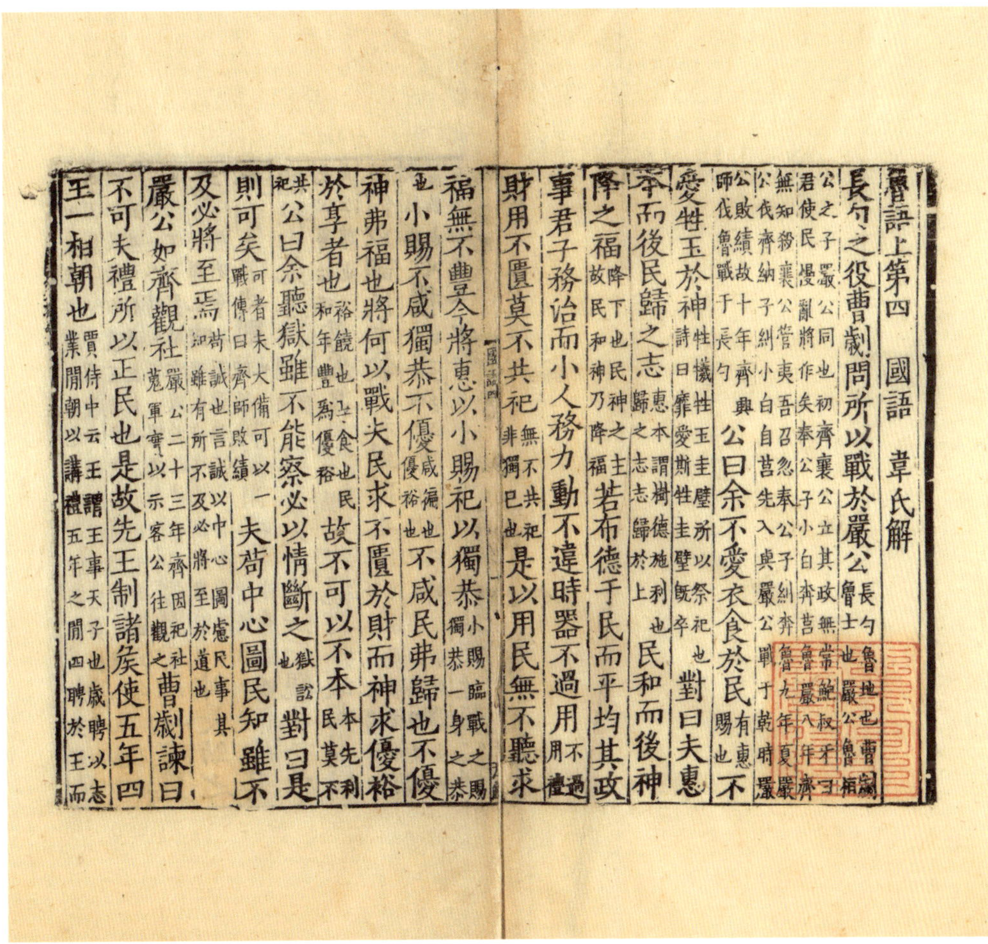

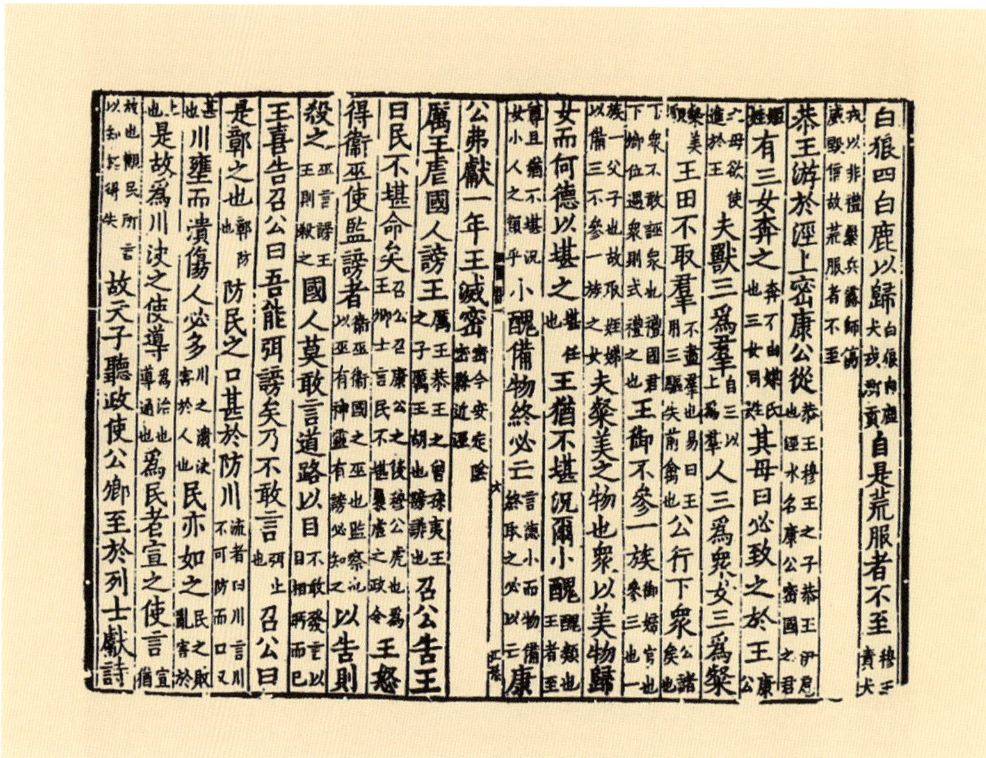

白狼四白鹿以歸（白狼白鹿犬戎所貢）自是荒服者不至（穆王責犬
戎以非禮暴兵露師傷威毀信故荒服者不至）
恭王游於涇上密康公從（恭王穆王之子恭王伊扈也涇水名康公密國之君
姬姓）有三女奔之（奔不由媒氏也三女同姓）其母曰必致之於王（康公
之母欲使進於王）夫獸三為羣（自三以上為羣）人三為衆女三為粲
（粲美貌）王田不取羣（不盡羣也易曰王用三驅失前禽也）公行下衆（公諸侯也）
（下衆不敢誣衆也禮國君下卿位遇衆則式禮之也）王御不參一族（御婦官也參三也一
族一父子也故取姪娣以備三不參一族之女）夫粲美之物也衆以美物歸
女而何德以堪之（堪任也）王猶不堪況爾小醜（醜類也王者至
尊且猶不堪況女小人之類乎）小醜備物終必亡（言德小而物備終必以亡）康
公弗獻一年王滅密（密今安定陰密縣近涇）
厲王虐國人謗王（厲王恭王之曾孫夷王之子厲王胡也謗誹也）召公告王
曰民不堪命矣（召公召康公之後穆公虎也為王卿士言民不堪暴虐之政令）王怒
得衛巫使監謗者（衛巫衛國之巫也監察也以巫有神靈有謗必知之）以告則
殺之（巫言謗王王則殺之）國人莫敢言道路以目（不敢發言以目相眄而已）
王喜告召公曰吾能弭謗矣乃不敢言（弭止也）召公曰
是鄣之也（鄣防也）防民之口甚於防川（流者曰川言川不可防而口又
甚也）川壅而潰傷人必多（川之潰決害於人也）民亦如之（民之敗亂害於
上也）是故為川者決之使導（為治也導通也）為民者宣之使言（宣猶
放也觀民所言以知其得失）故天子聽政使公卿至於列士獻詩

国语二十一卷　（三国吴）韦昭注　明嘉靖七年（1528）金李泽远堂刻本

每半叶10行，行20字，小字双行同，白口，左右双边。存13卷：卷1—13。国家图书馆藏（索书号：T00620）。

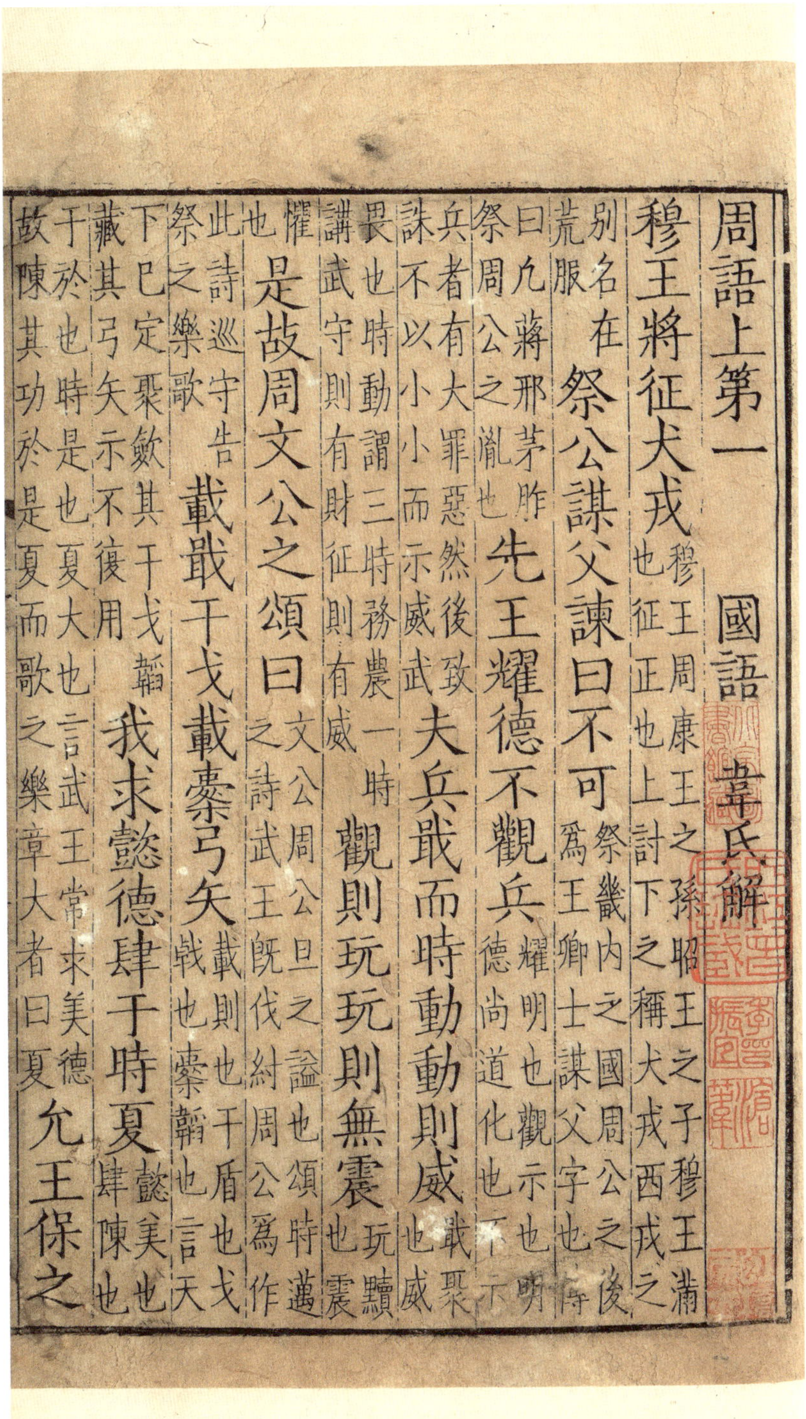
周語上第一　國語　韋氏解
穆王將征犬戎穆王周康王之孫昭王之子穆王滿也征正也上討下之稱犬戎西戎之
別名在荒服祭公謀父諫曰不可祭畿內之國周公之後爲王卿士謀父字也傳
曰凡蔣邢茅胙祭周公之胤也先王耀德不觀兵耀明也觀示也明德尚道化也不[illegible]
兵者有大罪惡然後致誅不以小小而示威武夫兵戢而時動動則威戢聚也威
畏也時動謂三時務農一時講武守則有財征則有威觀則玩玩則無震玩黷也震
懼也是故周文公之頌曰文公周公旦之謚也頌時邁之詩武王既伐紂周公爲作
此詩巡守告祭之樂歌載戢干戈載櫜弓矢載則也干盾也戈戟也櫜韜也言天
下已定聚斂其干戈韜藏其弓矢示不復用我求懿德肆于時夏懿美也肆陳也
于於也時是也夏大也言武王常求美德故陳其功於是夏而歌之樂章大者曰夏允王保之

晉語第九　國語　韋氏解

惠公入而背內外之賂惠公獻公庶子重耳之弟惠公夷吾也外秦內里丕也輿人誦之輿衆也不歌曰誦曰佞之見佞果喪其田僞善爲佞佞謂里丕受惠公賂田而納之見佞謂惠公入而不予也果猶竟也喪亡也喪田里丕不得其賂田詐之見詐果喪其賂詐謂秦以詐立惠公不置德而置服也見詐謂惠公入而背之喪賂秦不得其賂地得國而狃終逢其咎謂惠公也狃忕也咎謂敗於韓喪田不懲禍亂其興謂丕鄭也不得田不懲艾復欲與秦共納重耳惠公殺之既里丕死既已也惠公二年春殺里克秋殺丕鄭禍公隕於韓禍謂貪惏之禍也秦伐晉戰於韓獲惠公以歸隕其師徒在魯僖十五年郭偃曰善哉夫衆口禍福之門也偃晉大夫善輿人之誦豫知之故曰衆口禍福之門是以君子省衆而動動行也監

国语解二十一卷 （三国吴）韦昭撰 清嘉庆五年（1800）黄氏读未见书斋刻本

每半叶11行，行20字，小字双行31字，白口，左右双边。国家图书馆藏（索书号：A03814）。

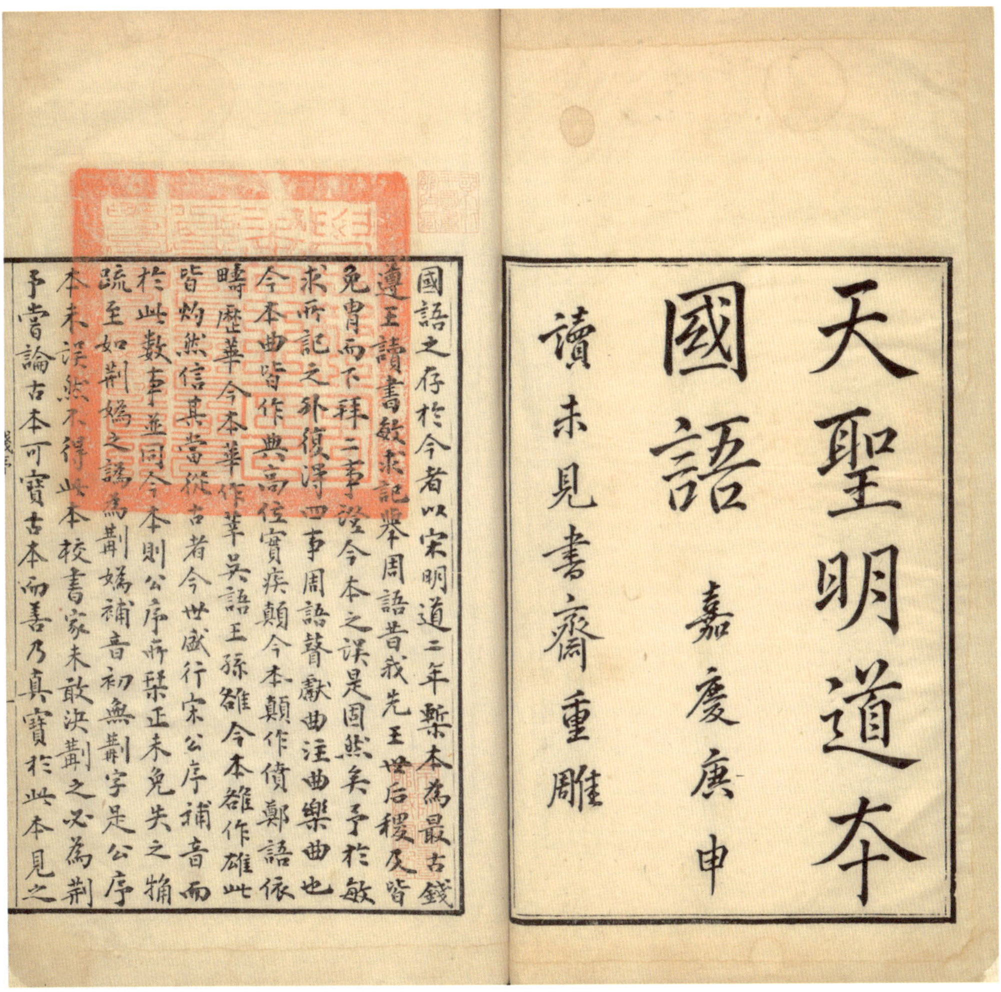
天聖明道本

國語

嘉慶庚申

讀未見書齋重雕

國語之存於今者以宋明道二年槧本爲最古錢遵王讀書敏求記舉周語昔我先王世后稷及皆免胄而下拜二事證今本之誤是固然矣予於敏求所記之外復得四事周語瞽獻曲注曲樂曲也今本曲皆作典高位實疾顛今本顛作僨鄭語依疇歷華今本華作莘吳語王孫雒今本雒作雄此皆灼然信其當從古者今世盛行宋公序補音而於此數事並同今本則公序所槩正未免失之牾疏至如荆嬀之譌爲荆嬀補音初無荆字是公序本未誤然不得此本校書家未敢決荆之必爲荆予嘗論古本可寶古本而善乃真寶於此本見之

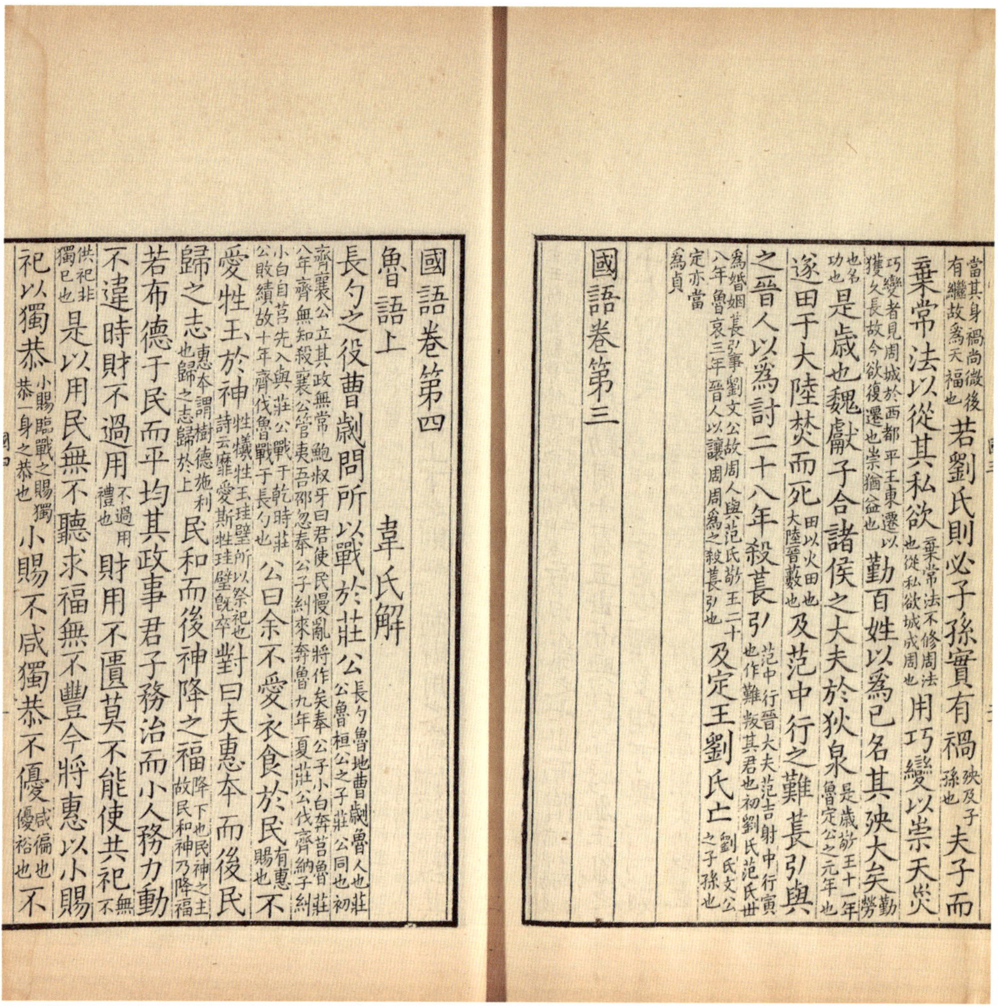

當其身禍尚微後有繼故爲天福也 若劉氏則必子孫實有禍 殃及子孫也 夫子而棄常法以從其私欲 棄常法不修周法也從私欲城成周也 用巧變以崇天災 巧變者見周城於西都平王東遷以獲久長故今欲復遷也崇猶益也 勤百姓以爲已名其殃大矣 勤勞也名功也 是歲也魏獻子合諸侯之大夫於狄泉 是歲敬王十一年魯定公之元年也 遂田于大陸焚而死 田以火田也大陸晉藪也 及范中行之難萇引與之晉人以爲討二十八年殺萇引 范中行晉大夫范吉射中行寅也作難叛其君也初劉氏范氏世爲婚姻萇引事劉文公故周人與范氏敬王二十八年魯哀三年晉人以讓周周爲之殺萇引也 及定王劉氏亡 劉氏文公之子孫也定亦當爲貞

國語卷第三

國語卷第四

魯語上　韋氏解

長勺之役曹劌問所以戰於莊公 長勺魯地曹劌魯人也莊公魯桓公之子莊公同也初齊襄公立其政無常鮑叔牙曰君使民慢亂將作矣奉公子小白奔莒魯莊八年齊無知殺襄公管夷吾邵忽奉公子糾來奔魯九年夏莊公伐齊納子糾小白自莒先入與莊公戰于乾時莊公敗績故十年齊伐魯戰于長勺也 公曰余不愛衣食於民 有惠賜也 不愛牲玉於神 牲犧牲玉珪璧所以祭祀也詩云靡愛斯牲珪璧既卒 對曰夫惠本而後民歸之志 惠本謂樹德施利也歸之志歸於上 民和而後神降之福 降下也民神之主故民和神乃降福 若布德于民而平均其政事君子務治而小人務力動不違時財不過用 不過用禮也 財用不匱莫不能使共祀 無不供祀非獨已也 是以用民無不聽求福無不豐今將惠以小賜祀以獨恭 小賜臨戰之賜獨恭一身之恭也 小賜不咸獨恭不優 咸徧也優裕也 不

《国语》出自何人，论者不一。《史记·太史公自序》谓“左丘失明，厥有《国语》”。韦昭《国语解序》谓左丘明为《春秋》作传，《国语》所记之事与《左传》时代复亦相合，但“其文不主于经，故号曰《外传》”（韦昭《国语解序》）。即《国语》又称为《春秋》的《外传》，《左传》《国语》均为左丘明所作。左丘明，生卒年月不可考，约与孔子同时或稍前。曾任鲁国史官。近人则一般认为《国语》成于战国初年，其所记非出一人之手，当为汇编之书，或进行过整理加工。

《汉书·艺文志》、晁公武《郡斋读书志》、陈振孙《直斋书录解题》均著录《国语》二十一卷，为左丘明所撰。《国语》凡二十一篇，系集春秋各国记载而成，分周、鲁、齐、晋、郑、楚、吴、越八国语。其体例是分国记载，为首部国别史书，后来陈寿《三国志》、常璩《华阳国志》、崔鸿《十六国春秋》等，都是“《国语》体”的发展。内容所记上起周穆王、下至鲁悼公共五百多年间各国史实。所记各国史实，大都通过具体人物言行、对话、驳难或议论来表现，文字朴实，长于记言，尤以对话见称。《越语》中记述越王勾践卧薪尝胆、复国雪耻之事，曲折生动，是其代表作。保存资料丰富，记载史实详细生动，为研究西周、春秋史的重要典籍。

《国语》成书之后，注家众多，西汉刘向，东汉郑众、贾逵，三国虞翻、唐固都曾为该书作注，然均亡佚。今存注本以三国吴韦昭《国语解》较早。韦昭（204—273），字弘嗣，晋人避司马昭讳，改名曜。吴郡云阳（今江苏丹阳）人。孙权时，官至黄门侍郎。会稽王孙亮即位，任太史令。末帝孙皓即位，升为侍中，领左国史。孙皓荒淫暴虐，韦昭守正不阿，遂于凤皇二年（273）下狱被杀。韦昭自幼勤学，博贯经史，工诗能赋，被华覈誉为吴国司马迁。曾撰《吴书》，未成而遇害。又撰《汉书音义》，已佚，《汉书》颜师古注中多有称引。生平事迹见《三国志》卷六五。韦昭之《国语解》，斟酌诸家之说，参以己意，保留了今已亡佚的郑众、贾逵、虞翻、唐固等人的注本片断。又，宋时有旧本《国语音》，不著撰人。北宋宋庠因其音简略，于是据旧本增补而成《补音》三卷，附于韦昭注之后。宋庠（996—1066），字伯庠，安州安陆（今湖北云梦）人，事迹详《宋史》。《补音》以唐陆德明《经典释文》为主，《经典释文》不载者，则用《说文解字》《集韵》等书反切。最初，《国语》《国语注》《国语补音》三者浑然为一书，后韦昭注本传世渐多，遂各自抄出别行。

《国语》流传至今较早的版本当属南宋监本，此本开本铺陈，行格疏朗，皮纸印造，墨色莹洁。正文前有韦昭《国语解序》，每卷首行书名题某语第几，下题国语，再下题韦氏解。《补音》卷首《国语补音叙录》直连目录，每卷首行题补音卷第几。纸幅宽大，结体方整，极为罕见，书用蝶装，疑是宋代蝶装。据书中所镌刻工时代，可推知此书当是南宋初期杭州地区刻本，疑即南宋监本，亦为浙本杰作。迭经宋元两朝补版，元时版送西湖书院。每册首叶有‘东宫书府’朱文方印，当是元时官书，明太祖灭元得之，以贻懿文太子。钤有“东宫书府”“海盐张元济经收”“涵芬楼”“涵芬楼藏”等印记，可知，此本曾为明初懿文太子朱标东宫旧藏，民国时张元济为涵芬楼购置，今藏国家图书馆。

（徐慧）

抱朴子

抱朴子内篇二十卷　（晋）葛洪撰　宋绍兴二十二年（1152）临安府荣六郎家刻本

每半叶 15 行，行 28 字，白口，左右双边。辽宁省图书馆藏（索书号：善 00002）。入选《第一批国家珍贵古籍名录》（名录号 01001）。

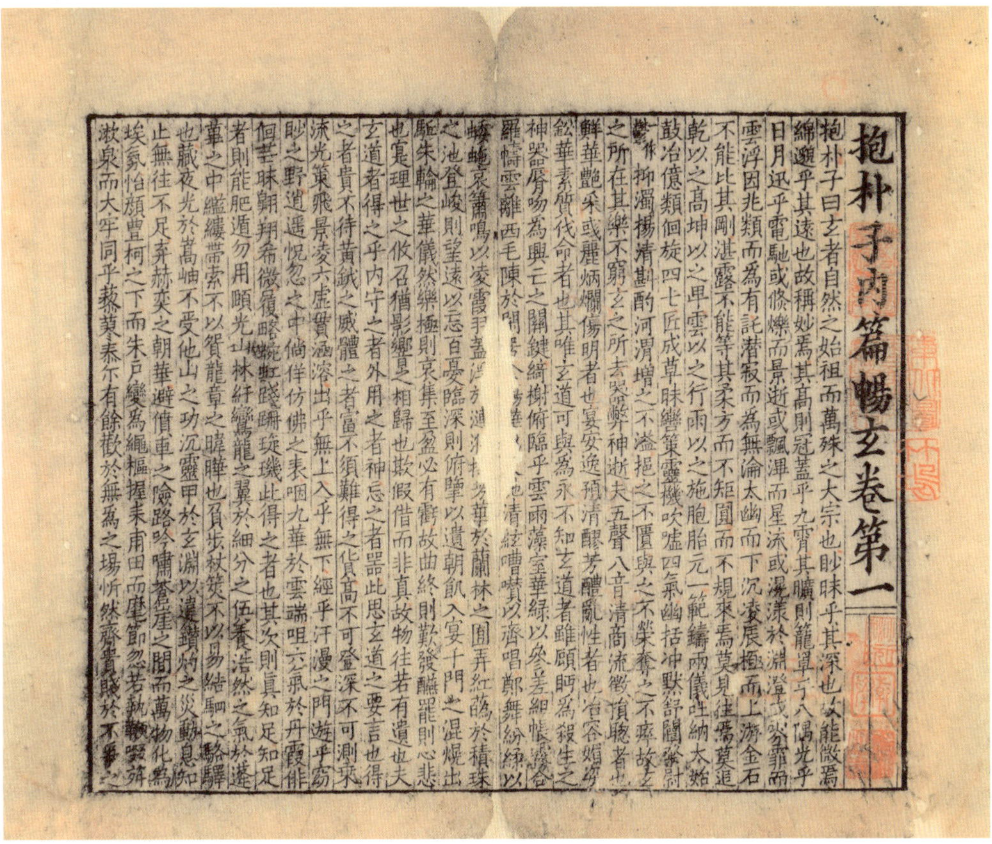
抱朴子內篇暢玄卷第一
抱朴子曰玄者自然之始祖而萬殊之大宗也眇昧乎其深也故能微焉
綿邈乎其遠也故稱妙焉其高則冠蓋乎九霄其曠則籠罩乎八隅光乎
日月迅乎電馳或倏爍而景逝或飄滭而星流或滉漾於淵澄或雰霏而
雲浮因兆類而為有託潛寂而為無淪太幽而下沉淩辰極而上游金石
不能比其剛湛露不能等其柔方而不矩圓而不規來焉莫見往焉莫追
乾以之高坤以之卑雲以之行雨以之施胞胎元一範鑄兩儀吐納太始
鼓冶億類佪旋四七匠成草昧轡策靈機吹噓四氣幽括沖默舒闡粲尉
一作鬱 抑濁揚清斟酌河渭增之不溢挹之不匱與之不榮奪之不瘁故玄之
之所在其樂不窮玄之所去器弊神逝夫五聲八音清商流徵損聰者也
鮮華艷采彧麗炳爛傷明者也宴安逸豫清醪芳醴亂性者也冶容媚姿
鉛華素質伐命者也其唯玄道可與為永不知玄道者雖顧眄為殺生之
神器脣吻為興亡之關鍵綺榭俯臨乎雲雨藻室華綠以參差組帳霧合
羅幬雲離西毛陳於閑房[illegible]也清絃嘈囋以齊唱鄭舞紛繞以
蜲蛇哀簫鳴以凌霞羽蓋浮方[illegible]華於蘭林之囿弄紅葩於積珠
之池登峻則望遠以忘百憂臨深則俯攀以遺朝飢入宴千門之混熀出
驅朱輪之華儀然樂極則哀集至盈必有虧故曲終則歎發讌罷則心悲
也寔理勢之攸召猶影響之相歸也歎假借而非真故物往若有遺也夫
玄道者得之乎內守之者外用之者神忘之者器此思玄道之要言也得
之者貴不待黃鉞之威體之者富不須難得之貨高不可登深不可測乘
流光策飛景淩六虛貫涵溶出乎無上入乎無下經乎汗漫之門遊乎窈
眇之野逍遙恍惚之中倘佯彷彿之表咽九華於雲端咀六氣於丹霞徘
徊茫昧翱翔希微履略蜿虹踐躡旋璣此得之者也其次則真知足知足
者則能肥遁勿用頤光山林紆鸞龍之翼於細分之伍養浩然之氣於蓬
蓽之中繿縷帶索不以貿龍章之暐曄也負步杖筴不以易結駟之駱驛
也藏夜光於嵩岫不受他山之攻沉靈甲於玄淵以違鑽灼之災動息知
止無往不足棄赫奕之朝華避僨車之險路吟嘯蒼崖之間而萬物化為
埃氛怡顏豐柯之下而朱戶變為繩樞握耒甫田而麾節忽若執鞭啜菽
漱泉而太牢同乎藜藿泰爾有餘歡於無為之場忻然齊貴賤於不晉之

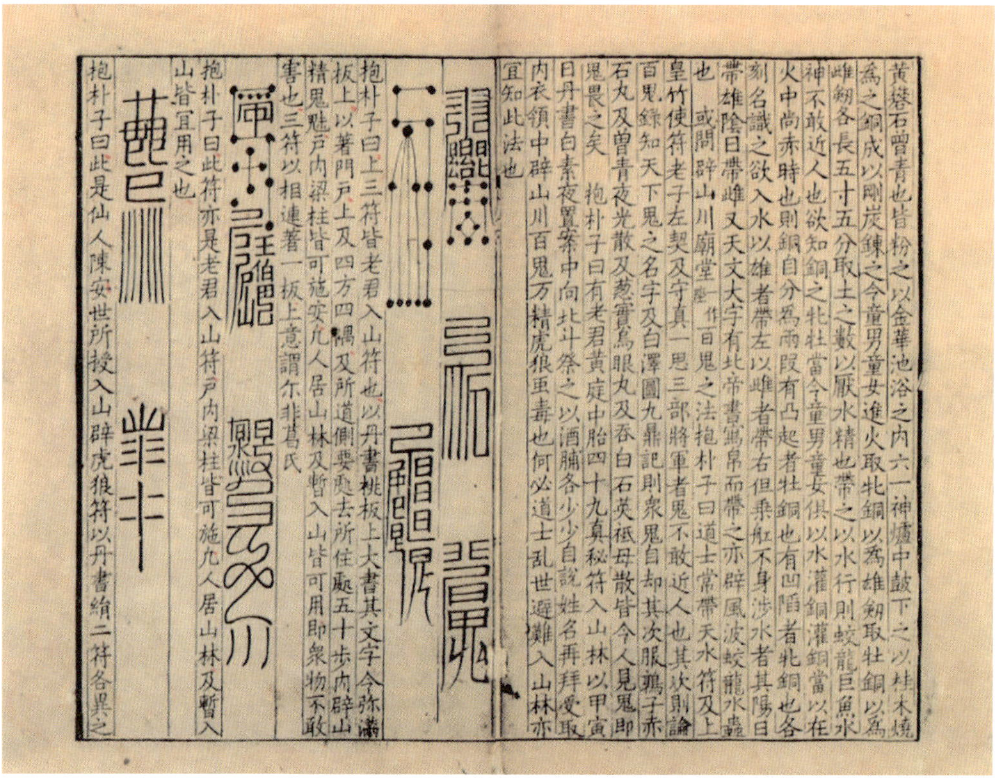

黄礬石曾青也皆粉之以金華池浴之内六一神爐中鼓下之以桂木燒為之銅成以剛炭鍊之令童男童女進火取牝銅以為雄劍取牡銅以為雌劍各長五寸五分取土之數以厭水精也帶之以水行則蛟龍巨魚水神不敢近人也欲知銅之牝牡當令童男童女俱以水灌銅灌銅當以在火中尚赤時也則銅自分為兩段有凸起者牡銅也有凹陷者牝銅也各刻名識之欲入水以雄者帶左以雌者帶右但乘船不身涉水者其陽日帶雄陰日帶雌又天文大字有北帝書寫帛而帶之亦辟風波蛟龍水蟲也　或問辟山川廟堂一作百鬼之法抱朴子曰道士常帶天水符及上皇竹使符老子左契及守真一思三部將軍者鬼不敢近人也其次則論百鬼錄知天下鬼之名字及白澤圖九鼎記則衆鬼自却其次服鶉子赤石丸及曾青夜光散及葱實烏眼丸及吞白石英祇母散皆令人見鬼即鬼畏之矣　抱朴子曰有老君黄庭中胎四十九真秘符入山林以甲寅日丹書白素夜置案中向北斗祭之以酒脯各少少自說姓名再拜受取内衣領中辟山川百鬼万精虎狼虫毒也何必道士乱世避難入山林亦宜知此法也

抱朴子曰上三符皆老君入山符也以丹書桃板上大書其文字令弥滿板上以著門戶上及四方四隅及所道側要處去所住處五十步内辟山精鬼魅戶内梁柱皆可施安凡人居山林及暫入山皆可用即衆物不敢害也三符以相連著一板上意謂尔非葛氏

抱朴子曰此符亦是老君入山符戶内梁柱皆可施凡人居山林及暫入山皆宜用之也

抱朴子曰此是仙人陳安世所授入山辟虎狼符以丹書絹二符各異之

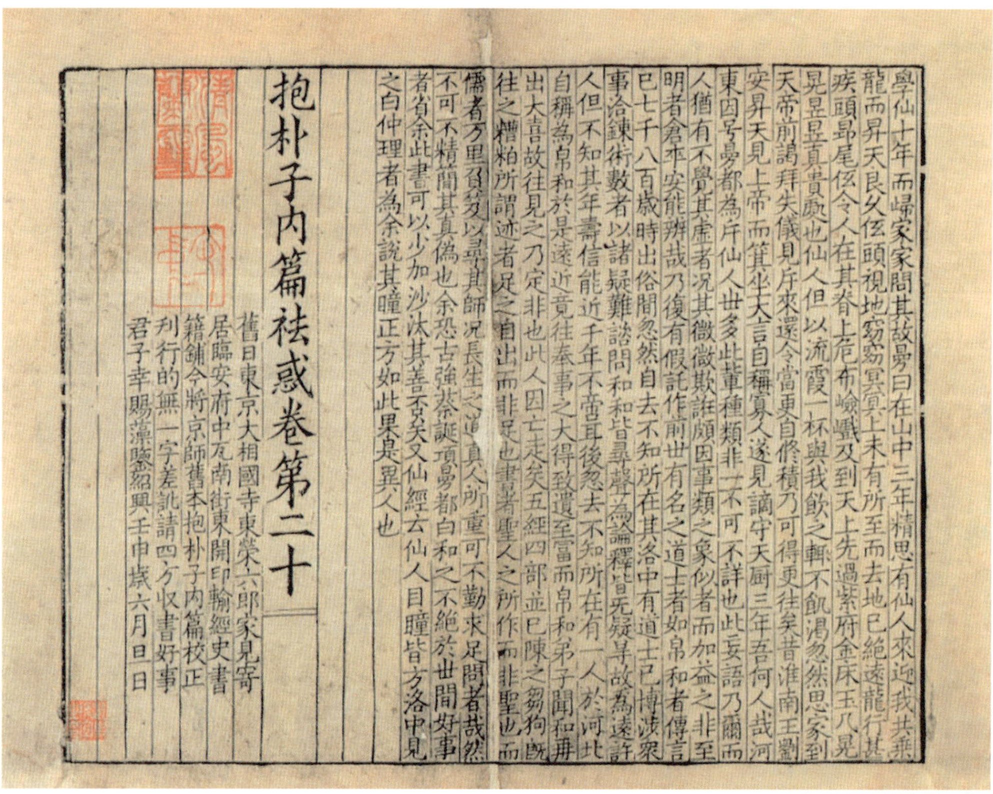

學仙十年而歸家家問其故曼曰在山中三年精思有仙人來迎我共乘龍而昇天良久低頭視地窈窈冥冥上未有所至而去地已絶遠龍行甚疾頭昂尾低令人在其脊上危怖嶮巇及到天上先過紫府金床玉几晃晃昱昱真貴處也仙人但以流霞一杯與我飲之輒不飢渴忽然思家到天帝前謁拜失儀見斥來還令當更自修積乃可得更往矣昔淮南王劉安昇天見上帝而箕坐大言自稱寡人遂見謫守天厨三年吾何人哉河東因号曼都為斥仙人世多此輩種類非一不可不詳也此妄語乃爾而人猶有不覺其虛者况其微徵欺詐頗因事類之象似者而加益之非至明者倉卒安能辨哉乃復有假託作前世有名之道士者如帛和者傳言已七千八百歲時出俗間忽然自去不知所在其洛中有道士已博涉衆事洽鍊術數者以諸疑難諮問和和皆尋聲為論釋皆无疑礙故為遠許人但不知其年壽信能近千年不啻耳後忽去不知所在有一人於河北自稱為帛和於是遠近競往奉事之大得致遺至富而帛和弟子聞和再出大喜故往見之乃定非也此人因亡走矣五經四部並已陳之芻狗既往之糟粕所謂迹者足之自出而非足也書者聖人之所作而非聖也而儒者万里負笈以尋其師况長生之道真人所重可不勤求足問者哉然不可不精簡其真偽也余恐古強蔡誕項曼都白和之不絶於世間好事者省余此書可以少加沙汰其善否矣又仙經云仙人目瞳皆方洛中見之白仲理者為余說其瞳正方如此果是異人也

抱朴子内篇祛惑卷第二十

舊日東京大相國寺東榮六郎家見寄居臨安府中瓦南街東開印輸經史書籍舖今將京師舊本抱朴子内篇校正刊行的無一字差訛請四方收書好事君子幸賜藻鑒紹興壬申歲六月旦日

抱朴子　（晋）葛洪撰　明正统十年（1445）内府刻《道藏》本　国家图书馆藏（索书号：02607）。

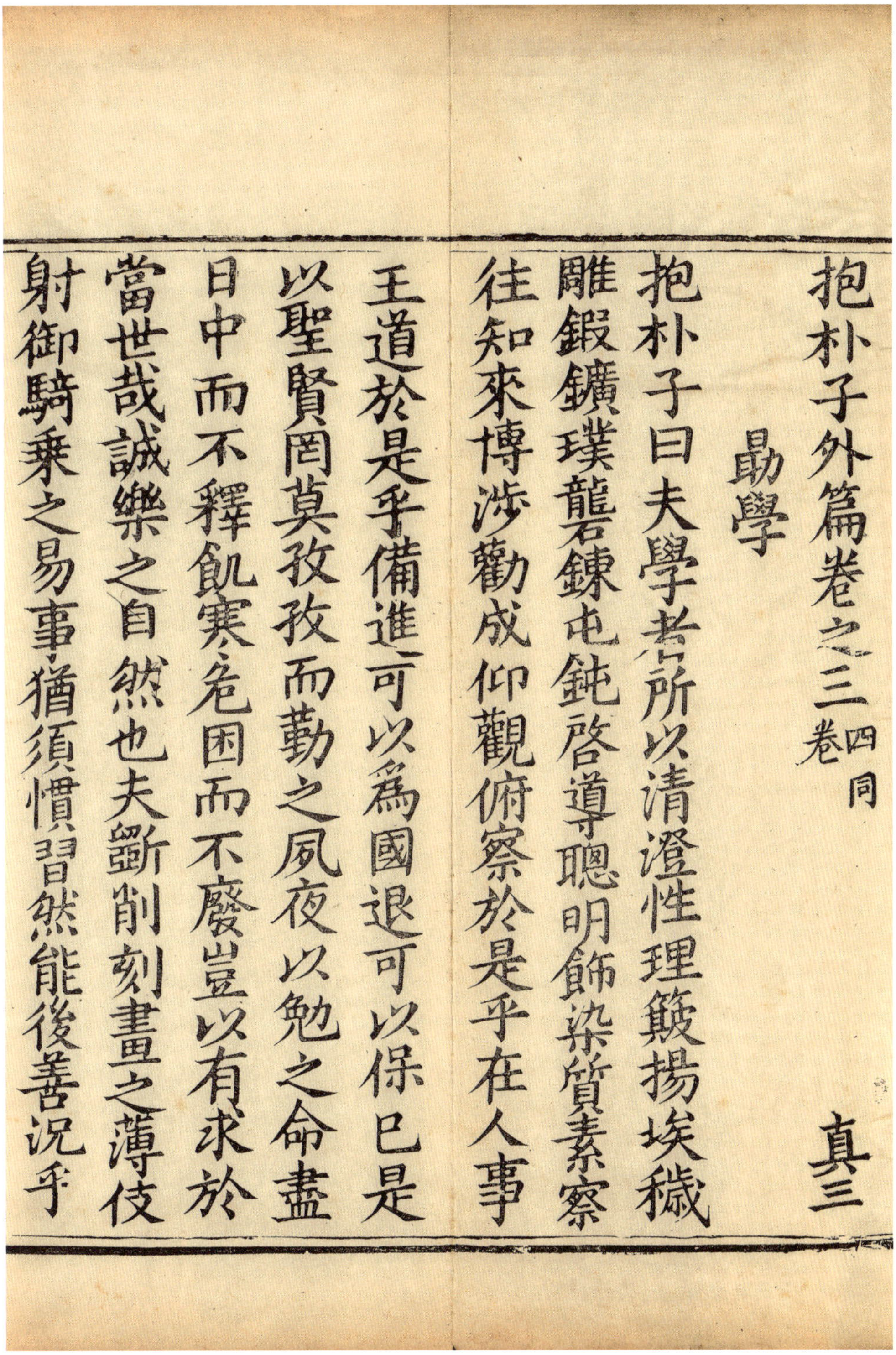
抱朴子外篇卷之三 卷四同　真三

勗學

抱朴子曰夫學者所以清澄性理簸揚埃穢雕鍛鑛璞礱鍊屯鈍啓導聰明飾染質素察往知來博涉勸成仰觀俯察於是乎在人事王道於是乎備進可以爲國退可以保巳是以聖賢罔莫孜孜而勤之夙夜以勉之命盡日中而不釋飢寒危困而不廢豈以有求於當世哉誠樂之自然也夫斲削刻畫之薄伎射御騎乘之易事猶須慣習然能後善況乎

抱朴子内篇二十卷外篇五十卷　（晋）葛洪撰　明嘉靖四十四年（1565）鲁藩承训书院刻本

每半叶9行，行20字，白口，四周双边。国家图书馆藏（索书号：02519）。

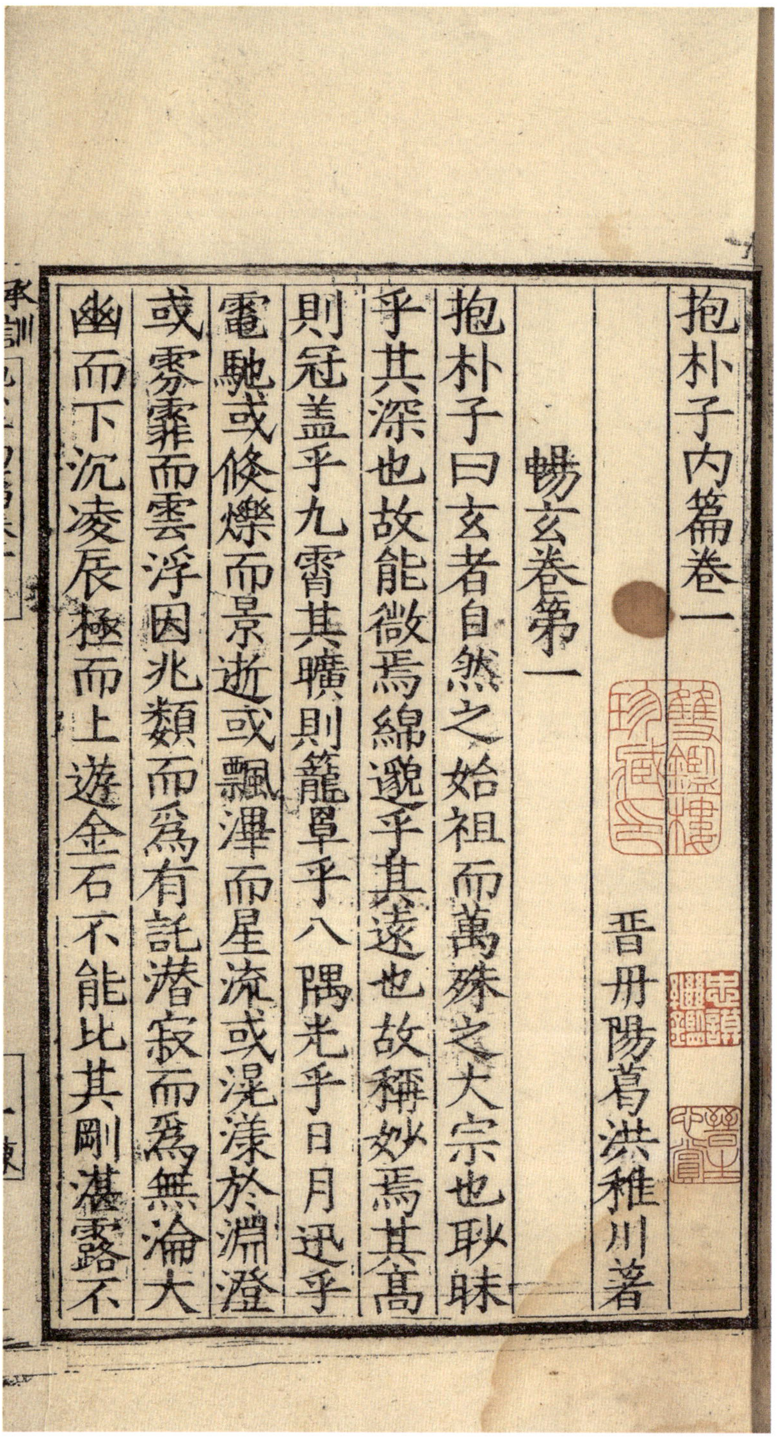
抱朴子內篇卷一
晉丹陽葛洪稚川著
暢玄卷第一
抱朴子曰玄者自然之始祖而萬殊之大宗也眇昧乎其深也故能微焉綿邈乎其遠也故稱妙焉其高則冠蓋乎九霄其曠則籠罩乎八隅光乎日月迅乎電馳或倏爍而景逝或飄滭而星流或滉漾於淵澄或雰霏而雲浮因兆類而爲有託潛寂而爲無淪大幽而下沉凌辰極而上遊金石不能比其剛湛露不

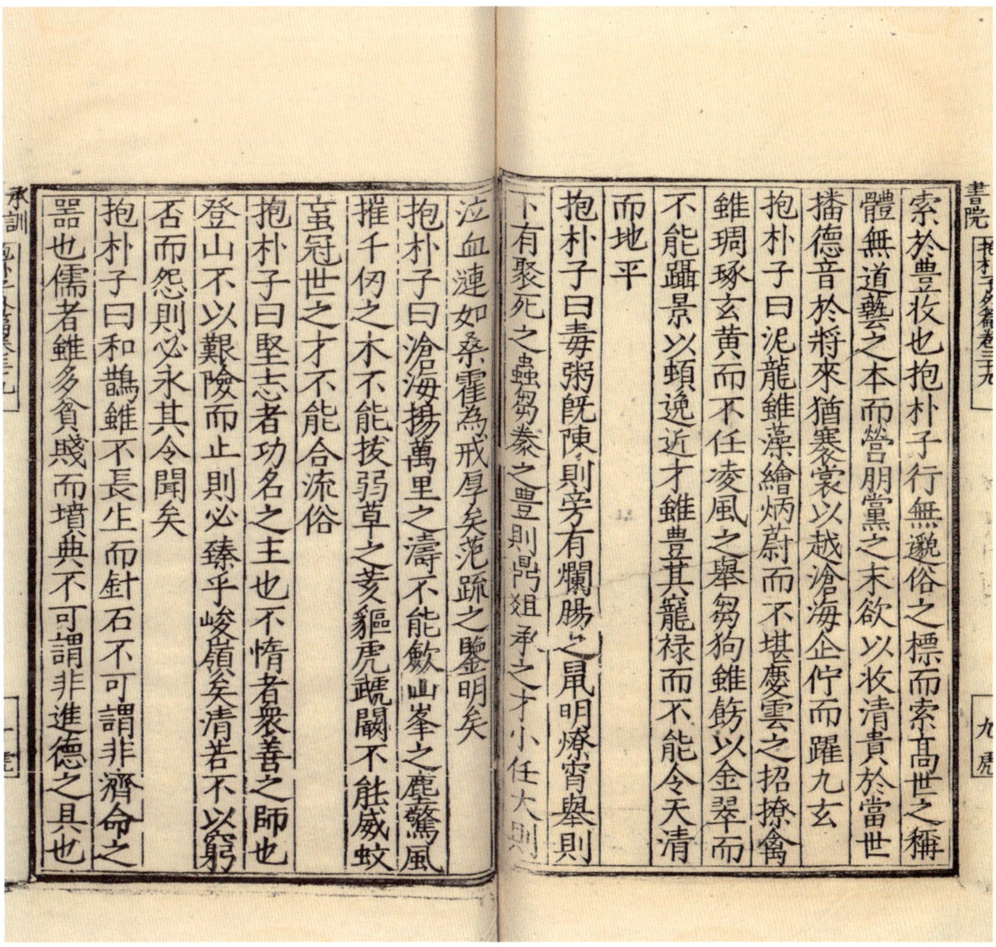
書院　抱朴子外篇卷三十九　九　虎

索於豐衣也抱朴子行無邈俗之標而索高世之稱
體無道藝之本而營朋黨之末欲以收清貴於當世
播德音於將來猶褰裳以越滄海企佇而躍九玄
抱朴子曰泥龍雖藻繪炳蔚而不堪慶雲之招撩禽
雖琱琢玄黃而不任凌風之舉芻狗雖飾以金翠而
不能躡景以頓逸近才雖豐其寵祿而不能令天清
而地平
抱朴子曰毒粥既陳則旁有爛腸之鼠明燎宵舉則
下有聚死之蟲芻豢之豐則咼俎承之才小任大則
泣血漣如桑霍為戒厚矣范蠡之鑒明矣
抱朴子曰滄海揚萬里之濤不能斂山峯之塵驚風
擢千仞之木不能拔弱草之荄貙虎虓鬬不能威蚊
蝱冠世之才不能合流俗
抱朴子曰堅志者功名之主也不惰者衆善之師也
登山不以艱險而止則必臻乎峻嶺矣清若不以窮
否而怨則必永其令聞矣
抱朴子曰和鵲雖不長生而針石不可謂非濟命之
器也儒者雖多貧賤而墳典不可謂非進德之具也

承訓　抱朴子外篇卷三十九　十　虎

葛洪（283—363），一说为（283—343）（现代学者多认为后者合理），字稚川，自号抱朴子，丹阳句容（今江苏句容县）人。出身江南著名士族家庭，祖、父历任吴、西晋重要官职。自幼好学，博览群书，精治五经。早年以儒学知名，有志于“兴儒教以救微言之绝”（《抱朴子·外篇·嘉遁》）。又好神仙导养之法，从祖葛玄（号葛仙公）弟子郑隐学道，悉得其法。后师事南海太守鲍玄（一曰靓，字太玄），玄亦通方术，尽传其业，并以女妻之。洪传玄业，兼综炼医术。晋元帝司马睿为丞相时，任葛洪为掾。因其此前镇压石冰之功，赐爵关内侯。晋成帝咸和初，司徒王导召补州主簿，转司徒掾，迁谘议参军。又听闻交趾（今两广一带）出丹砂，求为句漏（广西北流）令，带子侄同行。至广州，为刺史邓岳所留，于是前往罗浮山炼丹修道，在山数年，著述不辍，遂殁于此。《抱朴子·自叙》称自著有《抱朴子》七十卷，碑、颂、诗、赋百卷，军书、檄移、章表、笺记三十卷，《神仙传》十卷，《隐逸传》十卷，又抄五经、七史、百家之书三百一十卷。《晋书》补充有《金匮药方》一百卷、《肘后要急方》四卷。此外《隋志》《新唐书》《旧唐书》《宋史》《七录》《道藏》等尚有题为葛洪著作多种，然大部分已佚，流传下来的有：《抱朴子内篇》二十卷、《抱朴子外篇》五十卷、《神仙传》十卷、《肘后要急方》四卷。又曾托名刘歆撰《西京杂记》，多记名人轶事及历史掌故，为我国最早轶事小说之一。《晋书》有葛洪传，称其“博闻深洽，江左绝伦，著述篇章富于班马。又精辩玄颐，析理入微”。

《抱朴子》内外篇是葛洪著述中影响最大者，是其乞为句漏令后，退居罗浮山时所作，以自号命名其书。其自序称内篇二十卷，外篇五十卷。然《隋志》《新唐书》《旧唐书》《宋史》及晁公武《郡斋读书志》、陈振孙《直斋书录解题》等各载卷数不一。葛洪自称《内篇》多论神仙方药、鬼神变化、养生延年、禳邪却祸之事，多属道家；《外篇》多论人间得失、世事臧否，多属儒家。以上目录多将《外篇》分类入杂家。

《内篇》对宇宙本体、人的本质、人生哲学、神仙的存在、俗人成仙的可能性、养气健身、金丹炼制及斋醮方法等，都作了详细的论证与叙述，从而使道教摆脱了巫术的原始形式，具备了理论化、系统化的体系。葛洪阐述以“道”（“玄”）为主的道教哲学思想，论证神仙真实存在和仙道可学，并介绍养生学仙的具体方法。这些道教思想是对先秦以来修仙思想的全面梳理，在道教思想史及中国思想史上意义重大，对中国宗教和科技等方面都产生了重大影响。其儒道

兼修的思想获得后世推崇，葛洪本人在道教发展史上也承前启后，使得道教在上层社会中获得了发展。对于冶炼、养生及医学等科技方面，以及保存学术史料方面均有较大的贡献。《外篇》成书早于《内篇》，与《内篇》讲神仙道教不同，《外篇》讲治国安民，以儒家思想为主，吸收了道家、法家及少量道教神仙养生思想，论时政得失、人事臧否。在《君道》《臣节》等篇中主张用儒家道德治世；在《行品》《仁明》等篇中主张以道德治身；强调治国要德刑并用，在重视仁政的前提下，更强调刑罚的使用；反复阐述用人和教育的重要性；特别说明隐居的意义和隐士的社会作用，提倡清净的品格、简朴的生活。葛洪的文学观也散见于《钧世》《尚博》《广譬》《辞义》《应嘲》等篇中。他继承了先秦以来儒家重视文章的教化作用，发展了曹丕重视文学价值的思想，提出作家德行与文章并重的观点。《四库全书总目》谓其“辞旨辨博，饶有名理”。鲁迅赞其“论及晋末社会状态”（《鲁迅全集》第八卷《开给许世瑛的书单》）。

《抱朴子》内外篇，在古代并未受到同等待遇，《内篇》较《外篇》受到重视，从流传的重要版本均为《内篇》即可得到印证。《抱朴子内篇》全本目前所见以宋绍兴间荣六郎临安刻本为时代最早，且其所祖乃北宋京师旧本。卷末有刻书牌记五行七十五字：“旧日东京大相国寺东荣六郎家，见寄居临安府中瓦南街东，开印输经史书籍铺。今将京师旧本《抱朴子内篇》校正刊行，的无一字差讹，请四方收书好事君子幸赐藻鉴。绍兴壬申岁六月旦日。”详细记载了此书刊刻的时间与地点。较此本更早者有敦煌写本，此外，《抱朴子内篇》又有《永乐大典》本、明正统《道藏》本。以上四种均为同一版本系统，然敦煌本仅存《畅玄》《论仙》《对俗》三篇，《永乐大典》本仅存卷六《微旨》篇全文及卷二十《祛惑》篇之引文，荣六郎刻本传世极罕，弥足珍贵，故明清诸刻均从《道藏》本出。荣六郎刻本钤有“季振宜臧书”“御史振宜之印”“乾学”“徐健庵”等印，曾经季振宜、徐乾学等名家递藏，后入清宫。二十世纪二十年代末从清宫散出，为长春伪满皇宫收藏，五十年代转藏辽宁省图书馆，《中华再造善本》即以此为底本影印。

（徐慧）

坛经

六祖大师法宝坛经一卷　（元）释宗宝编　明永乐十年至十五年（1412—1417）南京大报恩寺刻本万历十二年（1584）续刻本

经折装。每版30行，折为5半叶，每半叶6行，行17字，上下单边。国家图书馆藏（索书号：T03988：密563［1］）。

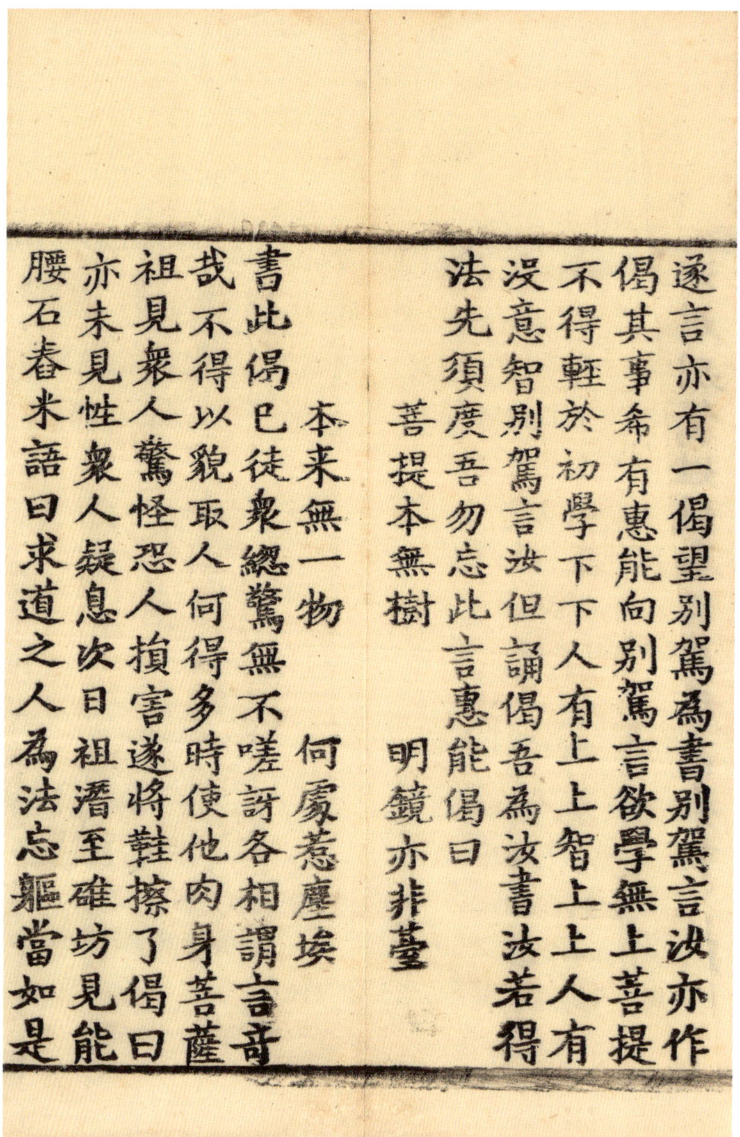
遂言亦有一偈望別駕爲書別駕言汝亦作
偈其事希有惠能向別駕言欲學無上菩提
不得輕於初學下下人有上上智上上人有
沒意智別駕言汝但誦偈吾爲汝書汝若得
法先須度吾勿忘此言惠能偈曰
菩提本無樹　明鏡亦非臺
本來無一物　何處惹塵埃
書此偈已徒衆總驚無不嗟訝各相謂言奇
哉不得以貌取人何得多時使他肉身菩薩
祖見衆人驚怪恐人損害遂將鞋擦了偈曰
亦未見性衆人疑息次日祖潛至碓坊見能
腰石舂米語曰求道之人爲法忘軀當如是

六祖大师法宝坛经一卷 明刻本

每半叶 9 行，行 17 字，白口，四周单边。国家图书馆藏（索书号：12850）。

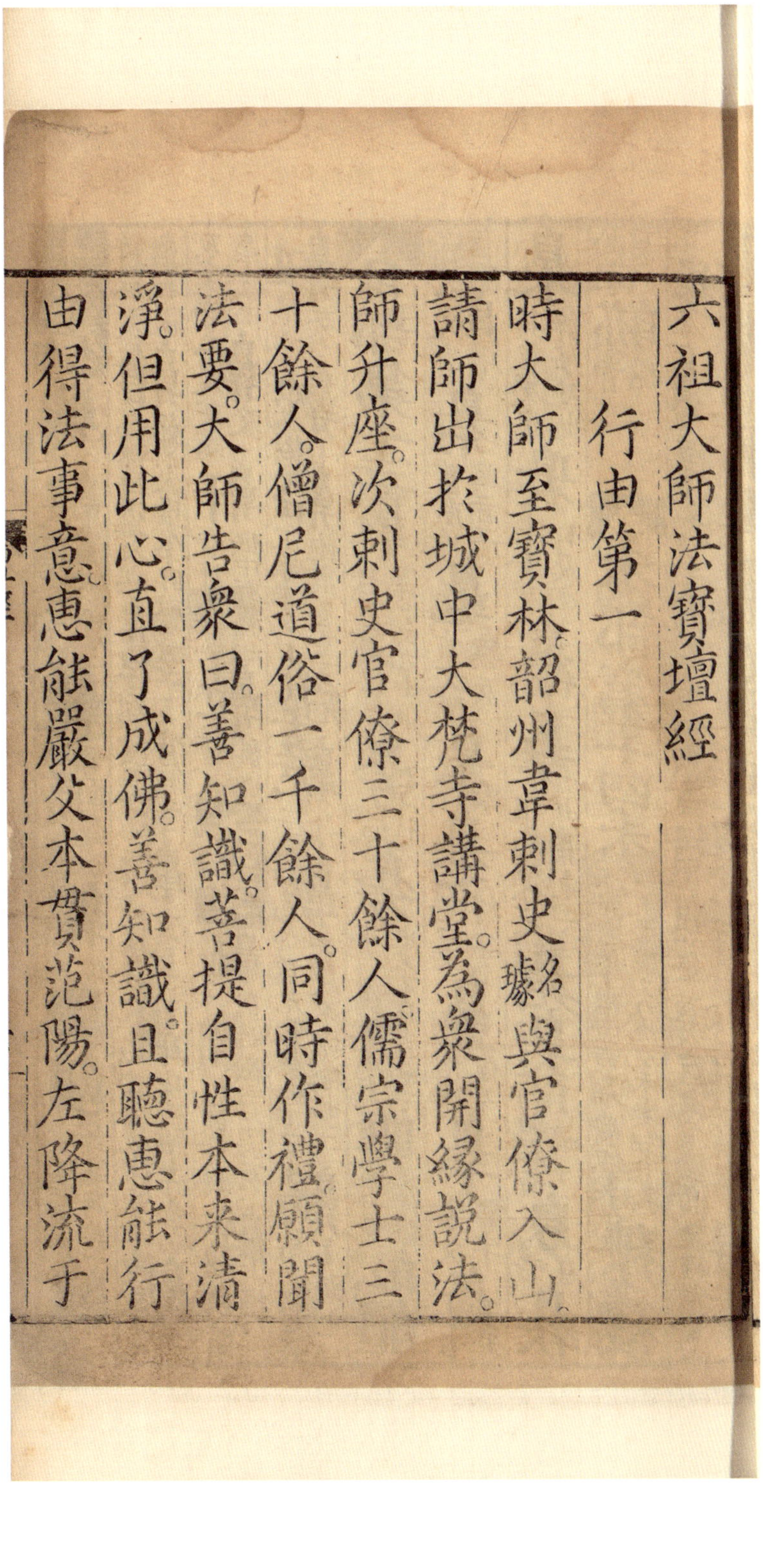
六祖大師法寶壇經

行由第一

時大師至寶林。韶州韋刺史名璩與官僚入山。
請師出於城中大梵寺講堂。為衆開緣說法。
師升座。次刺史官僚三十餘人。儒宗學士三
十餘人。僧尼道俗一千餘人。同時作禮。願聞
法要。大師告衆曰。善知識。菩提自性本来清
淨。但用此心。直了成佛。善知識。且聽惠能行
由得法事意。惠能嚴父本貫范陽。左降流于

六祖大师法宝坛经一卷 明刻本

每半叶9行，行17至18字，白口，四周单边。国家图书馆藏（索书号：A01552）。

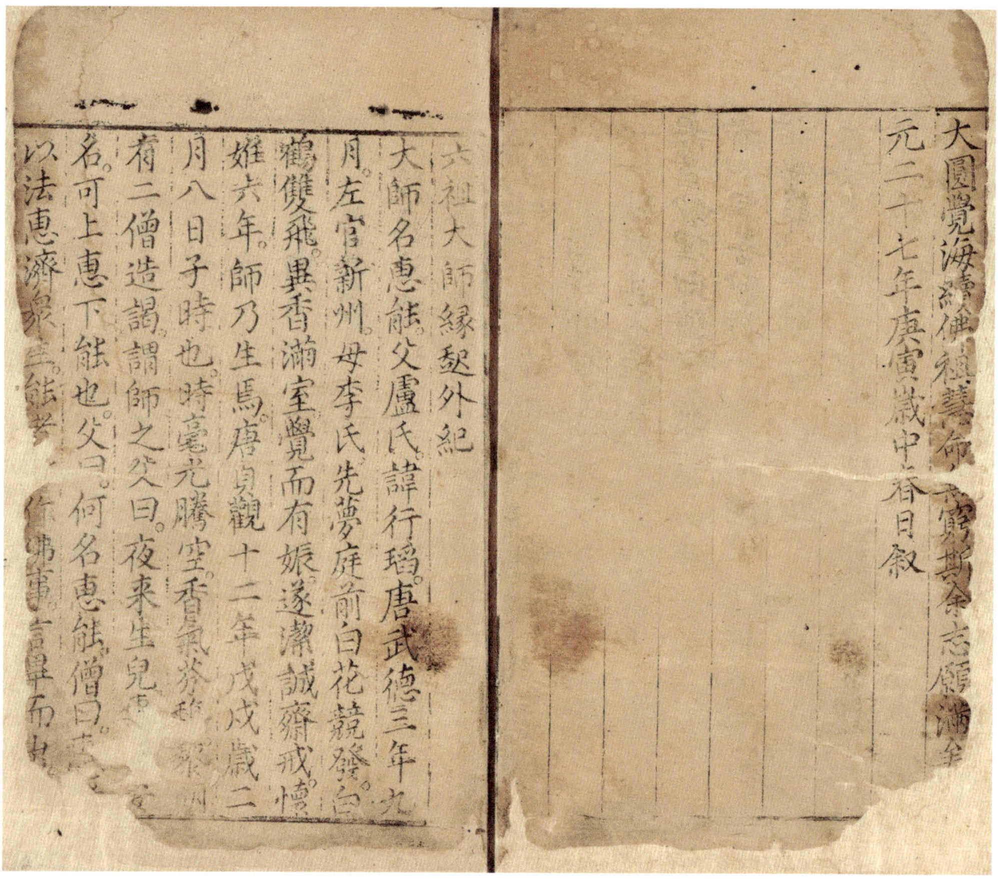

六祖大师法宝坛经一卷　（元）释宗宝编　民族出版社 2008 年《嘉兴藏》影印本

国家图书馆藏（索书号：158300：1126）。

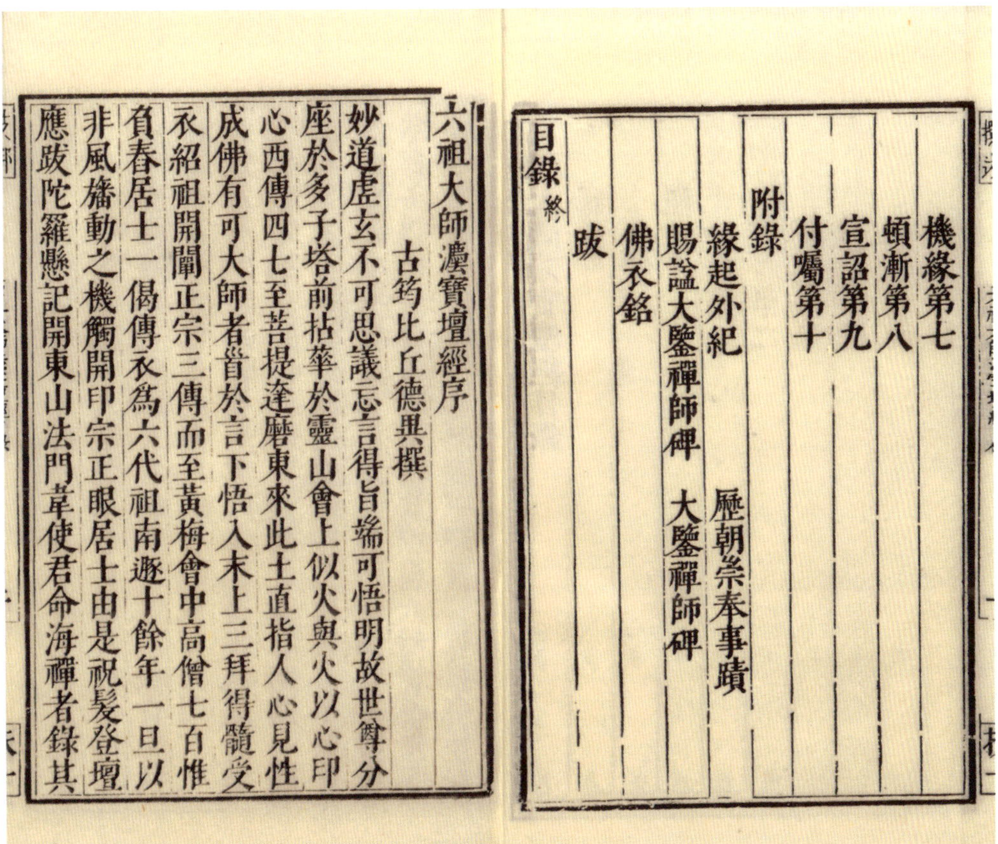

機緣第七
頓漸第八
宣詔第九
付囑第十
附錄
緣起外紀　歷朝崇奉事蹟
賜謚大鑒禪師碑　大鑒禪師碑
佛衣銘
跋
目錄終

六祖大師法寶壇經序
古筠比丘德異撰
妙道虛玄不可思議忘言得旨端可悟明故世尊分
座於多子塔前拈華於靈山會上似火與火以心印
心西傳四七至菩提達磨東來此土直指人心見性
成佛有可大師者首於言下悟入末上三拜得髓受
衣紹祖開闡正宗三傳而至黃梅會中高僧七百惟
負舂居士一偈傳衣為六代祖南遯十餘年一旦以
非風旛動之機觸開印宗正眼居士由是祝髮登壇
應跋陀羅懸記開東山法門韋使君命海禪者錄其

惠能（638—713），或作“慧能”，俗姓卢，岭南新州（今广东新兴）人，祖籍范阳（今河北涿州）。得佛教禅宗五祖弘忍传授衣钵，继承东山法门，为禅宗第六祖，世称禅宗六祖。唐仪凤元年（676）于广州法性寺剃发出家，受戒说法。其思想大致以空融有、空有相摄的心性论；即心即佛、自在解脱的解脱论和识心见性、顿悟成佛的修行观三部分组成。唐玄宗先天二年（713），于新州故宅国恩寺去世，享年七十六岁。后遗体由弟子迎回广东宝林寺。宝林寺于宋朝重建后改名南华禅寺，被南宗门下视为“祖庭”。据称，惠能遗体保存完好，至今仍在寺中供养。

据《坛经》记载，禅宗六祖惠能在黄梅从禅宗五祖弘忍处得法后回到南方，曾住持曹溪宝林寺，后应韶州刺史韦璩等人的邀请，到韶州大梵寺说法。门人将其说法的内容记录下来，汇集整理而编成《坛经》。《坛经》大致由惠能自述生平、惠能开法受戒说般若禅、惠能与弟子的问答等三部分组成。惠能弟子众多，《坛经》形成后众弟子对其各有修订补充，形成众多版本。

《坛经》，又称《六祖坛经》《法宝坛经》《法宝记》《六祖大师法宝坛经》等，是中国禅宗的最主要代表作，是唯一一部以“经”命名的中国僧人的著作。主要记载中国禅宗第六代祖师惠能的言行说教。《坛经》不仅保留了惠能丰富的生平事迹，记载惠能从一个平凡的个体成长为禅宗六祖的历史轨迹，而且以凝练的文字表达了惠能的思想和禅法特色。耳熟能详的偈语“菩提本无树，明镜亦非台，本来无一物，何处惹尘埃”就出自《坛经》，表达了惠能对佛法的悟解。《坛经》是研究惠能思想的主要依据，也是了解整个禅宗南宗发展不可或缺的重要材料。

在长期流传过程中，经不断被传抄、补充和修订，《坛经》形成众多不同版本。版本虽有不同，思想内容并无太大差异。《坛经》宗宝本，由元朝光孝寺僧人宗宝改编而成，故名宗宝本，题名“六祖大师法宝坛经”，署“风幡报恩光孝禅寺住持嗣祖比丘宗宝编”。此本刊行于元至元二十八年（1291），全一卷，共有两万多字，是现有《坛经》字数最多的版本。宗宝在《坛经》的跋文里称：“……余初入道，有感于斯，续见（《坛经》）三本不同，互有得失，其板亦已漫灭，因取其本校雠，讹者正之，略者详之，复增入弟子请益机缘，庶几学者得尽曹溪之旨。”宗宝本据以改编的“三本”指谁，没有说明。在诸本《坛经》中，由于宗宝本文字通达流畅，自明代以来，它几乎成为唯一的流通本；明永乐

《南藏》、《北藏》、《嘉兴藏》、房山石经（万历四十八年［1620］刻石）等都收此本，单刻本也多祖此本。

《百部经典》版《坛经》底本为《嘉兴藏》收录的宗宝本《坛经》。《嘉兴藏》是明末开始刊刻的一部私版藏经，由于曾在浙江余杭的径山等地刻造，又称《径山藏》。《嘉兴藏》本《坛经》有古筠比丘德异撰《六祖大师法宝坛经序》、宋明教大师契嵩撰《六祖大师法宝坛经赞》、门人法海等集《六祖大师缘起外纪》《历朝崇奉事迹》、柳宗元撰《赐谥大鉴禅师碑》、刘禹锡撰《大鉴禅师碑》和《佛衣铭》，及宗宝跋。

（马超）

柳宗元集

河东先生集四十五卷外集二卷　（唐）柳宗元撰　（宋）廖莹中校正　宋咸淳世彩堂廖莹中刻本

每半叶9行，行17字，小字双行同，黑口，四周双边。卷3—5、卷10配明影宋刻本。清朱彝尊跋，郑孝胥题诗题签，罗振玉题款。国家图书馆藏（索书号：09633）。入选《第一批国家珍贵古籍名录》（名录号：01050）。

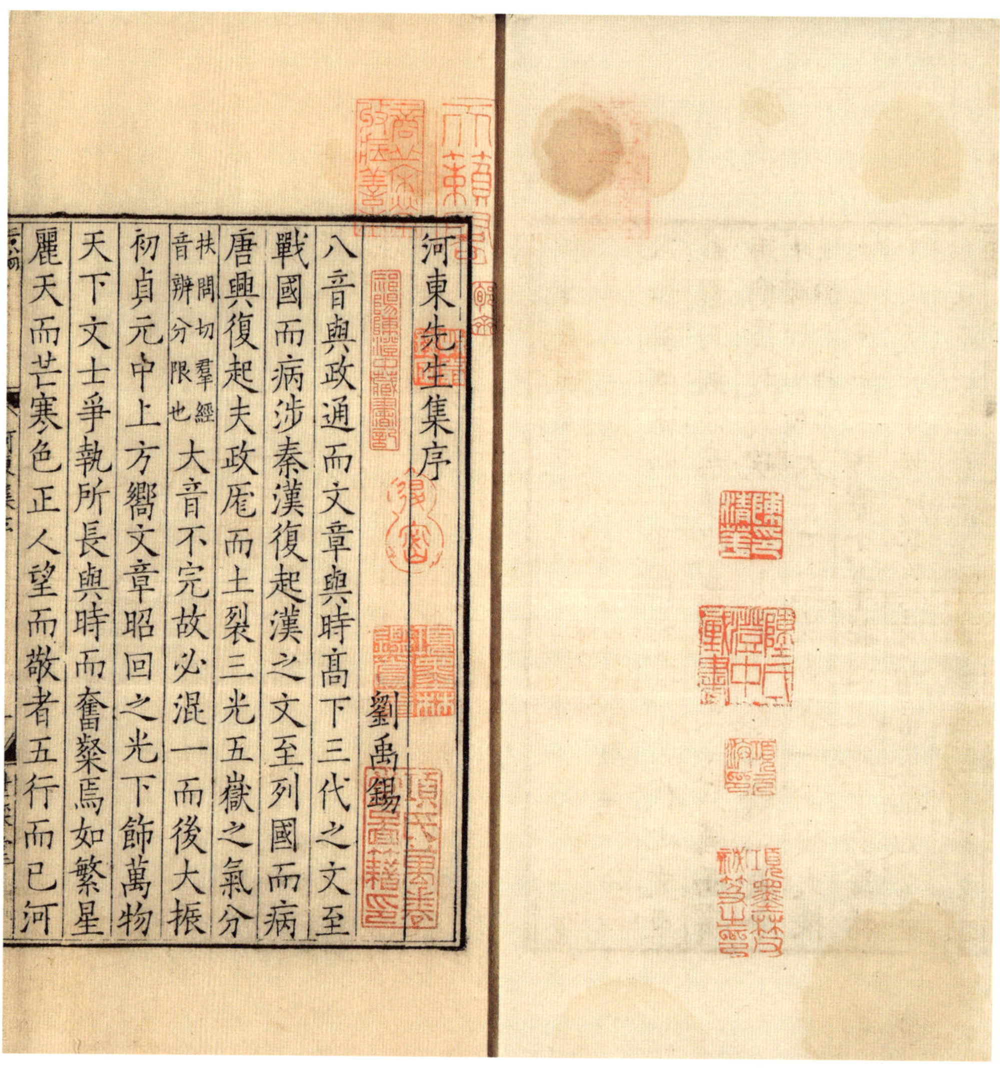

深國器專瑚璉之重論語子謂子貢汝器也瑚璉也藝深攫醳史記田完世家鄒忌子曰大絃濁以春溫者君也小絃廉折以清者相也攫之深醳之愉者政令也。攫厥縛切醳音釋舒也將成玉燭之調爾雅四時和謂之玉燭思叶歌謠足助薰風之化舜作五絃之琴以歌南風曰南風之薰兮可以解吾民之慍兮願以頑璞上奉徽音增響亮於五絃應鏗鏘於六律沉淪雖久提拂未忘儻垂不徹之恩禮記士無故不徹琴瑟敢效彌堅之用

荅鄭貞外賀啓一作狀在前集

李師道三代受恩代宗永泰元年七月以李正己爲平盧淄青節度使德宗建中二年七月卒子納領軍務貞元八年五月卒子師古領留務憲宗元和元年閏六月卒弟師道領留務是爲三代受恩四兇負德四兇即謂正已納師古師道聖朝含育務在安人不知覆載之寬弘更縱豺狼之扞蠹王師一發兇首已來萬姓稱歡四方無事一本有伏惟同增慰慶六字

荅諸州賀啓一作狀在前集

李師道累代負恩不起悛革餘蘖怙亂。蘖魚列切本作蘖更肆猖狂王師暫勞已致梟戮率土歡

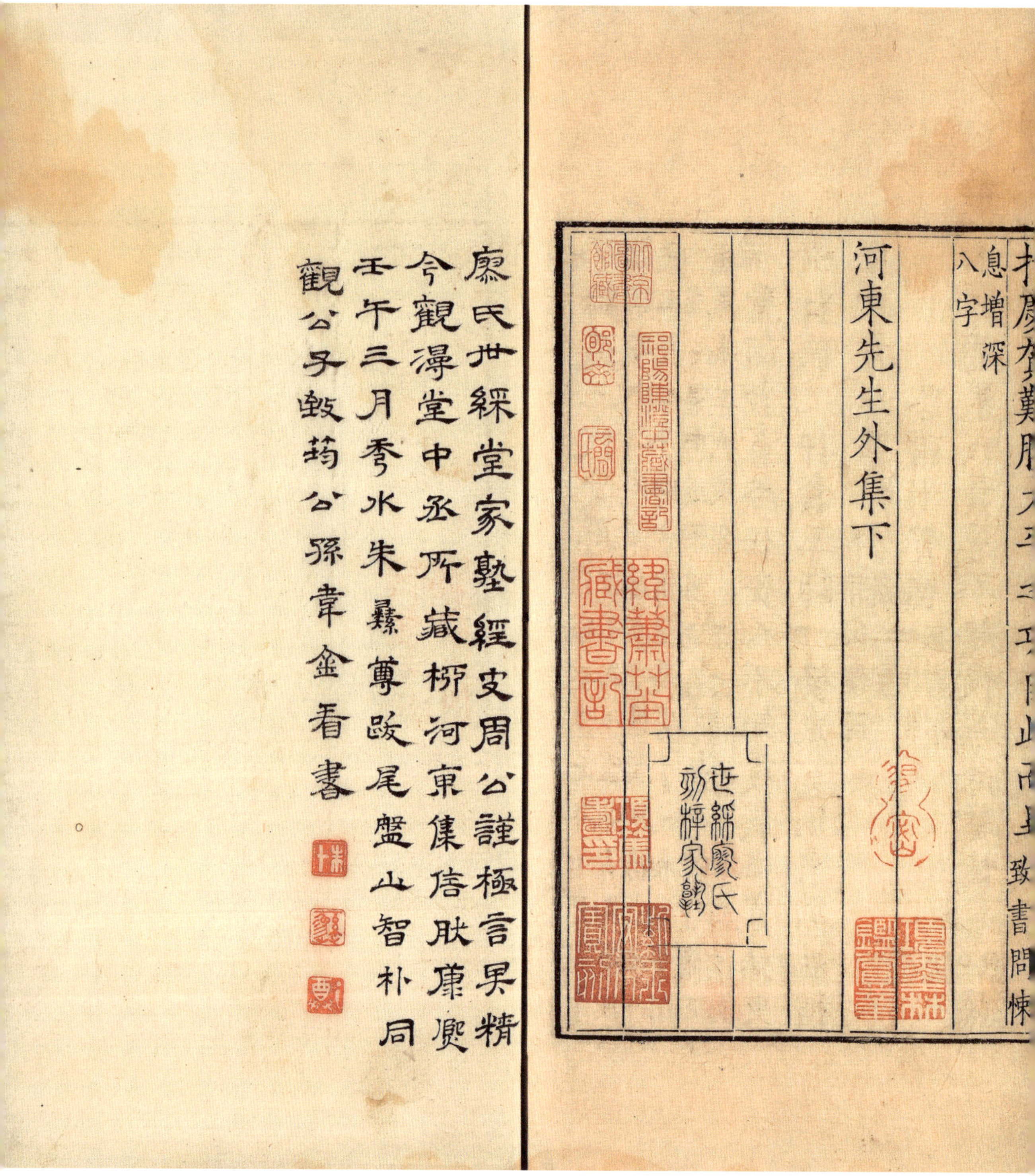

廖氏世綵堂家塾經史周公謹極言其精
令觀澋堂中丞所藏柳河東集信然康熙
壬午三月秀水朱彝尊跋尾盤山智朴同
觀公子敦菂公孫韋金看書

息增深八字

河東先生外集下

世綵廖氏刻梓家塾

五百家注音辩唐柳先生文集四十五卷 （唐）柳宗元撰 （宋）童宗说 （宋）韩醇等注释 （宋）魏仲举辑 宋刻本

每半叶 10 行，行 18 字，小字双行 23 字，细黑口，左右双边。存 11 卷：卷 16—21、37—41。清黄丕烈题诗，清黄丕烈跋。国家图书馆藏（索书号：07000）。入选《第一批国家珍贵古籍名录》（名录号：01051）。

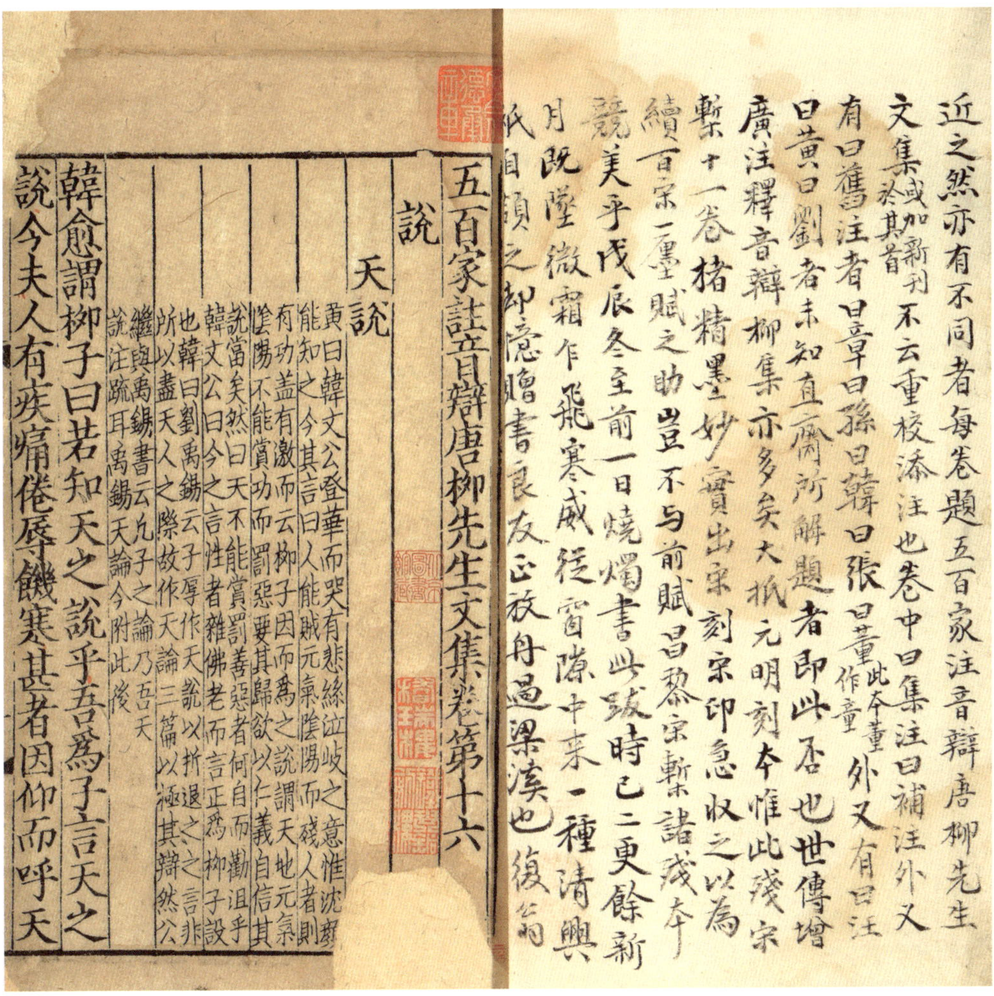

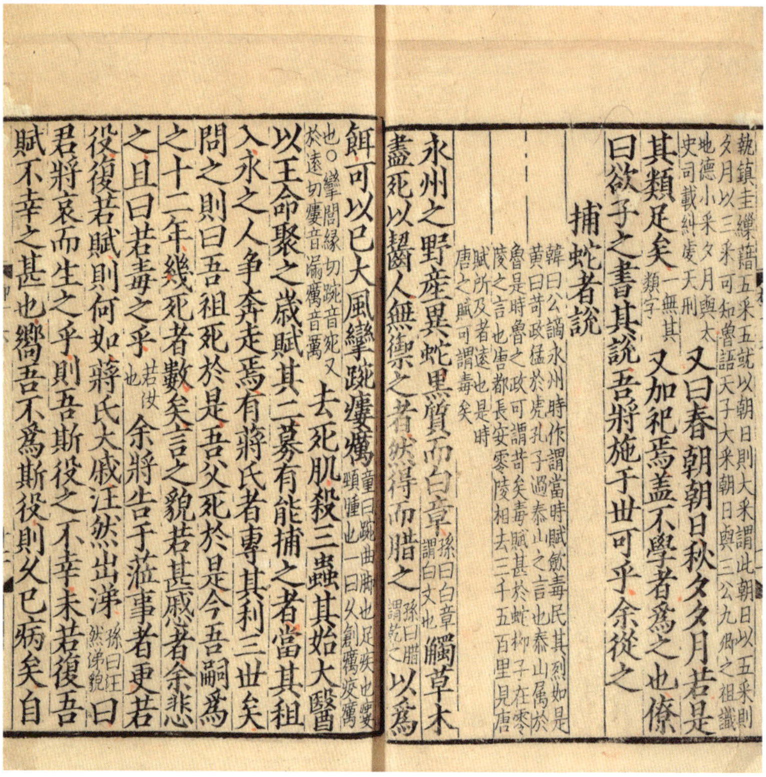

執鎮圭繅藉五采五就以朝日則大采謂此朝日以五采則夕月以三采可知魯語天子大采朝日與三公九卿之祖識地德小采夕月與太史司載糾虔天刑又曰春朝朝日秋夕夕月若是其類足矣（一無其類字）又加祀焉蓋不學者爲之也僚曰欲子之書其說吾將施于世可乎余從之

捕蛇者說

韓曰公謫永州時作謂當時賦斂毒民其烈如是黄曰苛政猛於虎孔子過泰山之言也泰山屬於魯是時魯之政可謂苛矣毒賦甚於蛇柳子在零陵之言也唐都長安零陵相去三千五百里見唐賦所及者遠也是時唐之賦可謂毒矣

永州之野產異蛇黑質而白章（孫曰白章謂白文也）觸草木盡死以齧人無禦之者然得而腊之（孫曰腊謂乾之）以爲餌可以已大風攣踠瘻癘（童曰踠曲脚也足疾也瘻頸腫也一曰久創癘疫癘也○攣閭緣切踠音宛又於遠切瘻音漏癘音厲）去死肌殺三蟲其始太醫以王命聚之歲賦其二募有能捕之者當其租入永之人爭奔走焉有蔣氏者專其利三世矣問之則曰吾祖死於是吾父死於是今吾嗣爲之十二年幾死者數矣言之貌若甚慼者余悲之且曰若毒之乎（若汝也）余將告于蒞事者更若役復若賦則何如蔣氏大慼汪然出涕（孫曰汪然涕貌）曰君將哀而生之乎則吾斯役之不幸未若復吾賦不幸之甚也嚮吾不爲斯役則久已病矣自

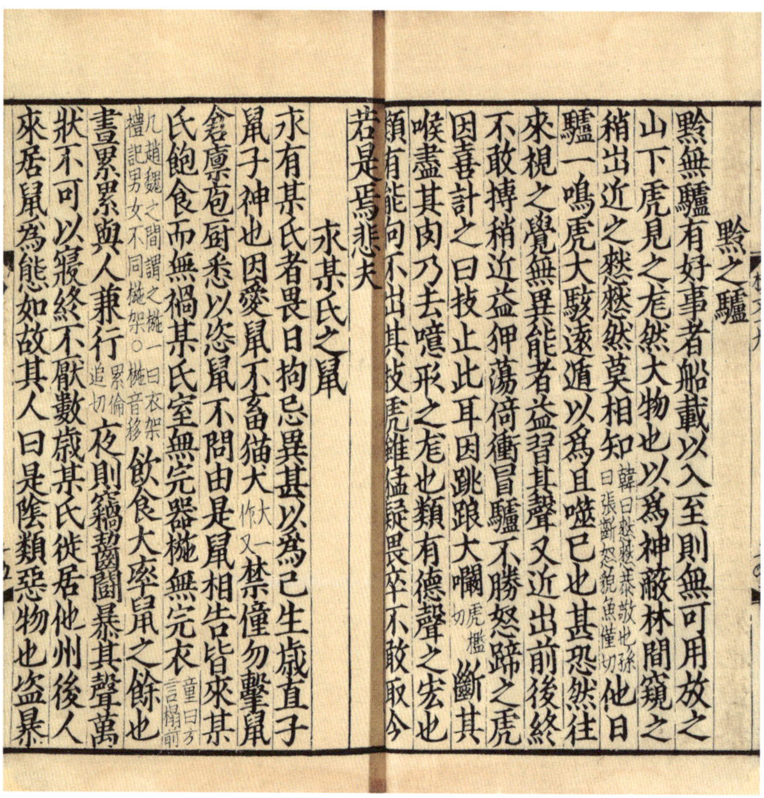

黔之驢

黔無驢有好事者船載以入至則無可用放之山下虎見之尨然大物也以爲神蔽林間窺之稍出近之慭慭然莫相知（韓曰慭慭恭敬也孫曰張齗怒貌魚僅切）他日驢一鳴虎大駭遠遁以爲且噬己也甚恐然往來視之覺無異能者益習其聲又近出前後終不敢搏稍近益狎蕩倚衝冒驢不勝怒蹄之虎因喜計之曰技止此耳因跳踉大㘎（虎檻切）斷其喉盡其肉乃去噫形之尨也類有德聲之宏也類有能向不出其技虎雖猛疑畏卒不敢取今若是焉悲夫

永某氏之鼠

永有某氏者畏日拘忌異甚以爲己生歲直子鼠子神也因愛鼠不畜猫犬（大一作又）禁僮勿擊鼠倉廩庖廚悉以恣鼠不問由是鼠相告皆來某氏飽食而無禍某氏室無完器椸無完衣（童曰方言榻前几趙魏之間謂之椸一曰衣架禮記男女不同椸架○椸音移）飲食大率鼠之餘也晝累累與人兼行（累倫追切）夜則竊齧鬬暴其聲萬狀不可以寢終不厭數歲某氏徙居他州後人來居鼠爲態如故其人曰是陰類惡物也盜暴

增广注释音辩唐柳先生集四十三卷　增广注释音辩唐柳先生外集三卷　（唐）柳宗元撰　（宋）童宗说注释　（宋）张敦颐音辩　（宋）潘纬音义　元刻本

每半叶12行，行21字，小字双行同，黑口，四周双边。国家图书馆藏（索书号：04977）。

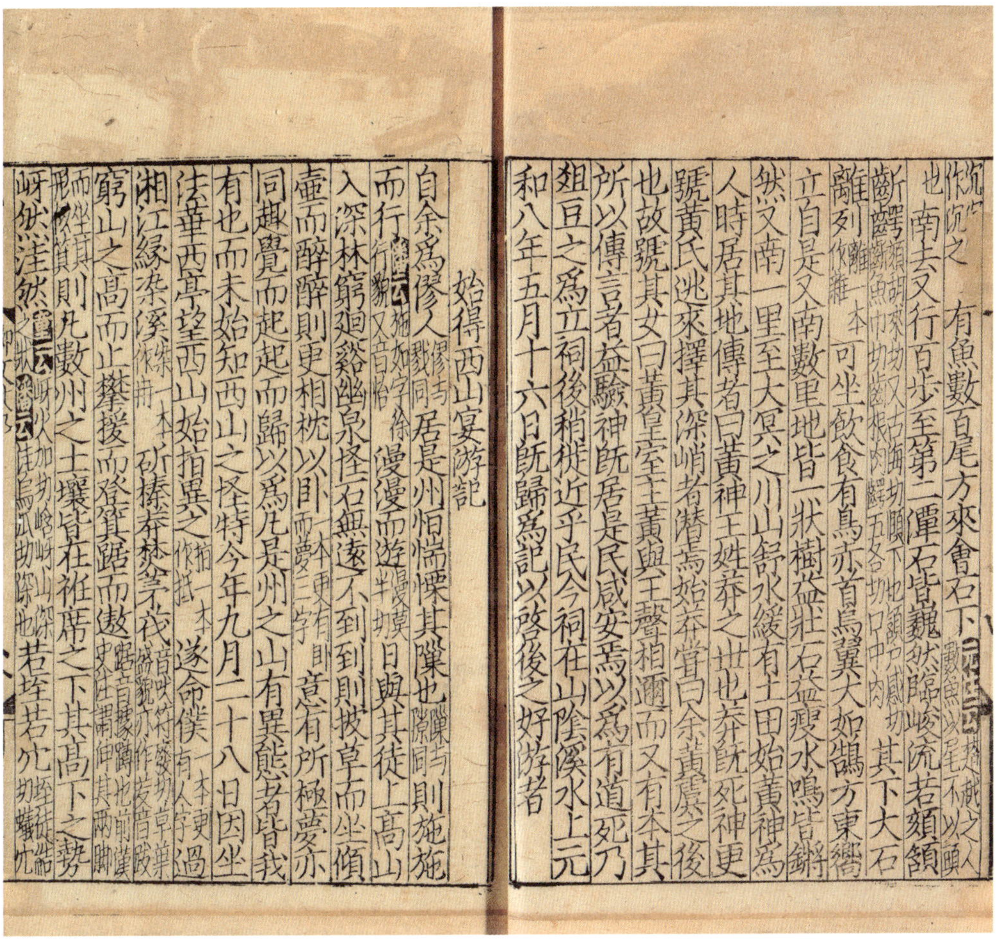

柳宗元（773—819）字子厚，河东（今山西运城）人，世称“柳河东”。唐德宗贞元九年（793）与刘禹锡同榜登进士第。贞元十四年中博学宏辞科。初授集贤殿正字，后调蓝田尉，贞元十九年又入朝为监察御史。与王叔文友善，擢为尚书礼部员外郎。王叔文革新失败，贬为永州司马。元和十年（815）又贬为柳州刺史，政绩卓著，人称“柳柳州”。元和十四年卒，年四十七。有《柳河东集》。事迹详见新旧《唐书》本传。

关于柳集的编撰，《四库全书总目》称：“宗元集为刘禹锡所编，其后卷目增损，在宋时已有四本：一则三十三卷，为元符间京师开行本；一则曾丞相家本；一则晏元献家本；一则此四十五卷之本，出自穆修家，云即禹锡原本。………要之，刻韩、柳集者，自穆修始，虽非禹锡之旧第，诸家之本亦无更古于是者矣。”可证四十五卷本当是传世的古本之一。关于刘禹锡编次柳集事，世彩堂本有刘禹锡序言可证。序称被贬谪之“柳州刺史，五岁不得召归，病且革，留书抵其友中山刘禹锡曰：‘我不幸，卒以谪死，以遗草累故人。’禹锡执书以泣，遂编次为四十五通，行于世”。

柳宗元为唐代著名思想家，又与韩愈一道，为唐代古文运动主要倡导者，文章雄深雅健，踔厉风发，主张“文者以明道”。散文创作成就突出，山水游记尤为著名，代表作《永州八记》（《小石潭记》为其一）文笔清新秀丽，境界幽深清峭。此外，人物传记如《捕蛇者说》揭露“苛政猛于虎”，尤为传世名作。诗风峻洁，运思精密，笔致疏淡。《江雪》等名篇均为后人传诵。苏轼评价其诗简古、淡泊，“子厚诗在陶渊明下，韦应物上。退之（韩愈）豪放奇险则过之，而温厉靖深不及也”。

柳集广为流传之后，出现了各类注释单行本及汇集各家注释的集注本。其中，世彩堂刻本是宋咸淳年间经廖莹中校正并校刻的韩、柳集当中的柳集，版式行款、字体风格均与韩集同。写刻精美，世无二帙，在宋版书中向被推为“无上神品”。卷首有刘禹锡《河东先生集序》《河东集叙说》《河东集凡例》、目录，卷一卷端顶格题“河东先生集卷第一”，未署名。版心上镌字数，版心题“河东卷一”，版心下镌叶次、“世彩堂”及刻工姓名。目录及各卷后均镌“世彩廖氏刻梓家塾”八字牌记。钤有“项笃寿印”“项子京家珍藏”“项墨林收秘籍之印”“项元汴印”“牧翁审定”“陈氏澄中藏书”“陈清华印”“郇斋”“天籁阁”等印记。为明项笃寿旧藏，后经项元汴、沈鸿祚所藏，入清归宋荦，民国间为潘宗周、陈清华递藏，新中国成立初在周恩来总理的亲自关怀下，购归北京图书馆。查《中国古籍善本书目》，宋刊柳集仅有世彩堂本传世，故此本极为珍贵。柳集宋刊后，又有明嘉靖济美堂本和万历吕图南本，均祖世彩堂本而来。济美堂本为嘉靖中郭氏据宋本重刻，万历本乃依济美堂本翻刻，为世彩堂再传之本。两明本国家图书馆均有藏。

《百部经典》版《柳宗元集》原文节选自尹占华、韩文奇校注的《柳宗元集校注》（中华书局2013年版），中华书局整理本以宋刻本《新刊增广百家详补注唐柳先生文》为底本，将各家旧注汇集在一起，补充新注，并吸收各家校勘成果，厘正文字，又将所有关于柳宗元的评论资料，分门别类予以整理和归纳，故选为底本。

（徐慧）

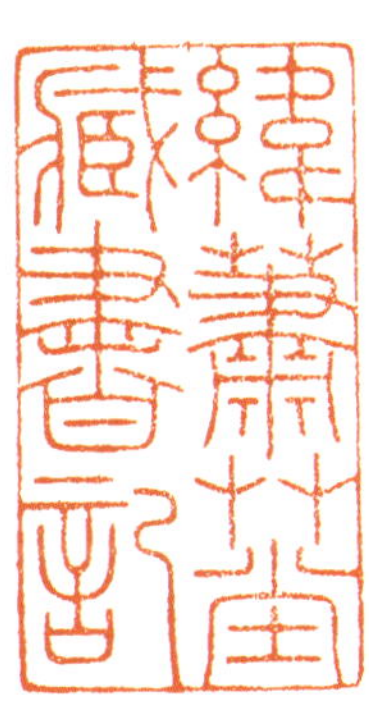

本草纲目

本草纲目五十二卷卷首一卷附图二卷　（明）李时珍撰　（明）李建中、李建元校正　明万历二十一年（1593）金陵胡承龙刻本

每半叶12行，行24字，小字双行同，白口，四周单边。中国中医科学院图书馆藏（索书号：子21/1578/2/2）。入选《第一批国家珍贵古籍名录》（名录号：01798）。

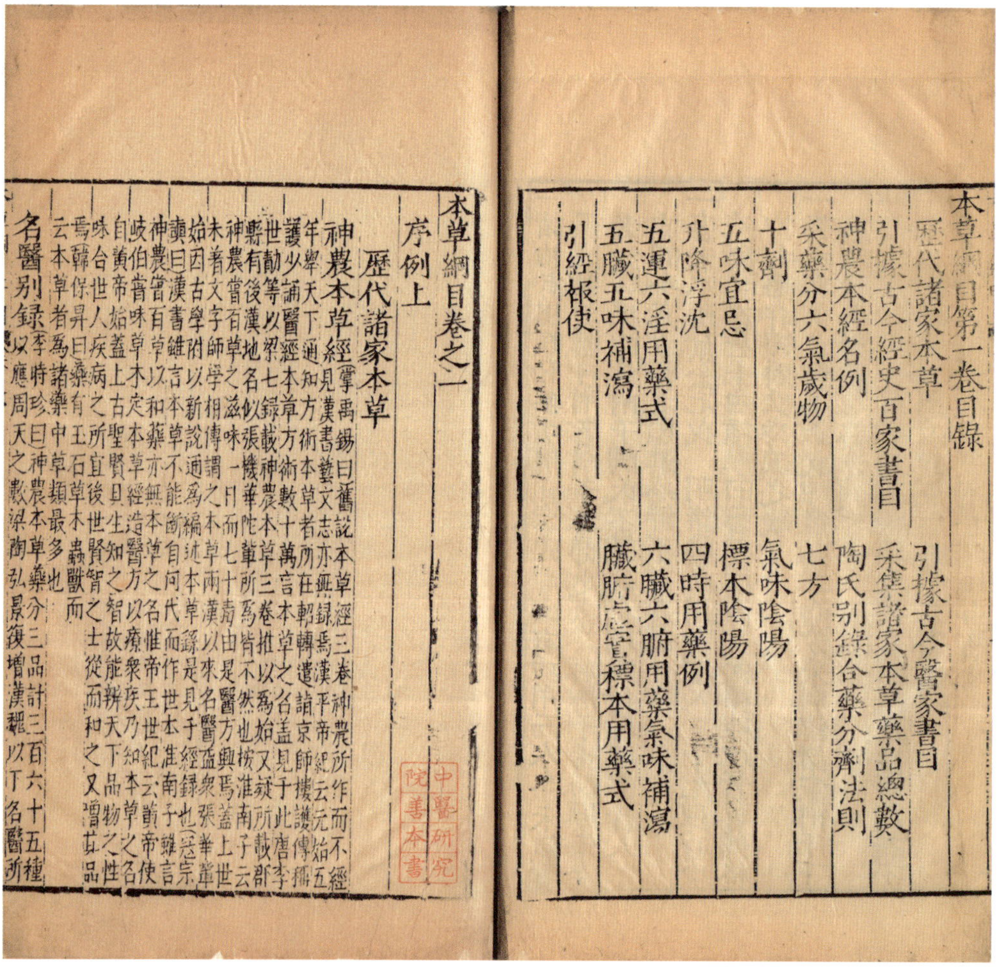
本草綱目第一卷目録
歷代諸家本草
引據古今經史百家書目　引據古今醫家書目
神農本經名例　采集諸家本草藥品總數
采藥分六氣歲物　陶氏别録合藥分劑法則
十劑　七方
五味宜忌　氣味陰陽
升降浮沈　標本陰陽
五運六淫用藥式　四時用藥例
五臟五味補瀉　六臟六腑用藥氣味補瀉
引經報使　臟腑虛實標本用藥式

本草綱目卷之一
序例上
歷代諸家本草
神農本草經

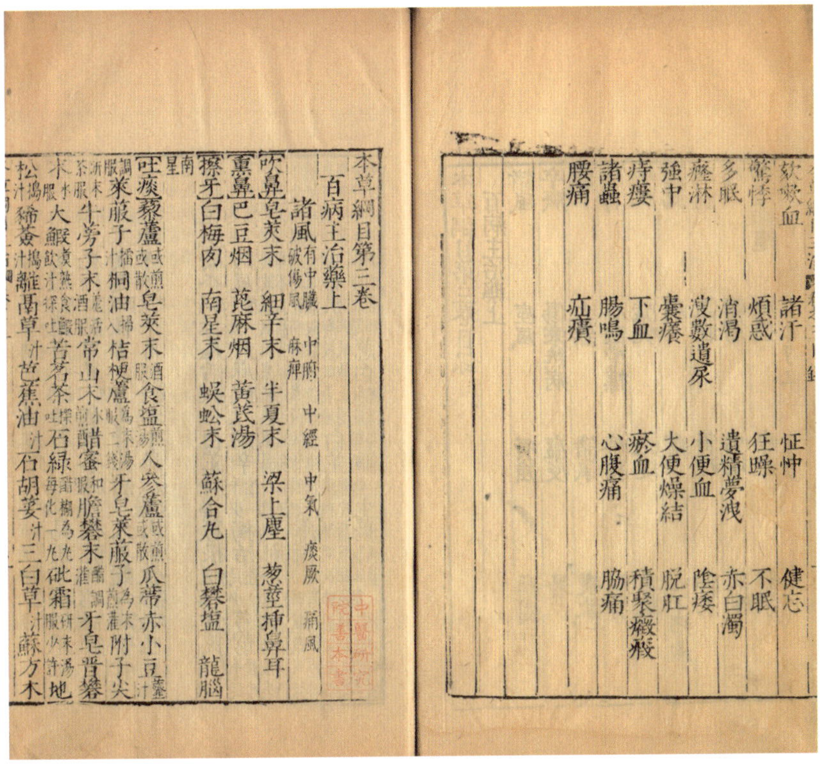

欬嗽血　諸汗　怔忡　健忘
驚悸　煩惑　狂躁　不眠
多眠　消渴　遺精夢洩　赤白濁
癃淋　溲數遺尿　小便血　陰痿
強中　囊癢　大便燥結　脫肛
痔瘻　下血　瘀血　積聚癥瘕
諸蟲　腸鳴　心腹痛　脇痛
腰痛　疝㿗

本草綱目第三卷
百病主治藥上
諸風 有中臟 中腑 中經 中氣 痰厥 痛風 破傷風 麻痺
吹鼻 皂莢末　細辛末　半夏末　梁上塵　葱莖插鼻耳
熏鼻 巴豆烟　蓖麻烟　黃芪湯
擦牙 白梅肉　南星末　蜈蚣末　蘇合丸　白礬鹽　龍腦 南星
吐痰 藜蘆 或煎或散　皂莢末 酒服　食鹽 煎湯　人參蘆 或煎或散　瓜蒂 赤小豆 虀汁
調服　萊菔子 擂汁　桐油 入掃　桔梗蘆 為末湯服二錢　牙皂萊菔子 為末煎灌　附子尖
茶服　牛蒡子末 浙末水酒服　常山末 水煎　醋蜜 和服　膽礬末 醋調灌　牙皂晉礬
末 水服　大鰕 煮熟食之飲汁探吐　苦茗茶 探吐　石綠 醋糊為丸每化一丸　砒霜 研末湯服少許　地
松 搗汁　豨薟 搗汁　離鬲草 汁　芭蕉油 汁　石胡荽 汁　三白草 汁　蘇方木

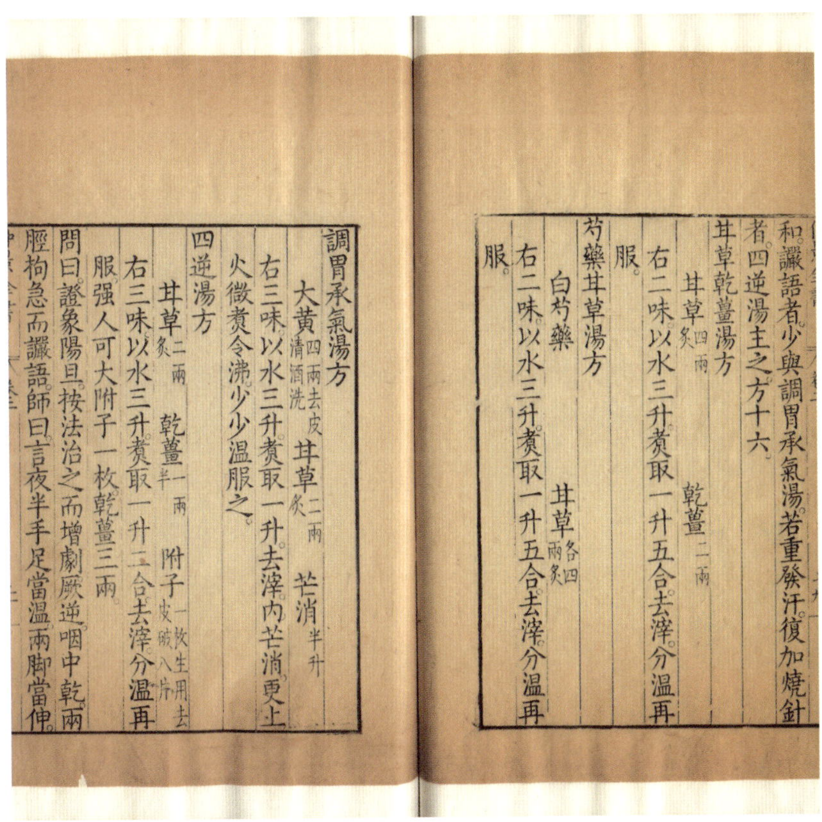

和。讝語者。少與調胃承氣湯。若重發汗。復加燒針
者。四逆湯主之。方十六。
甘草乾薑湯方
甘草 四兩炙　乾薑 二兩
右二味。以水三升。煑取一升五合。去滓。分溫再
服。
芍藥甘草湯方
白芍藥　甘草 各四兩炙
右二味。以水三升。煑取一升五合。去滓。分溫再
服。

調胃承氣湯方
大黃 四兩去皮清酒洗　甘草 二兩炙　芒消 半升
右三味。以水三升。煑取一升。去滓。內芒消。更上
火微煑令沸。少少溫服之。
四逆湯方
甘草 二兩炙　乾薑 一兩半　附子 一枚生用去皮破八片
右三味。以水三升。煑取一升二合。去滓。分溫再
服。強人可大附子一枚。乾薑三兩。
問曰。證象陽旦。按法治之。而增劇。厥逆。咽中乾。兩
脛拘急而讝語。師曰。言夜半手足當溫。兩腳當伸。

本草纲目五十二卷首一卷图三卷　（明）李时珍撰　清顺治十二年（1655）吴毓昌刻本

每半叶9行，行20字，小字双行同，白口，四周单边。国家图书馆藏（索书号：15947）。

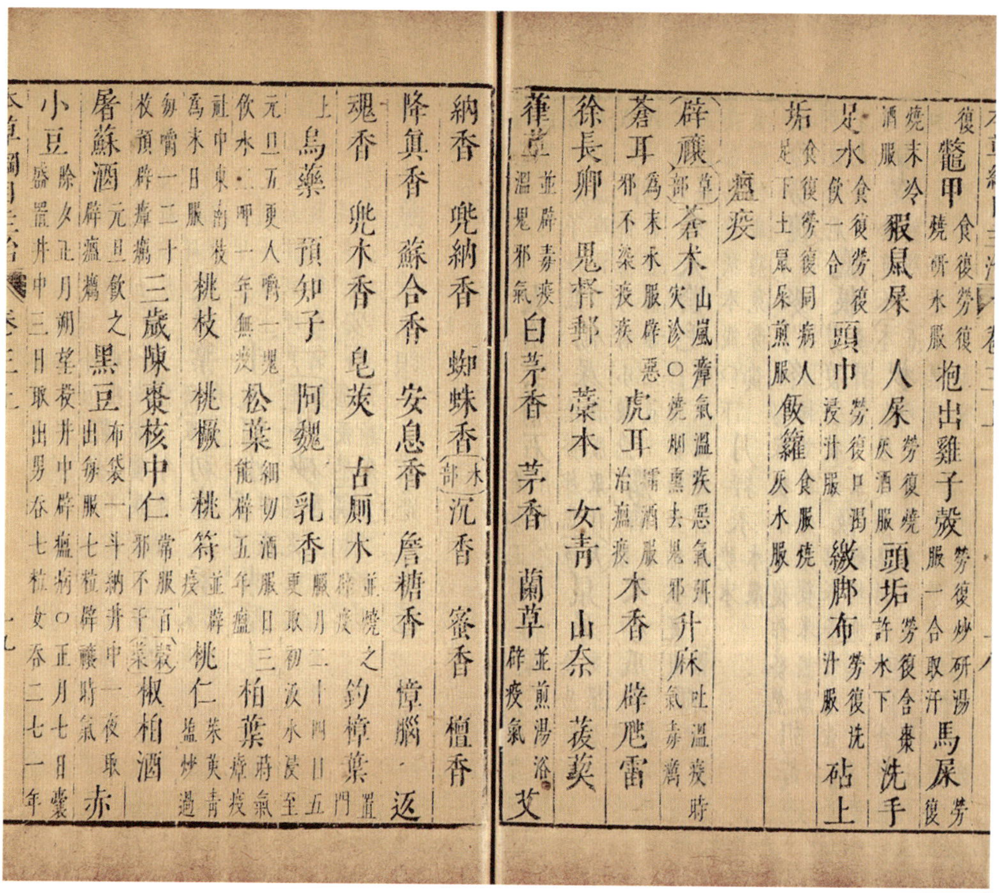
復 鼈甲食復勞復燒研水服 抱出雞子殼勞復炒研湯服一合取汗 馬屎勞復
燒末冷酒服 豭鼠屎 人屎勞復燒灰酒服 頭垢勞復含棗許水下 洗手
足水食復勞復飲一合 頭巾勞復口渴浸汁服 緻脚布勞復洗汁服 砧上
垢食復勞復同病人足下土鼠屎煎服 飯籮食服燒灰水服
瘟疫
辟禳 草部 蒼朮山嵐瘴氣溫疾惡氣弭災沴○燒烟熏去鬼邪 升麻吐溫疫時氣毒癘
蒼耳爲末水服辟惡邪不染疫疾 虎耳擂酒服治瘟疫 木香 辟虺雷
徐長卿 鬼督郵 藁本 女青 山柰 菝葜
葎草並辟毒疫溫鬼邪氣 白茅香 茅香 蘭草並煎湯浴辟疫氣 艾
納香 兜納香 蜘蛛香 木部 沉香 蜜香 檀香
降眞香 蘇合香 安息香 詹糖香 樟腦 返
魂香 兜木香 皂莢並燒之辟疫 古厠木 釣樟葉置門
上 烏藥 預知子 阿魏 乳香臘月二十四日五更取初汲水浸至
元旦五更人嚼一塊飲水三呷一年無疫 松葉細切酒服日三能辟五年瘟 柏葉辟氣瘴疫
社中東南枝爲末日服 桃枝 桃橛 桃符並辟疫 桃仁茱萸青鹽炒過
每嚼一二十枚預辟瘴癘 三歲陳棗核中仁常服百邪不干 穀菜 椒柏酒
屠蘇酒元旦飲之辟瘟癘 黑豆布袋一斗納井中一夜取出每服七粒辟禳時氣 赤
小豆除夕正月朔望投井中辟瘟病○正月七日囊盛置井中三日取出男吞七粒女吞二七一年

本草纲目五十二卷　（明）李时珍撰　明刻清初立达堂重修本

每半叶9行，行20字，白口，四周单边。国家图书馆藏（索书号：18129）。

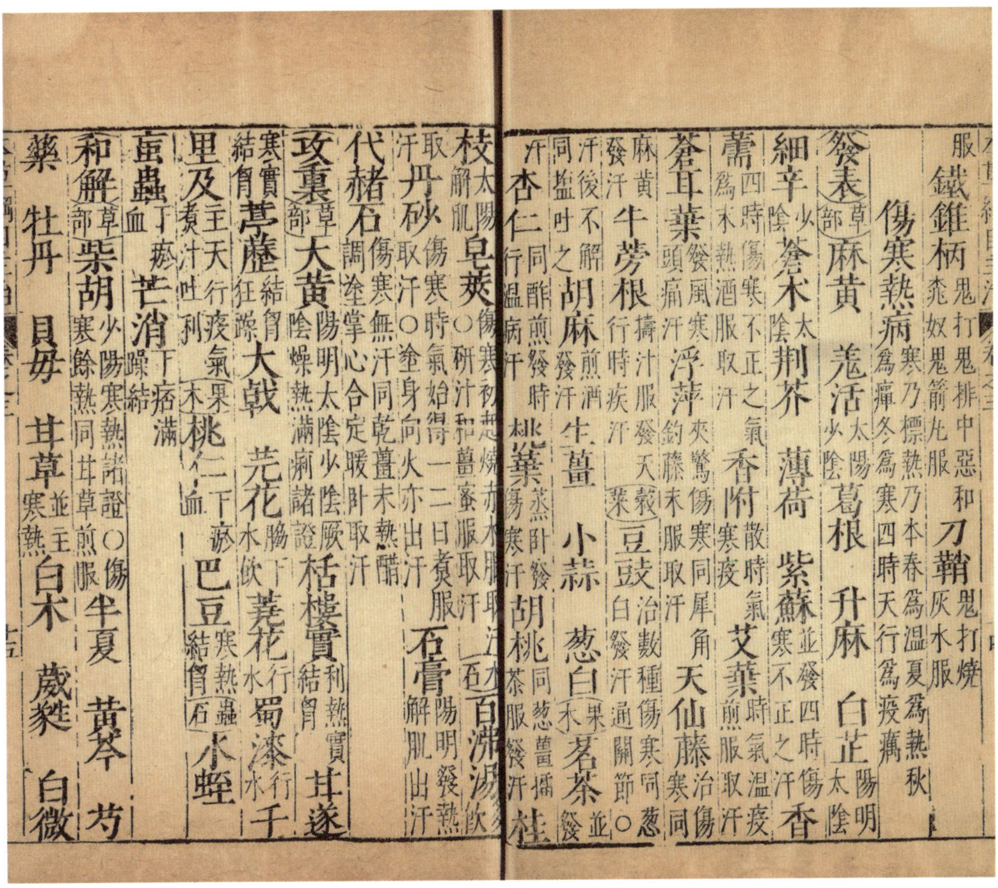

服 鐵錐柄 鬼打鬼排中惡和尫奴鬼箭丸服 刀鞘 鬼打燒灰水服
傷寒熱病 寒乃標熱乃本春爲溫夏爲熱秋爲瘧冬爲寒四時天行爲疫癘
發表（草部）麻黃 羌活 太陽少陰 葛根 升麻 白芷 陽明太陰
細辛 少陰 蒼朮 太陰 荊芥 薄荷 紫蘇 並發四時傷寒不正之汗 香
薷 四時傷寒不正之氣爲末熱酒服取汗 香附 散時氣寒疫 艾葉 時氣溫疫煎服取汗
蒼耳葉 發風寒頭痛汗 浮萍 夾驚傷寒同犀角鈞藤末服取汗 天仙藤 治傷寒同
麻黃發汗 牛蒡根 擣汁服發天行時疾汗（穀菜）豆豉 治數種傷寒同葱白發汗通關節○葱
汗後不解同鹽吐之 胡麻 煎酒發汗 生薑 小蒜 葱白（果木）茗茶 並發
汗 杏仁 同酢煎發時行溫病汗 桃葉 蒸臥發傷寒汗 胡桃 同葱薑擣茶服發汗 桂
枝 太陽解肌 皂莢 傷寒初起燒赤水服取汗○研汁和薑蜜服取汗（石）百沸湯 多飲
取汗 丹砂 傷寒時氣始得一二日煮服取汗○塗身向火亦出汗 石膏 陽明發熱解肌出汗
代赭石 傷寒無汗同乾薑末熱醋調塗掌心合定暖臥取汗
攻裏（草部）大黃 陽明太陰少陰厥陰燥熱滿痢諸證 栝樓實 利熱實結胸 甘遂
寒實結胸 葶藶 結胸狂躁 大戟 芫花 脇下水飲 蕘花 行水 蜀漆 行水 千
里及 主天行疫氣煮汁吐利（果木）桃仁 下瘀血 巴豆 寒熱結胸（石蟲）水蛭
虻蟲 下瘀血 芒消 下痞滿躁結
和解（草部）柴胡 少陽寒熱諸證○傷寒餘熱同甘草煎服 半夏 黃芩 芍
藥 牡丹 貝母 甘草 並主寒熱 白朮 葳蕤 白微

本草纲目五十二卷图三卷　附奇经八脉考一卷　濒湖脉学一卷　脉诀考证一卷

（明）李时珍撰　清本立堂刻本

每半叶9行，行20字，小字双行同，白口，四周单边。国家图书馆藏（索书号：T02875）。

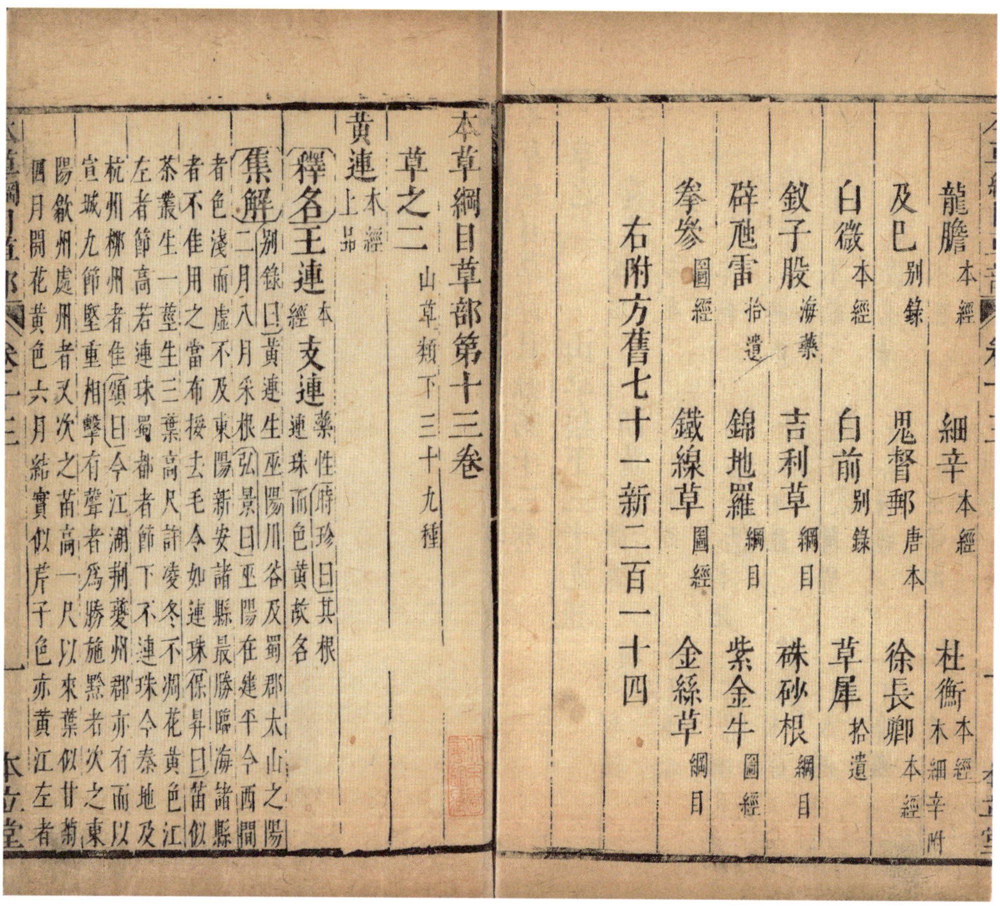
龍膽本經　細辛本經　杜衡本經木細辛附
及已別錄　鬼督郵唐本　徐長卿本經
白微本經　白前別錄　草犀拾遺
釵子股海藥　吉利草綱目　硃砂根綱目
辟虺雷拾遺　錦地羅綱目　紫金牛圖經
拳參圖經　鐵線草圖經　金絲草綱目
右附方舊七十一新二百一十四

本草綱目草部第十三卷
草之二　山草類下三十九種
黃連本經上品
【釋名】王連本經　支連藥性　時珍曰其根連珠而色黃故名
【集解】別錄曰黃連生巫陽川谷及蜀郡太山之陽二月八月采根　弘景曰巫陽在建平今西間者色淺而虛不及東陽新安諸縣最勝臨海諸縣者不佳用之當布挼去毛令如連珠　保昇曰苗似茶叢生一莖生三葉高尺許凌冬不凋花黃色江左者節高若連珠蜀都者節下不連珠今秦地及杭州柳州者佳　頌曰今江湖荊夔州郡亦有而以宣城九節堅重相擊有聲者爲勝施黔者次之東陽歙州處州者又次之苗高一尺以來葉似甘菊四月開花黃色六月結實似芹子色亦黃江左者

李时珍（1518—1593），字东璧，晚年自号濒湖山人，蕲州（今湖北蕲春）人，明代著名医药学家。李时珍出身医生世家，其父李言闻曾任太医院吏目。李时珍于嘉靖十年（1531）考取秀才后，多次乡试皆名落孙山。此后绝意仕途，向医学发展。边行医，边研究提高。曾任楚王府奉祠正。嘉靖时曾赴京供职太医院，后托病请辞，行医著述。著作有《本草纲目》《濒湖脉学》《奇经八脉考》等。被后世尊为“药圣”。

李时珍在博览群书的同时，足迹踏遍湖广、河北、河南、江西、安徽、江苏等地，在大量咨询、采集和种植的实践中，历时近三十年完成《本草纲目》的编写。据《明史·方伎传》所载：“……穷搜博采，芟烦补阙，历三十年，阅书八百余家，稿三易而成书，曰《本草纲目》。”由于当时蕲州、黄州和武昌没有合适的出版商，李时珍于万历七年（1579）赴南京寻找刊刻机会，但无功而返。次年，李时珍赴太仓请王世贞为《本草纲目》作序。之后书稿于万历二十一年至二十四年（1593—1596）由南京藏书家、刻书家胡承龙刊刻。刊刻后，李时珍之子李建元将此书进献朝廷。李建元的《进〈本草纲目〉疏》交代了编撰《本草纲目》的初衷：“伏念《本草》一书，关系颇重。误解群氏，谬误亦多。行年三十，力肆校雠。历岁七旬，功始成就。”

《本草纲目》全书约一百九十万字，共五十二卷，十六部，六十类，收载药物一千八百九十二种，增药三百七十四种；附方一万一千零九十六则；附图一千一百零九幅。以药名为纲，以八项注解为目。八目为释名、集解、正误、修治、气味、主治、发明和附方。所引文献上自战国，下迄明万历年间，为中国古代医药文献集大成者。伤寒热病、消化积滞、心腹邪气、风水毒肿等众多病症的治疗都能从中找到依据。《本草纲目》涉及众多领域知识，除医学、药学外，还保留了十六世纪以前中国劳动人民的自然知识、生产技术知识和社会历史知识。十八世纪到二十世纪间，《本草纲目》被全译或节译为英、法、德、俄、韩等二十多种语言文字，再版一百余次，在世界广泛流传。王世贞对《本草纲目》给予高度评价：“博而不繁，详而有要，综核究竟，直窥渊海。兹岂禁以医书觏哉，实性理之精微，格物之通典，帝王之秘箓，臣民之重宝也。”

《百部经典》版《本草纲目》以金陵胡承龙刻本（金陵本）为底本，以明万历三十一年夏良心、张鼎思序刊的江西刻本为主校本。金陵本是目前可知最早的版本，也是各种版本的祖本，后世诸本均在其基础之上衍化翻刻而来。金陵本卷前有万历十八年王世贞序，后列“辑书姓氏”，题为：“敕封文林郎四川蓬溪县知县蕲州李时珍编辑，云南永昌府通判男李建中、黄州府儒学生员男李建元校正，应天府儒学生员黄申、高第同阅，太医院医士男李建方、蕲州儒学生员男李建木重订，生员孙李树宗、生员孙李树声、生员孙李树勋次卷，荆府引礼生孙李树本楷书，金陵后学胡承龙梓行。”因系坊刻，不少字迹不甚清晰。金陵本为李时珍亲自校订，附图二卷共一千一百零九幅，每半叶四到六幅，属李时珍之子李建中所辑、李建元所绘，最能反映《本草纲目》图文原貌，但流传绝少。此本原为上海名医丁济民所藏，后于二十世纪六十年代入藏中国中医科学院。

（马超）

辛弃疾集

稼轩长短句十二卷　（宋）辛弃疾撰　元大德三年（1299）广信书院刻本

每半叶9行，行16字，细黑口，左右双边。清黄丕烈跋（嘉庆四年），顾广圻抄补并跋，清陶梁、瞿中溶、汪鸣銮、王鹏运、许玉瑑题款。国家图书馆藏（索书号：08625）。入选《第一批国家珍贵古籍名录》（名录号：01252）。

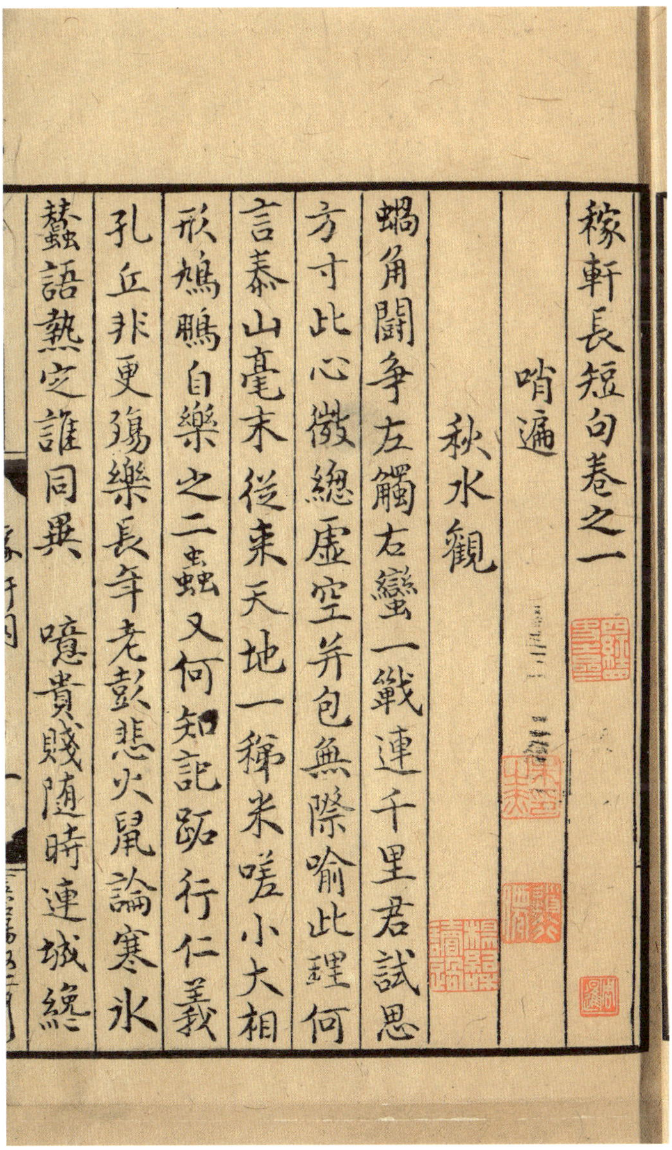

稼軒長短句卷之一

哨遍

秋水觀

蝸角鬭爭左觸右蠻一戰連千里君試思方寸此心微總虛空并包無際喻此理何言泰山毫末從來天地一稊米嗟小大相形鳩鵬自樂之二蟲又何知記跖行仁義孔丘非更殤樂長年老彭悲火鼠論寒氷蠶語熱定誰同異　噫貴賤隨時連城纔

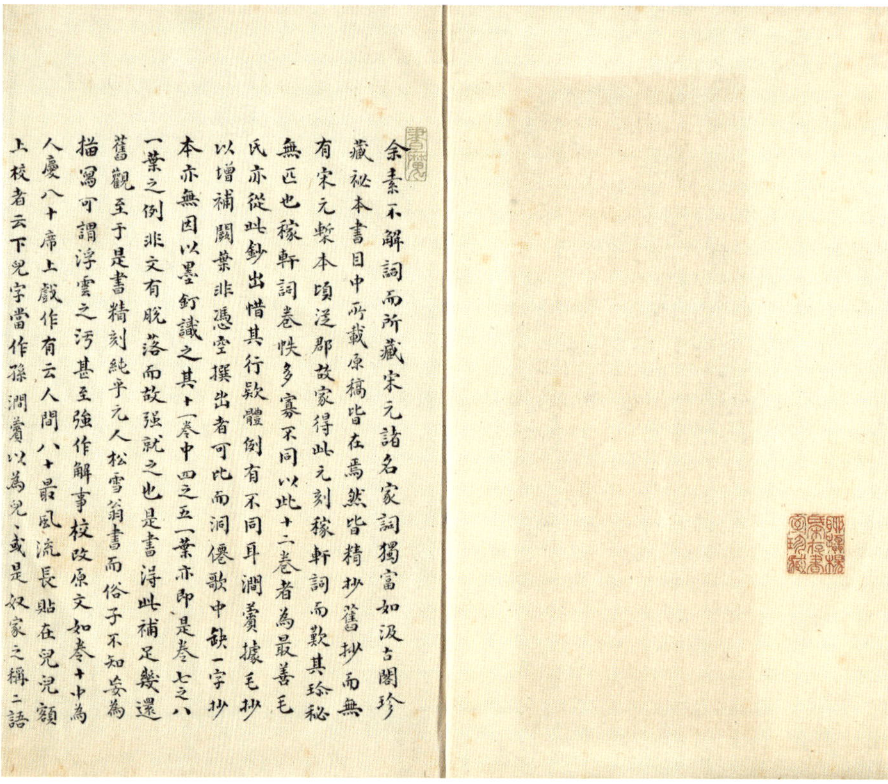
余素不解詞而所藏宋元諸名家詞獨富如汲古閣珍藏秘本書目中所載原稿皆在焉然皆精抄舊抄而無有宋元槧本頃從郡故家得此元刻稼軒詞而歎其珍秘無匹也稼軒詞卷帙多寡不同以此十二卷者為最善毛氏亦從此鈔出惜其行款體例有不同耳澗薲據毛抄以增補闕葉非憑空撰出者可比而洞僊歌中缺一字抄本亦無因以墨釘識之其十一卷中四之五一葉亦即是卷七之八一葉之例非文有脫落而故強就之也是書得此補足幾還舊觀至于是書精刻純乎元人松雪翁書而俗子不知妄為描寫可謂浮雲之污甚至強作解事校改原文如卷十中為人慶八十席上戲作有云人間八十最風流長貼在兒兒額上校者云下兒字當作孫澗薲以為兒、或是奴家之稱二語

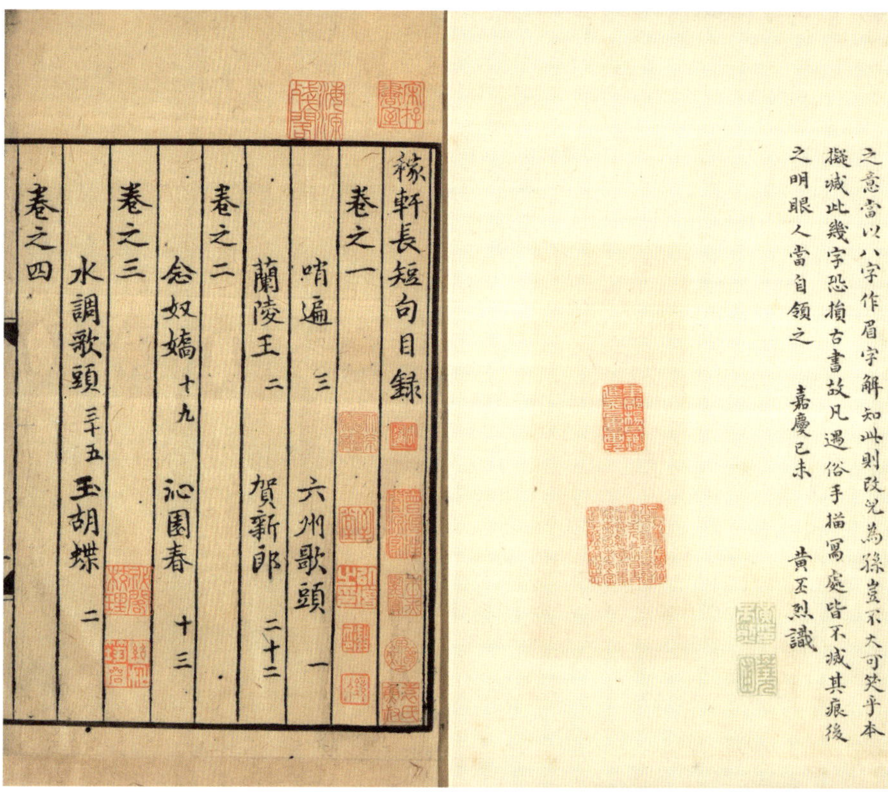
稼軒長短句目録

卷之一

哨遍 三　六州歌頭 一

蘭陵王 二　賀新郎 二十二

卷之二

念奴嬌 十九　沁園春 十三

卷之三

水調歌頭 三十五　玉胡蝶 二

卷之四

之意當以八字作眉字解如此則改兒為孫豈不大可笑乎本擬滅此幾字恐損古書故凡遇俗手描寫處皆不滅其痕俾之明眼人當自領之　嘉慶己未　黄丕烈識

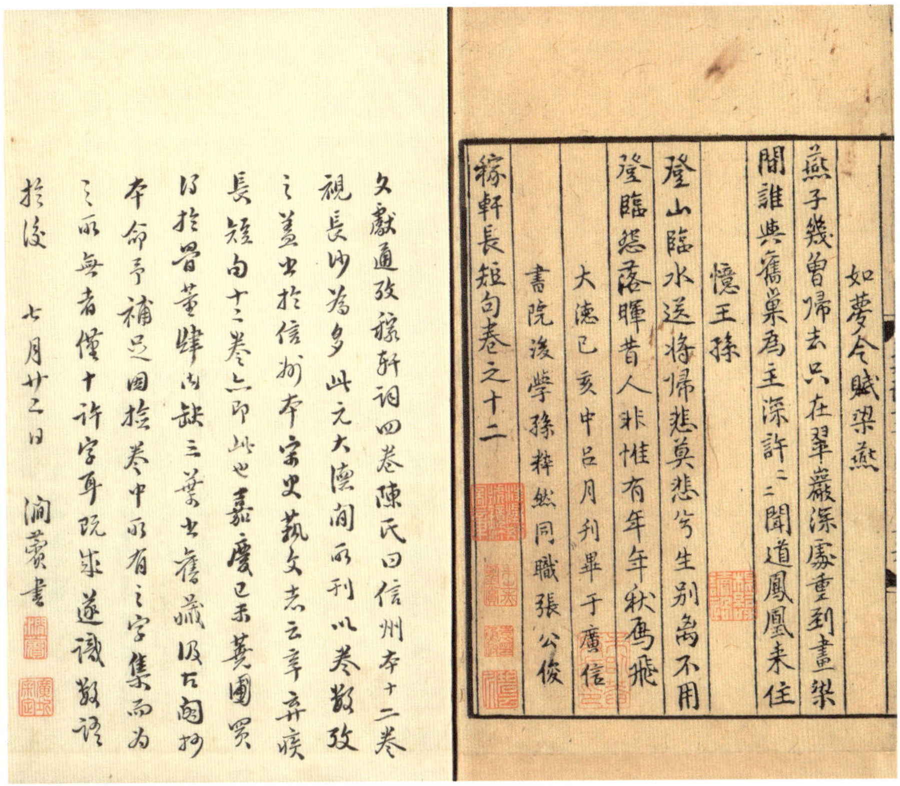

如夢令　賦梁燕

燕子幾曾歸去只在翠巖深處重到畫梁間誰與舊巢爲主深許深許聞道鳳凰來住

憶王孫

登山臨水送將歸悲莫悲兮生別離不用登臨怨落暉昔人非惟有年年秋雁飛

大德己亥中呂月刊畢于廣信

書院後學孫粹然同職張公俊

稼軒長短句卷之十二

文獻通攷稼軒詞四卷陳氏曰信州本十二卷視長沙爲多此元大德間所刊以卷數攷之蓋出於信州本宋史藝文志云辛棄疾長短句十二卷正即此也嘉慶己未黃圃買得於晉葉肆內缺三葉出舊藏汲古閣抄本命工補足因檢卷中所有之字集而爲之所無者僅十許字耳既成遂識數語於後　七月廿二日　澗蘋書

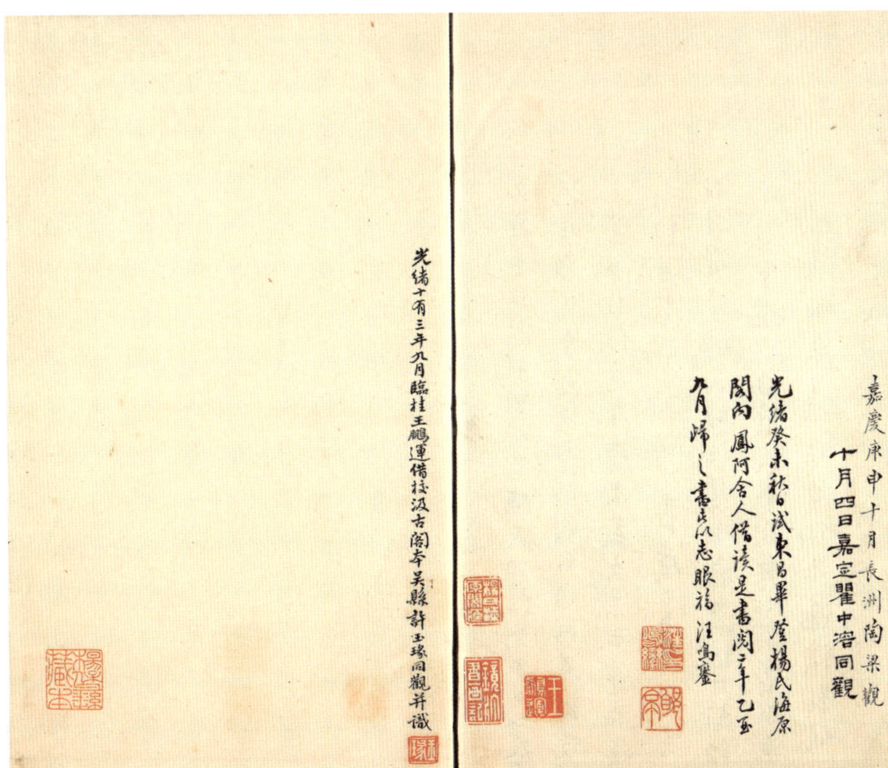

嘉慶庚申十月長洲陶梁觀

十月四日嘉定瞿中溶同觀

光緒癸未秋日試東昌畢登楊氏海原閣內鳳阿舍人借讀是書閱二年乙酉九月歸之書此以志眼福　汪鳴鑾

光緒十有三年九月臨桂王鵬運借校汲古閣本吳縣許玉瑑同觀并識

稼轩词四卷　（宋）辛弃疾撰　清初毛氏汲古阁影宋抄本

每半叶10行，行18字，白口，左右双边。国家图书馆藏（索书号：07866）。入选《第六批国家珍贵古籍名录》（名录号：12874）。

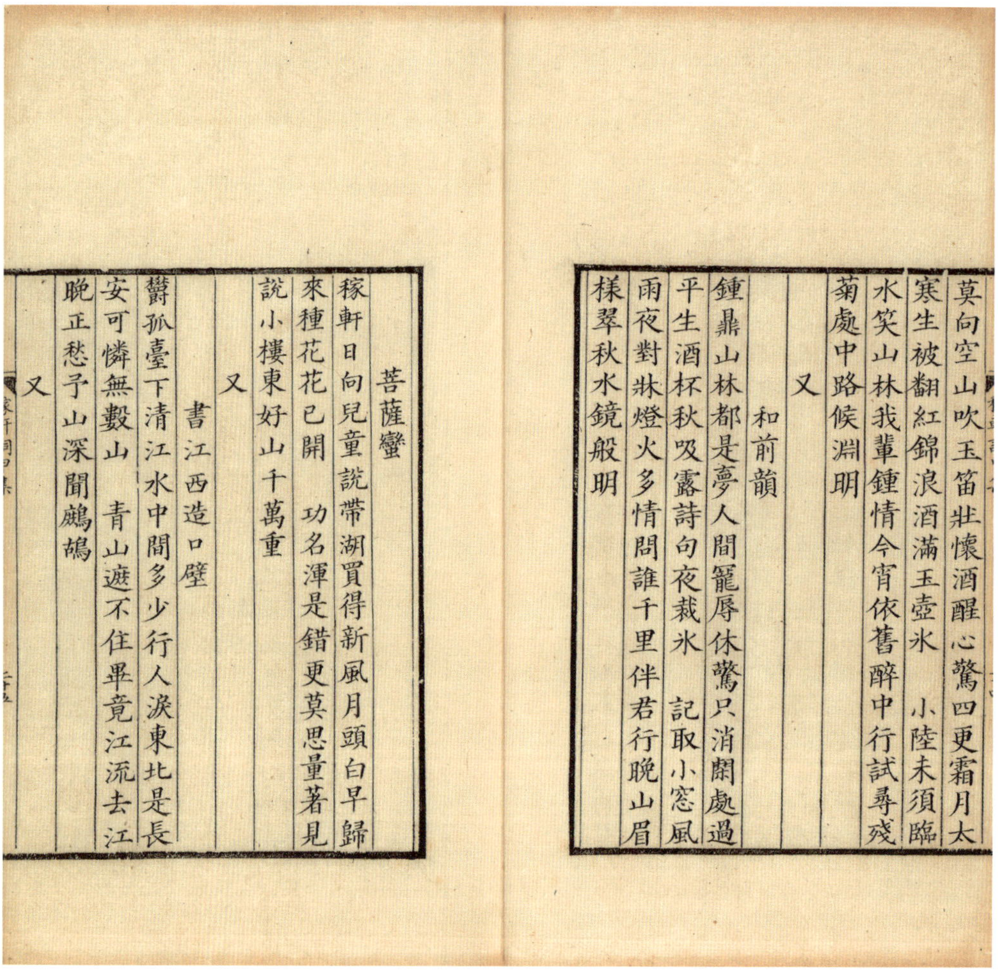

莫向空山吹玉笛壯懷酒醒心驚四更霜月太
寒生被翻紅錦浪酒滿玉壺氷　小陸未須臨
水笑山林我輩鍾情今宵依舊醉中行試尋殘
菊處中路候淵明
又
和前韻
鍾鼎山林都是夢人間寵辱休驚只消閑處過
平生酒杯秋吸露詩句夜裁氷　記取小窓風
雨夜對牀燈火多情問誰千里伴君行晚山眉
樣翠秋水鏡般明

菩薩蠻
稼軒日向兒童說帶湖買得新風月頭白早歸
來種花花已開　功名渾是錯更莫思量著見
說小樓東好山千萬重
又
書江西造口壁
鬱孤臺下清江水中間多少行人淚東北是長
安可憐無數山　青山遮不住畢竟江流去江
晚正愁予山深聞鷓鴣
又

夜夜東風惡　行遶翠簾珠箔錦牋誰託玉觴
淚滿却停觴怕酒似郎情薄

千秋歲

爲金陵史致道留守壽

塞垣秋草又報平安好尊俎上英雄表金湯生
氣象珠玉霏談笑春近也梅花得似人難老
莫惜金尊倒鳳詔看看到留不住江東小從容
帷幄去整頓乾坤了千百歲從今盡是中書考

感皇恩

爲范倅壽

春事到清明十分花柳喚得笙歌勸君酒酒如
春好春色年年如舊青春元不老君知否　席
上看君竹清松瘦待與青春鬬長久三山歸路
明日天香襟袖更持銀盞起爲君壽

青玉案

元夕

東風夜放花千樹更吹落星如雨寶馬雕車香
滿路鳳簫聲動玉壺光轉一夜魚龍舞　蛾兒
雪柳黃金縷笑語盈盈暗香去衆裏尋他千百
度驀然廻首那人却在　闌珊處

稼轩长短句十二卷　（宋）辛弃疾撰　（明）李濂评　明嘉靖十五年（1536）王诏刻本

每半叶9行，行20字，白口，四周单边。国家图书馆藏（索书号：13384）。

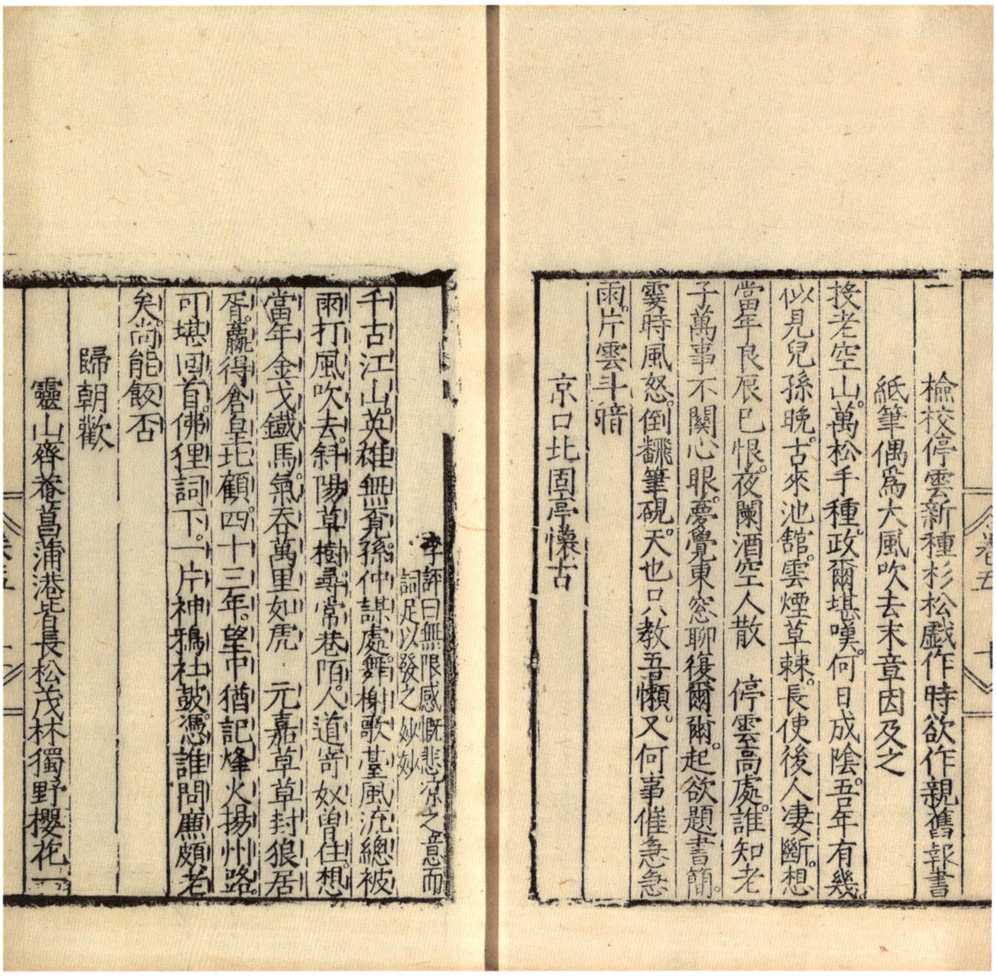

辛弃疾（1140—1207）字幼安，号稼轩，历城（今山东济南）人。其人生平历程可分为三个阶段：少年从军、青年仕宦、中晚年闲居。少时参加抗金义军，为掌书记。后率师归宋，历任大理寺少卿，湖南、江西、福建、湖北、浙东安抚使等职，官至龙图阁待制。虽官职有所升迁，但频繁的调任，让辛弃疾难有作为，心情并不舒畅。他从四十三岁首次罢职到六十八岁去世的二十六年间，基本上是在江西赋闲家居。虽然曾两度东山再起，但为时甚短，无所作为，终抑郁以没。辛弃疾豪爽尚气节，系情旧京，矢志收复中原山河，终未展其宏愿，满腔忠愤寄之于词。在两宋词人中，他作词最多。其卓越成就和崇高地位，自南宋以来就得到了一致认可，与苏轼并称为“苏辛”。有《稼轩词》四卷与《稼轩长短句》十二卷两种刊本。

辛弃疾词集最早是其门人范开所编，收辛弃疾四十九岁之前的作品，仅有百余首。到宁宗嘉泰三年（1203），又陆续编成三卷，连同范开所编的一卷，共四卷，分甲乙丙丁。甲卷为范开编，乙丙丁三卷辑非一人，刻非一时，具体情况已不清楚。这个四卷本，宋代有刻本，但原刻已不存，后世仅有传抄本。毛氏汲古阁影宋抄本《稼轩词》四卷就源自于它。四卷本中凡稼轩晚年帅浙东、守京口时的作品，概未收录，仅录词四百四十三首。除四卷本《稼轩词》外，现今传世的宋刻辛词还有信州所刊十二卷本《稼轩长短句》。此本收有辛弃疾临终前所作的《洞仙歌·丁卯八月病中作》一词，其编刻应在辛弃疾去世后，收词五百六十一首，较四卷本多一些。但是十二卷宋刻的原本不传，现存元大德三年（1299）广信书院刻本，题为“稼轩长短句”。

关于词集内容方面，辛弃疾善于用典，亦长白描，其词题材广阔，体制恢宏，内容十分丰富。有反映当时尖锐的民族矛盾和自己一生志在收复中原的坚定立场及豪迈炽热的思想感情的，如《满江红》《水龙吟》《破阵子》等；有表现对污浊官场的憎恶和无可奈何的退隐情绪的，如《水调歌头》《鹧鸪天》等；还写了不少反映农村生活、风光的闲适词；由于政治上的失意，还有一些寄情山水内容的作品。辛词的艺术风格主要以豪迈奔放为主，具有典型的阳刚之美。宋末刘克庄在《辛稼轩集序》中称辛词“大声鞺鞳，小声铿鍧，横绝六合，扫空万古，自有苍生以来所无”。同时，亦不拘一格，具有阴柔美的一面，有着一定的多样性。可以说，辛词在宋词发展史上有着重要的地位，其内容和风格对当时和以后的词坛影响极大。

传世《稼轩词》四卷本有吴讷《唐宋名贤百家词》本和毛氏汲古阁影宋抄本。毛氏抄本传诵极广，分甲乙丙丁四卷。据《中华再造善本提要》相关条目介绍，（《稼轩词》四卷）甲集大多为稼轩四十九岁以前之词；乙集辑刻当在宋光宗绍熙间；丙集多收在闽为官及退居时所作词，其辑刻约在嘉泰元年（1201）；丁集所收较泛，盖裒辑前三集未刊之旧稿付梓，各集之刊成当均在宋宁宗嘉泰三年前。值得注意的是，此本抄成之后曾经覆校，多处有白粉涂改的痕迹，提供异文信息不少。可以说，“粉涂”是汲古阁抄本的一大特点。黄丕烈还曾请顾千里根据此本校补大德本的缺叶缺字。大德本即《稼轩长短句》十二卷元大德三年（1299）广信书院刻本。该本卷十二后有“大德己亥中吕月刊毕于广信书院后学孙粹然同职张公俊”二行。据此可知，大德己亥即大德三年，广信书院主持雕版了本书。此本卷一首页版心下镌刻有“信铅畅叔仁刊”六字。“信铅”是信州铅山的简称，由此可以确定信州刊印了稼轩词。《直斋书录解题》云：“信州本十二卷，卷视长沙本为多。”说明宋刻本至少有长沙本与信州本两种，且信州本的卷数比长沙本多。只是宋代信州本不传，而元大德三年广信书院的刻本卷数与信州本相同，进而推断广信书院刻本应是覆刻了宋信州本。元大德三年广信书院刻本极具代表性，且流传最广，其后所刻诸本，多出自此元刊本。明嘉靖十五年（1536）王诏刊李濂批点本《稼轩长短句》就出自此本。国图藏此元刊本钤印累累，钤“袁氏鱼叔”“梦鲤”“袁鱼叔收藏”“朱之赤印”“黄丕烈印”“荛圃”“书魔”“广圻审定”“涧苹”“汪士钟读书”“东郡杨氏鉴藏金石书画印”“聊摄杨氏宋存书室珍藏”“周暹”“碧云居”等印，知曾为明袁鱼叔旧藏，入清经朱之赤、黄丕烈、汪士钟、汪镜汀、杨氏海源阁所藏，后由周叔弢捐献北京图书馆。

《百部经典》版《辛弃疾集》以元大德广信书院刻十二卷本《稼轩长短句》为底本。

（张毕晓）

礼记

礼记二十卷　（汉）郑玄注　宋淳熙四年（1177）抚州公使库刻本

每半叶10行，行16字，小字双行24字，白口，四周双边。清顾广圻跋（1806）。国家图书馆藏（索书号：00843）。入选《第一批国家珍贵古籍名录》（名录号：00263）。

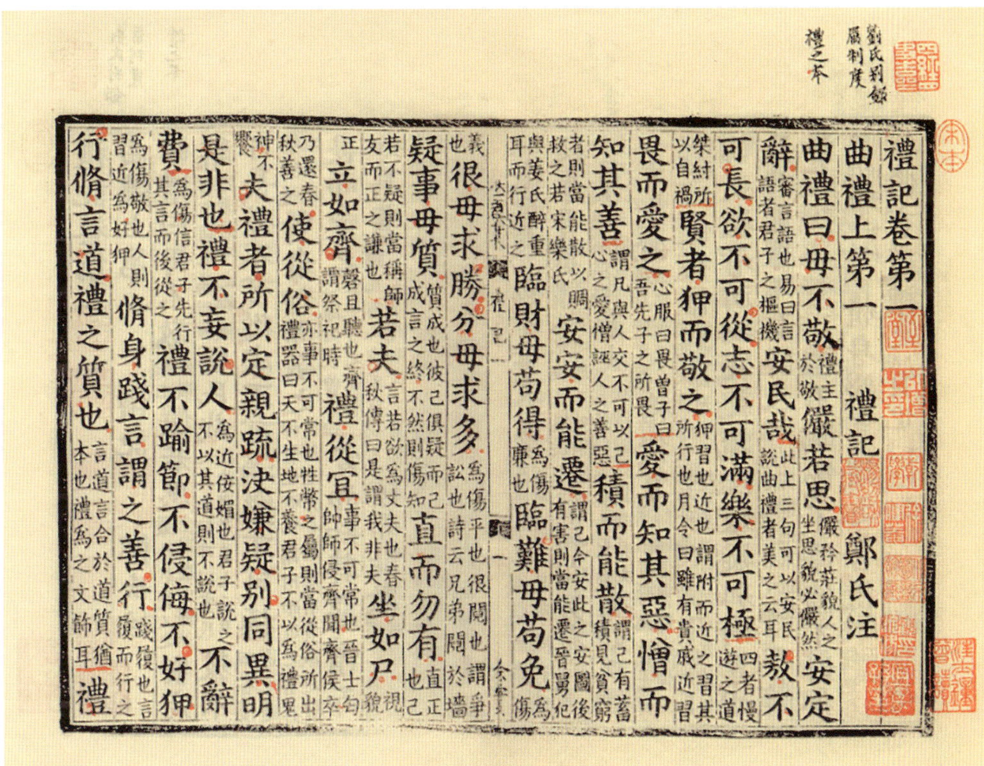
禮記卷第一
曲禮上第一　禮記　鄭氏注
曲禮曰毋不敬［禮主於敬］儼若思［儼矜莊貌人之坐思貌必儼然］安定辭［審言語也易曰言語者君子之樞機］安民哉［此上三句可以安民說曲禮者美之云耳］敖不可長欲不可從志不可滿樂不可極［四者慢遊之道桀紂所以自禍］賢者狎而敬之［狎習也近也謂附而近之習其所行也月令曰雖有貴戚近習］畏而愛之［心服曰畏曾子曰吾先子之所畏］愛而知其惡憎而知其善［謂凡與人交不可以己心之愛憎誣人之善惡］積而能散［謂己有蓄積見貧窮者則當能散以賙捄之若宋樂氏］安安而能遷［謂己今安此之安圖後有害則當能遷晉舅犯與姜氏醉重耳而行近之］臨財毋苟得［為傷廉也］臨難毋苟免［為傷義也］很毋求勝分毋求多［為傷平也很鬩也謂爭訟也詩云兄弟鬩於牆］疑事毋質［質成也彼己俱疑而己成言之終不然則傷知］直而勿有［直正也己若不疑則當稱師友而正之謙也］若夫［言若欲為丈夫也春秋傳曰是謂我非夫］坐如尸［視貌正］立如齊［磬且聽也齊謂祭祀時］禮從宜［事不可常也晉士匄帥師侵齊聞齊侯卒乃還春秋善之］使從俗［亦事不可常也牲幣之屬則當從俗所出禮器曰天不生地不養君子不以為禮鬼神不饗］夫禮者所以定親疏決嫌疑別同異明是非也禮不妄說人［為近佞媚也君子說之不以其道則不說也］不辭費［為傷信君子先行其言而後從之］禮不踰節不侵侮不好狎［為傷敬也人則習近為好狎］脩身踐言謂之善行［踐履也言履而行之］行脩言道禮之質也［言道言合於道質猶本也禮為之文飾耳］禮

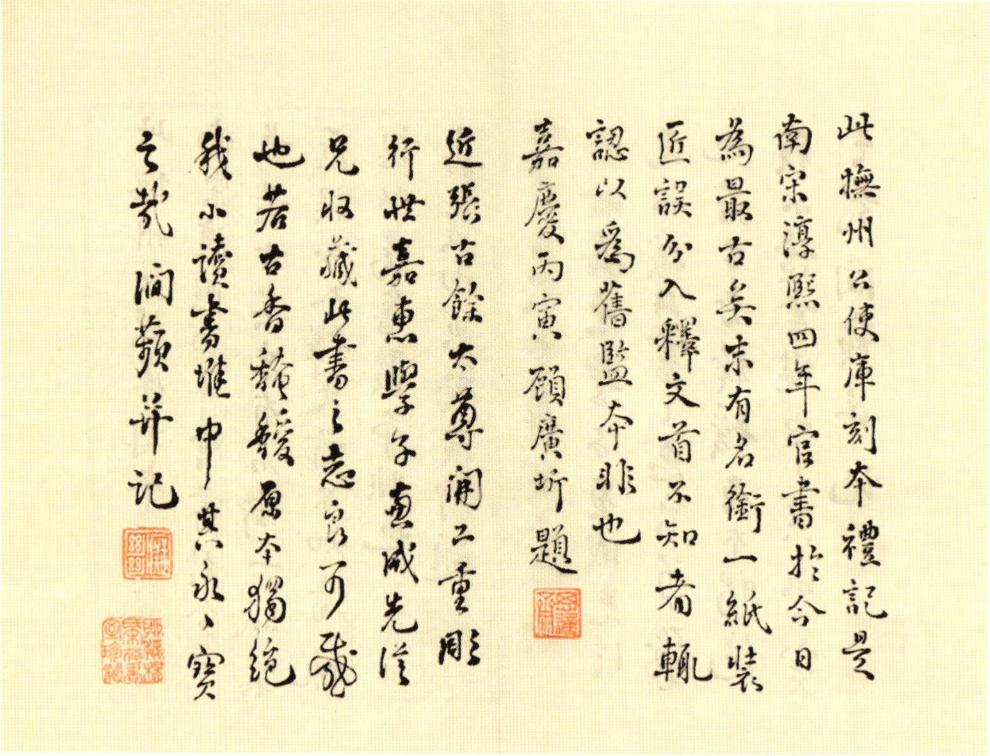
此撫州公使庫刻本禮記是南宋淳熙四年官書於今日爲最古矣宋有名銜一紙裝匠誤分入釋文首不知者輒認以爲舊監本非也
嘉慶丙寅顧廣圻題

近張古餘太尊開之重彫行世嘉惠學子甚盛先從兄收藏此書之志定可慰也若古香馥馥原本獨絕我小讀書堆中其永永寶之哉 澗蘋并記

礼记二十卷　（汉）郑玄注　（唐）陆德明音义　宋余仁仲万卷堂家塾刻本

每半叶11行，行19字，小字双行27—28字，细黑口，左右双边。国家图书馆藏（索书号：12342）。

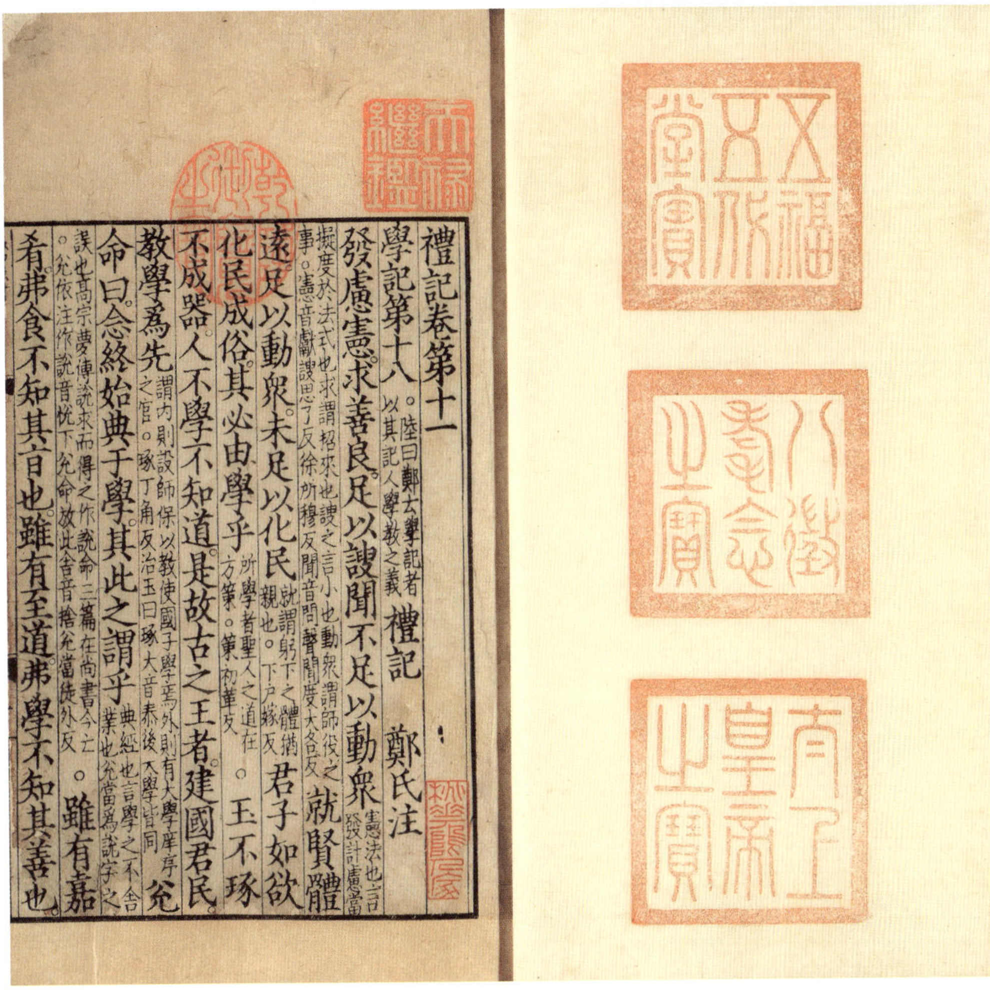

禮記卷第十一
學記第十八 ○陸曰鄭云學記者以其記人學教之義 禮記 鄭氏注
發慮憲求善良足以謏聞不足以動衆 憲法也言發計慮當擬度於法式也求謂招來也謏之言小也動衆謂師役之事○憲音獻謏思了反徐所穆反聞音問聲聞度大各反 就賢體
遠足以動衆未足以化民 就謂躬下之體猶親也○下户嫁反 君子如欲
化民成俗其必由學乎 所學者聖人之道在方策○策初革反 ○玉不琢
不成器人不學不知道是故古之王者建國君民
教學爲先 謂內則設師保以教使國子學焉外則有大學庠序之官○琢丁角反治玉曰琢大音泰後大學皆同 兌
命曰念終始典于學其此之謂乎 典經也言學之不舍業也兌當爲說字之誤也高宗夢傅說求而得之作說命三篇在尚書今亡○兌依注作說音悅下兌命放此舍音捨兌當徒外反 ○雖有嘉
肴弗食不知其旨也雖有至道弗學不知其善也

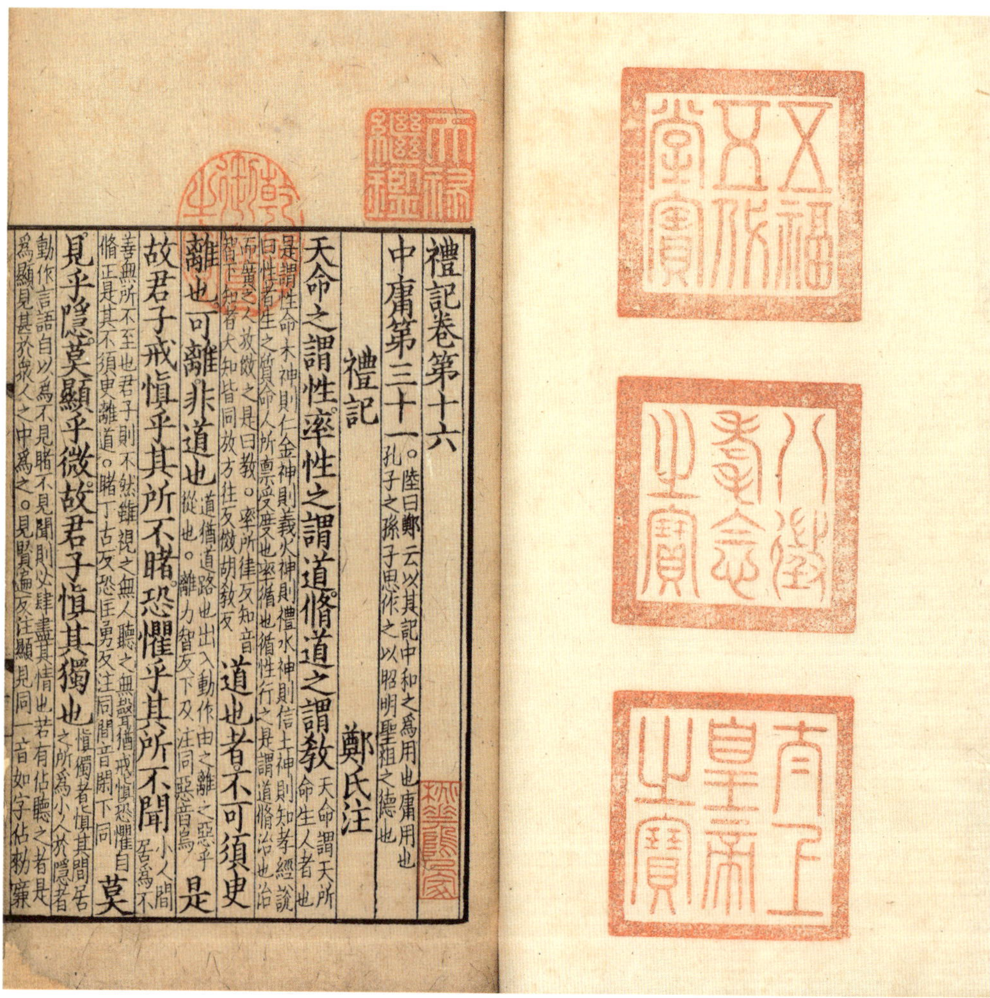

禮記卷第十六
中庸第三十一○陸曰鄭云以其記中和之為用也庸用也孔子之孫子思伋作之以昭明聖祖之德也
禮記 鄭氏注
天命之謂性率性之謂道脩道之謂教天命謂天所命生人者也是謂性命木神則仁金神則義火神則禮水神則信土神則知孝經說曰性者生之質命人所稟受度也率循也循性行之是謂道脩治也治而廣之人放傚之是曰教○率所律反知音智下知者大知皆同放方往反傚胡教反
道也者不可須臾離也可離非道也道猶道路也出入動作由之離之惡乎從也○離力智反下及注同惡音烏
是故君子戒慎乎其所不睹恐懼乎其所不聞小人閒居為不善無所不至也君子則不然雖視之無人聽之無聲猶戒慎恐懼自脩正是其不須臾離道○睹丁古反恐匡勇反注同閒音閑下同
莫見乎隱莫顯乎微故君子慎其獨也慎獨者慎其閒居之所為小人於隱者動作言語自以為不見睹不見聞則必肆盡其情也若有佔聽之者是為顯見甚於衆人之中為之○見賢遍反注顯見同一音如字佔勑廉

礼记正义七十卷　（唐）孔颖达撰　宋绍熙三年（1192）两浙东路茶盐司刻宋元递修本

每半叶8行，行16字，小字双行22—23字，白口，左右双边。存28卷：卷3、4、11—18、24、25、37—42、45—48、55—60。张元济跋（1930）。国家图书馆藏（索书号：07274）。

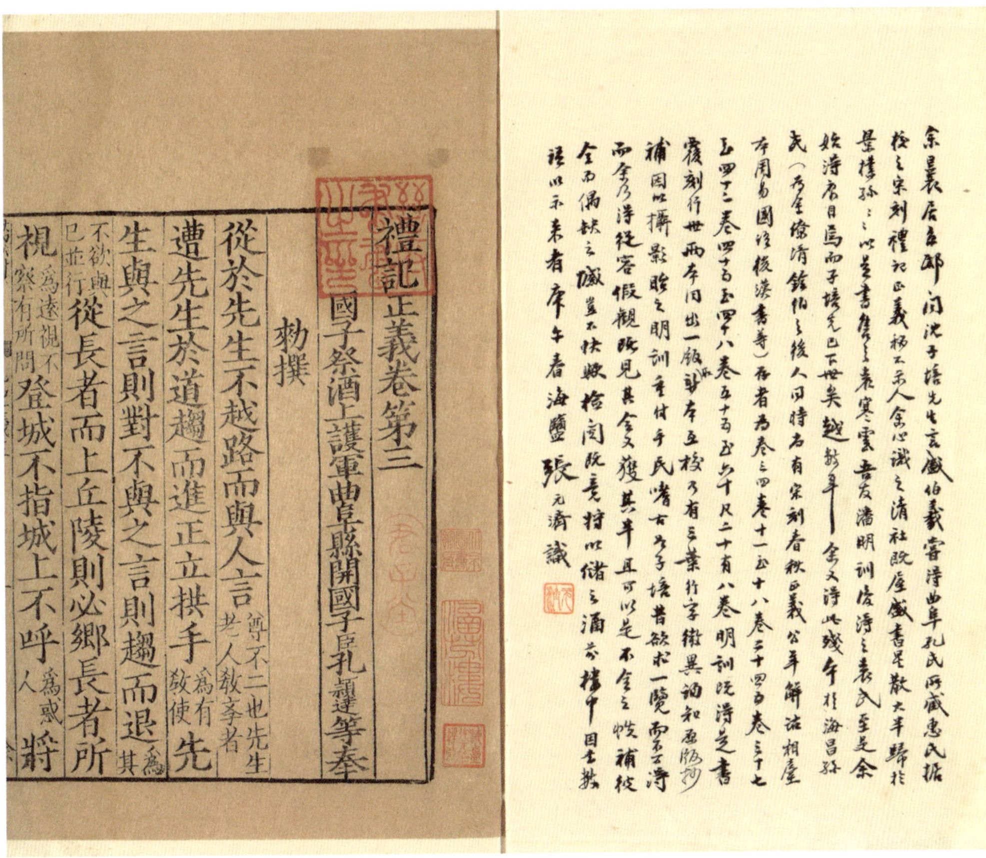

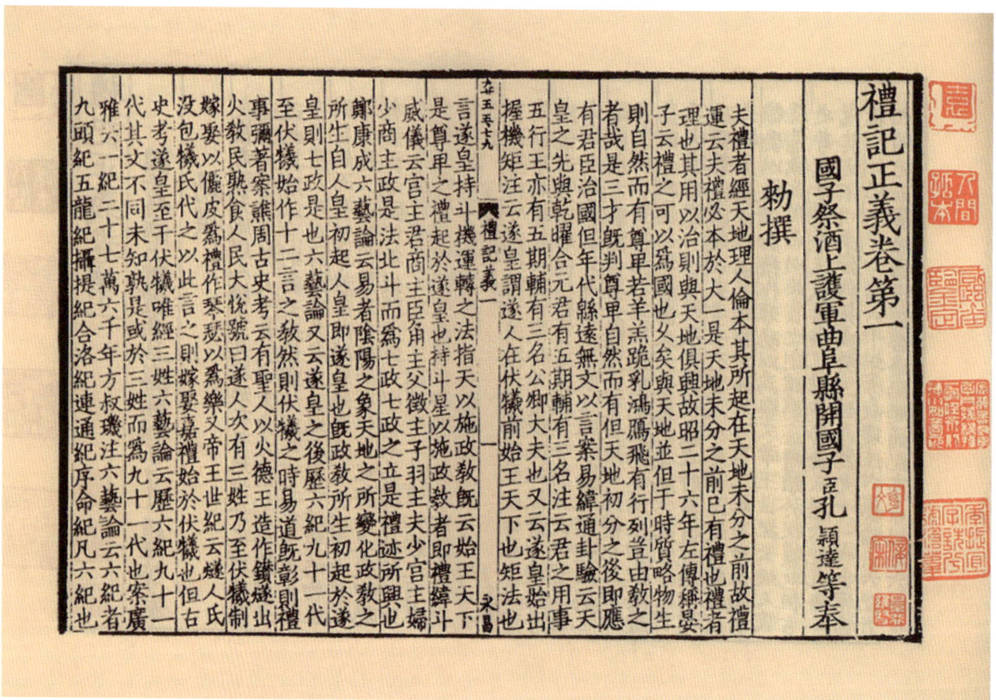

禮記正義卷第一

國子祭酒上護軍曲阜縣開國子臣孔穎達等奉

敕撰

夫禮者經天地理人倫本其所起在天地未分之前故禮運云夫禮必本於大一是天地未分之前已有禮也禮者理也其用以治則與天地俱興故昭二十六年左傳稱晏子云禮之可以爲國也久矣與天地並但于時質略物生則自然而有尊卑若羊羔跪乳鴻鴈飛有行列豈由教之者哉是三才既判尊卑自然而有但天地初分之後即應有君臣治國但年代縣遠無文以言案易緯通卦驗云天皇之先與乾曜合元君有五期輔有三名注云君之用事五行王亦有五期輔有三名公卿大夫也又云遂皇始出握機矩注云遂皇謂遂人在伏犧前始王天下也矩法也言遂皇持斗機運轉之法指天以施政教既云始王天下是尊卑之禮起於遂皇也持斗星以施政教者即禮緯斗威儀云宫主君商主臣角主父徵主子羽主夫少宫主婦少商主政是法北斗而爲七政七政之立是禮迹所興也鄭康成六藝論云易者陰陽之象天地之所變化政教之所生自人皇初起人皇即遂皇也既政教所生初起於遂皇則七政是也六藝論又云遂皇之後歷六紀九十一代至伏犧始作十二言之教然則伏犧之時易道既彰則禮事彌著案譙周古史考云有聖人以火德王造作鑽燧出火教民熟食人民大悅號曰遂人次有三姓乃至伏犧制嫁娶以儷皮爲禮作琴瑟以爲樂又帝王世紀云燧人氏没包犧氏代之以此言之則嫁娶嘉禮始於伏犧也但古史考遂皇至于伏犧唯經三姓六藝論云歷六紀九十一代其文不同未知孰是或於三姓而爲九十一代也案廣雅六一紀二十七萬六千年方叔璣注六藝論云六紀者九頭紀五龍紀攝提紀合洛紀連通紀序命紀凡六紀也

禮記義一　一　永昌

《礼记》和《仪礼》《周礼》并称为“三礼”，是儒家“十三经”之一。关于《礼记》的成书年代，学界历来说法不一。有孔子门人编撰说。陆德明在《经典释文》中记载：“《礼记》者，本孔子门徒共撰所闻，以为此记。后人通儒，各有损益。”另外，还有六国时人所撰说。丁晏在《礼记释注》中记载：“《礼记》非汉儒作也。盖秦火未焚之前，六国时人所撰集也。”还有一种说法是《礼记》为“二戴”根据古礼所删或所传。“二戴”是汉宣帝时人，大戴指戴德，小戴指戴圣，为叔侄。《礼记》解读人郭齐勇吸收了考古发现楚简后的学者意见，认为目前学者大都认可《礼记》绝大部分为先秦时期作品，由孔子弟子、门人、后学记传下来，流传过程中不可避免地有改动，个别篇目掺入了汉代文字。

《礼记》成书过程复杂，在《礼记》四十九篇中，《王制》是第五篇，《礼运》是第九篇，《乐记》是第十九篇，《中庸》是第三十一篇，《大学》是第四十二篇。宋代以后，《大学》《中庸》又成为“四书”的一部分，影响深远。《百部经典》版《礼记》关于《王制》，取郑玄说，认为它成于战国时期，孟子之后。《礼运》与《王制》一样，大概写于战国，在流传过程中掺入别家之言。“二程”以《大学》为“孔氏之遗书”，朱熹则认为，“孔子之言，而曾子述之。其传十章，则曾子之意而门人记之也”。关于《中庸》，《史记·孔子世家》称“子思作《中庸》”。东汉郑玄称“名曰《中庸》者，以其记中和之用也。庸，用也。孔子之孙子思伋作之以昭明圣祖之德。”今本《中庸》其主体思想源于子思，在流传过程中，不断被后人修订，大约战国中晚期修改而成。《乐记》是汉武帝时期“河间献王与毛生等”收集整理先秦典籍中的相关论述而成。《汉书·艺文志》和《隋书·音乐志》都有“武帝本”《乐记》，但《隋书·音乐志》中又单独记录了汉初《礼记》本中的《乐记》取自战国后期《公孙尼子》一书。《百部经典》版《礼记》吸收了学界对郭店楚简的研究成果，认为今本《乐记》主体思想形成于战国后期，而河间献王与毛生等对全篇段落进行了编订。

《礼记》各篇内容丰富，它是研究中国古代社会情况、古代礼学、儒家哲学和社会政治、伦理思想的重要资料。《百部经典》版《礼记》以篇为单位对其进行了重点解读。《礼记》中的很多篇章影响深远。《礼运》篇提出“天下为公”的政治理想。《大学》篇的“格物致知”“修齐治平”，《曲礼》篇的“往而不来，非礼也；来而不往，亦非礼也”脍炙人口。《礼运》中“礼必本于天，效于地”，“是谓承天之祜”，强调天人关系。《中庸》以“诚”贯通“天道”

与“人道”，围绕“诚”与“明”展开论述，使“中庸”成为宋以后儒家伦理思想和人生哲学的核心，在“中国哲学史上有典范意义”。《月令》“天地和同，草木萌动”“（仲春之月）安萌牙养幼少”“（孟夏之月）继长增高，毋有坏堕，毋起土功，毋发大众，毋伐大树”反映出天地生物、因时取物、取用有节的思想。

《礼记》版本较多，可考的有刘向《别录》本、马融校本、卢植校注本。东汉末年，师从马融的郑玄博采众长，把当时流传的《礼记》择善而从，进行注解，集其大成，至魏时立于学官。唐代，朝廷诏颜师古考订“五经”，有《五经定本》，诏孔颖达等撰定《五经义疏》。至高宗永徽四年（653），颁行《五经正义》，其中有《礼记正义》七十卷。《礼记》第一次升格为经。清乾隆十三年（1748），钦定《三礼义疏》，其中《礼记义疏》八十二卷，打破汉宋壁垒。阮元主持校勘刻印了《十三经注疏》，其中《礼记》用孔颖达《礼记正义》，即郑注孔疏本。

《百部经典》版《礼记》以绍熙本为底本，以阮元本为参校本。绍熙本即指南宋绍熙三年（1192）两浙东路茶盐司黄唐主持刊刻的八行本《礼记正义》，卷末有黄唐跋文：“六经疏义，自京监蜀本皆省正文及注，又篇章散乱，览者病焉。本司旧刊《易》《书》《周礼》，正经、注、疏萃见一书，便于披绎，它经独阙。绍熙辛亥仲冬，唐备员司庾，遂取《毛诗》《礼记》疏义，如前三经编汇，精加雠正，用锓诸木，庶广前人之所未备。乃若《春秋》一经，顾力未暇，姑以贻同志云。壬子秋八月三山黄唐谨识。”从这段跋语中可以得知南宋两浙东路茶盐司合刻经、注、疏的来由及进程，也是其开合刻先河的佐证，足见此本的独特价值。此本刻工有茅文龙、蒋佛老、张阿狗等，皆为元时刻工，证明元时曾修过版。国图藏此本为明代顾从德（字汝修）旧藏，有“顾汝修印”一印。清代经徐乾学、汪士钟、杨氏海源阁递藏，顾广圻并书跋语。书中钤有“乾学”“徐健庵”；“宋本”“汪士钟曾读”；“顾广圻印”“思适斋”；“杨以增印”“杨东樵读过”“四经四史之斋”“至堂”“以增之印”“杨绍和藏书”“聊城杨氏宋存书室珍藏”“杨绍和读过”“彦合读书”“彦合珍玩”“杨氏彦合”“臣绍和印”“杨保彝印”诸印。其他重要版本有宋余仁仲万卷堂刻本，国图藏此本正文多处镌有“余氏刊于万卷堂”“余仁仲刊于家塾”及“仁仲比校讫”等条记。后为明代唐寅所藏，钤有“桃花坞人家”一印。明末为毛氏汲古阁珍藏，有“毛晋”“子晋”“毛氏子晋”“毛晋之印”等印记。清代藏徐氏传是楼，后入清宫天禄琳琅，钤有“传是楼”“徐氏章仲”“别号自强”“徐炯珍藏秘籍”；“天禄琳琅”“天禄继鉴”“五福五代堂宝”“八徵耄念之宝”“太上皇帝之宝”“乾隆御览之宝”诸印记。

（张洁）

曲律

曲律四卷　（明）王驥德撰　明天启四年（1624）毛以燧刻本

每半叶 10 行，行 20 字，白口，四周单边。国家图书馆藏（索书号：15698）。

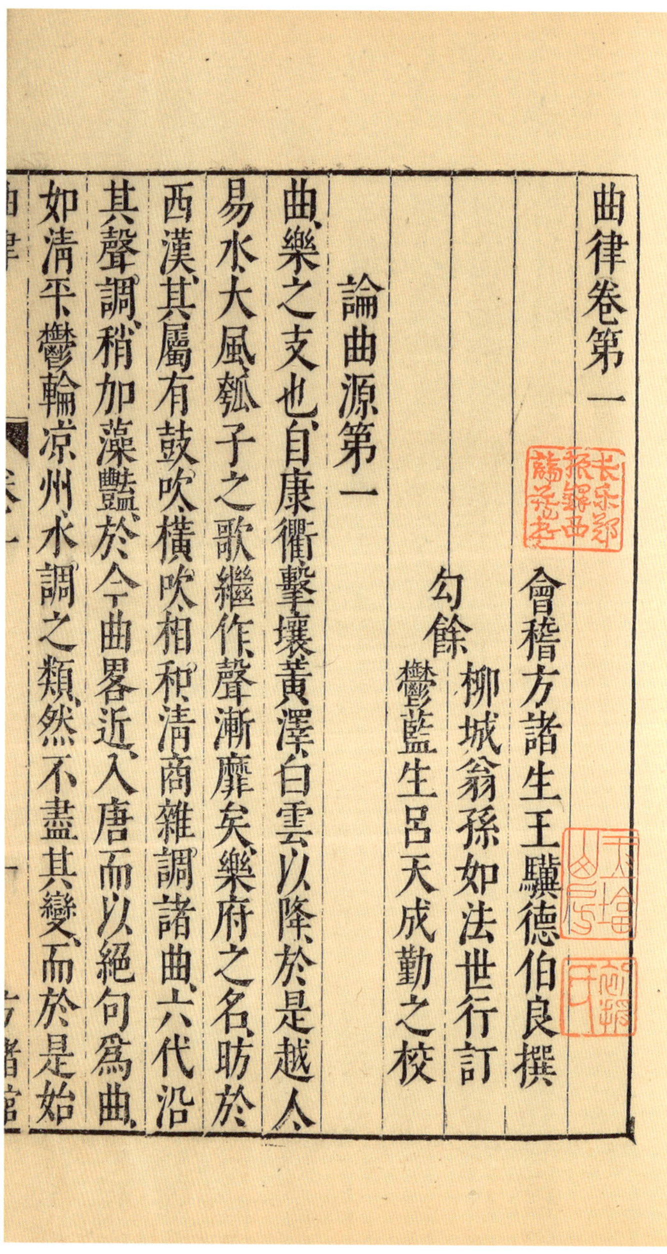
曲律卷第一
會稽方諸生王驥德伯良撰
柳城翁孫如法世行訂
勾餘　鬱藍生呂天成勤之校
論曲源第一
曲樂之支也自康衢擊壤黃澤白雲以降於是越人
易水大風瓠子之歌繼作聲漸靡矣樂府之名昉於
西漢其屬有鼓吹橫吹相和清商雜調諸曲六代沿
其聲調稍加藻豔於今曲畧近入唐而以絕句爲曲
如清平鬱輪凉州水調之類然不盡其變而於是始

余不諳詞法而酷好詞致猶憶弱冠之年侍
先君子山陰署中獲同王伯良先生研席先
生於譚執之暇每及詞曲津津乎有味其言
之余間舉古傳奇若雜劇中瑕瑜處相質先
生輒顧解首肯謂可以言曲先生於此道故
本夙悟加以精探逖攬自宮調以至韻之平
仄聲之陰陽窮其元始究厥指歸靡不析入
三昧吾邑詞隱先生為詞壇盟主持法之嚴

鮮所當意獨服膺先生謂有冥契諸所著撰
往来商榷先生常欲進余堂廡指授衣鉢余
謝未皇歲癸亥先生病入秋忽馳數行緘一
帙来曰吾生平論曲為子所賞頗喙也非筆
也寢久法不傳功令斯湮正始永絕吾用大
懼今病且不起平日所積成是書曲家三尺
具是矣子其為我行之吳中余啓讀之則曲
律也方在校刻而訃音隨至茲函蓋絕筆耳

先生淹通藻鬯其所為詩若古文辭卓然成
一家言有方諸館集久行於世遺草多未入
梓獨忍死以是編相付先生嘗謂吾姑從世
界缺陷處一修補之此意殊可念先生舊嘗
校注古本西廂琵琶二傳一洗訛謬特擅精
博並徵余言弁首猶是屬意衣鉢狂狷之極
思余卒逡巡未能一領其秘亦不意其遂為
古人竟以此負先生矣先生作有題紅記及

男后離魂救友雙環招魂諸劇膾炙一時乃
最所意得則有方諸館樂府二卷悉散套與
小令家繕部兄方為剞之金陵蓋先生一生
鍾有情癖故但涉情瀾留連宛轉盡態極妍
令人色飛腸斷允稱擅場洵是千古絕技今
二書並行庶不為千古絕學藉以不終負先
生嘉惠之意其在斯乎余原不諳曲法故律
中微窾不置論亦不復須論聊綴數語簡後

用紀顛末以志輟絃之痛
天啟閼逢困敦之歲季春上浣五日松陵友
弟毛以燧跋

附

別毛允遂　王驥德

三十年來向與禽可憐同調復同心如蘭自
合推交誼流水常能借賞音病久故應傷四
辟路長難慰報雙金他時夢裏逾相訪烟水

茫茫可易尋（先生以此詩同曲律來告訣使甫復命遂卒）

哭王伯良先生詩十三首　毛以燧

屈指論交三十季寸心金石未為堅而今流
水知音去腸斷牙生在輟絃
官衙觚槧乍相依夜夜燒鐙屑競霏非但能
言不可得秪應天壤解人稀
追憶分闈攬袂時山亭落日酒重醲忘年小
友君能許何處逢人不寄詩

曲律四卷　（明）王骥德撰　清光绪至民国间武进董氏《诵芬室丛刊》本　行字不一。国家图书馆藏（索书号：10707）。

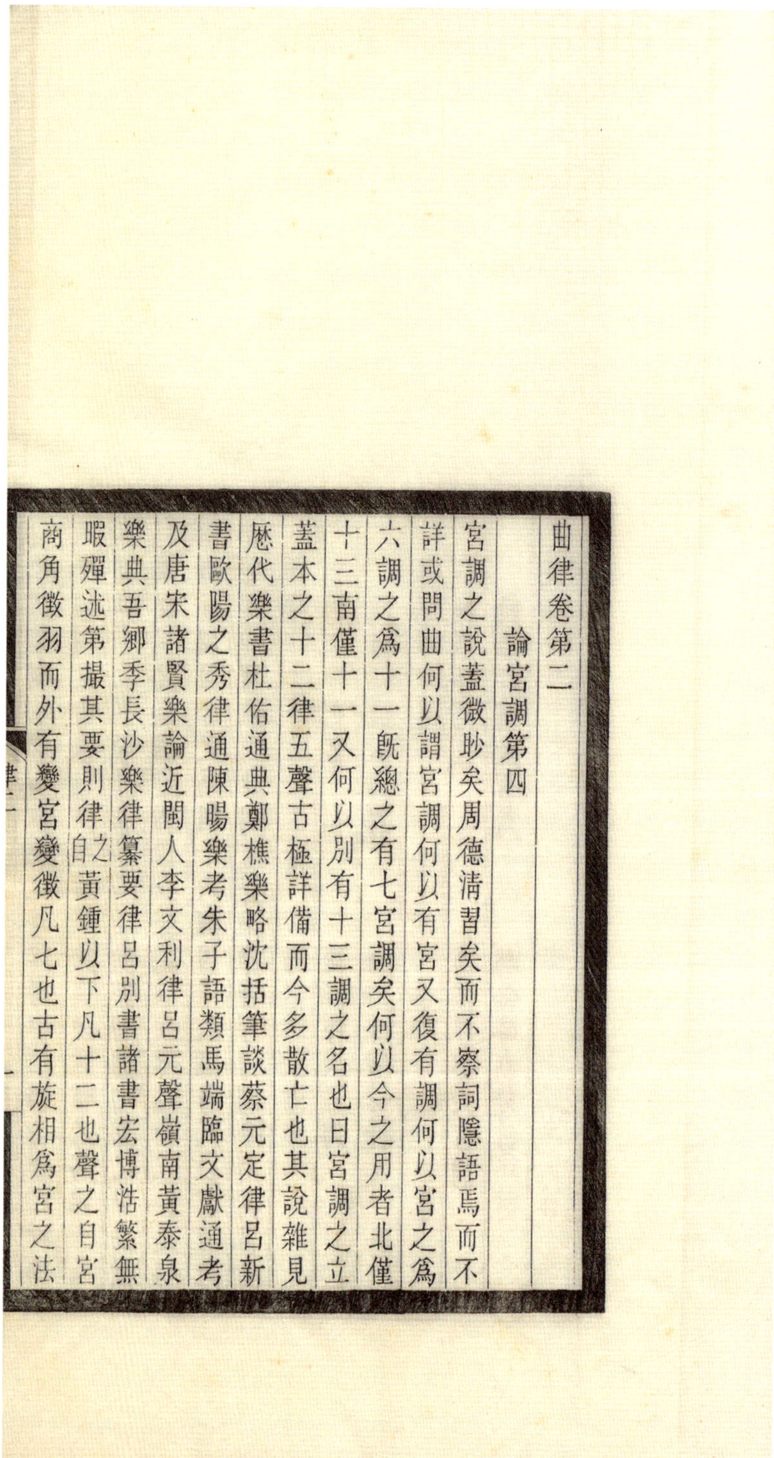

曲律卷第二

論宮調第四

宮調之說蓋微眇矣周德清習矣而不察詞隱語焉而不詳或問曲何以謂宮調何以有宮又復有調何以宮之爲六調之爲十一旣總之有七宮調矣何以今之用者北僅十三南僅十一又何以別有十三調之名也曰宮調之立蓋本之十二律五聲古極詳備而今多散亡也其說雜見歷代樂書杜佑通典鄭樵樂略沈括筆談蔡元定律呂新書歐陽之秀律通陳暘樂考朱子語類馬端臨文獻通考及唐宋諸賢樂論近閩人李文利律呂元聲嶺南黃泰泉樂典吾鄉季長沙樂律纂要律呂別書諸書宏博浩繁無暇殫述第撮其要則律之自黃鍾以下凡十二也聲之自宮商角徵羽而外有變宮變徵凡七也古有旋相爲宮之法

曲律卷第三

論用事第二十一

曲之佳處不在用事亦不在不用事好用事失之堆積無事可用失之枯寂要在多讀書多識故實引得的確用得恰好明事暗使隱事顯使務使唱去人人都曉不須解說又有一等事用在句中令人不覺如禪家所謂撮鹽水中飲水乃知鹹味方是妙手西廂琵琶用事甚富然無不恰好所以動人玉玦句句用事如盛書櫃子翻使人厭惡故不如拜月一味清空自成一家之爲愈也又用得古人成語恰好亦是快事然只許單用一句要雙句須別處另尋一句對之如琵琶月雲高曲末二句第一調正是西出陽關無故人須信家貧不是貧第二調他須記一夜夫妻百夜恩怎做得區區陌路人第三調他不到得非親却是親

王骥德（1560—1623），字伯良、伯骏，号方诸生、玉阳生，别署秦楼外史、方诸仙史、玉阳仙史。会稽（今浙江绍兴）人。王骥德祖、父都曾从事戏曲创作活动，家藏元人杂剧数百种。受家庭熏陶，王骥德自幼喜欢戏曲。师从徐渭，又与叶宪祖、史槃、王澹、孙如法、吕天成、沈璟、顾大典等交好，互相影响。明万历十五年（1587）曾在山阴知县毛寿南官署设席，“谭艺之暇，每及词曲”，与毛以燧成为研讨词曲的忘年交。著有《曲律》《方诸馆集》《南词正韵》《新校注古本西厢记》等。

王骥德在友人的鼓励和相互切磋中撰写《曲律》。据吕天成《曲品·自序》，他曾与王骥德“剧谈词学，穷工极变”，“遂趣生撰《曲律》”。王骥德于《曲律》卷四《杂论》第三十九下亦云：“（孙如法）先生自谪归，人士罕见其面，独时招余及郁蓝生，把酒商榷词学，娓娓不倦。尝怂恿予作《曲律》及《南韵》。”王骥德自万历三十八年（1610）开始写作，至当年冬基本完成《曲律》系统理论共三十八章和自序的写作。之后十余年陆续增补，至临终前定稿并将书稿托付与毛以燧。毛以燧于天启四年（1624）将《曲律》刊行于世。

王骥德的《曲律》是我国古代曲论中第一部有着完整、严密体系的理论专著。它对明万历年间及此前三百多年的古代曲学成果作了全面总结和阐述。分四卷四十章，包含《论曲源》《论宫调》《论用事》《杂论》等，分别探讨论南、北曲源流，南曲声律，传奇作法及风神、虚实、本色、当行等戏曲创作理论和写作规律等。其声律论、创作论、作家作品论的研究成就和理论建树对后世的戏曲创作和戏剧学研究产生了很大的影响。

《曲律》版本众多。明天启四年（1624）毛以燧本卷前有天启五年乙丑春二月冯梦龙《叙曲律》。卷首有《曲律自序》，次曲律目录，卷一卷端题“曲律卷第一”，署“会稽方诸生王骥德伯良撰，勾余柳城翁孙如法世行订、郁蓝生吕天成勤之校。”单鱼尾，版心上镌“曲律”，版心题卷次及叶次，版心下镌“方诸馆”。卷末有毛以燧后跋。跋后附有王骥德《别毛允燧》及毛以燧《哭王伯良先生诗》十三首。国家图书馆藏此本钤有“听齗学人”“陈氏百联斋臧”“初授氏”“玉堍山房”“长乐郑振铎西谛藏书”等印。此外，清光绪至民国间武进董氏《诵芬室丛刊》收录《曲律》。董康（1867—1947），字授经，又字绶金、绶经，号诵芬室主人，江苏武进人，我国近代重要的藏书家。由他编辑刊刻的《诵芬室读曲丛刊》是近代以来首部戏曲史料总集，此版国家图书馆亦有藏。

（马超）

李白集

李太白文集三十卷　（唐）李白撰　宋刻本

每半叶11行，行20字，小字双行同，白口，左右双边。卷15—24配清康熙五十六年（1717）缪曰芑双泉草堂刻本。国家图书馆藏（索书号：A01021）。入选《第一批国家珍贵古籍名录》（名录号：01025）。

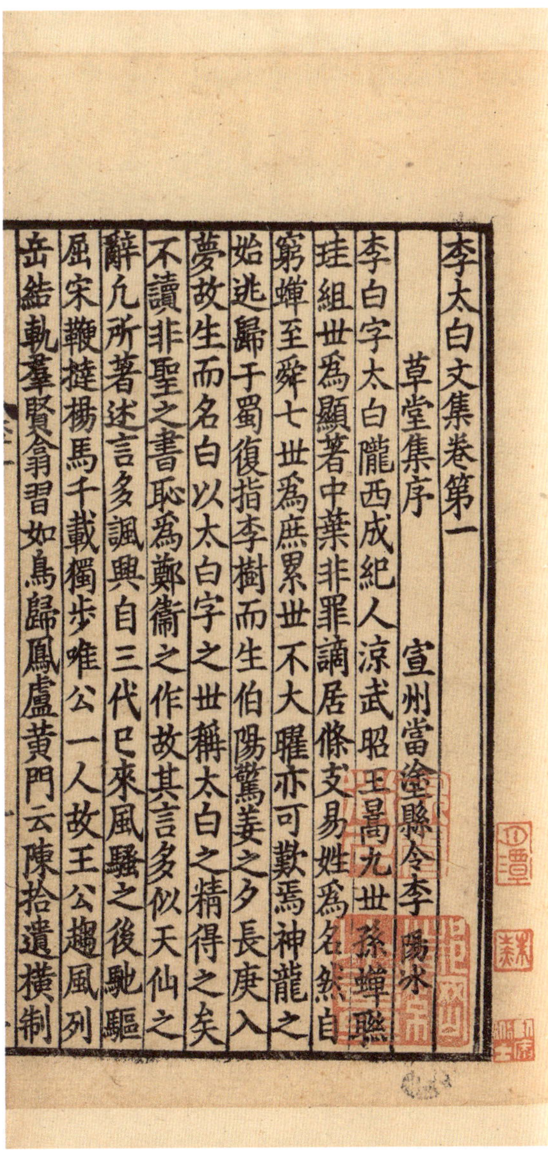
李太白文集卷第一
草堂集序　宣州當塗縣令李陽冰
李白字太白隴西成紀人涼武昭王暠九世孫蟬聯
珪組世爲顯著中葉非罪謫居條支易姓爲名然自
窮蟬至舜七世爲庶累世不大曜亦可歎焉神龍之
始逃歸于蜀復指李樹而生伯陽驚姜之夕長庚入
夢故生而名白以太白字之世稱太白之精得之矣
不讀非聖之書恥爲鄭衛之作故其言多似天仙之
辭凡所著述言多諷興自三代巳來風騷之後馳驅
屈宋鞭撻揚馬千載獨步唯公一人故王公趨風列
岳結軌羣賢翕習如鳥歸鳳盧黄門云陳拾遺横制

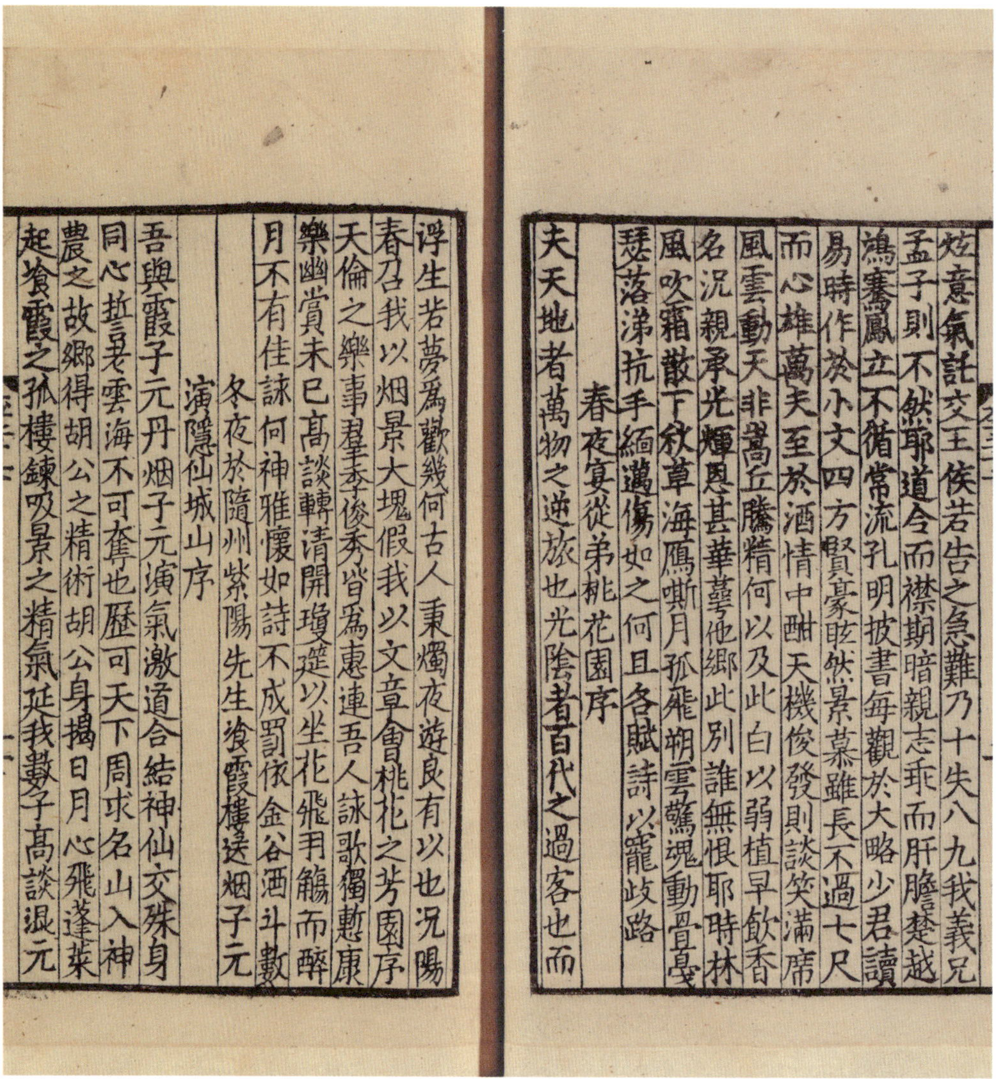

炫意氣託交王侯若告之急難乃十失八九我義兄
孟子則不然耶道令而襟期暗親志乖而肝膽楚越
鴻騫鳳立不循常流孔明披書每觀於大略少君讀
易時作於小文四方賢豪眩然景慕雖長不過七尺
而心雄萬夫至於酒情中酣天機俊發則談笑滿席
風雲動天非嵩丘騰精何以及此白以弱植早飲香
名況親承光輝恩甚華蕚他鄉此別誰無恨耶時林
風吹霜散下秋草海鴈嘶月孤飛朔雲驚魂動骨旻
瑟落涕抗手緬邈傷如之何且各賦詩以寵歧路

春夜宴從弟桃花園序

夫天地者萬物之逆旅也光陰者百代之過客也而
浮生若夢爲歡幾何古人秉燭夜遊良有以也況陽
春召我以烟景大塊假我以文章會桃花之芳園序
天倫之樂事羣季俊秀皆爲惠連吾人詠歌獨慚康
樂幽賞未已高談轉清開瓊筵以坐花飛羽觴而醉
月不有佳詠何伸雅懷如詩不成罰依金谷酒斗數

冬夜於隨州紫陽先生飡霞樓送烟子元
演隱仙城山序

吾與霞子元丹烟子元演氣激道合結神仙交殊身
同心誓老雲海不可奪也歷可天下周求名山入神
農之故鄉得胡公之精術胡公身揭日月心飛蓬萊
起飡霞之孤樓鍊吸景之精氣延我數子高談混元

分类补注李太白诗二十五卷　（唐）李白撰　（宋）杨齐贤集注　（元）萧士赟补注　元建安余氏勤有堂刻明修本

每半叶12行，行20字，小字双行26字，黑口，四周双边。国家图书馆藏（索书号：13369）。

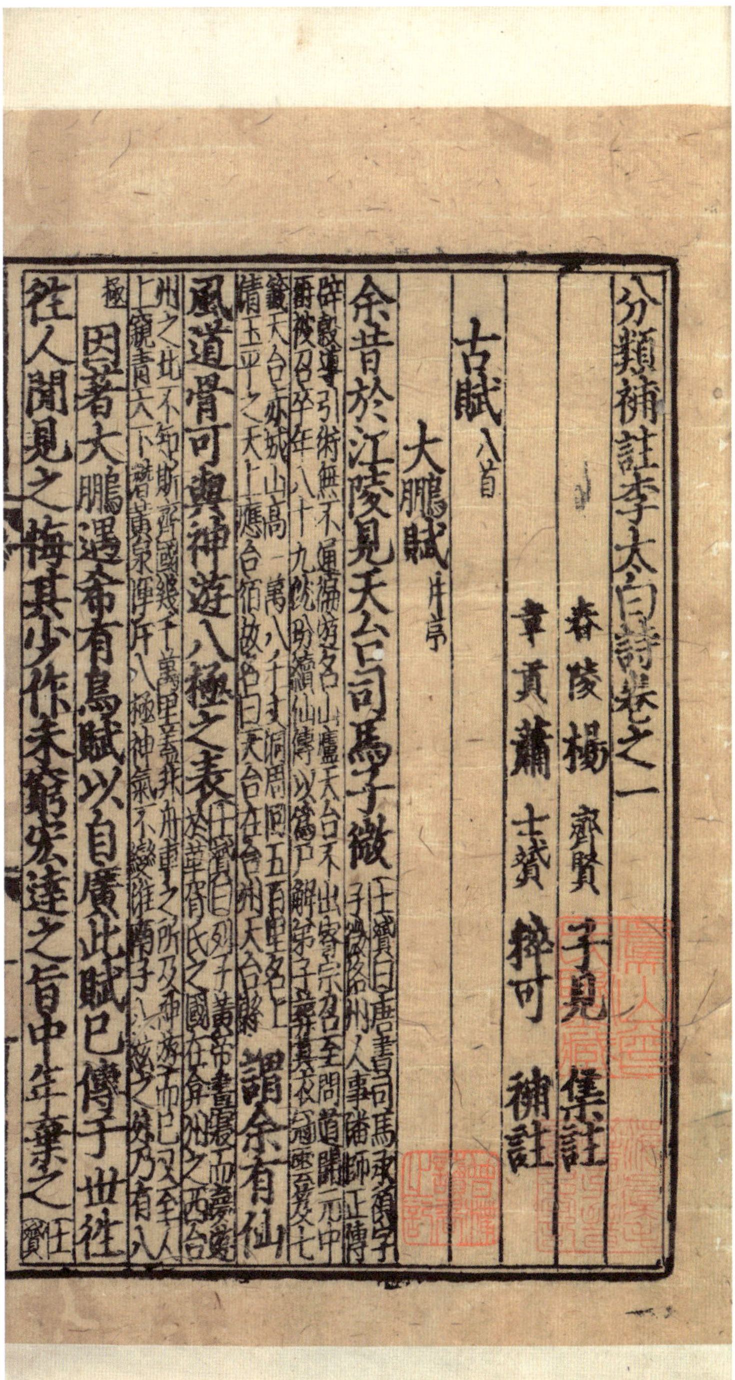
分類補註李太白詩卷之一
春陵楊齊賢子見集註
章貢蕭士贇粹可補註
古賦八首
大鵬賦并序
余昔於江陵見天台司馬子微
風道骨可與神遊八極之表　謂余有仙
因著大鵬遇希有鳥賦以自廣此賦已傳于世往
往人間見之悔其少作未窮宏達之旨中年棄之

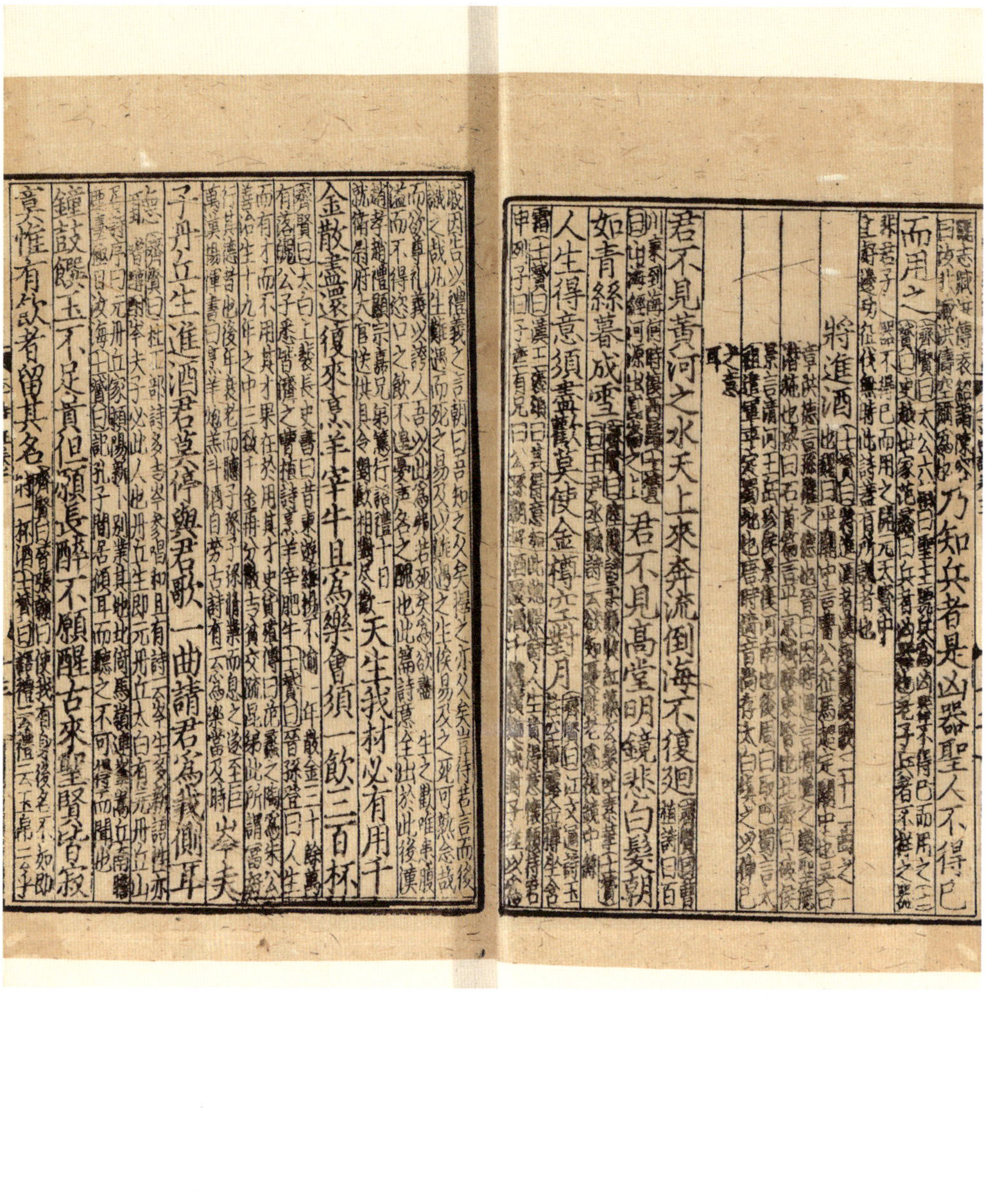

……乃知兵者是凶器聖人不得已而用之

將進酒

君不見黃河之水天上來奔流倒海不復迴

君不見高堂明鏡悲白髮朝如青絲暮成雪

人生得意須盡歡莫使金樽空對月

天生我材必有用千金散盡還復來

烹羊宰牛且為樂會須一飲三百杯

岑夫子丹丘生進酒君莫停

與君歌一曲請君為我側耳聽

鐘鼓饌玉不足貴但願長醉不願醒

古來聖賢皆寂寞惟有飲者留其名

分类补注李太白诗文三十卷　（唐）李白撰　（宋）杨齐贤集注　（元）萧士赟补注　明嘉靖二十二年（1543）郭云鹏宝善堂刻本

每半叶8行，行17字，小字双行同，白口，左右双边。国家图书馆藏（索书号：10193）。

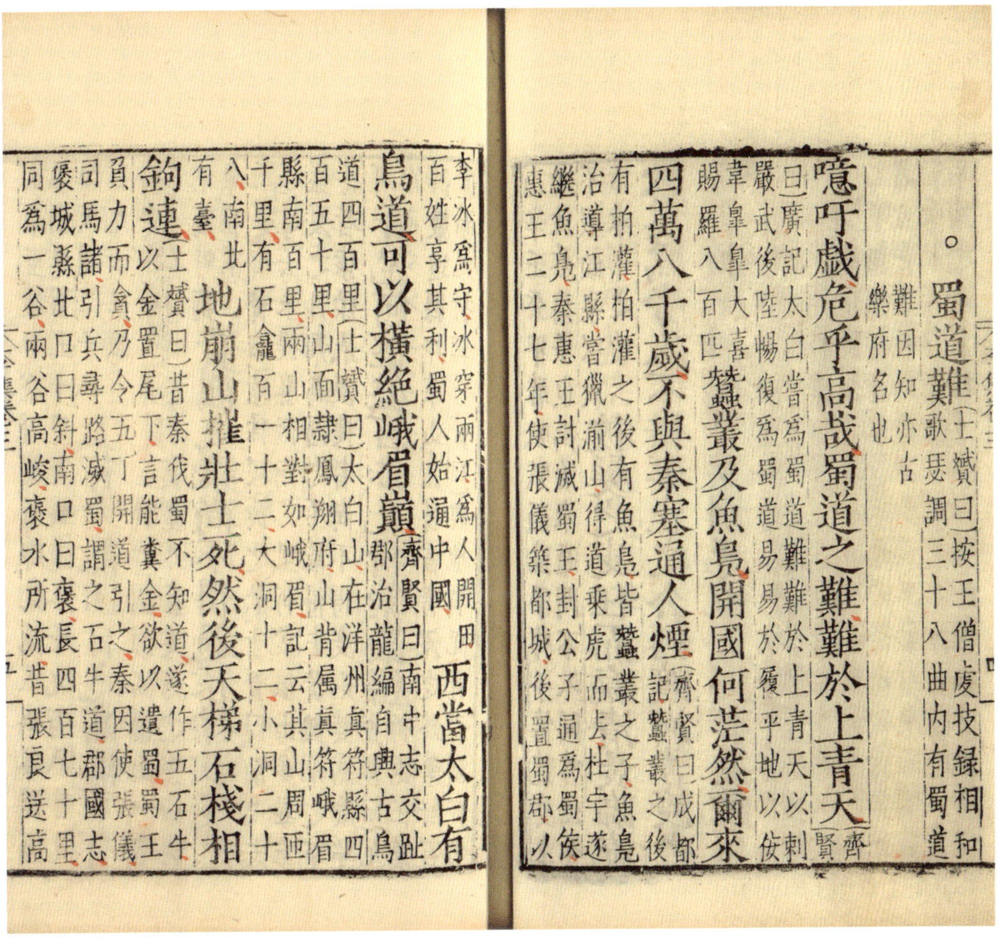

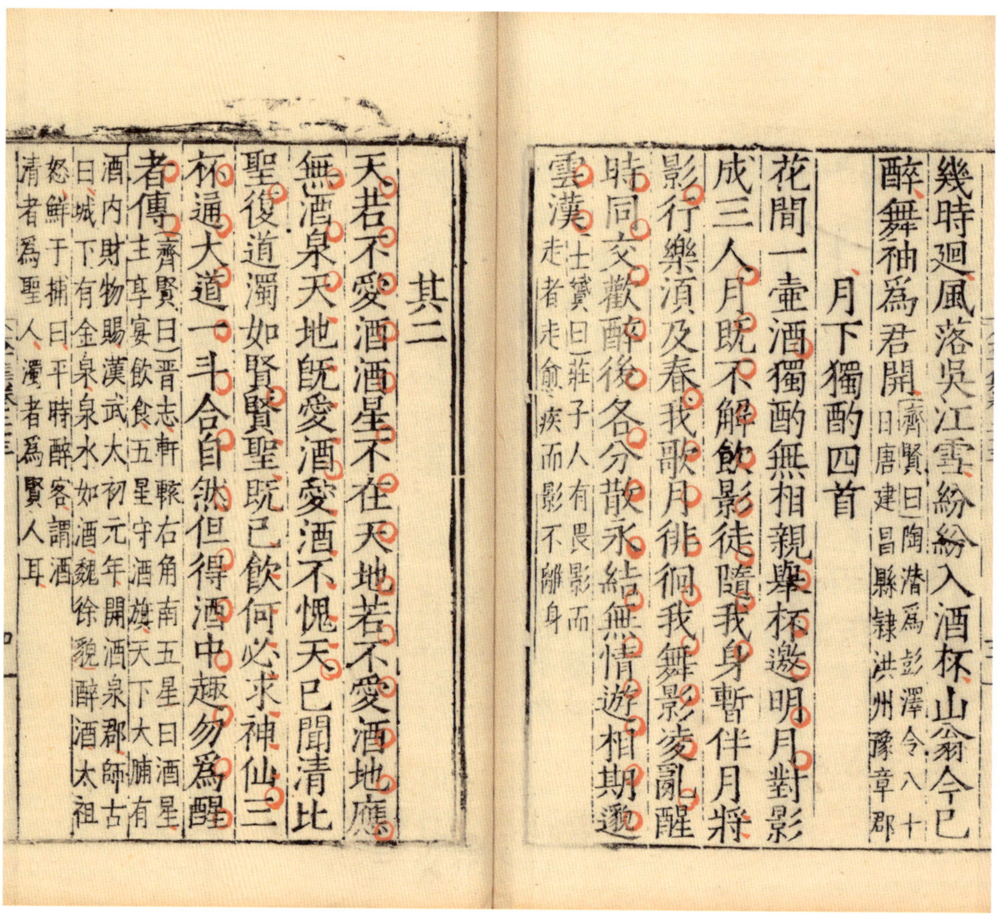

幾時迴風落吳江雪紛紛入酒杯山翁今已醉舞袖爲君開齊賢曰陶潛爲彭澤令八十日唐建昌縣隸洪州豫章郡

月下獨酌四首

花間一壺酒獨酌無相親舉杯邀明月對影成三人月既不解飲影徒隨我身暫伴月將影行樂須及春我歌月徘徊我舞影零亂醒時同交歡醉後各分散永結無情遊相期邈雲漢士贇曰莊子人有畏影而走者走愈疾而影不離身

其二

天若不愛酒酒星不在天地若不愛酒地應無酒泉天地既愛酒愛酒不愧天已聞清比聖復道濁如賢賢聖既已飲何必求神仙三杯通大道一斗合自然但得酒中趣勿爲醒者傳齊賢曰晉志軒轅右角南五星曰酒星主享宴飲食五星守酒旗天下大酺有酒內財物賜漢武太初元年開酒泉郡師古曰城下有金泉泉水如酒魏徐邈醉酒太祖怒鮮于輔曰平時醉客謂酒清者爲聖人濁者爲賢人耳

李白（701—762），字太白，号青莲居士，自称“本家陇西人，先为汉边将”（《赠张相镐二首》其二）。陈寅恪《李太白氏族之疑问》认为李白先世“本为西域胡人”。多数学者认为李白出生于中亚碎叶（今吉尔吉斯斯坦托克马克附近），五岁随父迁居绵州（今四川江油）。自幼博览群书，自称“五岁诵六甲，十岁观百家”（《上安州裴长史书》），“十五好剑术，遍干诸侯”（《与韩荆州书》）。唐开元十二年（724），李白二十四岁，“仗剑去国，辞亲远游”（《上安州裴长史书》），在襄阳结识了孟浩然。初入长安，追求功业未果，但纵酒吟诗，已是名满天下。贺知章曾誉李白为“天上谪仙人”。玄宗天宝元年（742），供奉翰林。不到两年，出京浮游四方，与杜甫相遇于梁（今河南开封）、宋（今河南商丘）。天宝十四年，安禄山叛乱，永王李璘邀李白为府僚佐。后因统治阶级内部矛盾激化，受璘败所累，李白被流放夜郎。幸乾元二年（759）春，朝廷因天旱发布大赦令，获释。上元二年（761），六十一岁，毅然从军，因病半途折回，次年卒于安徽当涂。

今存李白诗近千首，文六十余篇。诗与杜甫齐名，世称“李杜”。新旧《唐书》均有传。明胡震亨《唐音癸签》：“唐至开元而海内称盛，盛而乱，乱而复，至元和又盛。前有青莲、少陵，后有昌黎、香山，皆为其时鸣盛者也。”李白自视甚高，常在诗中自比管仲、张良、诸葛亮、谢安，深信自己可为王者师。实际上，作为文人，李白并不具备在国家政治、军事发生关键变化时的把握能力，后朱熹评价“李白见永王璘反，便从臾之，文人之没头脑乃尔”。（《朱子语类》卷一百三十六）

李白擅长各种诗体，从乐府到绝句、律诗，才思横溢，想象丰富，气象雄逸，妙绝古今。李白亦善文、赋、表、书、序等各文类，体式多样。司空图《题柳柳州集后》：“尝观李太白佛寺碑赞，宏拔清厉，乃其歌诗也。”李白主张诗文贵“清真”，反对“绮丽”，提倡“清水出芙蓉，天然去雕饰”。文笔纵横恣肆，不假雕琢。袁行霈先生说：“就一个作家在其当时所引起的轰动而论，中国文学史上没有谁可以和李白匹敌。李白简直像一股狂飙、一阵雷霆，带着惊天动地的声威，以一种震慑的力量征服了同代的读者。”（《中国诗歌艺术研究·李白诗歌与盛唐文化》）

李白生前曾托付友人代为编纂文稿，分别是魏颢编《李翰林集》，至北宋时尚存。另有李阳冰编《草堂集》十卷本，早已佚失。再有范传正撰《赠左拾遗

翰林学士李公新墓碑》提到为李白编集，然此本也早已佚失。唐代所编李白文集虽未能完整保存，但据贞元六年（790）刘全白《唐故翰林学士李君碣记》所载，“（李白）文集亦无定卷，家家有之”，可见李白作品影响深远。北宋期间，经乐史、宋敏求、曾巩不断增编、考订，形成《李太白文集》三十卷，苏州知州晏知止于神宗元丰三年（1080）交由毛渐刊行，南宋以后各种李白集基本以此为蓝本。另有元代萧士赟在南宋杨齐贤注李白诗的基础上耗时数十载，删补而成《分类补注李太白诗》，成为元、明两代最通行的李白诗集注解本，朝鲜、日本均有翻刻本。

注本李集较重要的版本有元建安余氏勤有堂刻本。“勤有堂”为元代建安余氏书坊堂号，余志安（1275—1347），又名安定，字栎庄。父余文兴，号勤有居士。余志安以父号名其书堂，曰“勤有堂”。大德八年（1304）到至正五年（1345）四十年间，勤有堂刻书甚多，是元代建阳最负盛名的书坊。此本目录后有“建安余氏勤有堂刊”牌记，可以佐证。上列国图藏此本钤有“吴城”“敦复”“曾之撰印”“虞山曾氏鉴藏”“曾朴读书之记”“东莞莫伯骥号天一藏”“莫培樾印”诸印，为清吴城旧藏，后经曾之撰、曾朴、莫伯骥、莫培樾递藏。明嘉靖二十二年（1543）郭云鹏宝善堂本前二十五卷据此本校刻。其他重要的版本有南宋初蜀刻无注本，此本与作为底本的日本静嘉堂文库藏本为同版。此版末有毛渐跋称“以宋公编类之勤，而曾公考次之详”，说明宋敏求汇总编辑，但他没有考证各篇先后顺序，曾巩“乃考其先后而次第之”。北宋元丰三年（1080），苏州太守晏知止以宋敏求汇编、曾巩考证的《李太白文集》为底本，委托毛渐作跋，校正刊刻，世称苏本，这也是《李太白文集》首刻本。南宋陈振孙在《直斋书录解题》著录《李翰林集》三十卷“末又有元丰中毛渐题云‘以宋公编类之勤，曾公考次之详，而晏公又能镂版以传于世’，乃晏知止刻于苏州者。然则蜀本盖传苏本，而苏本不复有矣”。从中可知至少南宋时，苏本已经佚失，而蜀本是根据苏本翻刻而成。国图藏此本有“休宁朱之赤珍臧图书”“卧庵所臧”“朱之赤印”“子孙保之”等钤印，为清初朱之赤旧藏。

《百部经典》版《李白集》，以日本京都大学影印静嘉堂文库藏宋蜀刻无注本为底本。参校本有元至大勤有堂注本、清乾隆刊本王琦《李太白文集辑注》等，择善而从。

（张洁）

陶渊明集

陶渊明集十卷　（晋）陶渊明撰　宋刻递修本

每半叶10行，行16字，白口，左右双边。清孙延、金俊明题签。汪骏昌跋。国家图书馆藏（索书号08368）。入选《第一批国家珍贵古籍名录》（名录号：01014）。

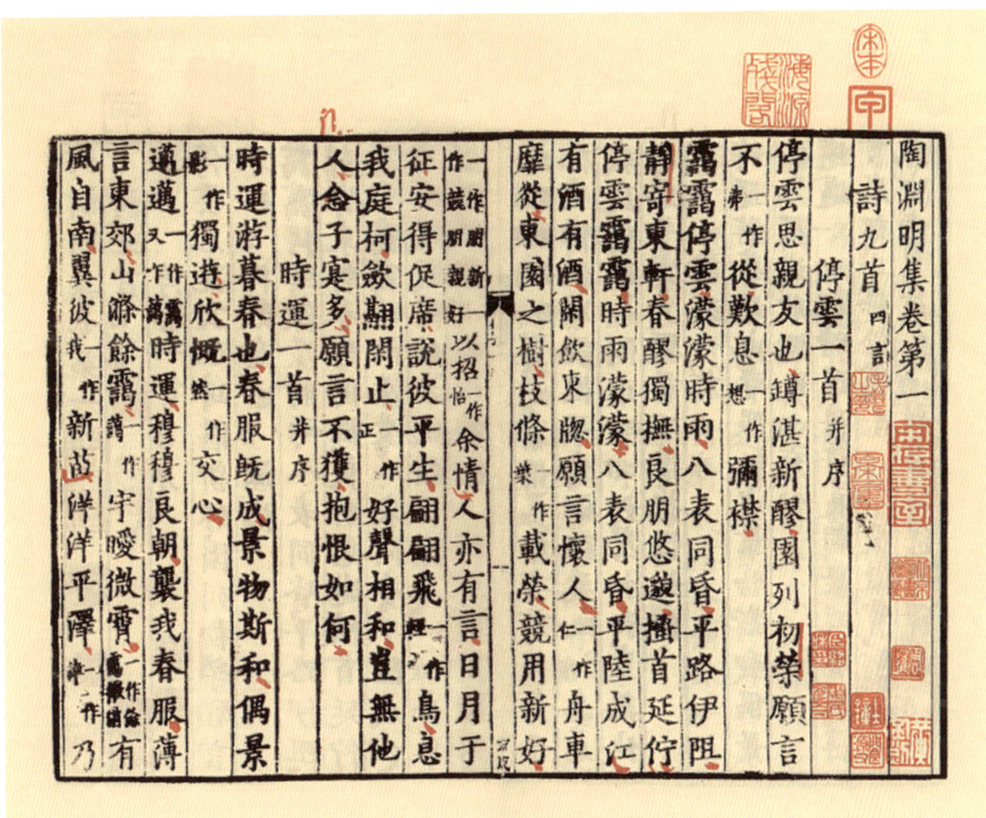
陶淵明集卷第一
詩九首 四言
停雲一首 并序
停雲思親友也罇湛新醪園列初榮願言
不從歎息彌襟
靄靄停雲濛濛時雨八表同昏平路伊阻
靜寄東軒春醪獨撫良朋悠邈搔首延佇
停雲靄靄時雨濛濛八表同昏平陸成江
有酒有酒閑飲東牕願言懷人舟車
靡從東園之樹枝條載榮競用新好
以招余情人亦有言日月于
征安得促席說彼平生翩翩飛鳥息
我庭柯斂翮閑止好聲相和豈無他
人念子寔多願言不獲抱恨如何
時運一首 并序
時運游暮春也春服既成景物斯和偶景
獨遊欣慨交心
邁邁時運穆穆良朝襲我春服薄
言東郊山滌餘靄宇曖微霄有
風自南翼彼新苗洋洋平澤乃

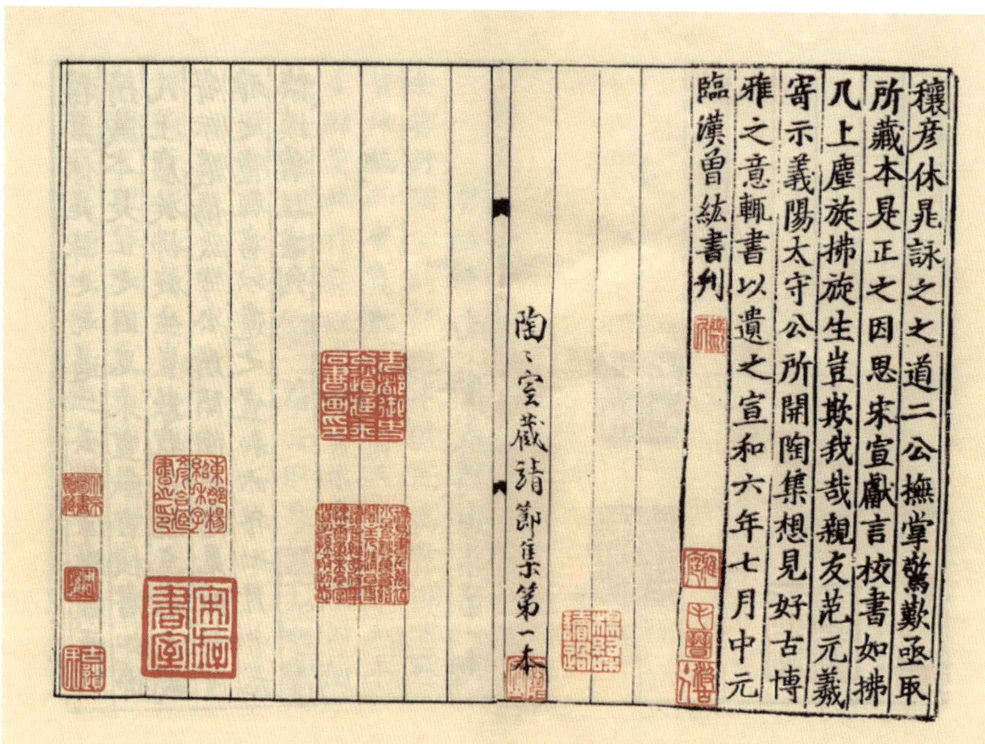

穰彥休晁詠之之道二公撫掌驚歎亟取
所藏本是正之因思宋宣獻言校書如拂
几上塵旋拂旋生豈欺我哉靚友范元羲
寄示義陽太守公所開陶集想見好古博
雅之意輒書以遺之宣和六年七月中元
臨漢曾紘書刋

陶陶室藏靖節集第一本

陶渊明诗一卷杂文一卷　（晋）陶渊明撰　南宋绍熙三年（1192）曾集刻本

每半叶10行，行16字，小字双行同，白口，左右双边。国家图书馆藏（索书号：09619）。入选《第一批国家珍贵古籍名录》（名录号：01015）。

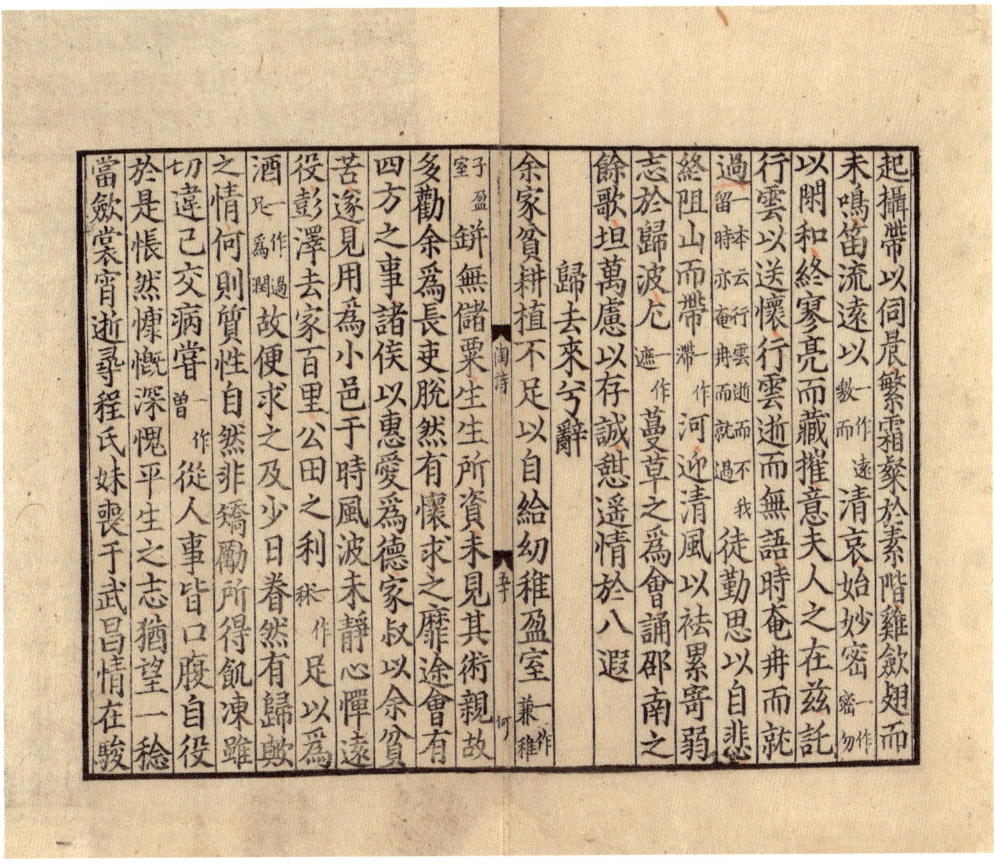
起攝帶以伺晨繁霜粲於素階雞斂翅而
未鳴笛流遠以(一作遠 數而)清哀始妙密(密一作勿)
以閑和終寥亮而藏摧意夫人之在茲託
行雲以送懷行雲逝而無語時奄冉而就
過(一本云行雲逝而不我留時亦奄冉而就過)徒勤思以自悲
終阻山而帶(滯一作)河迎清風以袪累寄弱
志於歸波尤(遮一作)蔓草之爲會誦邵南之
餘歌坦萬慮以存誠憩遙情於八遐

歸去來兮辭

余家貧耕植不足以自給幼稚盈室(一作兼稚子盈室)
缾無儲粟生生所資未見其術親故
多勸余爲長吏脫然有懷求之靡途會有
四方之事諸侯以惠愛爲德家叔以余貧
苦遂見用爲小邑于時風波未靜心憚遠
役彭澤去家百里公田之利(秫一作)足以爲
酒(一作過足爲潤)故便求之及少日眷然有歸歟
之情何則質性自然非矯勵所得飢凍雖
切違己交病嘗(曾一作)從人事皆口腹自役
於是悵然慷慨深愧平生之志猶望一稔
當斂裳宵逝尋程氏妹喪于武昌情在駿

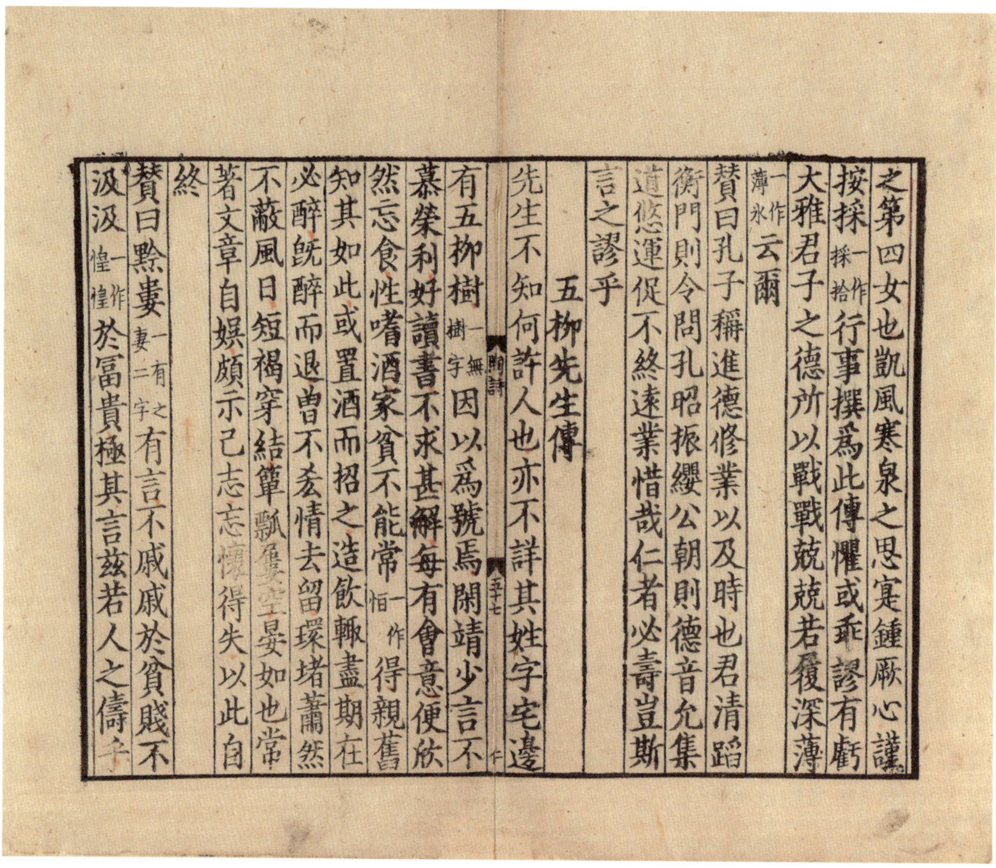

之第四女也凱風寒泉之思寔鍾厥心譔按採（一作採拾）行事撰爲此傳懼或乖謬有虧大雅君子之德所以戰戰兢兢若履深薄（一作薄氷）云爾

贊曰孔子稱進德修業以及時也君清蹈衡門則令問孔昭振纓公朝則德音允集道悠運促不終遠業惜哉仁者必壽豈斯言之謬乎

五柳先生傳

先生不知何許人也亦不詳其姓字宅邊

陶詩　五十七

有五柳樹（一無樹字）因以爲號焉閑靖少言不慕榮利好讀書不求甚解每有會意便欣然忘食性嗜酒家貧不能常（一作恒）得親舊知其如此或置酒而招之造飲輒盡期在必醉既醉而退曾不吝情去留環堵蕭然不蔽風日短褐穿結簞瓢屢空晏如也常著文章自娛頗示己志忘懷得失以此自終

贊曰黔婁（一有之妻二字）有言不戚戚於貧賤不汲汲（一作惶惶）於富貴極其言茲若人之儔乎

笺注陶渊明集十卷 （晋）陶渊明撰 （宋）汤汉等笺注 **陶渊明集总论一卷** （宋）李公焕辑 元刻本

每半叶9行，行16字，黑口，左右双边。邵渊耀、宋康济跋。傅增湘题款。国家图书馆藏（索书号：8370）。入选《第四批国家珍贵古籍名录》（名录号：09976）。

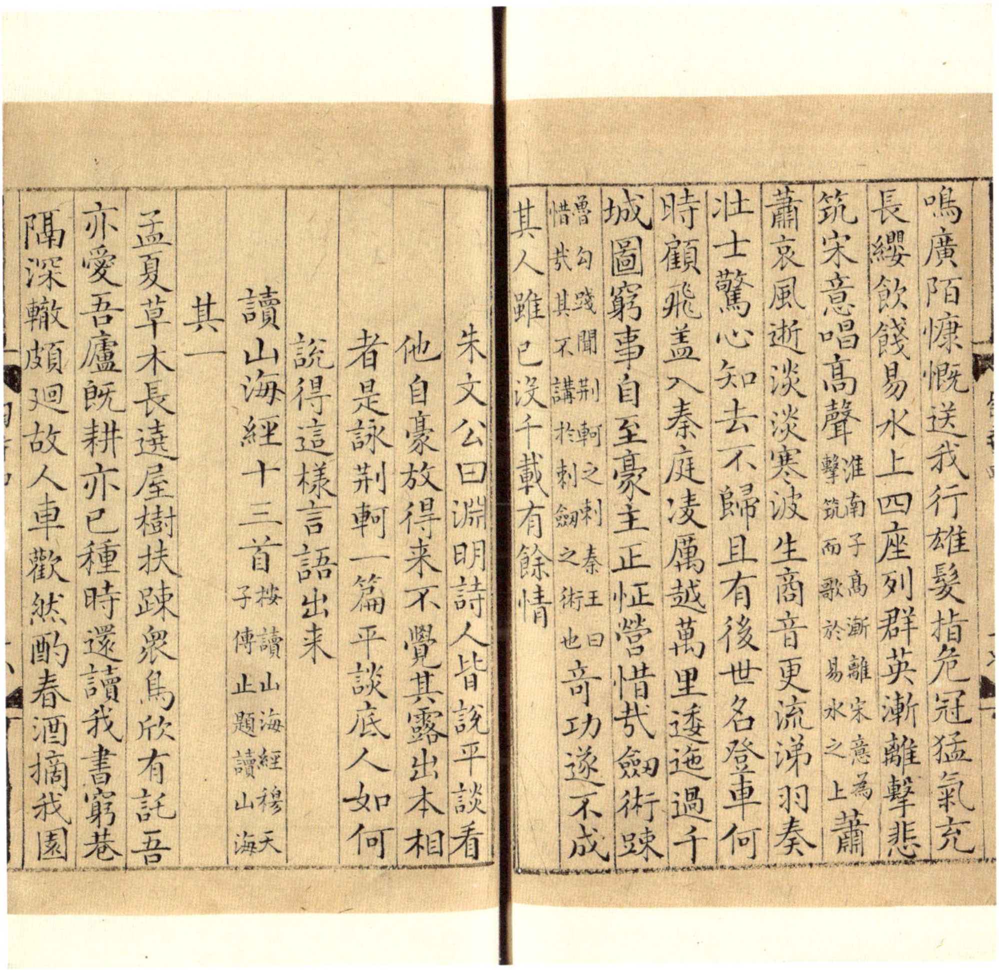

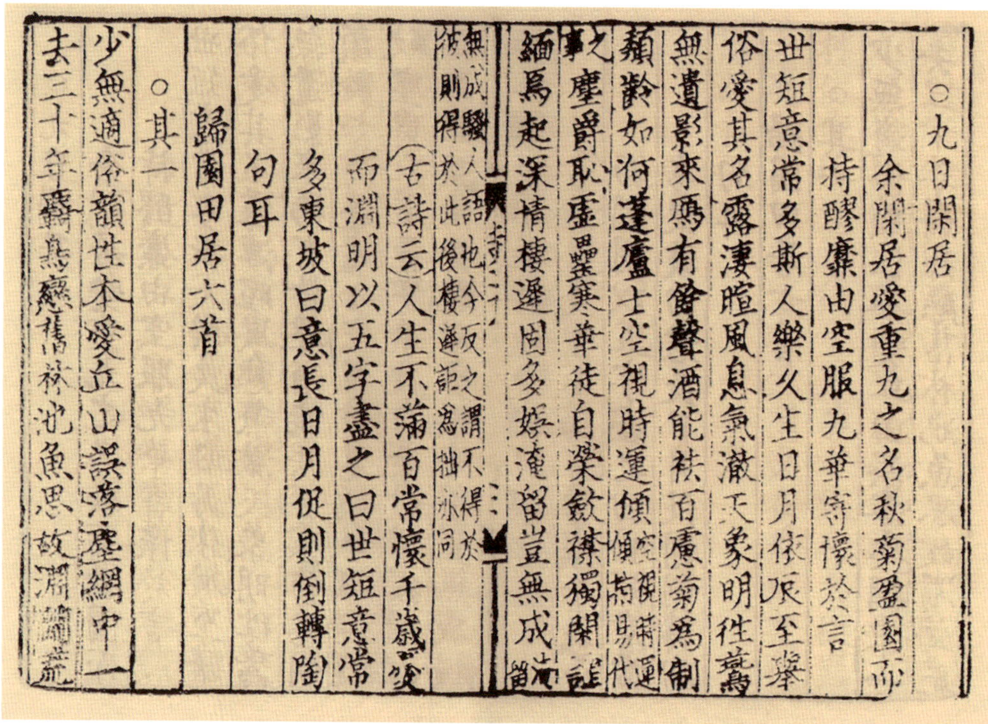
○九日閑居
余閑居愛重九之名秋菊盈園而
持醪靡由空服九華寄懷於言
世短意常多斯人樂久生日月依辰至舉
俗愛其名露淒暄風息氣澈天象明往鷰
無遺影來鴈有餘聲酒能祛百慮菊爲制
頽齡如何蓬廬士空視時運傾
之塵爵恥虛罍寒華徒自榮斂襟獨閑謠
緬焉起深情棲遲固多娛淹留豈無成
無成驥人語也今反之謂不得於彼則得於此後棲遲詎爲拙亦同
古詩云人生不滿百常懷千歲憂
而淵明以五字盡之曰世短意常
多東坡曰意長日月促則倒轉陶
句耳
歸園田居六首
○其一
少無適俗韻性本愛丘山誤落塵網中一
去三十年羈鳥戀舊林池魚思故淵開荒

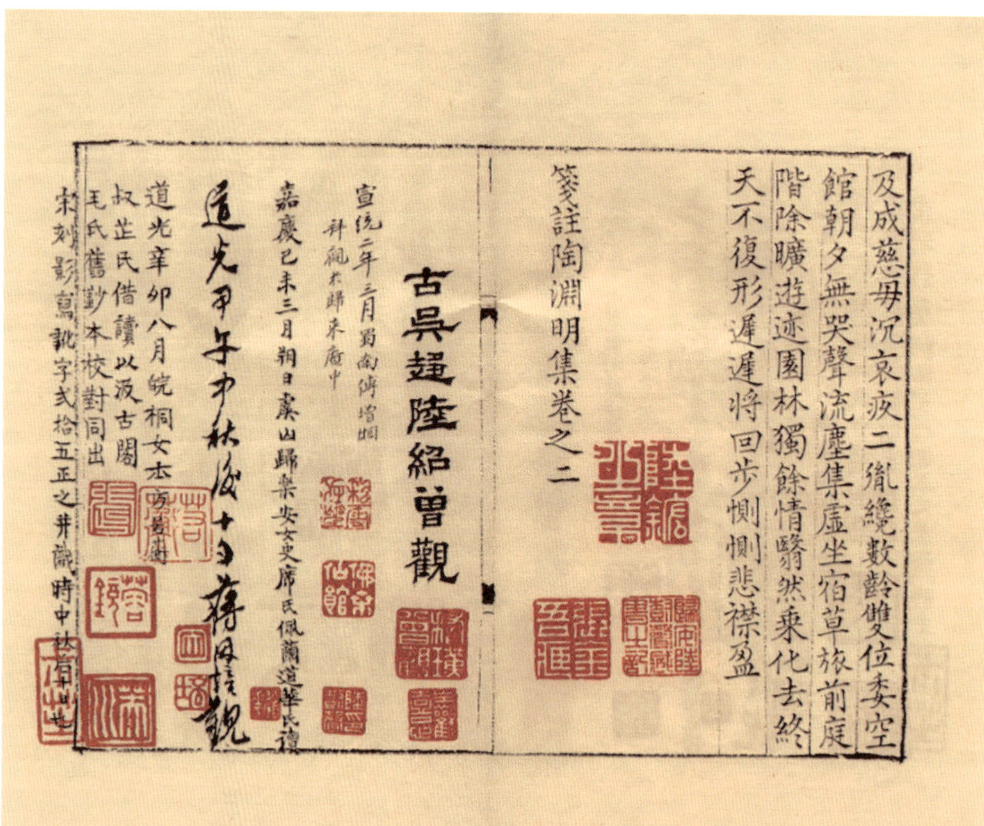
及成慈毋沉哀疚二紀纔數齡雙位委空
館朝夕無哭聲流塵集虛坐宿草旅前庭
階除曠遊迹園林獨餘情翳然乘化去終
天不復形遲遲將回步惻惻悲襟盈
箋註陶淵明集卷之二
古吳趙陸紹曾觀
宣統二年三月蜀南傅增湘
嘉慶己未三月朔日虞山歸安女史席氏佩蘭道華氏讀
道光甲午中秋後十日蔣因培觀
道光辛卯八月皖桐女士方若蘅叔芷氏借讀以汲古閣毛氏舊鈔本校對同出
宋刻影寫訛字貳拾五正之并識時中秋后十日也

陶渊明（352—427或365—427），又名潜，字元亮，又称靖节先生。浔阳柴桑（今江西九江）人。曾祖父陶侃出身寒微，曾任晋朝大司马。其祖父当过太守，但至陶渊明时，父亲早逝，家世衰落，《晋书·陶侃传》中将其视为有篡位野心之“小人”，陶渊明作为其后人，政治处境相当尴尬。陶渊明少年时受到良好的家庭教育，博学多才，青年时不断在官僚与隐士的选择之间徘徊。晋太元十八年（393）出任江州祭酒，不久辞归故里。晋安帝隆安二年（398），入荆州刺史兼江州刺史桓玄幕。两年后便回浔阳守孝。元兴三年（404），刘裕讨伐桓玄，陶渊明又出任参军，次年改任彭泽令，在官八十余日，辞官归隐。《宋书》本传记载：“郡遣督邮至，县吏白：‘应束带见之。’潜叹曰：‘我不能为五斗米折腰向乡里小人！’即日解印绶去职。”后来一直过着躬耕隐居的生活。其好友颜延之在《陶征士诔》中称他：“少而贫病，居无仆妾，井臼弗任，藜菽不给。”《宋书》《晋书》《南史》都有他的传记。

陶渊明作品今存诗一百二十一首，赋、文、赞、述等十二篇。梁萧统最先搜集整理《陶渊明集》，辑为八卷，并为之作序写传，北齐阳休之补入《五孝传》《四八目》，合序目为十卷本。隋唐、五代，别本纷出，及至北宋，始经宋庠重新刊定为十卷本。此后的陶集，以十卷本流传最广。

陶渊明熟谙儒家学说，长于诗文歌赋，尤以诗歌为最。他继承了汉魏以来五言古诗的优秀传统，把五言诗推向了新高峰，也开了田园诗创作的先河。颜延之评其“文取指达”（《陶征士诔》）。钟嵘在《诗品》中将陶渊明诗列为中品。但他的作品其实对后世影响很大，李白、杜甫、韩愈、白居易等杰出诗人都非常推崇他。苏轼《评韩柳诗序》：“所贵乎枯澹者，谓其外枯而中膏，似澹而实美，渊明、子厚之流是也。”苏轼还身体力行，创作百余首应和陶渊明的诗歌。朱熹称：“陶渊明诗，人皆说是平淡，据某看，他自豪放，但豪放得来不觉耳。”（《朱子语类》）今人朱光潜更是在苏轼基础上进一步评价：“陶诗的特点在平、淡、枯、质，又在奇、美、腴、绮。这两组恰恰相反的性质如何能调和在一起呢？把它们调和在一起，正是陶诗的奇迹；……陶诗的特色正在不平不奇，不枯不腴，不质不绮，因为它恰到好处，适得其中；也正因为这个缘故，它一眼看上去，却是亦平亦奇，亦枯亦腴，亦质亦绮”（《诗论》）。陶渊明诗文多描写农村日常生活，在质朴自然、闲适平淡中透露出安贫乐道、追求真我的独特风格。代表作品有《归园田居》《饮酒》《五柳先生传》等。

流传至今的陶集最早刻本是国图藏宋刻递修本，此本外封有元人题写“陶渊明集”，内封有清金俊明手书“陶靖节集”，书外锦套上有清孙延题“宋版陶集”。金、孙二人皆为清初名士。钤有“桃源戴氏”“汲古阁”“毛晋”“文彭”“文彭之印”“黄丕烈”“百宋一廛”“士礼居”“陶陶室”“士钟”“阆源父”“骏昌”“雅庭”“宋存书室”“杨东樵读过”“东郡杨氏宋存书室珍藏”等印，为元戴氏旧藏，入明为文彭、毛氏汲古阁所藏，入清经黄丕烈、汪士钟、杨氏海源阁递藏，周叔弢于1931年从杨敬夫处收得，后捐献北京图书馆。除宋庠十卷本系统外，另一重要版本为南宋绍熙三年（1192）曾集刻本。曾集，字致虚，章贡（今属江西）人。吏部尚书曾楙之孙。绍熙间，累官知南康（今江西星子）军。于吕祖谦为中表。幼年曾师从张拭。庆元二年（1196），知严州。曾集本不分卷，无序目，首诗，次杂文凡十篇，后附颜光禄《诔》、昭明太子《传》，并曾氏《自题》一篇。关于其刊刻陶集及所以去卷第与《五孝传》《四八目》杂著的缘由具详《自题》中。据曾氏《自题》，其于绍熙壬子（三年）知南康军期间，以此邦无有陶集为憾，认为南康乃渊明旧游处，且与陶渊明故里（栗里、上京）东西不过二十里，于是“窃不自揆，模写诗文，刊为一编”。据许逸民先生考证，曾集所采用的底本，必非宋庠原刻，很可能是北宋晚期的递修本。此本钤有“项子京家珍藏”“墨林秘玩”“汪士钟印”“三十五峰园主人所藏”“铁琴铜剑楼”等藏书印记，为明袁褒旧藏，后经项元汴、汤科等藏，入清经汪文琛、汪士钟、瞿氏铁琴铜剑楼递藏，民国间藏于陈清华处，新中国成立初购归北京图书馆。

《百部经典》版《陶渊明集》以宋刻递修本为底本，并参校绍熙曾集刻本。

（张洁）

牡丹亭

牡丹亭还魂记二卷　（明）汤显祖撰　（明）沈际飞评点　明刻《玉茗堂传奇》本

每半叶9行，行20字，白口，四周单边。国家图书馆藏（索书号：16178）。

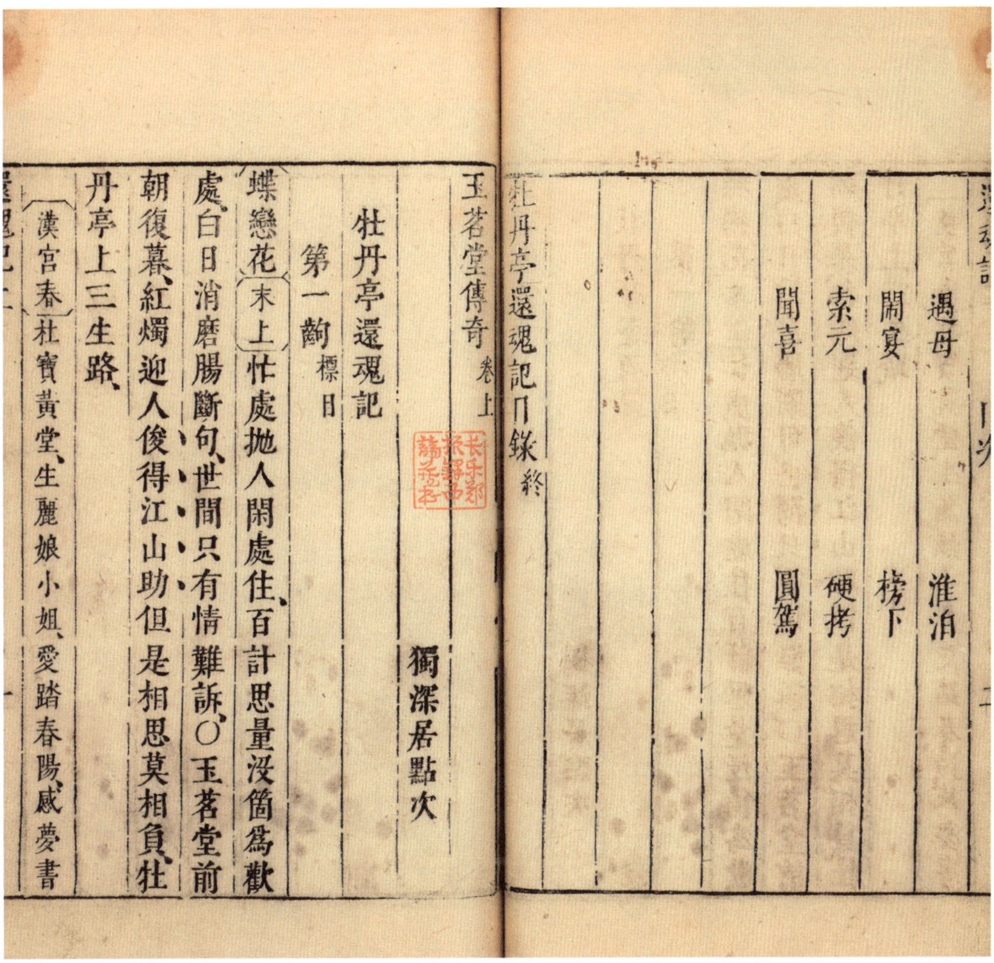
還魂記 目次
遇母 淮泊
鬧宴 榜下
索元 硬拷
聞喜 圓駕
牡丹亭還魂記目錄終
玉茗堂傳奇 卷上
牡丹亭還魂記
獨深居點次
第一齣 標目
蝶戀花（末上）忙處拋人閑處住、百計思量沒箇為歡
處白日消磨腸斷句、世間只有情難訴。○玉茗堂前
朝復暮、紅燭迎人俊得江山助但是相思莫相負牡
丹亭上三生路、
（漢宮春）杜寶黃堂、生麗娘小姐、愛踏春陽感夢書

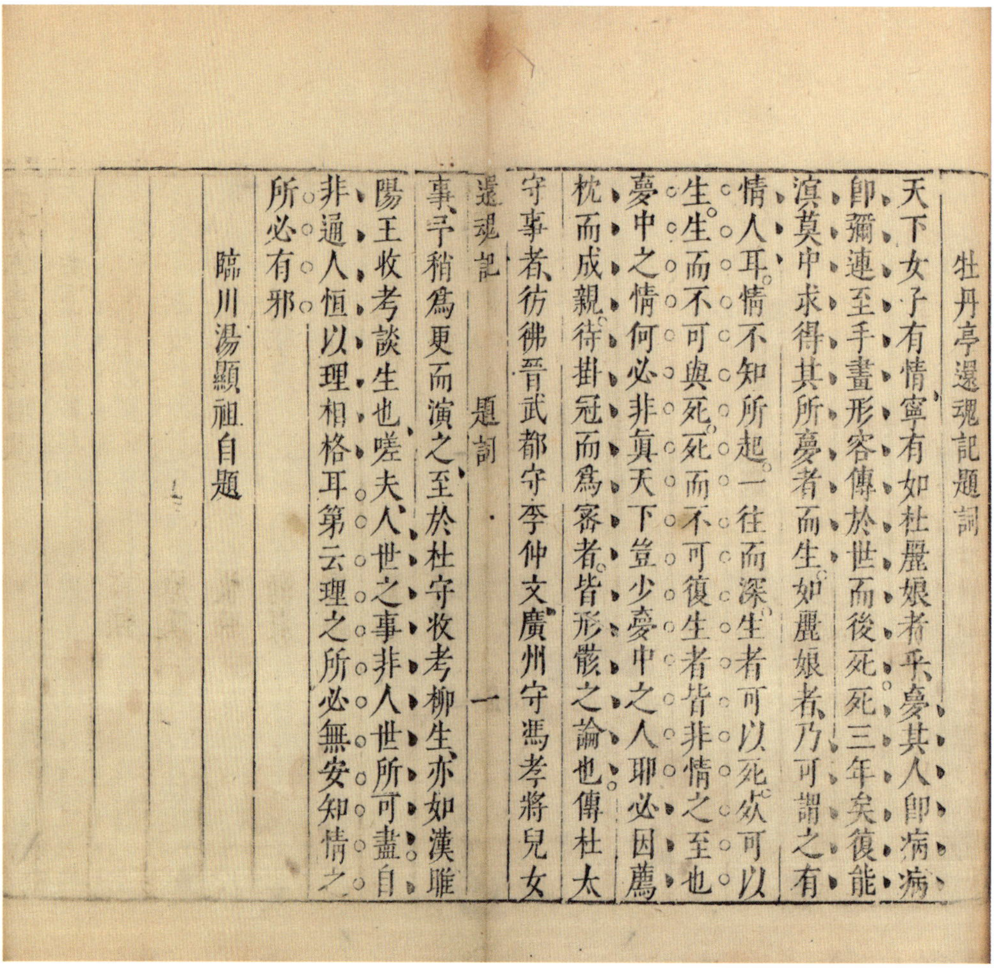

牡丹亭還魂記題詞

天下女子有情寧有如杜麗娘者乎夢其人即病病即彌連至手畫形容傳於世而後死死三年矣復能溟莫中求得其所夢者而生如麗娘者乃可謂之有情人耳情不知所起一往而深生者可以死死可以生生而不可與死死而不可復生者皆非情之至也夢中之情何必非真天下豈少夢中之人耶必因薦枕而成親待掛冠而爲密者皆形骸之論也傳杜太守事者彷彿晉武都守李仲文廣州守馮孝將兒女事予稍爲更而演之至於杜守收考柳生亦如漢睢陽王收考談生也嗟夫人世之事非人世所可盡自非通人恒以理相格耳第云理之所必無安知情之所必有邪

臨川湯顯祖自題

還魂記　題詞　一

牡丹亭四卷　（明）汤显祖撰　（明）茅暎、臧懋循评　明茅暎刻套印本

每半叶9行，行18字，白口，四周单边。国家图书馆藏（索书号：A01850）。

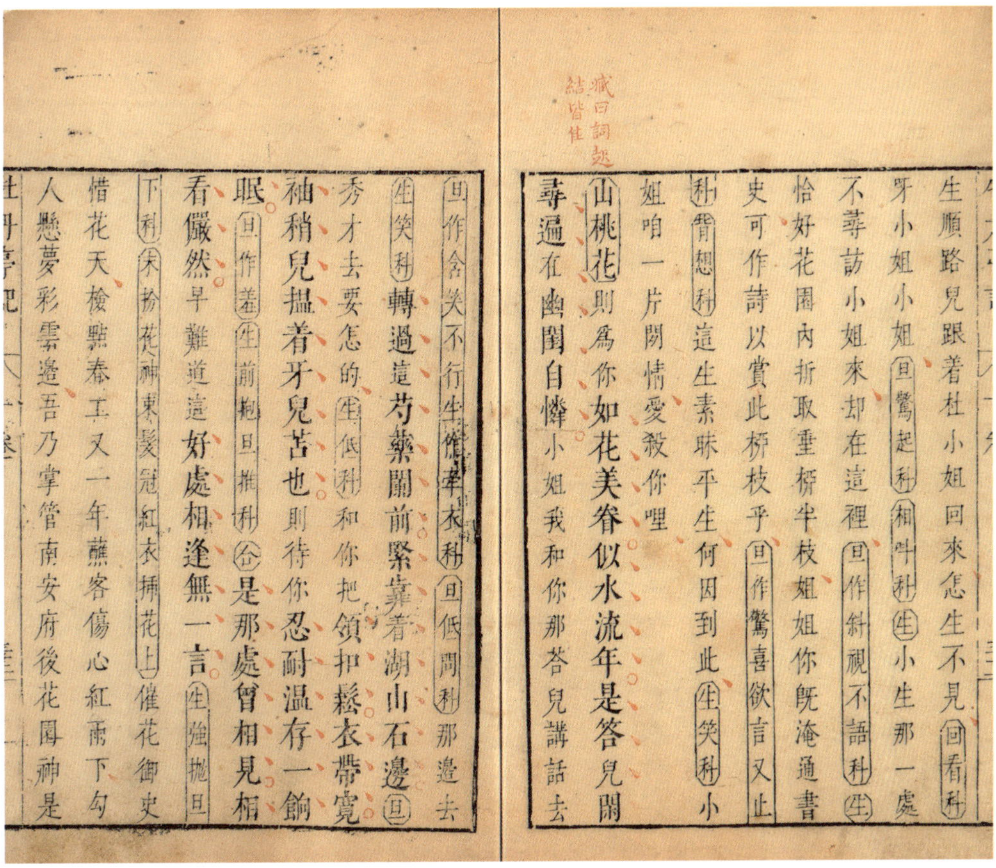

臧曰詞起結皆佳

生順路兒跟着杜小姐回來怎生不見（回看科）
呀小姐小姐（旦驚起科）（相見科）（生）小生那一處
不尋訪小姐來却在這裡（旦作斜視不語科）（生）
恰好花園內折取垂柳半枝姐姐你既淹通書
史可作詩以賞此柳枝乎（旦作驚喜欲言又止
科）（背想科）這生素昧平生何因到此（生笑科）小
姐咱一片閒情愛殺你哩
（山桃花）則為你如花美眷似水流年是答兒閑
尋遍在幽閨自憐小姐我和你那荅兒講話去
（旦作含笑不行生作牽衣科）（旦低問科）那邊去
（生笑科）轉過這芍藥闌前緊靠着湖山石邊（旦）
秀才去要怎的（生低科）和你把領扣鬆衣帶寬
袖稍兒搵着牙兒苦也則待你忍耐溫存一餉
眠（旦作羞）（生前抱旦推科）（合）是那處曾相見相
看儼然早難道這好處相逢無一言（生強抱旦
下科）（末扮花神束髮冠紅衣插花上）催花御史
惜花天檢點春工又一年蘸客傷心紅雨下勾
人懸夢彩雲邊吾乃掌管南安府後花園神是

牡丹亭記

批点牡丹亭记二卷　（明）汤显祖撰　（明）袁宏道评　明刻本

每半叶 9 行，行 20 字，白口，左右双边。国家图书馆藏（索书号：12419）。

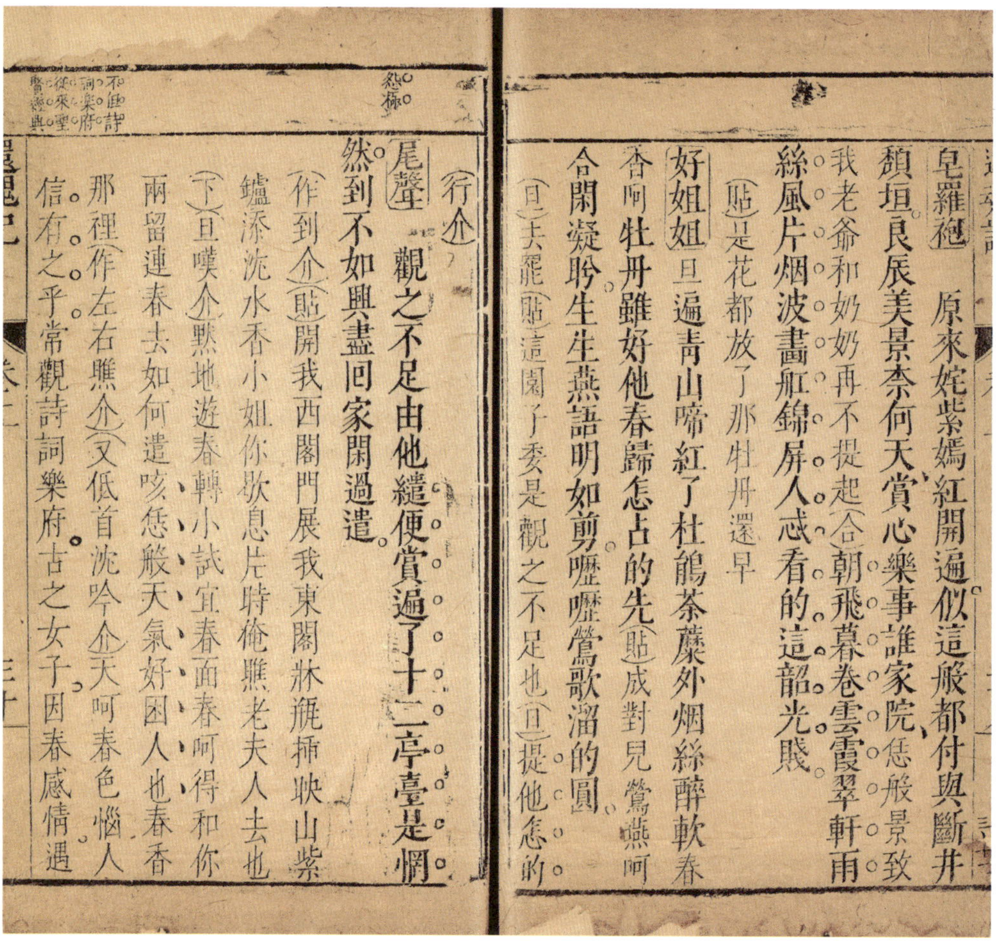

牡丹亭还魂记二卷　（明）汤显祖撰　明万历刻本

每半叶10行，行22字，小字双行同，白口，四周单边。国家图书馆藏（索书号：11257）。

汤显祖（1550—1616），字义仍，号清远道人，江西临川人，明代戏曲家。十四岁成秀才，二十一岁中举，后科举之路坎坷。因拒绝宰相张居正的招揽，几次应试落选，直至张居正逝世后的第二年，即万历十一年（1583），三十四岁的汤显祖在第五次会试后终考中进士。此后历任南京太常寺博士、南京礼部祠祭司主事等。他秉性耿直、意气慷慨、不附权贵，虽非言官，却勇敢上书《论辅臣科臣疏》，对万历登基以来近二十年的朝政做了全面的批判，结果遭贬职，被远调至广东徐闻县做典史。万历二十年（1592）改任浙江遂昌知县，任职期间，他整顿文教、强化治安、公平赋税、抑制豪强，虽受民众爱戴，却令权贵不喜。汤显祖在遂昌五个年头，既不得调任，也不得升迁，更因其秉性不移，始终不能与权贵们同流合污，不肯为虎作伥，最终在万历二十六年（1598）辞官归里，开始了他的戏曲创作。其作品有《紫钗记》《牡丹亭还魂记》《南柯记》《邯郸记》，其中《牡丹亭还魂记》最具代表性。

《牡丹亭》最后完成于万历二十六年秋是没有问题的。但汤显祖何时开始动手创作，这个时间学术界的认识并不一致。周育德先生在《百部经典》版《牡丹亭·导读》中作了详细解析，认为《牡丹亭》的酝酿始于汤显祖贬谪岭南的旅途中。

《牡丹亭》题材的直接来源应该是明嘉靖以来流行的话本小说《杜丽娘慕色还魂》。不过，汤显祖对其中的人物和故事做了许多重大的改造和扩充，以五十五出的巨大篇幅，讲述了杜丽娘与柳梦梅生死离合的爱情故事，描绘了众多鲜活的艺术形象。这部反封建主义的作品，通过幻想情节表现理想，文词优美典雅，令全剧充满意境，在我国戏曲史上具有里程碑式的意义。而汤显祖在此剧创作中注重曲意、不拘格律的风格，对后人亦影响颇大，号称“临川派”或“玉茗堂派”。

作为我国戏曲瑰宝的《牡丹亭》刻本甚多。明清刻本中，以明代传奇刊本为最。怀德堂本是其中最为著名的一个版本。徐朔方、杨笑梅就以明怀德堂本为底本完成了《牡丹亭》校注本。《百部经典》版《牡丹亭》就是以此校注本为底本。此外，明刻《玉茗堂传奇》本，茅暎、臧懋循评明刻套印本，明万历刻本，袁宏道评明刻本都是非常著名且各具特色的版本。

（张毕晓）

淮南子

淮南子二十八卷　（汉）刘安撰　明嘉靖九年（1530）王蓥刻本

每半叶 9 行，行 17 字，白口，四周单边。国家图书馆藏（索书号：18371）。

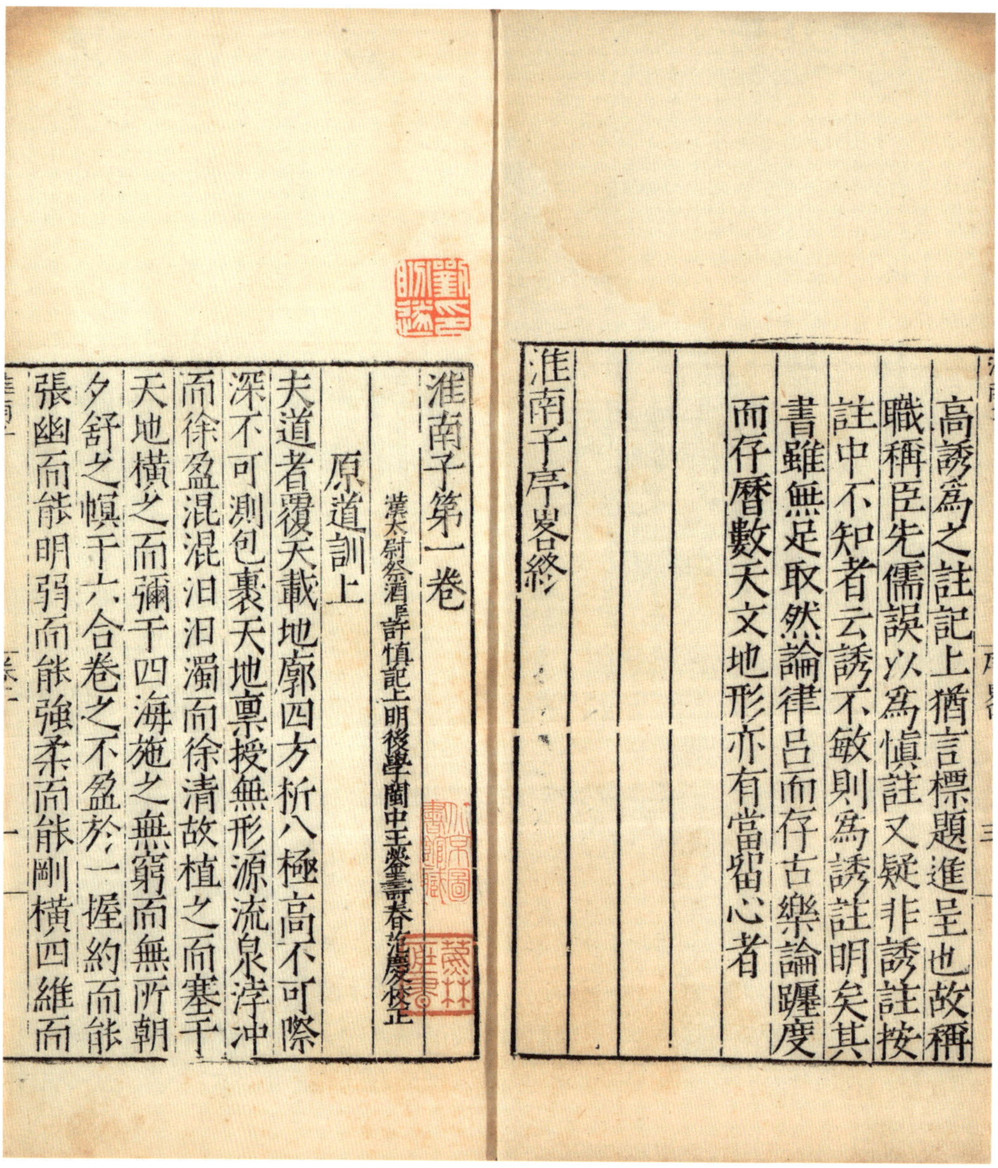

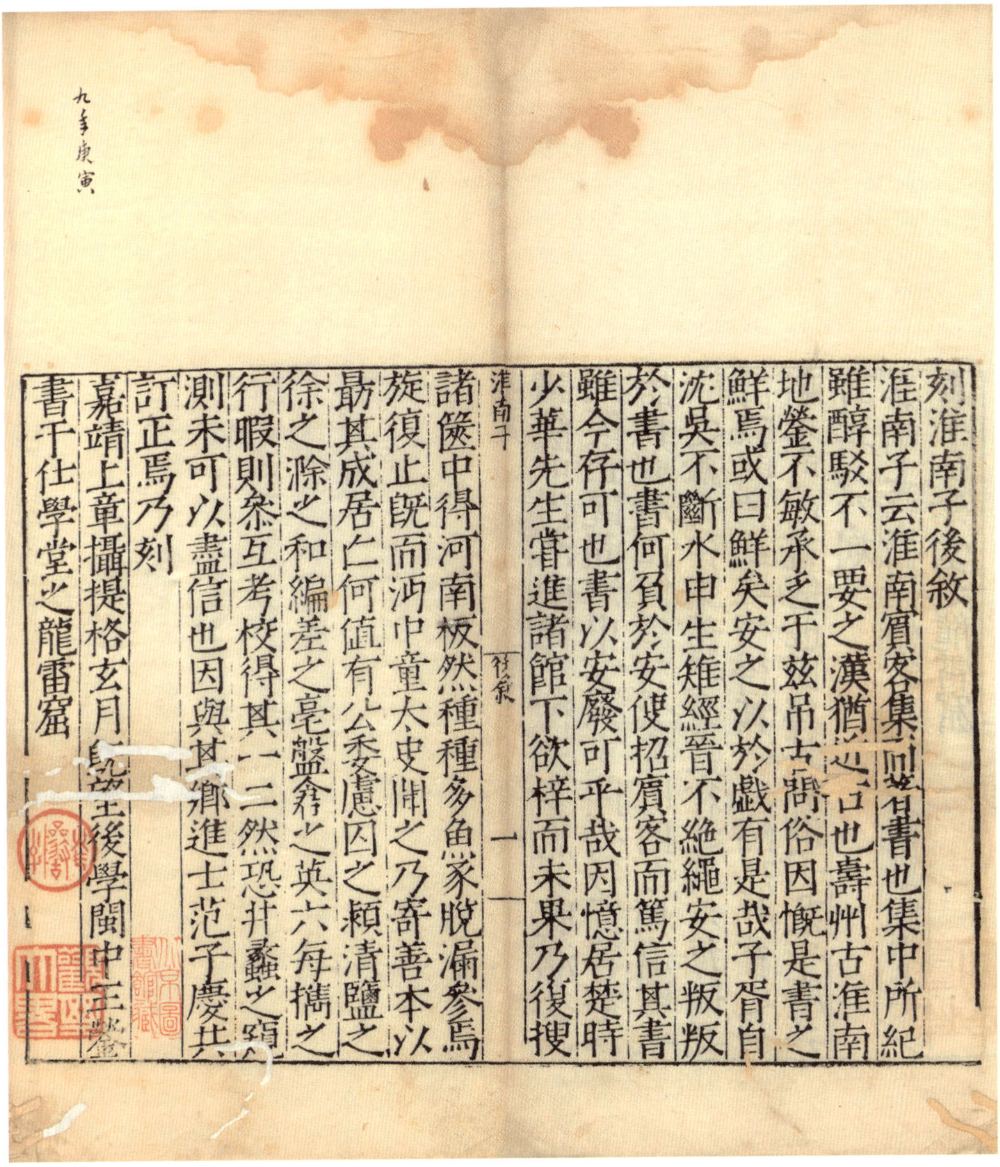
九年庚寅

刻淮南子後敘

淮南子云淮南賓客集所著書也集中所紀雖醇駁不一要之漢猶近古也壽州古淮南地鏊不敏承乏于茲弔古問俗因慨是書之鮮焉或曰鮮矣安之以於戲有是哉予嘗自流吳不斷水中生雉經晉不絕繩安之叛叛於書也書何負於安使招賓客而篤信其書雖今存可也書以安廢可乎哉因憶居楚時少華先生嘗進諸館下欲梓而未果乃復搜諸篋中得河南板然種種多魚冢脫漏參焉旋復止既而沔中童太史聞之乃寄善本以勗其成居亡何值有公委慮囚之頳清盬之徐之滁之和編差之亳盤旋之英六每攜之行暇則參互考校得其一二然恐亥豕之竄測未可以盡信也因與其鄉進士范子慶共訂正焉乃刻

嘉靖上章攝提格玄月既望後學閩中王鏊書于仕學堂之龍雷窟

淮南子　後敘　一

淮南鸿烈解二十一卷 （汉）刘安撰 （汉）许慎、高诱注 明万历八年（1580）茅一桂刻本

每半叶9行，行19字，注双行同，白口，左右双边。四库底本。国家图书馆藏（索书号：08952）。

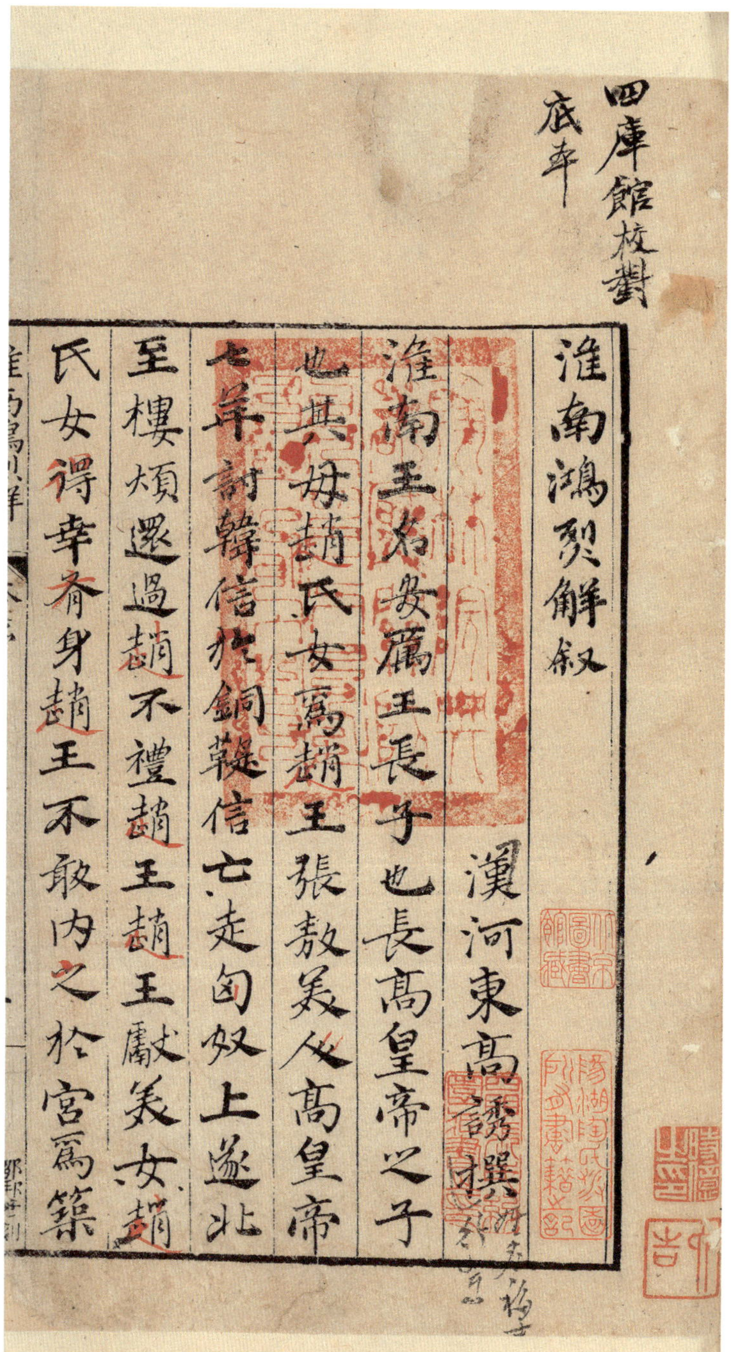

淮南鴻烈總評

楊氏法言曰或曰淮南太史公者其多知歟曷其雜也曰雜乎雜人病以多知爲雜惟聖人爲不雜

又曰淮南子共一出一入字直百金

劉氏文心雕龍曰列子有移山跨海之談淮南有傾天折地之説

劉氏史通曰淮南子牢籠天地博極古今

晁氏曰漢劉安撰淮南厲王長子也襲封招致諸

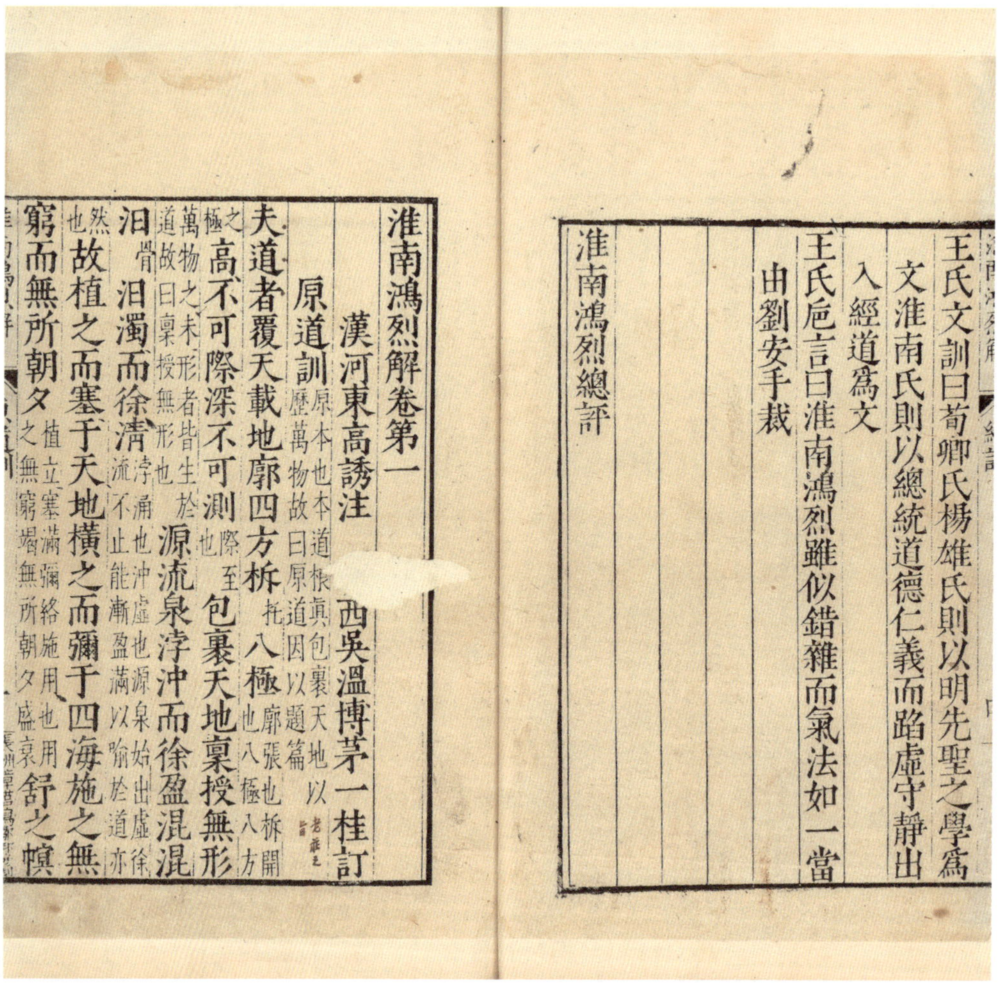

王氏文訓曰荀卿氏楊雄氏則以明先聖之學爲文淮南氏則以總統道德仁義而蹈虛守靜出入經道爲文

王氏卮言曰淮南鴻烈雖似錯雜而氣法如一當由劉安手裁

淮南鴻烈總評

淮南鴻烈解卷第一

漢河東高誘注　[illegible]西吳溫博茅一桂訂

原道訓 原本也本道根真包裹天地以歷萬物故曰原道因以題篇

夫道者覆天載地廓四方柝八極 廓張也柝開也八極八方之極也 高不可際深不可測 際至也 包裹天地稟授無形 萬物之未形者皆生於道故曰稟授無形也 源流泉浡沖而徐盈混混汩汩 汩汩濁而徐清 浡涌也沖虛也源泉始出虛徐流不止能漸盈滿以喻於道亦然也 故植之而塞于天地橫之而彌于四海施之無窮而無所朝夕 植立也塞滿也彌終也施用也用之無窮竭無所朝夕盛衰 舒之幎

淮南子二十一卷 （汉）刘安撰 （汉）许慎、高诱注 （清）庄逵吉补订 清乾隆五十三年（1788）庄逵吉刻本

每半叶11行，行21字，小字双行同，黑口，四周单边。国家图书馆藏（索书号：06530）。

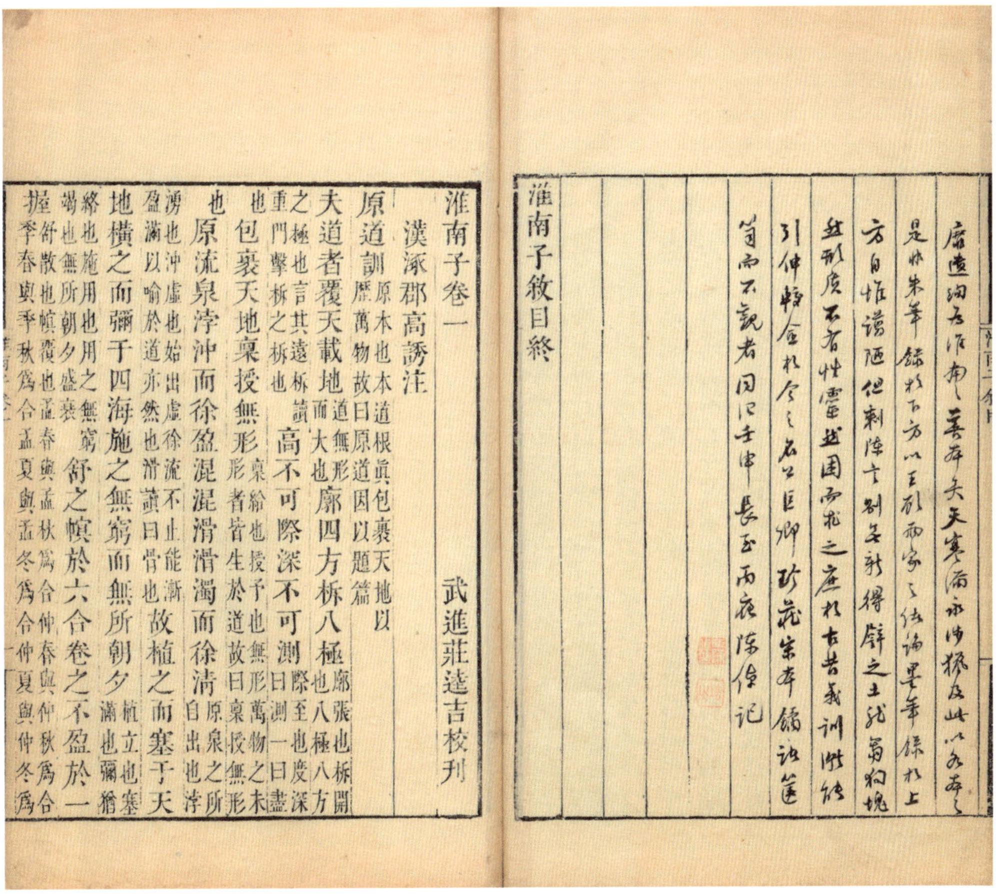

刘安（前179—前122），淮南厉王长子，袭父封为淮南王。汉高祖刘邦孙，武帝叔父。后以谋反罪被杀。史称其好书鼓琴，不喜田猎。他本人的文学造诣很高，曾受诏作《离骚传》，这是历史上第一个对《离骚》作出全面评价的文章。萧统《文选》收录刘安《招隐士》一文，也是一篇词藻优美、意境悠远的骚体赋。事具《汉书》本传。

《淮南子》是刘安组织其门人宾客共同编撰的一部著作，类似于吕不韦作《吕氏春秋》的情况。史载刘安作《内书》二十一卷，《外书》甚众。《汉书·艺文志》著录“《淮南》内二十一篇，《淮南》外三十三篇”。其中“内篇论道，外篇杂说”。西汉刘向校定后，称“淮南”。《隋书·经籍志》始题作“淮南子”。今仅存淮南《内书》二十一篇。该书又名《淮南鸿烈》，“鸿”即大，“烈”指光明，盖取其“义著文富”“无所不载”之义。东汉高诱《淮南子叙》载“其旨近老子，淡泊无为，蹈虚守静，出入经道”，概括了该书的主旨。梁启超评《淮南鸿烈》：“为西汉道家言之渊府，其书博大而有条贯，汉人著述中第一流也。”

汉朝初期，窦太后喜好黄老之学，所以当时上至皇帝下至大臣，皆尊崇自然无为的黄老学术，黄老学说遂上升为统治思想。《淮南子》即以道家为主，杂糅儒、阴阳、法、墨等诸家思想，是西汉时代最重要的哲学著作之一。该书也保存了珍贵的古代天文、地理等资料，有很高的文献价值和思想价值。后世熟知的神话故事如“女娲补天”“后羿射日”“嫦娥奔月”“大禹治水”以及寓言故事如“塞翁失马”等，都见载于《淮南子》。

《淮南子》的版本主要有二十八卷本、二十一卷本系统。国家图书馆藏有这两个系统的本子。二十一卷本系统的代表是明万历八年（1580）茅一桂刻本，此本是《四库全书》底本。茅一桂，号中峩，归安（今浙江湖州）人，累官至黎平知府。该本开篇有高诱撰《淮南鸿烈解序》，上钤满汉合璧“翰林院典簿厅关防”长方印，此印是翰林院的关防大印，翰林院会对全国各地进献用来编纂《四库全书》的图书加盖此印，但只有被四库馆臣批条用作誊抄底本的，才算真正的“四库底本”。本书天头上有墨书“四库馆校对底本”字样，是为四库底本的证据之一。国家图书馆还藏有同版另一部此本，卷前有茅一桂《重校淮南鸿烈解引》。二十八卷本系统的代表是明嘉靖九年（1530）王蓥刻本。由闽人王蓥与寿州人范庆共同校刊，无注。书前附《淮南子序略》，书末有王蓥《刻淮南子后序》。版心上方镌书名“淮南子”，卷端署“汉太尉祭酒臣许慎记上，明后学闽中王蓥、寿春范庆校正”。

二十一卷本系统在清代比较著名的是庄逵吉校勘本，庄逵吉（1760—1813），字伯鸿，江苏武进人，官至同知。通晓音律，好作篆书。有《秣陵秋》《江上缘》二种戏曲作品存世。国家图书馆藏清乾隆五十三年（1788）庄逵吉刻本。卷一署“汉涿郡高诱注，武进庄逵吉校刊”，另有庄氏自序一篇。梁启超曾称赞此版本为“诵习本书者认为唯一之善本盖百余年”。

《百部经典》版《淮南子》以清乾隆五十三年庄逵吉刻本为底本。

（华鑫文）

孝经

八经十卷 宋刻递修本

每半叶20行，行27字，细黑口，左右双边。国家图书馆藏（索书号：08633）。

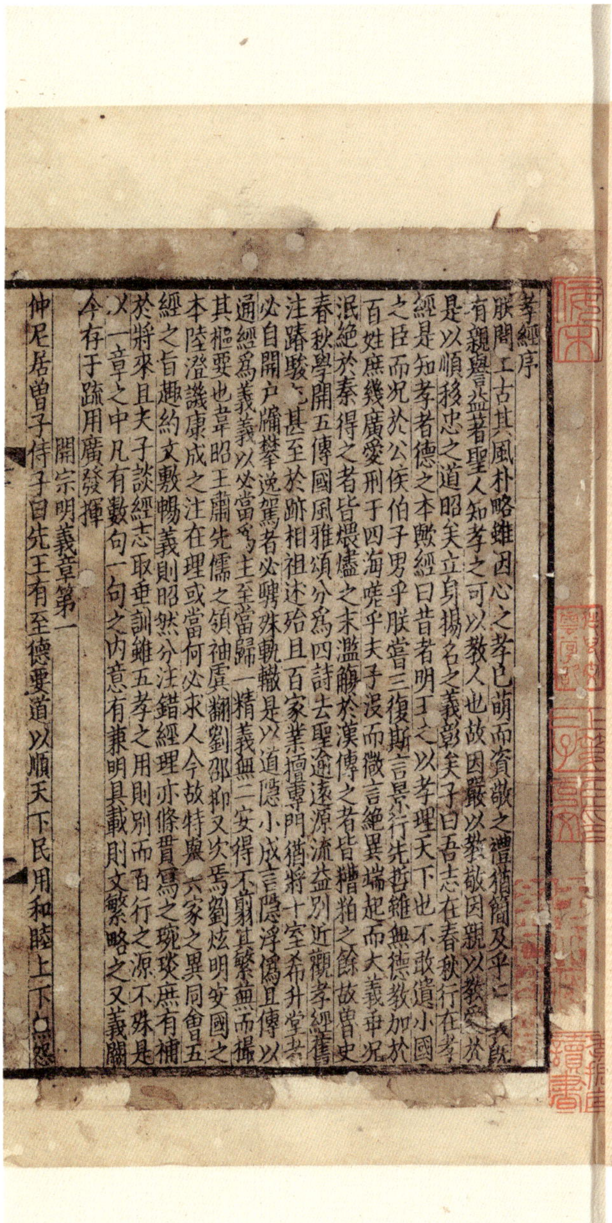

孝經序

朕聞上古其風朴略雖因心之孝已萌而資敬之禮猶簡及乎仁義既
有親譽益著聖人知孝之可以教人也故因嚴以教敬因親以教愛於
是以順移忠之道昭矣立身揚名之義彰矣子曰吾志在春秋行在孝
經是知孝者德之本歟經曰昔者明王之以孝理天下也不敢遺小國
之臣而況於公侯伯子男乎朕嘗三復斯言景行先哲雖無德教加於
百姓庶幾廣愛刑于四海嗟乎夫子沒而微言絕異端起而大義乖況
泯絕於秦得之者皆煨燼之末濫觴於漢傳之者皆糟粕之餘故魯史
春秋學開五傳國風雅頌分爲四詩去聖逾遠源流益別近觀孝經舊
注踳駮尤甚至於跡相祖述殆且百家業擅專門猶將十室希升堂者
必自開户牖攀逸駕者必騁殊軌轍是以道隱小成言隱浮僞且傳以
通經爲義義以必當爲主至當歸一精義無二安得不翦其繁蕪而撮
其樞要也韋昭王肅先儒之領袖虞翻劉邵抑又次焉劉炫明安國之
本陸澄譏康成之注在理或當何必求人今故特舉六家之異同會五
經之旨趣約文敷暢義則昭然分注錯經理亦條貫寫之琬琰庶有補
於將來且夫子談經志取垂訓雖五孝之用則別而百行之源不殊是
以一章之中凡有數句一句之内意有兼明具載則文繁略之又義闕
今存于疏用廣發揮

開宗明義章第一

仲尼居曾子侍子曰先王有至德要道以順天下民用和睦上下無怨

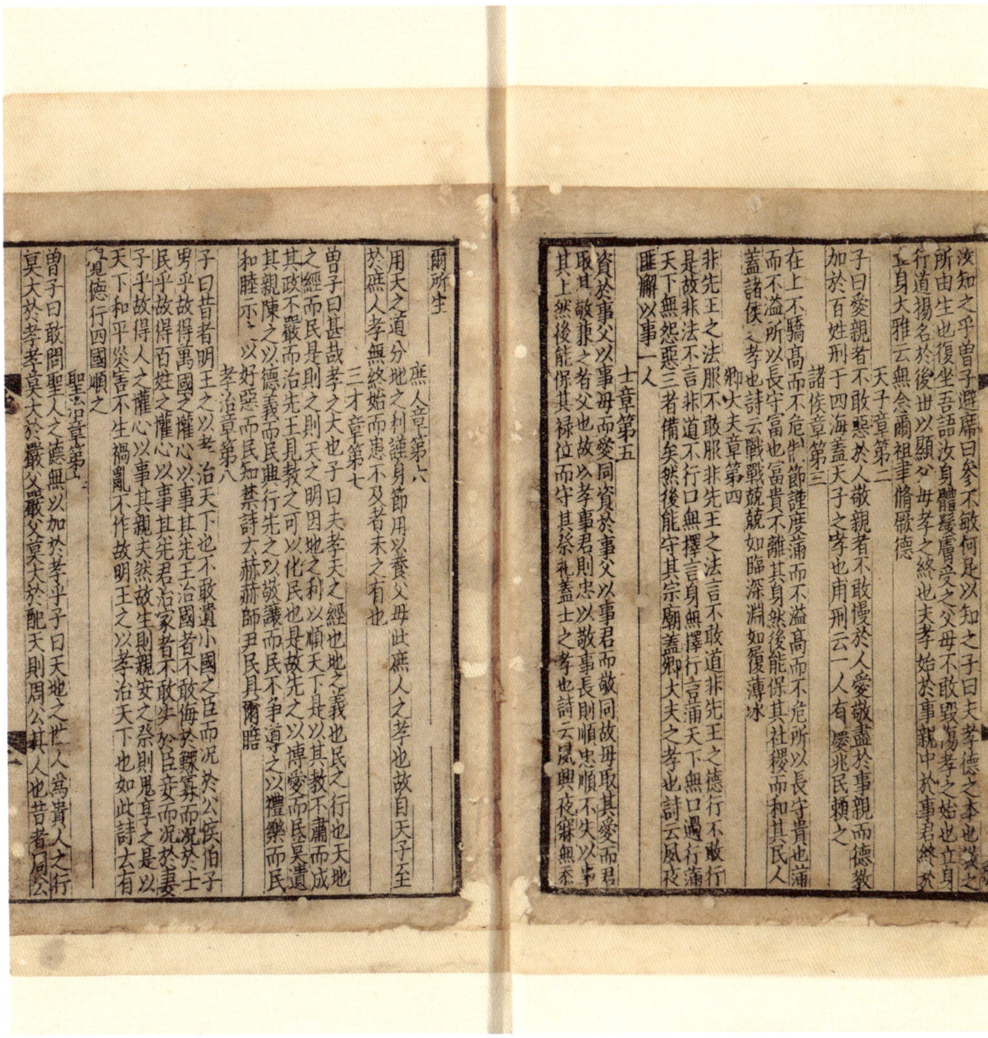

汝知之乎曾子避席曰參不敏何足以知之子曰夫孝德之本也教之所由生也復坐吾語汝身體髮膚受之父母不敢毀傷孝之始也立身行道揚名於後世以顯父母孝之終也夫孝始於事親中於事君終於立身大雅云無念爾祖聿脩厥德

天子章第二

子曰愛親者不敢惡於人敬親者不敢慢於人愛敬盡於事親而德教加於百姓刑于四海蓋天子之孝也甫刑云一人有慶兆民賴之

諸侯章第三

在上不驕高而不危制節謹度滿而不溢高而不危所以長守貴也滿而不溢所以長守富也富貴不離其身然後能保其社稷而和其民人蓋諸侯之孝也詩云戰戰兢兢如臨深淵如履薄冰

卿大夫章第四

非先王之法服不敢服非先王之法言不敢道非先王之德行不敢行是故非法不言非道不行口無擇言身無擇行言滿天下無口過行滿天下無怨惡三者備矣然後能守其宗廟蓋卿大夫之孝也詩云夙夜匪懈以事一人

士章第五

資於事父以事母而愛同資於事父以事君而敬同故母取其愛而君取其敬兼之者父也故以孝事君則忠以敬事長則順忠順不失以事其上然後能保其祿位而守其祭祀蓋士之孝也詩云夙興夜寐無忝爾所生

庶人章第六

用天之道分地之利謹身節用以養父母此庶人之孝也故自天子至於庶人孝無終始而患不及者未之有也

三才章第七

曾子曰甚哉孝之大也子曰夫孝天之經也地之義也民之行也天地之經而民是則之則天之明因地之利以順天下是以其教不肅而成其政不嚴而治先王見教之可以化民也是故先之以博愛而民莫遺其親陳之以德義而民興行先之以敬讓而民不爭導之以禮樂而民和睦示之以好惡而民知禁詩云赫赫師尹民具爾瞻

孝治章第八

子曰昔者明王之以孝治天下也不敢遺小國之臣而況於公侯伯子男乎故得萬國之懽心以事其先王治國者不敢侮於鰥寡而況於士民乎故得百姓之懽心以事其先君治家者不敢失於臣妾而況於妻子乎故得人之懽心以事其親夫然故生則親安之祭則鬼享之是以天下和平災害不生禍亂不作故明王之以孝治天下也如此詩云有覺德行四國順之

聖治章第九

曾子曰敢問聖人之德無以加於孝乎子曰天地之性人為貴人之行莫大於孝孝莫大於嚴父嚴父莫大於配天則周公其人也昔者周公

孝经一卷　（唐）玄宗李隆基注　（唐）陆德明音　元相台岳氏荆溪家塾刻本

每半叶8行，行17字，小字双行同，黑口，四周双边。国家图书馆藏（索书号：07942）。入选《第一批国家珍贵古籍名录》（名录号：00318）。

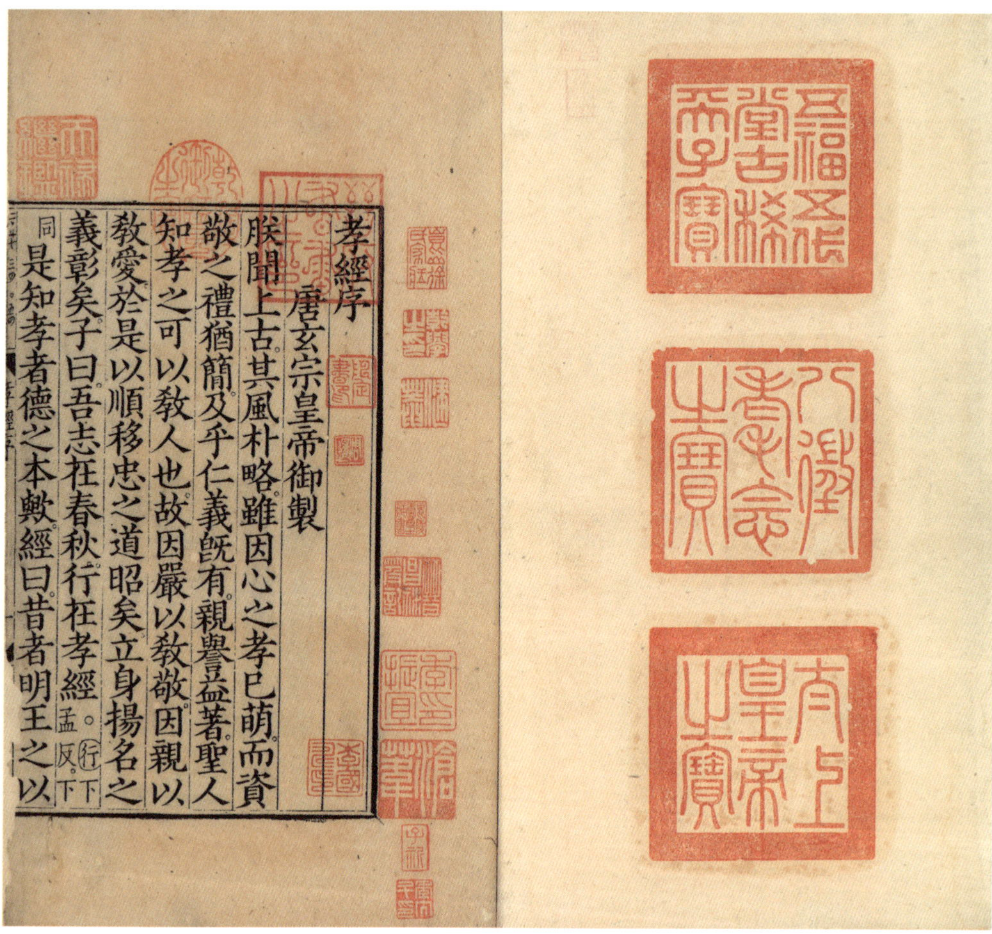

孝經序
唐玄宗皇帝御製
朕聞上古其風朴略雖因心之孝已萌而資
敬之禮猶簡及乎仁義既有親譽益著聖人
知孝之可以教人也故因嚴以教敬因親以
教愛於是以順移忠之道昭矣立身揚名之
義彰矣子曰吾志在春秋行在孝經行下孟反下同
是知孝者德之本歟經曰昔者明王之以

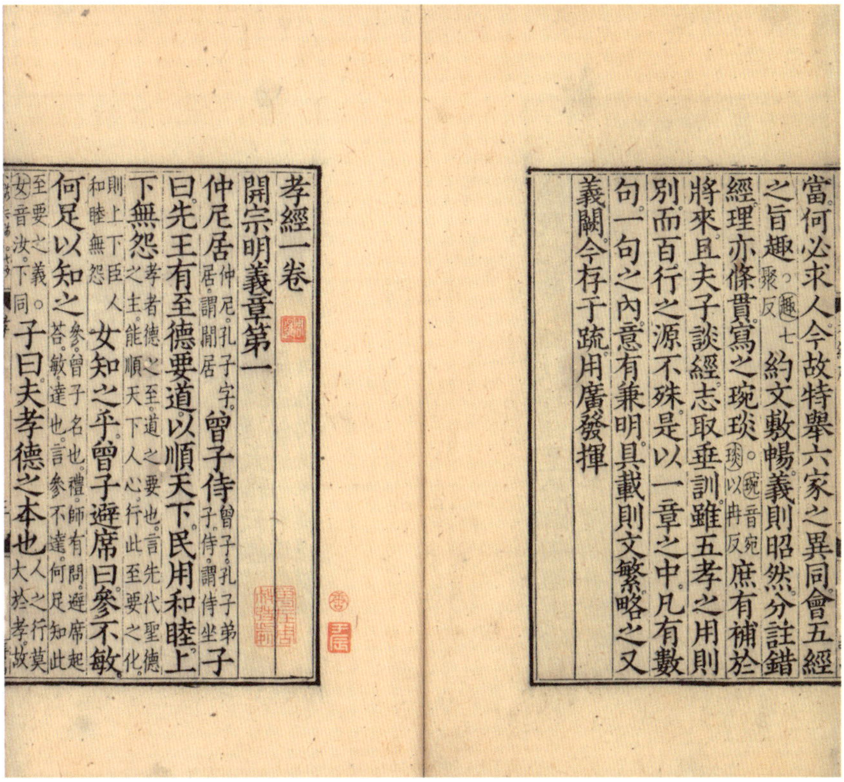

當何必求人今故特舉六家之異同會五經之旨趣（趣七聚反）約文敷暢義則昭然分註錯經理亦條貫寫之琬琰（琬音宛琰以冉反）庶有補於將來且夫子談經志取垂訓雖五孝之用則別而百行之源不殊是以一章之中凡有數句一句之內意有兼明具載則文繁略之又義闕今存于疏用廣發揮

孝經一卷

開宗明義章第一

仲尼居（仲尼孔子字居謂閒居）曾子侍（曾子孔子弟子侍謂侍坐）子曰先王有至德要道以順天下民用和睦上下無怨（孝者德之至道之要也言先代聖德之主能順天下人心行此至要之化則上下臣人和睦無怨）女知之乎曾子避席曰參不敏何足以知之（參曾子名也禮師有問避席起荅敏達也言參不達何足知此至要之義。女音汝下同。）子曰夫孝德之本也（人之行莫大於孝故……）

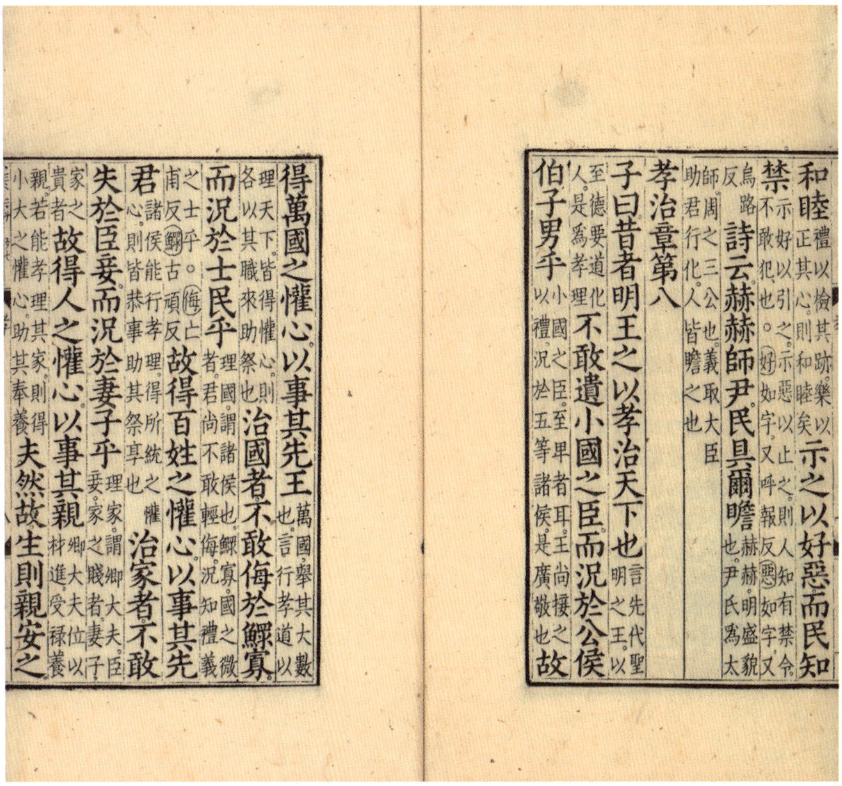

和睦（禮以檢其跡樂以正其心則和睦矣）示之以好惡而民知禁（示好以引之示惡以止之則人知有禁令不敢犯也。好如字又呼報反惡如字又烏路反）詩云赫赫師尹民具爾瞻（赫赫明盛貌也尹氏為太師周之三公也義取大臣助君行化人皆瞻之也）

孝治章第八

子曰昔者明王之以孝治天下也（言先代聖明之王以至德要道化人是為孝理）不敢遺小國之臣而況於公侯伯子男乎（小國之臣至卑者耳王尚接之以禮況於五等諸侯是廣敬也）故得萬國之懽心以事其先王（萬國舉其大數也言行孝道以理天下皆得懽心則各以其職來助祭也）治國者不敢侮於鰥寡而況於士民乎（理國謂諸侯也鰥寡國之微者君尚不敢輕侮況知禮義之士乎。鰥古頑反。侮亡甫反）故得百姓之懽心以事其先君（諸侯能行孝理得所統之懽心則皆恭事助其祭享也）治家者不敢失於臣妾而況於妻子乎（理家謂卿大夫臣妾家之賤者妻子家之貴者）故得人之懽心以事其親（卿大夫位以材進受祿養親若能孝理其家則得小大之懽心助其奉養）夫然故生則親安之

孝经注疏九卷 （唐）玄宗李隆基注 （宋）邢昺疏 元泰定三年（1326）刻本

每半叶10行，行16字，小字双行23字，黑口，左右双边。国家图书馆藏（索书号：05499）。入选《第一批国家珍贵古籍名录》（名录号：12349）。

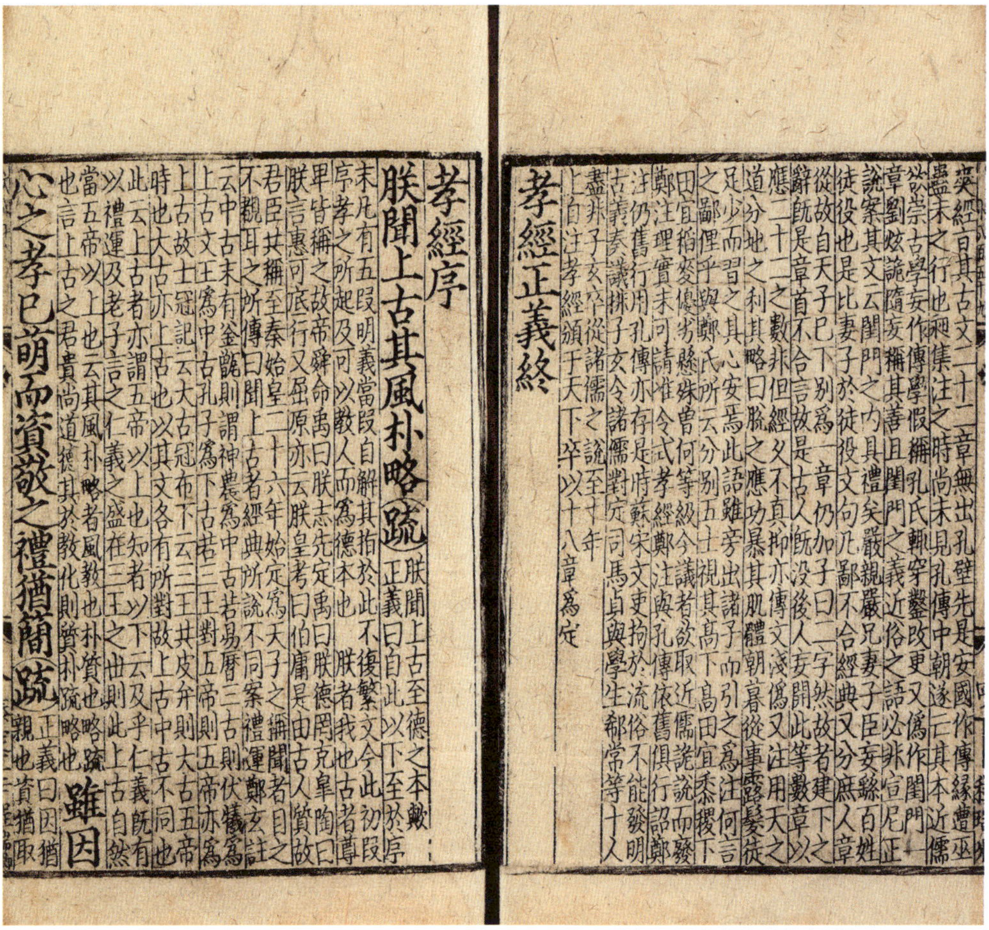

孝经注疏九卷校勘记九卷 （唐）玄宗李隆基注 （宋）邢昺校 **重刊宋本十三经注疏附校勘记十三种四百一十六卷** （清）阮元撰校勘记 （清）卢宣旬摘录校勘记 清嘉庆二十至二十一年（1815—1816）江西南昌府学刻本

每半叶10行，行17—18字，小字双行23—24字，黑口，左右双边。国家图书馆藏（索书号：101）。

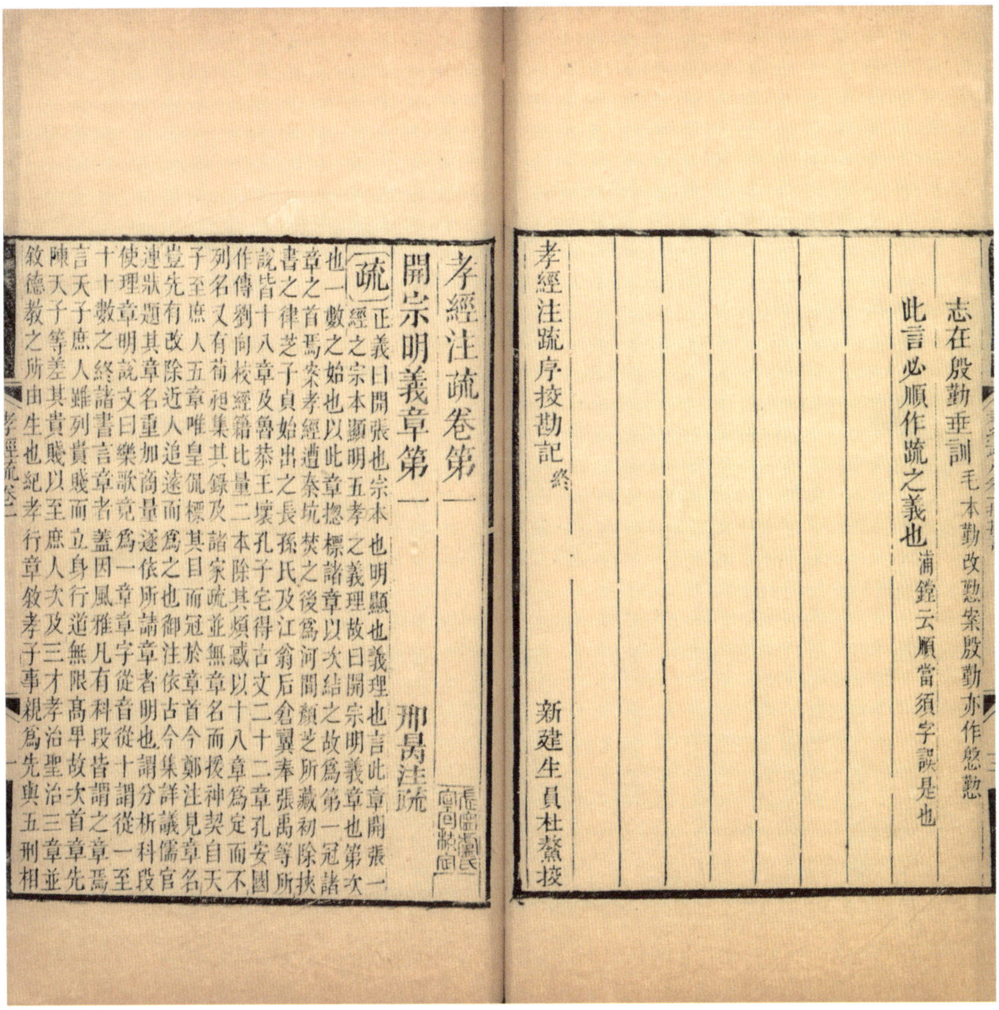

《孝经》的作者，说法不一，《孝经》解读人汪受宽认为，《孝经》可能是曾参弟子乐正子春或子思，于公元前四百年以前形成文字的，是孔子向其弟子曾参陈述儒家孝道和孝治观的一部著作。郑玄称《春秋》为大经，《孝经》为大本。《汉书·艺文志》载：“夫孝，天之经，地之义，民之行也。举大者言，故曰《孝经》。”

和《尚书》一样，《孝经》也有今古文之别。秦朝焚书禁书，很多图书被破坏或被人隐藏了起来。汉文帝时期文化政策宽松，时人用汉代通行书法隶书传抄的称为“今文《孝经》”。汉代鲁恭王为了扩建宫殿施工，在孔子旧宅的墙壁中发现了一批用先秦时期籀文写成的文献资料，其中的《孝经》部分，被称为“古文《孝经》”。到了汉成帝时期，刘向整理国家藏书，发现了未被重视的古文《孝经》，重加编订，定书十八章。此后，今古文《孝经》并行于世，至南朝梁末兵祸，古文《孝经》失传。唐代，玄宗李隆基亲自注解今文《孝经》，颁行天下，今文《孝经》大盛。据学者研究，今古文《孝经》的差异不像今古文《尚书》那样复杂，主要在于章节段落的划分、个别字词的差异和增减，无损宏旨。

《孝经》作为儒家的经典，词近旨远，语尽精微，历代统治者、学人很重视此书。《开宗明义章第一》说孔子向曾子讲授的“至德要道”就是“孝”。《孝治章第八》说“治国者不敢侮于鳏寡，而况于士民乎？”由天子以至于庶人之孝，上升到治国之道。汉代非常重视“孝”的观念，主张“以孝治天下”（《孝治章第八》），《后汉书》载“汉制使天下诵《孝经》，选吏举孝廉”。可见“孝”已成为朝廷选拔考评官吏的重要指标。南朝梁武帝有《孝经义疏》，今不存。唐玄宗亲注今文《孝经》，从此今文《孝经》定于一尊，成为当时民间流传最广的一部儒家书籍。宋代大儒邢昺，奉敕以唐玄宗《孝经注》为基础，撰《孝经正义》，后列为《十三经注疏》之一。清顺治皇帝有《御注孝经》、康熙皇帝有《钦定孝经衍义》、雍正皇帝有《御纂孝经集注》。《孝经》能让历代帝王如此重视而不绝，其重要意义不言自明。

宋末元初，福建的建阳书坊刊有十行本诸经注疏合刻本，其中有《孝经注疏》，即是现存最早的《孝经》注疏合刻本，此本今题“元泰定三年刻本”，实为南宋刻元泰定三年递修本，保存了南宋初刻的面貌，甚为珍贵。此书曾为清末藏书家李盛铎木犀轩旧藏，书中钤有“李盛铎印”“木斋”等藏书印。严群题书签。今藏国家图书馆。国家图书馆另有一部宋刻递修本《孝经》，是八经合

刊十卷本，“八经”分别是《周易》《毛诗》《尚书》《周礼》《礼记》《孝经》《论语》《孟子》。其中《孝经》存一卷三叶。卷一配抄本。书前有玄宗御制序。正文只刊经文。钤有“季振宜读书”印，有袁克文校跋。此书曾经著名藏书家傅增湘收藏，傅氏称“此书刊工细如发丝，精丽异常。盖建本之至精者”。另一部被傅增湘称赞“刊工精丽”的本子是元相台岳氏荆溪家塾刻本。岳飞一族原是相州汤阴（今河南汤阴）人，后世有迁居荆溪（今江苏宜兴）者，故用“相台”“荆溪”标注地望。傅增湘《藏园群书经眼录》卷一著录此本为宋刻。后经考订，此时岳氏（岳飞后人）已入元。故李致忠先生定此本为元本。该本版心上记字数，上鱼尾记“孝”字，下鱼尾上记叶数，下方记刻工姓名。全书共十六叶，有玄宗序，国图藏此本曾是明代前期藩王晋府藏本，书中钤有“晋府书画之印”“敬德堂图书印”“子子孙孙永宝用”等印记。明代藏书家唐顺之后人唐辰（字良士）也曾收藏此书，书中钤有“唐辰”“昆陵唐良士藏书”“良士”藏书印记。后又迭经季振宜、徐乾学等名家递藏，再入天禄琳琅，经乾隆御览。书中钤有“季振宜印”“沧苇”，“乾学之印”“健庵”“昆山徐氏家藏”，“乾隆御览之宝”“天禄琳琅”“天禄继鉴”诸印记。此书从天禄琳琅散出后，几经周折，成为周叔弢先生的架上之宝。故又钤有“周暹”“曾在周叔弢处”等印记。

清代，四库馆臣和武英殿两次对《孝经注疏》进行校勘。嘉庆年间，阮元主持校刻《十三经注疏》，以宋十行本为底本，参之以元明诸版，详加勘定，成为此后最权威最常用的本子。《百部经典》版《孝经》即以该版为底本。

（华鑫文）

太平经

太平经一百十九卷　明正统十年（1445）内府《道藏》刻本
国家图书馆藏（索书号：02607）。

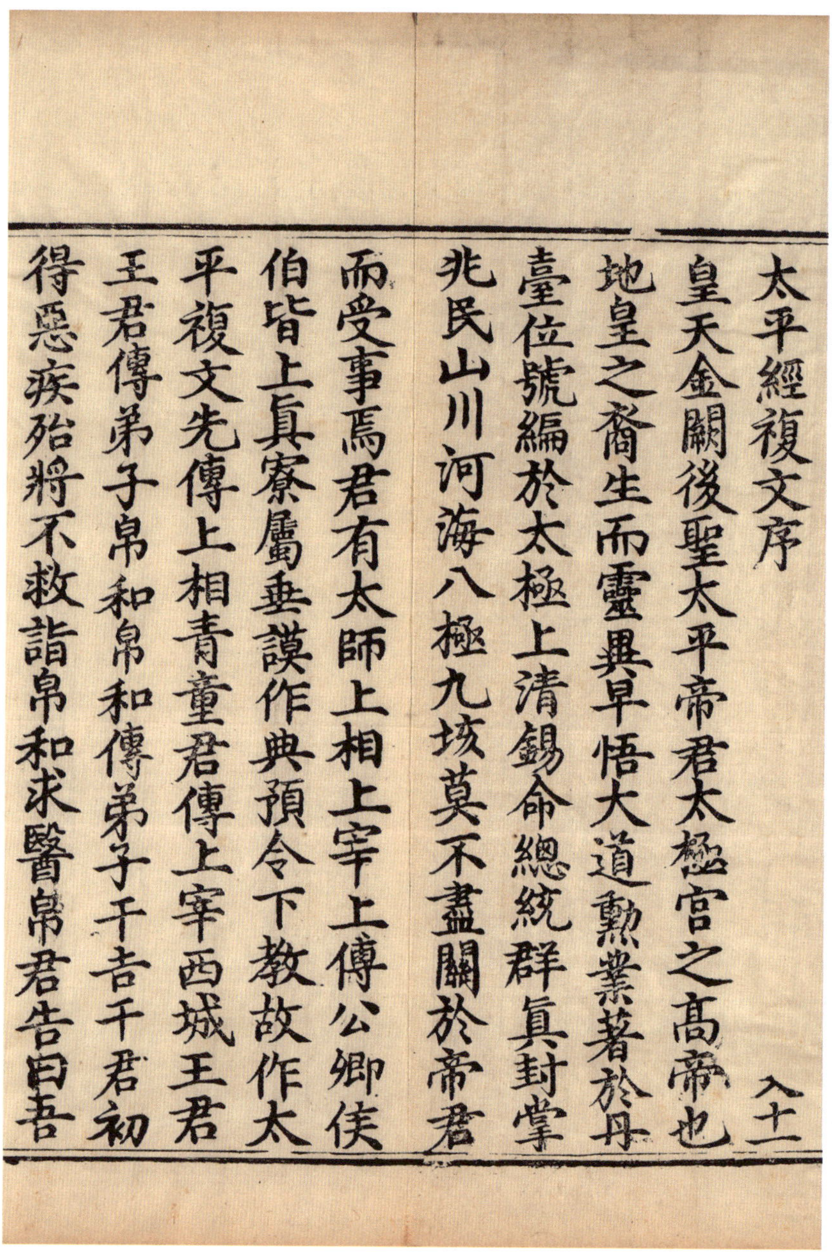

太平經複文序　入十一
皇天金闕後聖太平帝君太極宮之高帝也
地皇之裔生而靈異早悟大道勳業著於丹
臺位號編於太極上清錫命總統群真封掌
兆民山川河海八極九垓莫不盡關於帝君
而受事焉君有太師上相上宰上傅公卿侯
伯皆上真寮屬垂謨作典預令下教故作太
平複文先傳上相青童君傳上宰西城王君
王君傳弟子帛和帛和傳弟子干吉干君初
得惡疾殆將不救詣帛和求醫帛君告曰吾

太平经圣君秘旨一卷　明正统十年（1445）内府《道藏》刻本
国家图书馆藏（索书号：02607）。

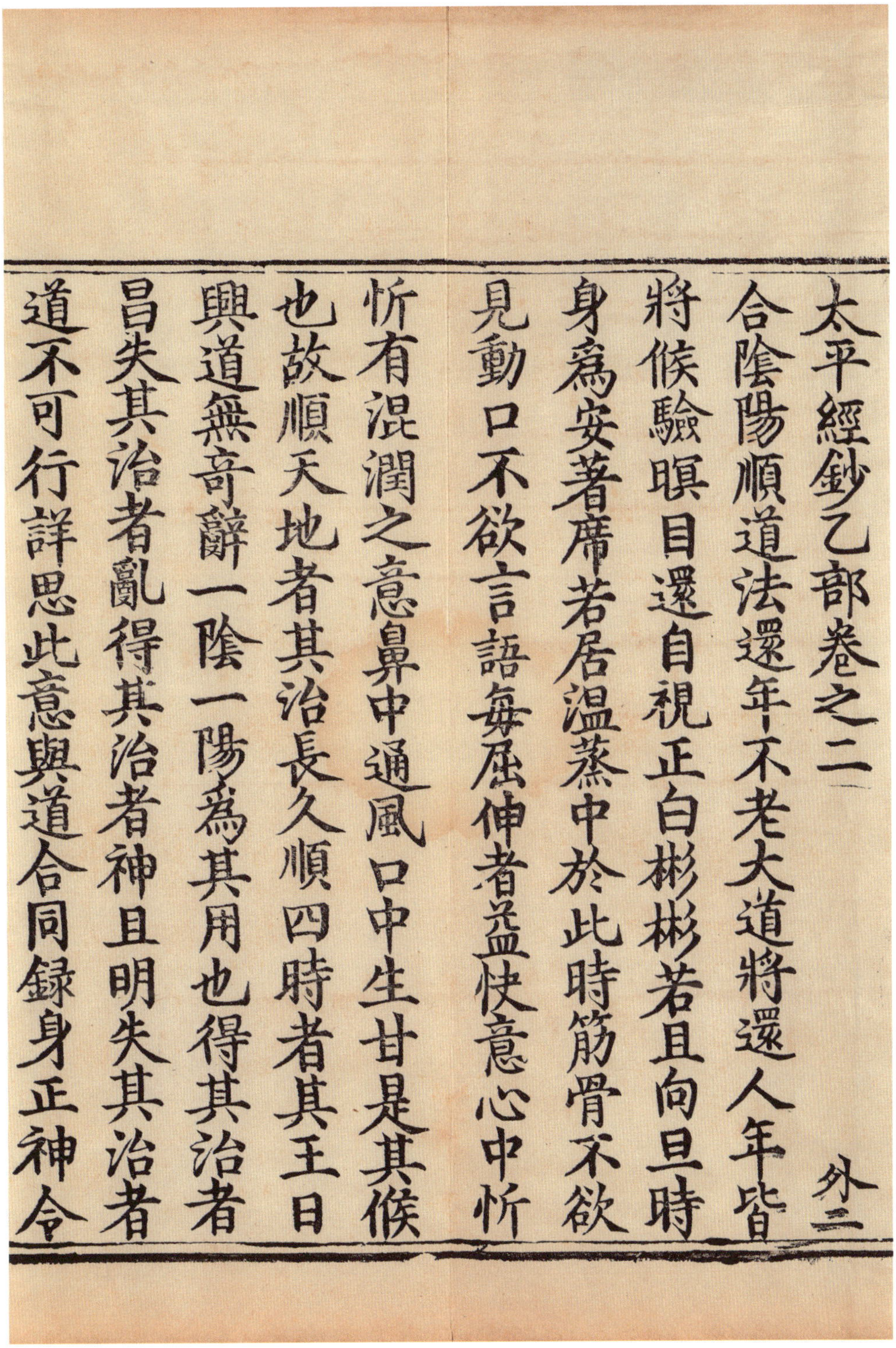

太平經鈔乙部卷之二　　外二
合陰陽順道法還年不老大道將還人年皆
將候驗瞑目還自視正白彬彬若且向旦時
身爲安著席若居温蒸中於此時筋骨不欲
見動口不欲言語每屈伸者益快意心中忻
忻有混潤之意鼻中通風口中生甘是其候
也故順天地者其治長久順四時者其王日
興道無奇辭一陰一陽爲其用也得其治者
昌失其治者亂得其治者神且明失其治者
道不可行詳思此意與道合同録身正神令

《太平经》又称《太平清领书》，分甲、乙、丙、丁、午、戊、庚、辛、壬、癸十部，每部十七卷，共一百七十卷。是中国道教早期的重要经典之一，成书于东汉安帝、顺帝时期。《太平经》非一时一人所作。《后汉书·郎𫖮襄楷列传》载，“初，顺帝时，琅邪宫崇诣阙，上其师干吉于曲阳泉水上所得神书百七十卷，皆缥白素朱介青首朱目，号太平清领书。”《太平经·复文序》：“帛君告曰：吾传汝《太平》本文，可因易为一百七十卷，编成三百六十章，普传于天下……”《仙苑编珠》记载：“（帛和）乃授以素书二卷，谓曰：此书不但愈疾，当得长生。吉受之，乃《太平经》也。……乃于上虞钓台乡高峰之上，演此经成一百七十卷。”据考证，《太平经》当先有“本文”若干卷，后来崇道之人继续扩增逐渐成为一百七十卷。《太平经》流传卷数，据史书和其他文献所记，很不一致。自西汉成帝甘忠可以十二卷传播，至东汉桓帝时襄楷献一百七十卷被封藏，其演绎者除了史书上具有名录的甘忠可、夏贺良、丁广世、郭昌、帛和、于吉、宫崇、襄楷等被称为仙人、神人、天师之人以外，可能还有当时和天师对话的诸位真人做了文字记录和发挥。

在刘汉政权陷入严重政治危机的背景下，在儒学日益谶纬化、黄老道学日益政治化、社会思潮日益宗教化的情势下，为了缓解政治危机，《太平经》应运而生。其初衷是为了表达社会各阶层尤其是底层群众的诉求。《太平经》构建了一个多元归一的仙道思想体系，将道家、儒家、法家、墨家、神仙家、阴阳五行家的思想汇集杂糅，围绕“太平”二字为其所用。主要包括神道设教的政治思想；以元气为根本，以阴阳为用，“三合相通”的哲学思想；修德延命，兴国广嗣的生命伦理思想等。

收录于明英宗正统十年（1445）《正统道藏》太平部的《太平经》是现存唯一的本子，今残存五十七卷。甲、乙、辛、壬、癸五部完全遗失，其他几部各佚若干卷。《正统道藏》中的《太平经钞》由唐人节录《太平经》编纂而成，分甲、乙、丙、丁、戊、己、庚、辛、壬、癸十部，每部一卷，共十卷。一说，《太平经钞》节录者为唐末道教学者闾丘方远。据考，通过与各部文字及《太平经》文字对比，《太平经钞》甲部文字来源当以《灵书紫文》为主。《灵书紫文》即《皇天上清金阙帝君灵书紫文上经》，为早期上清派经典之一，传为后圣李君命五老上真仙都君授青童君。《太平经圣君秘旨》在《正统道藏》入字号下册，题“传上相青童君”，原出于《太平经》，撰者不详。主要论述精、神、气的关系，守一之法等。

（马超）

曹操集

魏武帝集一卷　（汉）曹操撰　明娄东张氏刻本

每半叶9行，行18字，小字双行同，白口，左右双边。国家图书馆藏（索书号：T00456：19）。

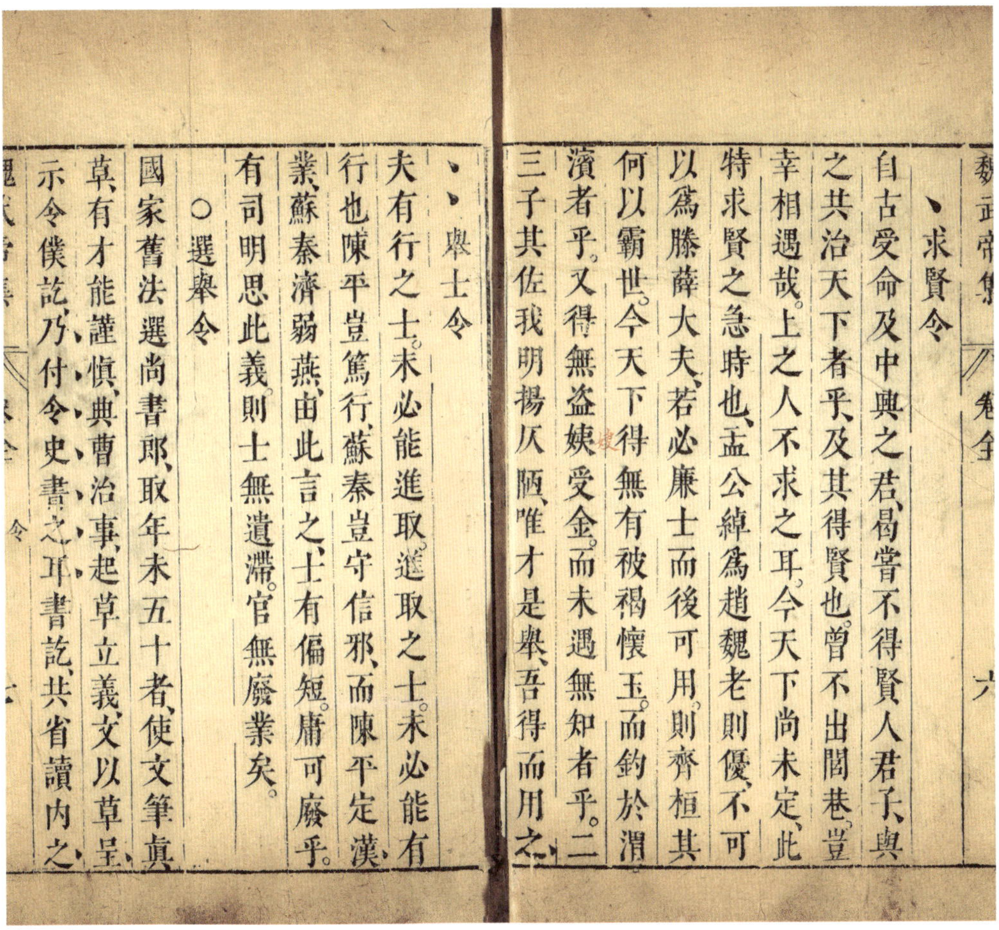

魏武帝集　卷全　六

、求賢令

自古受命及中興之君曷嘗不得賢人君子與之共治天下者乎及其得賢也曾不出閭巷豈幸相遇哉上之人不求之耳今天下尚未定此特求賢之急時也孟公綽爲趙魏老則優不可以爲滕薛大夫若必廉士而後可用則齊桓其何以霸世今天下得無有被褐懷玉而釣於渭濱者乎又得無盜嫂受金而未遇無知者乎二三子其佐我明揚仄陋唯才是舉吾得而用之

、、舉士令

夫有行之士未必能進取進取之士未必能有行也陳平豈篤行蘇秦豈守信邪而陳平定漢業蘇秦濟弱燕由此言之士有偏短庸可廢乎有司明思此義則士無遺滯官無廢業矣

○選舉令

國家舊法選尚書郎取年未五十者使文筆真草有才能謹慎典曹治事起草立義文以草呈示令僕訖乃付令史書之耳書訖共省讀內之

魏武帝集　卷全　令　六

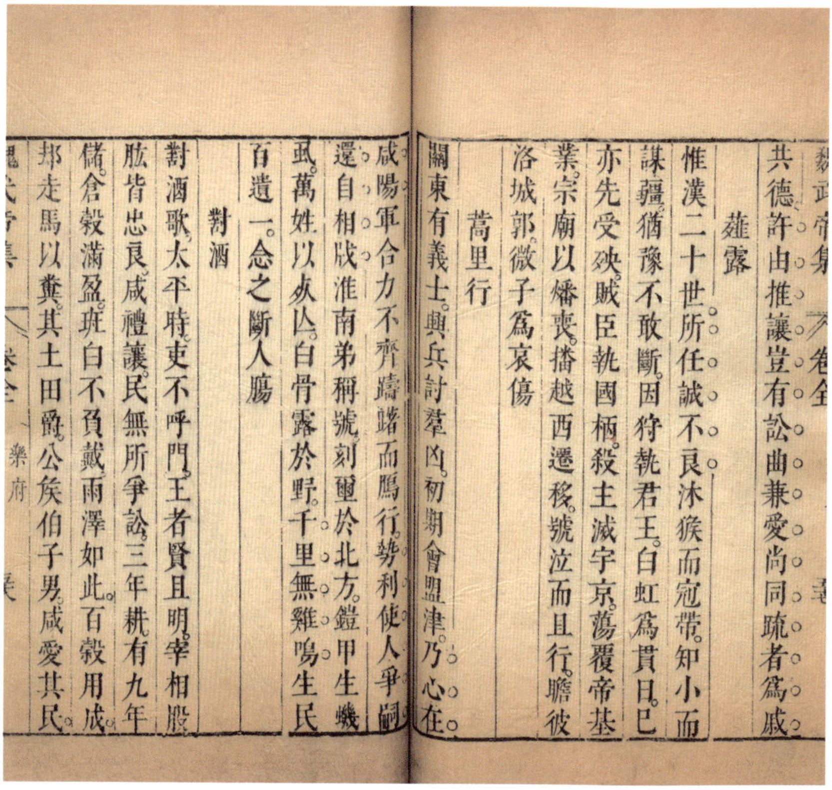

共德許由推讓豈有訟曲兼愛尚同疏者爲戚

薤露

惟漢二十世所任誠不良沐猴而冠帶知小而謀彊猶豫不敢斷因狩執君王白虹爲貫日已亦先受殃賊臣執國柄殺主滅宇京蕩覆帝基業宗廟以燔喪播越西遷移號泣而且行瞻彼洛城郭微子爲哀傷

蒿里行

關東有義士興兵討羣凶初期會盟津乃心在咸陽軍合力不齊躊躇而鴈行勢利使人爭嗣還自相戕淮南弟稱號刻璽於北方鎧甲生蟣虱萬姓以死亡白骨露於野千里無雞鳴生民百遺一念之斷人腸

對酒

對酒歌太平時吏不呼門王者賢且明宰相股肱皆忠良咸禮讓民無所爭訟三年耕有九年儲倉穀滿盈班白不負戴雨澤如此百穀用成却走馬以糞其土田爵公侯伯子男咸愛其民

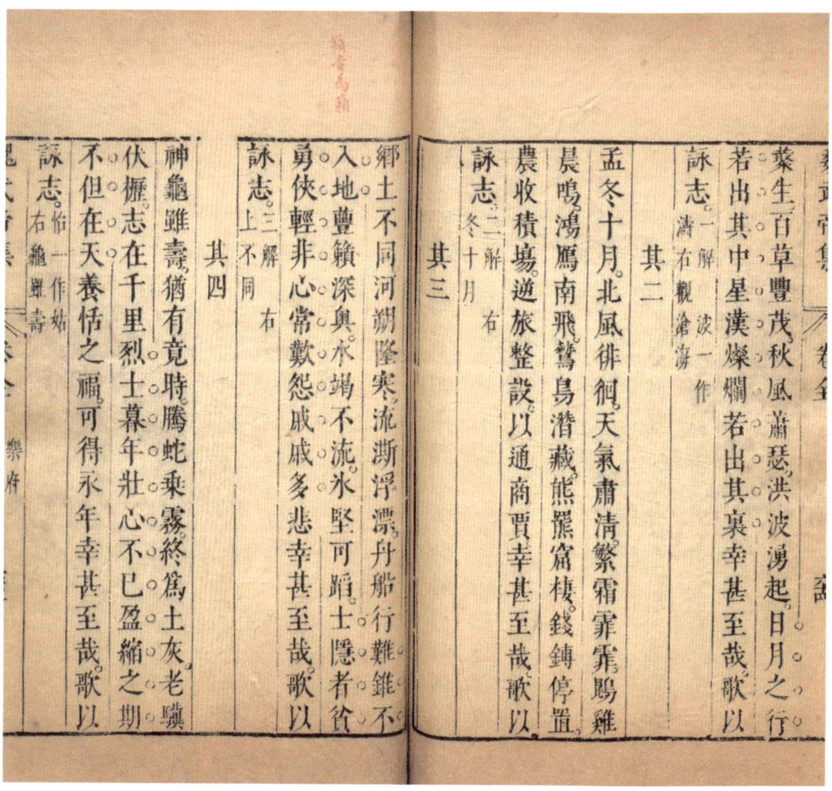

蓁生百草豐茂秋風蕭瑟洪波湧起日月之行若出其中星漢燦爛若出其裏幸甚至哉歌以詠志。一解 波一作濤 右觀滄海

其二

孟冬十月北風徘徊天氣肅清繁霜霏霏鵾雞晨鳴鴻鴈南飛鷙鳥潛藏熊羆窟棲錢鎛停置農收積場逆旅整設以通商賈幸甚至哉歌以詠志。二解 右冬十月

其三

鄉土不同河朔隆寒流澌浮漂舟船行難錐不入地豐籟深奧水竭不流冰堅可蹈士隱者貧勇俠輕非心常歎怨戚戚多悲幸甚至哉歌以詠志。三解 右土不同

其四

神龜雖壽猶有竟時騰蛇乘霧終爲土灰老驥伏櫪志在千里烈士暮年壯心不已盈縮之期不但在天養怡之福可得永年幸甚至哉歌以詠志。怡一作始 右龜雖壽

魏武帝集五卷附录一卷 （汉）曹操撰 明天启崇祯间（1621—1644）刻本

每半叶9行，行18字，小字双行同，白口，左右双边。国家图书馆藏（索书号：A01785）。

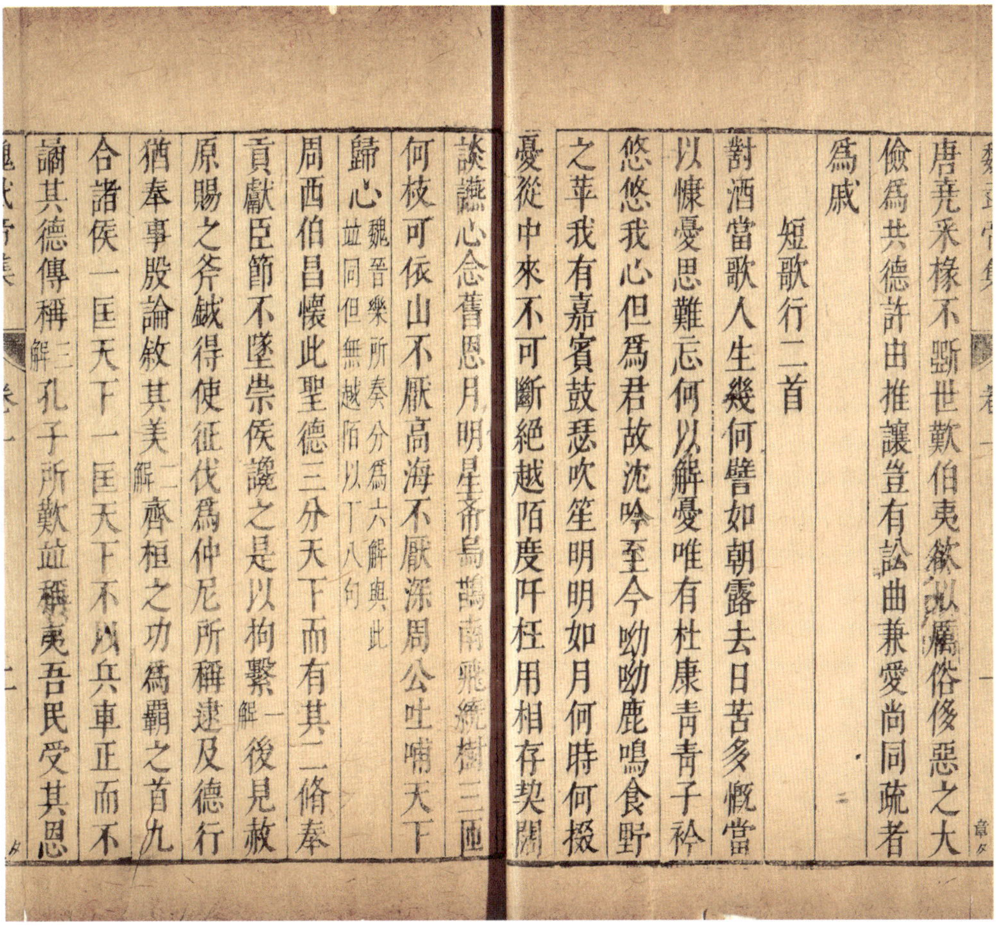

魏武帝文抄一卷　（汉）曹操撰　明末刻本

每半叶 9 行，行 20 字，白口，左右双边。国家图书馆藏（索书号：T03432）。

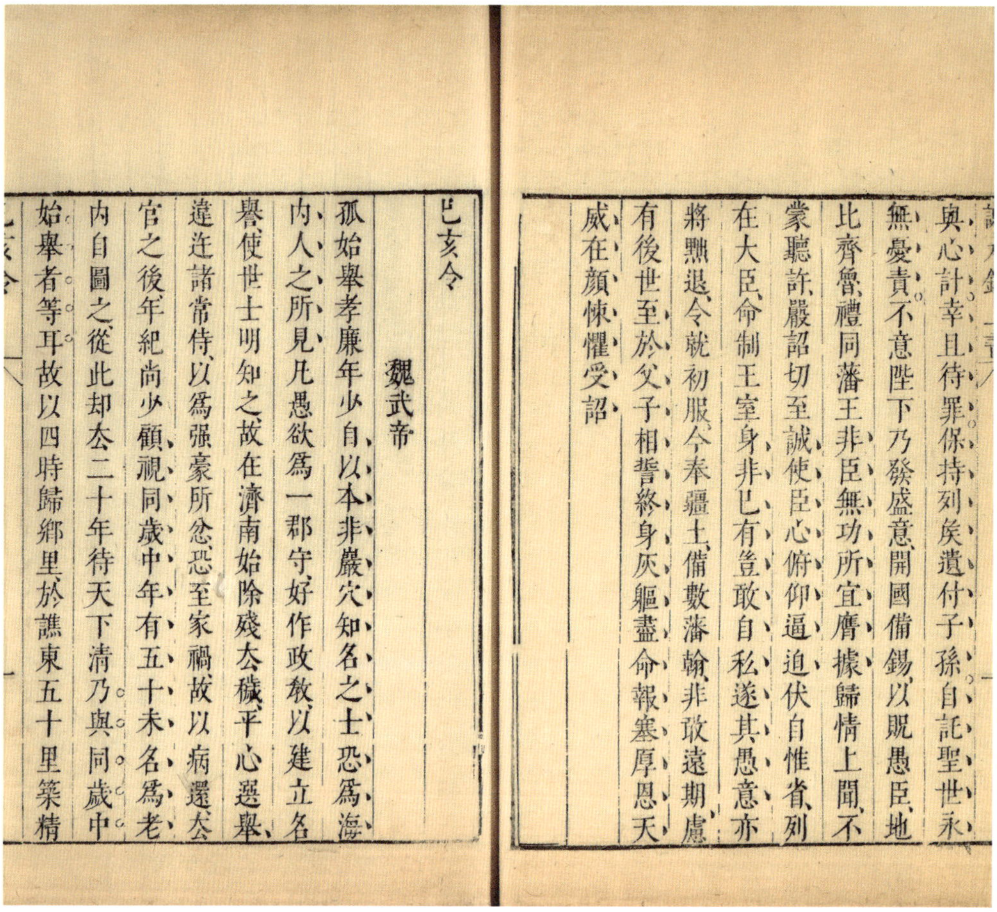

與心計幸且待罪保持列侯遺付子孫自託聖世永
無憂責不意陛下乃發盛意開國備錫以貺愚臣地
比齊魯禮同藩王非臣無功所宜膺據歸情上聞不
蒙聽許嚴詔切至誠使臣心俯仰逼迫伏自惟省列
在大臣命制王室身非己有豈敢自私遂其愚意亦
將黜退令就初服今奉疆土備數藩翰非敢遠期慮
有後世至於父子相誓終身灰軀盡命報塞厚恩天
威在顏悚懼受詔

己亥令

魏武帝

孤始舉孝廉年少自以本非巖穴知名之士恐爲海
內人之所見凡愚欲爲一郡守好作政教以建立名
譽使世士明知之故在濟南始除殘去穢平心選舉
違迕諸常侍以爲強豪所忿恐至家禍故以病還去
官之後年紀尚少顧視同歲中年有五十未名爲老
內自圖之從此却去二十年待天下清乃與同歲中
始舉者等耳故以四時歸鄉里於譙東五十里築精

十一家注孙子三卷 （汉）曹操、（唐）杜牧等撰 宋刻本

每半叶 8 行，行 17 字，小字双行 26 字，白口，左右双边。国家图书馆藏（索书号：08146）。入选《第一批国家珍贵古籍名录》（名录号：00618）。

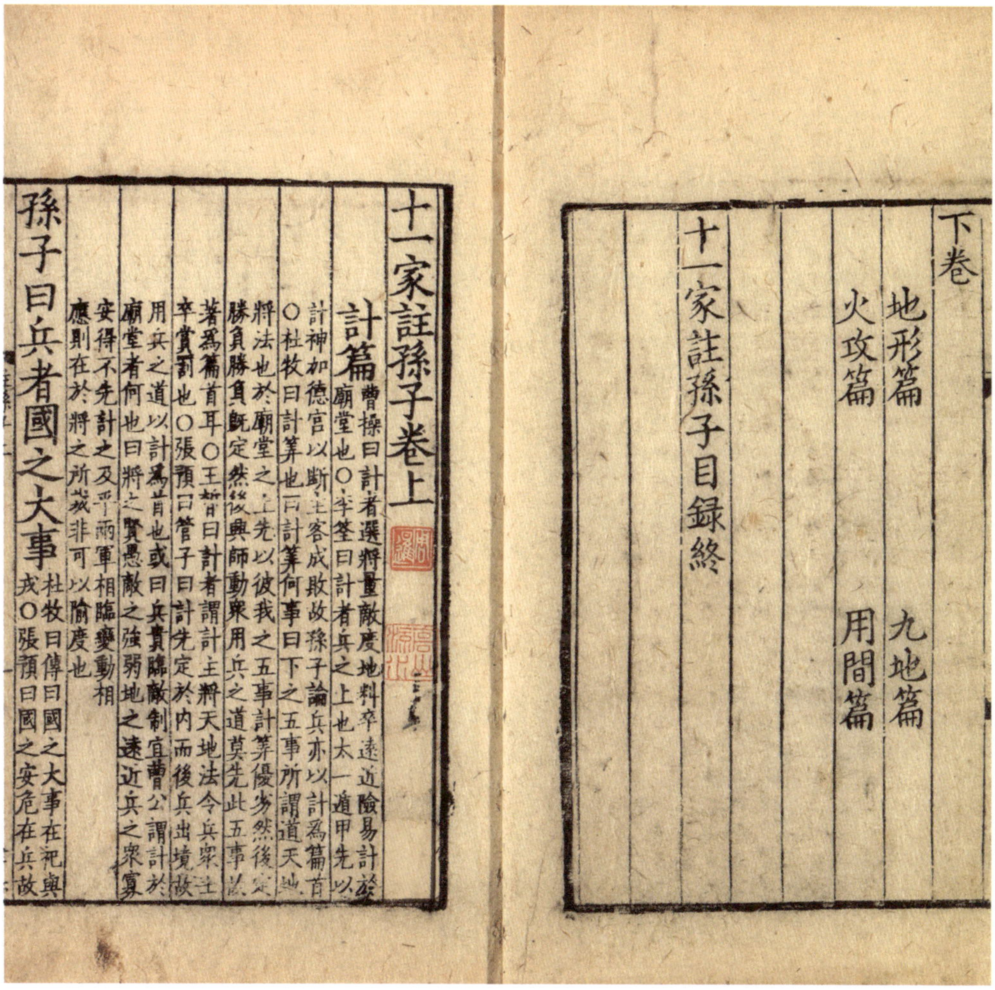

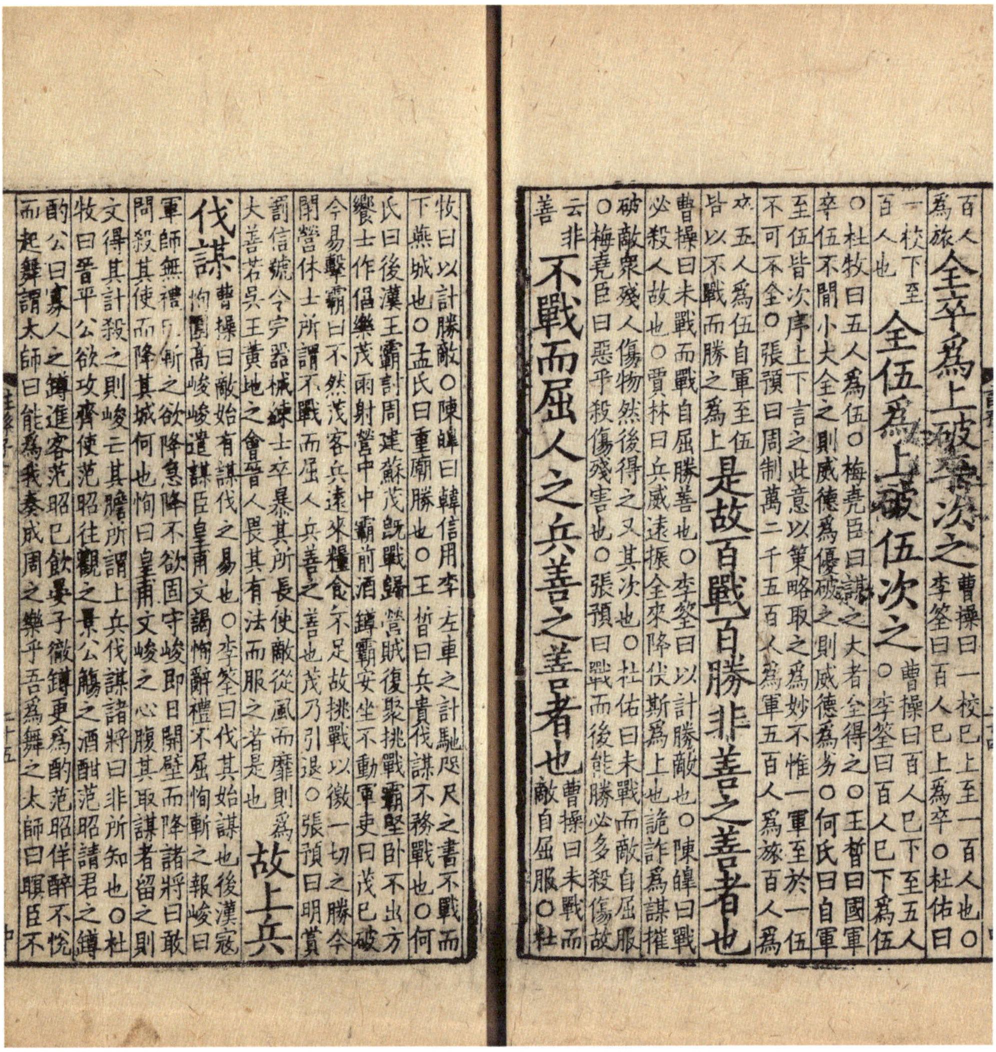

百人為旅全卒為上破卒次之曹操曰一校已上至一百人也○李筌曰百人已上為卒○杜佑曰
一校下至百人也全伍為上破伍次之曹操曰百人已下至五人○李筌曰百人已下為伍
○杜牧曰五人為伍○梅堯臣曰謀之大者全得之○王晳曰國軍
卒伍不間小大全之則威德為優破之則威德為劣○何氏曰自軍
至伍皆次序上下言之此意以策略取之為妙不惟一軍至於一伍
不可不全○張預曰周制萬二千五百人為軍五百人為旅百人為
卒五人為伍自軍至伍
皆以不戰而勝之為上是故百戰百勝非善之善者也
曹操曰未戰而戰自屈勝善也○李筌曰以計勝敵也○陳皞曰戰
必殺人故也○賈林曰兵威遠振全來降伏斯為上也詭詐為謀摧
破敵衆殘人傷物然後得之又其次也○杜佑曰未戰而敵自屈服
○梅堯臣曰惡乎殺傷殘害也○張預曰戰而後能勝必多殺傷故
云非善不戰而屈人之兵善之善者也曹操曰未戰而敵自屈服○杜

牧曰以計勝敵○陳皞曰韓信用李左車之計馳咫尺之書不戰而
下燕城也○孟氏曰重廟勝也○王晳曰兵貴伐謀不務戰也○何
氏曰後漢王霸討周建蘇茂既戰歸營賊復聚挑戰霸堅卧不出方
饗士作倡樂茂雨射營中中霸前酒罇霸安坐不動軍吏曰茂已破
今易擊霸曰不然茂客兵遠來糧食不足故挑戰以徼一切之勝今
閉營休士所謂不戰而屈人兵善之善也茂乃引退○張預曰明賞
罰信號令完器械練士卒暴其所長使敵從風而靡則為
大善若吳王黃池之會晉人畏其有法而服之者是也故上兵
伐謀曹操曰敵始有謀伐之易也○李筌曰伐其始謀也後漢寇
恂圍高峻峻遣謀臣皇甫文謁恂辭禮不屈恂斬之報峻曰
軍師無禮已斬之欲降急降不欲固守峻即日開壁而降諸將曰敢
問殺其使而降其城何也恂曰皇甫文峻之心腹其取謀者留之則
文得其計殺之則峻亡其膽所謂上兵伐謀諸將曰非所知也○杜
牧曰晉平公欲攻齊使范昭往觀之景公觴之酒酣范昭請君之罇
酌公曰寡人之罇進客范昭已飲晏子徹罇更為酌范昭佯醉不悅
而起舞謂太師曰能為我奏成周之樂乎吾為舞之太師曰瞑臣不

二十五

曹操（155—220），字孟德，小名阿瞒。沛国谯（今安徽亳州市）人。东汉政治家、军事家、文学家。《三国志》载其“少机警，有权数，而任侠放荡，不治行业”。年二十，举孝廉。建安元年（196）迎献帝都许昌，自此“挟天子以令诸侯”，逐步统一中国北方。官至丞相、大将军，封魏王。曹丕篡汉称帝，追谥为太祖武皇帝。今存诗二十余首，文百余篇，有《孙子兵法注》等。事具《三国志·武帝纪》。

关于曹集的编选。裴松之《三国志》引注提到过“曹公集”，彼时或有“曹公集”之名。《隋书·经籍志》始著录《魏武帝集》二十六卷、《魏武帝集新撰》十卷，新旧《唐书》俱载《魏武帝集》三十卷，今皆不存。南宋著名藏书家尤袤《遂初堂书目》著录有《魏武帝集》，未注明卷数。明代张燮《七十二家集》辑《魏武帝集》五卷，张溥《汉魏六朝百三名家集》辑《魏武帝集》一卷。诸家收录颇有出入，部分篇章亦属存疑。

曹操文学造诣深厚，尤以乐府诗歌成就为高，史称其“雅好诗书文籍，虽在军旅，手不释卷”。其诗气魄弘大，慷慨苍凉。其文辞简意达，清峻通脱，“是建安文学新局面的开创者”（袁行霈语）。曹操的诗歌题材有记事、游仙、言志、咏史等。《百部经典》版《曹操集》解读人刘运好称“曹操诗歌一方面是在意象之中呈现出吞吐日月的磅礴气势，另一方面又在意象之外蕴含着包举天下的博大胸襟”。昂扬之精神与慷慨不平之感情，形成其特有的风格。后人评其诗“跌宕悲凉，独臻超越”“气韵沉雄”。黄侃《诗品讲疏》称：“魏武诸作，慷慨悲凉，所以收束汉音，振发魏响。”《薤露》分析两汉衰亡原因，诗人对因君主任人不当导致的宗庙倾覆、社会动荡、百姓受苦的局面，深表痛惜，表达了对乱政的痛恨以及兼济天下的爱国抱负，志向远大，见解深刻，意境雄沉，堪称汉末诗史。《碣石篇·神龟虽寿》中“老骥伏枥，志在千里。烈士暮年，壮心不已”的名句，壮怀激烈，少年读之，则慷慨自励；老年读之，则意重神驰。《短歌行》二首中，曹操以周公为榜样，表达了自己匡扶汉室、臣节不坠的政治理想以及胸怀天下、求贤若渴的大志大才。曹操的散文不事雕琢，清峻自然。以政令文为主，辞意简明，自然质朴，有别于当时骈文化的发展方向，同时也是研究三国历史、探究曹操思想的重要文献资料。如《述志令》是曹操政治理想的宣言。曹操表示，自己世受国恩，岂能有不臣之心？每念及此，“未尝不怆然流涕也”，表达感情时深切感人，分析时局时又自信有力，他说“设使国家无有孤，不知当几人称帝，几人称王！”这篇文章很好地体现了曹操“清峻通脱”的特点，不事雕琢而文气袭然。

作为一位杰出的军事家，曹操曾注解《孙子兵法》。国家图书馆藏宋刻本《十一家注孙子》三卷，保存了曹操的注释。“十一家”指后世为《孙子兵法》作注的十一个人，分别是曹操、孟氏、李筌、贾林、杜佑、杜牧、陈皞、王皙、梅尧臣、何氏和张预。十一家注文起到了疏通文意、丰富材料的作用。但作为军事著作，虽说“曹公注隐微”，或许也只有杰出的军事家曹操更有心得，更值得后人深入体味。国图藏此本钤有“钟溪鉴赏”“周暹”印，知曾为陈希曾、周叔弢收藏。曹集从明代始有较完整的辑佚本，现存古籍善本以明刻本居多，今以国家图书馆藏明刻善本书影为代表，兹列图数种，以资参考。

《百部经典》版《曹操集》诗文部分以《汉魏六朝百三名家集·魏武帝集》为底本，参诸他作，择善而从。辑佚存疑，俱列于后。并以国图出版社影印宋刻《十一家注孙子》为底本，收《孙子兵法注》，与诗文合并解读，曹氏之作，逮乎齐备。

（华鑫文）

欧阳修集

欧阳文忠公集一百五十三卷附录五卷　（宋）欧阳修撰　宋刻本

每半叶 10 行，行 16 字，白口，左右双边。存 75 卷：卷 1—2、51—65、71—89、102—118、125—143、附录 1—3。国家图书馆藏（索书号：A00560）。

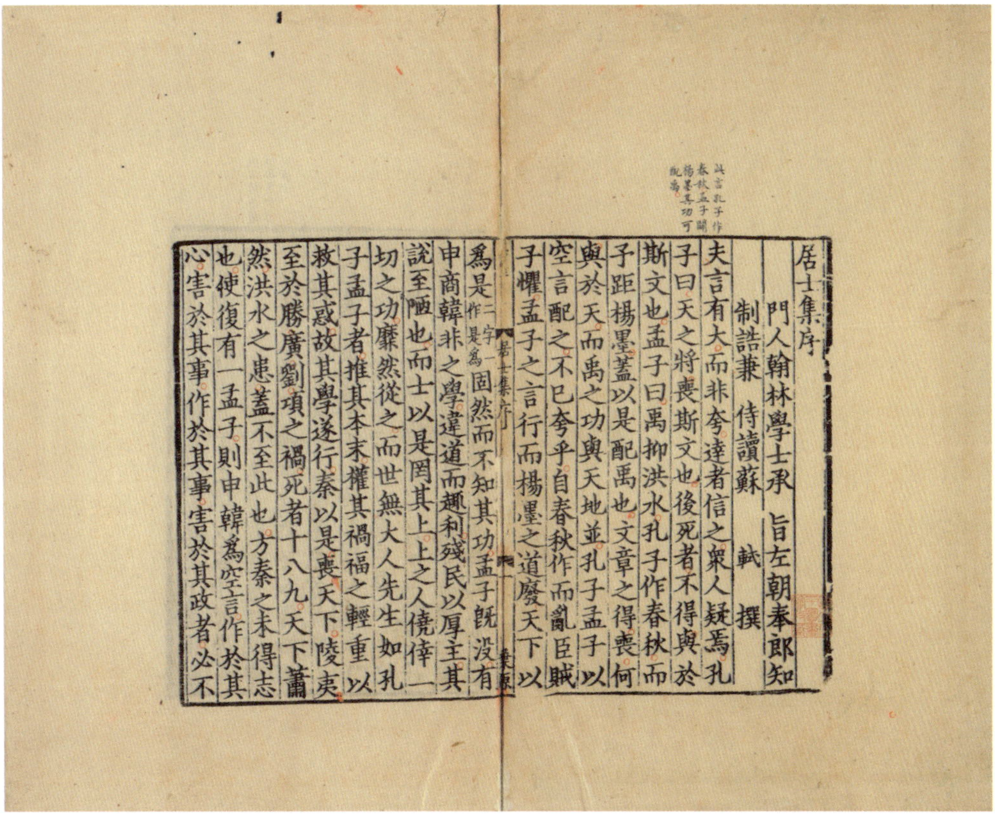

欧阳文忠公集一百五十三卷　（宋）欧阳修撰　**年谱一卷**　（宋）胡柯撰　宋刻本

每半叶10行，行16—17字，小字双行行字不等，白口，左右双边。存72卷：卷20—24、46—64、68—75、95—114、117—127、134—137、141—142、144—146。国家图书馆藏（索书号：A01030）。

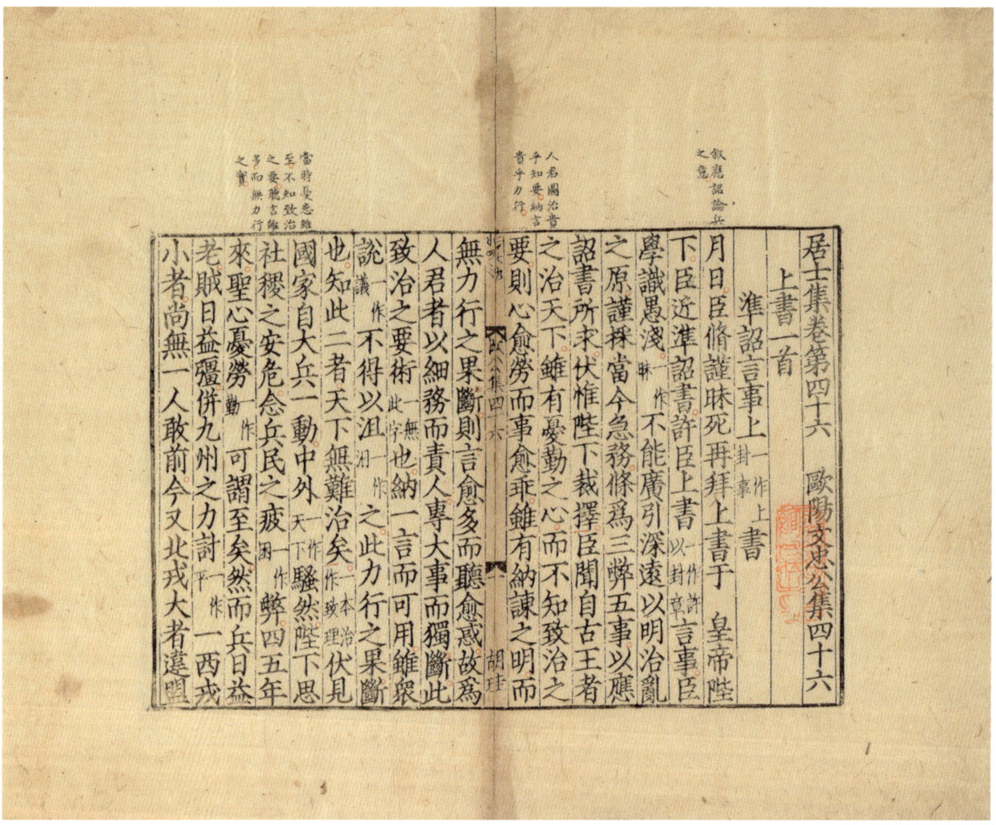

欧阳文忠公集一百五十三卷附录五卷 （宋）欧阳修撰 宋庆元二年（1196）周必大刻本

每半叶10行，行16字，白口，左右双边。卷3—6、38—44、61—63、95、134—143配明抄本。国家图书馆藏（索书号：11396）。入选《第一批国家珍贵古籍名录》（名录号：01097）。

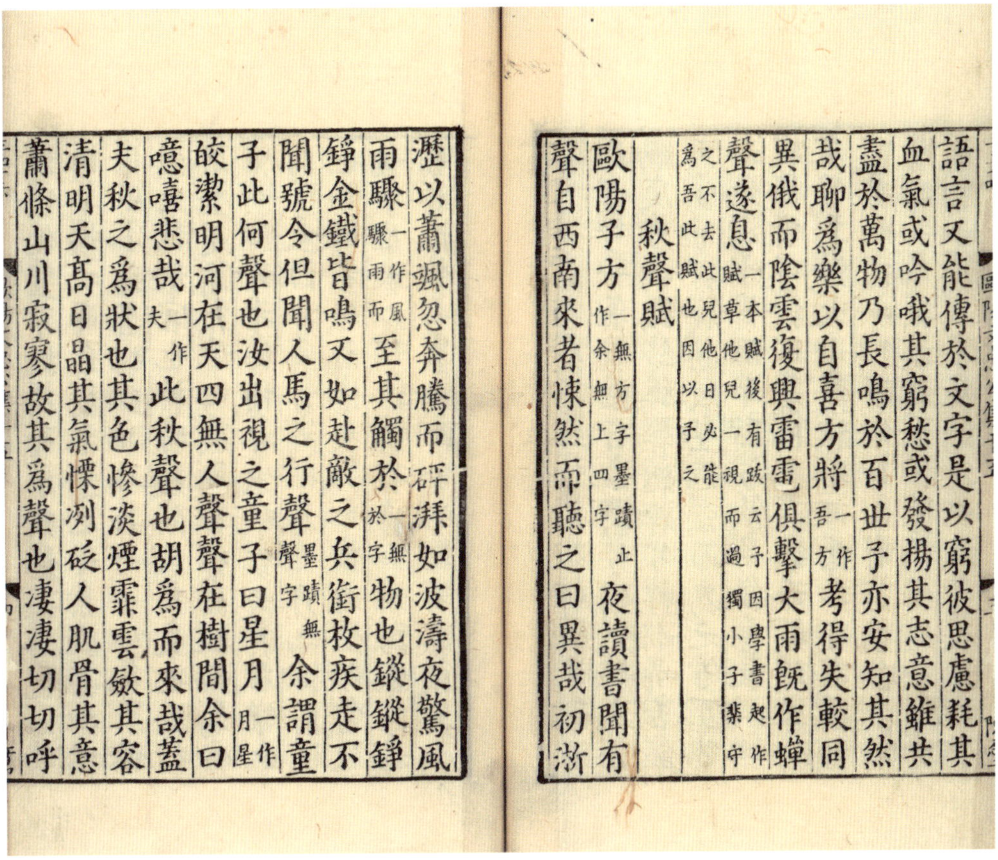
語言又能傳於文字是以窮彼思慮耗其
血氣或吟哦其窮愁或發揚其志意雖其
盡於萬物乃長鳴於百丗子亦安知其然
哉聊爲樂以自喜方將（一作吾方）考得失較同
異俄而陰雲復興雷電俱擊大雨既作蟬
聲遂息（一本賦後有跋云予因學書起作賦草他兒一視而過獨小子棐守之不去此兒他日必能爲吾此賦也因以予之）

秋聲賦

歐陽子方（一無方字墨蹟止作余無上四字）夜讀書聞有
聲自西南來者悚然而聽之曰異哉初淅
瀝以蕭颯忽奔騰而砰湃如波濤夜驚風
雨驟（一作風驟雨而）至其觸於（一無於字）物也鏦鏦錚
錚金鐵皆鳴又如赴敵之兵銜枚疾走不
聞號令但聞人馬之行聲（墨蹟無聲字）余謂童
子此何聲也汝出視之童子曰星月（一作月星）
皎潔明河在天四無人聲聲在樹間余曰
噫嘻悲哉（一作夫）此秋聲也胡爲而來哉蓋
夫秋之爲狀也其色慘淡煙霏雲斂其容
清明天高日晶其氣慄冽砭人肌骨其意
蕭條山川寂寥故其爲聲也淒淒切切呼

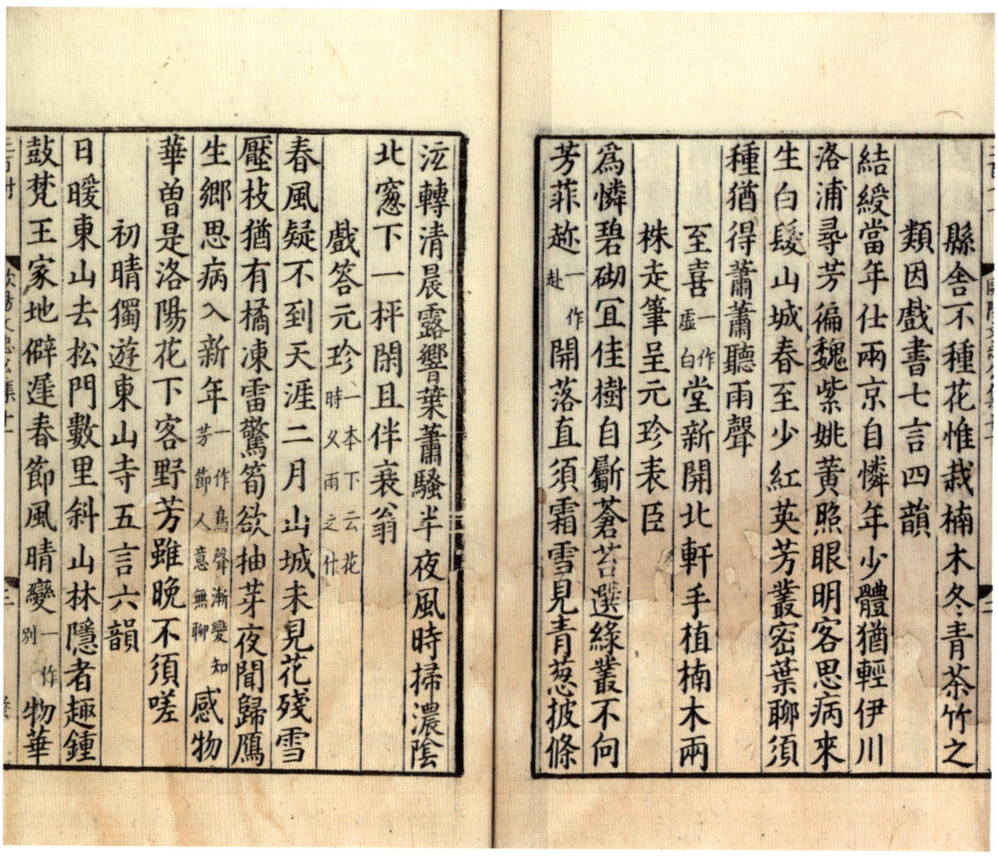

縣舍不種花惟栽楠木冬青茶竹之類因戲書七言四韻

結綬當年仕兩京自憐年少體猶輕伊川洛浦尋芳徧魏紫姚黃照眼明客思病來生白髮山城春至少紅英芳叢密葉聊須種猶得蕭蕭聽雨聲

至喜一作虛白堂新開北軒手植楠木兩株走筆呈元珍表臣

爲憐碧砌宜佳樹自斸蒼苔選綠叢不向芳菲趁一作赴開落直須霜雪見青葱披條泛轉清晨露響葉蕭騷半夜風時掃濃陰北窻下一枰閑且伴衰翁

戲答元珍一本下云花時久雨之作

春風疑不到天涯二月山城未見花殘雪壓枝猶有橘凍雷驚筍欲抽芽夜聞歸鴈生鄉思病入新年一作鳥聲漸變知芳節人意無聊感物華曾是洛陽花下客野芳雖晚不須嗟

初晴獨遊東山寺五言六韻

日暖東山去松門數里斜山林隱者趣鍾鼓梵王家地僻遲春節風晴變一作別物華

欧阳文忠公集一百五十三卷附录五卷 （宋）欧阳修撰 **年谱一卷** （宋）胡柯撰 《四部丛刊》本影印元刻本

行字不一。国家图书馆藏（索书号：20085：887—922）。

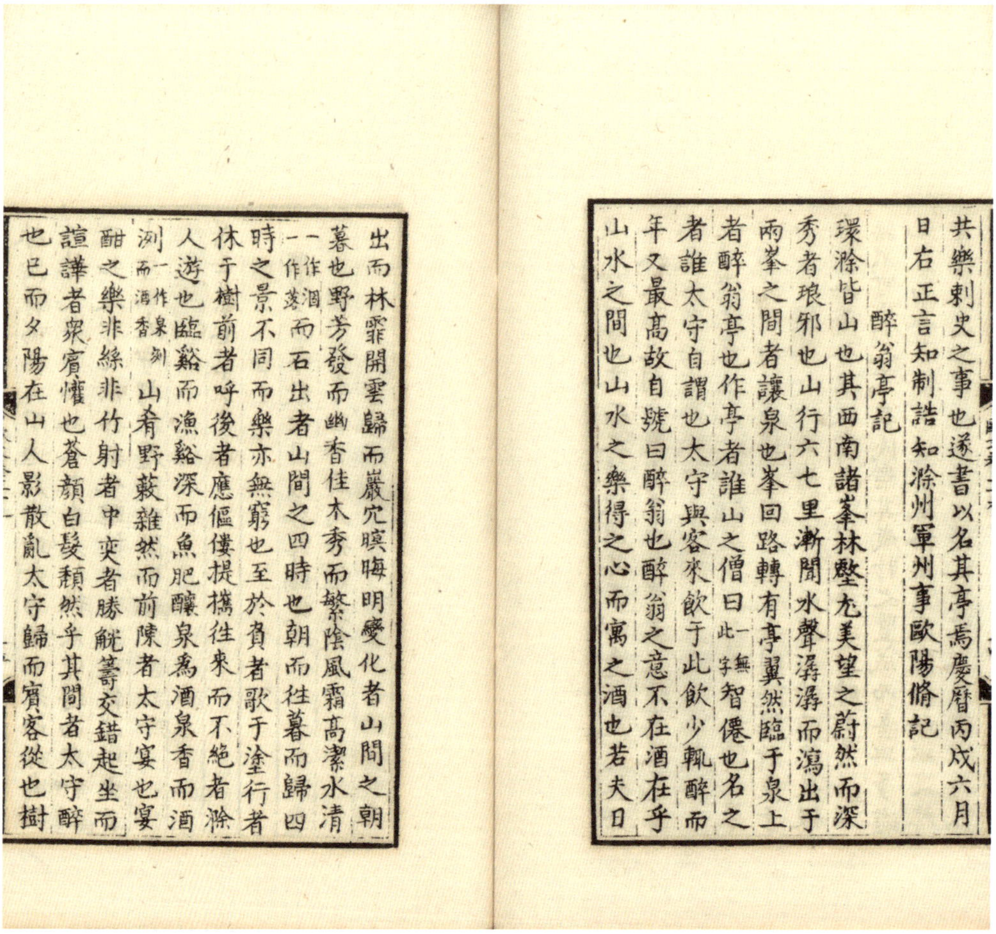
共樂刺史之事也遂書以名其亭焉慶曆丙戌六月日右正言知制誥知滁州軍州事歐陽脩記

醉翁亭記

環滁皆山也其西南諸峯林壑尤美望之蔚然而深秀者琅邪也山行六七里漸聞水聲潺潺而瀉出于兩峯之間者讓泉也峯回路轉有亭翼然臨于泉上者醉翁亭也作亭者誰山之僧曰（一無此字）智僊也名之者誰太守自謂也太守與客來飲于此飲少輒醉而年又最高故自號曰醉翁也醉翁之意不在酒在乎山水之間也山水之樂得之心而寓之酒也若夫日

出而林霏開雲歸而巖穴暝晦明變化者山間之朝暮也野芳發而幽香佳木秀而繁陰風霜高潔水清（一作涸一作落）而石出者山間之四時也朝而往暮而歸四時之景不同而樂亦無窮也至於負者歌于塗行者休于樹前者呼後者應傴僂提攜往來而不絕者滁人遊也臨谿而漁谿深而魚肥釀泉為酒泉香而酒洌（一作泉洌而酒香）山肴野蔌雜然而前陳者太守宴也宴酣之樂非絲非竹射者中弈者勝觥籌交錯起坐而諠譁者衆賓懽也蒼顏白髮頹然乎其間者太守醉也已而夕陽在山人影散亂太守歸而賓客從也樹

欧阳修（1007—1072），字永叔，号醉翁，晚年又号六一居士，庐陵（今江西吉安）人。宋仁宗天圣八年（1030）欧阳修考中进士，任西京留守推官。自此开启了他坎坷多难的仕宦生涯。欧阳修曾因参与以范仲淹为首的“庆历新政”失败，被贬为滁州太守，著名的《醉翁亭记》就是在这里写成的。他的仕宦生涯起起伏伏，曾官至参知政事。神宗熙宁四年（1071），以观文殿学士、太子少师致仕，归颍州。五年，病逝于颍州私第，谥“文忠”。后世称欧公、欧阳公、欧阳文忠公。欧阳修力倡文学革新，在嘉祐二年（1057）主持贡举时，改革考试制度，痛抑时文“险怪奇涩”，扭转了西昆体骈俪文风，奠定了平易流畅之文风，确立了古文的正统地位，录取了文风平实的苏轼、苏辙和曾巩等人，对北宋文风转变的影响很大，成为领导文坛新潮流的盟主。欧阳修不仅是北宋著名的政治家，还以自己丰富的创作，成为“唐宋八大家”之一，诗歌与梅尧臣齐名。他数十年持之以恒笔耕不辍，学术活动涉及文学、史学、经学、金石学、谱牒学、诗话学、目录学等诸多领域，留下了极为丰硕的创作成果。与宋祁领衔编修《新唐书》，独撰《新五代史》，总结五代的历史经验教训。收集整理了周至隋唐的金石器物、铭文碑刻，编为《集古录》。他所写的《六一诗话》开创了诗话这一诗论的新形式，有《欧阳文忠公集》传世。

欧阳修的文学创作特别突出，其诗文集编选始于晚年亲自编定的《居士集》五十卷。熙宁五年去世之后，其子欧阳发、欧阳棐对家藏文稿做了整理并辑为传家本。除《居士集》五十卷外，还有后人续编的《居士外集》。由于欧阳修文名远播，其诗文在两宋有各种各样的编集，并在各地广为流传，如庐陵本、京师旧本、闽本、绵州本、吉州本、衢本《奏议》、浙西《四六》等，传本繁多。直至南宋光宗绍熙、宁宗庆元间，周必大解相印致仕归庐陵后，与其子周纶，并召集乡贤孙谦益、丁朝佐、曾三异、胡柯等人，遍搜旧本，精加雠校，历时五年有余，终精心编成《欧阳文忠公集》一百五十三卷、《年谱》一卷、《附录》五卷。

由周必大主持编纂的《欧阳文忠公集》一百五十三卷中，就文学而言，最重要的当然是欧阳修晚年自编诗文的《居士集》五十卷，加上后人续编的《居士外集》二十五卷和《近体乐府》三卷，分别是诗、文、词的创作成果。《欧集》共收古诗与律诗八百六十多首。其中议论时政、反映民生疾苦的诗，引人注目。如《食糟民》描述了“釜无糜粥度冬春，还来就官买糟食”的农民深受官府盘剥的痛苦。而欧词亦是雅俗兼具，反映社会现实，注重日常生活，内容颇为丰富。

欧文则是欧阳修最为耀眼的创作实绩，以平易流畅、委婉曲折著称，其所独具的纡徐委备、沉吟往复、一唱三叹、韵味无穷的艺术风格，被后世称之为“六一风神”。此外，《欧集》还收有《外制集》三卷、《内制集》八卷、《表奏书启四六集》七卷、《奏议集》十八卷、《杂著述》十九卷、《集古录跋尾》十卷、《书简》十卷共十集。另外还有《附录》五卷，以及胡柯根据桐川薛齐谊、庐陵孙谦益、曾三异三家旧谱，旁采史籍，参照本集而重新修订的《庐陵欧阳文忠公年谱》一卷。

现存欧集最重要的版本要属南宋庆元二年（1196）周必大刻本。此本版心上镌字数，版心镌“欧阳文忠公集”及卷次，下方有刻工姓名。卷端题“居士集卷第一，欧阳文忠公集一”。《附录》五卷末有“编定校正”衔名及“覆校”衔名，末附周必大跋。该本校订编刻几近完美，堪称宋代别集整理之典范，历代翻刻不绝。傅增湘称该书“模印精湛”，“盖在公集为最后之定本，亦元明诸刻之祖本”。自周必大庆元刻本问世之后，元明清时期欧集刊本，均据周本重刻。近现代各种丛书，如《四部丛刊》等亦均采用此本。《百部经典》版《欧阳修集》部分词的节选就是以《四部丛刊》本欧集为底本。国图藏此本钤有“徐健庵”“乾学”“增湘”“沅叔藏宋本”“藏园”“双鉴楼收藏宋本”诸印，为清徐乾学旧藏，民国间为傅增湘所得。

（张毕晓）

世说新语

世说新语三卷　（南朝梁）刘孝标撰　（宋）刘辰翁评　明刻本

每半叶9行，行20字，小字双行同，白口，四周单边。清□孝耕校并跋，戴熙艾跋并录，沈岩校跋，吴嘉泰题识。国家图书馆藏（索书号：06224）。

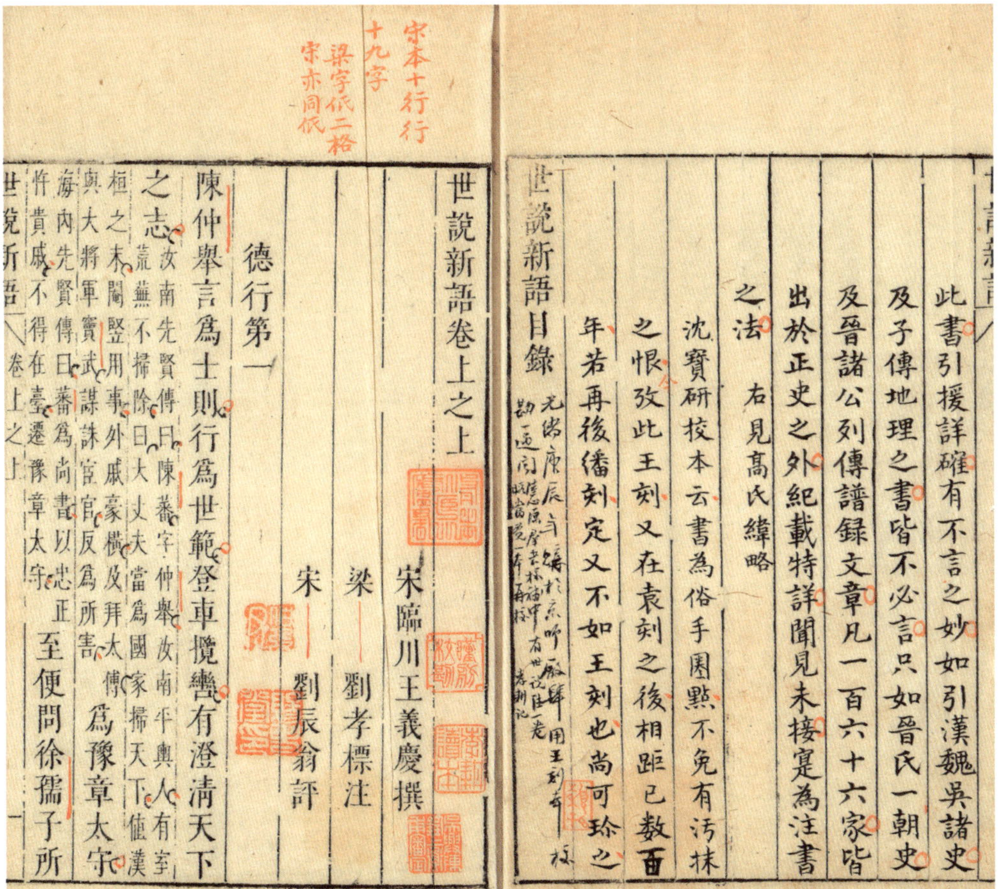

此書引援詳確有不言之妙如引漢魏吳諸史及子傳地理之書皆不必言只如晉氏一朝史及晉諸公列傳譜録文章凡一百六十六家皆出於正史之外紀載特詳聞見未接寔為注書之法

右見高氏緯略

沈寶研校本云書為俗手圈點不免有污抹之恨致此王刻又在袁刻之後相距已數百年若再後繙刻定又不如王刻也尚可珍之

世說新語目錄

宋本十行行十九字

梁字低二格宋亦同低

世說新語卷上之上

宋臨川王義慶撰

梁　劉孝標注

宋　劉辰翁評

德行第一

陳仲舉言爲士則行爲世範登車攬轡有澄清天下之志汝南先賢傳曰陳蕃字仲舉汝南平輿人有室荒蕪不掃除曰大丈夫當爲國家掃天下值漢桓之末閹豎用事外戚豪横及拜太傅與大將軍竇武謀誅宦官反爲所害爲豫章太守海內先賢傳曰蕃爲尚書以忠正忤貴戚不得在臺遷豫章太守至便問徐孺子所

世說新語　卷上之上　一

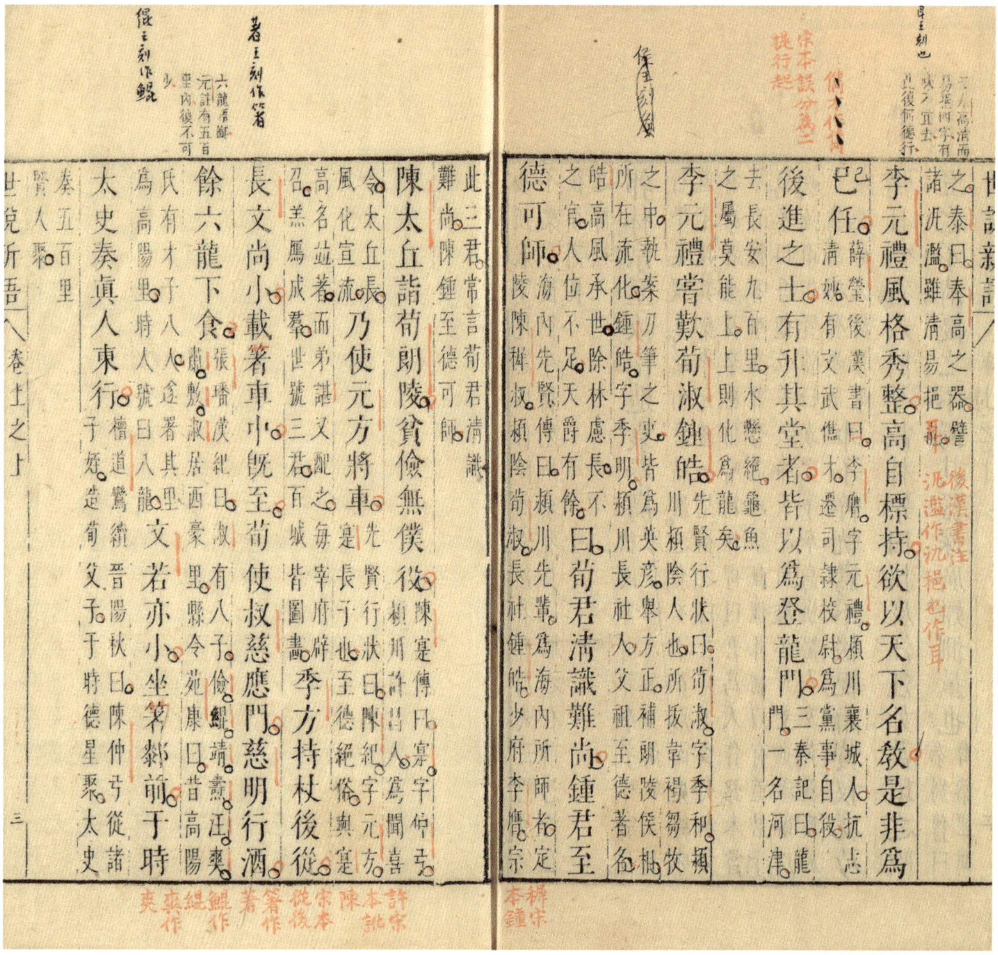

世說新語

之奉曰奉高之器譬諸汎濫雖清易挹

李元禮風格秀整高自標持欲以天下名教是非為己任薛瑩後漢書曰李膺字元禮潁川襄城人抗志清妙有文武儁才遷司隸校尉為黨事自殺後進之士有升其堂者皆以為登龍門三秦記曰龍門一名河津去長安九百里水懸絕龜魚之屬莫能上上則化為龍矣

李元禮嘗歎荀淑鍾皓先賢行狀曰荀淑字季和潁川潁陰人也所拔韋褐芻牧之中執案刀筆之吏皆為英彥舉方正補朗陵侯相所在流化鍾皓字季明潁川長社人父祖至德著名皓高風承世除林慮長不之官人位不足天爵有餘曰荀君清識難尚鍾君至德可師海內先賢傳曰潁川先輩為海內所師者定陵陳稚叔潁陰荀淑長社鍾皓少府李膺宗此三君常言荀君清識難尚陳鍾至德可師

陳太丘詣荀朗陵貧儉無僕役陳寔傳曰寔字仲弓潁川許昌人為聞喜令太丘長風化宣流乃使元方將車先賢行狀曰陳紀字元方寔長子也至德絕俗與寔高名並著而弟諶又配之每宰府辟召羔鴈成羣世號三君百城皆圖畫季方持杖後從長文尚小載著車中既至荀使叔慈應門慈明行酒餘六龍下食張璠漢紀曰淑有八子儉緄靖燾汪爽肅旉淑居西豪里縣令苑康曰昔高陽氏有才子八人遂署其里為高陽里時人號曰八龍文若亦小坐著厀前于時太史奏真人東行檀道鸞續晉陽秋曰陳仲弓從諸子姪造荀父子于時德星聚太史奏五百里賢人聚

世說新語 卷上之上 三

世说新语八卷 （南朝宋）刘义庆撰 （南朝梁）刘孝标注 （宋）刘辰翁、（宋）刘应登、（明）王世懋批点 明凌瀛初刻四色套印本

每半叶8行，行18字，小字双行同，白口，四周单边。国家图书馆藏（索书号：18893）。

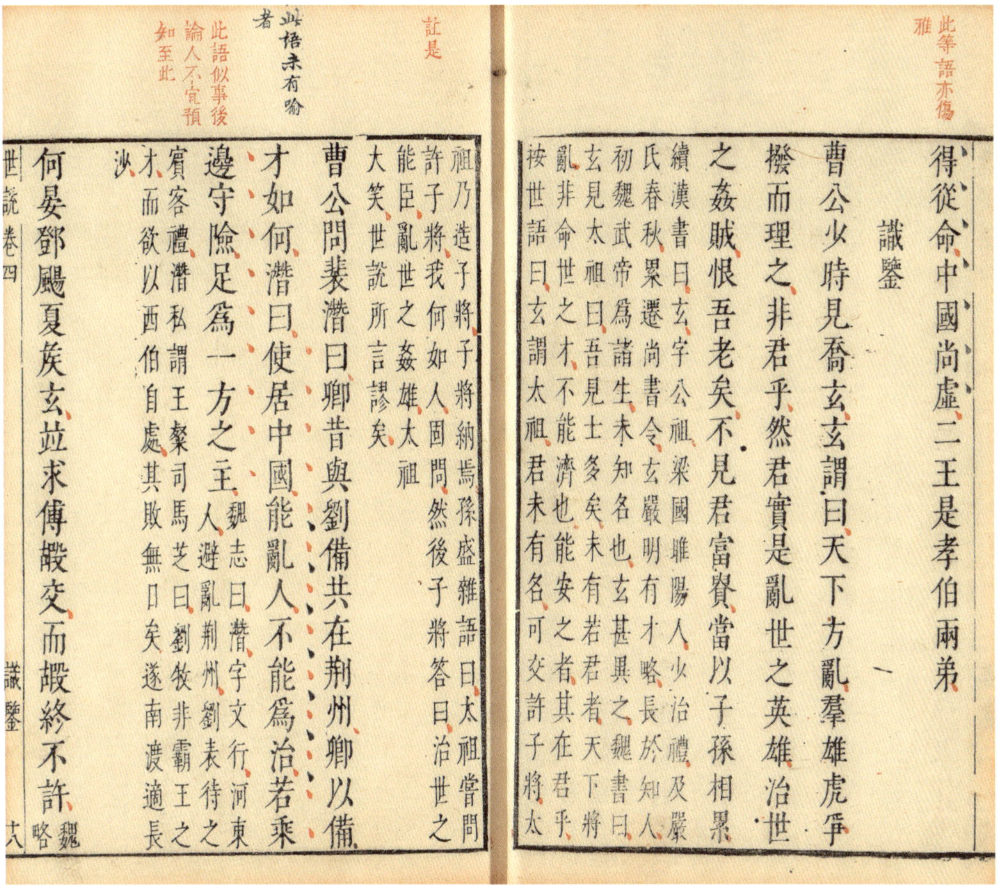

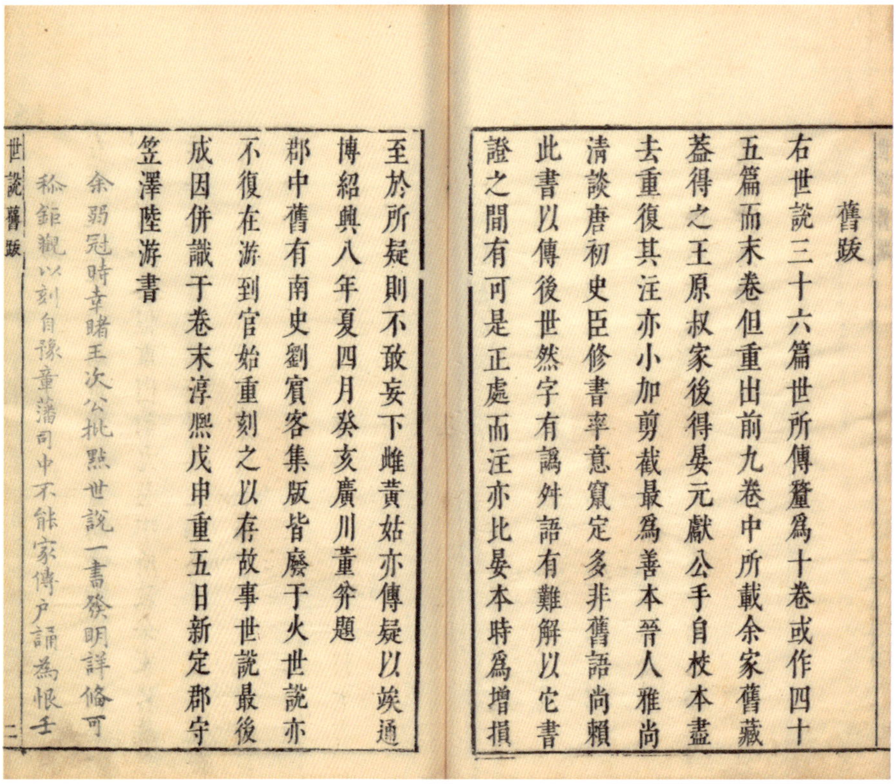

舊跋

右世說三十六篇世所傳釐爲十卷或作四十五篇而末卷但重出前九卷中所載余家舊藏蓋得之王原叔家後得晏元獻公手自校本盡去重復其注亦小加剪截最爲善本晉人雅尚清談唐初史臣修書率意竄定多非舊語尚賴此書以傳後世然字有譌舛語有難解以它書證之間有可是正處而注亦比晏本時爲增損至於所疑則不敢妄下雌黃姑亦傳疑以竢通博紹興八年夏四月癸亥廣川董弅題

郡中舊有南史劉賓客集版皆燬于火世說亦不復在游到官始重刻之以存故事世說最後成因併識于卷末淳熙戊申重五日新定郡守笠澤陸游書

余弱冠時幸睹王次公批點世說一書發明詳備可稱鉅觀以刻自豫章藩司中不能家傳户誦爲恨壬

世說舊跋　二

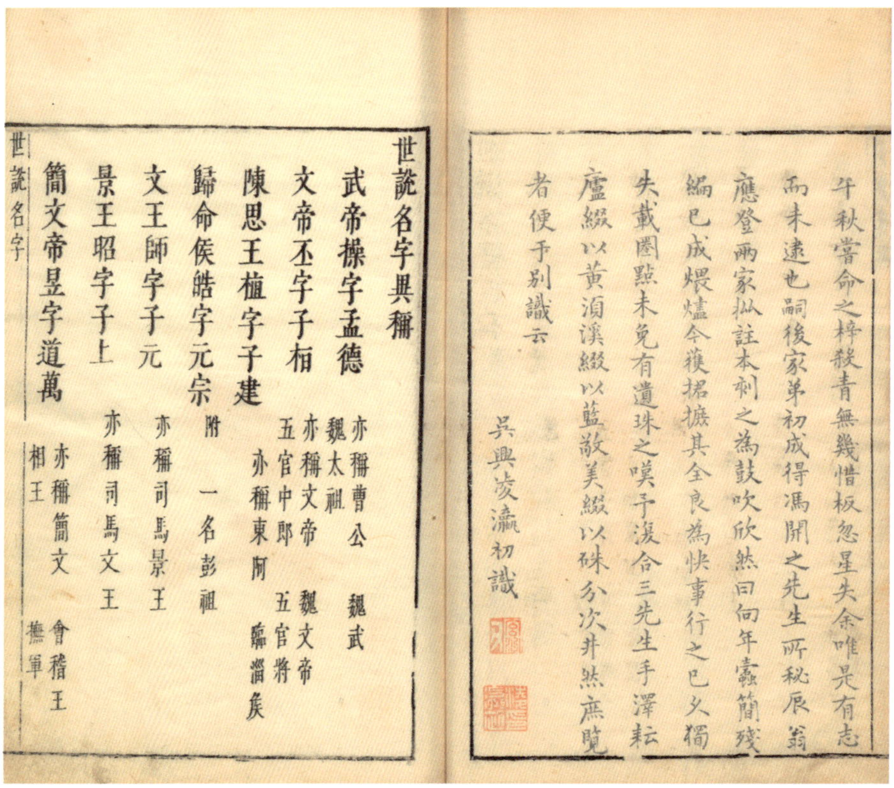

午秋嘗命之梓殺青無幾惜板忽星失余唯是有志而未逮也嗣後家弟初成得馮開之先生所秘辰翁應登兩家批註本剞之爲鼓吹欣然曰向年囊簡殘編已成煨燼今獲据摭其全良為快事行之已久獨失載圈點未免有遺珠之嘆予汲合三先生手澤耘廬綴以黃須溪綴以藍敬美綴以硃分次井然庶覽者便于别識云

吳興凌瀛初識

世說名字異稱

武帝操字孟德　亦稱曹公　魏武　魏太祖

文帝丕字子桓　亦稱文帝　魏文帝　五官中郎　五官將

陳思王植字子建　亦稱東阿　臨淄侯

歸命侯皓字元宗　附　一名彭祖

文王師字子元　亦稱司馬景王

景王昭字子上　亦稱司馬文王

簡文帝昱字道萬　亦稱簡文　會稽王　相王　撫軍

世說名字

李卓吾先生批点世说新语补二十卷　（南朝宋）刘义庆撰　（明）李贽评　明书林余圯孺刻本

每半叶9行，行18字，小字双行同，白口，四周单边。国家图书馆藏（索书号：19950）。

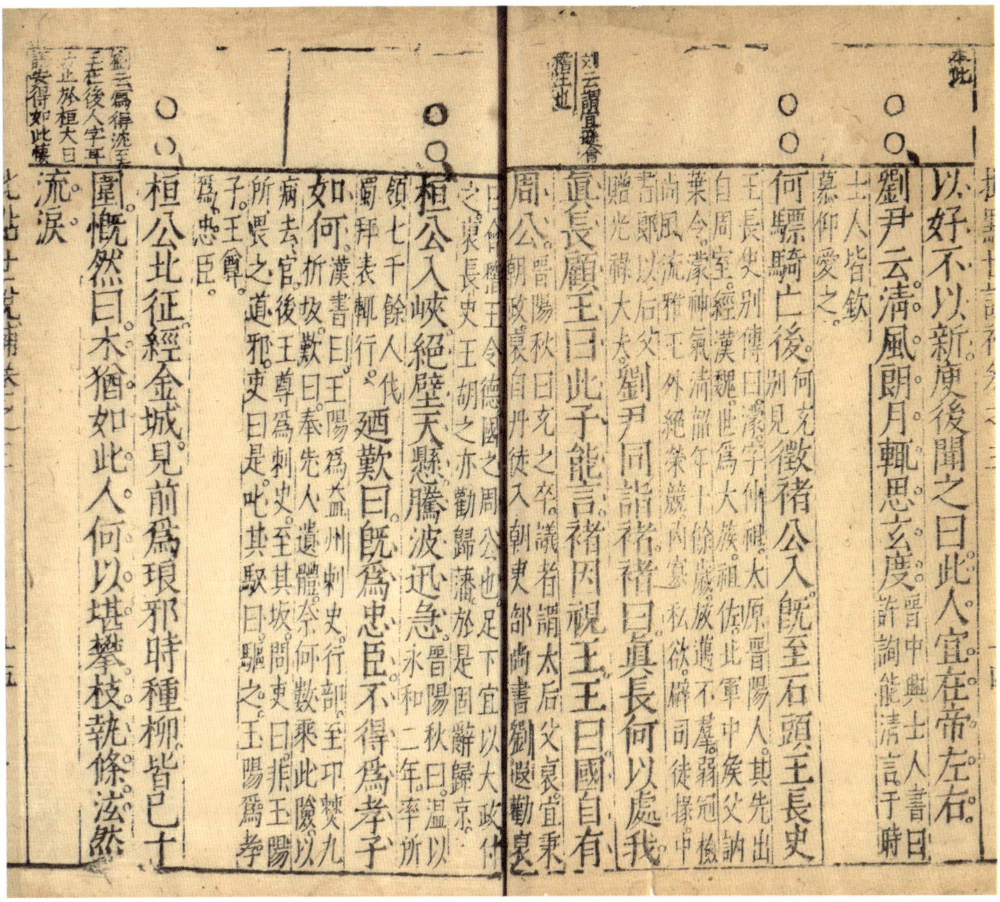

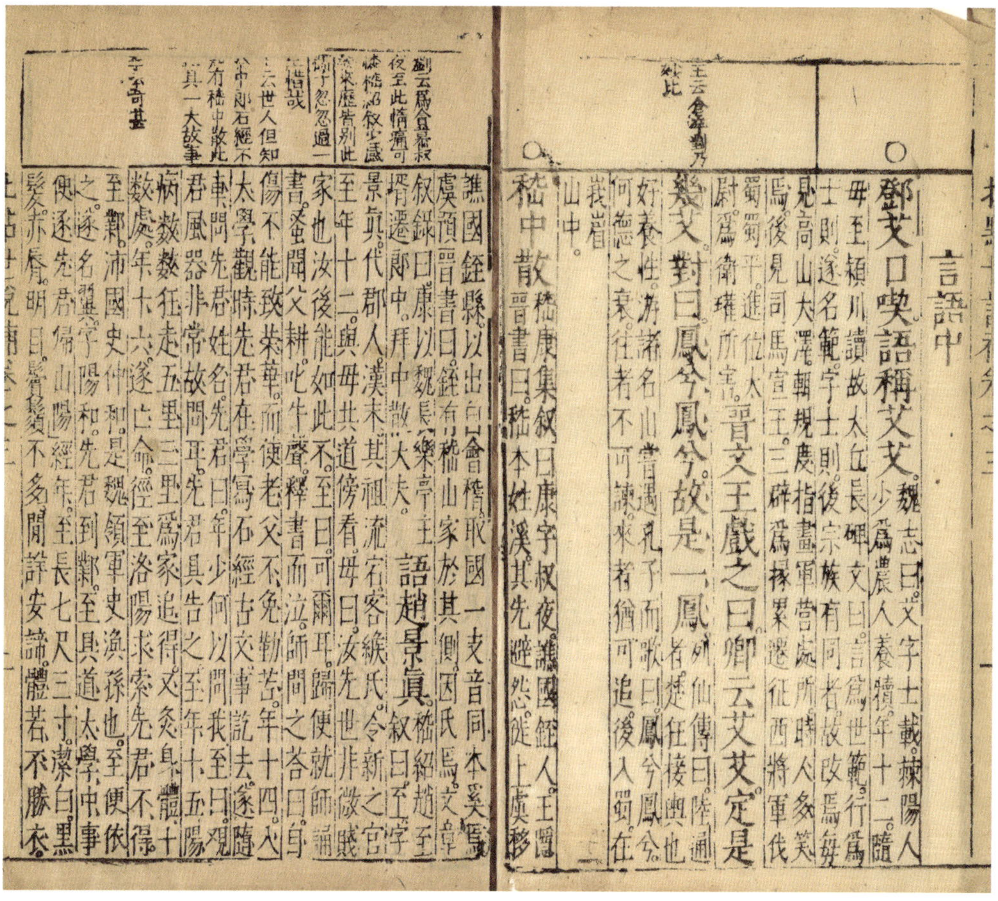

言語中

王云：倉猝對乃如此。

鄧艾口吃，語稱艾艾。魏志曰：艾字士載，棘陽人。少爲農人養犢，年十二，隨母至潁川，讀故太丘長碑文曰：言爲世範，行爲士則。遂名範，字士則。後宗族有同者，故改焉。每見高山大澤，輒規度指畫軍營處所，時人多笑焉。後見司馬宣王，王辟爲掾，累遷征西將軍，伐蜀，蜀平，進位太尉，爲衛瓘所害。晉文王戲之曰：卿云艾艾，定是幾艾？對曰：鳳兮鳳兮，故是一鳳。列仙傳曰：陸通者，楚狂接輿也。好養性，游諸名山。嘗遇孔子而歌曰：鳳兮鳳兮，何德之衰！往者不可諫，來者猶可追。後入蜀，在峩眉山中。

劉云：爲貧窘叔夜至此，情痛可憐。嵇紹敘少歲家歷皆別，此始于忽忽過一生，惜哉。

云：世人但知中郎石經，不知有嵇中散，此其一大故事。

李云：奇甚。

嵇中散嵇康集敘曰：康字叔夜，譙國銍人。王隱晉書曰：嵇本姓奚，其先避怨，徙上虞，移譙國銍縣，以出自會稽，取國一支，音同本奚焉。虞預晉書曰：銍有嵇山，家於其側，因氏焉。文章敘錄曰：康以魏長樂亭主壻遷郎中，拜中散大夫。語趙景真：嵇紹趙至敘曰：至字景真，代郡人。漢末，其祖流宕客緱氏。令新之官，至年十二，與母共道傍看。母曰：汝先世非微賤家也，汝後能如此不？至曰：可爾耳。歸便就師誦書，蚤聞父耕叱牛聲，釋書而泣。師問之，答曰：自傷不能致榮華，而使老父不免勤苦。年十四，入太學，觀時先君在學寫石經古文，事訖去，遂隨車問先君姓名。先君曰：年少，何以問我？至曰：觀君風器非常，故問耳。先君具告之。至年十五，陽病，數數狂走五里三里，爲家追得，又炙身體十數處。年十六，遂亡命，徑至洛陽，求索先君不得，至鄴。沛國史仲和，是魏領軍史渙孫也，至便依之，遂名翼，字陽和。先君到鄴，至具道太學中事，便逐先君歸山陽經年。至長七尺三寸，潔白黑髮，赤脣明目，鬢鬚不多，閑詳安諦，體若不勝衣。

刘义庆（403—444），字季伯，彭城（今江苏徐州）人。南朝宋宗室。幼年即为宋武帝刘裕所知，初为豫州刺史、都督淮北诸军事。永初元年（420），刘裕代晋，袭封临川王，征为侍中。历任散骑常侍、度支尚书、丹阳尹，后出任荆州刺史、使持节都督七州诸军事，元嘉十七年（440）改任南兖州刺史、都督六州诸军事、开府仪同三司。卒谥康王，追赠司空。其为人性简素，寡嗜欲，爱好文学，虽才词不富，已足为宗室之表。招纳文学之士，共相唱和，袁淑、陆展、鲍照、何长瑜等著名文士并以辞章之美，从其左右。撰有《徐州先贤传》十卷、《江左名士传》一卷、《宣验记》十三卷。又拟班固《典引》而为《典叙》。《宋书》卷五十一、《南史》卷十三并有传。

汉末魏晋以来，士族名流间品评人物、空言玄理蔚然成风，并撰集成书，如东晋裴启《语林》、郭澄之《郭子》，广为流传。刘义庆及其门客何长瑜、鲍照等在《语林》《郭子》等书基础上搜罗采集东汉末至东晋年间名士文人的言行、习俗、遗闻轶事，错综比类，以德行、言语、规箴、俭啬等为题分作三十六门纂辑成稿，是为本书。《世说》之名肇于刘向，其书已亡，故刘义庆所集名为《世说新书》。今存唐写本残卷名《世说新书》，大约从宋代起称《世说新语》，沿用后世。《世说》八卷最早著录于《隋书·经籍志》，列于“子部小说家类”，《旧唐书·经籍志》《新唐书·艺文志》著录刘义庆《世说》八卷，刘孝标《续世说》十卷。宋《崇文总目》则著录为十卷。《郡斋读书志》推测刘义庆原书为八卷，刘孝标续二卷，通计为十卷。《直斋书录解题》和《宋史·艺文志》著录为三卷。《玉海》著录为八卷，各著录卷数有异，然皆为三十六篇。《世说新语》是魏晋轶事小说的集大成之作，开记叙轶闻隽语的笔记小说的先风，也是后来小品文的典范，在中国小说发展史上有重要地位，影响极为深远。全面记述了这一时期士族生活的任达放诞及玄学清谈之风，即“魏晋风度”及“名士风流”，基本上反映了当时士族阶级的精神面貌与生活方式。其语言质朴精练，而意味含蓄隽永，明胡应麟在《少室山房笔丛》中说：“读其语言，晋人面目气韵，恍忽生动，而简约玄澹，真致不穷，古今绝唱也。”鲁迅称它“记言则玄远冷俊，记行则高简瑰奇”（《中国小说史略》）。所记人物言行虽往往只是零星片段，但大多写得生动精彩。如《任诞篇》记王子猷雪夜登舟访人，经宿始至，却及门而返，自言“乘兴而行，兴尽而返”；刘伶纵酒裸身于室，别人笑他，他说：“我以天地为栋宇，屋室为裈衣，诸君何为入我裈中？”虽只言片语，却生动地写

出了无拘无束与放诞的名士风度。不少故事如“祢衡击鼓骂曹”“曹植七步成诗”等，成为后世小说、戏剧创作的素材。

《世说新语》在梁代已有刘孝标注本，注文以增补史料为主，征引的古书达四百余种，使内容更加丰富。所引书大多已佚，反靠注文保存。刘注与裴松之《三国志注》、郦道元《水经注》、李善《文选注》同为考证家所引据。《四库全书总目》称“义庆所述，刘知幾《史通》深以为讥，然义庆本小说家言，而知几绳之以史法，拟不于伦，未为通论。孝标所注特为典赡，高似孙《纬略》亟推之，其纠正义庆之纰缪，尤为精核。”刘孝标（462—521），本名法武，后改名峻，字孝标，平原（今属山东）人。南朝梁武帝天监初为典校秘书，后任荆州户曹参军。好学安贫，耕读不辍。梁安成王萧秀曾令其撰《类苑》，未成，以疾去，曾讲学东阳紫岩山。武帝引见，峻占对失旨，不见用。乃著《辩命论》以寄怀。梁武帝普通二年（521）卒，年六十岁。门人谥曰“玄靖”先生。著有文集六卷及《类苑》，明人辑有《刘户曹集》。《梁书》卷五十、《南史》卷四十九有传。

《世说新语》自唐以下传本甚多，宋代即有刻本，世传陆游曾刊刻此书，惜宋本已无流传。现存较早刻本有明正德四年（1509）刻本、明嘉靖袁褧嘉趣堂刻本，袁本盖从陆本翻雕。另外还有万历七年（1579）管大勋刻本、万历三十七年周氏博古堂刻本等，其中明吴兴凌瀛初四色套印本颇具特色。是本卷前有王世懋、刘应登、袁褧、乔懋敬旧序，又有高氏旧题、陆游旧跋，其后是凌瀛初蓝印识语。识语曰：“弱冠尝睹是书，以豫章藩司所刻不能家传户诵为恨。万历十年壬午（1582）尝命之梓行，不久版又星散。”“嗣后家弟初成得冯开之先生所秘辰翁、应登两家批注本刻之。”并曰：“予复合三先生手泽，耘庐缀以黄，须溪缀以蓝，敬美缀以朱，分次井然，庶览者便于别识云。吴兴凌瀛初识。”因知此书之刻当在万历十年之后。全书系朱、墨、黄、蓝四色套印，尤为精丽。此本钤有“括仙蔡建熙”“何焯之印”“屺瞻”等印记。现藏国家图书馆。

《百部经典》版《世说新语》原文选用余嘉锡《世说新语笺疏》为底本，参校本主要有四种：一、上海古籍出版社1982年影印思贤讲舍本；二、国家图书馆出版社2017年《国学基本典籍丛刊》本，即日本所藏宋绍兴本影印本；三、华宝斋影印明凌瀛初刻四色套印本；四、徐震堮《世说新语校笺》等多种今人校注本。

（徐慧）

梦溪笔谈

古迂陈氏家藏梦溪笔谈二十六卷　（宋）沈括撰　元大德九年（1305）茶陵陈仁子东山书院刻本

每半叶 10 行，行 17 字，白口，左右双边。国家图书馆藏（索书号：18133）。入选《第一批国家珍贵古籍名录》（名录号：00756）。

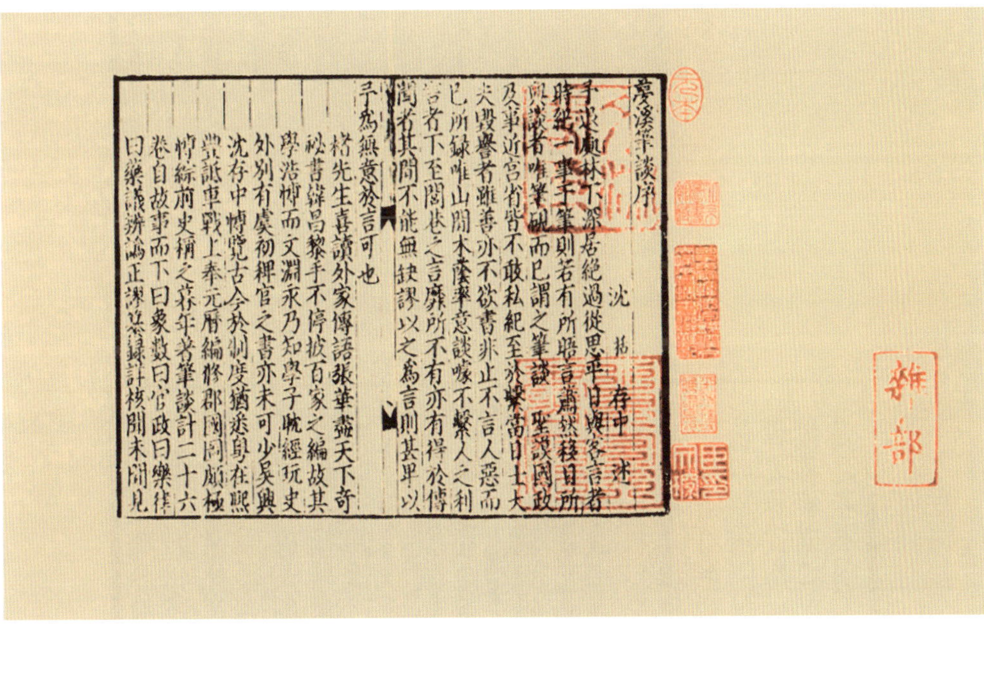
夢溪筆談序　沈括存中述
予退處林下深居絕過從思平日與客言者
時紀一事于筆則若有所晤言蕭然移日所
與談者唯筆硯而已謂之筆談聖謨國政
及事近宮省皆不敢私紀至於繫當日士大
夫毀譽者雖善亦不欲書非止不言人惡而
已所錄唯山間木蔭率意談噱不繫人之利
害者下至閭巷之言靡所不有亦有得於傳
聞者其間不能無缺謬以之為言則甚卑以
予為無意於言可也
桔先生喜讀外家傳語張華蓋天下奇
秘書韓昌黎手不停披百家之編故其
學浩博而文淵永乃知學子耽經玩史
外別有虞初稗官之書亦未可少矣興
沈存中博覽古今於制度猶悉身在熙
豐詆車戰上奏元曆編修郡國圖頗極
博綜前史稱之暮年著筆談計二十六
卷自故事而下曰象數曰官政曰樂律
曰藥議辨論正謬悉錄計核門未開見

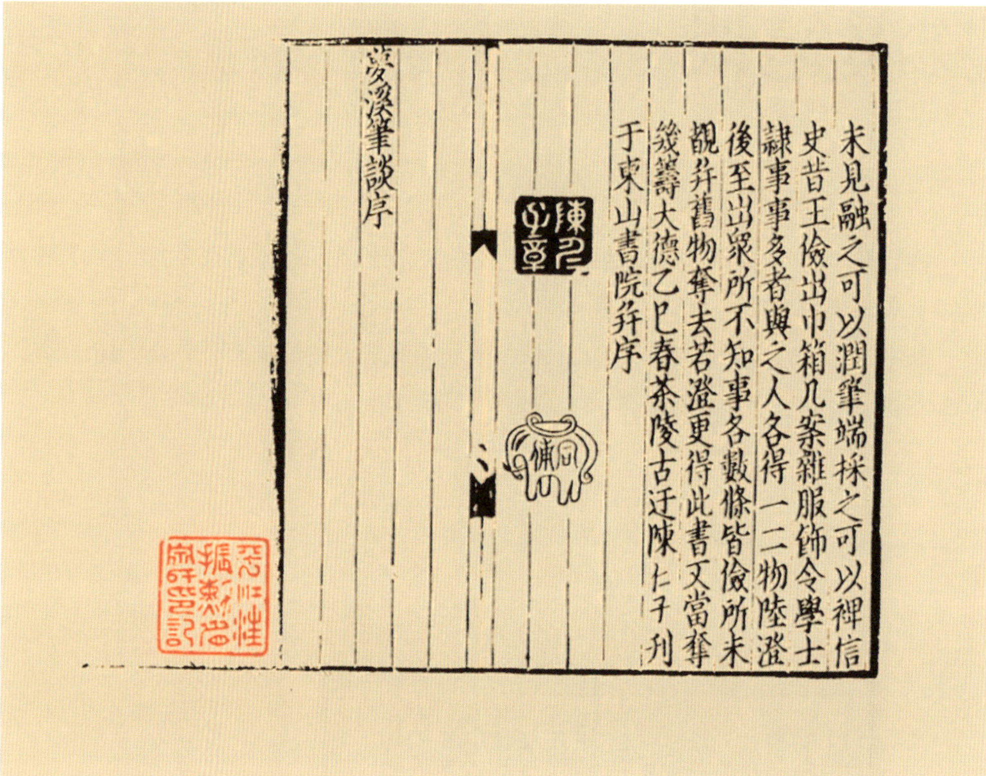

未見融之可以潤筆端採之可以裨信史昔王儉出巾箱几案雜服飾令學士隸事事多者與之人各得一二物陸澄後至出衆所不知事各數條皆儉所未覩并舊物奪去若澄更得此書又當奪幾籌大德乙巳春茶陵古迂陳仁子刊于東山書院并序

夢溪筆談序

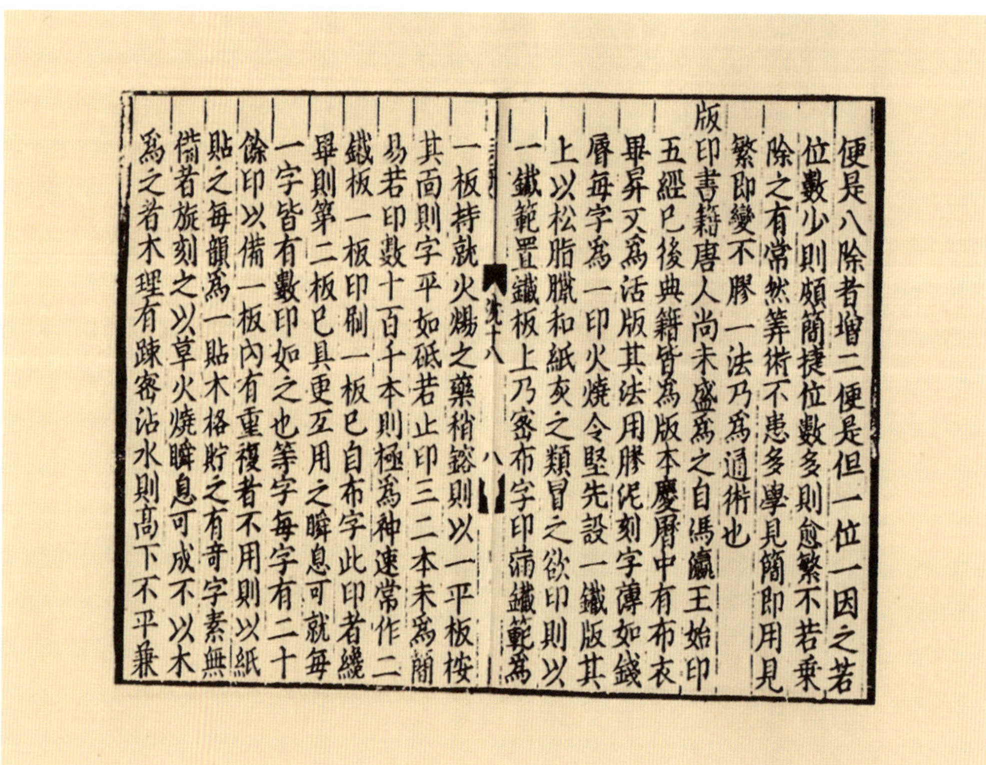

便是八除者增二便是但一位一因之若位數少則頗簡捷位數多則愈繁不若乘除之有常然筭術不患多學見簡即用見繁即變不膠一法乃爲通術也

版印書籍唐人尚未盛爲之自馮瀛王始印五經已後典籍皆爲版本慶曆中有布衣畢昇又爲活版其法用膠泥刻字薄如錢唇每字爲一印火燒令堅先設一鐵版其上以松脂臘和紙灰之類冒之欲印則以一鐵範置鐵板上乃密布字印滿鐵範爲

筆談十八　八

一板持就火煬之藥稍鎔則以一平板按其面則字平如砥若止印三二本未爲簡易若印數十百千本則極爲神速常作二鐵板一板印刷一板已自布字此印者纔畢則第二板已具更互用之瞬息可就每一字皆有數印如之也等字每字有二十餘印以備一板內有重複者不用則以紙貼之每韻爲一貼木格貯之有奇字素無備者旋刻之以草火燒瞬息可成不以木爲之者木理有疎密沾水則高下不平兼

古迂陈氏家藏梦溪笔谈二十六卷　（宋）沈括撰　清影元抄本

每半叶 10 行，行 17 字。国家图书馆藏（索书号：19672）。

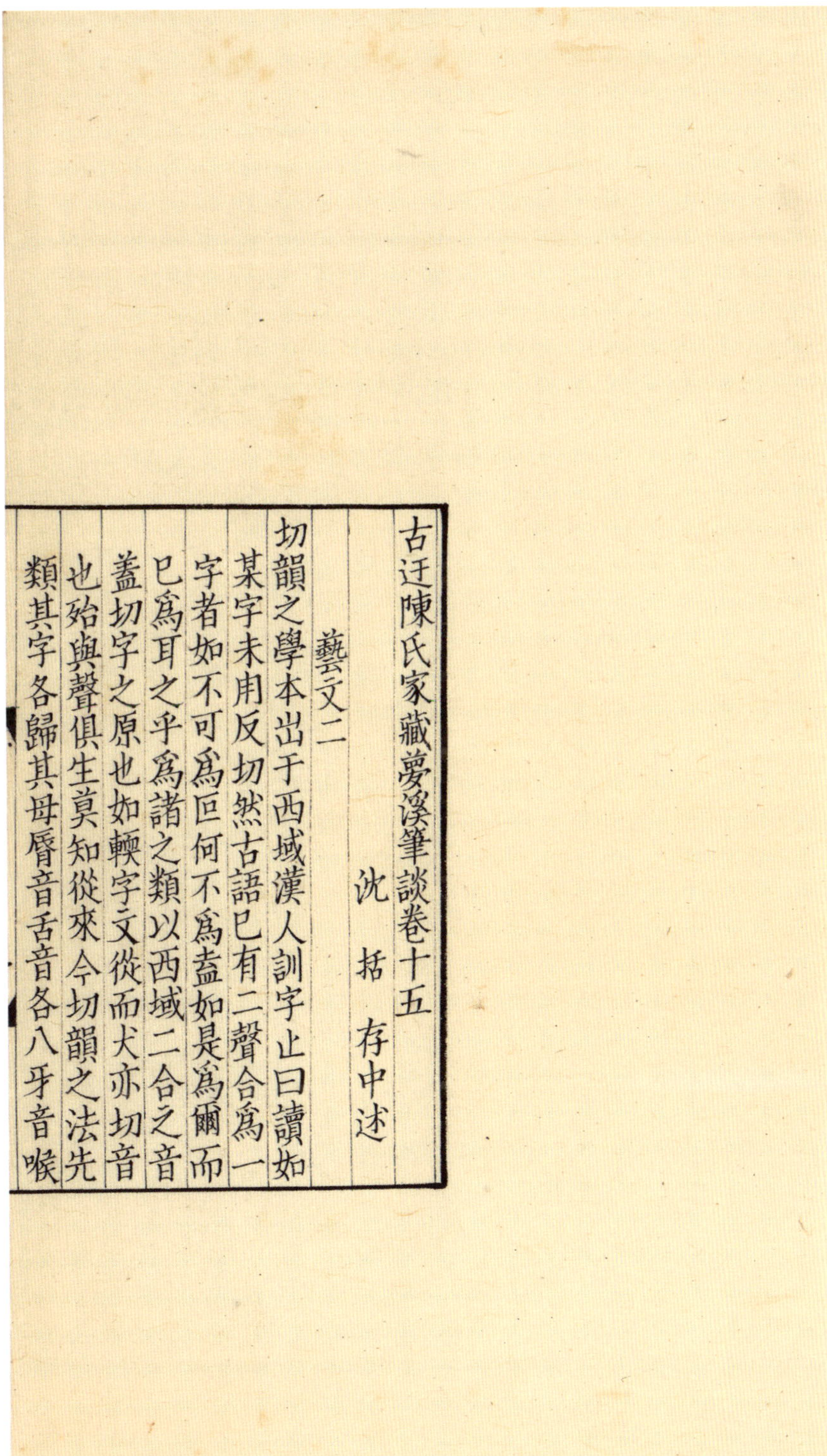

古迂陳氏家藏夢溪筆談卷十五

沈括存中述

藝文二

切韻之學本出于西域漢人訓字止曰讀如某字未用反切然古語已有二聲合爲一字者如不可爲叵何不爲盍如是爲爾而已爲耳之乎爲諸之類以西域二合之音蓋切字之原也如輭字文從而犬亦切音也殆與聲俱生莫知從來今切韻之法先類其字各歸其母脣音舌音各八牙音喉

梦溪笔谈二十六卷　（宋）沈括撰　明刻本

每半叶12行，行18字，白口，左右双边。国家图书馆藏（索书号：07543）。

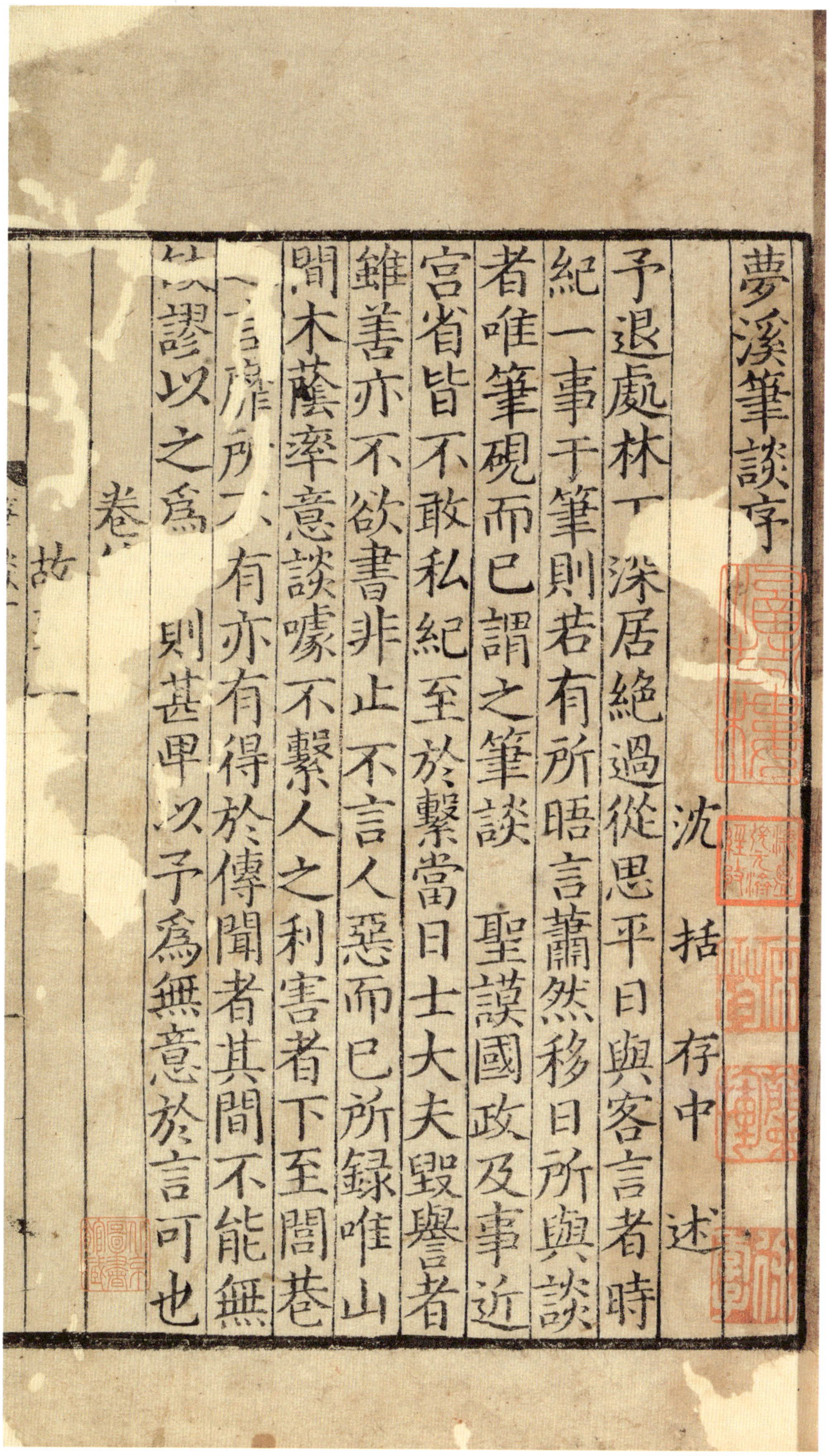

夢溪筆談序

沈括存中述

予退處林下深居絕過從思平日與客言者時紀一事于筆則若有所晤言蕭然移日所與談者唯筆硯而已謂之筆談　聖謨國政及事近宮省皆不敢私紀至於繫當日士大夫毀譽者雖善亦不欲書非止不言人惡而已所録唯山間木蔭率意談噱不繫人之利害者下至閭巷之言靡所不有亦有得於傳聞者其間不能無缺謬以之爲言則甚卑以予爲無意於言可也

卷

故

夢溪筆談卷第二十四

沈括存中

雜誌一

延州今有五城說者以謂舊有東西二城夾河對立高萬興郡始展南北東三關城予因讀杜甫詩云五城何迢迢迢迢隔河水延州秦北戶關防猶可倚乃知天寶中已有五城矣

鄜延境內有石油舊說高奴縣出脂水即此也生於水際沙石與泉水相雜惘惘而出土人以雉尾裛之乃採入缶中頗似淳漆燃之如麻但煙甚濃所霑幄幕皆黑予疑其煙可用試掃其煤以爲墨黑光如漆松墨不及也遂大爲之其識文爲延川石液者是也此物後必大行於世自予始爲之蓋石油至多生於地中無窮不若松木有時而竭今齊魯間松林盡矣漸至太行京西江南松山太半皆童矣造煤人蓋未知石煙之利也石炭煙亦大墨人衣予戲爲延州詩云二郎山下雪紛紛旋卓穹廬學塞人化盡素衣冬未老石煙多似洛陽塵

解州鹽澤之南秋夏間多大風謂之鹽南風其勢發屋拔木幾欲動地然東與南皆不過中條西不過席張鋪北不過鳴條縱廣止

沈括（1031—1095），字存中，号梦溪丈人，杭州钱塘（今浙江杭州）人。北宋嘉祐八年（1063）登进士第，授扬州司理参军，踏入仕途。熙宁年间，参与王安石变法。熙宁八年（1075）出使辽国，力挫辽人割地要求。次年拜翰林学士，权三司使，达仕途高峰，后知延州（今陕西延安）。元丰五年（1082）因不驰援致使徐禧失陷永乐城，结束从政生涯。后迁居润州（今江苏镇江）梦溪园。绍圣二年（1095），因病辞世，享年六十五岁。沈括一生致志于科学研究，在众多学科领域都有很深的造诣和成就，著有《梦溪笔谈》《长兴集》《良方》等。

《梦溪笔谈》的写作时间为元祐年间，大部分是元祐三年（1088）沈括定居润州梦溪园后所写。沈括《梦溪笔谈·自序》云："予退处林下，深居绝过从，思平日与客言者，时纪一事于笔，则若有所晤言，萧然移日，所与谈者，惟笔砚而已，谓之《笔谈》。"《笔谈》最早的刻本为三十卷本，可根据南宋初年江少虞编的《皇朝事实类苑》和明万历年间华亭陈继儒、秀水沈德先辑刻的《汇秘笈》本《补笔谈》推知。《补笔谈》是沈括写完《笔谈》后又补充的内容，经本人和后人编成。《补笔谈》分上下两卷，其编排则注明"补某卷"。从第二卷补起，一直补到第三十卷为止。晁公武《郡斋读书志》著录《梦溪笔谈》二十六卷。可见《梦溪笔谈》在宋代有两个系统的本子在流传，分别为三十卷本和二十六卷本。但三十卷本散佚，二十六卷本流传至今。

《梦溪笔谈》收录了沈括一生的所见所闻和见解，为其晚年所作笔记文字的结集。现今通行的版本包括《笔谈》《补笔谈》《续笔谈》三部分。全书共分为十七个门类，每个门类下面有若干条目，依次为故事、辩证、乐律、象数、人事、官政、权智、艺文、书画、技艺、器用、神奇、异事、谬误、讥谑、杂志、药议等。《梦溪笔谈》记录了活字印刷、切韵等众多内容，尤其关于石油记载的篇章，为中国科技史上的名篇。英国科技史专家李约瑟称其为"中国科技史上的里程碑"和"中国科学史的坐标"。

二十六卷本《梦溪笔谈》，最早为南宋孝宗乾道二年（1166）扬州州学所刻，今已失传。现存最早刻本为元大德九年（1305）茶陵陈仁子东山书院本，乃据乾道本重刊。目次前有沈括自序及古迂陈氏刻书序，署"大德乙巳春茶陵古迂陈仁子刊于东山书院并序"，序后附乾道二年扬州州学教授汤修年跋文。目次后有"茶陵东山书院刊行"八字题记。国图藏此本钤有"东宫书府"；"文渊阁印"，曾为明内府藏书。又有"臣文琛印"，"汪士钟藏""汪士钟印"，"汪振勋印”“平江汪振勋眉泉氏印记”“眉泉”“平阳汪氏藏书印”；“读有用书斋”，“甲子丙寅韩德均钱润文夫妇两度携书避难记”“松江读有用书斋金山守山阁两后人韩德均钱润文夫妇之印”。又钤“元本”。清代为汪氏汪文琛、汪士钟、汪振勋，以及韩应陛、韩德均收藏，后入文渊阁。此书为蝴蝶装，开本宏朗，版心极小，别具风格，为元代书院刻书之精品。

（马超）

儒林外史

儒林外史五十六回　（清）吴敬梓撰　清同治八年（1869）群玉斋活字印本

每半叶 9 行，行 20 字，白口，四周单边。国家图书馆藏（索书号：A02889）。

同治己巳秋擺印
儒林外史
羣玉齋活字板

儒林外史序
古今稗官野史不下數百千種而三國志西遊記水
滸傳及金瓶梅演義世稱四大奇書人人樂得而觀
之余竊有疑焉稗官爲史之支流善談稗官者可進
於史故其爲書亦必善善惡惡俾讀者有所觀感戒
懼而風俗人心庶以維持不壞也西遊元虛荒渺論
者謂爲談道之書所云意馬心猿金公木母大抵心
即是佛之旨予弗敢知三國不盡合正史而就中魏
晉代禪依樣葫蘆天道循環可爲篡弑者鑒其他蜀

儒林外史　序　一

儒林外史第六回

鄉紳發病鬧船家　寡婦含冤控大伯

話說嚴監生臨死之時伸著兩个指頭總不肯斷氣幾个姪兒和些家人都來訌亂著問有說爲兩个人的有說爲兩件事的有說爲兩處田地的紛紛不一只管搖頭不是趙氏分開眾人走上前道爺只有我能知道你的心事你是爲那燈盞裏點的是兩莖燈草不放心恐費了油我如今挑掉一莖就是了說罷忙走去挑掉一莖眾人看嚴監生時點一點頭把手

儒林外史五十六回　（清）吴敬梓撰　清嘉庆二十一年（1816）清江浦注礼阁刻本

每半叶9行，行18字，白口，四周单边。国家图书馆藏（索书号：35178）。

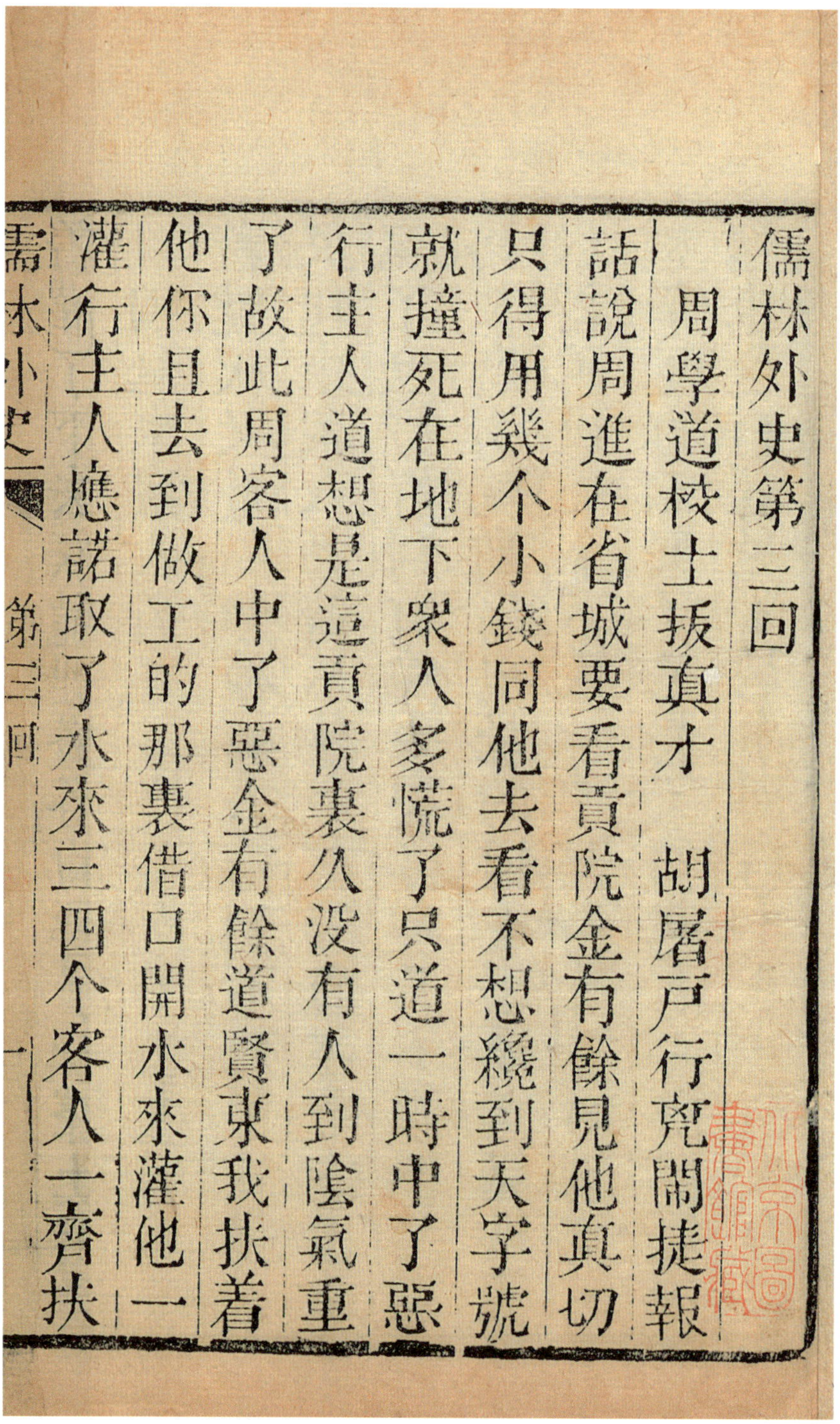

儒林外史第三回

周學道校士拔真才　胡屠戸行兇鬧捷報

話說周進在省城要看貢院金有餘見他真切只得用幾个小錢同他去看不想纔到天字號就撞死在地下衆人多慌了只道一時中了惡行主人道想是這貢院裏久沒有人到陰氣重了故此周客人中了惡金有餘道賢東我扶着他你且去到做工的那裏借口開水來灌他一灌行主人應諾取了水來三四个客人一齊扶

儒林外史　第三回　一

儒林外史五十六回　（清）吴敬梓撰　清嘉庆八年（1803）卧闲草堂刻本　每半叶 9 行，行 18 字，白口，四周单边。复旦大学图书馆藏（索书号：ra0821）。

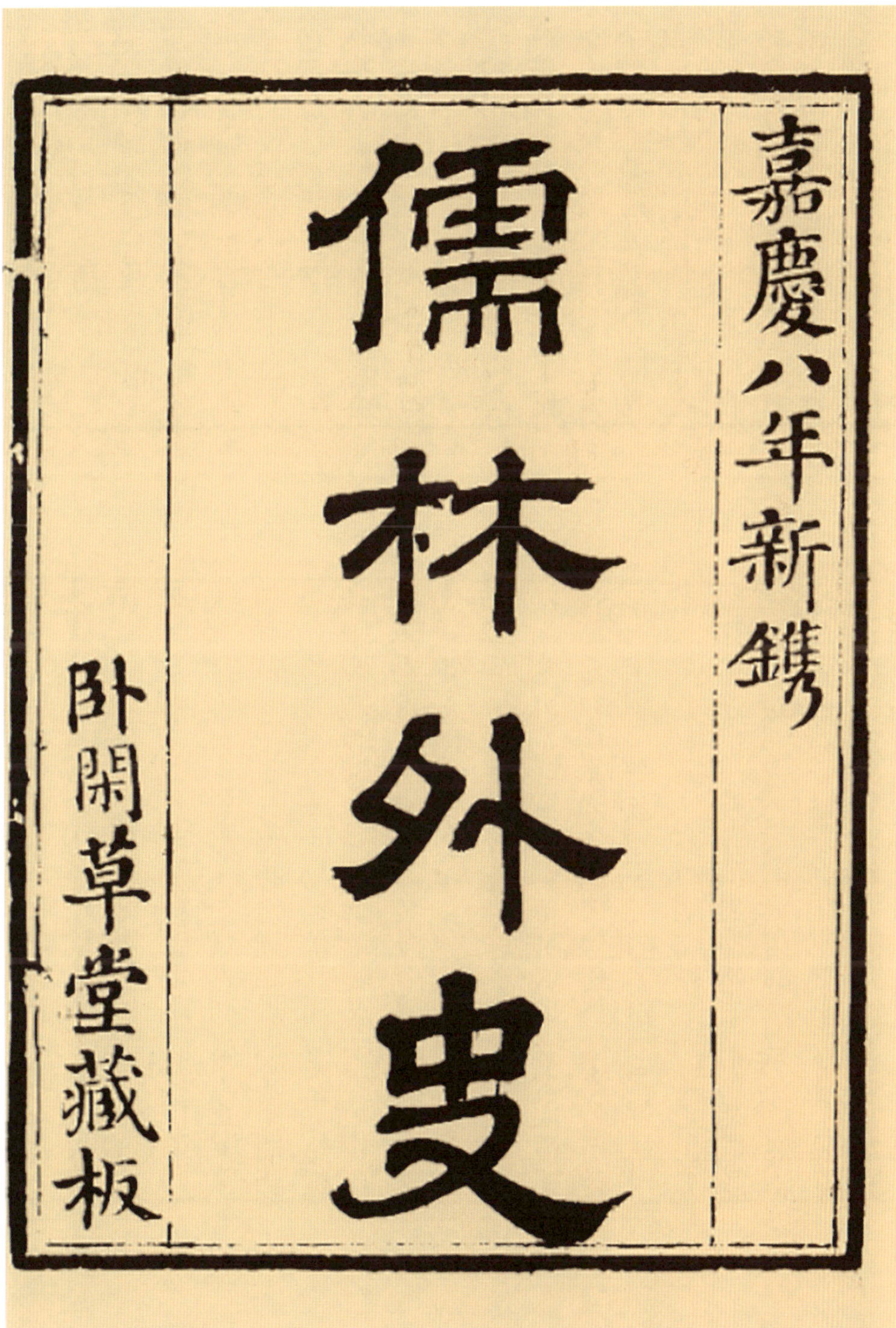
嘉慶八年新鐫
儒林外史
卧閑草堂藏板

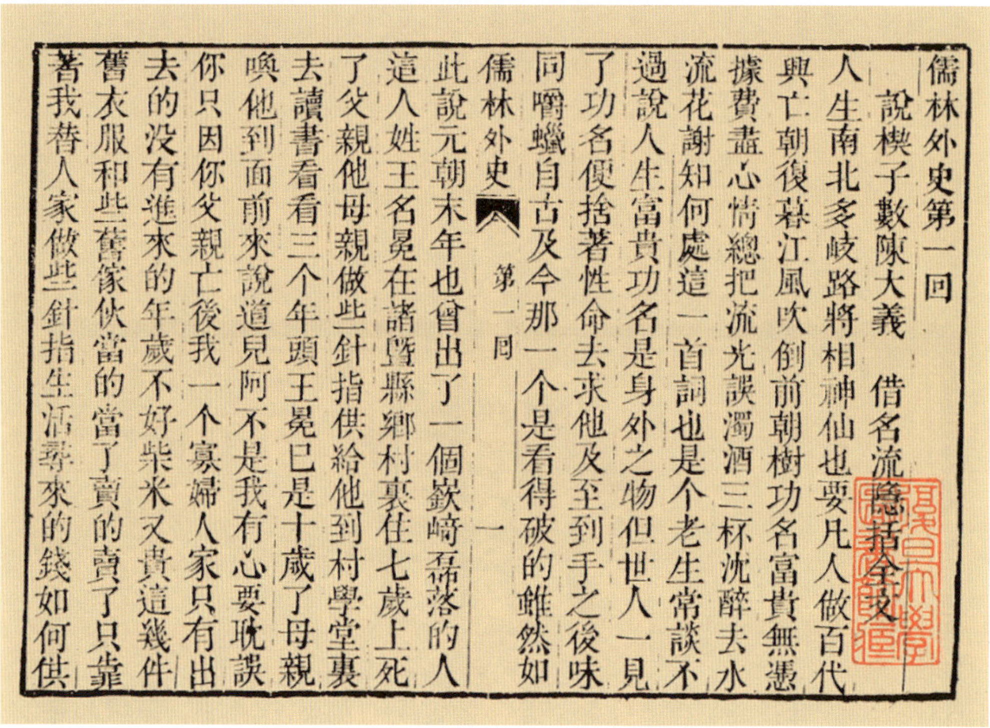

儒林外史第一回

說楔子敷陳大義　借名流隱括全文

人生南北多岐路將相神仙也要凡人做百代興亡朝復暮江風吹倒前朝樹功名富貴無憑據費盡心情總把流光誤濁酒三杯沈醉去水流花謝知何處這一首詞也是个老生常談不過說人生富貴功名是身外之物但世人一見了功名便捨著性命去求他及至到手之後味同嚼蠟自古及今那一个是看得破的雖然如

儒林外史　第一回　一

此說元朝末年也曾出了一個嶔崎磊落的人這人姓王名冕在諸暨縣鄉村裏住七歲上死了父親他母親做些針指供給他到村學堂裏去讀書看看三个年頭王冕已是十歲了母親喚他到面前來說道兒阿不是我有心要耽誤你只因你父親亡後我一个寡婦人家只有出去的沒有進來的年歲不好柴米又貴這幾件舊衣服和些舊傢伙當的當了賣的賣了只靠著我替人家做些針指生活尋來的錢如何供

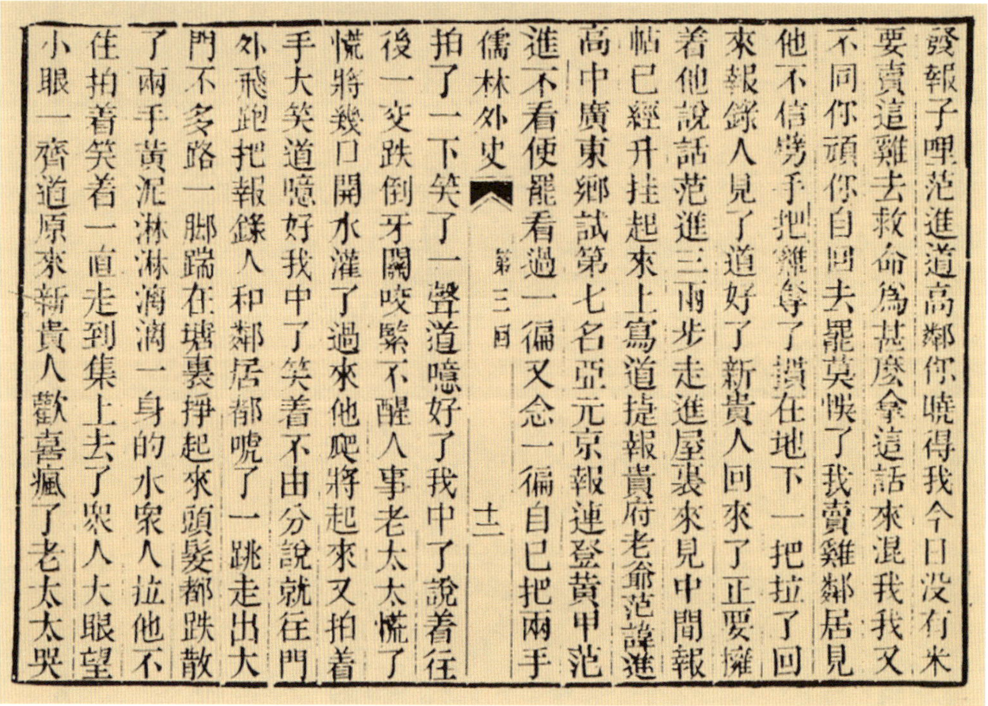

發報子哩范進道高鄰你曉得我今日沒有米要賣這雞去救命爲甚麼拿這話來混我我又不同你頑你自回去罷莫悞了我賣雞鄰居見他不信劈手把雞奪了摜在地下一把拉了回來報錄人見了道好了新貴人回來了正要擁着他說話范進三兩步走進屋裏來見中間報帖已經升挂起來上寫道捷報貴府老爺范諱進高中廣東鄉試第七名亞元京報連登黃甲范進不看便罷看過一徧又念一徧自己把兩手

儒林外史　第三回　十一

拍了一下笑了一聲道噫好了我中了說着往後一交跌倒牙關咬緊不醒人事老太太慌了慌將幾口開水灌了過來他爬將起來又拍着手大笑道噫好我中了笑着不由分說就往門外飛跑把報錄人和鄰居都嚇了一跳走出大門不多路一腳踹在塘裏掙起來頭髮都跌散了兩手黃泥淋淋漓漓一身的水衆人拉他不住拍着笑着一直走到集上去了衆人大眼望小眼一齊道原來新貴人歡喜瘋了老太太哭

吴敬梓（1701—1754），字敏轩，一字文木，幼名学栻，号粒民，斋名“文木山房”，安徽全椒人，迁居南京秦淮河后自称“秦淮寓客”，晚号文木老人。吴敬梓生于由科举而飞黄腾达的官宦世家，幼年聪颖，善记诵，工诗文，受儒家正统教育，二十三岁时考中秀才。后由于科场不得意，又饱尝世态炎凉，而厌弃功名富贵。性伉爽，广结交，急施与，没过几年，祖产垂尽，受到亲族的轻视。三十三岁时吴敬梓离开故土全椒，去南京寻找新的天地。然经济境况日益恶化，困窘时至绝粮，只能以卖文为生，潦倒不堪。乾隆元年（1736），他应荐参加了丙辰科鸿博之试的地方考试，通过后，未参加由督抚荐举赴京的御试。至于未赴廷试的原因，一直有“因病”和“托病辞”两种说法，这是他一生决定性的转折点。此后，他放弃秀才籍，不再参加一切科举考试。在衣食难周、漂泊无定的境况下，创作了《儒林外史》。乾隆十九年（1754）客死扬州，年五十四岁。吴敬梓诗文，多未付梓。《儒林外史》之外，还有《文木山房集》十二卷，现存四卷。近百年陆续发现集外佚诗佚文四十篇，以及经学著作《诗说》四十三则。

《儒林外史》何年成书，众说纷纭。吴敬梓友人程晋芳在乾隆十三年至十五年间（1748—1750）作的《勉行堂诗集》中记曰：“《外史》纪儒林，刻画何工妍！吾为斯人悲，竟以稗说传。”（卷二《春帆集·怀人诗》十八首之十六）胡适认为“书成于乾隆五年至十五年间”。南京师范大学谈凤梁教授在《〈儒林外史〉创作时间、过程新探》中谈到：吴敬梓“握笔伊始，大概在一七三五年秋后”，何时完成未有定论。周腊生教授的《重论〈儒林外史〉成书时间》一文，又有新的观点：吴敬梓动笔始于1736年辞征辟后，大致成书于1741年末。后人考证程晋芳诗作成书确切时间为乾隆十四年（1749），《儒林外史》学会会长李汉秋先生推测“至迟在乾隆十四年秋《儒林外史》已基本写成”。全书回数亦说法不一。

作为清代长篇章回体讽刺小说，《儒林外史》以“儒林”为描写对象，书中所录人物大都实有其人，其事多作者所见所闻，具有现实主义写照。通过对利欲熏心的儒林群丑进行的辛辣讽刺和无情鞭挞，深刻批判并嘲讽了科举制度和封建礼教，进而暴露整个社会的腐朽黑暗。书中虽刻画了几个理想人物，但因作者所处时代和阶级的局限，略显苍白无力，反不如杜少卿、周进、范进、严监生、胡屠户等反面形象更为生动。通过对这些人物及客观事物的描绘，作者运用讽刺手法表达了他的憎爱、嘲讽之情，形成了“戚而能谐，婉而多讽”的艺术风格。这不仅是本书最妙之处，亦达到我国古典讽刺文学的高峰。鲁迅曾评价“是后亦鲜有以公心讽世之书如《儒林外史》者”（《中国小说史略》）。另外，本书的语言，纯净清新，富于表现力，自晚清以来备受称赏，“五四”时期被誉为“模范国语读本”。可以说本书的讽刺艺术、现实主义写照及白话语言，在文学界产生了深远影响。解弢《小说话》中称《儒林外史》为“吾国社会小说之开山”。

《儒林外史》自吴敬梓完成后，即以抄本传阅。据说初刻本乃乾隆年间金兆燕本（金本）。据李汉秋先生考证，金兆燕于乾隆三十三年至四十四年为扬州府的教授，曾在扬州刊印过初刻本，但此本迄无踪影，遂不知是否真有过。之后就是《百部经典》版《儒林外史》选用的底本——清嘉庆八年（1803）卧闲草堂之巾箱本（简称“卧本”）。再后是嘉庆二十一年（1816）清江浦注礼阁刻本（简称“清本”）及艺古堂本（简称“艺本”）。经李汉秋先生校对，清本和艺本为卧本之覆印本。另外，同治八年（1869）苏州群玉斋活字印本（简称“苏本”）也是出于卧本。可以说，卧本是当今所见诸本的祖本，为现存最早刻本，现藏于复旦大学图书馆。

（张毕晓）

日知录

日知录八卷谲觚十事一卷　（明）顾炎武撰　清康熙九年（1670）顾炎武自刻本

每半叶九9行，行20字，小字双行同，白口，左右双边。傅增湘跋。国家图书馆藏（索书号：02524）。入选《第四批国家珍贵古籍名录》（名录号：10504）。

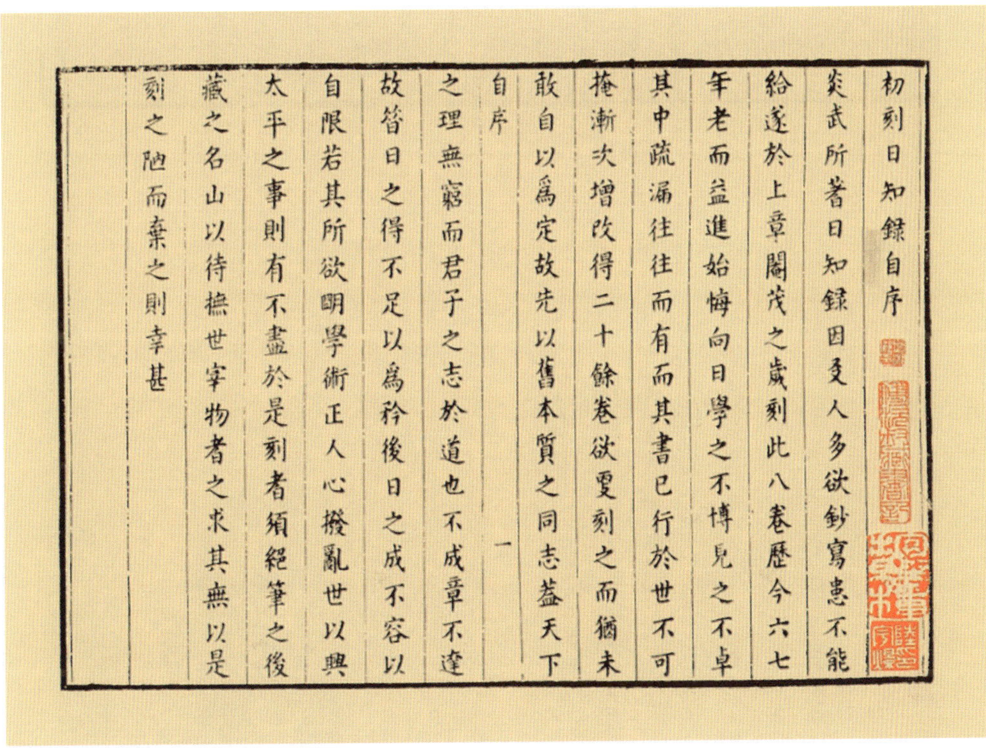

初刻日知錄自序

炎武所著日知錄因友人多欲鈔寫患不能給遂於上章閹茂之歲刻此八卷歷今六七年老而益進始悔向日學之不博見之不卓其中疏漏往往而有而其書已行於世不可掩漸次增改得二十餘卷欲更刻之而猶未敢自以爲定故先以舊本質之同志蓋天下

自序　一

之理無窮而君子之志於道也不成章不達故昔日之得不足以爲矜後日之成不容以自限若其所欲明學術正人心撥亂世以興太平之事則有不盡於是刻者須絕筆之後藏之名山以待撫世宰物者之求其無以是刻之陋而棄之則幸甚

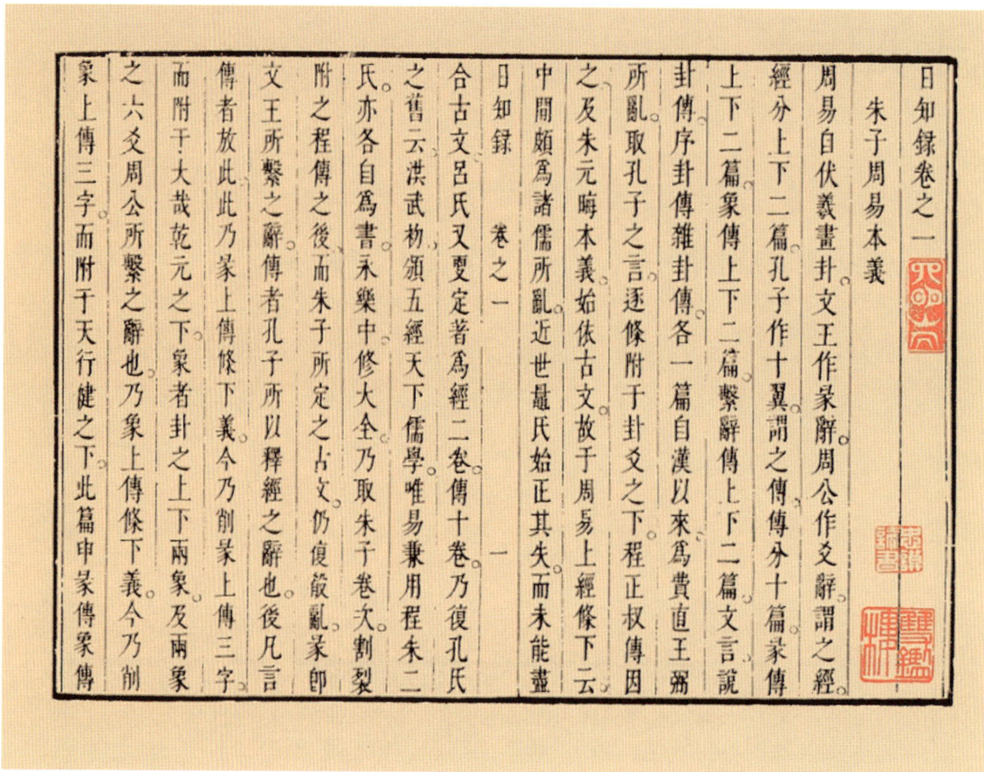

日知録卷之一

朱子周易本義

周易自伏羲畫卦文王作彖辭周公作爻辭謂之經
經分上下二篇孔子作十翼謂之傳傳分十篇彖傳
上下二篇象傳上下二篇繫辭傳上下二篇文言說
卦傳序卦傳雜卦傳各一篇自漢以來爲費直王弼
所亂取孔子之言逐條附于卦爻之下程正叔傳因
之及朱元晦本義始依古文故于周易上經條下云
中間頗爲諸儒所亂近世晁氏始正其失而未能盡

日知録　卷之一　一

合古文呂氏又更定著爲經二卷傳十卷乃復孔氏
之舊云洪武初頒五經天下儒學唯易兼用程朱二
氏亦各自爲書永樂中修大全乃取朱子卷次割裂
附之程傳之後而朱子所定之古文仍復錯亂彖即
文王所繫之辭傳者孔子所以釋經之辭也後凡言
傳者放此此乃彖上傳條下義今乃削彖上傳三字
而附于大哉乾元之下象者卦之上下兩象及兩象
之六爻周公所繫之辭也乃象上傳條下義今乃削
象上傳三字而附于天行健之下此篇申彖傳象傳

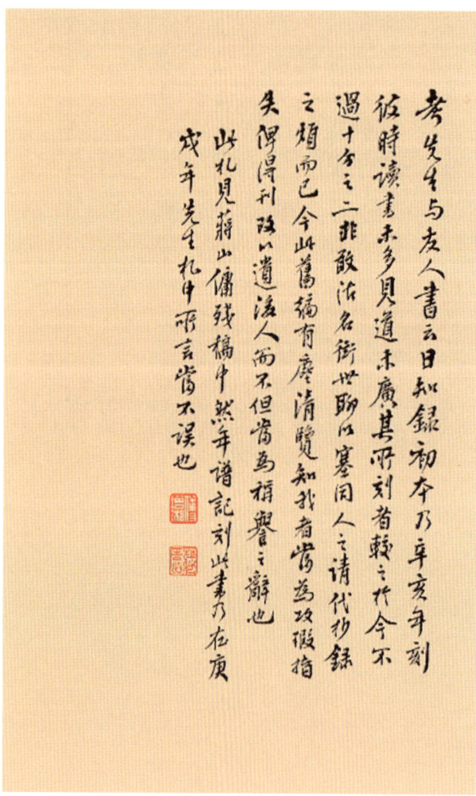

考先生与友人書云日知録初本乃辛亥年刻彼時讀書未多見道未廣其所刻者較之於今不過十分之二非敢沽名衒世聊以塞同人之請代抄録之煩而已今此舊編有塵清覽知我者當為攻瑕指失俾得刊改以遺後人而不但當為捐譽之辭也

此札見蔣山傭殘稿中然年譜記刻此書乃在庚戌年先生札中所言當不誤也

日知录三十二卷　（明）顾炎武撰　清刻本

每半叶11行，行22字，小字双行同，白口，四周双边。清丁晏、丁寿昌批注并跋，吕均跋。国家图书馆藏（索书号：09823）。

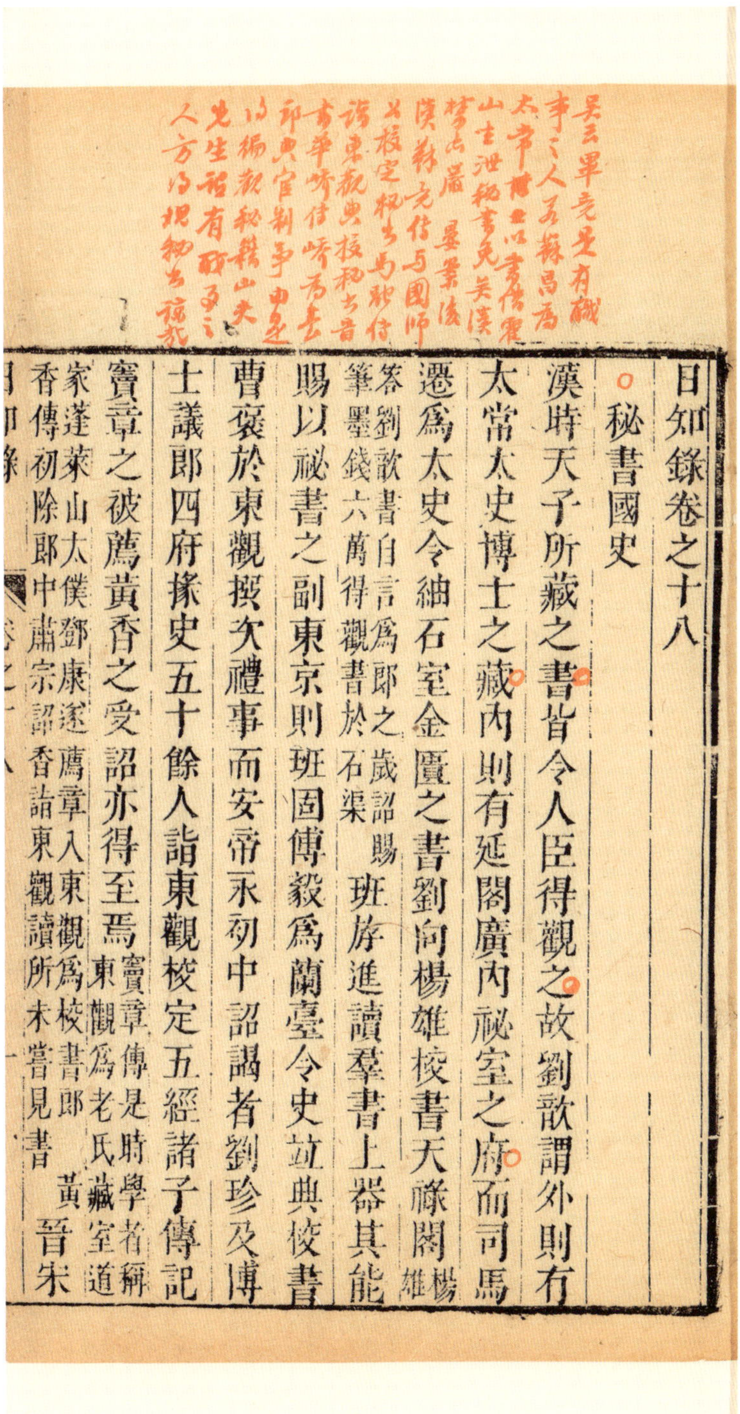

日知錄卷之十八

○秘書國史

漢時天子所藏之書皆令人臣得觀之故劉歆謂外則有太常太史博士之藏內則有延閣廣內祕室之府而司馬遷爲太史令紬石室金匱之書劉向揚雄校書天祿閣揚雄答劉歆書自言爲郎之歲詔賜筆墨錢六萬得觀書於石渠班斿進讀羣書上器其能賜以祕書之副東京則班固傅毅爲蘭臺令史並典校書曹襃於東觀撰次禮事而安帝永初中詔謁者劉珍及博士議郎四府掾史五十餘人詣東觀校定五經諸子傳記竇章之被薦黃香之受詔亦得至焉竇章傳是時學者稱東觀爲老氏藏室道家蓬萊山太僕鄧康遂薦章入東觀爲校書郎黃香傳初除郎中肅宗詔香詣東觀讀所未嘗見書晉宋

日知錄　卷之十八

日知录三十二卷　（明）顾炎武撰　清康熙三十四年（1695）潘耒遂初堂刻本

每半叶 11 行，行 22 字，小字双行同，白口，左右双边。失名录，阎若璩、杨琮等批注，王仁俊跋。国家图书馆藏（索书号：03035）。

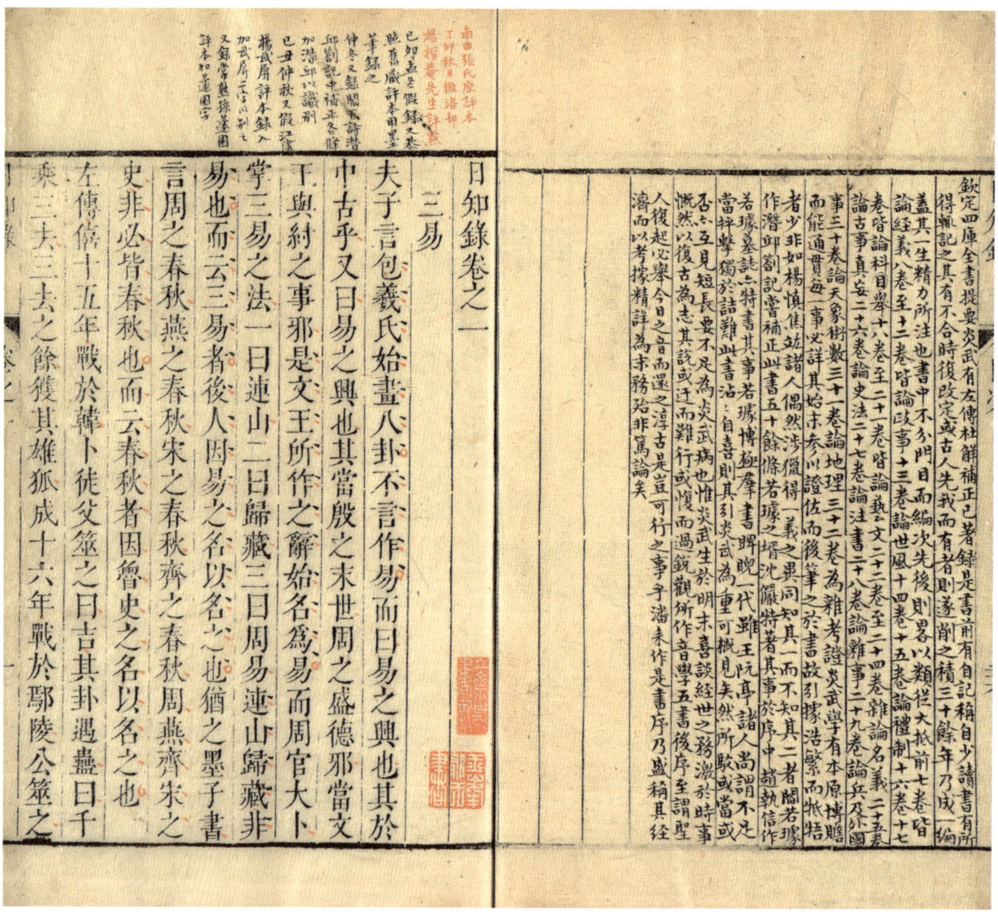

日知录集释三十二卷刊误二卷　（明）顾炎武撰　清道光十四年（1834）嘉定黄氏西溪草庐刻本

每半叶11行，行22字，小字双行同，黑口，左右双边。国家图书馆藏（索书号：149449）。

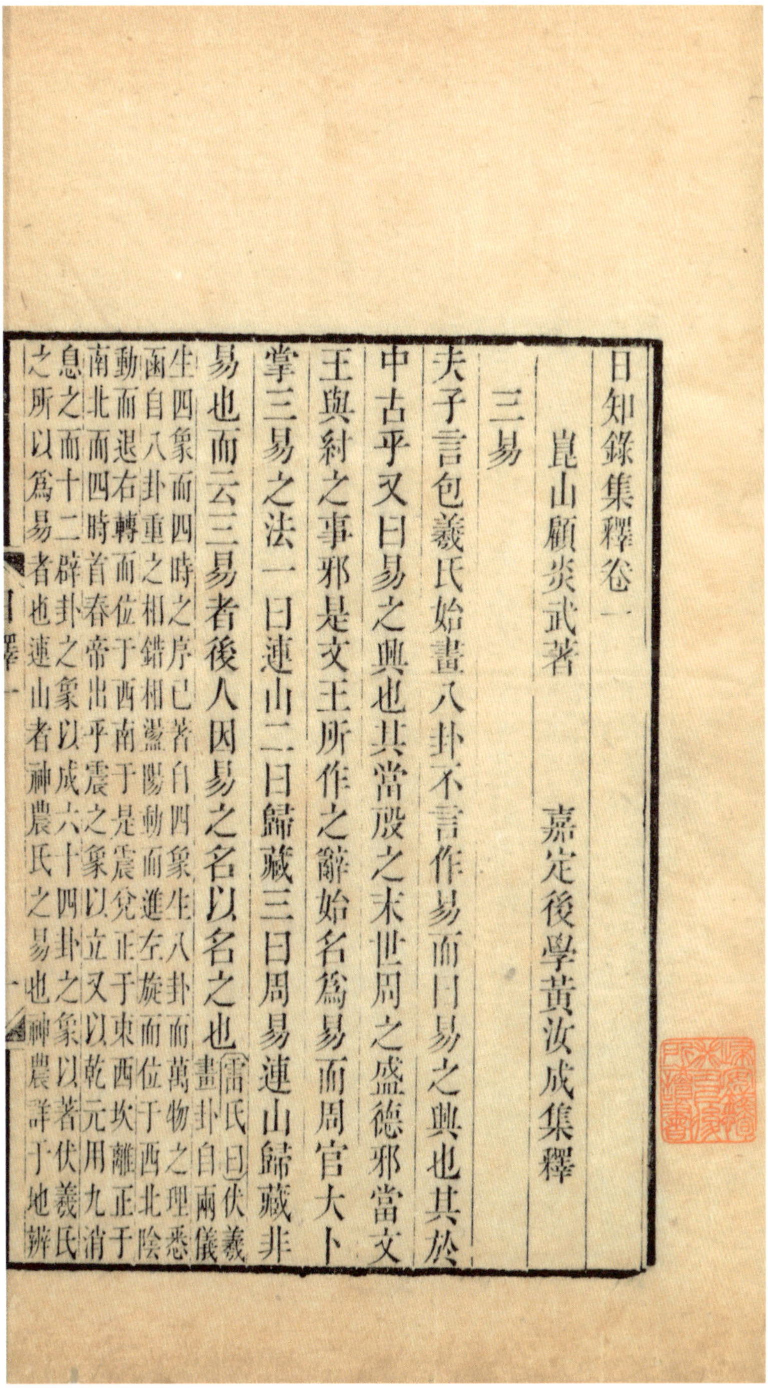

顾炎武（1613—1682）原名绛，字忠清，明亡，改名炎武，字宁人，号亭林，自署蒋山佣。江苏昆山人。年十四为诸生，崇祯二年（1629）入复社。南明隆武元年（清顺治二年，1645），得唐王朱聿键遥授兵部职方司主事职，在昆山抗清。明亡，周游四方，载书自随。所至垦荒种地，为光复计。曾十谒明孝陵，康熙时诏举博学鸿词科，荐修《明史》，皆力辞不赴。晚岁卜居华阴，卒于山西曲沃。学识渊博，于经史、典制、郡邑掌故、天文仪象、河漕、兵农、训诂均有研究。晚益笃志六经，精研考证，反对空谈“心、理、性、命”，提倡“博学于文，行己有耻”“经世致用”，合学与行、治学与经世为一，力矫明末学术空疏流弊，开清代朴学之风。著述甚丰，有《日知录》《天下郡国利病书》《肇域志》《音学五书》《历代宅京记》《亭林诗文集》等，尤以《日知录》为最著。李光地尝为其作《小传》，载于《榕村集》中。

《日知录》（自刻本）目录前有小引云：“愚自少读书，有所得辄记之。其有不合，时复改定。或古人先我而有者，则遂削之。积三十余年，乃成一编。取子夏之言，名曰《日知录》，以正后之君子。”据此可知，其一，本书内容为作者读书笔记，故为子部杂家类。其二，成书以后又经作者多次改定。此书初刻于康熙九年（1670），初刻本仅八卷计一百四十余条，而后十余年间，又不断增益删改，标目、归卷也有改订，重印时已“渐次增改得二十余卷”（《自序》），后通行的遂初堂本和《集释》本已扩充至三十二卷。其三，因其为一生读书札记的汇编，其着手撰写到初步成稿历时三十余年，即大致起自明崇祯十二年（1639）顾炎武离开科场之后，初刻于康熙九年，刻竣于康熙十年。故《四库全书总目》认为《日知录》为顾炎武“一生精力所注”之书。其四，本书命名源自《论语·子张》中子夏之言：“日知其所亡，月无忘其所能，可谓好学也已矣！”即不断有新知，日新而不失，温故而知新，日积月累，是为好学。“日知”也很好地概括了此书的内容特点和成书方式。

现通行的三十二卷本《日知录》，共一千零二十余条。顾炎武将其内容分为经术、治道、博闻三部分，内容涉及经史、吏治、财赋、典礼、舆地、艺文之类。书中不分门目，编次大致按类编排，《四库全书总目》将其分作十五类：前七卷皆论经义，八卷至十二卷皆论政事，十三卷论世风，十四卷十五卷论礼制，十六卷十七卷皆论科举，十八卷至二十一卷皆论艺文，二十二卷至二十四卷杂论名义，二十五卷论古事真妄，二十六卷论史法，二十七卷论注书，二十八卷论杂

事，二十九卷论兵及外国事，三十卷论天象术数，三十一卷论地理，三十二卷为杂考证。顾氏学有根抵，博赡贯通，精于考证，故每事必详其始末，疏通考证。因其对清代朴学有开创之功，章学诚称其为“开国宗儒”，王国维称“国初之学创于亭林”，阮元编《国史儒林传》，以顾炎武为首。《日知录》也被公认为顾炎武众多著作中成就最大者，门人潘耒称其“学博而识精，理到而辞达”，“明三百年来，殆未有也”（《日知录序》）。其中最具时代精神的顾氏名言“天下兴亡，匹夫有责”就出自《日知录·正始》，原文为：“保国者，其君其臣，肉食者谋之；保天下者，匹夫之贱，与有责焉耳矣。”概言之，《日知录》既是顾炎武本人志向、事业之寄托，也是一部救世之作。

《日知录》存世主要版本有清康熙九年符山堂初刻本（自刻本）、遂初堂本和《集释》本。初刻本为八卷本，附有《谲觚十事》一卷，是辩答李焕章的十封信，内容多与山东地理有关。初刻本是顾炎武应友人劝说在江苏淮安所刻，国家图书馆藏有初刻本两部，一部为傅增湘旧藏，有傅增湘跋。《自序》题下钤“陆宇燝印”“抱经楼”印，知本书曾经明末抗清志士陆宇燝、藏书家卢址递藏。民国时卢址抱经楼书散出，在上海“古书流通处”书肆出售，此本为缪荃孙所得，后归傅增湘，1949年后傅氏捐赠国家，《中华再造善本》据此影印。另一部不附《谲觚十事》。目录第一叶及之前部分佚失，据有关学者考证，此部应为初刻本修版重印本。遂初堂本即《百部经典》底本，为其门人潘耒据其手稿于康熙三十四年在福建建阳所刻，已扩为三十二卷。国家图书馆和上虞市图书馆均有藏。道光十四年（1834），黄汝成又刻《日知录集释》三十二卷，《集释》本应是在初刻重印本的基础上扩充而成。另北京大学图书馆藏有《日知录》八卷（入选《第一批国家珍贵古籍名录》，名录号01878），著录为稿本。

（徐慧）